쉽게 따라 하는
스포츠 테이핑

국가대표 트레이너가 알려주는 실전 테이핑

공 저
한석규 오선복
조준희 이원주
최명훈 나연희
송형철 서진영
박두희 손성민
조해영 윤용태

피앤피북

대표 저자 소개

한석규 물리치료사, 선수트레이너

FE트레이닝센터 강남점 대표
인하대학교 스포츠과학과 스포츠의학융합 박사과정
대한선수물리치료사연맹(KAPF) 이사

현) FE트레이닝 강남점 대표
    기능운동재활협회 이사
    대한장애인스키협회 이사
    마포구스키협회 이사
    대한선수물리치료사연맹 이사
    스포츠산업안전보건원 이사
    국제스키연맹 프리스타일 스키 국제심판
    대한스키스노보드협회 프리스타일 스키 국내심판 1급
    솔티드 스마트인솔 자문위원

전) 카카오헬스케어 근골격계 자문위원
    근대5종 국가대표팀 트레이너
    프리스타일 스노보드 국가대표팀 트레이너
    2018 평창올림픽 스노보드 국가대표팀 트레이너
    2024 강원유스올림픽 국내기술임원
    2025 하얼빈동계아시안게임 대한스키협회 베이스캠프 물리치료사
    더보이즈, NCT드림, NCT127, NCT Union, 태연, 샤이니 콘서트 의무지원
    여주대학교 건강운동재활과 겸임교수(2021.03-2023.02)
    한서대학교 물리치료학과 전공심화 강사
    생활체육지도사 2급 연수 교수(을지대학교)

공동 저자 소개

오선복 트레이너 (축구)

대한선수물리치료사연맹(KAPF) 대외협력이사
전) 서울이랜드FC 수석트레이너
    강원FC 수석트레이너

서진영 물리치료사 (야구)

전주 WESTZONE 대표
전) 한화이글스 야구단 트레이닝코치
    삼성화재 배구단 트레이너
    U-23 야구 국가대표팀 트레이너

조준희 물리치료사 (배구)

FE트레이닝센터 천안점 대표
전) 현대캐피탈 스카이워커스 프로배구단
    재활트레이너
    배구 남자국가대표팀 의무트레이너

송형철 트레이너 (농구)

농구 국가대표 전임 트레이너
전) KGC 인삼공사 농구단 트레이너
    항저우 아시안게임 남자 농구 대표팀 트레이너

손성민 물리치료사 (탁구)

TL탁구단 의무트레이너
전) 보람상조 탁구단 의무트레이너
    강남메드렉스병원 물리치료사

윤용태 골프 물리치료사 (골프)

KLPGA 1부 투어 투어팀 트레이너
대한선수물리치료사연맹(KAPF) 실무위원
전) 평택시티즌FC 의무트레이너

최명훈 물리치료사 (배드민턴)

요넥스 배드민턴 선수단 수석 트레이너
현) 대한체력코치협회 퍼포먼스향상팀 팀장
전) 라켓보이즈, 국대는 국대다, 미운우리 새끼 등
    프로그램 스텝
    문화체육부장관상 수상(트레이너 부문)
    대한체육회장상 수상(스포츠인권 지도자 부문)

나연희 물리치료사 (태권도)

국가대표 재활의학과 도수치료팀장
전) 태권도 국가대표팀 의무트레이너
    채널A '나는 몸신이다(348회)' 출연

이원주 물리치료사 (러닝)

FE트레이닝센터 송파점, 노원공릉점 대표
기능운동재활협회 교육이사
니찌반 스포츠 테이핑 마스터

조해영 물리치료사 (러닝)

풀코스 9회 완주, 50K 트레일러닝 2회 완주
서울특별시 성동구청 생활체육 지도강사
전) 동남아시안게임 트레이너
    무쇠소년단 리커버리담당 물리치료사
    MBN뛰어야산다 리커버리담당 물리치료사

박두희 물리치료사 (스노보드)

스노보드 프리스타일 국가대표팀 트레이너
대한선수물리치료사연맹(KAPF) 실무위원
전) 하늘병원 컨디셔닝센터

이 책의 소개

움직임을 보호하는 손끝의 기술, 테이핑의 본질을 담다

스포츠 현장에서 테이핑은 단순한 테이프 부착이 아닙니다. 손끝의 감각으로 통증을 조절하고, 움직임을 보조하며, 선수에게는 불안 대신 '자신감'을 부여하는 가장 즉각적이고 실용적인 도구입니다.
하지만 많은 물리치료사와 트레이너, 체육계 학생들이 테이핑을 배울 때, 그저 외형을 따라 하는 수준에 머물거나 단기 실습으로 배움을 끝내는 경우가 많습니다. 이 책은 바로 그 간극을 메우고자 기획되었습니다.

<스포츠 테이핑>은 물리치료학, 스포츠과학, 스포츠의학, 기능성 운동과 재활의 이론을 토대로, 신체 부위별 적용 방법과 종목별 테이핑 전략까지 체계적으로 정리한 교육 중심 실무형 테이핑 전문서입니다. 이론을 이해하고, 목적에 따라 테이핑을 설계하며, 실제 현장에서 적용할 수 있는 기준점을 제공하는 것이 이 책의 가장 큰 목표입니다.

이 책이 필요한 독자들

- **체육·재활·물리치료 계열 대학생** : 테이핑에 대한 이론적 이해와 실기능력을 함께 키우고자 하는 학생들에게 체계적인 학습을 제공합니다.
- **테이핑 자격이 필요하여 준비하는 예비 트레이너** : 테이핑 전문가 자격 등을 준비하는 학습자에게 출제 포인트와 실전형 질문·해설을 함께 제공합니다.
- **현장에서 선수 또는 일반인을 관리하는 트레이너** : 즉각적인 통증 조절, 움직임 안정, 퍼포먼스 유지를 위한 실용적 테이핑 기법을 배우고자 하는 실무자들에게 유용한 기준을 제시합니다.

이 책은 '테이핑을 할 수 있다'는 단계를 넘어, '테이핑을 이해하고 설계할 수 있다'는 수준까지 나아가고자 하는 모든 사람의 든든한 기준서가 되기를 바랍니다.
아울러, 이 책을 통해 더 많은 스포츠 물리치료사와 트레이너들이, 선수의 몸을 더 잘 읽고, 적절하게 반응할 수 있기를 기대합니다.

이 책의 특징

- **기초부터 실무까지 연결된 이론 중심 구성**
  테이핑의 원리, 적용 효과, 금기사항 등 기초 개념을 명확히 정리하였고, 다양한 테이프 종류, 사용 도구, 부착 및 제거 방법까지 실전에 필요한 내용을 모두 포함했습니다.

- **국가대표 트레이너의 종목별 테이핑 전략 수록**
  엘리트 선수들을 관리하는 국가대표 트레이너 12인이 집필에 참여하여, 각 종목에서 빈번하게 발생하는 부상과 통증에 실질적으로 적용 가능한 테이핑 방법을 공유합니다.

- **자격시험 대비 예상 문제와 실무 질의응답 수록**
  테이핑 자격시험을 대비할 수 있는 핵심 정리와 실무 중심의 질의응답을 함께 수록하여, 독자가 이론-실기-현장 적용을 하나의 흐름으로 통합적으로 이해할 수 있도록 구성했습니다.

본 도서는 실제 현장에서 다양한 종목의 국가대표 선수들을 관리한 물리치료사와 트레이너들이 집필에 참여하였습니다. 저자들은 모두 현장 중심의 실무 경력을 보유하고 있으며, 스포츠 물리치료, 스포츠과학, 스포츠의학 등 다양한 전문 분야를 바탕으로 선수들과 호흡을 맞춰왔습니다.

- 축구, 야구, 배구, 농구, 골프, 배드민턴, 탁구, 태권도, 달리기, 스노보드, 스키 국가대표 및 프로 구단 물리치료사, 트레이너 출신
- 올림픽, 아시안게임, 세계선수권 등 국제대회 의료 지원 경험 다수
- 물리치료, 스포츠의학, 스포츠과학 등 국내외 석·박사 전공자 중심 구성

이 책은 단순히 정보를 나열한 것이 아닌, 각 저자의 경험과 판단, 현장에서의 통찰을 토대로 실용적인 테이핑을 정리한 집약물입니다.

PART 1　테이핑의 이해

01. 테이핑의 정의 및 목적　10
02. 테이핑의 생리학적 및 기능적 원리　10
03. 테이핑 효과에 대한 논의　15
04. 테이핑 적용 가이드　19
　　테이핑 제거 이렇게 하세요!　21
05. 테이핑 금기증과 주의사항　22
　　대표 테이핑 브랜드 요약 및 장단점　23
　　기내 반입 가능한 테이핑 가위 안내　24
　　자격시험 대비 핵심 출제 포인트　26
　　실무 중심 질의응답　28

PART 2　일반 키네시오 테이핑 방법

chapter 01　상지　33

01　General Shoulder　34
02　Shoulder stability, scapular　36
03　Rotate cuff　38
04　AC joint　40
05　Full shoulder　42
06　Neck　44
07　Neck assist　46
08　Spine assist　48
09　Mid back　50
10　Low back　52
11　Low back Pro wide Rickey　54
12　Low back pro wide　56
13　SI joint　58
14　Rib self　60
15　Abs appliaction　62
16　Biceps tendon self pro wide　64
17　Ticeps assist　66
18　Tricep Pro Wide Self　68
19　General elbow　70
20　Golfers elbow　72
21　Tennis elbow　74
22　wrist　76
23　Thumb tendon　78
24　Thumb joint　80
25　Finger jam　82
26　Carpal tunnel　84

chapter 02 하지 87

01 Full knee 88
02 Outer knee 90
03 Inner knee 92
04 Back of knee 94
05 Patella tendonitis 96
06 Chondromalacia 98
07 Osgood Schlatter 100
08 Glutes 102
09 Hip flexor 104
10 IT band hip 106
11 IT band-pro wide 108
12 Quads 110
13 Quad wide 112
14 Hamstring 114
15 Hamstring pro wide 116
16 Groin 118
17 Calf 120
18 pro wide for CALF 122
19 Shin splints 124
20 Posterior shin splints 126
21 Posterior shin splints wide 128
22 Ankle stability 130
23 Plantar fasciitis 132
24 Heel 134
25 Top of foot 136
26 Peroneal Tendonitis 138
27 Bunion 140
28 Ball of foot 142

PART 3 스포츠 종목별 테이핑 방법

chapter 01 축구 _ 오선복 147
chapter 02 야구 _ 서진영 193
chapter 03 배구 _ 조준희 213
chapter 04 농구 _ 송형철 235
chapter 05 탁구 _ 손성민 261
chapter 06 배드민턴 _ 최명훈 279
chapter 07 골프 _ 윤용태 313
chapter 08 태권도 _ 나연희 327
chapter 09 러닝1 _ 이원주 345
chapter 10 러닝2 _ 조해영 373
chapter 11 스노보드 _ 박두희 385
chapter 12 스키 _ 한석규 401

PART 01

테이핑의 이해

CHAPTER 01 테이핑의 정의 및 목적
CHAPTER 02 테이핑의 생리학적 및 기능적 원리
CHAPTER 03 테이핑 효과와 효과에 대한 논의
CHAPTER 04 테이핑 적용 가이드
CHAPTER 05 테이핑 금기증과 주의사항

01 테이핑의 정의 및 목적

스포츠 테이핑은 관절, 근육, 인대 등의 구조에 일정한 장력을 가진 테이프를 부착함으로써, 외부 자극을 통해 내부 기능을 보조하고 움직임을 유도하는 기술이다. 테이핑은 고정과 보호라는 기본 목적을 넘어 통증 조절, 자세 인식 향상, 부상 예방, 심리적 안정 등의 다양한 역할을 수행한다.

테이핑은 크게 비탄력 테이프를 활용한 고정 테이핑과, 탄력 테이프를 사용하는 키네시올로지 테이핑으로 구분된다. 고정 테이핑은 관절의 불필요한 움직임을 제한하고 기계적 지지력을 제공하는 데 초점을 맞추며, 주로 스포츠 활동 중 손상 부위의 보호와 안정성을 확보하는 데 사용된다. 반면, 키네시올로지 테이핑은 근육의 수축 방향이나 관절 움직임에 따라 다양한 형태로 부착되어 통증 조절, 근육 기능 보조, 혈액 및 림프 순환 촉진과 같은 생리학적 반응을 유도하는 데 중점을 둔다.

스포츠 현장에서 테이핑은 다음과 같은 기능적 목적을 위해 사용된다. 첫째, 관절 및 연부 조직의 안정성 확보이다. 테이프는 움직임을 일정 범위 내에서 제한하여 부상의의 재발을 방지하고, 구조적 지지력을 높여 선수의 불안정한 동작을 보완한다. 둘째, 테이핑은 피부 기계수용기를 자극해 신경계가 통증 신호를 덜 느끼도록 하여 통증이 줄어드는 효과가 있다. 셋째, 움직임에 대한 인식을 높여 잘못된 자세나 보상 움직임을 줄이는 데 기여한다. 이는 관절 고유감각(proprioception)을 자극함으로써 이루어진다.

또한 키네시올로지 테이핑은 피부와 근막 사이의 공간을 확보해 림프와 혈액의 흐름을 원활히 하여 부종과 염증 완화에 도움이 되며, 운동 전 심리적 안정을 도모하는 수단으로도 활용된다. 이는 특히 부상 경험이 있는 선수들이 테이핑으로부터 지지감을 얻고 자신 있게 움직일 수 있도록 돕는다.

02 테이핑의 생리학적 및 기능적 원리

스포츠 테이핑은 단순히 신체 외부에 부착되는 수단이 아니라, 피부, 근육, 인대, 신경계에 다양한 생리학적 반응을 유도하여 기능 회복과 손상 예방에 기여하는 치료적 기법이다. 특히 키네시올로지 테이핑은 인체의 해부학적 구조와 생리적 반응을 고려하여 개발되었으며, 그 원리는 기계적 효과와 신경생리학적 효과를 포괄한다.

1 기계적 안정성 제공

테이핑, 특히 키네시오 테이핑의 기계적 안정성 제공은 다음과 같은 생리학적 원리에 기반한다.

① 신축성 테이프의 물리적 특성

키네시오 테이핑은 피부와 관절, 근육에 신축성 있는 테이프를 일정한 장력으로 부착함으로써, 움직임의 자유를 최대한 보장하면서도 일정 수준의 기계적 지지를 제공합니다. 이 테이프는 원래 길이의 약 130~140%까지 늘어날 수 있으며, 관절이나 근육의 움직임을 제한하지 않으면서도, 부착 부위에 미세한 견인력과 압박을 가한다.

② 관절 및 연부조직의 지지

테이프가 관절 주변에 적용될 때, 관절의 과도한 움직임(예: 발목의 내번·외번)을 물리적으로 제한하여, 불안정한 관절의 움직임 범위를 줄이고, 손상 위험을 감소시킨다.

예를 들어, 만성 발목 불안정성(CAI) 환자에서 테이핑은 관절의 내번–외번 각도를 줄이고, 보행 시 기저면(base of support) 감소, 보폭 증가, 보행 속도 증가 등으로 나타나며, 실제로 관절의 안정성을 높이고 반복 손상 위험을 낮추는 데 기여한다.

③ 피부 및 연부조직의 미세 견인

테이프의 신축성과 표면 질감은 피부와 연부조직에 미세한 견인력을 가해, 조직의 위치를 미세하게 조정하고 관절의 위치 감각을 보조한다. 이로 인해 관절이 정상적인 위치에 더 잘 유지될 수 있다.

④ 관절의 기계적 보조 및 심리적 안정감

테이핑은 관절의 기계적 지지와 함께, 사용자가 관절이 더 안정적이라는 심리적 안정감을 느끼게 하여, 실제 움직임에서 더 자신감 있게 동작할 수 있도록 돕는다. 이는 운동 중 불안정한 느낌을 줄이고, 부상 예방에 긍정적으로 작용할 수 있다.

⑤ 기계적 안정성의 한계

일반적인 강직 테이핑(비신축성 테이프)과 달리, 키네시오 테이핑은 움직임을 완전히 제한하지 않고, 자연스러운 움직임을 허용하면서도 부분적 안정성을 제공한다.

이로 인해 단기적으로는 관절의 기계적 안정성이 향상될 수 있으나, 장기적·절대적 지지력은 제한적일 수 있다.

2 감각 자극을 통한 통증 조절

감각 자극을 통한 통증 조절에서 테이핑(특히 키네시오 테이핑)이 작용하는 신경생리학적 메커니즘은 주로 다음과 같은 경로로 설명된다.

▶ **피부 기계수용기(촉각수용기) 자극 및 구심성 신경 입력 증가**

테이핑은 피부의 기계수용기(촉각수용기)를 자극하여, 이 자극이 구심성(afferent) 감각신경을 통해 중추신경계(CNS)로 전달된다. 이 과정에서 피부로부터 감각 입력이 증가하면, 척수 수준에서 통증 신호(주로 C섬유와 Aδ섬유를 통한)가 억제되거나 변조된다. 이는 게이트 컨트롤 이론(Gate Control Theory)에 기반한 것으로, 피부의 비통증성 촉각 자극이 척수 후각(dorsal horn)에서 통증 신호의 전달을 차단하거나 약화시키는 효과를 유발한다.

▶ **운동 단위 활성화 역치 감소 및 근육 기능 조절**

피부 자극은 척수 및 상위 중추신경계에 영향을 주어, 운동 뉴런(motor neuron)의 활성화 역치를 낮추고, 근육의 수축 및 이완 조절에 긍정적으로 작용할 수 있다. 이는 통증으로 인해 억제되었던 근육의 활성화가 촉진되고, 기능적 움직임이 개선되는 결과로 이어질 수 있다.

▶ **감각-운동 연계 및 고유수용성 감각 개선**

테이핑에 의한 지속적인 피부 자극은 감각-운동 회로(sensory-motor pathway)를 활성화시켜, 근육 방추(muscle spindle) 등의 고유수용기 활성에도 영향을 미친다. 이로 인해 자세 조절, 관절 위치감각, 움직임의 정확성 등이 개선될 수 있으며, 이는 2차적으로 통증 감소와 기능 회복에 기여한다.

▶ **심리적 안정감 및 플라시보 효과**

테이핑에 의한 피부 자극과 함께, 심리적 안정감(자기효능감, 통증에 대한 기대감 등)도 통증 조절에 긍정적으로 작용할 수 있다. 이러한 플라시보 효과 역시 중추신경계의 통증 조절 시스템에 영향을 미치는 것으로 해석된다.

> **핵심 정리**
>
> 테이핑의 감각 자극에 의한 통증 조절은 주로 피부 기계수용기 자극 → 구심성 감각신경 입력 증가 → 척수 수준에서의 통증 신호 억제(게이트 컨트롤 이론)라는 신경생리학적 메커니즘에 기반한다.
> 추가적으로, 감각-운동 회로 활성화, 근육 활성 역치 감소, 고유수용 감각 개선, 심리적 안정감 등도 통증 감소에 기여한다.

3 근육 기능 조절 및 움직임 유도

▶ 근육 활성화 또는 억제

테이프의 부착 방향과 장력에 따라 특정 근육의 활성화를 촉진(근력 증가, 근수축 촉진)하거나, 반대로 과활성 근육의 억제를 유도할 수 있다. 예를 들어, 슬개대퇴통증 환자에서 Vastus Medialis Oblique(VMO) 근육에 테이핑을 적용하면, 해당 근육의 활성화가 촉진되어 무릎 통증이 감소하고, 움직임 패턴이 교정된다.

▶ 움직임 유도 및 재교육

테이핑은 관절의 정상적인 움직임 범위 내에서 움직임을 유도하고, 비정상적 움직임 패턴을 교정하는 데 사용된다. 예컨대, 고관절 내회전 과다나 발목의 과도한 내번을 억제하고, 올바른 운동학적 패턴을 학습하도록 돕는다.

▶ 근육 피로 및 회복 보조

일부 연구에서는 테이핑이 근육 피로 시에도 일정 수준의 근력과 기능을 유지하는 데 도움이 된다고 보고한다. 피로 상황에서 테이핑은 근육의 수축-이완 주기를 보조하고, 움직임의 효율성을 높인다.

4 혈액 및 림프 순환 촉진

테이핑(특히 키네시오 테이핑)이 혈액 및 림프 순환 촉진에 미치는 생리학적 원리는 주로 피부 리프팅 효과(skin lifting effect)에 기반한다. 테이프는 신축성이 있어 피부에 일정한 장력으로 부착될 때 피부를 미세하게 들어올린다. 이로 인해 피부와 그 아래 연부조직 사이에 미세한 공간이 형성되고, 이 공간이 확장되면서 혈액과 림프액의 순환이 촉진된다. 구체적으로 다음과 같은 기전이 제시된다.

▶ 피부 리프팅 효과

키네시오 테이프가 피부를 들어올리면, 피부 아래의 공간이 넓어져 국소적인 압력이 감소한다. 이로 인해 모세혈관과 림프관의 흐름이 원활해지고, 혈액과 림프액의 순환이 촉진된다. 결과적으로 부종(부기)이나 염증이 줄어들고, 손상 부위의 대사산물 제거와 조직 회복이 빨라질 수 있다.

▶ 국소 순환 개선

피부와 연부조직 사이의 압력이 완화되면, 혈관과 림프관이 압박에서 벗어나 더 효과적으로 체액을 이동시킬 수 있다. 이는 산소와 영양분 공급 증가, 노폐물 배출 촉진, 염증 매개물질의 제거 등으로 이어져 회복에 도움이 된다.

▶ 임상적 적용

이러한 생리학적 원리는 실제로 부종 감소, 염증 완화, 손상 조직의 빠른 회복, 근육 피로 해소, 통증 완화 등 다양한 임상적 효과로 연결될 수 있다. 다만, 이 효과의 크기와 임상적 유의성에 대해서는 연구마다 차이가 있으며, 일부 연구에서는 명확한 효과를 확인하지 못한 경우도 있다.

요약하면, 테이핑의 혈액 및 림프 순환 촉진 효과는 피부를 미세하게 들어올려 피부 아래 공간을 넓히고, 그 결과 국소 순환을 개선하는 생리학적 원리에 기반한다. 이는 부종과 염증의 감소, 조직 회복 촉진에 긍정적으로 작용할 수 있다.

5 고유수용 감각 향상과 자세 조절

① 피부 감각수용기(기계수용기) 자극 및 구심성 신경 입력 증가

피부 수용기를 통한 신경자극은 운동 피질의 흥분성을 촉진하여 운동 단위의 동원을 용이하게 하고 기능적 수행 능력 향상으로 이어진다.(Cai et al., 2016; Maratou & Theophilidis, 2000; Ridding et al., 2000)

② 감각-운동 신경회로(sensory-motor pathway) 활성화

피부 자극은 감각-운동 신경회로를 활성화시켜, 근육 방추(muscle spindle) 등 고유수용기 활성도를 높인다. 이로 인해 근육의 길이 변화, 관절 위치, 움직임 속도 등 신체 내부 정보가 중추신경계에 더 정확하게 전달되어, 자세 조절과 균형 유지 능력이 개선된다.

테이핑은 관절 위치감각의 민감도를 높여, 관절의 올바른 위치와 움직임을 인식하는 능력을 향상시킨다. 근육 방추와 골지건기관(Golgi tendon organ) 등 고유수용 감각 수용기의 반응성이 증가하여, 미세한 움직임 변화를 중추에 더 빠르고 정확하게 전달할 수 있다.

③ 운동 단위 활성화 및 근육 기능 조절

피부 감각수용기 자극은 운동 뉴런(motor neuron)의 활성화 역치를 낮추어, 근육의 수축 및 이완이 보다 용이하게 이루어지도록 한다. 이로 인해 운동 단위의 동원(recruitment)이 쉬워지고, 움직임의 정확성과 반응 속도가 향상된다.

④ 관절 위치감각 및 균형 조절 개선

테이핑은 관절의 위치감각 오류(joint position sense error)를 감소시키고, 균형 유지 능력을 향상시킬 수 있다. 예를 들어, 경부통 환자에서 경추 관절 위치감각 오류가 감소한 연구 결과가 있다.

다만, 모든 연구에서 일관된 효과가 확인되는 것은 아니며, 일부 연구에서는 효과가 없거나 오히려 위치감각 오류가 증가한 경우도 보고되었다.

⑤ 심리적 안정감 및 자기효능감 증진

고유수용 감각 향상은 신체적 기전 외에도, 테이핑이 주는 심리적 안정감, 자기효능감 증진 등 심리사회적 효과와도 연관될 수 있다. 이는 선수들이 자신의 신체를 더 잘 인식하고 통제할 수 있다는 자신감을 부여해, 실제 움직임의 정확성과 안정성에 긍정적 영향을 줄 수 있다.

핵심정리

테이핑의 고유수용 감각 향상 효과는 피부 감각수용기 자극 → 구심성 신경 입력 증가 → 감각-운동 회로 활성화 → 근육 방추 등 고유수용기 민감도 증가 → 관절 위치감각 및 균형 조절 능력 개선이라는 생리적 메커니즘에 기반한다.
이러한 메커니즘을 통해 자세 조절, 균형 유지, 움직임의 정확성 등이 향상될 수 있다. 다만, 효과의 크기와 일관성은 적용 부위, 방법, 대상자 특성에 따라 다르며, 일부 연구에서는 효과가 없거나 부정적 결과도 보고되고 있다.

키네시오 테이핑은 단순한 물리적 지지뿐 아니라, 피부 및 연부조직의 감각 자극, 근육 기능 조절, 혈액 및 림프 순환 촉진, 고유수용 감각 및 자세 조절 등 다양한 생리학적·기능적 원리를 복합적으로 활용하는 중재법이다. 이러한 원리는 통증 조절, 관절 안정성, 움직임 교정, 회복 촉진, 균형 및 자세 유지 등 스포츠 현장과 재활에서 매우 다양한 임상적 효과로 이어질 수 있다. 다만, 실제 효과의 크기와 임상적 의의는 적용 부위, 방법, 대상자 특성에 따라 달라질 수 있으며, 최신 연구들은 효과의 한계와 플라시보 효과, 적용 표준화의 필요성도 함께 제시하고 있다.

03 테이핑 효과에 대한 논의

키네시오 테이핑은 스포츠 현장과 재활에서 널리 사용되는 비침습적 중재로, 통증 조절, 기능 회복, 손상 예방, 근력 및 균형 개선 등 다양한 목적으로 적용된다. 최근 연구들은 효과에 대한 과학적 근거와 임상적 유용성에 대해 더욱 엄밀하게 접근하고 있으며, 효과의 범위와 한계에 대한 논의가 활발하다.

1 테이핑의 긍정적 효과에 대한 전통적 근거

▶ 이론적 기전

키네시오 테이핑은 피부와 근육에 신축성 테이프를 부착해 피부 리프팅, 혈액 및 림프 순환 촉진, 통증 감소, 근육 활성화, 관절 안정화, 고유수용성 감각 증진 등을 기대할 수 있다. 피부의 기계적 자극이 중추신경계로 전달되어 통증 조절 및 운동 단위 활성화가 촉진된다는 생리학적 설명이 전통적으로 제시되어 왔다.

▶ 임상 및 현장 적용

슬개대퇴통증, 건병증, 경부·어깨·종아리 통증 등에서 단기적 통증 완화 효과가 반복적으로 보고되었으며, 자기효능감, 심리적 안정감 등 심리사회적 효과도 강조된다.

2 테이핑 효과에 대한 회의적 시각과 최신 연구

① 주요 연구 동향 : 긍정적/부정적 논문 구분

저자(연도)	논문 전체 제목	주요 결과	DOI
Tamura et al. (2020)	The effect of Kinesio-tape® on pain and vertical jump performance in active individuals with patellar tendinopathy	점프 중 통증 감소, 점프 높이 감소	10.1016/j.jbmt.2020.02.005
Lin et al. (2020)	Effects of Different Ankle Supports on the Single-Leg Lateral Drop Landing Following Muscle Fatigue in Athletes with Functional Ankle Instability	레이스업 보조기는 충격 분산 저해, 테이핑은 COP 범위 감소로 자세 제어 개선	10.3390/ijerph17103438
Gholami et al. (2020)	Effects of kinesio tape on kinesiophobia, balance and functional performance of athletes with post anterior cruciate ligament reconstruction: a pilot clinical trial	공포회피·균형·기능 모두 집단 간 유의차 없음	10.1186/s13102-020-00203-x
Abellán et al. (2021)	Kinesiotape on quadriceps and gluteus in countermovement jump and sprint in soccer players	CMJ 효과 없음, 스프린트 수행 느려짐	10.1016/j.jbmt.2021.02.021
Alawna & Mohamed (2020)	Short-term and long-term effects of ankle joint taping and bandaging on balance, proprioception and vertical jump among volleyball players with chronic ankle instability	2주~2개월 후 균형·고유수용성·점프 개선	10.1016/j.ptsp.2020.08.015
Alahmari et al. (2020)	The effect of Kinesio taping on cervical proprioception in athletes with mechanical neck pain — a placebo-controlled trial	경추 위치감각 개선, 통증 완화	10.1186/s12891-020-03681-9

Tsai et al. (2020)	A Pilot Study of Hip Corrective Taping Using Kinesio Tape for Pain and Lower Extremity Joint Kinematics in Basketball Players with Patellofemoral Pain	무릎 통증 감소, 고관절 내회전 감소/외전 증가, 점프 수행 변화 없음	10.2147/JPR.S256466
Babakhani et al. (2020)	The Immediate Effect of Kinesiotape and Wobble Board Training on Ankle Joint Position Sense in Athletes with Functional Ankle Instability	즉각적 위치감각 개선, 집단 간 유의차 없음	DOI 미기재
Biz et al. (2022)	Is Kinesio Taping Effective for Sport Performance and Ankle Function? A Systematic Review and Meta-Analysis	CAI에서 균형 및 보행 일부 개선, 퍼포먼스 향상 근거 제한적	10.3390/medicina58050620
Dehghan, Fouladi & Martin (2024)	Kinesio taping in sports: A scoping review	통증 감소는 긍정적, 기능·근력·밸런스 효과는 불일치 또는 무효	10.1016/j.jbmt.2023.05.008

② 최신 연구 종합

- 긍정적 효과는 주로 통증 감소, 관절 안정성(특히 만성 발목 불안정성), 일부 근력 향상, 고유수용성 감각 오류 감소 등에서 보고된다.
- 부정적 효과는 근력, 균형, 운동 수행능력(점프, 스프린트, 착지 등), 고유수용성 감각, 손상 예방 등에서 유의한 효과를 확인하지 못한다.
- 메타분석 결과, 보조적 관절 안정화에는 의미가 있으나, 운동 퍼포먼스 향상에는 일관된 근거가 부족하다.

3 스포츠 현장에서의 통념과 임상적 현실

▶ 현장 통념

키네시오 테이핑은 선수, 코치, 트레이너, 물리치료사 등 현장에서 통증 완화, 심리적 안정, 경기력 유지, 손상 예방 목적으로 광범위하게 사용된다. 심리적 안정감, 자기효능감 증진, 재활 순응도 향상 등 심리사회적 측면이 실제 효과에 크게 기여할 수 있다.

▶ 임상적 현실

키네시오 테이핑은 통증 관리, 관절 안정화, 손상 후 조기 복귀 등 단기적 보조 수단으로 활용할 수 있고, 운동 퍼포먼스(점프, 스프린트, 민첩성 등) 향상이나 손상 예방의 근거를 찾기 위한 연구들이 진행되고 있다. 개별 선수의 신체적·심리적 특성, 손상 부위, 스포츠 종목에 따라 맞춤 적용이 바람직하다.

4 효과 해석의 중립적인 자세를 위한 제언

- 키네시오 테이핑의 효과는 통증 감소, 관절 안정화(특히 만성 발목 불안정성)에 한정된다는 점을 명확히 인지하고, 운동 수행능력 향상에 대한 과도한 기대는 경계해야 한다.

- 플라시보 효과, 심리적 안정감도 임상적 효과의 일부로 인정하되, 이를 객관적 신체 기능 개선과 혼동하지 않도록 주의해야 한다.

- 연구 설계의 이질성, 평가 도구의 다양성, 적용 방법의 표준화 미비 등 한계를 고려해, 최신 논문 및 메타분석 결과를 지속적으로 확인해야 한다.

- 키네시오 테이핑은 통증 조절, 관절 안정화, 심리적 지지 등 단기적 보조 수단으로 활용하며, 반드시 적응증과 한계를 설명하고, 선수의 피드백을 반영해 맞춤 적용해야 한다.

04 테이핑 적용 가이드

테이핑은 단순히 테이프를 부착하는 행위가 아니라, 해부학적 지식과 기능적 목적을 기반으로 한 정확한 적용 절차가 요구되는 기법이다. 테이프의 부착 방식, 부위, 방향, 장력에 따라 생리적 반응과 기능적 효과가 달라질 수 있으므로, 표준화된 적용 원칙과 세부적인 주의사항을 이해하고 숙지하는 것이 필수적이다.

1 피부 준비

테이핑을 시행하기 전에는 반드시 피부 상태를 점검하고 적절한 사전 준비가 이루어져야 한다. 일반적으로 다음과 같은 절차를 따른다.

- **피부 청결** : 땀이나 유분, 로션이 남아 있는 경우 접착력이 떨어질 수 있으므로, 알코올 솜 등으로 부위를 닦아 청결을 유지한다.
- **제모** : 체모가 많은 경우에는 피부 자극 및 제거 시 통증을 줄이기 위해 간단한 제모가 권장된다.
- **건조 상태 확인** : 습기나 땀기가 있는 경우 테이프가 쉽게 떨어지므로, 부착 전 반드시 건조시켜야 한다.
- **피부 민감도 검사** : 처음 테이핑을 할 경우에는 알레르기 반응, 발진, 가려움증 등을 사전에 확인하고, 필요한 경우 소량의 테이프를 시험 부착한다.

2 테이프 커팅 및 준비

부위별 해부학적 곡선이나 움직임 방향에 따라 테이프의 형태를 사전에 절단하는 것이 중요하다. 보편적으로 사용되는 형태는 다음과 같다.

- **I자형 (I-strip)** : 직선 부위 또는 근육 길이를 따라 부착할 때 사용
- **Y자형 (Y-strip)** : 근육을 감싸거나 양 갈래로 갈라지는 부위에 사용
- **X자형 (X-strip)** : 기시와 정지가 불명확하거나 넓은 부위에 적용
- **팬형 (Fan-strip)** : 부종 감소, 림프 순환 촉진 등 목적일 때 활용

끝부분은 피부 자극을 줄이기 위해 라운딩 처리(모서리 둥글게 자르기)를 하는 것이 좋으며, 언더랩을 사용할 경우 그 위에 부착할 수 있도록 접착력을 고려해 재단한다.

3 부착 시 기본 원칙

▶ **테이프 장력 조절** : 테이핑의 목적에 따라 장력은 조절되어야 하며, 일반적으로 중심부에는 장력을 주고, 양 끝부분(앵커)은 장력을 주지 않은 상태에서 부착한다.

- 통증 조절 목적 → 10~25% 장력
- 근육 활성화 목적 → 25~50% 장력
- 관절 안정화 목적 → 50~75% 장력
- 림프 순환 촉진 목적 → 거의 무장력 (0~15%)

▶ **근육 길이에 따른 자세 조절** : 부착 부위의 근육이 이완 또는 신장된 상태에서 테이핑을 시행해야, 움직임 중의 장력 변화에 따라 효과가 극대화된다.

▶ **테이프 밀착을 위한 마찰** : 부착 후 손으로 가볍게 문질러주면 테이프와 피부 사이의 온도 상승으로 접착력이 향상된다.

▶ **겹침 주의** : 여러 겹이 겹치는 부분에서는 피부 자극 및 순환 방해가 발생할 수 있으므로, 반드시 평평하고 부드럽게 밀착되도록 유의한다.

4 테이프 제거 시 주의사항

테이핑의 제거도 적용만큼 중요하다. 잘못된 제거는 피부 손상, 통증, 자극을 유발할 수 있다.

- 피부를 잡고 테이프를 제거하는 방향으로 밀어내며 천천히 떼어낸다.
- 필요 시 미지근한 물 또는 오일을 이용하여 접착력을 약화한 후 제거한다.
- 자극이 심한 경우 쿨링 크림이나 보습제를 사용해 피부를 진정시킨다.

순서	단계	설명
①	준비물 확인	미지근한 물, 피부보호 오일 또는 테이프 제거 전용 스프레이, 부드러운 타월 등 준비
②	피부 상태 점검	부착 부위의 발적, 열감, 가려움증 유무 확인 후 이상 소견 시 전문의 상담 권고
③	피부를 손으로 잡고 고정	피부를 한 손으로 지그시 잡아당겨 긴장을 준 상태에서 테이프를 반대 방향으로 제거
④	천천히 낮은 각도로 제거	테이프를 피부와 수평에 가깝게 유지하며, 천천히 일정한 속도로 떼어냄 (급격한 제거 금지)
⑤	필요 시 제거 보조제 사용	접착이 강한 경우, 오일이나 테이프 제거 스프레이를 가장자리에 소량 도포 후 1~2분 후 제거 시도
⑥	제거 후 피부 정리	따뜻한 물이나 젖은 타월로 피부를 닦고, 보습 크림이나 진정제를 사용해 피부 회복 도모

▶ 제거 시 주의사항

- 습진, 접촉성 피부염, 표피 박리 등이 우려될 경우 즉시 제거 중단 및 의료기관 내원 권장
- 제거 과정 중 통증이나 피부 열감이 나타나는 경우 얼음찜질 또는 쿨링 연고 사용 가능
- 같은 부위에 재 테이핑 시 최소 12~24시간 간격 유지 권장

추 가 조 언

테이핑 제거, 이렇게 하세요!

[피부 자극 없이 안전하게 제거하는 6단계 가이드]

- **1단계 – 준비물 확인**
  미지근한 물, 오일(또는 전용 스프레이), 타월을 준비해요.

- **2단계 – 피부 상태 체크**
  발적, 발진, 열감이 있는지 먼저 확인해요. 이상 소견이 있으면 제거를 중단해요.

- **3단계 – 피부 고정**
  한 손으로 피부를 당겨 고정한 뒤, 반대 손으로 테이프를 천천히 제거해요.

- **4단계 – 낮은 각도로 천천히**
  테이프를 피부와 수평에 가깝게 유지하면서 천천히 떼어내요. 절대 빠르게 떼지 마세요!

- **5단계 – 오일이나 제거제 활용**
  접착이 강하면 가장자리에 오일을 바르고 1~2분 후 제거해요.

- **6단계 – 피부 진정**
  따뜻한 물로 닦고, 보습 크림이나 진정제를 바르면 마무리 끝!

05 테이핑의 금기증과 주의사항

테이핑은 비교적 간단하고 접근성이 높은 중재법이지만, 모든 상황에서 무조건 사용될 수 있는 것은 아니다. 특히 스포츠 현장에서는 다양한 연령, 피부 상태, 손상 단계에 있는 대상자를 접하게 되므로, 기본적인 금기사항과 실무적인 주의 기준을 함께 숙지해야 한다. 잘못된 적용은 기대했던 효과를 얻지 못할 뿐 아니라, 피부 자극, 순환장애, 증상 악화 등의 부작용을 유발할 수 있다.

1 절대적 금기사항

- **개방성 상처 부위** : 출혈, 절개, 궤양 등의 열린 상처 위에 테이프를 부착하는 것은 감염 위험을 높이며, 조직 회복을 방해할 수 있다.
- **심한 피부 질환** : 습진, 아토피 피부염, 진균 감염 등의 피부 질환이 있는 경우 자극에 매우 민감하므로 사용을 피해야 한다.
- **알레르기 반응 이력** : 이전에 테이핑 후 발진, 부종, 소양증 등의 알레르기 증상을 경험한 대상자에게는 반드시 사전 테스트가 필요하며, 대부분의 경우 사용을 피한다.
- **테이프에 포함된 접착제 성분 과민반응** : 특히 고정 테이프(rigid tape)는 라텍스, 아크릴계 접착제가 포함되어 있을 수 있으므로 확인이 필요하다.

2 상대적 금기사항 및 스포츠 현장 주의사항

- **피부 손상 위험이 큰 부위** : 털이 많거나 마찰이 잦은 부위(예: 허벅지 안쪽, 무릎 뒤 오금)는 피부 박리 위험이 크며, 땀과 움직임에 의해 쉽게 들뜰 수 있다.
- **장시간 부착 예정 시** : 24시간 이상 지속 부착하거나 수면 중 사용하는 경우 피부의 통기성이 떨어져 발진이 생길 수 있으며, 매일 피부 상태를 확인하고 적절한 시간 내 제거해야 한다.
- **테이핑 직후 수영, 사우나, 땀 배출이 많은 환경 노출** : 방수 테이프가 아닌 경우 쉽게 벗겨지거나, 물과 접촉 시 피부 자극이 증가할 수 있다.
- **부종이 심하거나 혈류 이상이 있는 경우** : 지나치게 압박이 가해질 경우 혈액 및 림프 순환이 방해되어 증상을 악화시킬 수 있으며, 특히 고정 테이핑에서 주의가 필요하다.
- **관절의 급성 염증기 또는 수술 직후** : 테이핑이 조직 회복에 도움이 되지 않는 시기에는 오히려 통증이나 부종을 유발할 수 있으므로, 의료 전문가와 협의 후 사용 여부를 결정해야 한다.

3 실무 적용 시 확인해야 할 체크포인트

항목	확인 내용
피부 상태	붉음, 피부 질환 유무, 땀, 상처 여부
대상자 이력	알레르기, 아토피피부염 등
부착 환경	운동 전/후, 실외/실내, 고온다습 여부
목적과 기법	고정 vs 기능 유도, 장력 정도

4 교육적 주의사항

스포츠 트레이너, 물리치료사, 또는 테이핑 교육을 받는 학생들은 대상자의 상태에 대한 간단한 문진과 관찰 평가를 반드시 습관화해야 하며, 문제 발생 시 즉시 테이프를 제거하고 필요한 경우 의료진에게 연계할 수 있어야 한다.

추가조언

처음 테이핑을 받는 대상자에게는 10~20분 후 피부 반응을 확인하는 것을 권장하며, 특히 민감 부위(목, 무릎 뒤, 배 등)에는 짧은 시간 부착 후 제거하는 연습을 먼저 시행하는 것이 안전하다.

- 테이핑 사용 후에는 피부를 충분히 쉬게 해준 뒤 다시 테이핑 한다.(12~24시간 권장)
- 통증이나 자극이 심하면 얼음찜질도 좋다.

▶ 대표 테이핑 브랜드 요약 및 장단점 (국가별 8개사 버전)

국가	브랜드	특징 및 강점
US 미국	RockTape	스포츠 퍼포먼스에 최적화된 고탄성 키네시올로지 테이프. 크로스핏, 러닝, 웨이트 종목에서 사용률 높음
US 미국	KT Tape	프리컷 제품과 방수 기능으로 일반 사용자에게 인지도 높음. 다양한 색상과 사용 설명 자료 보급
DE 독일	Mueller Sports Medicine	전통적 고정 테이프의 대표 브랜드. 테이핑 교육, 스포츠 경기 트레이너들이 가장 널리 사용하는 제품군
JP 일본	NICHIBAN	일본 내 시장 점유율 1위. 고정 테이프 및 의료용 라인업 강세. 피부 자극이 적은 접착력으로 정평
JP 일본	Benefact (ベネファクト)	프리미엄 키네시올로지 테이프 제조사. 재활과 스포츠 현장에서 폭넓게 사용됨

국가	브랜드	특징 및 강점
JP 일본	NITTO (ニット―)	산업용 접착 기술 기반의 고품질 테이프 브랜드. 스포츠 재활 분야에서도 점차 활용 증가 중
KR 한국	NASARA Tape	국내외에서 널리 유통되는 전통 강자. 기본형 키네시올로지 테이프의 대표 브랜드로 교육 시장 활용도 높음
KR 한국	ATEX	의료기기 기반 국산 테이핑 브랜드. 재활 병원 및 필드 트레이너 중심으로 사용 증가. 강한 접착력과 경제성 보유

브랜드	탄성	두께	접착력	통기성	피부친화도
RockTape	강함	두꺼움	강함	보통	보통
KT Tape	중간	얇음	중간	좋음	좋음
Mueller	약함	두꺼움	매우 강함	낮음	보통
NICHIBAN	약함	중간	중간	좋음	매우 좋음
Benefact	중상	중간	강함	좋음	좋음
NITTO	중간	중간	강함	보통	보통
NASARA	중간	중간	중상	좋음	좋음
ATEX	중간	중간	중상	좋음	좋음

[해설]

- 탄성 : 신장 시 얼마나 늘어나는가?
- 두께 : 피부에 부착했을 때의 부피감
- 접착력 : 떨어지지 않고 유지되는 정도
- 통기성 : 땀 배출 및 피부 통기의 용이성
- 피부친화도 : 민감성 피부 대상 적합성

▶ 기내 반입 가능한 테이핑 가위 안내

스포츠 대회나 해외 교육 세미나 참가 시 테이핑 가위를 항공편에 휴대해야 하는 경우가 있다. 그러나 대부분 국가에서는 날 길이가 긴 가위나 뾰족한 날의 공구는 기내 반입이 제한되므로, 아래와 같은 조건을 충족하는 기내 반입 허용형 가위를 사전에 준비하는 것이 좋다.

[기내 반입 조건 (국제 기준 참고)]

- 날 길이가 6cm 이하일 것 (접힌 상태 기준, 대한민국 및 다수 국가 규정)

- 끝이 둥글게 처리된 형태일 것
- 비금속 재질 또는 둔한 커브형일 것
- 의료용 가위 또는 손톱/미용 가위 분류에 가까울 것

[추천 타입]

- 라운드 팁 세이프티 시저(Rounded Safety Scissors) → 끝이 뭉툭하고 날이 짧은 형태로, 국제대회 트레이너들이 자주 사용하는 모델
- 폴딩 가위(Folding Travel Scissors) → 날이 접히는 형태로 안전하며, 대부분 6cm 미만 길이 유지
- 의료용 간호사 가위 (Bandage Scissors) → 비금속 날로 제작된 커브형 가위도 일부 항공사에서 허용

[반입 팁]

- 반입 여부는 항공사·국가 규정에 따라 상이하므로, 사전에 해당 국가의 공항 보안 규정을 확인하는 것이 안전하다.
- 확실히 반입해야 할 경우에는 수하물 위탁을 고려하거나, 대회 측에서 제공하는 장비 사용 여부를 미리 문의하는 것이 좋다.

자격시험 대비 핵심 출제 포인트
(4지 선다형 10문항)

각 문항에는 정답 및 간단한 해설을 첨부했습니다.

01 스포츠 테이핑의 주요 목적이 아닌 것은?

A. 관절 안정성 확보   B. 근육 기능의 촉진   C. 림프 순환 방해   D. 자세 인식 향상

정답: C   해설: 테이핑은 림프 순환을 촉진하며 방해하지 않음.

02 키네시올로지 테이핑의 주요 기전으로 올바른 것은?

A. 혈관 수축을 유도하여 부기를 줄인다.
B. 고정력으로 운동 범위를 완전히 제한한다.
C. 피부와 근막의 공간을 확보하여 순환을 돕는다.
D. 피부 감각을 둔화시켜 운동 통증을 무시하게 한다.

정답: C   해설: 테이핑은 피부-근막 간 공간 확보로 림프/혈액 순환을 도우며 부종 완화에 기여함.

03 다음 중 키네시올로지 테이핑의 주된 신경생리학적 효과는?

A. 근섬유 단면적 감소   B. 감각신경 차단
C. 관절 고유감각 자극   D. 신경전도 속도 증가

정답: C   해설: proprioception(고유감각) 자극은 움직임 인식 개선에 핵심 기전

04 테이핑이 통증 조절에 기여하는 이론적 배경은?

A. Reflex Arc Theory   B. Muscle Spindle Reflex
C. Gate Control Theory   D. Central Fatigue Theory

정답: C   해설: 피부 수용체 자극 → 통증 신호의 차단(Gate Control Theory) 기전

05 고정 테이핑과 탄력 테이핑의 차이점으로 옳은 설명은?

A. 고정 테이핑은 순환 개선에 도움을 준다.
B. 탄력 테이핑은 움직임을 전적으로 제한한다.
C. 고정 테이핑은 기계적 지지력 제공에 초점을 둔다.
D. 탄력 테이핑은 관절을 고정하는 데 사용된다.

정답: C 해설: 고정 테이핑은 손상 부위 안정화와 보호에 중점

06 키네시올로지 테이프의 신축성은 일반적으로 어느 정도인가?

A. 50~70%   B. 80~100%   C. 130~140%   D. 160~180%

정답: C 해설: 원래 길이의 약 130~140%까지 신축 가능

07 다음 중 테이핑의 금기증으로 가장 적절한 것은?

A. 근육 경직   B. 알레르기성 피부   C. 만성 인대 손상   D. 운동 직후 근육통

정답: B 해설: 피부 알레르기 반응은 즉각적인 테이핑 금기사항

08 테이핑이 적용되었을 때 기대할 수 있는 효과가 아닌 것은?

A. 심리적 안정   B. 감각 수용체 자극   C. 신경전달속도 저하   D. 통증 조절

정답: C 해설: 테이핑은 신경 전달을 저하시키지 않음.

09 테이핑 제거 시 지켜야 할 원칙이 아닌 것은?

A. 피부와 평행하게 천천히 제거   B. 땀이나 수분을 흡수시켜 제거
C. 갑작스럽게 빠르게 떼어내기   D. 피부를 반대 방향으로 당겨 보조

정답: C 해설: 갑작스러운 제거는 피부 손상의 위험이 있음.

10 테이핑의 적용 목적 중 하나로 옳은 것은?

A. 근육의 활동 억제   B. 혈류 감소 유도
C. 관절의 위치감 인식 향상   D. 피부민감성 증가

정답: C 해설: 관절 위치감(Proprioception) 향상은 주요 목표 중 하나

실무 중심 질의응답
(전공생 질문 & 실무자 답변)

Q 테이핑할 때 근육의 방향을 반드시 따라야 하나요?

A 반드시 그렇지는 않습니다. 일반적으로 근육의 기시–정지 방향을 따라 붙이는 것이 원칙이지만, 통증 부위나 기능 보조 목적에 따라 다양한 방식으로 응용합니다. 특히 림프순환이나 교차 테이핑처럼 정형화되지 않은 방식도 실제 필드에서 매우 유효합니다.

Q 테이핑 효과에 대한 논란이 있는데, 왜 현장에서는 여전히 많이 사용하나요?

A 맞습니다. 연구에 따라 효과가 명확하지 않다는 결과도 있습니다. 그러나 현장에서는 '기능 보조' 외에도 '심리적 안정감', '보상 움직임 억제', '루틴화된 준비' 등의 실질적인 효용이 있기 때문에 여전히 널리 쓰입니다. 경험적으로 도움을 받는 선수도 많습니다.

Q 스포츠 현장에서 테이핑보다 보호대를 사용하는 경우는 언제인가요?

A 장시간 경기나 반복적인 충격이 예상되는 상황에서는 착용 시간이 긴 보호대가 선호됩니다. 하지만 보호대는 범용적이고 부피가 크기 때문에, 민첩한 움직임이 필요한 스포츠에서는 테이핑이 더 적합합니다.

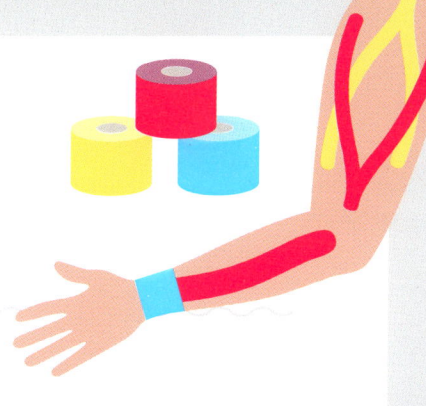

Q 테이핑을 너무 자주 하면 피부에 문제가 생기지 않나요?

A 그렇습니다. 반복적인 테이핑은 피부자극, 발진, 심하면 수포까지 유발할 수 있습니다. 그래서 민감성 테스트, 항알레르기 테이프 사용, 보호 패치 부착 등의 예방조치를 합니다.

Q 기내 반입 가능한 테이핑 가위가 실제로 있나요?

A 네. TSA 기준에 맞춘 둥근 끝의 안전가위나 플라스틱 재질 가위가 있습니다. 특히 원정 경기 시 꼭 필요한 장비이므로 미리 준비해두는 것이 좋습니다.

Q 피부 위에 테이핑이 잘 붙지 않으면 어떻게 하나요?

A 피부 유분 제거, 제모, 프리 테이프 스프레이 사용 등을 통해 밀착력을 높입니다. 땀을 많이 흘리는 부위라면 앵커 테이프나 보조 테이프로 이중 고정하는 방법도 사용합니다.

PART

02

일반 테이핑 방법

CHAPTER 01 상지

CHAPTER 02 하지

01 General Shoulder
02 Shoulder stability, scapular
03 Rotate cuff
04 AC joint
05 Full shoulder
06 Neck
07 Neck assist
08 Spine assist
09 Mid back
10 Low back
11 Low back Pro wide Rickey
12 Low back pro wide
13 SI joint
14 Rib self
15 Abs appliaction
16 Biceps tendon self pro wide
17 Ticeps assist
18 Tricep Pro Wide Self
19 General elbow
20 Golfers elbow
21 Tennis elbow
22 wrist
23 Thumb tendon
24 Thumb joint
25 Finger jam
26 Carpal tunnel

일반 키네시오 테이핑

CHAPTER 01
상지

01 General Shoulder

준비물 : 4칸 2개

01
- 삼각근의 기시부(견봉에서 10~15cm 정도)에 테이프의 한쪽 끝을 대고 삼각근의 뒤쪽을 감싸듯이 놓아준다.
- 테이프의 하단부를 부착해 5cm의 앵커(고정점)를 만들어준다.

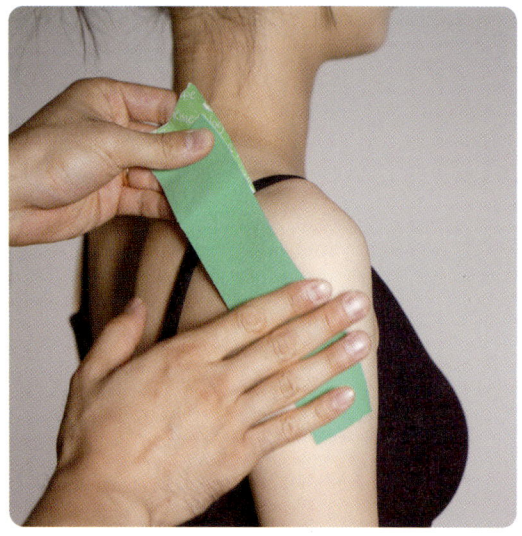

02 한 손으로 테이프를 가볍게 당기면서 어깨 뒤쪽의 삼각근 후면부를 따라 위로 올라가도록 테이프를 부착한다.

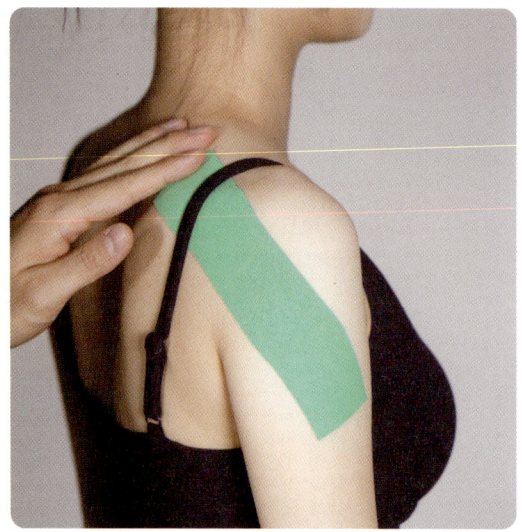

03 두 번째 테이프는 첫 번째와 마찬가지로 삼각근 하단부에 위치하여 전면 삼각근을 감싸듯이 두고, 첫 번째와 동일하게 5cm 정도의 앵커를 첫 번째 테이핑 위에 부착시킨다.

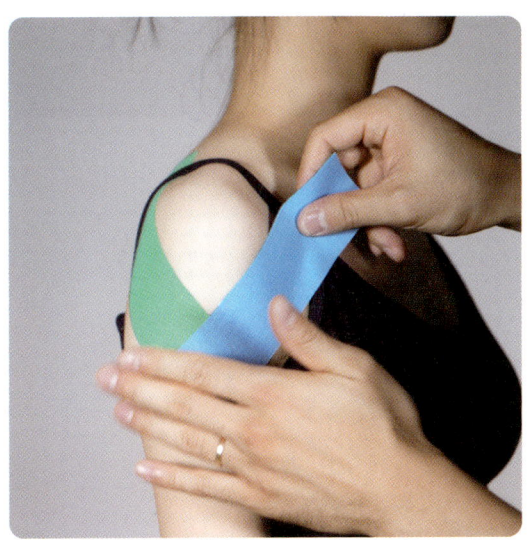

04
- 한 손으로 테이프를 가볍게 당기면서 어깨 앞쪽을 따라 테이프를 부착시킨다.
- 테이프의 반대쪽 앵커 부분을 아무런 스트레치 없이 부착하고, 테이프의 접착력을 높이기 위해 부드럽게 문질러 마무리한다.

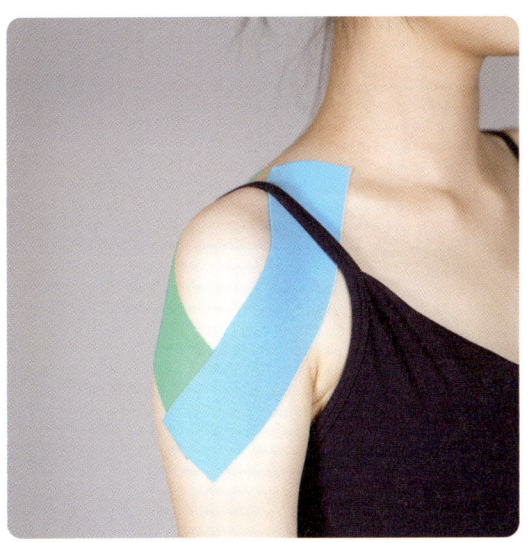 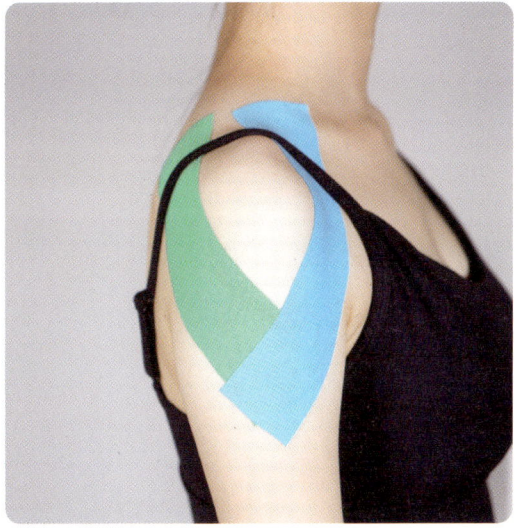

02 Shoulder stability, scapular

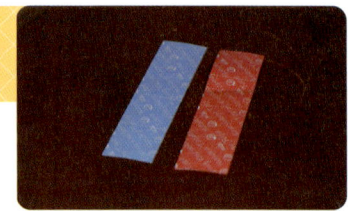

준비물 : 4칸 2개

01 어깨 앞쪽에 테이프의 한쪽 끝에서 약 5cm 앵커(고정점)를 만든다.

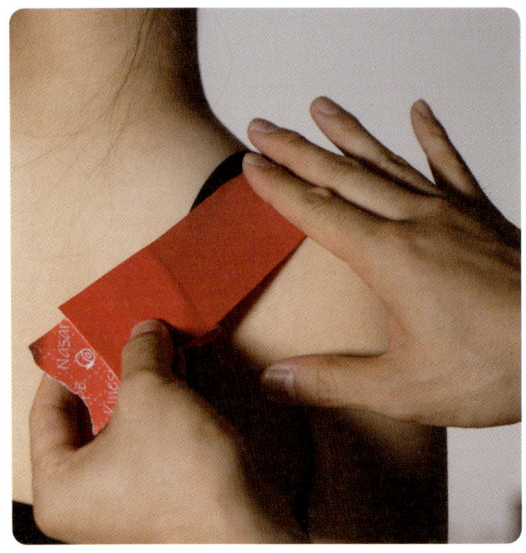

02
- 한 손으로 테이프를 중간 정도로 스트레치하면서, 견갑골의 중간 지점까지 부착하고 반대쪽 앵커는 스트레치 없이 부착한다.
- 테이프의 접착력을 높이기 위해 부드럽게 문질러준다.

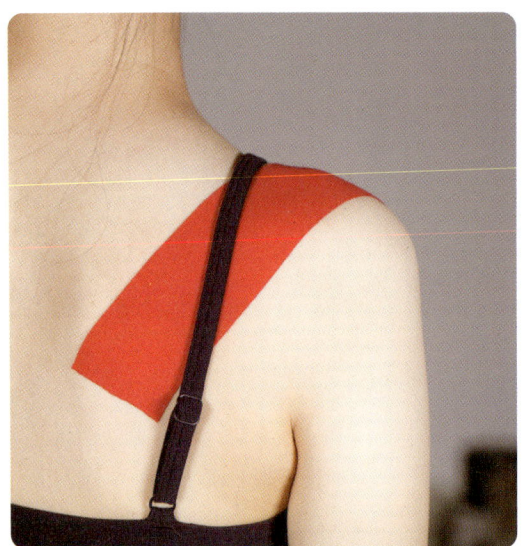

03 두 번째 테이프도 어깨 앞쪽에 첫 번째 테이핑과 겹쳐서 약 5cm 앵커 부분을 만든 후, 견갑골의 하각 방향으로 중간 정도 스트레치하여 부착한다. 이때 두 테이프가 겹치지 않도록 주의한다.

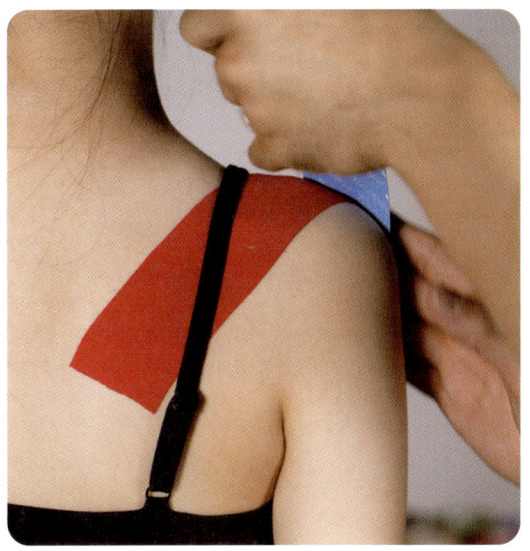 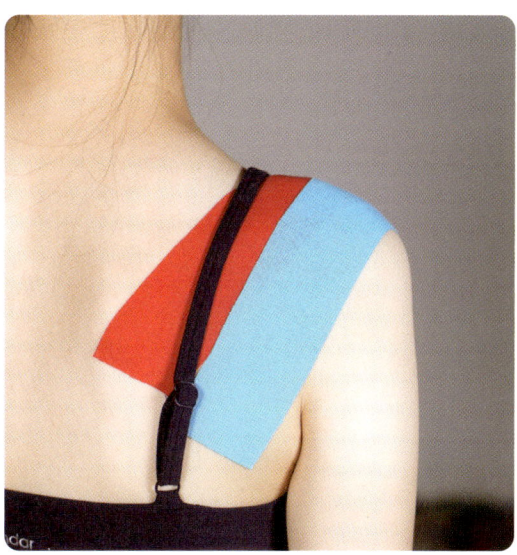

04 테이프의 접착력을 높이기 위해 부드럽게 문질러준다.

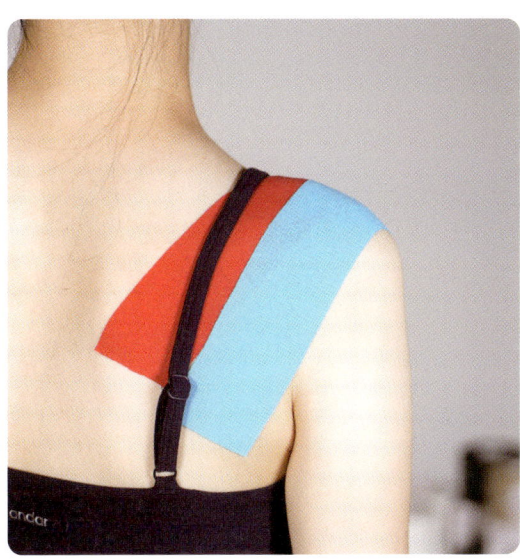

03 Rotate cuff

🟡준🟡비🟡물🟡 : 4칸 2개

01 어깨의 앞쪽에 테이프의 한쪽 끝을 약 5cm의 앵커(고정점)를 만든 후에 부착한다.

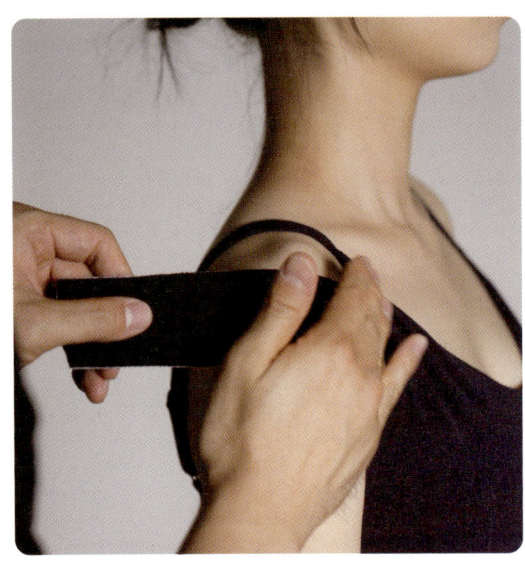

02
- 한 손으로 테이프를 가볍게 스트레치하면서, 견갑극을 따라 부착한다.
- 반대쪽 앵커는 스트레치 없이 부착한다.

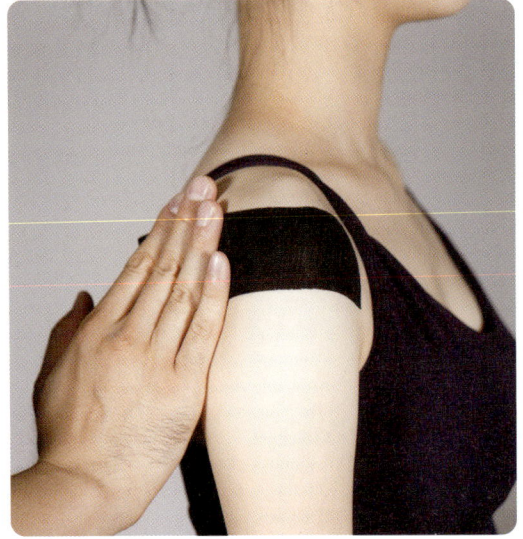

03 어깨 옆쪽에 다른 테이프를 어깨 옆 라인에 약 5cm 앵커를 부착한다.

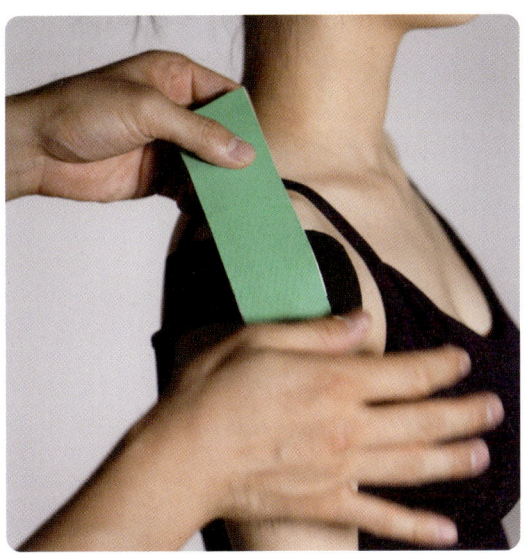

04 한 손으로 테이프를 중간 정도로 스트레치하면서, 어깨 위쪽을 따라 부착하고 어깨 관절을 지나 승모근 라인을 따라서 부착해주며 마무리 앵커 부분에 스트레치 없이 부착한다.

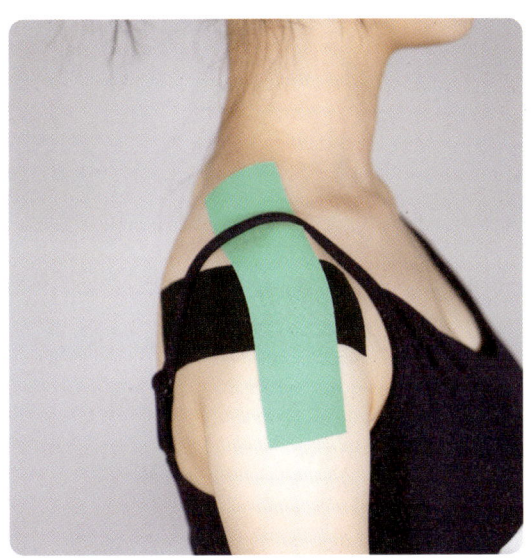 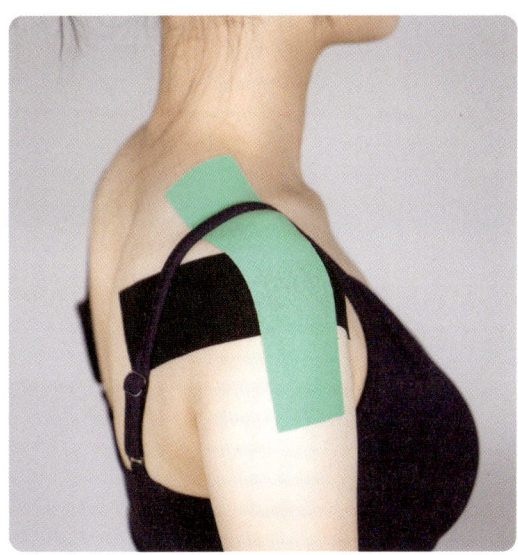

04 AC joint

준비물 : 4칸 2개, 3칸 2개

01
- 편하게 선 자세에서 테이프의 한쪽 끝을 삼각근의 시작 부근에서 약 5cm의 앵커(고정점)를 만들어준다.
- 약간의 스트레치를 주어 승모근 방향으로 부착한다.
- 반대쪽 앵커는 스트레치 없이 부착한다.

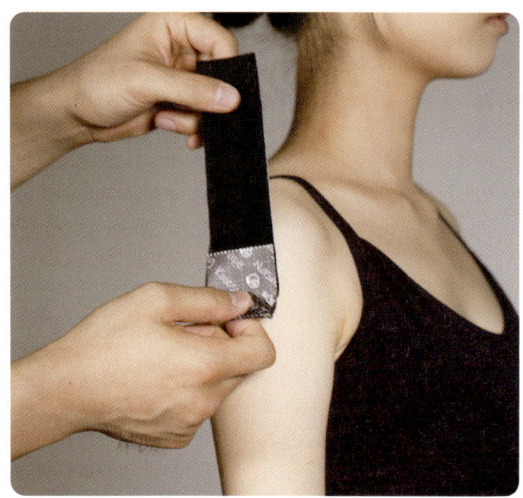 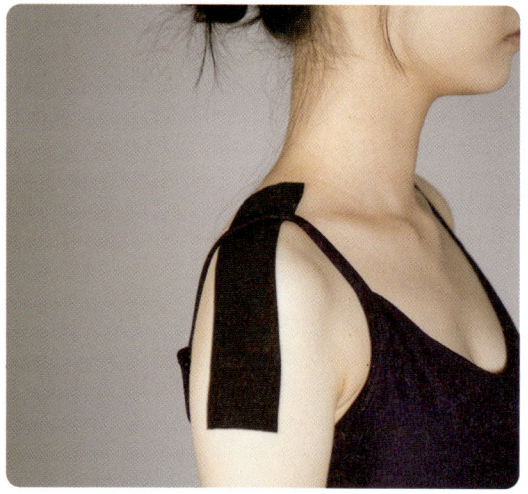

02
- 두 번째 테이프를 전면 삼각근을 감싸듯이 배치하여 5cm의 앵커를 잡아 부착한다.
- 스트레치를 약간 주어 올려주고 쇄골의 끝부분에서 첫 번째 테이핑과 겹쳐지도록 부착한다.

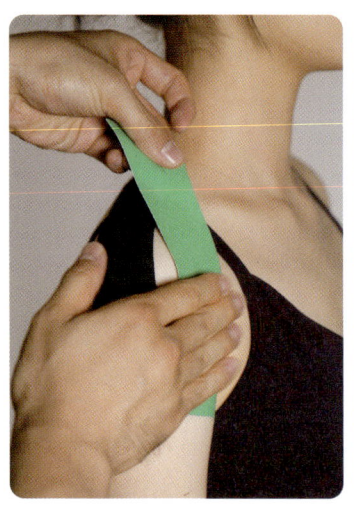  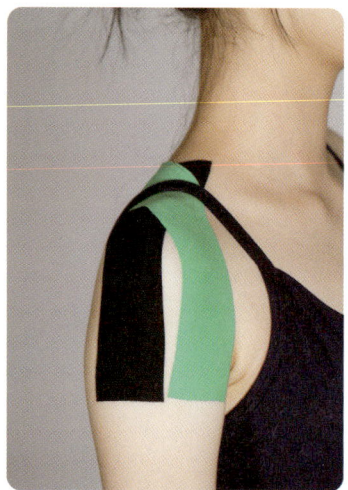

03 • 세 칸짜리 테이프를 흉근의 바깥쪽 상단 부분에서 압박하듯이 부착한다.
 • 어깨를 감싸듯이 이어서 부착한다.

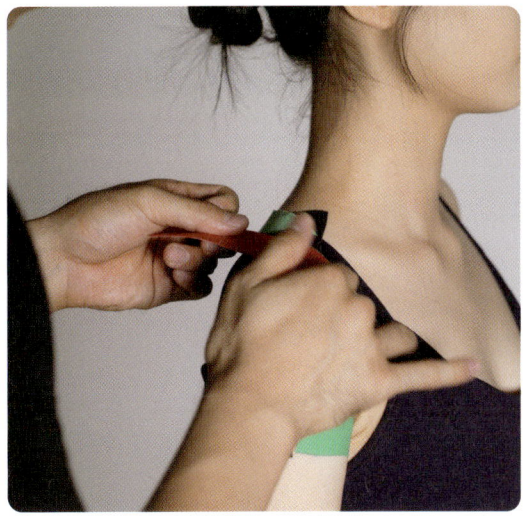 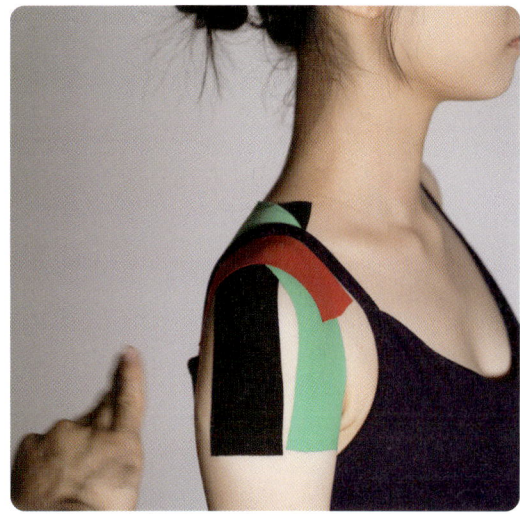

04 • 세 번째 테이핑과 수직이 되도록 부착한다.
 • 양 끝은 스트레치 없이 부착한다.

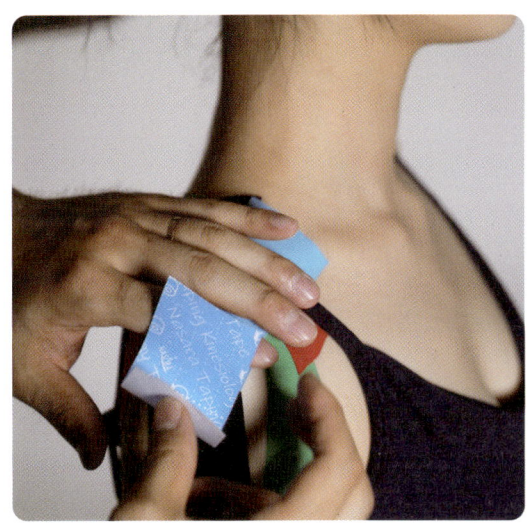 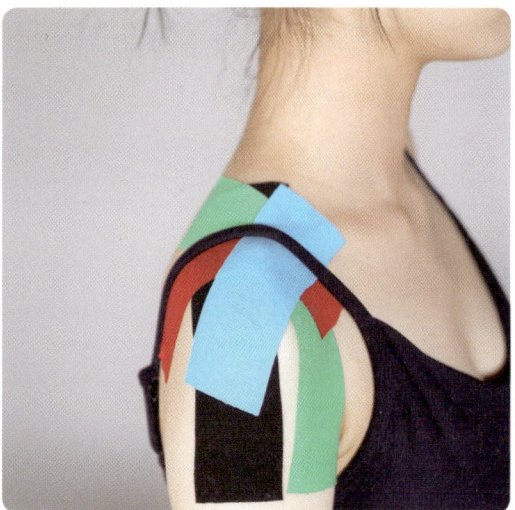

05 Full shoulder

준비물 : 4칸 3개

01
- 팔을 가슴 쪽으로 가져가 어깨 뒤쪽이 약간 스트레칭 되도록 한다.
- 후면 삼각근 전체를 감싸듯이 놓아주고 한쪽 끝에서 약 5cm 길이의 앵커(고정점) 부분을 만들어 하단부에 부착한다.

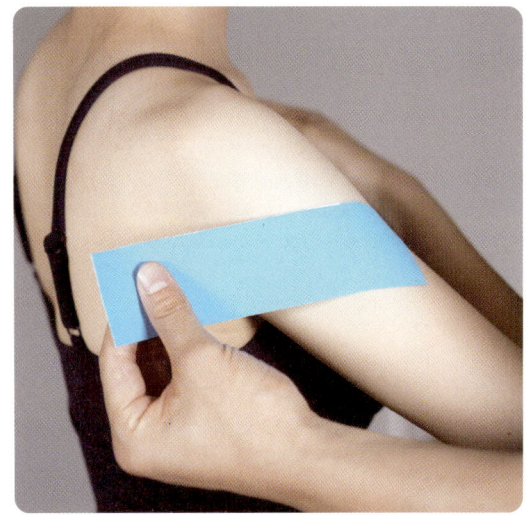

02
- 테이프를 가볍게 스트레치하면서 견갑극 아래에 부착한다.
- 반대쪽 앵커는 스트레치 없이 부착한다.

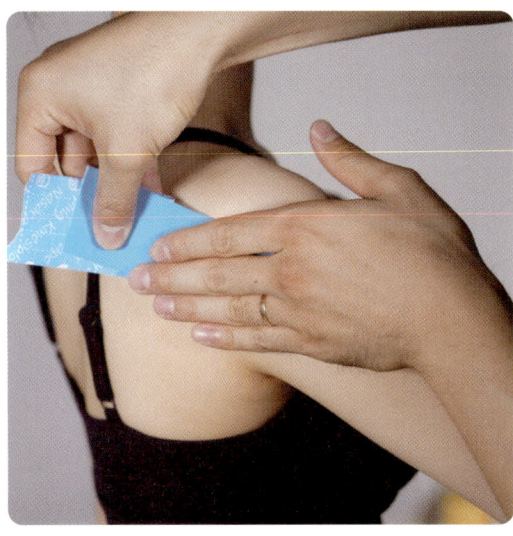 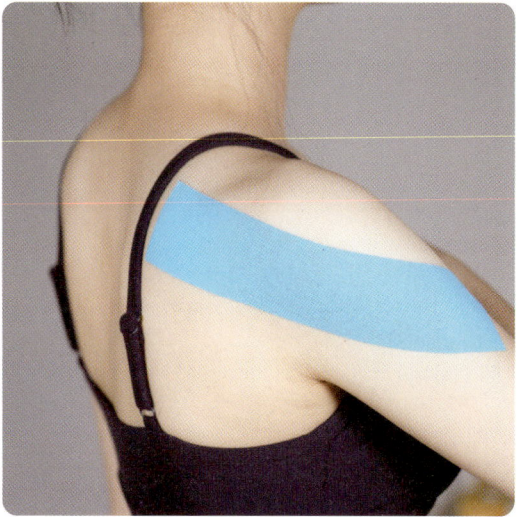

03 • 어깨를 신전시켜 팔을 몸보다 뒤로 가게 만들어주고, 두 번째 테이프는 전면 삼각근을 지나게 두어 첫 번째 테이핑의 시작한 곳과 동일하게 약 5cm 길이의 앵커 부분을 만들고 부착해준다.
• 어깨 위쪽을 향해 약간 곡선으로 올라가도록 부착하고 반대쪽 앵커는 스트레치 없이 부착한다.

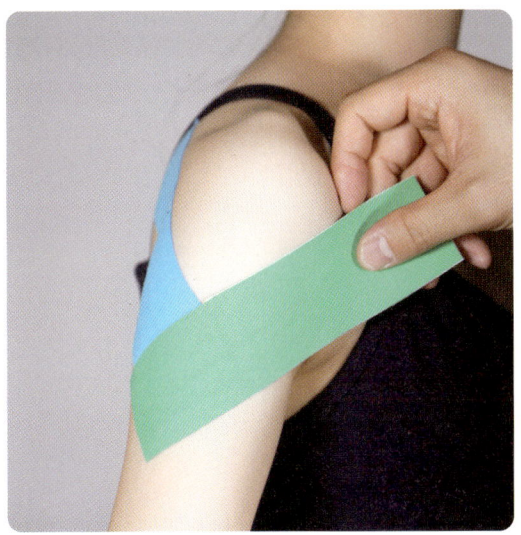 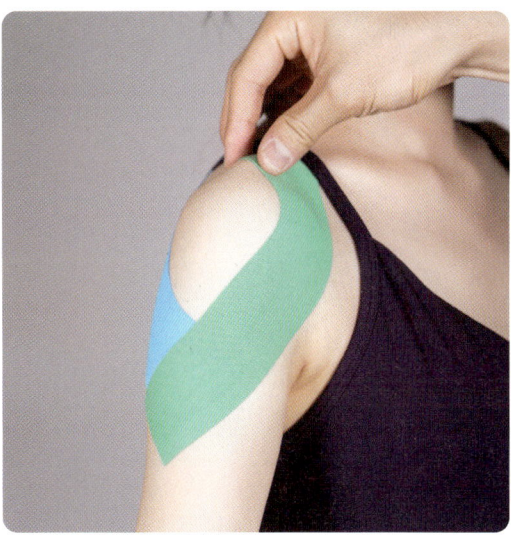

04 • 세 번째 테이프는 어깨 관절의 앞쪽에 앵커 부분을 만든다.
• 테이프를 당겨 어깨 관절을 뒤로 당겨주듯이 부착한다.
• 반대쪽 앵커는 스트레치 없이 부착한다.

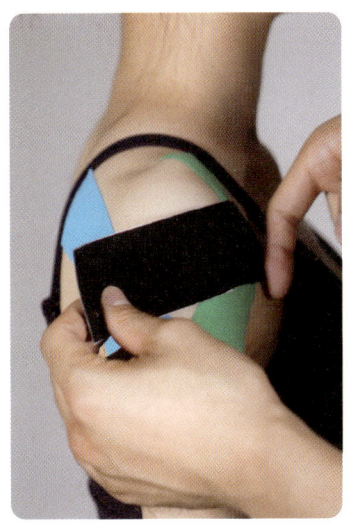 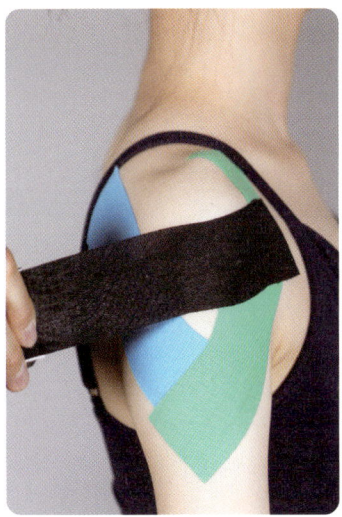 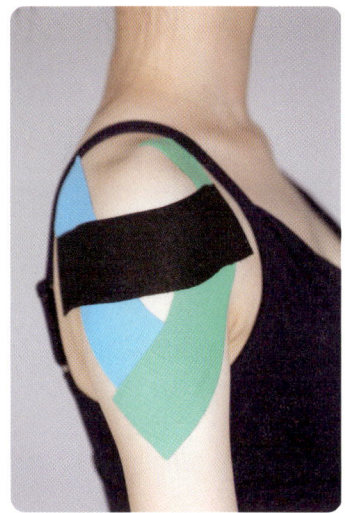

06 Neck(목)

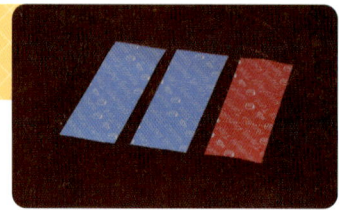

준비물 : 3칸 3개

01
- 앉은 상태에서 턱을 가슴 쪽으로 당겨주어 목 뒤쪽이 부드럽게 스트레칭 되도록 한다.
- 머리카락 바로 아래 부분에서, 테이프 한쪽 끝에서 약 5cm의 앵커(고정점) 부분을 만들고 아래로 가볍게 당겨주듯이 부착한다.

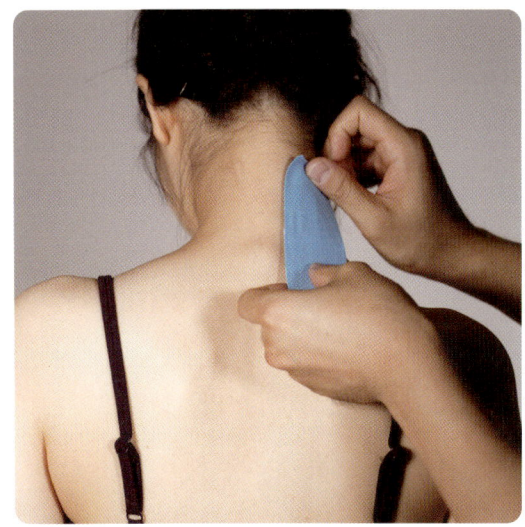

02 두 번째 테이프도 첫 번째 테이핑과 평행하게 척추의 반대쪽에 부착한다. 부착 과정은 첫 번째 테이핑과 동일하게 진행한다.

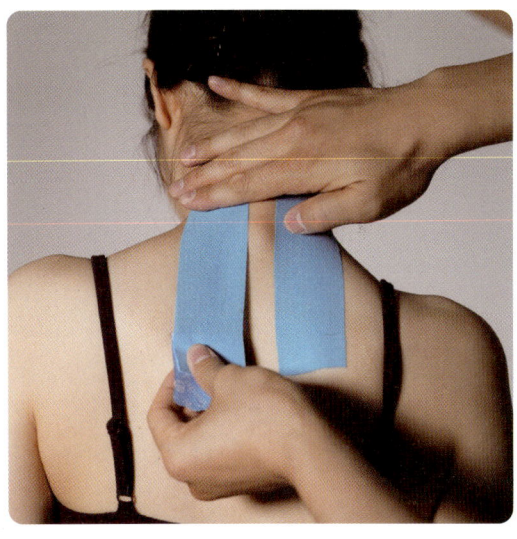 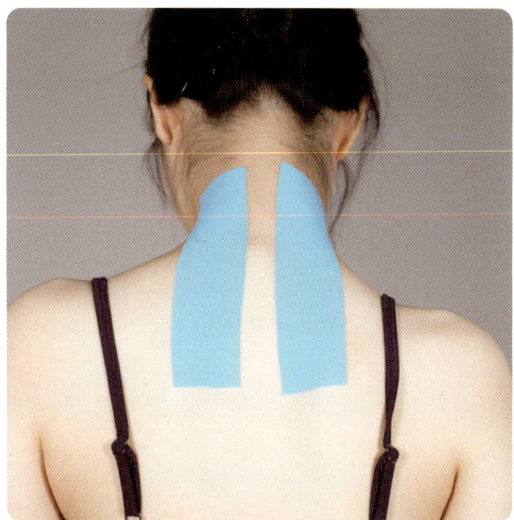

03 테이프의 중간 지점에서 백킹 페이퍼(보호 종이)를 찢어 제거하고, 양 끝을 잡고 테이프를 균등하게 중간 정도로 스트레치한다.(통증 부분이 없으면 목의 하단 부분에 압박을 주어 부착한다.)

04 이 테이프를 통증 부위에 직접 부착하여 추가적인 지지를 제공한다.

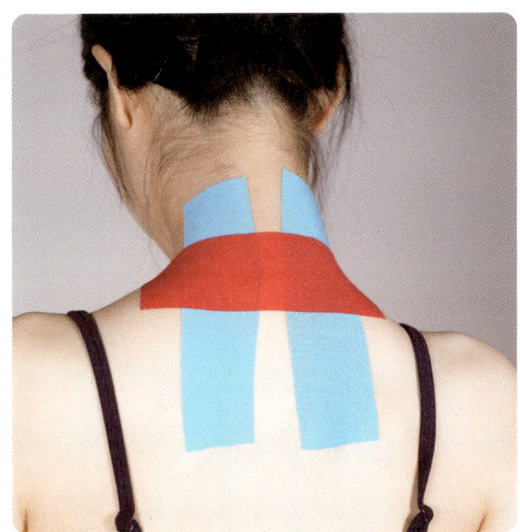

07 Neck assist

준비물 : 3칸 3개

01
- 앉은 상태에서 턱을 가슴 쪽으로 당겨주어 목 뒤쪽이 부드럽게 스트레칭 되도록 한다.
- 머리를 한쪽으로 밴딩시켜 준다.
- 밴딩된 방향의 반대쪽 목에 테이프 한쪽 끝에서 약 5cm의 앵커(고정점) 부분을 만들어 머리카락 아래에 부착한다.

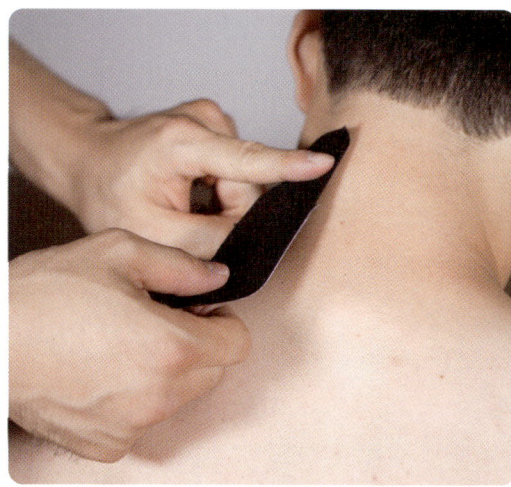 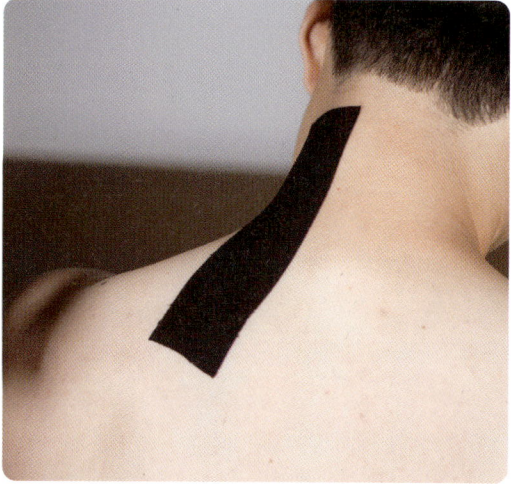

02 두 번째 테이프도 첫 번째 테이핑의 반대 방향으로 머리를 밴딩하고 반대쪽 목에 첫 번째 테이핑과 같은 방향으로 부착한다.

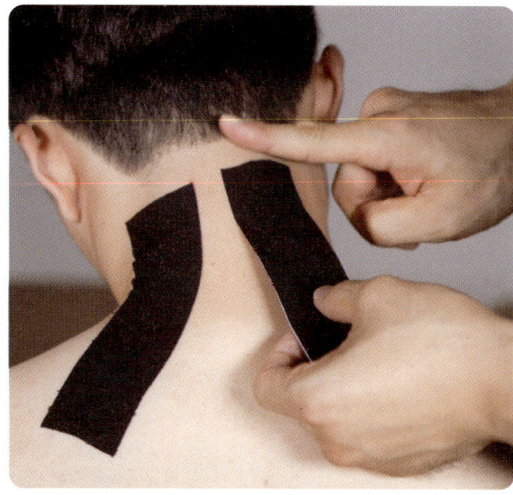 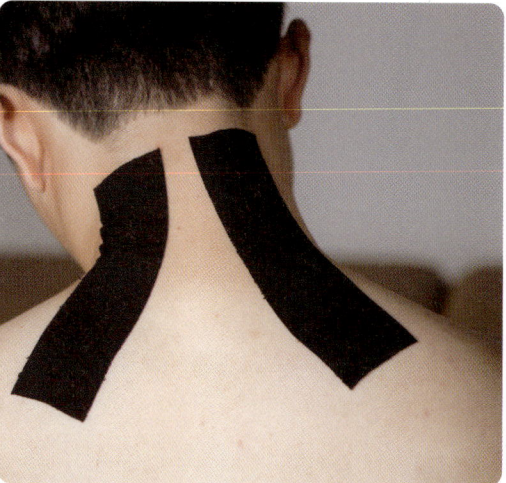

03 테이프의 중간 지점에서 백킹 페이퍼(보호 종이)를 찢고 제거하여, 양 끝을 잡고 테이프를 균등하게 중간 정도로 스트레치한다.(통증이 크지 않다면 목의 하단부에 부착한다.)

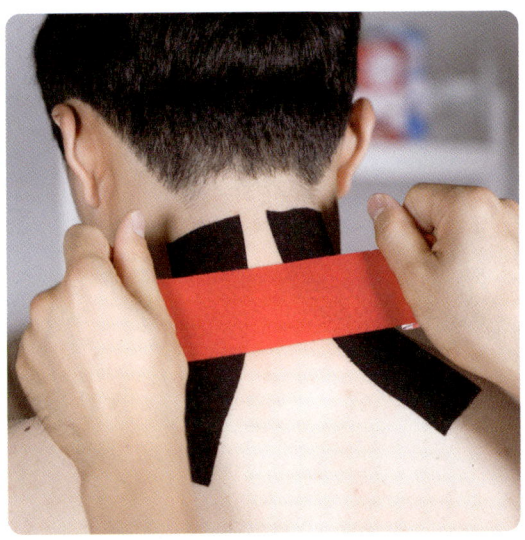

04 이 테이프를 통증 부위에 직접 부착하여 추가적인 지지를 해준다.

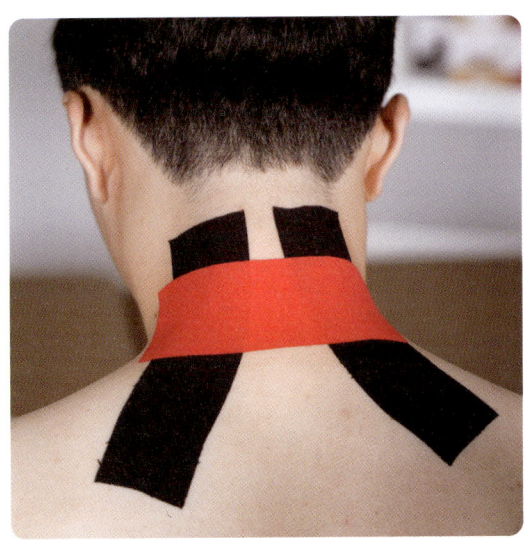

08 Spine assist

준비물 : 4칸 2개, 3칸 1개

01
- 상체를 앞으로 굽혀 등허리 부근에 약간의 스트레칭이 되도록 한다.
- 3칸짜리 테이프를 수평으로 잡고, 테이프의 중간 지점을 중간 정도로 스트레치한다.
- 통증 부위에 테이프를 직접 부착한다. 이때, 테이프 양 끝에 각각 약 5cm 길이의 앵커(고정점)를 남겨두어야 한다. 앵커 부분은 스트레치 없이 부착한다.

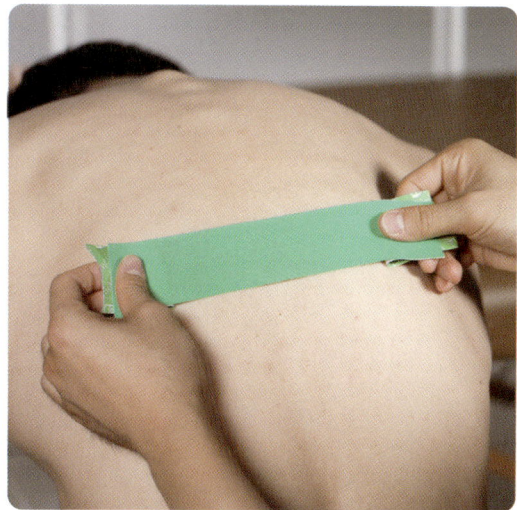 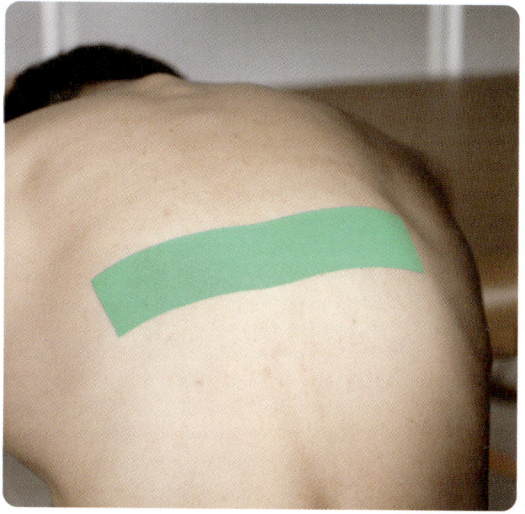

02 테이프를 수직으로 잡아 첫 번째 테이핑과 수직이 될 수 있도록 통증이 있는 등허리 부근에 부착한다.

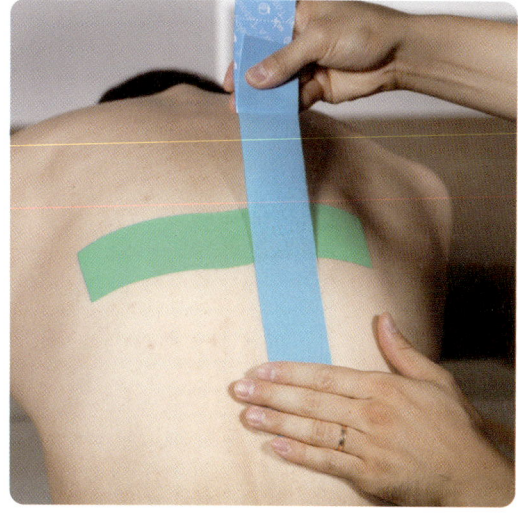 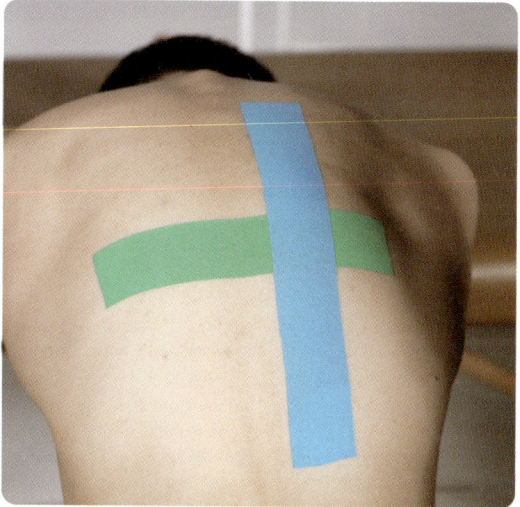

03 • 시작 부근 5cm의 앵커를 부착하여 중간 정도로 스트레치 한 후, 첫 번째 테이핑과 통증 부위에서 교차하도록 부착한다.
 • 끝에 약 5cm의 앵커 부분을 남기고 스트레치 없이 부착한다.

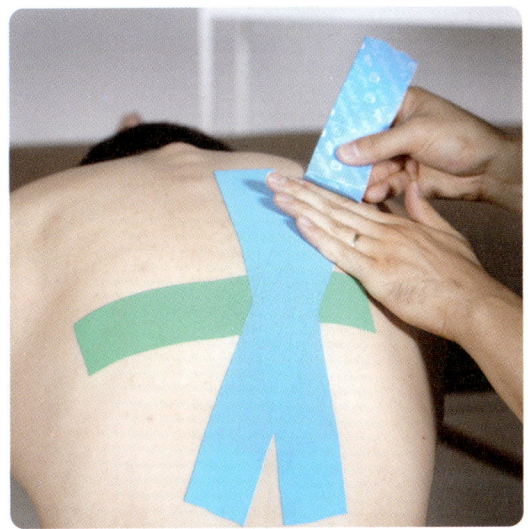

04 불편한 부위에 대각선 방향으로 같은 방법을 사용하여 추가적인 테이프를 부착할 수 있다.

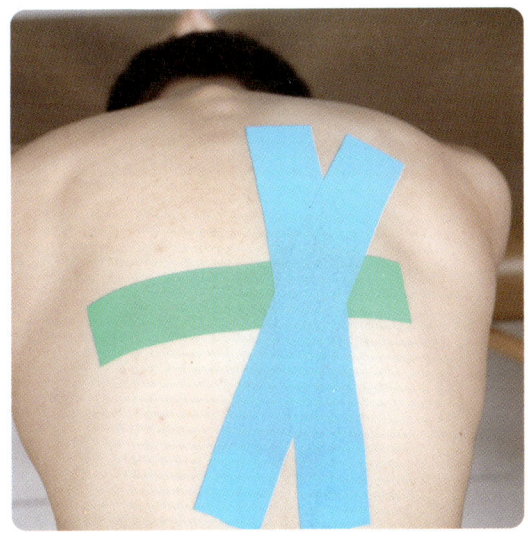

09 Mid back

준비물 : 5칸 2개

01
- 상체를 앞으로 숙여서 등이 가볍게 스트레칭 되도록 한다.
- 기립근을 따라서 놓아주고 아래쪽 끝에서 약 5cm의 앵커(고정점)를 준비한다.

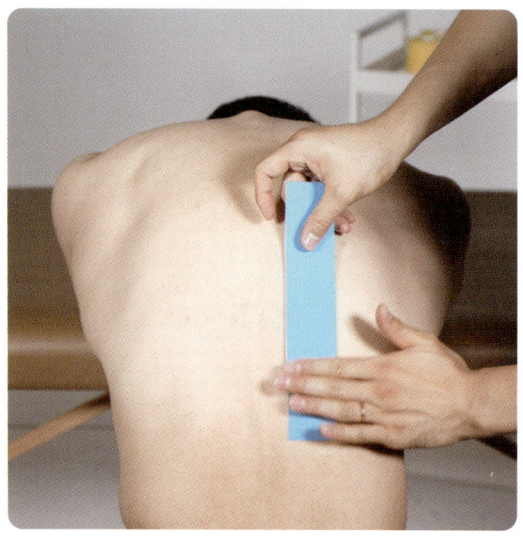

02
- 테이프를 가볍게 늘려 척추를 따라 통증이 있는 부위를 덮도록 부착한다.
- 테이프의 끝부분 앵커는 스트레치 없이 부착한다.

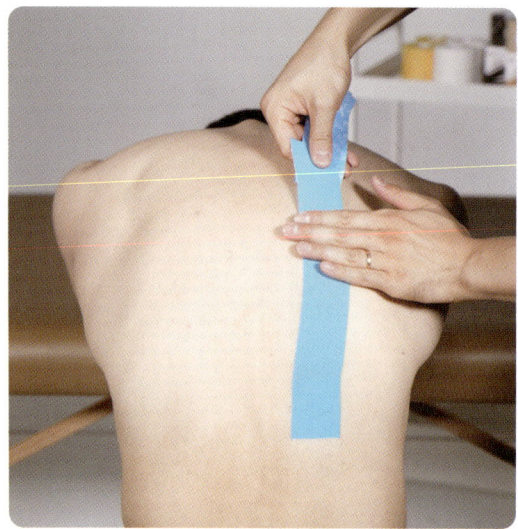

03 첫 번째 테이핑과 평행하게 척추의 반대편에 같은 방식으로 테이프를 부착한다.

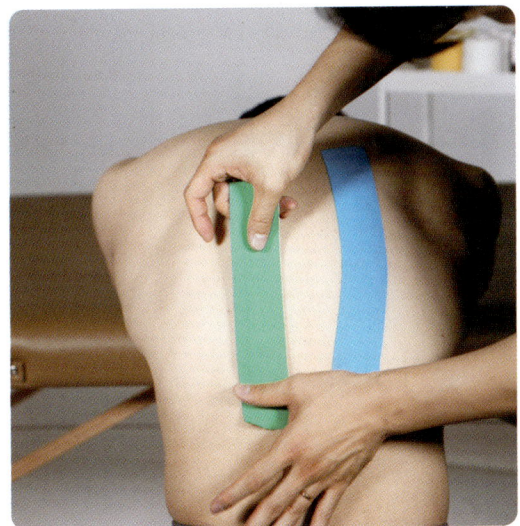 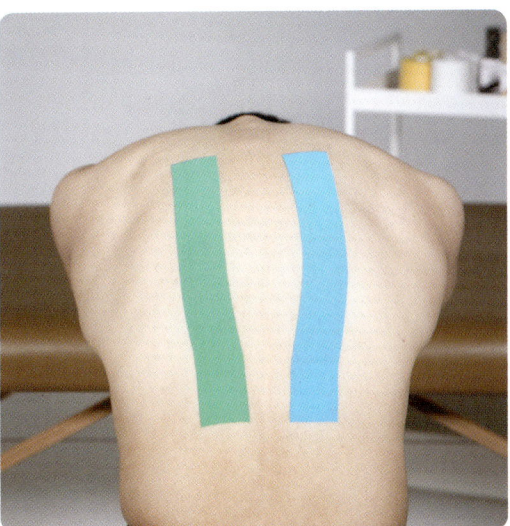

10　Low back

🔵준비물🔵 : 4칸 1개, 3칸 1개

01 • 허리를 앞으로 굽혀서 등이 가볍게 스트레칭 되도록 한다. 이는 불편한 부위를 나타내기 위한 것이다.
   • 통증이 있는 허리 아래쪽에 테이프의 약 5cm의 앵커(고정점) 부분을 척추 한쪽에 스트레치 없이 붙이고, 테이프를 강하게 늘려 척추를 따라 통증이 있는 부위를 덮도록 부착한다.

02 테이프의 끝부분(두 번째 앵커)은 스트레치 없이 부착한다.

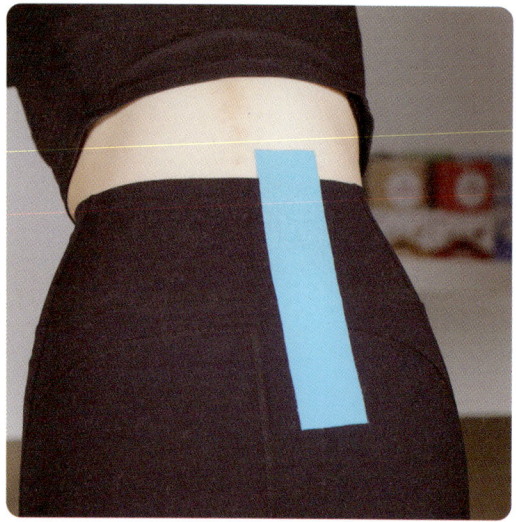

03 3칸짜리 테이프의 중앙에서 백킹 페이퍼(보호 종이)를 찢은 후, 테이프의 끝을 수평으로 잡고 강한 긴장감을 유지하며 통증 부위에 직접 부착한다.

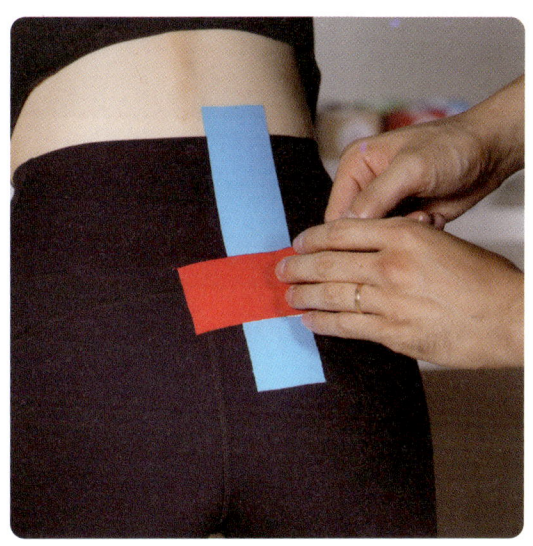

04 테이프의 양끝 부분(약 5cm 길이의 앵커)은 스트레치 없이 부착한다.

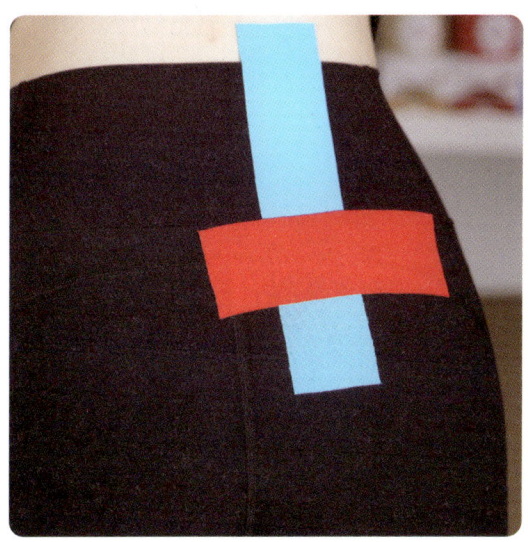

11 Low back Pro wide Rickey

 : 3칸 3개

01 서 있는 상태에서 허리를 앞으로 굽혀 허리의 긴장을 약간 풀어준다. 이때 허리를 지나치게 과도하게 굽히지 않도록 주의한다.

- 테이프 중간 지점의 백킹 페이퍼(보호 종이)를 찢어준다.
- 테이프의 끝부분을 손가락과 엄지로 잡고, 허리 뒤쪽에서 수평으로 위치시킨 후, 테이프에 균등하고 강하게 스트레치 하면서, 통증이 있는 부위 위에 테이프를 부착한다.
- 테이프 양 끝부분은 스트레치 없이 부착한다.

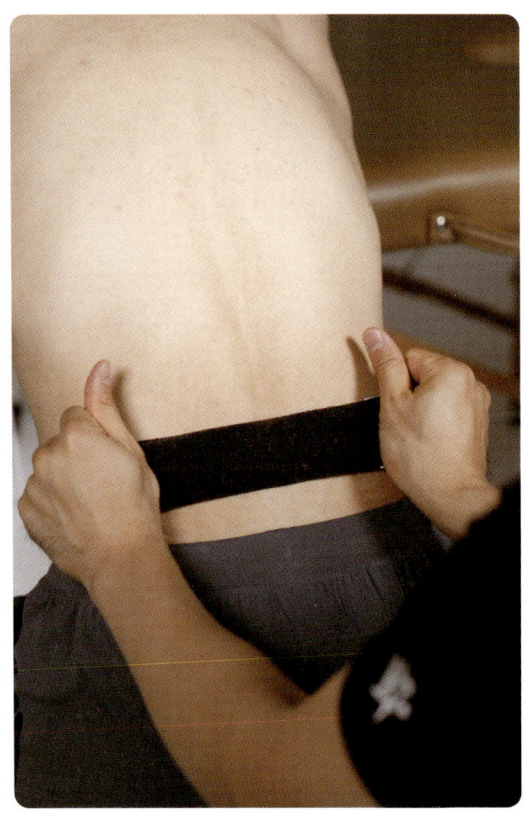

02 나머지 테이프를 첫 번째 테이핑과 같은 방식으로 부착한다.

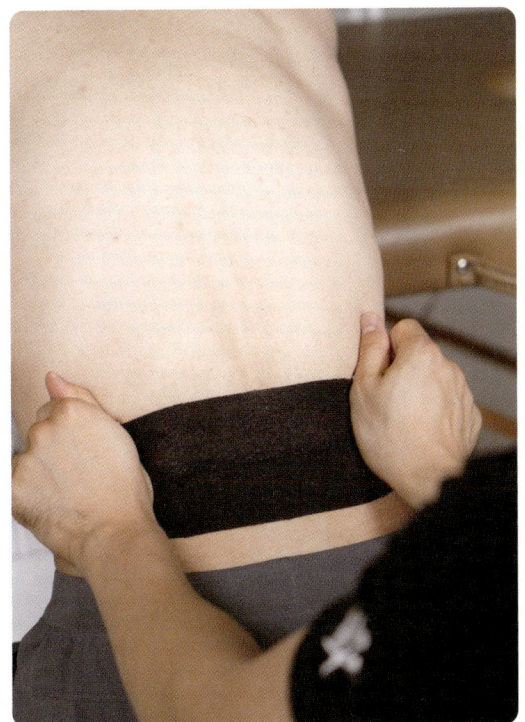
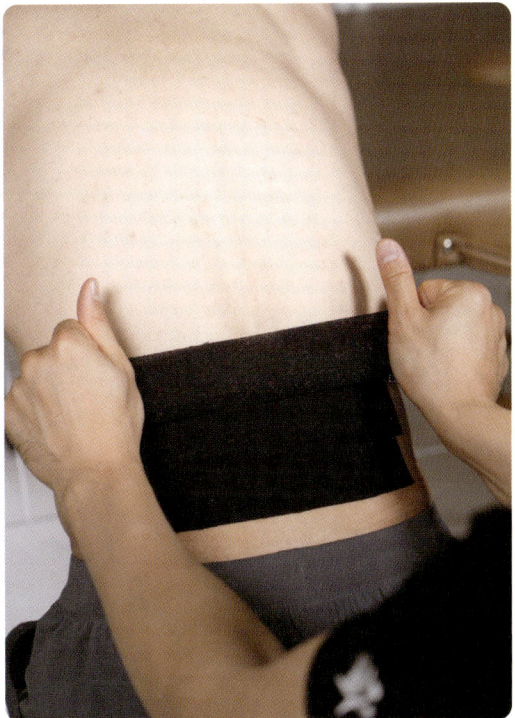
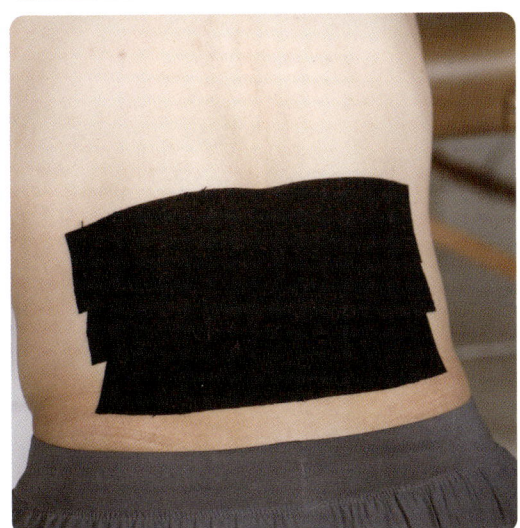

12 Low back pro wide

준비물 : 4칸 4개

01
- 허리를 앞으로 굽혀서 등이 가볍게 스트레칭 되도록 한다. 이는 불편한 부위를 나타내기 위한 것이다.
- 테이프의 약 5cm의 앵커(고정점) 부분을 척추 한쪽에 스트레치 없이 붙이고, 테이프를 가볍게 늘려 척추를 따라 통증이 있는 부위를 덮도록 부착한다.
- 테이프의 끝부분(두 번째 앵커)은 스트레치 없이 부착한다.

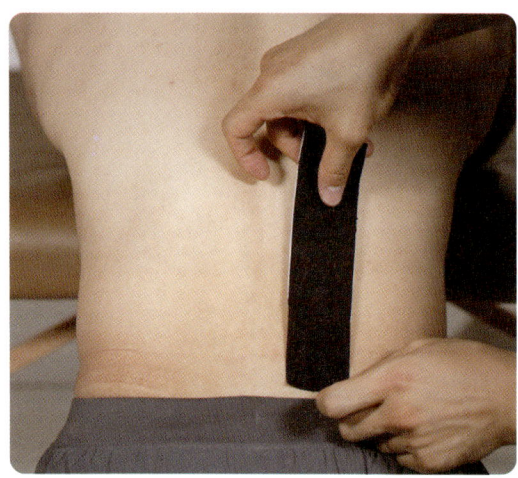 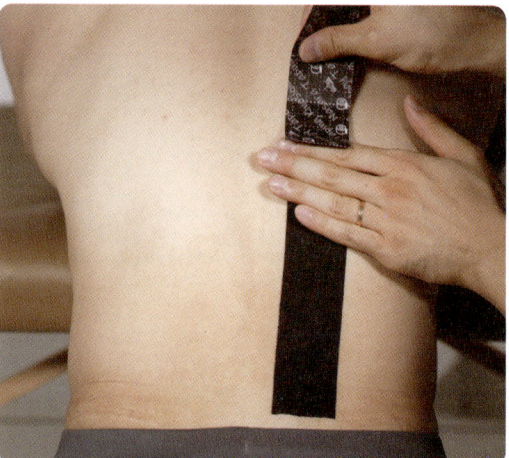

02 첫 번째 테이핑과 동일한 방법으로 두 번째 테이프를 준비하여, 첫 번째 테이프와 평행하게 척추의 반대편에 부착한다.

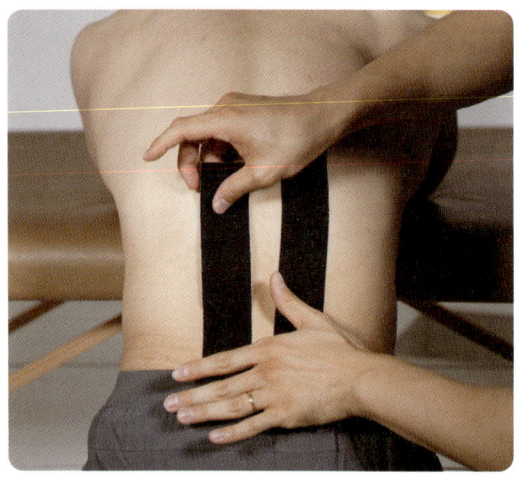 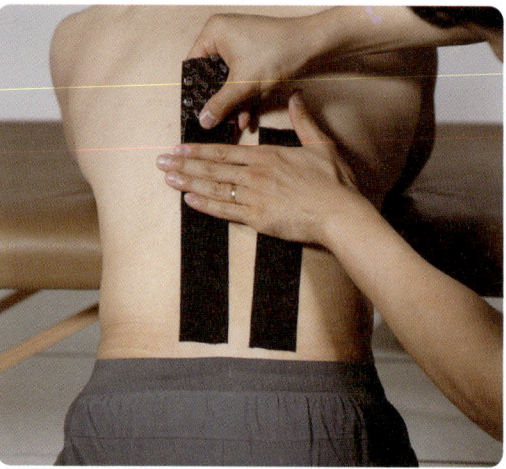

03
- 프로 와이드 테이프 중간 지점의 백킹 페이퍼(보호 종이)를 찢은 후, 테이프의 끝을 수평으로 잡고 중간 정도의 긴장감을 유지하며 통증 부위에 직접 부착한다.
- 테이프의 양 끝부분(약 5cm 길이의 앵커)은 스트레치 없이 부착한다.
- 동일한 방법으로 마지막 테이프도 부착한다.

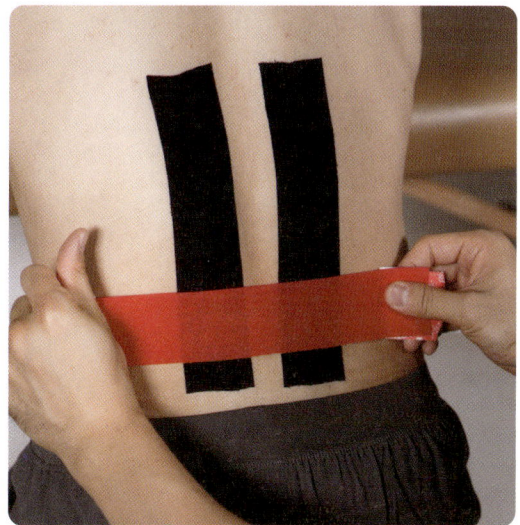 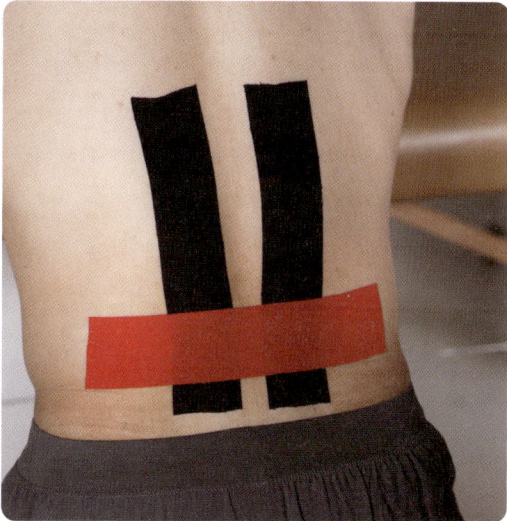
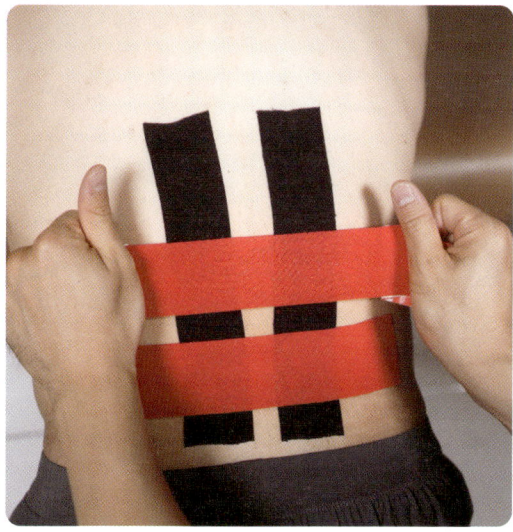 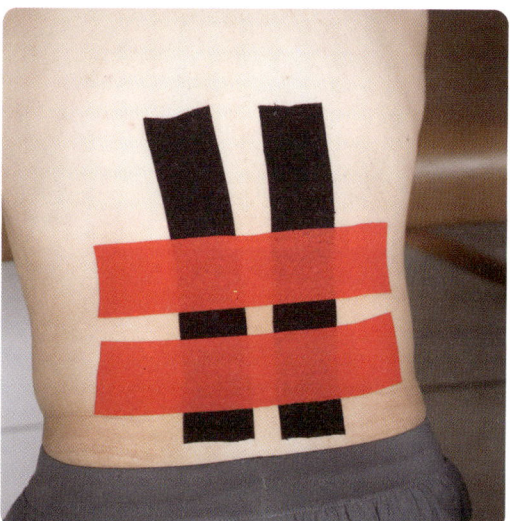

13 SI joint

준비물 : 5칸 2개

01
- 허리를 앞으로 굽혀서 등이 가볍게 스트레칭 되도록 한다.
- 테이프 중간 지점의 백킹 페이퍼(보호 종이)를 찢은 후, 테이프의 끝을 수평으로 잡고 중간 정도의 긴장감을 유지하며 통증 부위에 직접 부착한다.

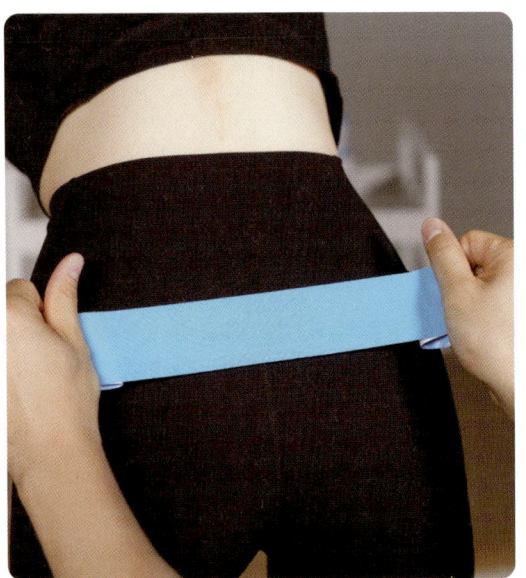
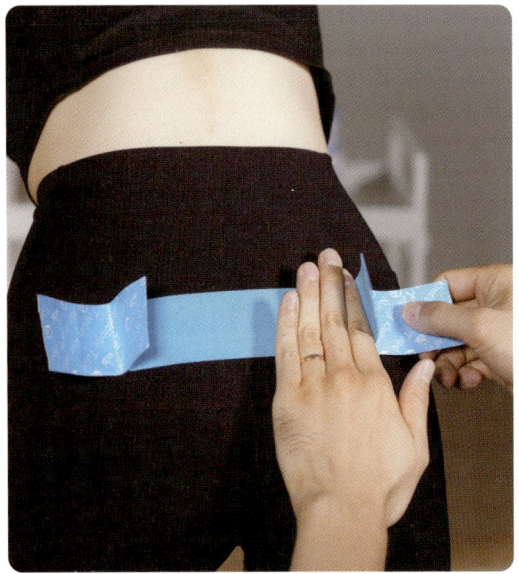

02 두 번째 테이프를 첫 번째 테이핑과 동일한 방법으로 첫 번째 테이핑 위쪽에 평행하게 부착한다.

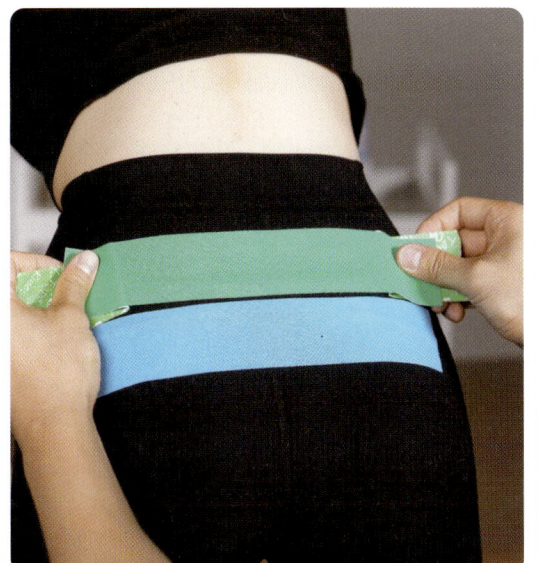 

14　Rib self

준비물 : 4칸 3개

01
- 테이프를 수평으로 잡고 중간 정도의 긴장감을 유지하며 통증 부위에 직접 부착한다.
- 테이프의 처음과 끝부분은 스트레치 하지 않고 부드럽게 부착한다.

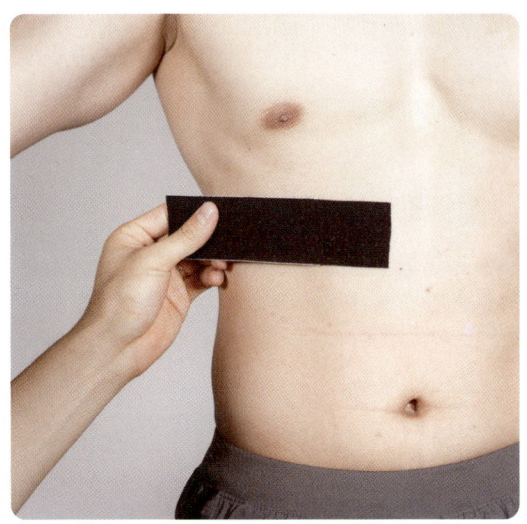

02
- 첫 번째 테이핑에 대각선 방향으로 위치한 뒤, 몸통 상단 바깥쪽에 붙이고 대각선으로 당겨 중간 정도의 긴장감을 유지하며 통증 부위 앞쪽에 부착한다.
- 테이프의 끝부분은 스트레치 하지 않고 부드럽게 부착한다.

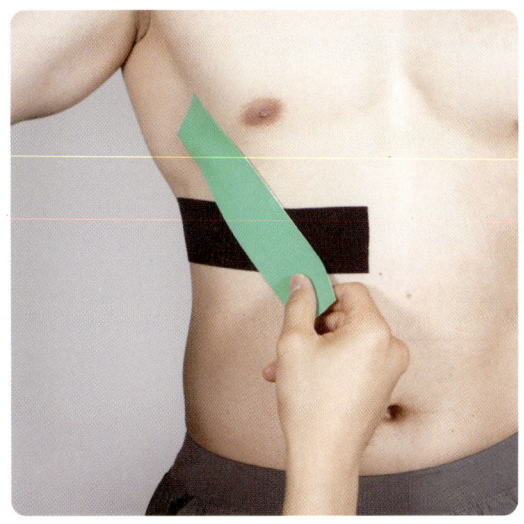

03 두 번째 테이핑과 동일하게 세 번째 테이프를 준비하여 통증 부위 뒤쪽에 두 번째 테이핑과 평행하게 부착한다.

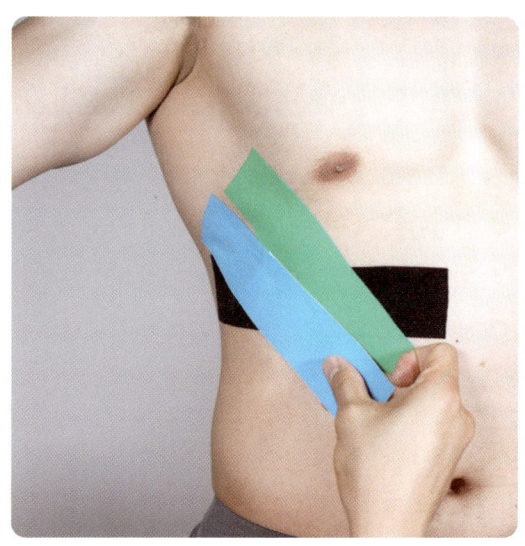

04 테이프의 끝부분은 스트레치 하지 않고 부드럽게 부착한다.

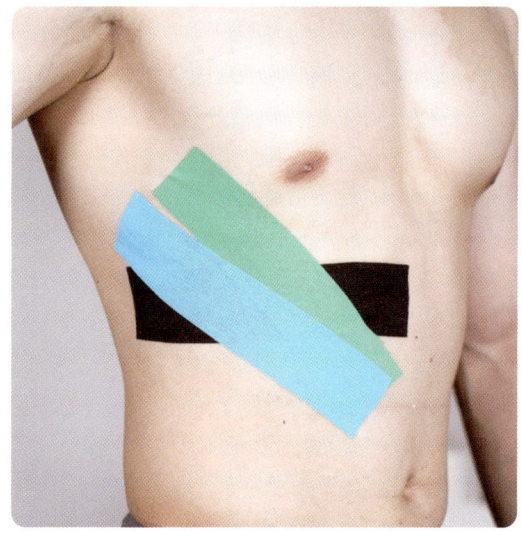

15 Abs appliaction

준비물 : 4칸 2개, 3칸 1개

01
- 복부에 가벼운 스트레칭을 주는 자세를 취하고 테이프의 한쪽 끝에서 약 5cm 길이의 앵커(고정점)를 만든다.
- 앵커 부분을 테이핑의 목표 부위 위에서 대각선 아래 방향으로 스트레치 없이 부착한다.
- 테이프를 가볍게 늘려서 대각선으로 목표 부위를 향해 복부 중간 지점으로 향하도록 부착한다. 통증 부위 바로 위를 지나가게 하고 테이프의 끝부분은 스트레치 없이 부드럽게 부착한다.

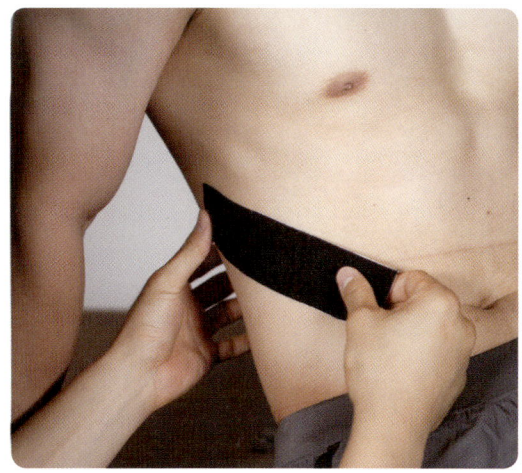

02 첫 번째와 동일한 방법으로 두 번째 테이프를 준비하여, 첫 번째 테이핑 바로 아래에 평행하게 부착한다.

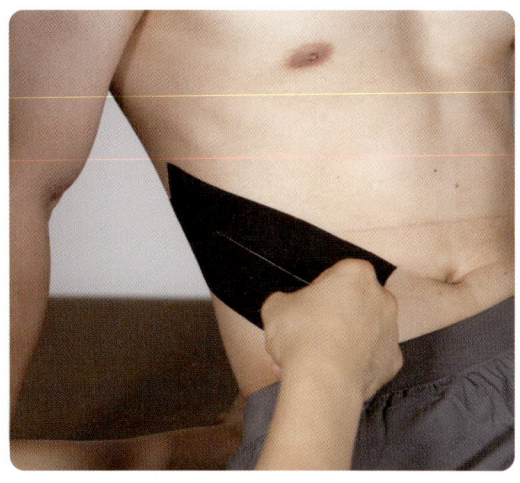 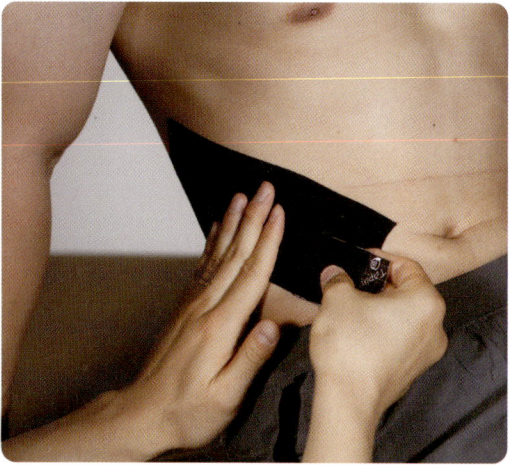

03 마지막 테이프 중간 지점의 백킹 페이퍼(보호 종이)를 찢은 후, 테이프를 수직으로 잡고 중간 정도의 긴장감을 유지하며 이전에 부착한 테이핑 중간 지점에 교차하게 부착한다.

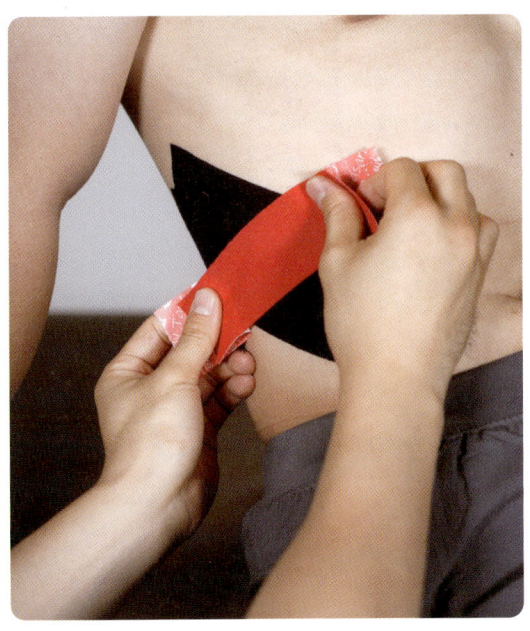

04 테이프의 끝부분은 스트레치하지 않고 부드럽게 부착한다.

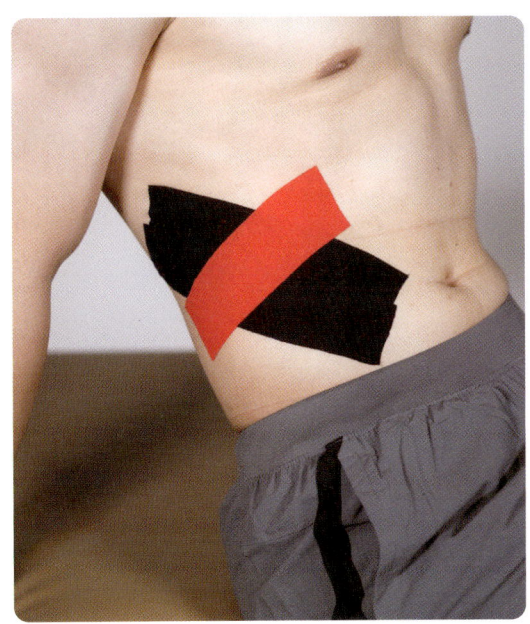

16 Biceps tendon self pro wide

준비물 : 4칸 2개

01
- 테이프의 한쪽 끝에서 약 5cm 길이의 앵커(고정점)를 만든다.
- 손바닥이 앞으로 향하게 한다.
- 테이프의 앵커 부분을 팔꿈치 주름 바로 위에 스트레치 없이 부착한다.
- 테이프를 가볍게 늘려서 이두근을 따라 어깨 앞쪽까지 부착한다.
- 테이프의 끝부분(두 번째 앵커)은 스트레치 없이 부드럽게 부착한다.

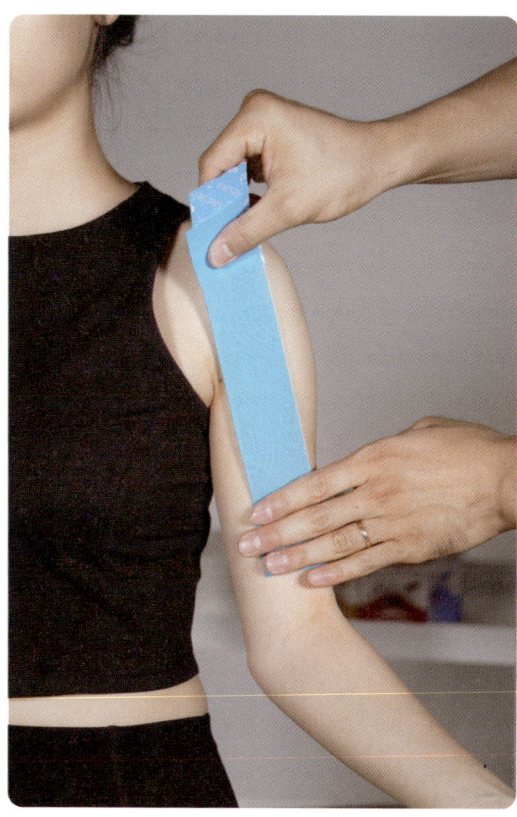
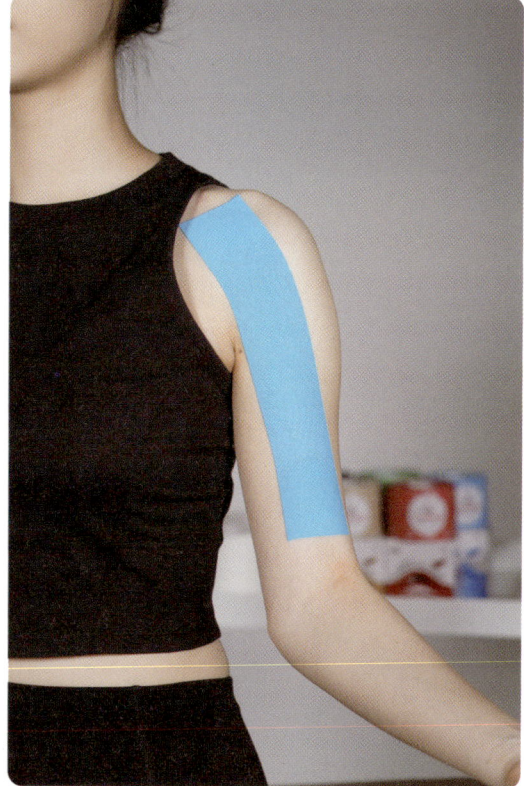

02 두 번째 테이프도 동일한 방법으로 첫 번째 테이핑 옆에 진행한다.

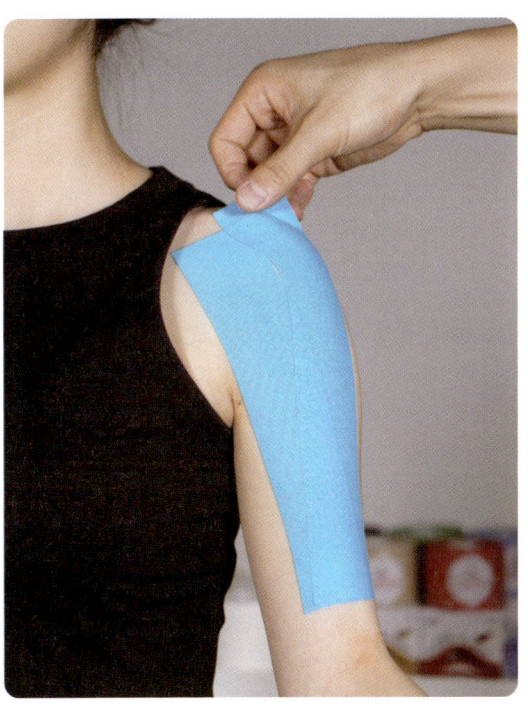

03 끝부분이 팔의 중간 지점을 지날 수 있도록 부착한다.

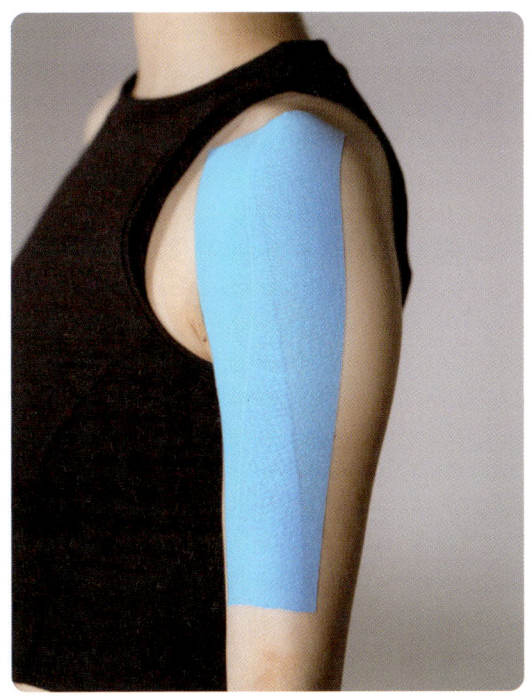

17 Ticeps assist

준비물 : 4칸 2개

01
- 손을 어깨에 닿게 올리고, 팔꿈치를 들어 올린다. 이렇게 하면 삼두근(팔 뒤쪽 근육) 그룹에 약간의 스트레칭이 발생한다.
- 상완골 뒤쪽에 약 5cm 길이의 앵커(고정점)를 만들어준다.

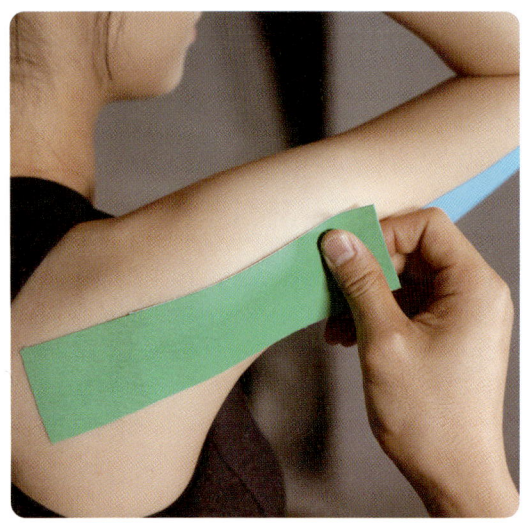

02
- 삼두근을 따라 테이프를 가볍게 당기면서 팔꿈치 바로 위까지 부착한다.
- 반대쪽 앵커는 스트레치 없이 부드럽게 부착한다.

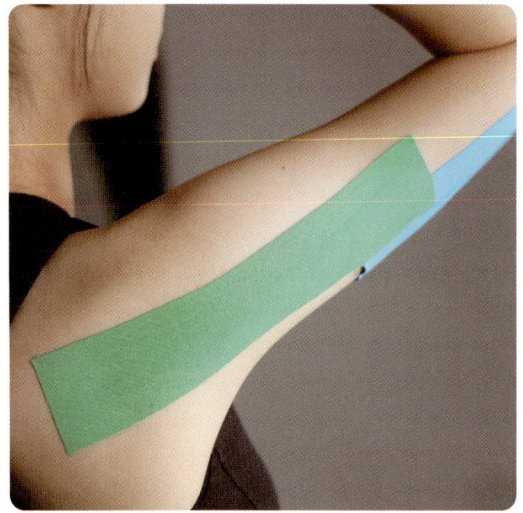

03 두 번째 테이핑도 동일한 방법으로 첫 번째 테이프 아래쪽에 진행한다.

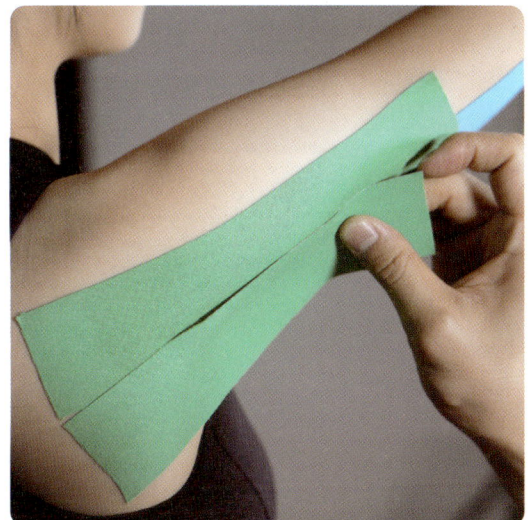
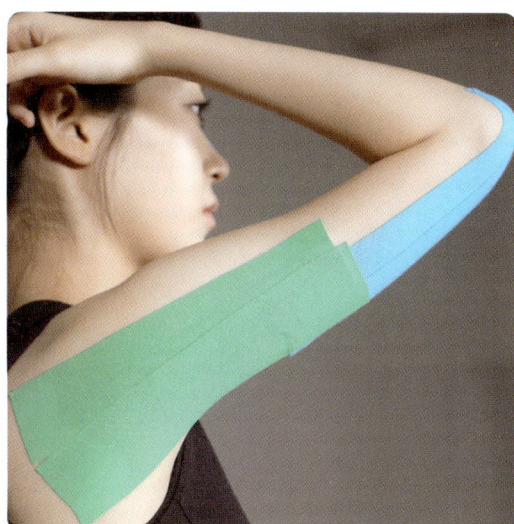

18 Tricep Pro Wide Self

준비물 : 4칸 2개

01 • 손을 어깨 쪽으로 올리면서 팔꿈치를 들어 올린다. 이렇게 하면 삼두근(팔 뒤쪽 근육) 그룹에 약간의 스트레칭이 발생한다.
  • 팔꿈치에 약 5cm 길이의 앵커(고정점)를 만들고 삼두근을 따라 부착한다.

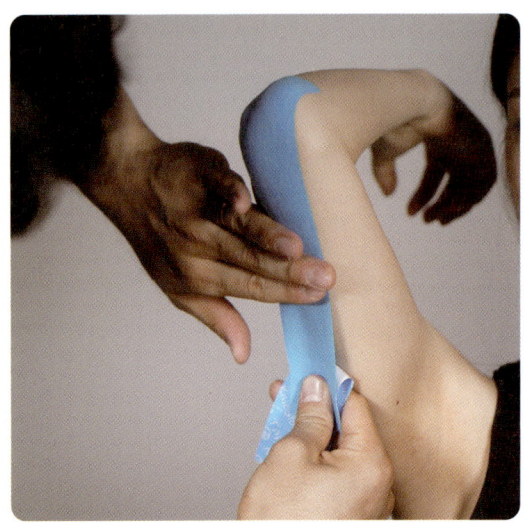

02 • 삼두근을 따라 테이프를 가볍게 당기면서 겨드랑이 바깥쪽까지 부착한다.
  • 반대쪽 앵커는 스트레치 없이 부드럽게 부착한다.

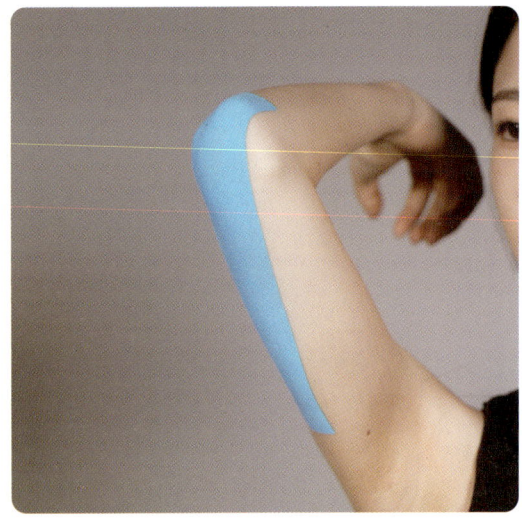

03 두 번째 테이프도 동일한 방법으로 첫 번째 테이핑 옆쪽에 진행한다.

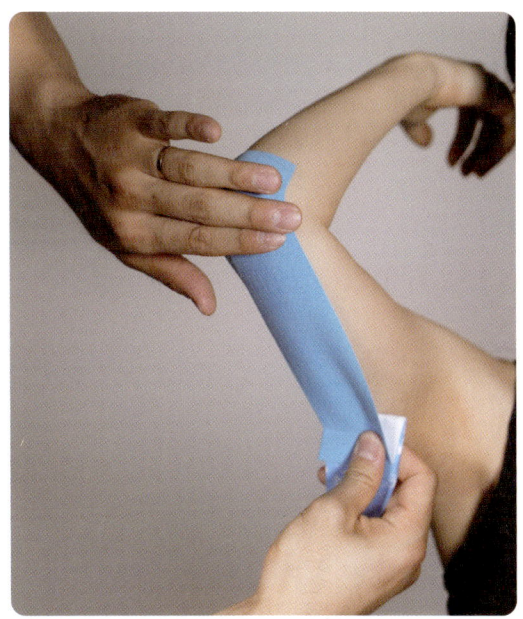
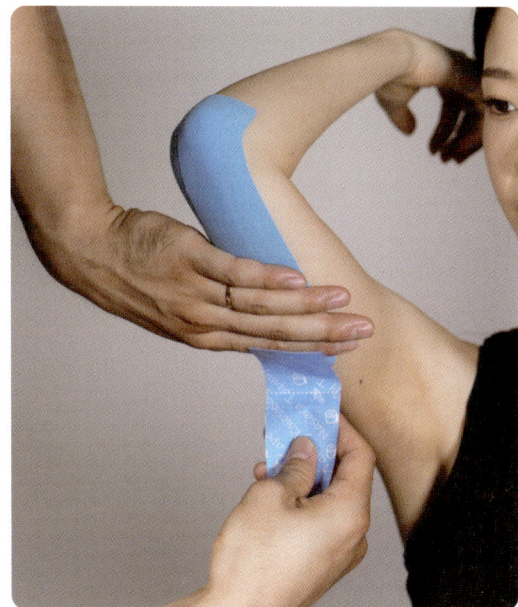
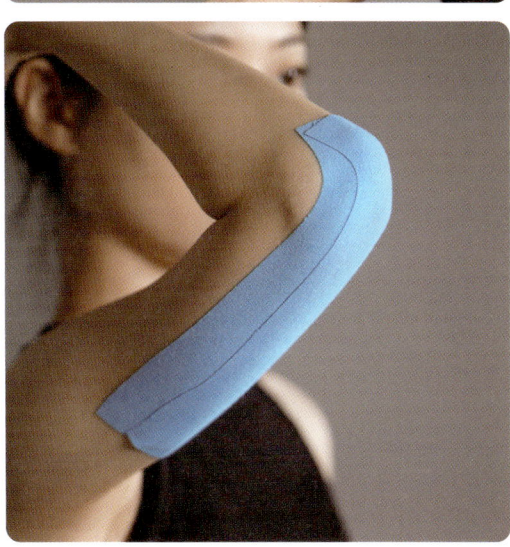

19 General elbow

준비물 : 4칸 2개

01
- 팔꿈치는 약간 굴곡시킨 편한 자세를 만들어준다.
- 테이프의 앵커(고정점)를 팔꿈치 아래 약 10cm, 뼈가 튀어나온 부분의 바깥쪽에 스트레치 없이 부착한다.

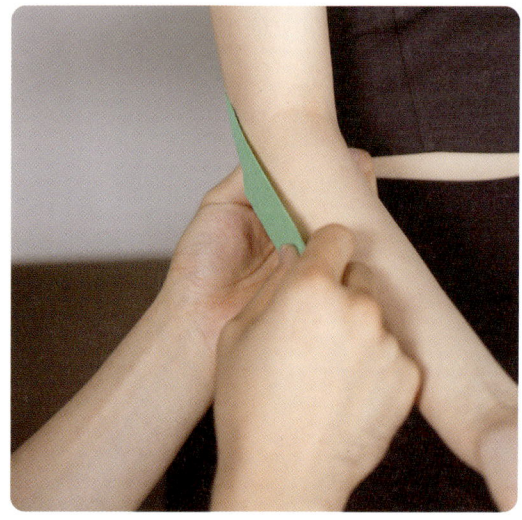

02
- 테이프를 약간 당기면서 전완부의 위쪽으로 향하게 부착한다.
- 끝부분의 앵커는 스트레치 없이 부착한다.

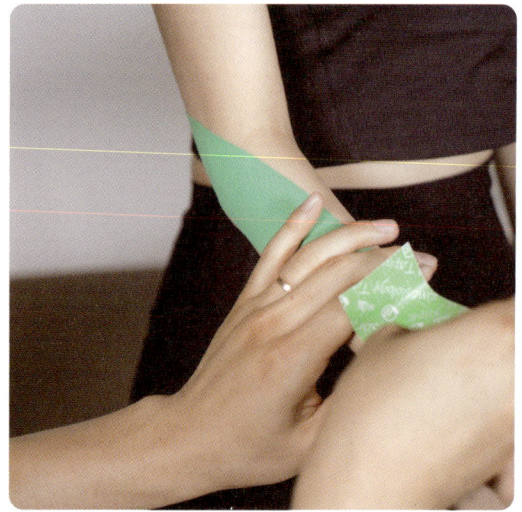

03 팔꿈치의 굴곡은 유지하고, 두 번째 테이프를 첫 번째 테이핑의 반대 안쪽에 붙인 뒤 테이프가 전완부의 위쪽으로 향하게 한다.

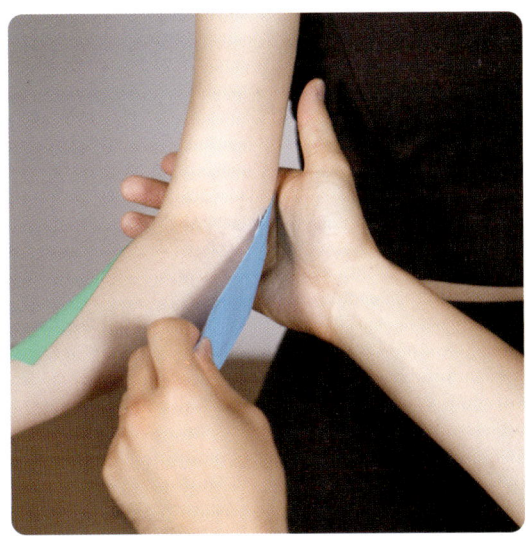

04 • 약간 당기면서 테이프를 부착한다.
  • 끝부분의 앵커는 스트레치 없이 부착한다.

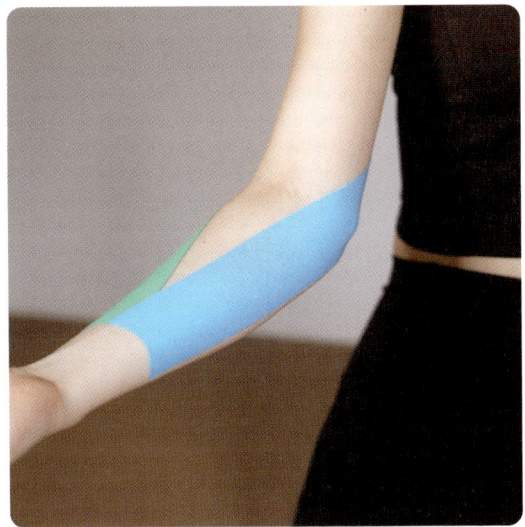

20 Golfers elbow

준비물 : 3칸 1개, 5칸 1개

01
- 팔꿈치를 굴곡시킨 상태에서, 스트레치 없이 앵커(고정점)를 팔꿈치 안쪽 바로 위에 부착한다.
- 테이프를 전완부 안쪽과 손목 쪽으로 향하게 놓는다.

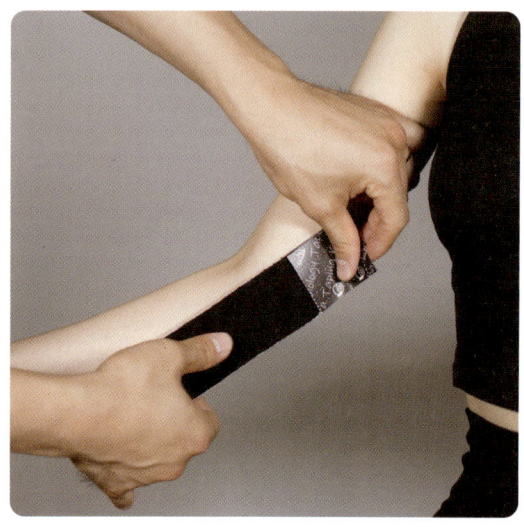

02
- 손바닥을 위로 향하게 하고 손목을 펴서 전완부 안쪽이 스트레칭 되도록 위치한다.
- 가볍게 당기면서 테이프를 팔꿈치 안쪽의 튀어나온 뼈를 따라 손목 안쪽으로 부착한다.
- 끝부분의 앵커는 스트레치 없이 부착한다.

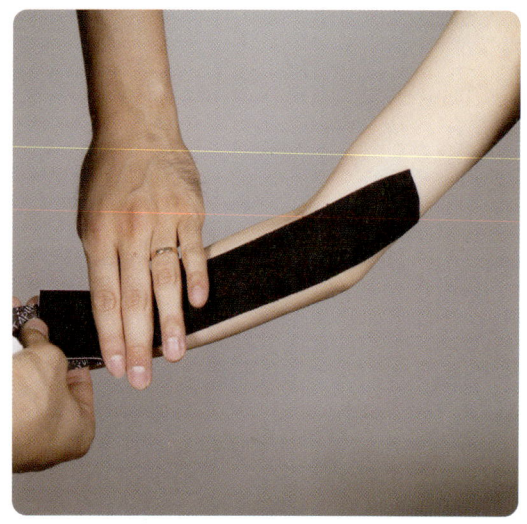

03
- 손바닥을 위로 향하게 하고 손목을 펴서 전완부 안쪽이 스트레칭 되도록 위치한다.
- 가볍게 당기면서 테이프를 팔꿈치 안쪽의 튀어나온 뼈를 따라 손목 바깥쪽으로 부착한다.
- 끝부분의 앵커는 스트레치 없이 부착한다.

 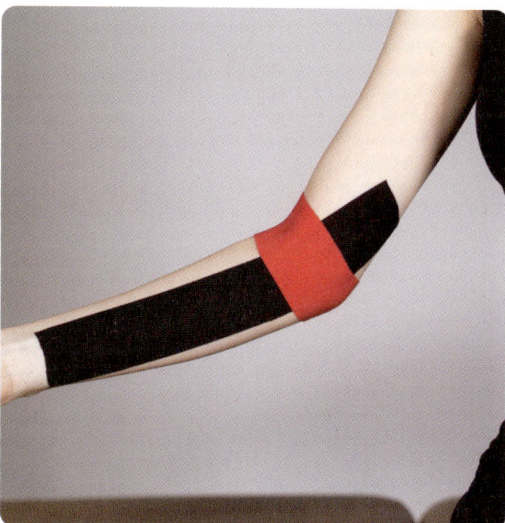

21 Tennis elbow

준비물 : 3칸 1개, 5칸 1개

01
- 5칸짜리 테이프를 팔꿈치 바깥쪽에 두고 끝에서 약 5cm 지점에서 백킹 페이퍼(보호 종이)를 찢는다.
- 테이프를 바깥쪽에서 손목 쪽으로 향하게 놓는다.

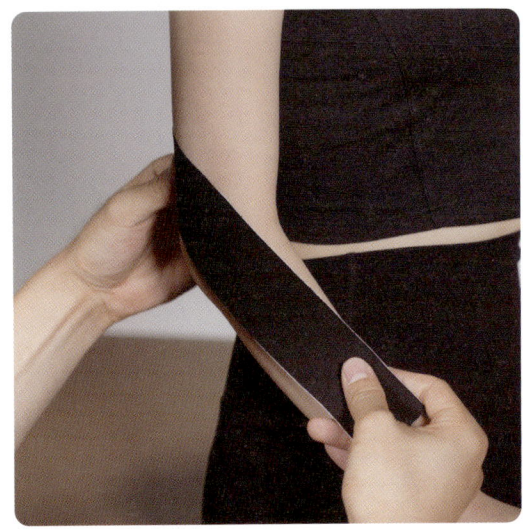

02 가볍게 당기면서 테이프를 팔꿈치 바깥쪽의 튀어나온 뼈를 따라 약간 손등 쪽으로 부착하고 마지막 약 5cm는 스트레치 없이 부착한다.

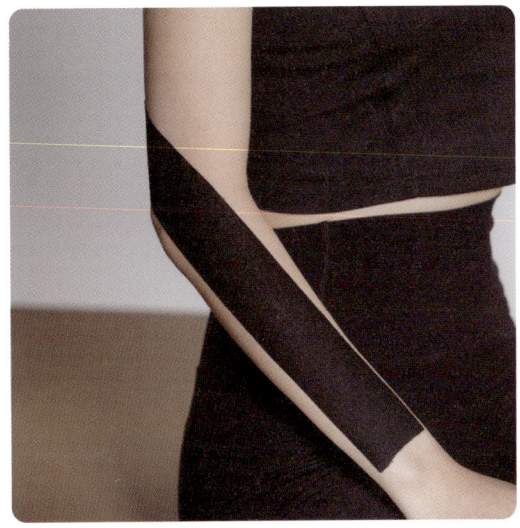

03 3칸짜리 테이프 중간지점의 백킹 페이퍼(보호 종이)를 찢어 팔꿈치 바깥쪽에 이전 테이핑 위에 90° 방향으로 강하게 부착한다.

04 끝부분의 앵커는 스트레치 없이 부착한다.

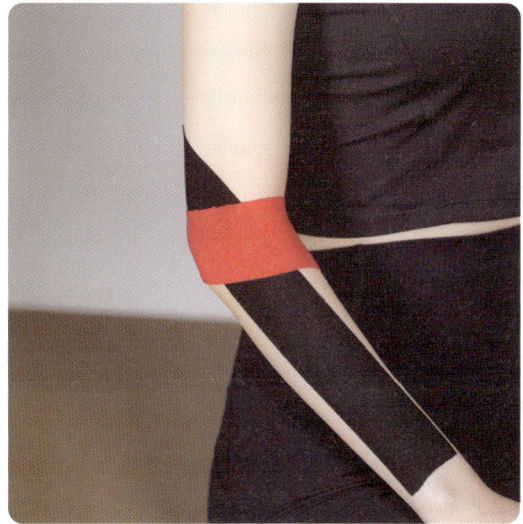

22 wrist

🔵준🟡비🔵물 : 4칸 2개

01 테이프의 한쪽 끝에 길이 약 5cm의 앵커(고정점)를 만들고, 이 앵커를 손등에 직접 부착한다.

02 • 손바닥을 아래로 향하게 하고 손목의 굴곡을 유지한 상태에서 테이프를 당겨주며 팔꿈치 방향으로 부착한다.
• 반대쪽 앵커는 스트레치 없이 부착한다.

03 한쪽 끝에 길이 약 5cm의 앵커를 만들고 한 바퀴 돌려 감아준다.

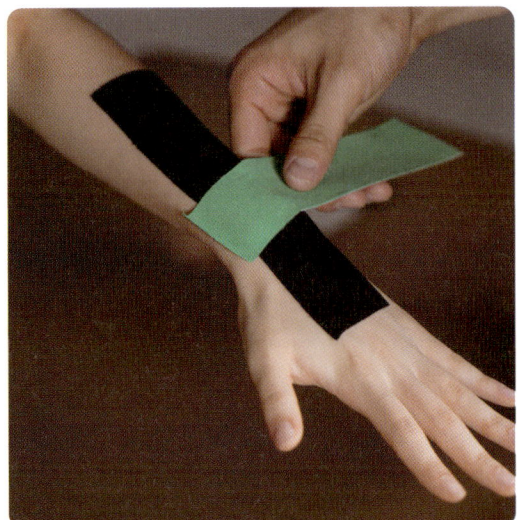
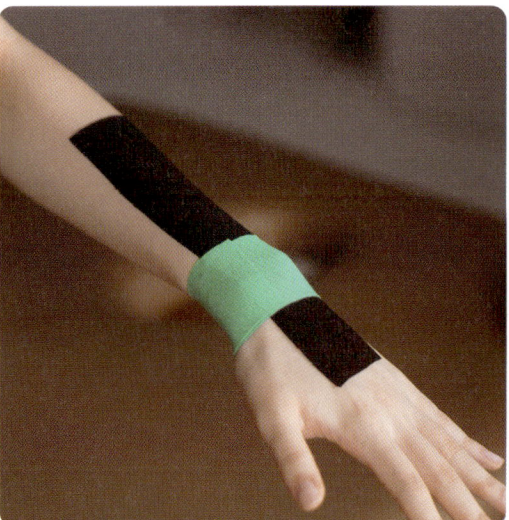
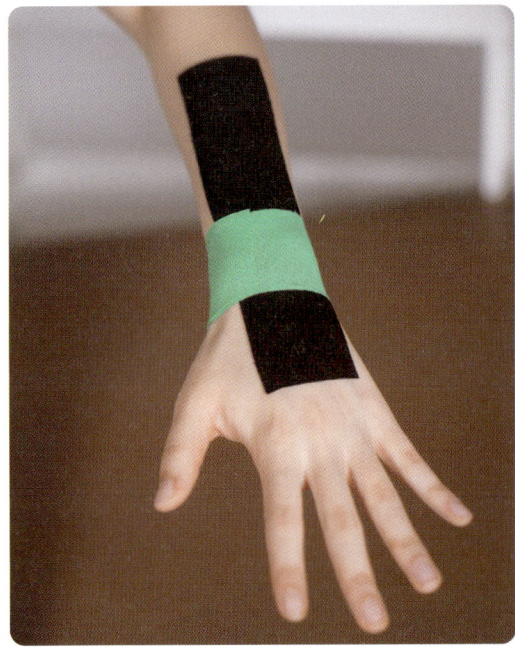

23 Thumb tendon

준비물 : 3칸 1개, 절반(세로)으로 자른 4칸 1개

01 엄지를 펴두고 엄지손가락의 한마디를 감싸듯이 부착하여 앵커(고정점)를 놓고, 테이프를 손목 쪽으로 향하도록 부착한다.

02
- 다른 손가락으로 앵커를 잡고, 약한 스트레치를 가하며 테이프를 엄지손가락의 힘줄을 따라 부착한다.
- 마지막 약 5cm는 스트레치 없이 부착한다.

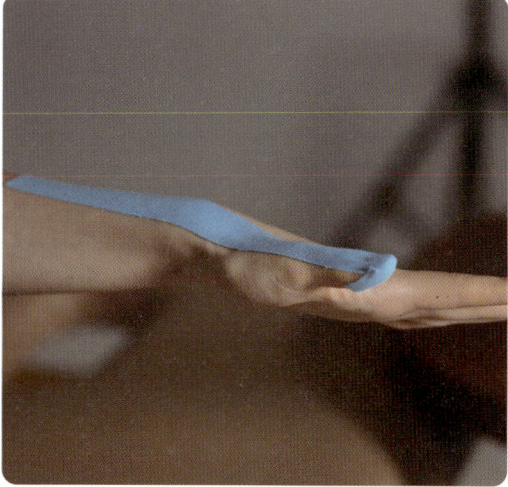

03 3칸짜리 테이프는 손목 위쪽 힘줄이 강하게 압박될 수 있도록 부착한 뒤 스트레치 없이 나머지를 감아 한 바퀴를 돌려준다.

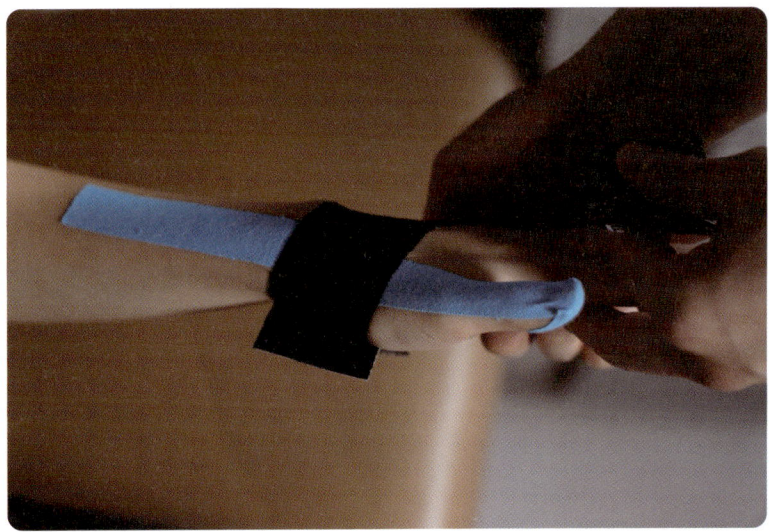

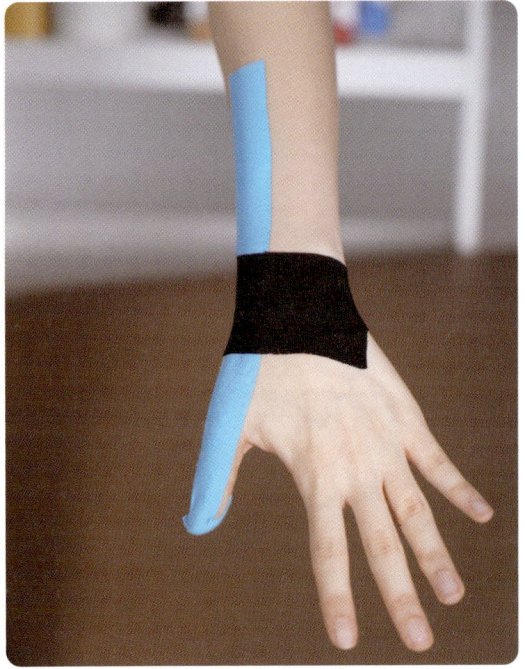 

24 Thumb joint

준비물 : 5칸 1개, 절반(세로)으로 나눈 3칸 2개

01
- 엄지손가락을 감싸고 테이프를 손목 쪽으로 향하게 한다.
- 적당한 스트레치를 가하면서 테이프를 엄지손가락 힘줄에 부착한다.

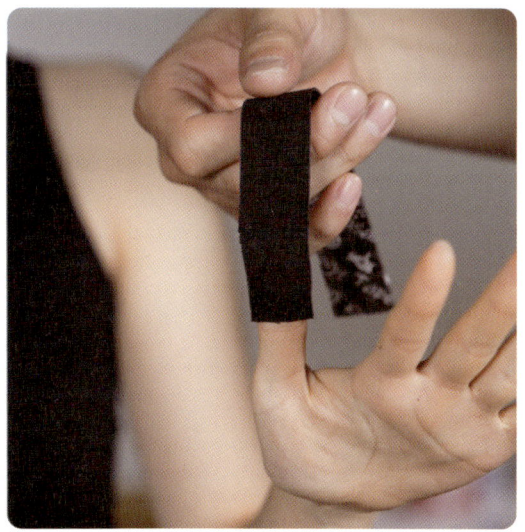 

02
- 테이프 하나를 손가락 끝에 부착하여 사선 방향으로 감싸듯이 부착한다.
- 엄지손가락의 중간 마디를 교차하여 부착한다.

 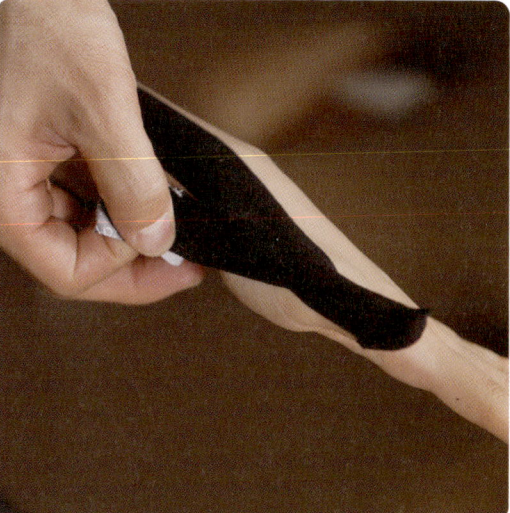

03 스트레치 없이 앵커를 손바닥 쪽에 부착한다.

04 남은 테이프를 두 번째 테이핑과 같은 방법으로 부착한다.

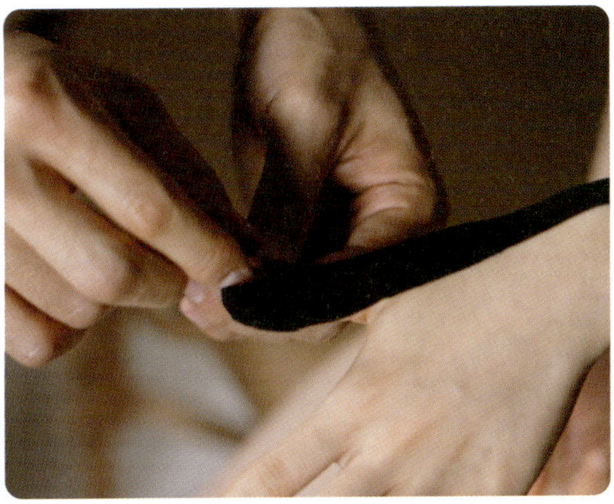

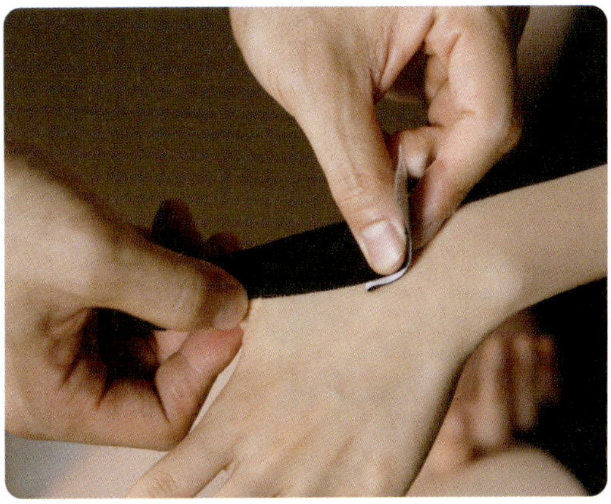

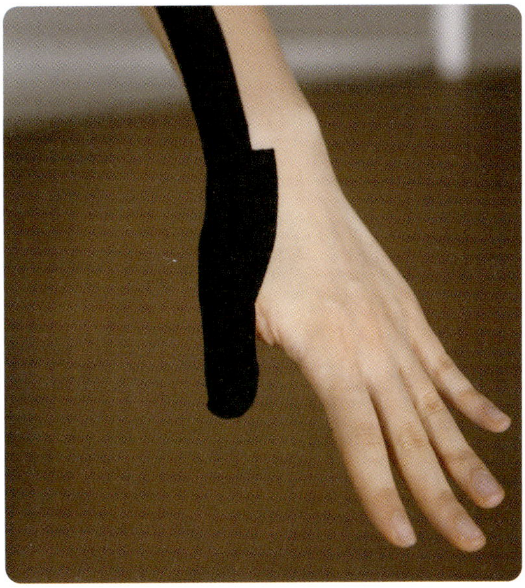

25 Finger jam

준비물 : 절반(세로)으로 자른 4칸 2개

01 손가락을 감싸듯이 테이프를 부착한다.

02 • 손가락과 손목을 뒤로 늘려 위치한다.
 • 적당한 스트레치를 가하면서 테이프를 손가락 앞쪽과 손바닥을 지나 손목 쪽으로 향하게 부착한다.

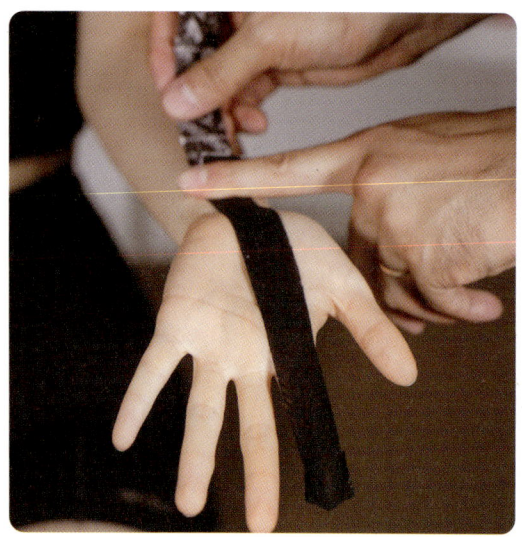

03 또 다른 테이프는 통증 부위를 지날 때 압박하듯이 부착한다.

04 마지막 약 5cm는 스트레치 없이 관절 위의 손가락에 부착한다.

 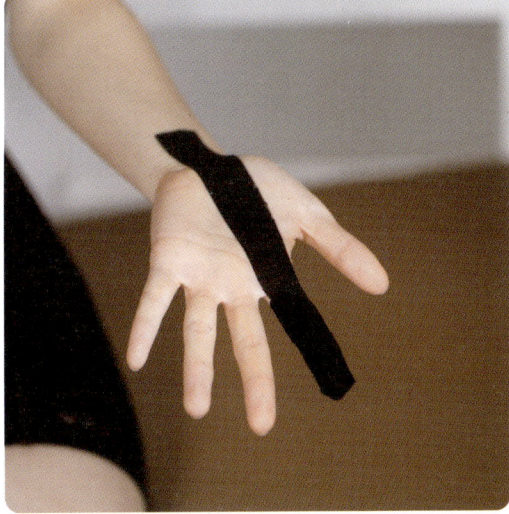

26 Carpal tunnel

준비물 : 3칸 1개, 5칸 1개

01
- 테이프 끝에서 약 5cm 지점에서 테이프를 접고, 접힌 부분에 삼각형 두 개를 잘라 다이아몬드 모양의 구멍 두 개를 만든다.
- 테이프를 부착하기 전에 손바닥을 위로 하고 손목을 신전시킨 상태로 만들어 준다.

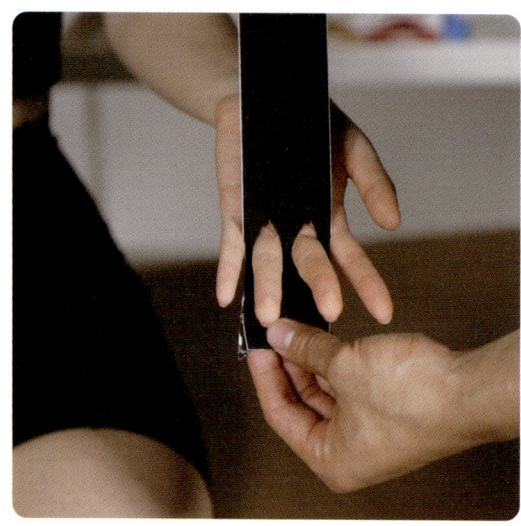

02 구멍을 가로질러 백킹 페이퍼(보호 종이) 뒤쪽을 찢고, 중지와 약지에 스트레치를 가하지 않고 앵커(고정점)를 손등에 놓는다.

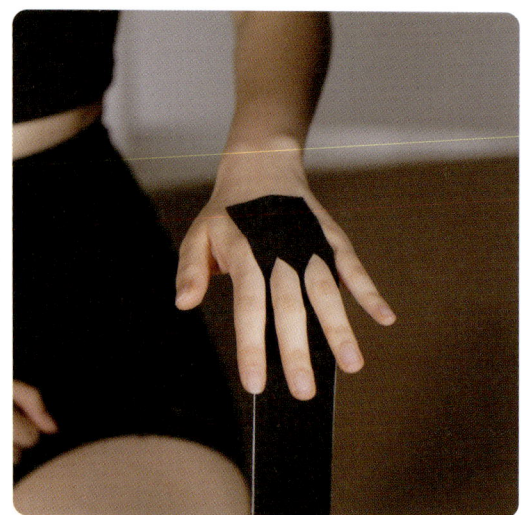

03 손바닥을 위로 하고 테이프를 손목으로 당기듯이 부착한다.

04
- 남은 테이프 중간 지점에서 종이 뒤쪽을 찢고 같은 자세에서, 손목 주름을 가로질러 강한 스트레치를 가하며 부착한다.
- 끝부분의 앵커는 스트레치 없이 부착한다.

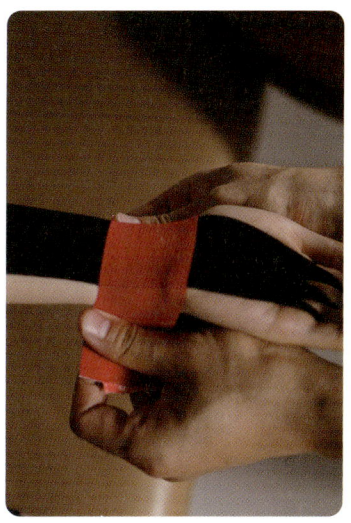  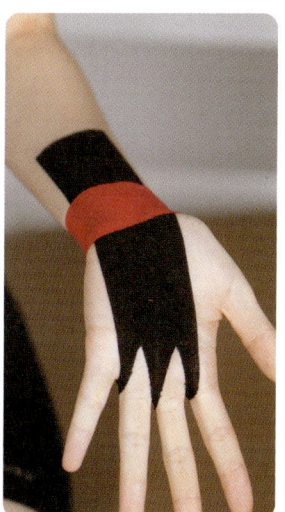

01 Full knee
02 Outer knee
03 Inner knee
04 Back of knee
05 Patella tendonitis
06 Chondromalacia
07 Osgood Schlatter
08 Glutes
09 Hip flexor
10 IT band hip
11 IT band -pro wide
12 Quads
13 Quad wide
14 Hamstring
15 Hamstring pro wide
16 Groin
17 Calf
18 pro wide for CALF
19 Shin splints
20 Posterior shin splints
21 Posterior shin splints wide
22 Ankle stability
23 Plantar fasciitis
24 Heel
25 Top of foot
26 Peroneal Tendonitis
27 Bunion
28 Ball of foot

일반 키네시오 테이핑

CHAPTER 02
하지

01 Full knee

준비물 : 5칸 2개, 3칸 1(~2)개

01
- 무릎을 굴곡하고 앉은 다음, 3칸짜리 테이프를 준비하고 중간 지점의 백킹 페이퍼(보호 종이)를 찢어 제거한다.
- 테이프를 중간 정도 스트레치 하여 슬개골 아래에 부착하고, 양 끝부분은 스트레치 없이 부착한다.

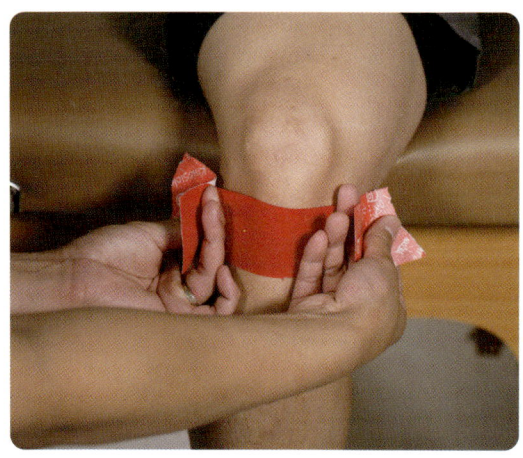
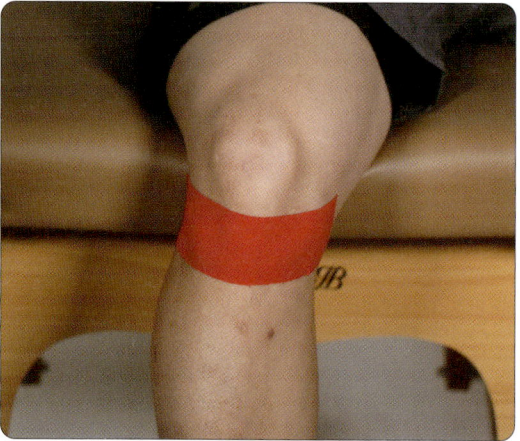

02
- 선택사항으로 추가적인 3칸짜리 테이프는 처음 부착한 3칸짜리 테이핑의 절반 정도를 겹쳐서 붙일 수 있도록 한다.
- 5칸짜리 테이프을 준비하고, 끝에서 약 5cm 떨어진 지점에 백킹 페이퍼를 찢어 앵커(고정점) 부분을 만든다. 그 후, 앵커를 무릎 상단에 허벅지 안쪽 중간 부위에 스트레치 없이 부착하여, 테이프를 허벅지 안쪽 중간 지점에 도달할 때까지 부착한다.

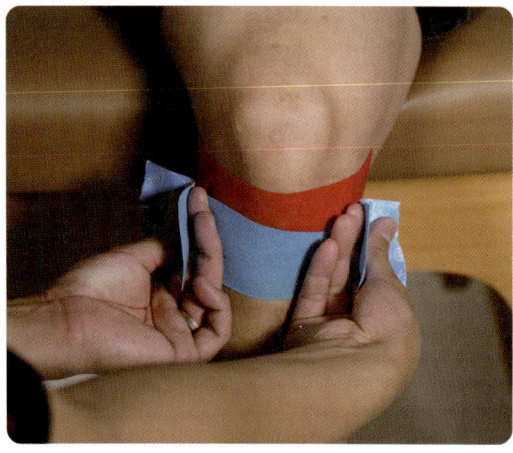
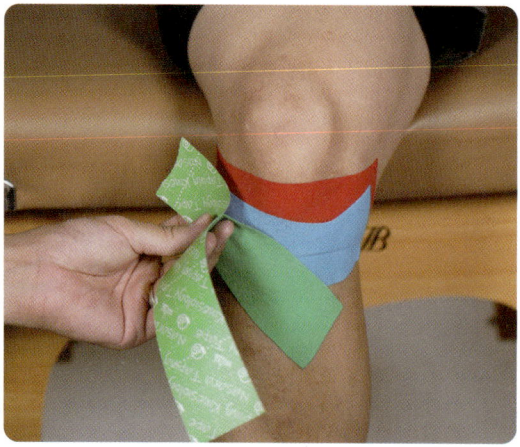

03 무릎 위쪽에 도달하면, 중간 정도의 스트레치로 테이프를 무릎 위로 곡선 형태로 돌려 안쪽 중간지점에 부착해 주고, 마지막 약 5cm 정도는 스트레치 없이 부착한다.

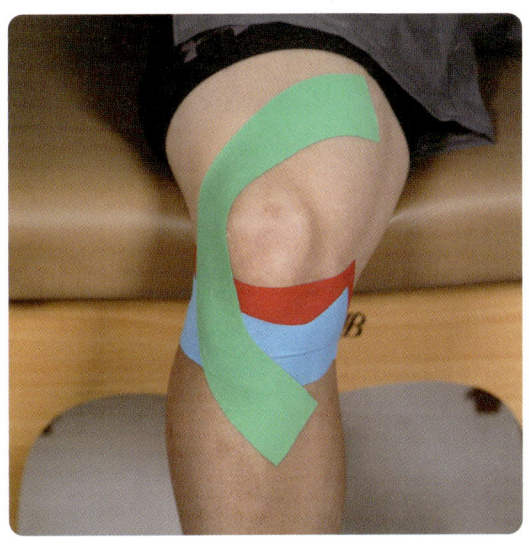

04 • 두 번째 5칸짜리 테이프를 준비하고, 첫 번째 테이핑과 마찬가지로 끝에서 약 5cm 떨어진 지점에 백킹 페이퍼(보호 종이)를 찢어 앵커 부분을 만든다.
• 이번에는 테이프를 이전 테이핑과 같은 방식으로 허벅지 바깥쪽 중간 지점에 부착할 수 있도록 한다. 테이프 끝 지점은 스트레치 없이 부착시켜 준다.

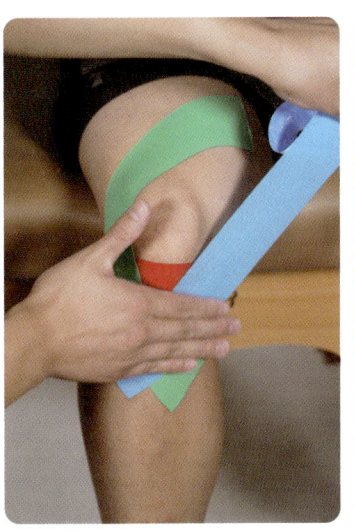 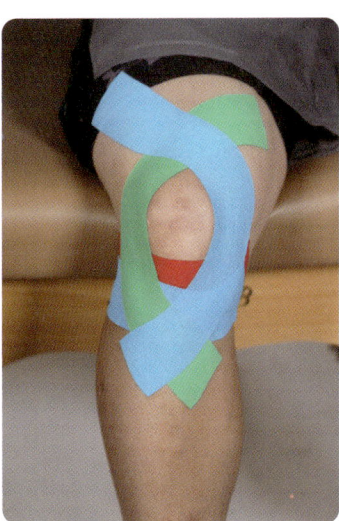 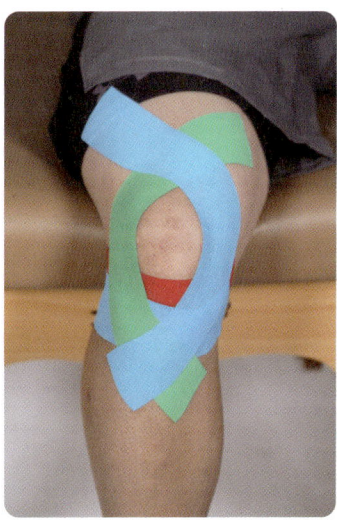

02 Outer knee

준비물 : 5칸 1개, 3칸 2개

01
- 다리를 약간 굴곡한 상태에서, 테이프의 한쪽 끝에 길이 약 5cm의 앵커(고정점)를 만든다.
- 무릎 앞쪽 약 7.5cm 위에서 종아리 바깥쪽(비골두)에 앵커를 부착한다.

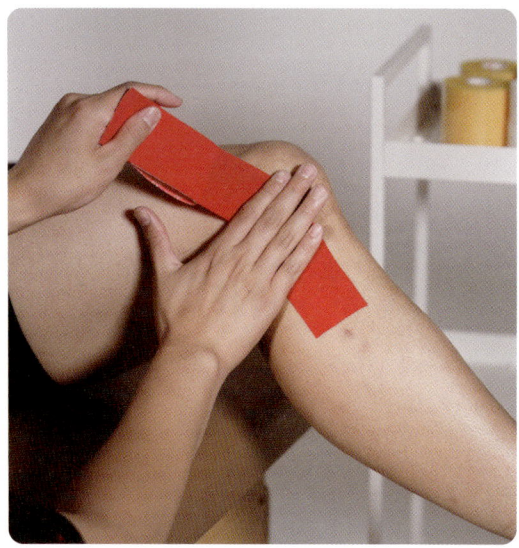

02 테이프에 적당한 스트레치를 가하면서 테이프를 무릎 쪽으로 향해 부착하고, 통증 부위로 이어지게 한다. 마지막에 약 5cm는 스트레치 없이 부착시켜 준다.

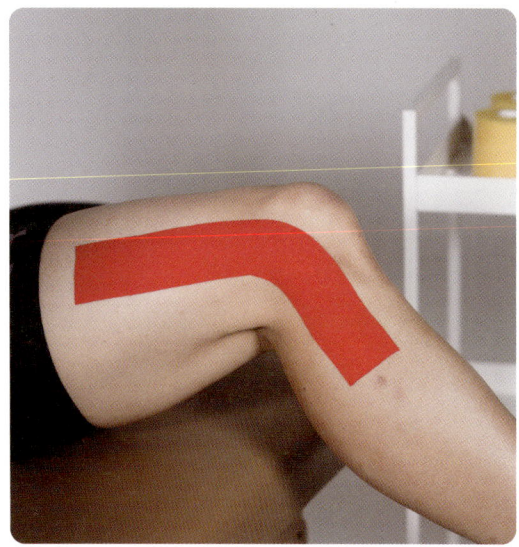

03 3칸짜리 테이프의 백킹 페이퍼(보호 종이) 중간지점을 찢고, 적당한 스트레치를 가하면서 통증 부위 바로 위에 테이프를 부착한다.

 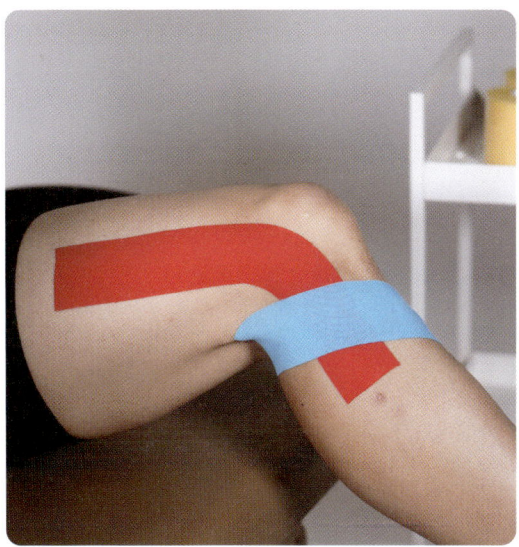

04 필요한 경우 통증 부위에 또 다른 3칸짜리 테이프를 가로로 겹쳐 'X' 모양으로 부착한다.

 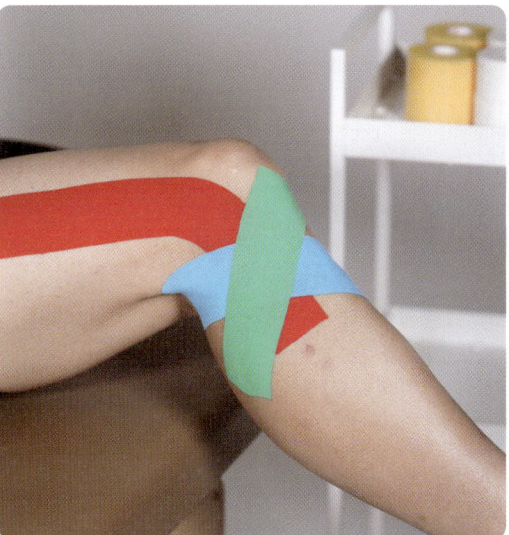

03　Inner knee

준비물 : 5칸 1개, 3칸 2개

01
- 다리를 약간 굴곡한 상태로, 테이프 한쪽 끝에 길이 약 5cm의 앵커(고정점)를 만든다.
- 이 앵커를 슬개골 아래에서 약 7.5cm 위치, 대퇴사두근 안쪽에 부착한다.
- 테이프를 가볍게 당기면서 무릎 위로 이어지게 한다.
- 반대쪽 앵커는 스트레치 없이 부착한다.

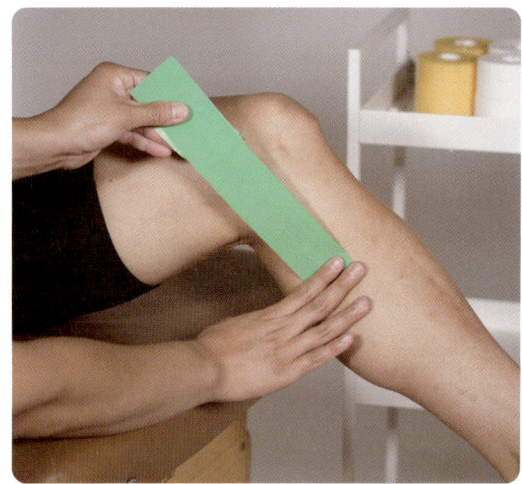

02 3칸짜리 테이프의 백킹 페이퍼(보호 종이) 중간지점을 찢고, 적당한 스트레치를 가하면서 테이프를 통증 부위 바로 위에 부착한다.

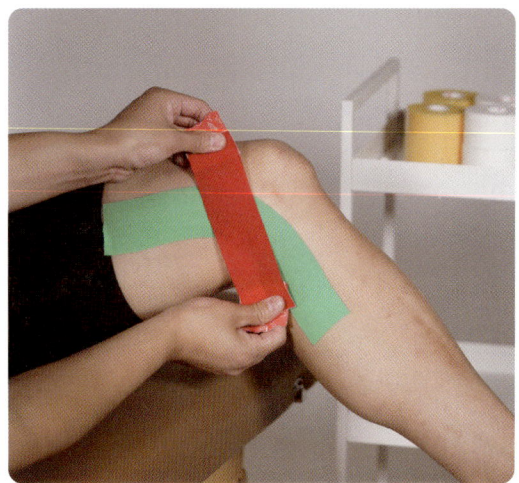

03 필요하면, 또 다른 3칸짜리 테이프를 사용하여 통증 부위에 'X' 모양으로 교차하여 부착한다.

 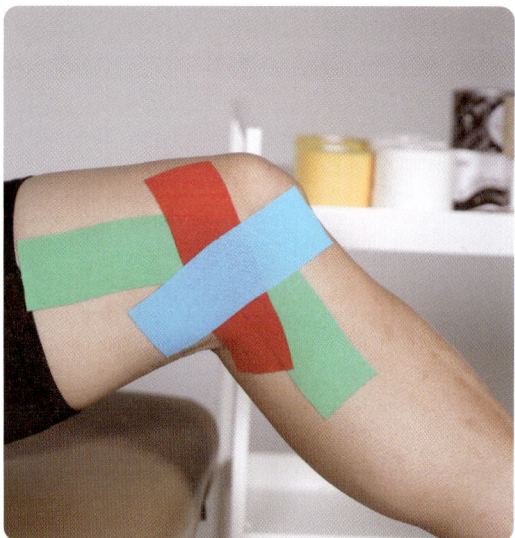

04 Back of knee

준비물 : 5칸 3개

01
- 테이프 한쪽 끝에 길이 약 5cm의 앵커(고정점)를 만든다.
- 서 있는 상태에서 이 앵커를 무릎 접힘 선 아래 약 5cm 위치, 다리 바깥쪽에 부착한다.

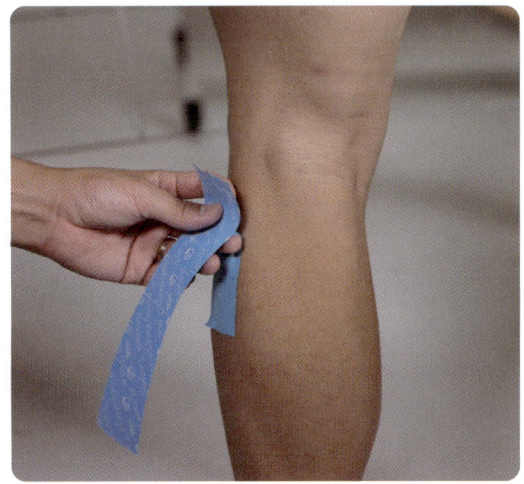

02
- 스트레치 없이 테이프를 무릎 접힘 선 위 약 5cm 위치까지 부착하고, 반대쪽 앵커를 스트레치 없이 부착한다. 다리를 곧게 펴고 테이프가 다리에 잘 붙도록 중간을 문질러 부착한다.
- 두 번째 테이프를 첫 번째 테이핑과 동일하게 준비하고 무릎 접힘 선 아래 약 5cm 위치에 스트레치 없이 부착한다.

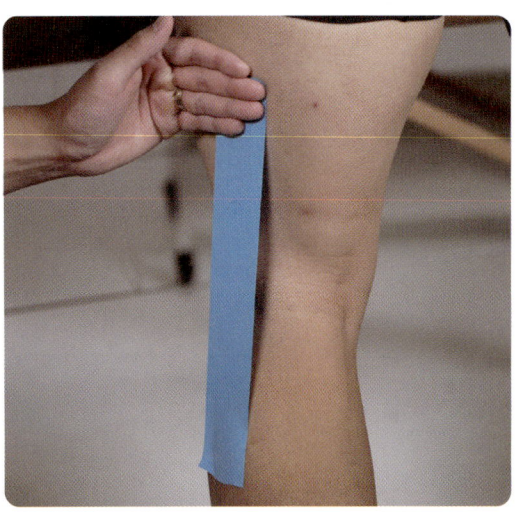
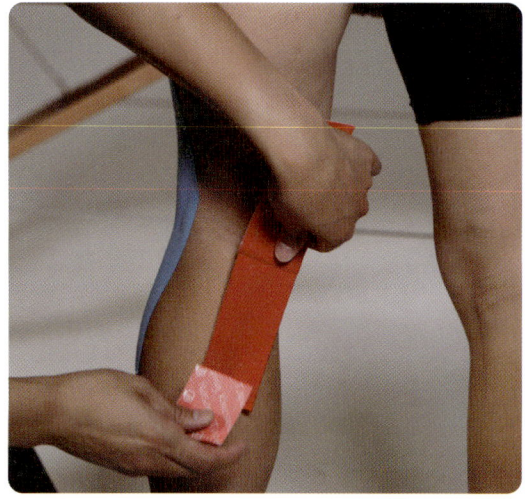

03
- 테이프를 무릎 접힘 선 위 약 5cm 위치까지 스트레치 없이 부착하고 반대쪽 앵커를 스트레치 없이 부착한다.
- 다리를 곧게 펴고 테이프가 다리에 잘 붙도록 중간을 문질러 부착한다.

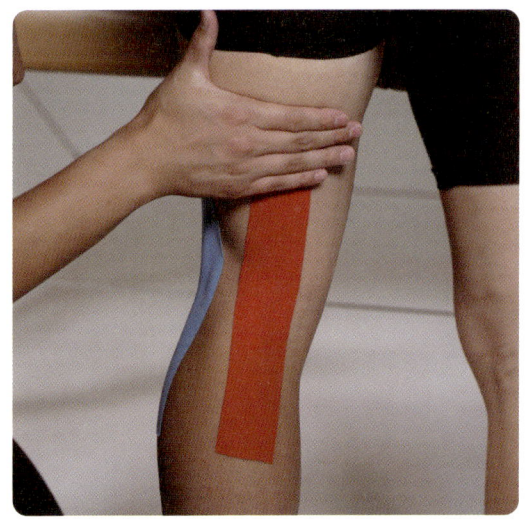

04 세 번째 테이프를 이전 테이핑들과 동일하게 준비하고 이전 두 테이핑 중간 부위에 같은 방식으로 부착한다.

 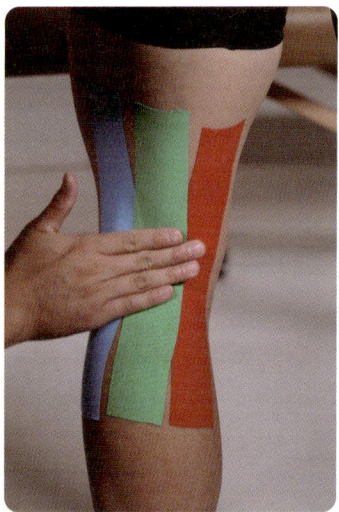 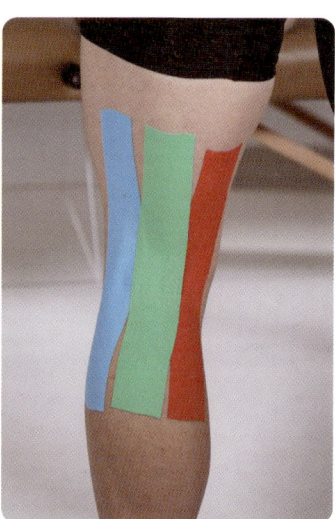

05 Patella tendonitis

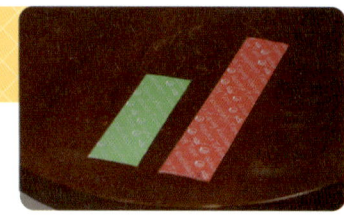

준비물 : 5칸 1개, 3칸 1개

01
- 테이프 한쪽 끝에 길이 약 5cm의 앵커(고정점)를 만든다.
- 무릎을 약 20~30° 정도 굴곡하고, 이 앵커를 슬개골 아래 튀어나온 뼈(경골조면) 바로 아래, 피부에 스트레치 없이 부착한다.

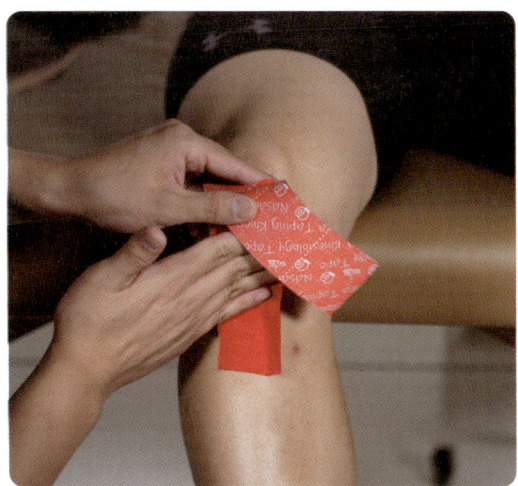

02
- 한 손으로 이 앵커를 잡고 있는 동안, 다른 손으로 테이프에 중간 정도의 스트레치를 가하면서 힘줄을 따라 부착하고, 슬개골 바로 위에서 끝난다.
- 마지막 약 5cm는 스트레치 없이 부착한다.

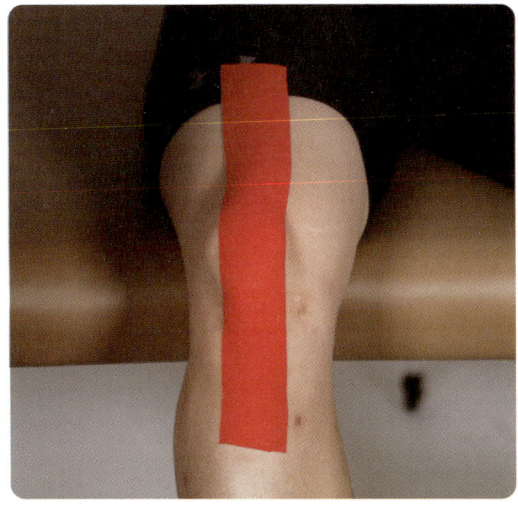

03 3칸짜리 테이프의 백킹 페이퍼(보호 종이) 중간지점을 찢고, 중간 정도의 스트레치를 가하면서 테이프의 중간 지점을 힘줄 바로 위에 부착한다.

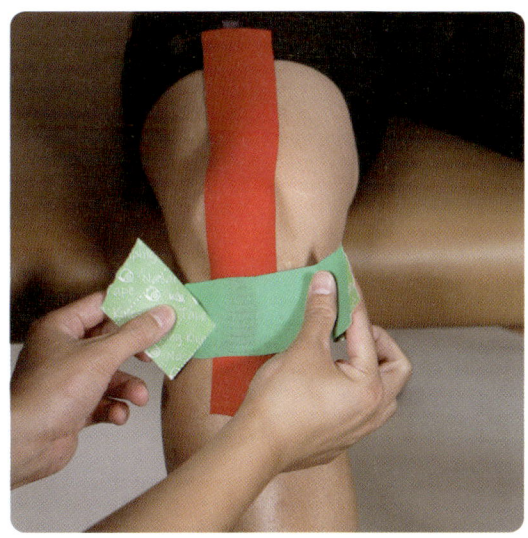

04 양쪽 끝의 마지막 약 5cm는 스트레치 없이 부착한다.

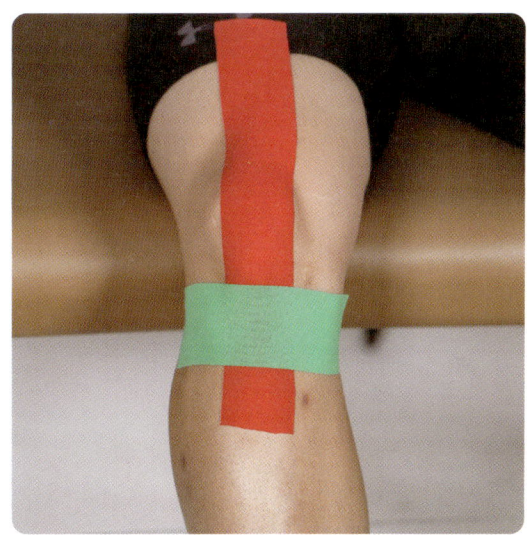

06 Chondromalacia

준비물 : 5칸 2개

01
- 테이프 한쪽 끝에 길이 약 5cm의 앵커(고정점)를 만든다.
- 앉은 상태에서 무릎을 약 20° 정도 굴곡하고, 슬개골 바로 아래의 튀어나온 뼈(경골조면)에 스트레치 없이 앵커를 부착한다.

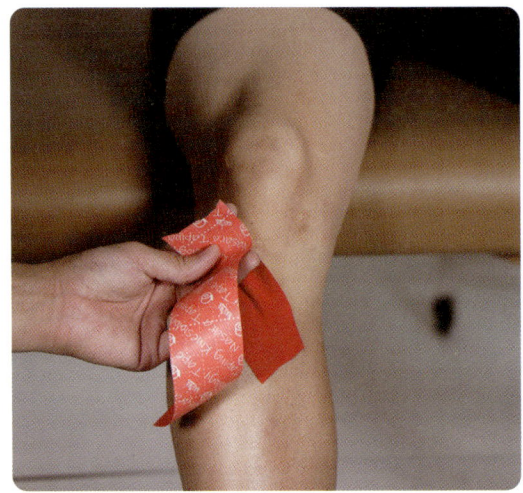

02
- 테이프를 무릎 바깥쪽으로 향하게 하면서, 무릎을 추가로 20~30° 더 굴곡한다.
- 가볍게 당기면서 테이프를 슬개골 위쪽으로 감싸 부착하고 마지막 약 5cm는 스트레치 없이 부착한다.

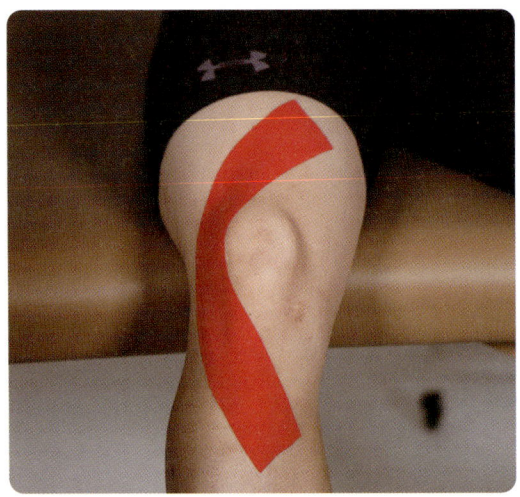

03 두 번째 테이프 한쪽 끝에 길이 약 5cm의 앵커를 만들고, 이 앵커를 슬개골 바로 아래의 튀어나온 뼈에 스트레치 없이 부착한다.

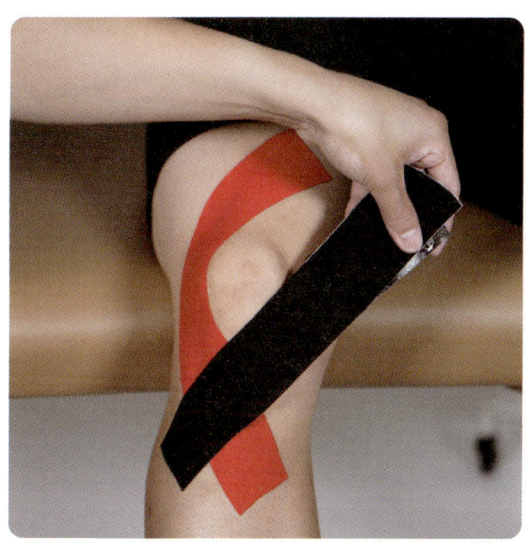

04 • 테이프를 무릎 안쪽으로 향하게 하면서, 가볍게 당겨 슬개골 위쪽으로 감싸 부착한다.
• 마지막 약 5cm는 스트레치 없이 부착한다.

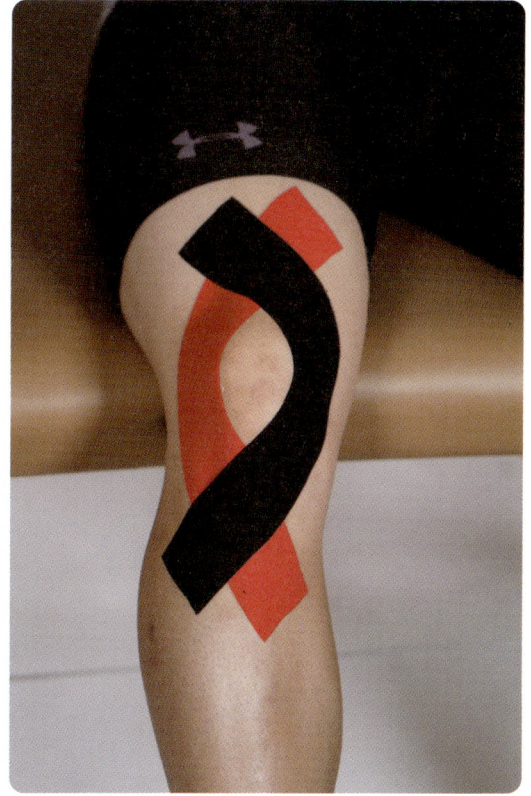

07 Osgood Schlatter

준비물 : 3칸 2개

01 첫 번째 3칸짜리 테이프의 중간 지점에서 백킹 페이퍼(보호 종이) 뒷면을 찢는다.

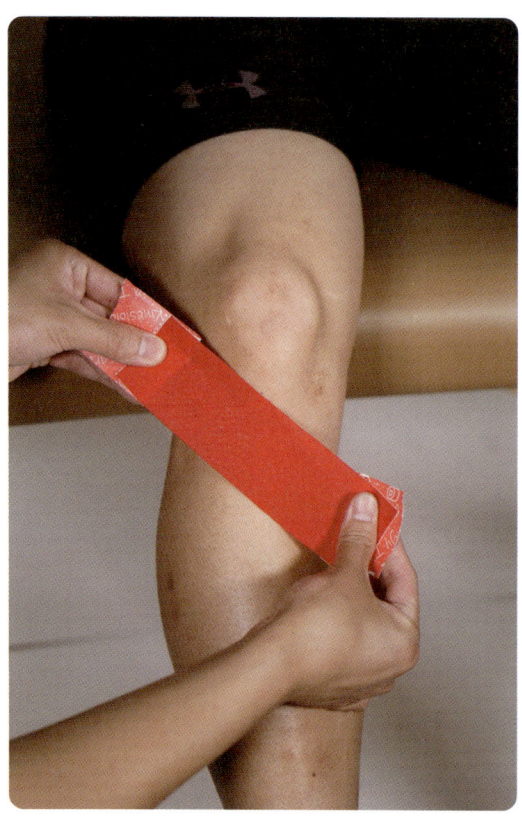

02 • 두 번째 3칸짜리 테이프도 첫 번째 테이핑과 같은 방식으로 준비하고 테이프를 적당히 당겨, 첫 번째 테이핑 위에 'X' 모양이 되도록 통증 부위에 부착한다.
 • 테이프의 양쪽 끝은 스트레치 없이 부착한다.

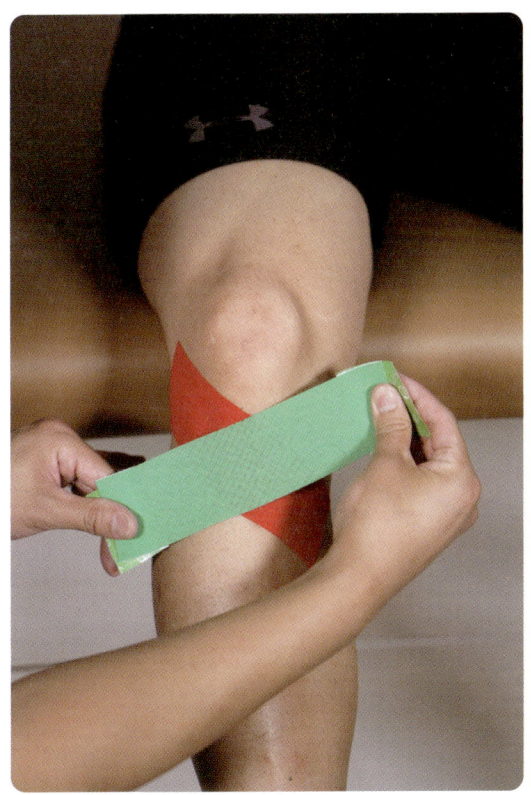
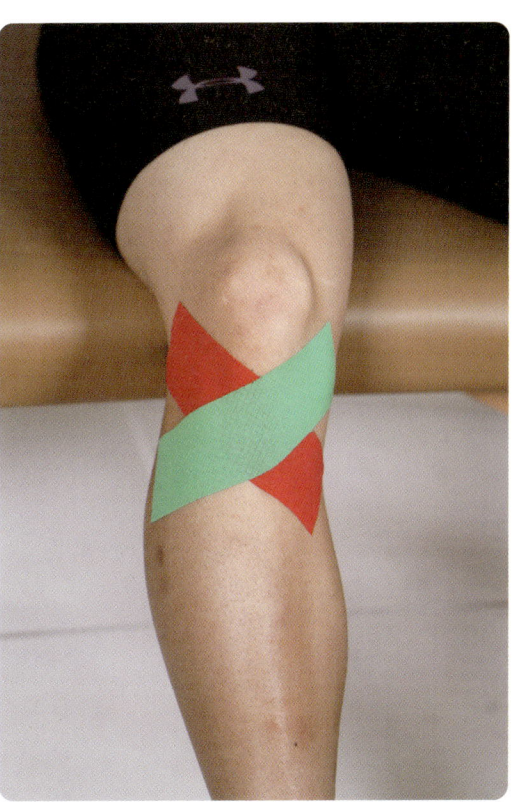
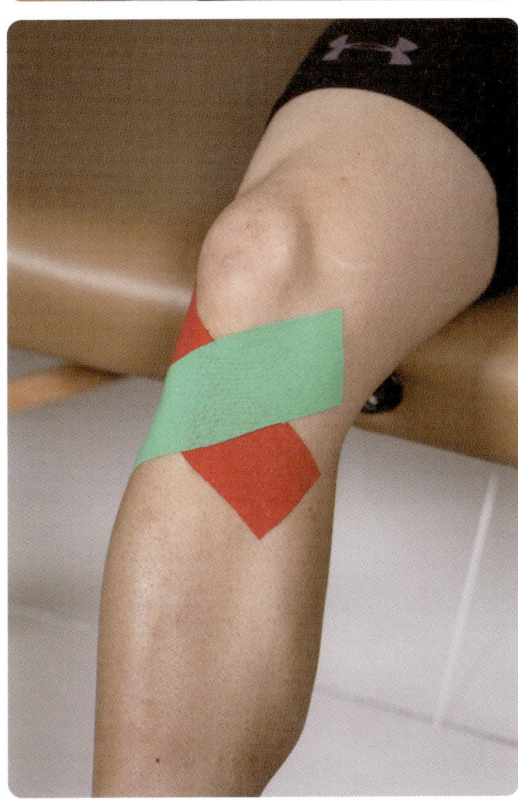

일반 키네지오 테이핑_하지

08 Glutes

준비물 : 6칸 2개

01 • 서서 한 발을 의자 위에 올리고 무릎을 굴곡한 상태로, 둔근이 약간 스트레칭 되도록 발을 몸의 중간 부분으로 가져온다.

• 테이프의 약 5cm 길이 앵커(고정 부분)를 만들고, 이 앵커를 허리 중앙 부근에 부착한다.

02 테이프를 약간 당기면서 엉덩이 아래쪽으로 향하게 부착하고, 나머지 앵커를 스트레치 없이 부착한다.

03 두 번째 테이프를 첫 번째 테이핑과 동일하게 준비하고, 첫 번째 테이프와 평행하게 두 번째 테이프를 부착한다.

09 Hip flexor

준비물 : 5칸 2개

01
- 서 있는 상태에서 런지 자세를 취해 골반(허벅지) 앞쪽이 스트레칭 되도록 한다.
- 테이프의 약 5cm 길이 앵커(고정점)를 만들고, 이 앵커를 서혜부(골반) 아래 약 2.5cm 정도에 위치시킨다.

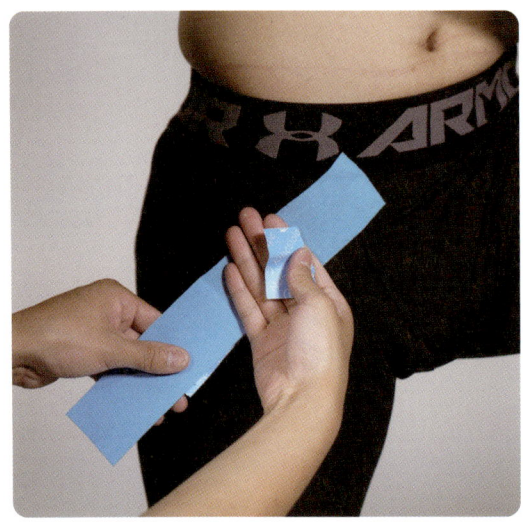

02 테이프를 약간의 스트레치를 가한 상태로 대각선 방향으로 부착하고 마지막 약 5cm는 스트레치 없이 부착한다.

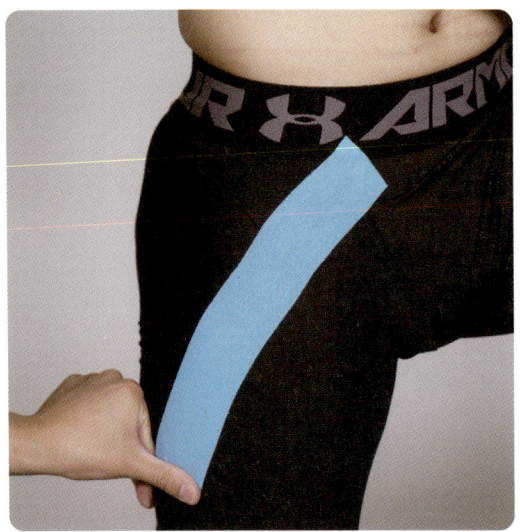

03 두 번째 테이프를 첫 번째 테이핑과 동일하게 준비하고, 첫 번째 테이핑과 평행하게 두 번째 테이프를 부착한다.

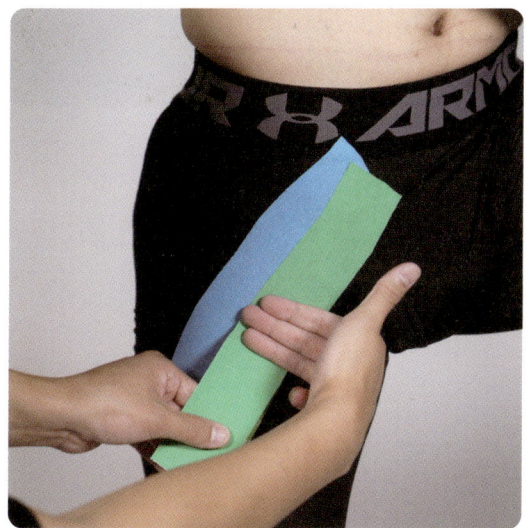
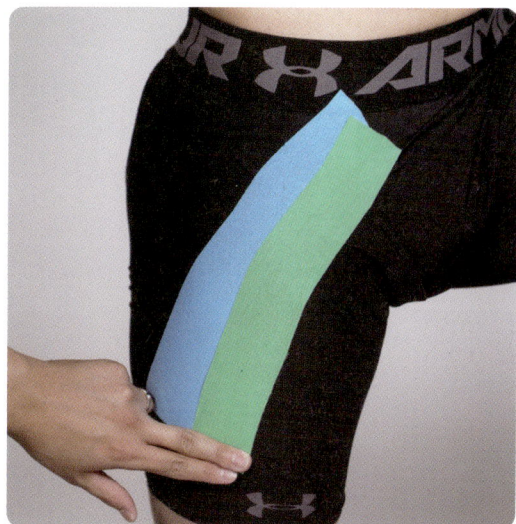

10 IT band hip

준비물 : 6칸 1개, 3칸 2개

01
- 다리를 굴곡한 상태로 장경인대(허벅지 바깥쪽)가 스트레칭 되도록 한다.
- 테이프의 약 5cm 길이의 앵커(고정점)를 만든다. 이 앵커를 엉덩관절 위에서 약 5cm 정도 위에 위치시킨다.

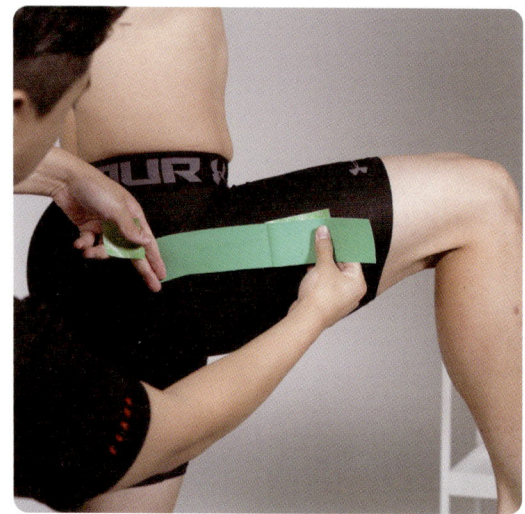

02
- 테이프에 약간의 스트레치를 가하면서 한 손으로 부드럽게 아래로 밀착시킨다.
- 마지막 약 5cm는 스트레치 없이 부드럽게 부착한다.

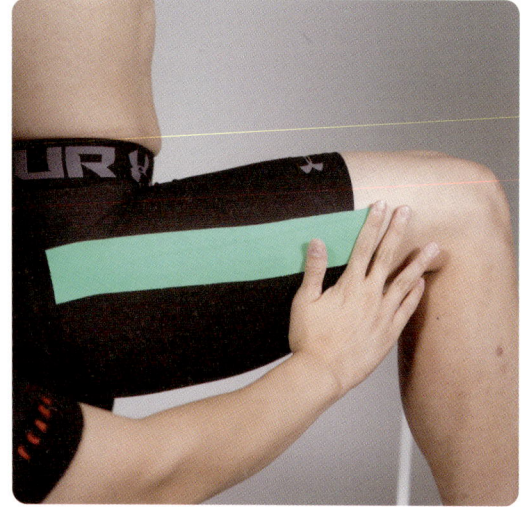

03 3칸짜리 테이프의 백킹 페이퍼(보호 종이) 중간지점을 찢고, 중간에서 약간의 스트레치를 가하면서 테이프를 통증이 있는 지점에 직접 부착한다.

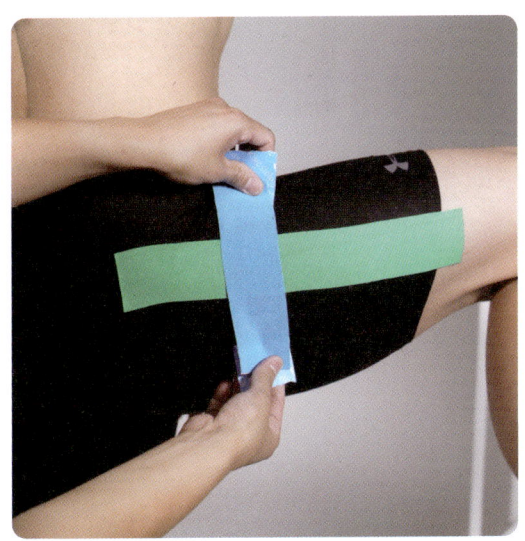

04 두 번째 3칸짜리 테이프도 같은 방법으로 다른 통증 지점에 부착한다.

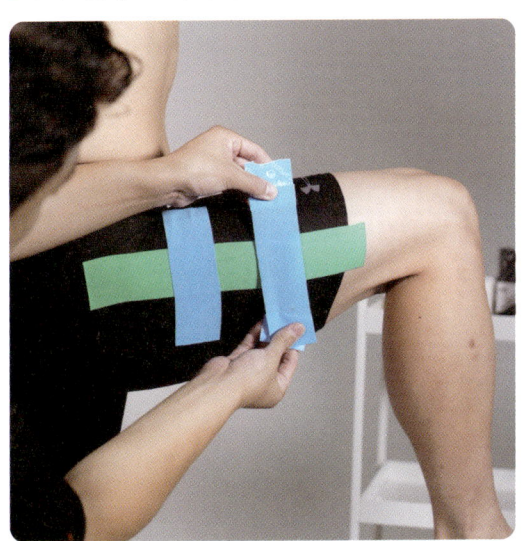
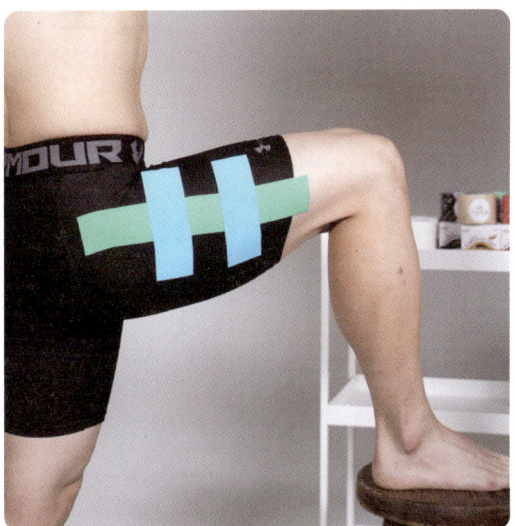

11 IT band -pro wide

준비물 : 6칸 3개

01
- 다리를 굴곡한 상태로 장경인대(허벅지 바깥쪽)가 스트레칭 되도록 한다.
- 테이프의 약 5cm 길이의 앵커(고정점)를 만든다. 이 앵커를 엉덩관절 위에서 약 5cm 정도 위에 위치시킨다.

02 테이프에 약간의 스트레치를 가하면서 한 손으로 부드럽게 아래로 부착하고, 마지막 약 5cm는 스트레치 없이 부드럽게 부착한다.

03 동일한 방법으로 두 번째, 세 번째 테이프를 첫 번째 테이핑의 위쪽과 아래쪽에 진행한다.

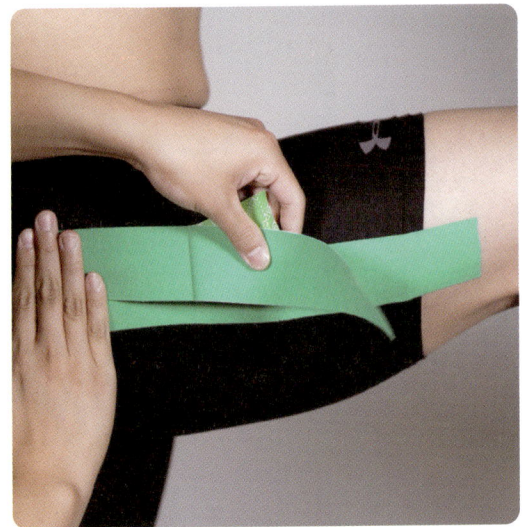
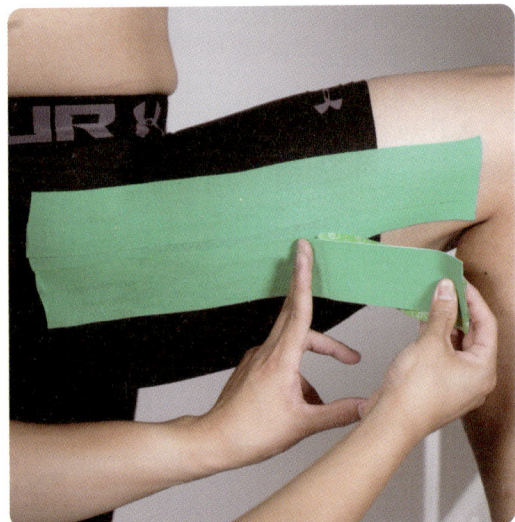
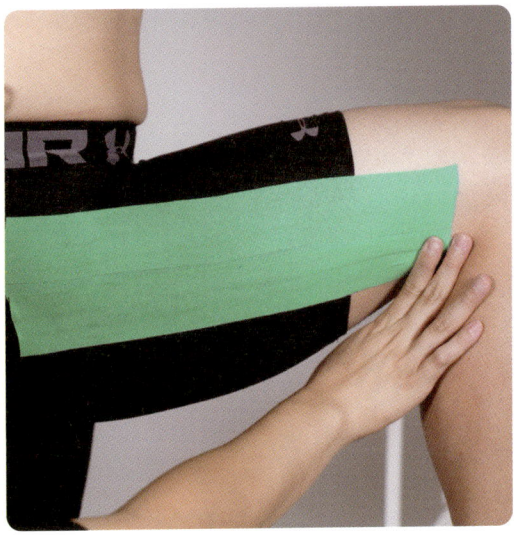
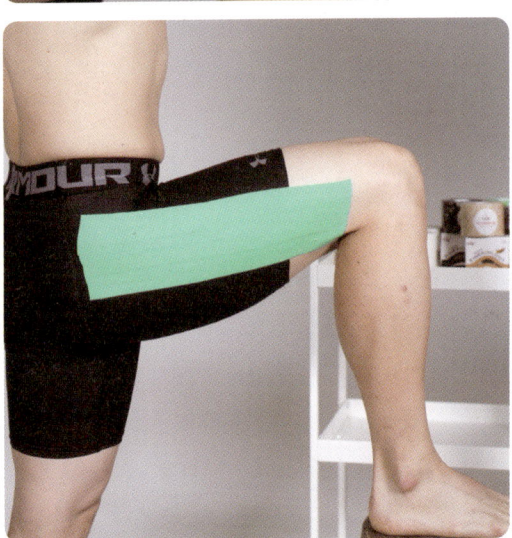

12 Quads

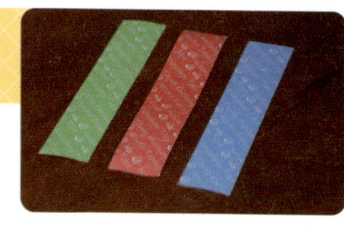

준비물 : 5칸 3개

01
- 테이프의 약 5cm 길이의 앵커를 스트레치 없이 무릎 위 약 5cm 정도 위에 부착한다.
- 테이프에 약간의 스트레치를 가하여 부착하고 마지막 약 5cm는 스트레치 없이 부드럽게 부착한다.
- 첫 번째 테이프는 필요한 경우 적용한다.

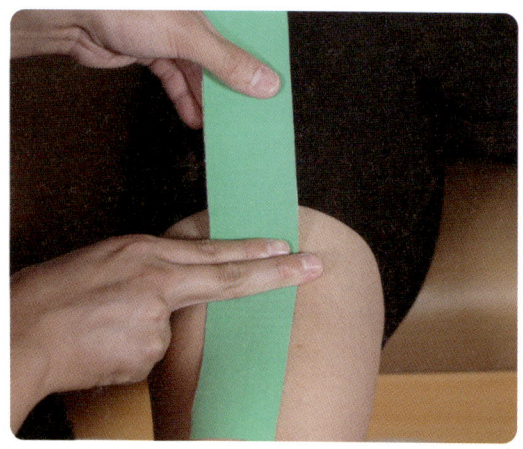

02
- 테이프의 약 5cm 길이의 앵커를 만들고, 대퇴사두근(허벅지 앞쪽)을 완전히 스트레칭 한 상태에서 테이프의 앵커를 스트레치 없이 무릎 위 약 5cm 정도 위에 부착한다.
- 테이프에 약간의 스트레치를 가하여 부착하고, 마지막 약 5cm는 스트레치 없이 부드럽게 부착한다.

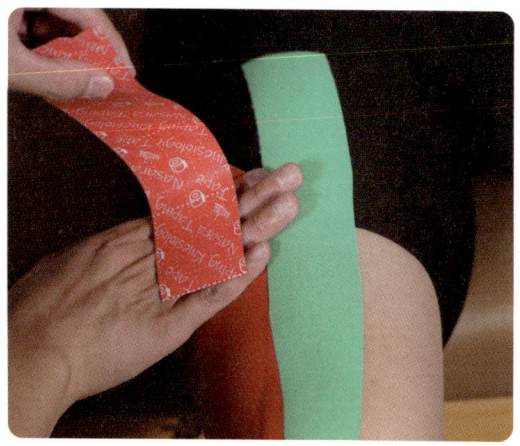

03 세 번째 테이프를 대퇴사두근 안쪽에 스트레치 없이 앵커를 부착한다.

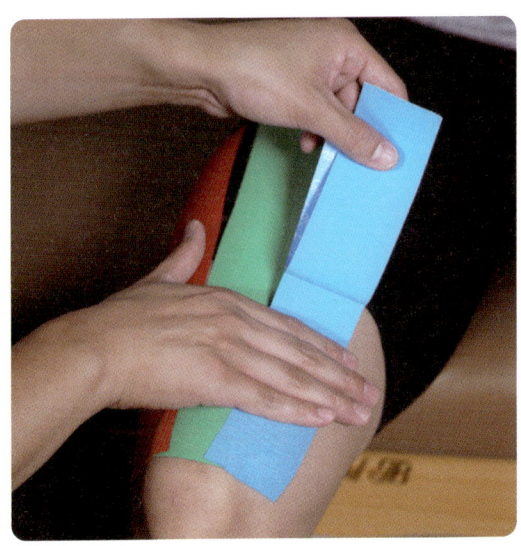

04 약간 스트레치를 가하면서 테이프를 약간 대각선으로 아래로 놓고 마지막 약 5cm는 스트레치 없이 부드럽게 부착한다.

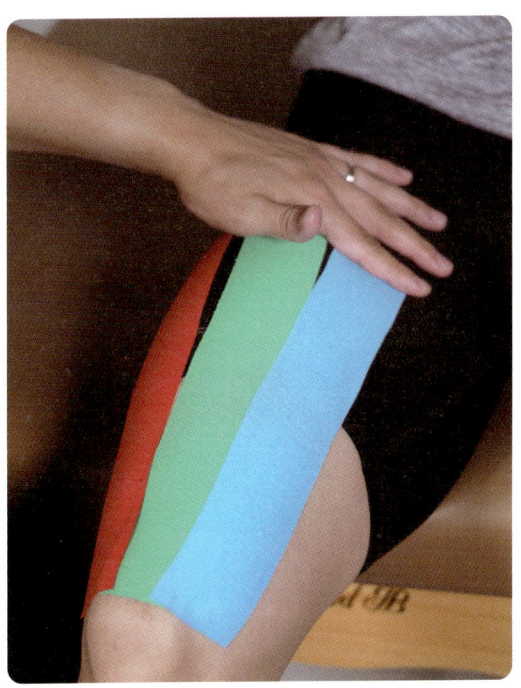 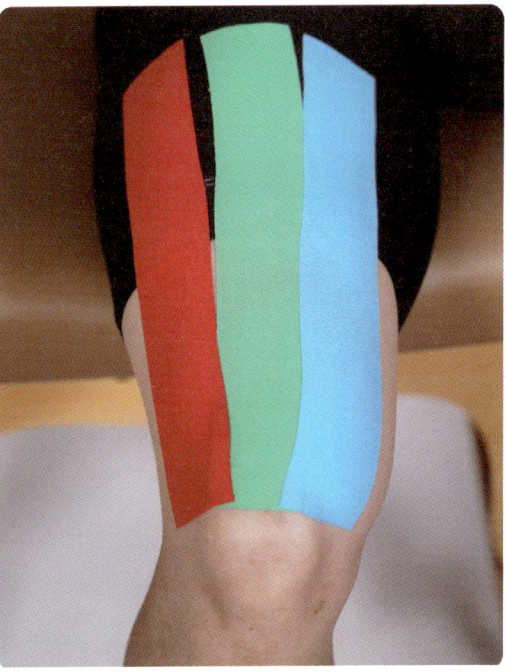

13 Quad wide

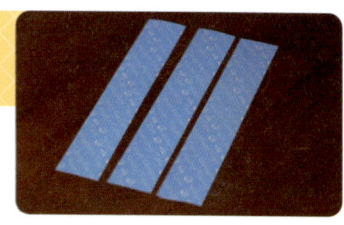

준비물 : 6칸 3개

01
- 의자에 앉아서 하체를 뒤로 끌어당겨 대퇴사두근(허벅지 앞쪽)에 약간의 스트레칭을 가한다.
- 테이프의 약 5cm 길이의 앵커(고정점)를 만들고, 앵커는 통증 부위에서 약간의 스트레치 없이 약 5cm 정도 위에 부착한다.

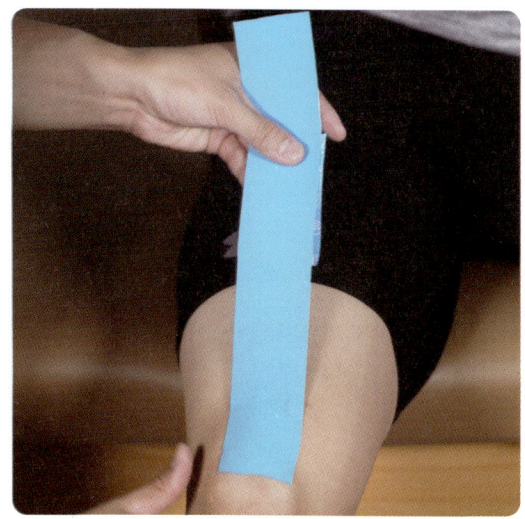

02 테이프에 한 손으로 약간의 스트레치를 가하면서 다른 손으로 통증 부위를 부드럽게 덮고, 마지막 약 5cm는 스트레치 없이 부드럽게 부착한다.

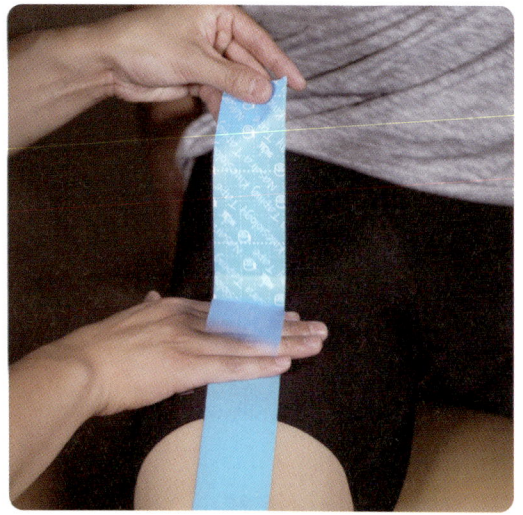

03 동일한 방법으로 첫 번째 테이핑 양옆 쪽에 두 번째, 세 번째 테이프를 적용한다.

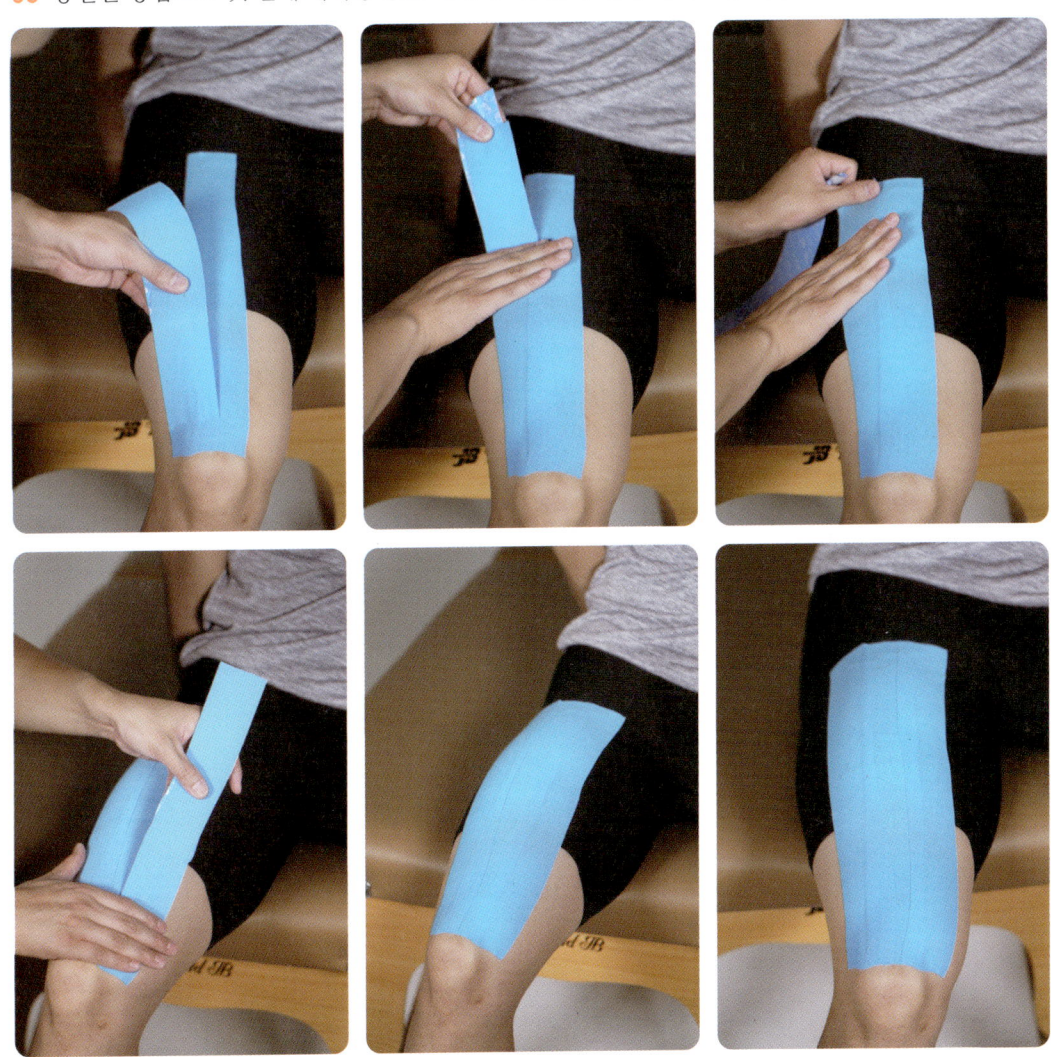

14 Hamstring

준비물 : 5칸 2개

01
- 다리를 뻗은 상태로 몸통을 앞으로 약간 굴곡시켜 준다. 이렇게 하면 햄스트링(허벅지 뒤쪽)에 약간의 스트레칭이 가해진다.
- 테이프에 약 5cm 길이의 앵커(고정점)를 만들고, 통증 지점에서 약 5cm 위에 스트레치 없이 앵커를 부착한다.

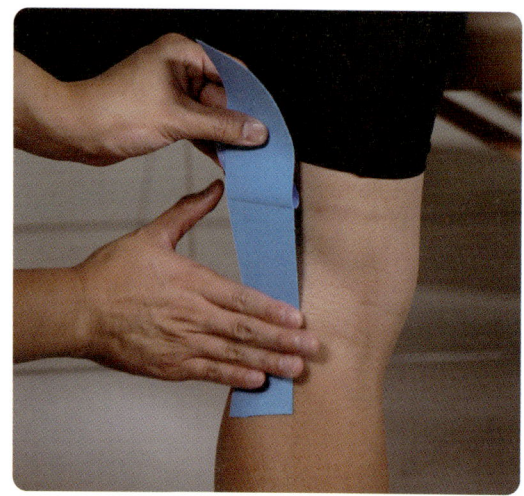

02 한 손으로 테이프에 약간의 스트레치를 가하면서 다른 손으로 통증 부위를 부드럽게 부착하고, 마지막 약 5cm는 스트레치 없이 부드럽게 부착한다.

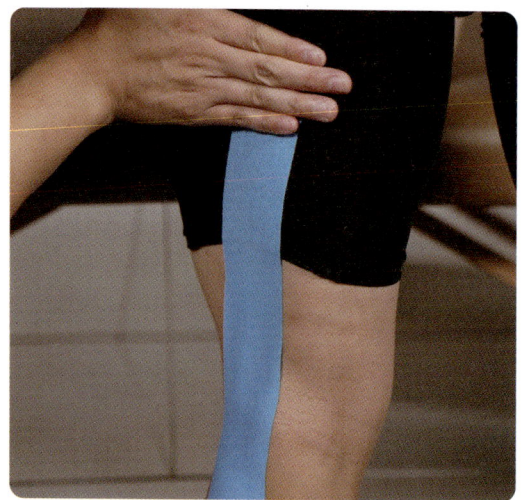

03 두 번째 테이프도 첫 번째 테이핑과 동일한 방법으로, 첫 번째 테이핑과 평행하게 부착한다.

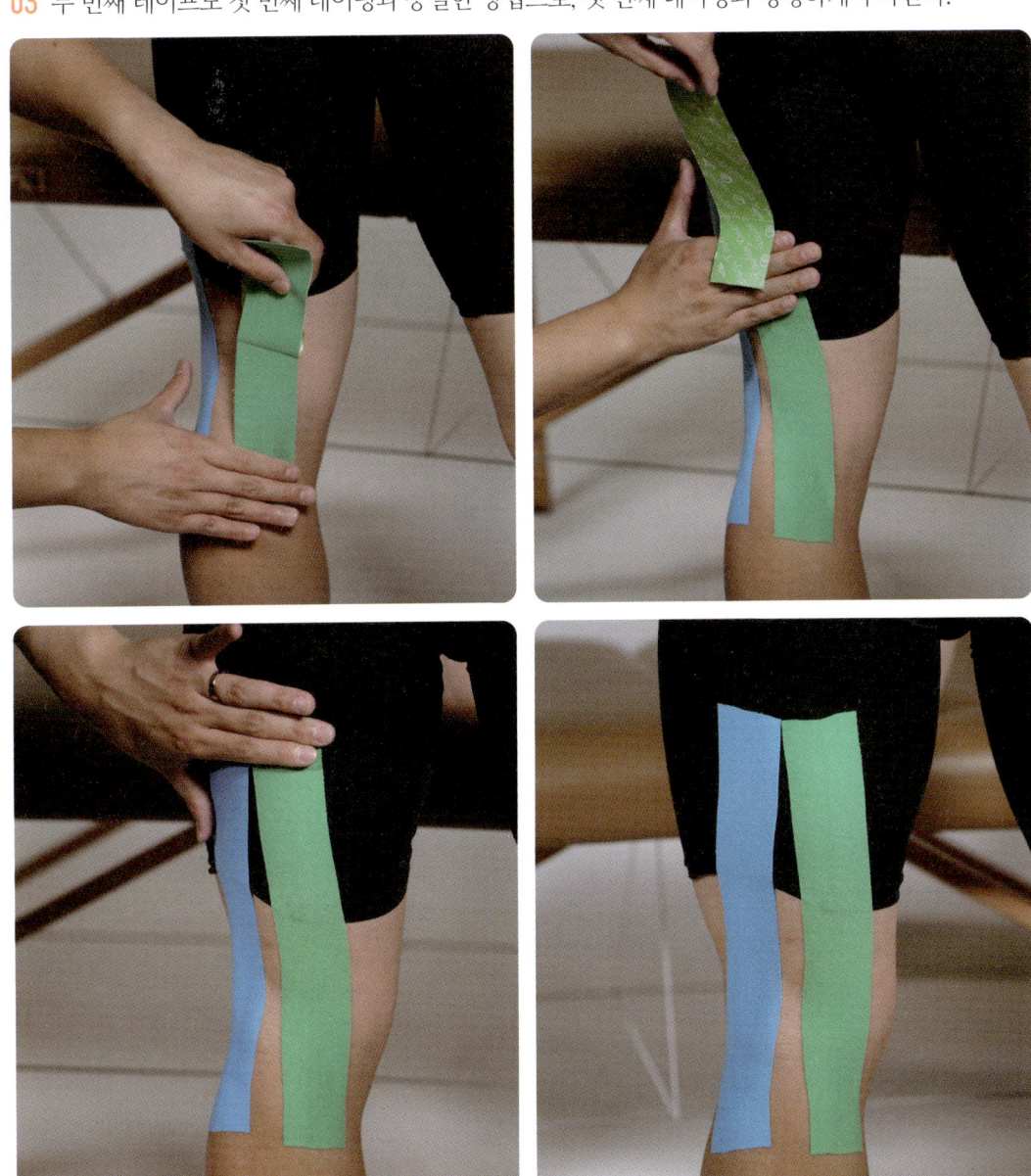

15 Hamstring pro wide

준비물 : 5칸 1개(~3개)

01 • 다리를 뻗은 상태로 몸통을 앞으로 약간 굴곡시켜 준다. 이렇게 하면 햄스트링(허벅지 뒤쪽)에 약간의 스트레칭이 가해진다.

• 테이프에 약 5cm 길이의 앵커(고정점)를 만들고, 통증 지점에서 약 5cm 위에 스트레치 없이 앵커를 부착한다.

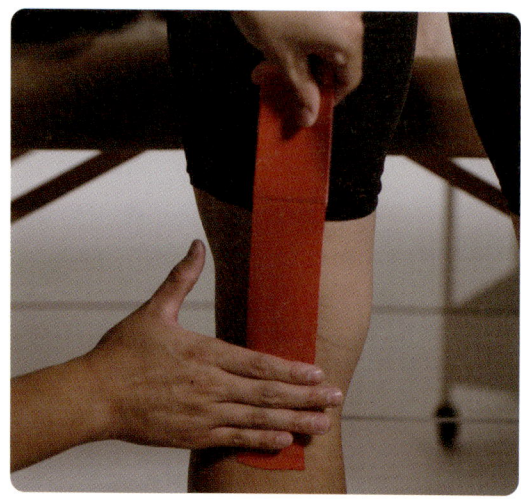

02 테이프에 약간의 스트레치를 가하면서 통증 부위 위에 부드럽게 테이프를 붙이고, 마지막 약 5cm는 스트레치 없이 부드럽게 부착한다.

03 두 번째, 세 번째 테이프를 동일한 방법으로 첫 번째 테이핑 양옆 쪽에 적용한다.

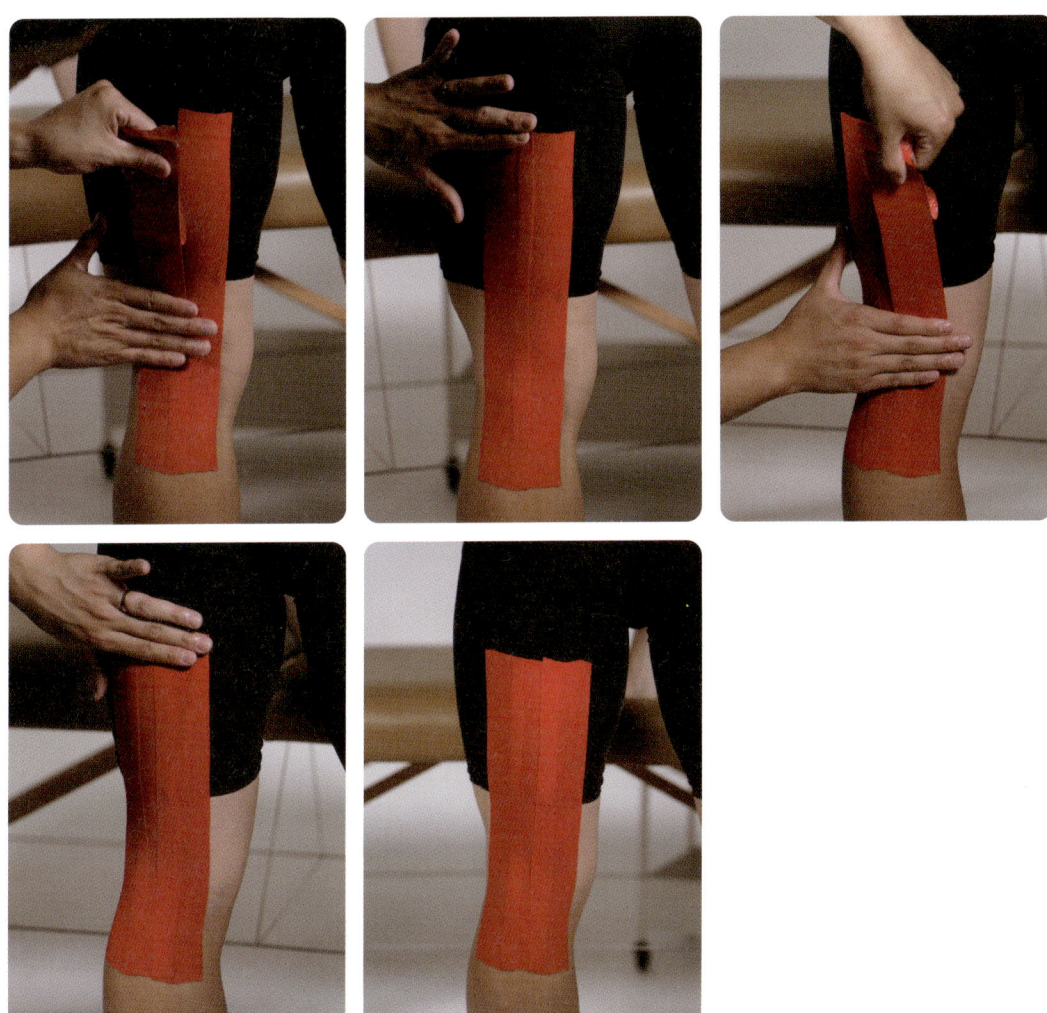

16 Groin

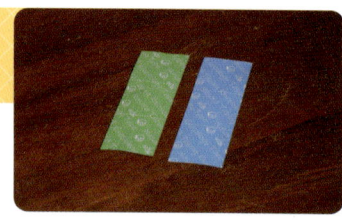

준비물 : 3칸 2개

01
- 의자에 앉아 다리를 벌린 상태로, 허벅지 안쪽에 스트레칭이 가해지도록 자세를 취한다.
- 테이프에 약 5cm 길이의 앵커(고정점)를 만들고, 테이프의 앵커를 서혜부에서 약 2.5cm 아래에 위치시킨다.

02 한 손으로 테이프에 약간의 스트레치를 가하면서 다른 손으로 약간 대각선 방향으로 부드럽게 부착하고, 마지막 약 5cm는 스트레치 없이 부드럽게 부착한다.

03 한 손으로 테이프에 약간의 스트레치를 가하면서 다른 손으로 약간 대각선 방향으로 부드럽게 부착하고, 마지막 약 5cm는 스트레치 없이 부드럽게 부착한다.

04 두 번째 테이프도 첫 번째 테이핑과 동일한 방법으로, 첫 번째 테이핑과 평행하게 부착한다.

 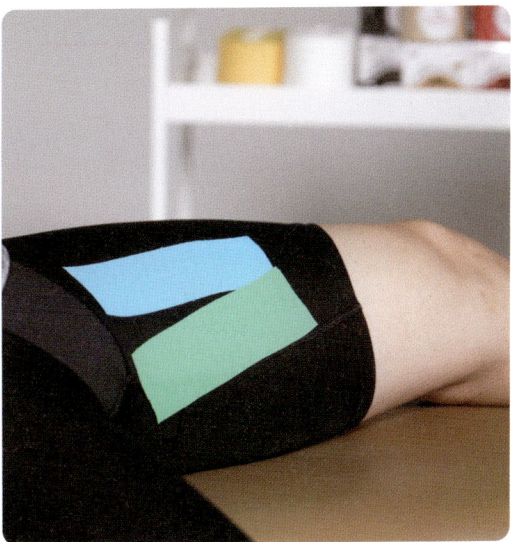

17 Calf

준비물 : 7칸 2개

01
- 엎드린 상태에서 발목의 배측굴곡 상태를 유지하고, 테이프에 약 5cm 길이의 앵커(고정점)를 만든다.
- 테이프의 앵커를 발목뼈 바로 위, 종아리 한쪽 면에 스트레치 없이 적용한다. 테이프가 종아리 위쪽을 향하도록 방향을 잡는다.

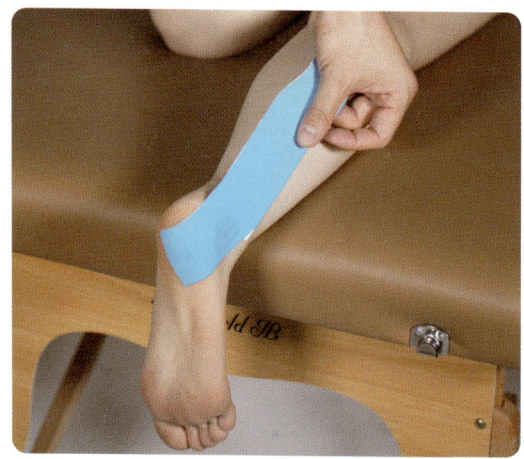

02
- 무릎을 펴고 발가락을 정강이 쪽으로 당긴 후, 테이프를 약간의 스트레치를 가하며 종아리 위쪽으로 부드럽게 밀착시킨다.
- 마지막 약 5cm는 스트레치 없이 부드럽게 부착한다.

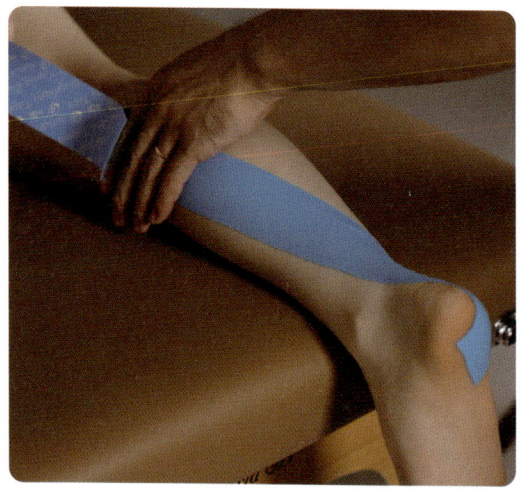 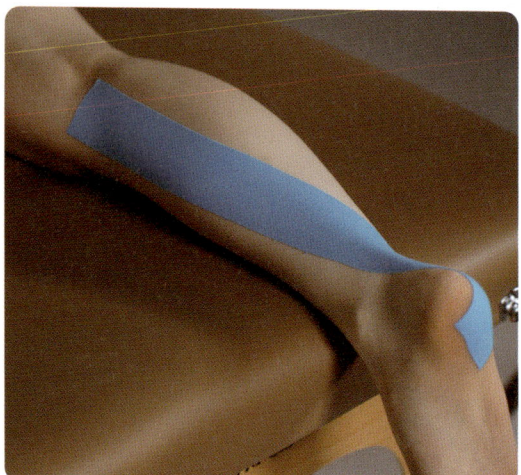

03 두 번째 테이프도 첫 번째 테이핑과 동일한 방법으로, 다른 쪽 종아리에 평행하게 부착한다.

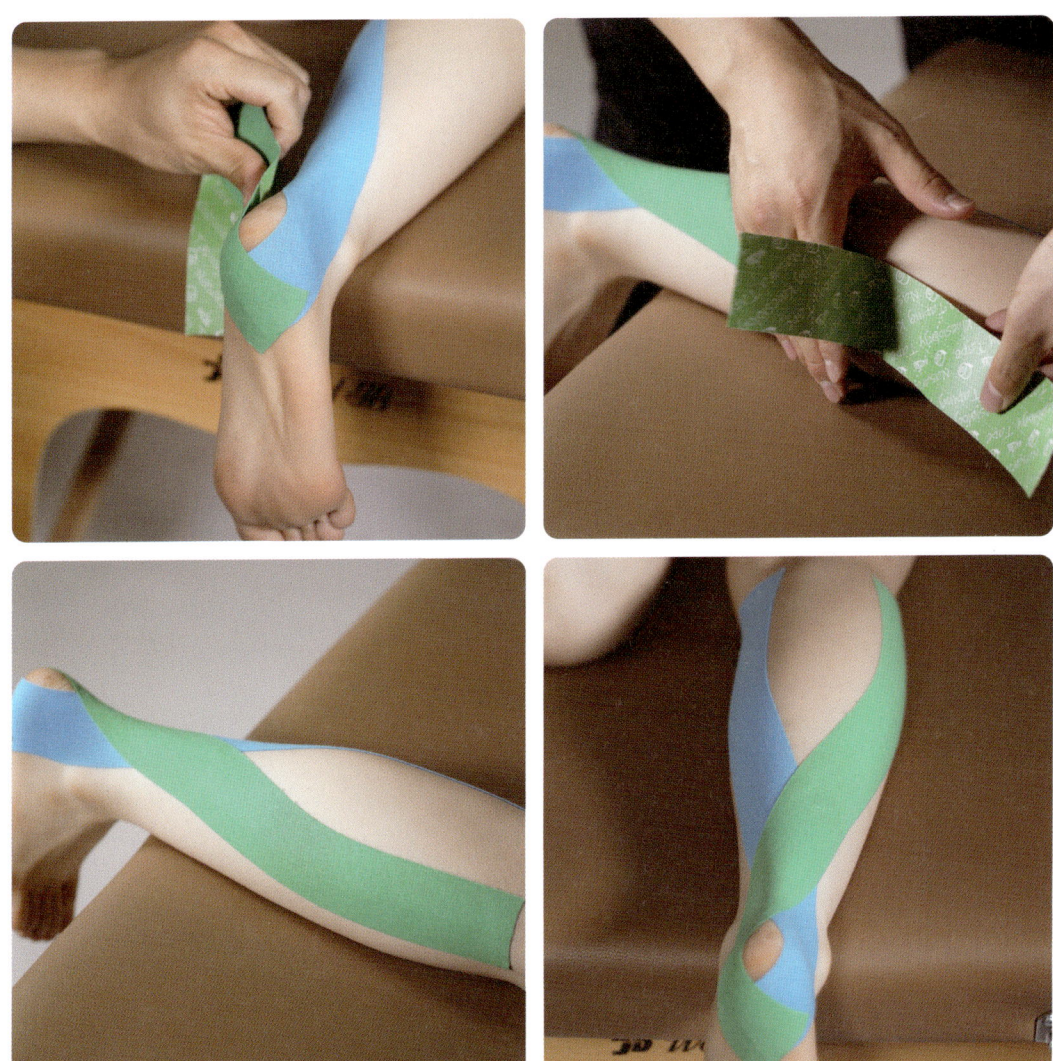

18 pro wide for CALF

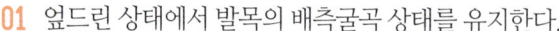

준비물 : 5칸 1개(~3개)

01 엎드린 상태에서 발목의 배측굴곡 상태를 유지한다.

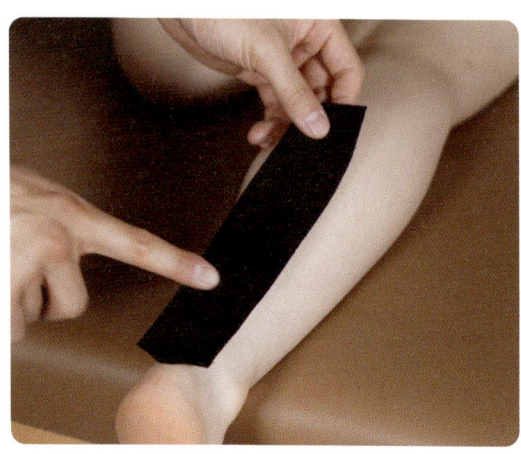

02
- 테이프에 약 5cm 길이의 앵커(고정점)를 만들고, 앵커를 뒤꿈치 바로 위, 종아리 중간지점에 스트레치 없이 적용한다.
- 테이프가 종아리 위쪽을 향하도록 한다.
- 무릎을 펴고 발가락을 정강이 쪽으로 당긴 후, 테이프를 약간의 스트레치를 가하며 종아리 위쪽으로 부드럽게 밀착시킨다.
- 마지막 약 5cm는 스트레치 없이 부드럽게 부착한다.

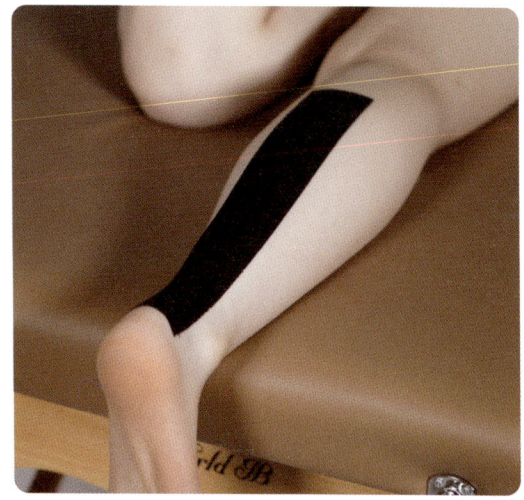

03 두 번째, 세 번째 테이프를 동일한 방법으로 첫 번째 테이핑 양옆 쪽에 적용한다.

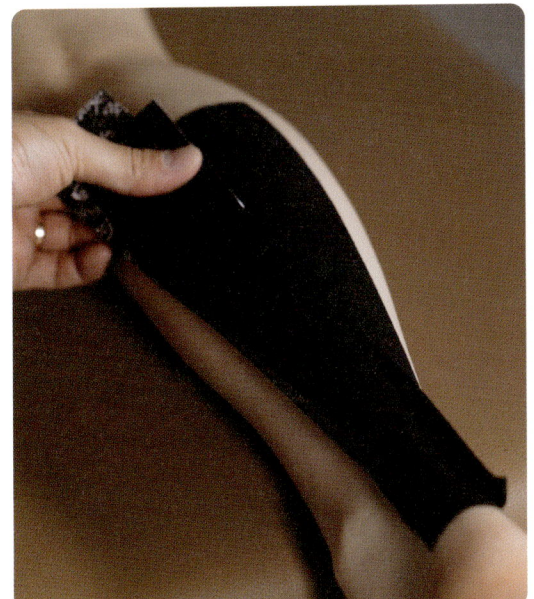 

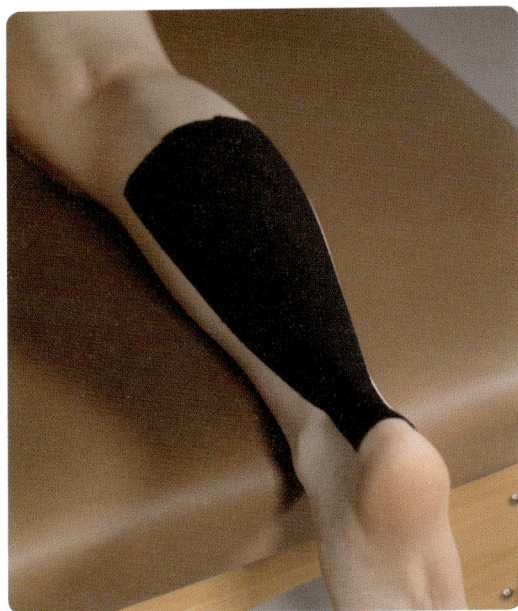

19 Shin splints

준비물 : 7칸 1개, 2칸 2개

01
- 바닥에 앉아서 발을 바닥에 놓고, 테이프에 약 5cm 길이의 앵커(고정점)를 만들고, 테이프의 앵커를 경골 바깥쪽에 스트레치 없이 적용한다.
- 테이프가 발목을 향하도록 방향을 잡는다.

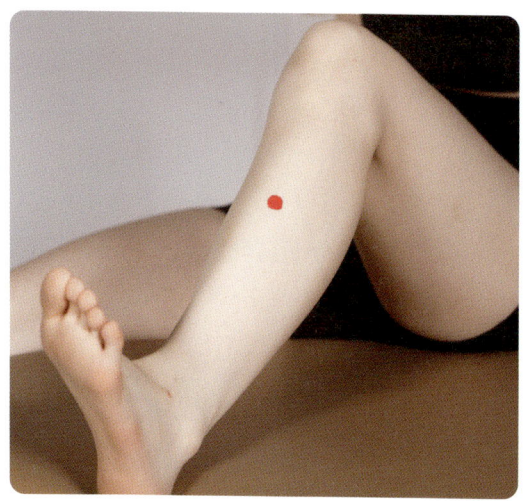
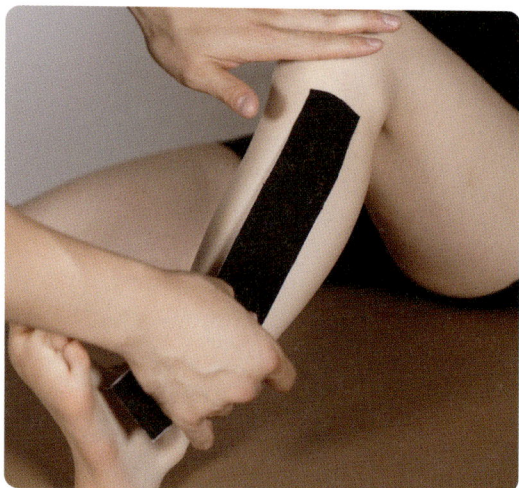

02
- 테이프의 백킹 페이퍼(보호 종이)를 떼어내어, 테이프에 약간의 스트레치를 가하면서 통증 부위를 부드럽게 덮는다.
- 마지막 약 5cm는 스트레치 없이 부드럽게 부착한다.

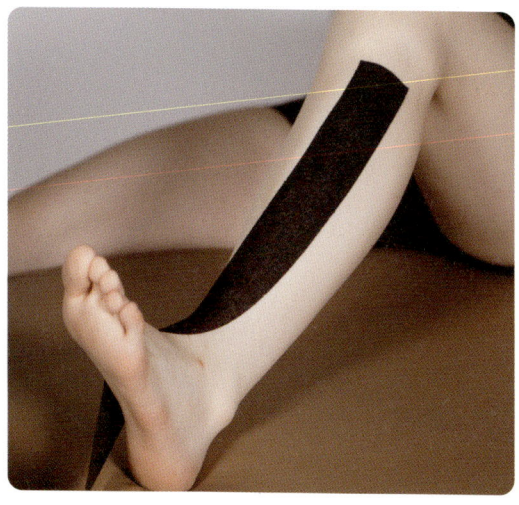
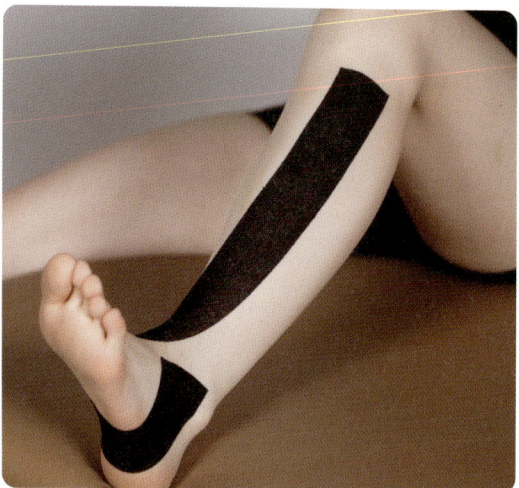

03
- 2칸짜리 테이프를 통증 지점 바로 위에 앵커를 스트레치 없이 적용한다. 이때, 테이프는 다리 바깥쪽에 부착한다.
- 한 손으로 앵커를 잡고, 중간 부분에 약간의 스트레치를 가하며 테이프를 경골에 놓는다.

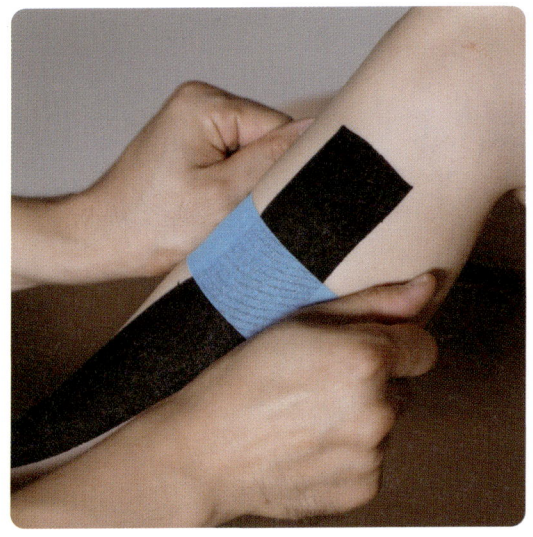

04 두 번째 2칸짜리 테이프를 첫 번째 테이핑과 동일한 방법으로, 첫 번째 테이핑 바로 아래에 부착한다.

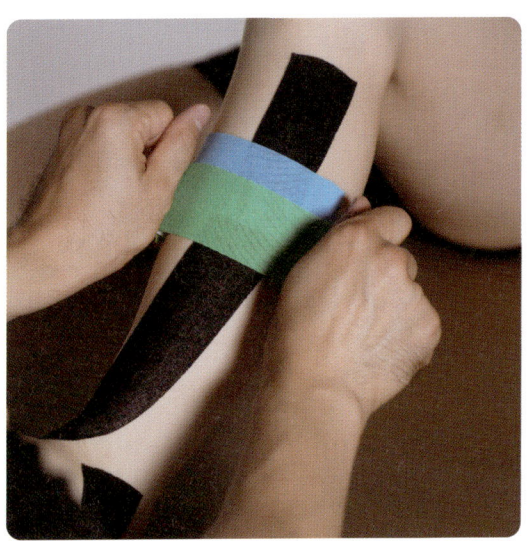 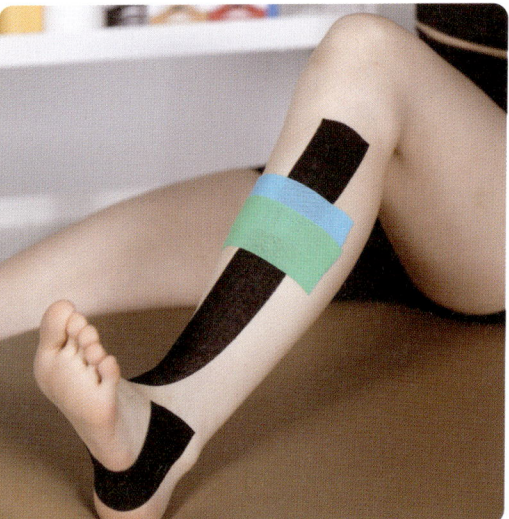

20　Posterior shin splints

준비물 : 5칸 2개

01
- 발목을 배측굴곡 상태로 다리를 편 상태를 유지한다.
- 테이프에 약 5cm 길이의 앵커(고정점)를 만들고, 발꿈치의 바깥쪽에 스트레치 없이 부착한다.

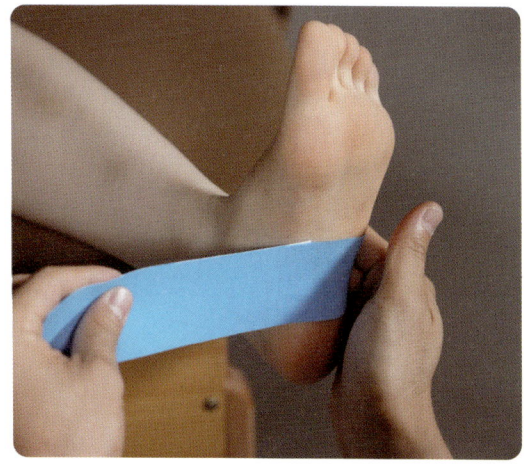

02
- 테이프에 약간의 스트레치를 가하면서 먼저 발꿈치 아래쪽으로, 그다음에는 발꿈치 안쪽을 따라 위로 올린다.
- 테이프를 계속해서 안쪽 발목뼈 뒤쪽으로 돌려 무릎 쪽으로 향하게 한다. 이때 테이프가 통증 부위를 덮도록 한다.
- 마지막 약 5cm는 스트레치 없이 부드럽게 부착한다.

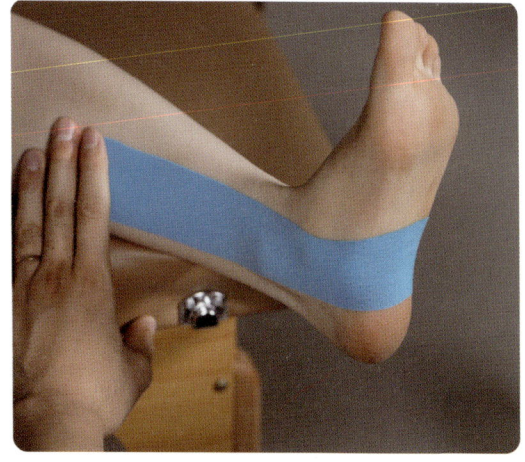

03 두 번째 테이프에 약 5cm 길이의 앵커를 만들고, 첫 번째 테이핑 옆에 스트레치 없이 부착한다.

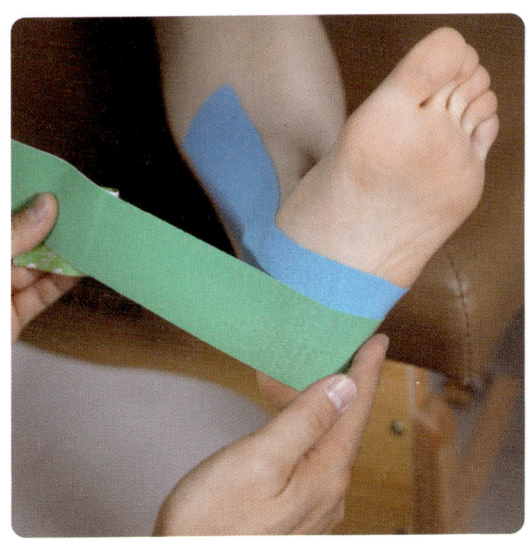

04 첫 번째 테이핑과 동일한 방법으로, 두 번째 테이프를 발꿈치 아래쪽으로 적용하고, 발목뼈 앞쪽으로 부드럽게 부착하되, 첫 번째 테이핑과 평행하게 놓이도록 한다.

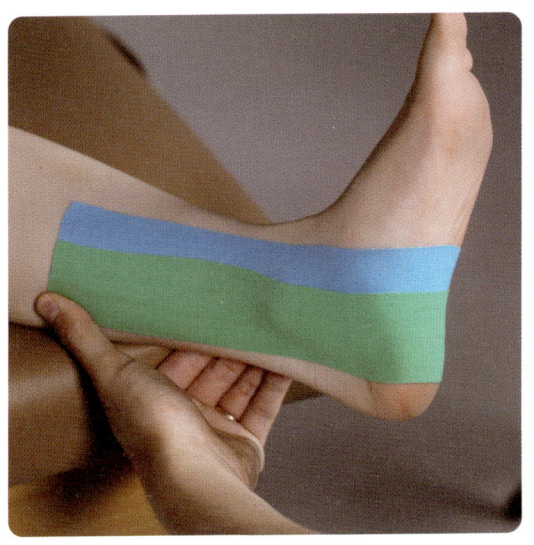 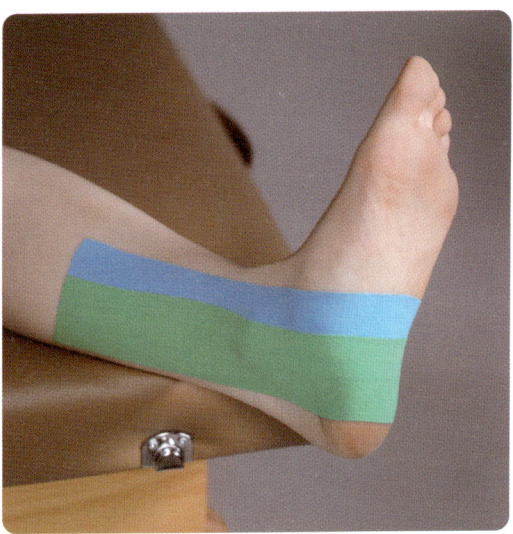

21 Posterior shin splints wide

준비물 : 5~7칸 1개(~2개)

01
- 발목을 배측굴곡한 상태로 무릎 신전상태를 유지한다.
- 테이프에 약 5cm 길이의 앵커(고정점)를 만들고, 안쪽 경골 상단에 부착한다. 이때 테이프는 아래쪽을 향한다.

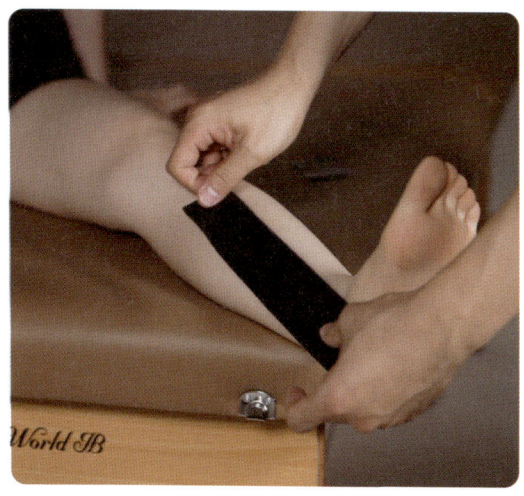

02
- 테이프에 약간의 스트레치를 가하면서 발목뼈를 따라 발바닥을 지나게 한다.(이 과정에서 통증 부위를 직접 덮는다.)
- 마지막 약 5cm는 스트레치 없이 부드럽게 부착한다.

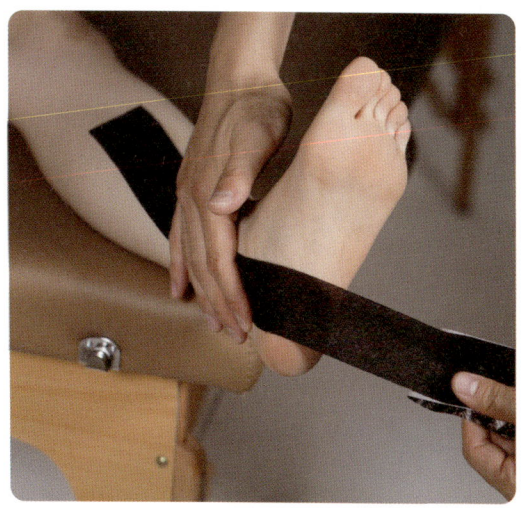 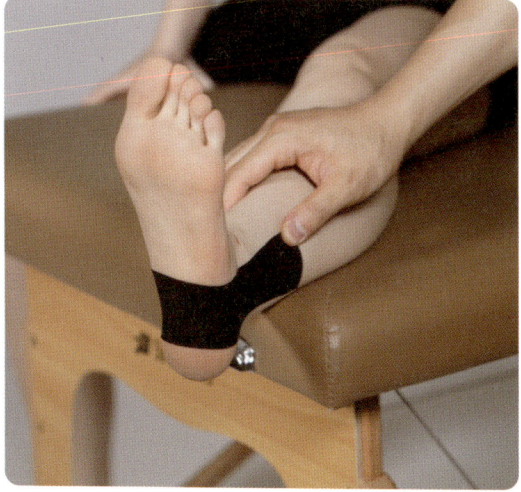

03 첫 번째 테이핑과 같은 방법으로 두 번째 테이프를 첫 번째 테이핑 옆에 적용한다.

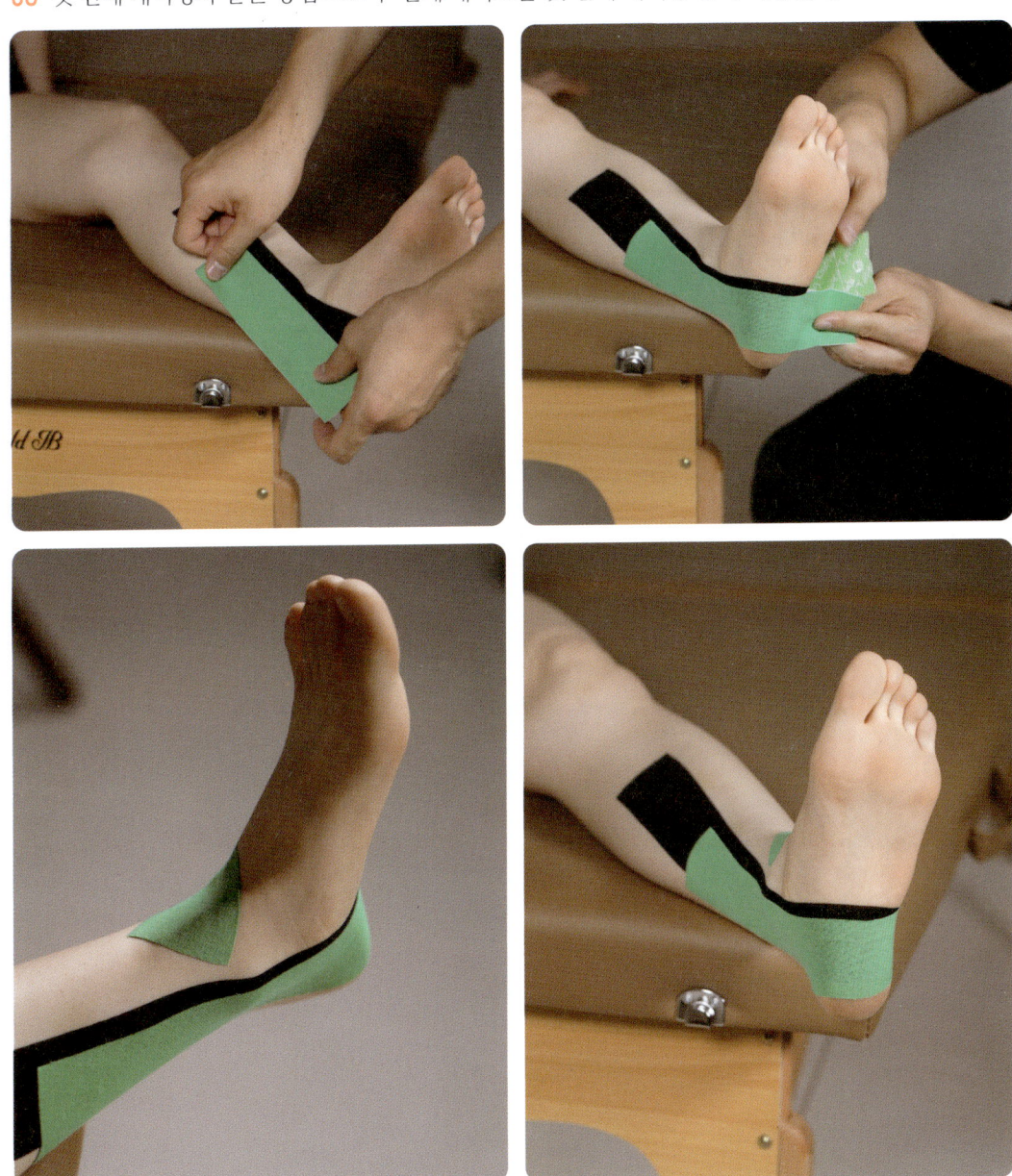

22 Ankle stability

준비물 : 6칸 3개

01
- 의자에 앉아 다리를 평평한 표면에 올려놓고 발목을 배측굴곡한다.
- 테이프에 약 5cm 길이의 앵커(고정점)를 만들고, 앵커를 바깥쪽 발목뼈에 스트레치 없이 적용한다.

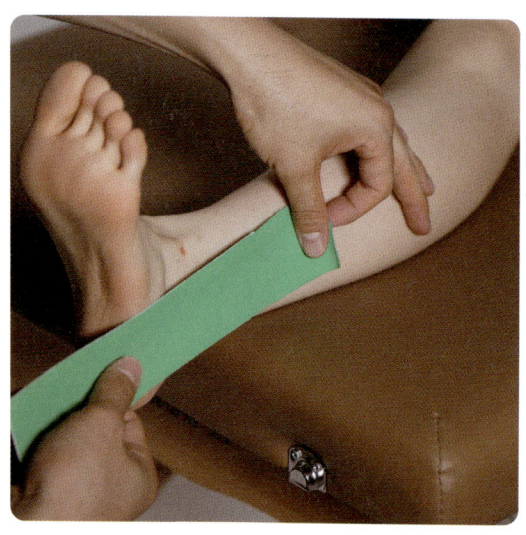

02
- 테이프를 발꿈치 아래쪽으로 향하게 하고, 발꿈치와 발목의 안쪽을 따라 위쪽으로 커브를 그린다.
- 안쪽 발목뼈 위쪽에 스트레치 없이 마지막 약 5cm를 부착한다.

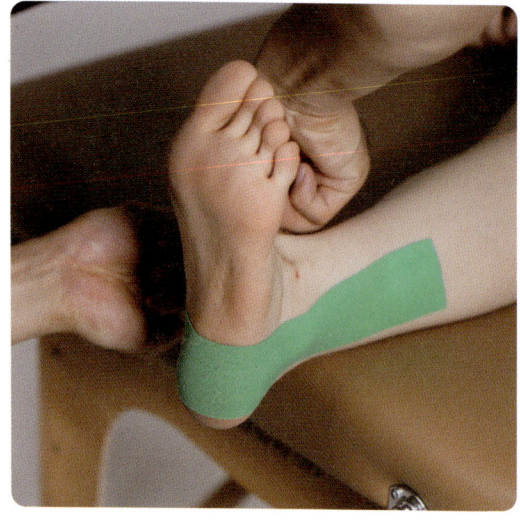

03
- 두 번째 테이프를 첫 번째와 동일하게 반대편에 적용한다.
- 테이프를 안쪽 발목뼈에서 시작한다.

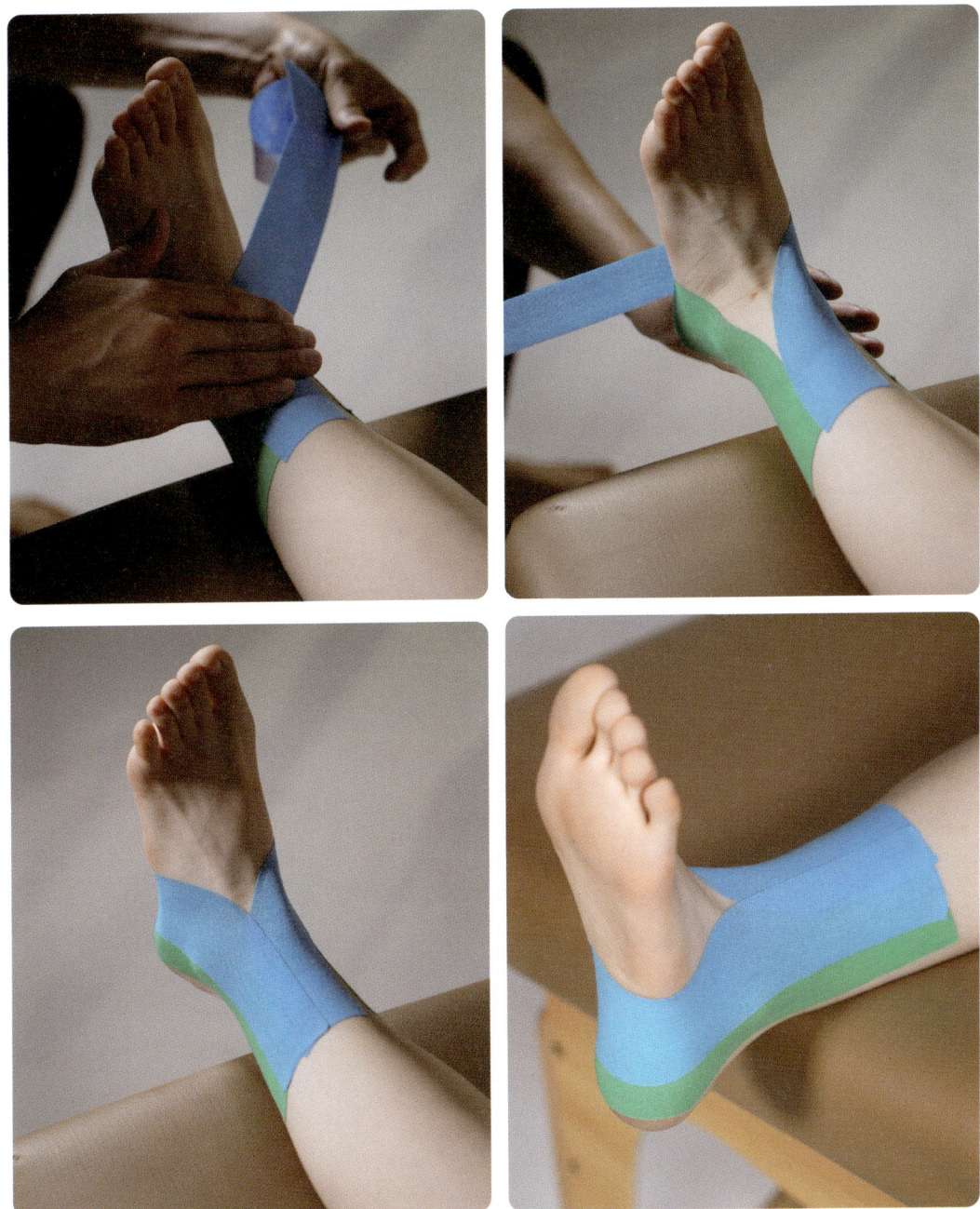

23 Plantar fasciitis

준비물 : 3칸 2개, 4칸 1개

01
- 발목을 무릎 위에 교차시킨 자세에서 발가락과 발목을 배측굴곡한다.
- 테이프에 약 5cm 길이의 앵커(고정점)를 만들고, 발바닥 앞쪽에 스트레치 없이 앵커를 부착한다.

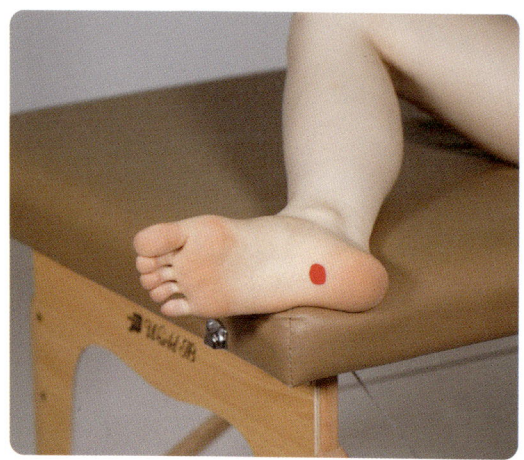
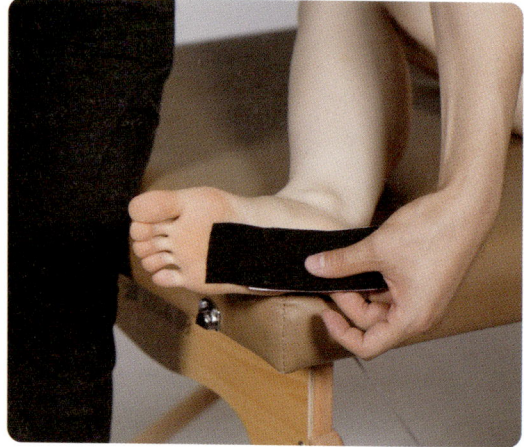

02
- 한 손으로 앵커를 잡으면서 테이프를 적당히 스트레치를 가하면서 발바닥에서 중간지점에 테이프를 부착해 나간다.
- 발바닥에 테이프를 문지르며 마무리하고, 나머지 테이프를 발꿈치 쪽으로 스트레치 없이 부착한다.
- 두 번째 테이프를 발 바깥쪽의 뒤꿈치 앞쪽에 스트레치 없이 앵커를 부착한다.

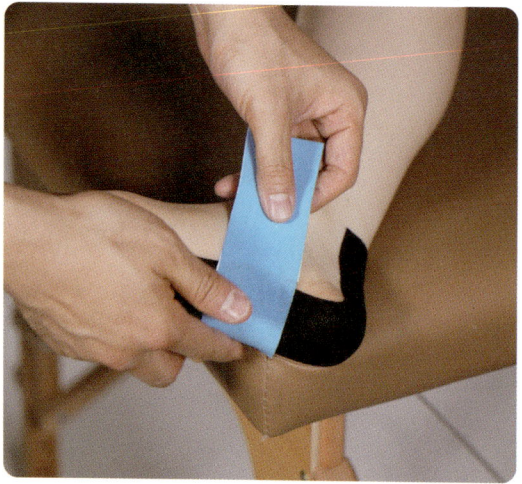

03
- 앵커를 잡은 상태로 테이프에 적당한 압력을 가하면서 발의 통증 부위에 직접 스트레치를 가하며 발꿈치의 아래쪽에 테이프를 부착한다.
- 테이프를 발의 안쪽 발목을 따라 올려 테이프의 마지막 약 5cm를 스트레치 없이 앵커로 부착한다.
- 세 번째 테이프를 두 번째 테이핑과 같은 방식으로 준비하고, 발 바깥쪽의 뒤꿈치 앞쪽에 스트레치 없이 앵커를 적용하고, 두 번째 테이핑 앞쪽에 테이프를 부착시킨다.
- 스트레치를 가하면서 발의 통증 부위에 뒤꿈치의 아래쪽에 테이프를 붙이고, 발의 바깥쪽 발 아치 뒤쪽을 따라 커브를 그린다.

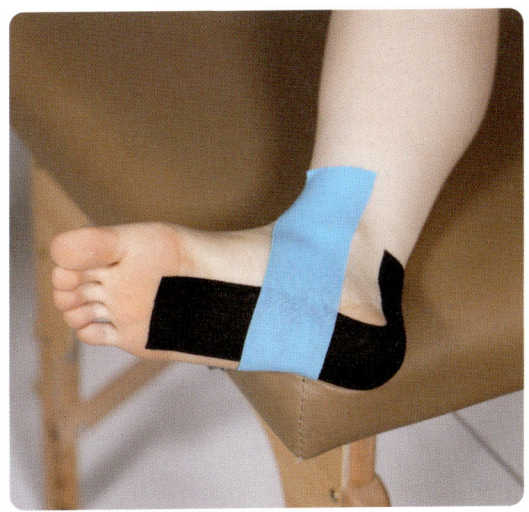 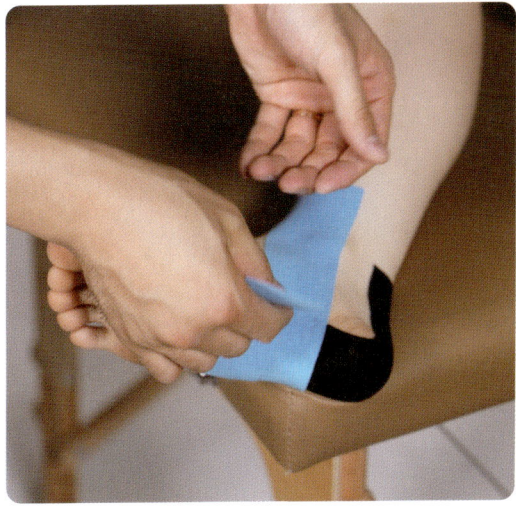

04 테이프를 부착한 후, 발의 안쪽 발목뼈 위에 스트레치 없이 약 5cm 길이의 앵커를 남기고, 테이프를 부드럽게 문질러 준다.

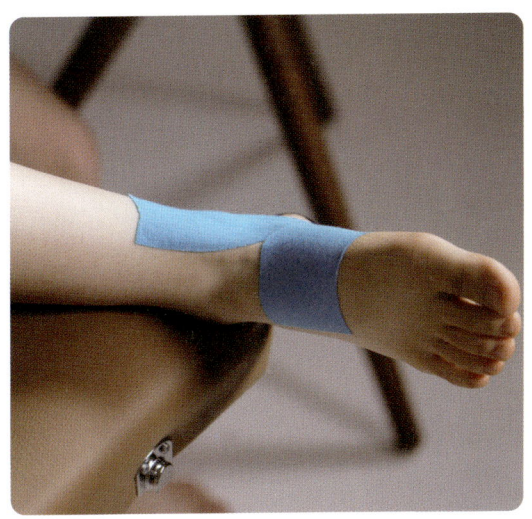 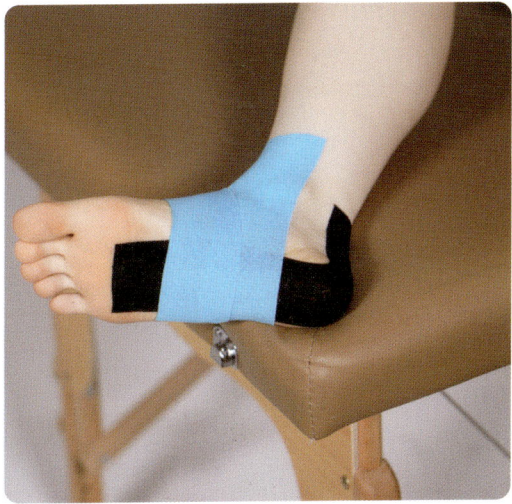

24 Heel

준비물 : 5칸 1개, 3칸 1개, 2칸 2개

01
- 엎드린 상태에서, 발목과 발가락을 위쪽으로 들어 올려 배측굴곡 상태로 만든다.
- 테이프에 약 5cm 길이의 앵커(고정점)를 만들고, 앵커를 스트레치 없이 발꿈치 방향으로 테이프를 향하게 부착한다.
- 테이프에 적당한 스트레치를 가하면서 발꿈치 아래쪽에 테이프를 부착한다.
- 남은 부분은 발꿈치 뒤쪽에 가벼운 스트레치로 부착한다.

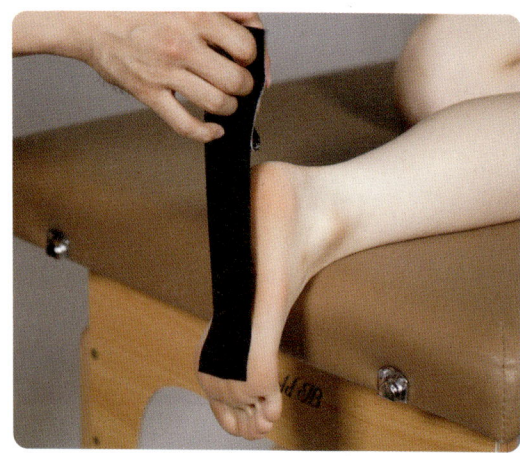 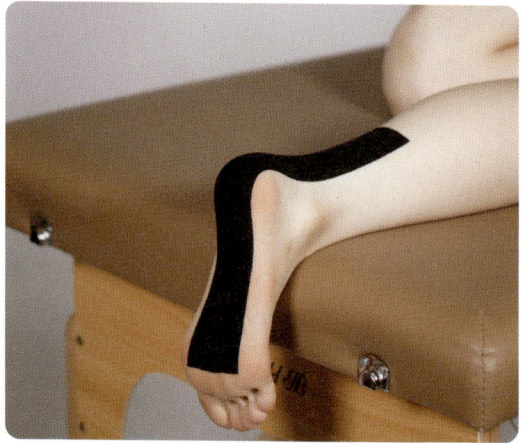

02 두 번째 테이프에 적당한 스트레치를 가해, 테이프의 중간 지점을 발꿈치 아래쪽에 부착하고, 양쪽 끝을 발꿈치의 안쪽과 바깥쪽으로 올려 부착한다.

 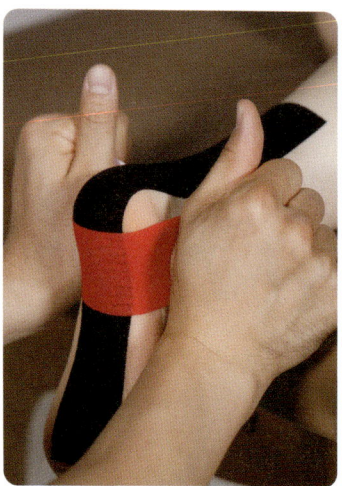 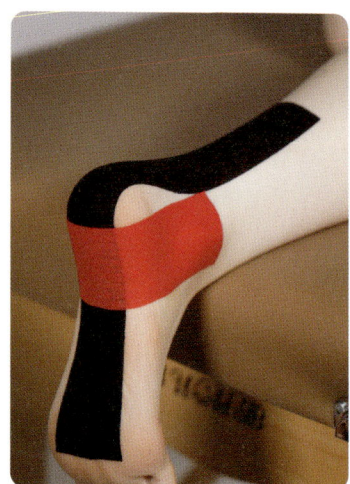

03
- 세 번째 테이프도 두 번째 테이핑과 동일한 기술로 적용하여 준비한다.
- 적당한 스트레치로 테이프의 중간지점을 발꿈치 뒤쪽에 부착하고, 양쪽 끝을 발의 안쪽과 바깥쪽으로 올려 부착한다.

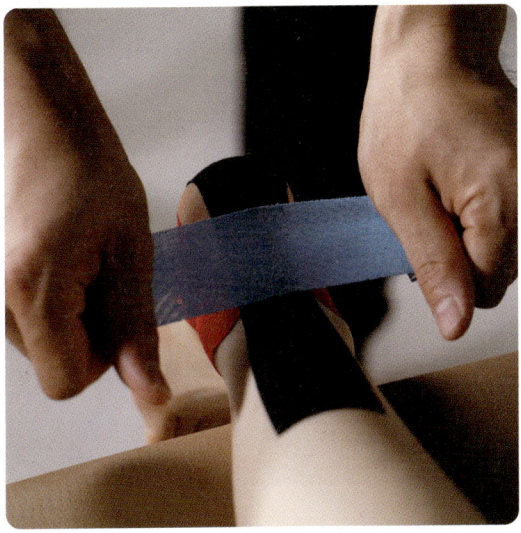
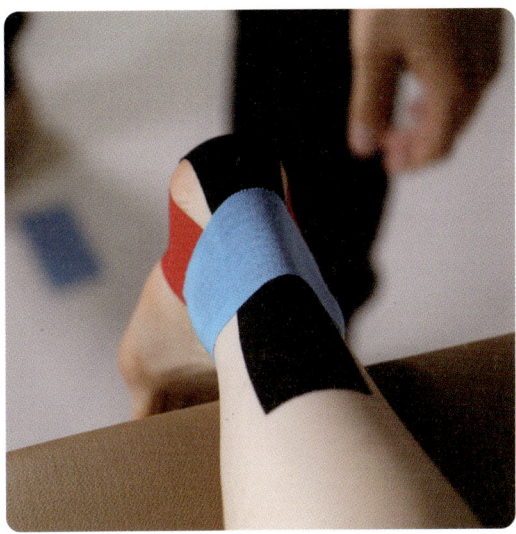

04 동일한 방법으로 세 번째 테이핑과 평행한 위치(위쪽)에 적용한다.

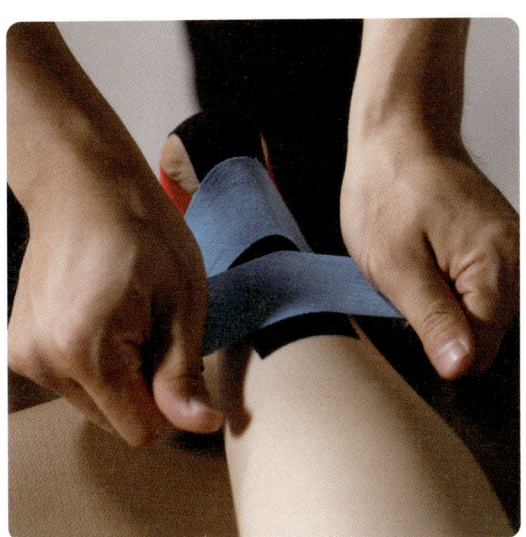
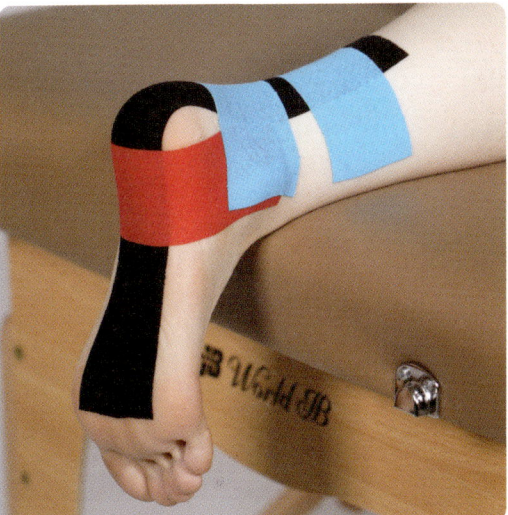

25 Top of foot

준비물 : 10칸 1개, 2칸 2개

01
- 테이프의 한쪽 끝에서 약 5cm 길이로 앵커(고정점)를 만든다.
- 앵커를 스트레치 없이 경골 위에 놓고, 테이프가 발등을 향해 아래쪽으로 향하게 배치한다.

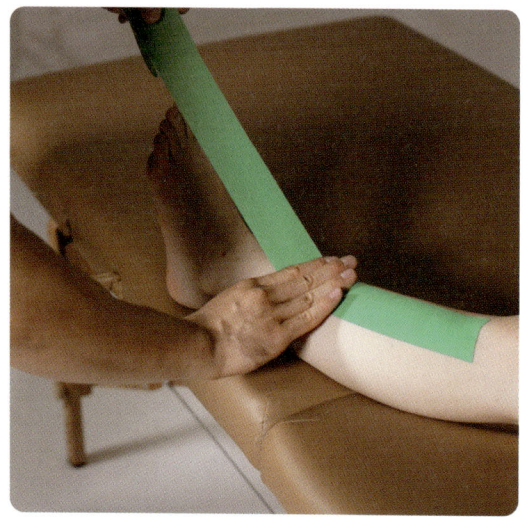

02 적당한 스트레치로 테이프를 당기고, 발바닥을 감싼 후, 발등 위에 남은 부분을 스트레치 없이 부착한다.

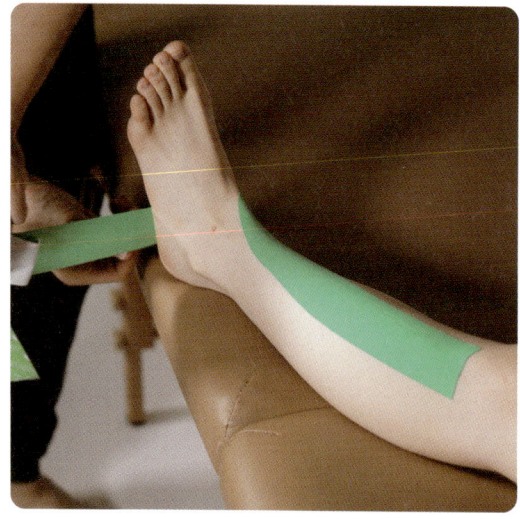

03 • 2칸짜리 테이프를 사용하여, 발바닥 부위에 적당한 스트레치를 가하며 직접 부착한다.
 • 스트레치 없이 발등의 안쪽과 바깥쪽 하단부에 앵커를 부착한다.

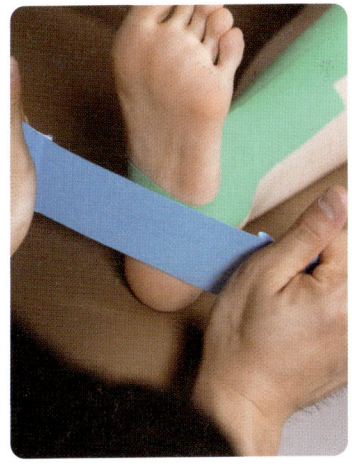
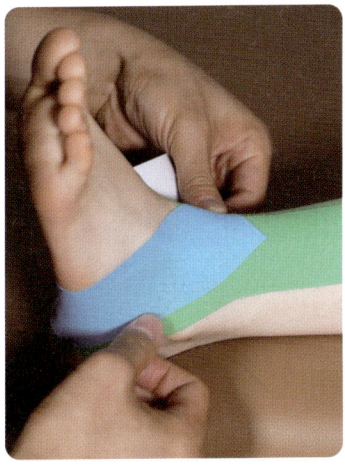
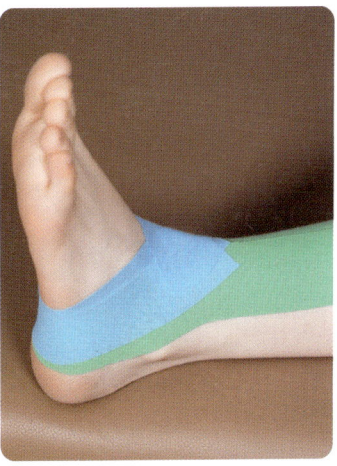

04 두 번째 2칸짜리 테이프를 첫 번째 2칸짜리 테이핑의 바로 위에 동일하게 반복한다.

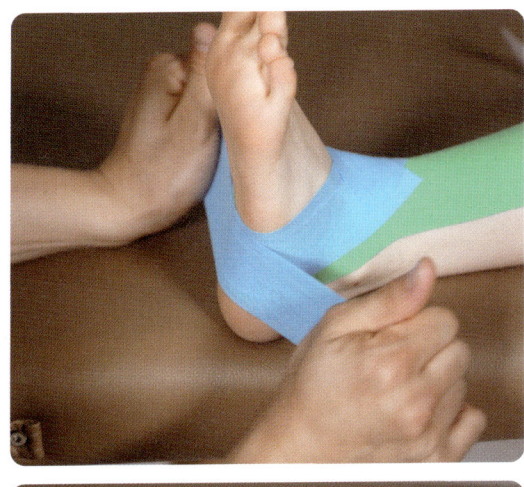
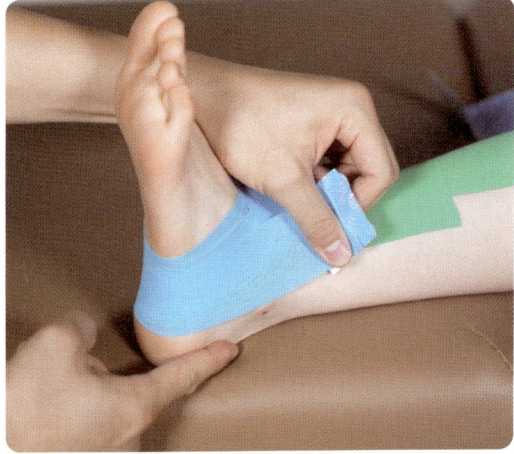
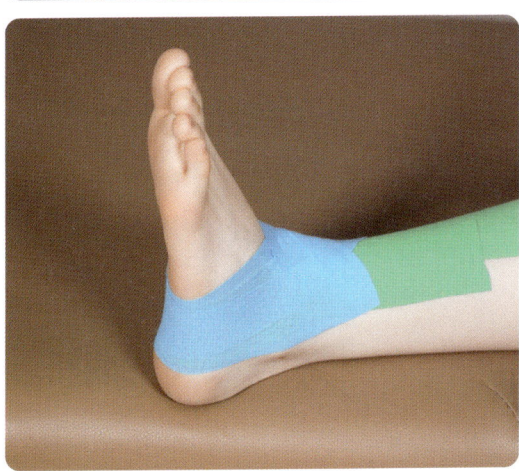
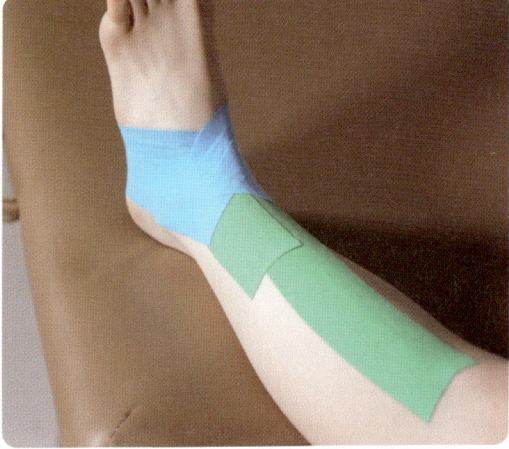

26 Peroneal Tendonitis

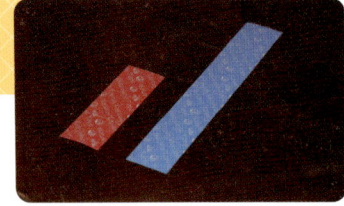

준비물 : 6칸 1개, 3칸 1개

01
- 의자에 앉아서 테이프를 부착할 발을 의자에 올려놓고 편안하게 앉는다.
- 테이프 한쪽 끝에서 약 5cm 길이의 앵커(고정점)를 만들고. 스트레치 없이 앵커를 종아리(비골두) 바깥쪽에 놓고, 테이프가 발꿈치를 향하도록 배치한다.
- 발을 발가락이 발목보다 낮게 하여 안쪽을 향하게 위치시키고, 한 손으로 테이프를 가볍게 스트레치 하면서 발꿈치를 향해 부드럽게 부착한다.

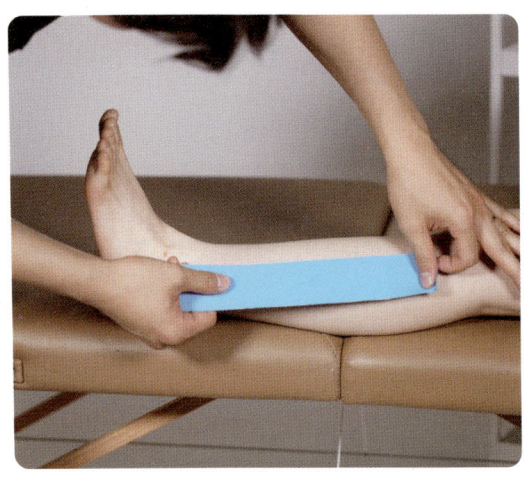

02
- 발꿈치에 가까워지면 발가락을 위로 당기고 테이프를 발목 주위로 곡선 모양으로 부착한다.
- 끝부분은 스트레치 없이 부착한다.

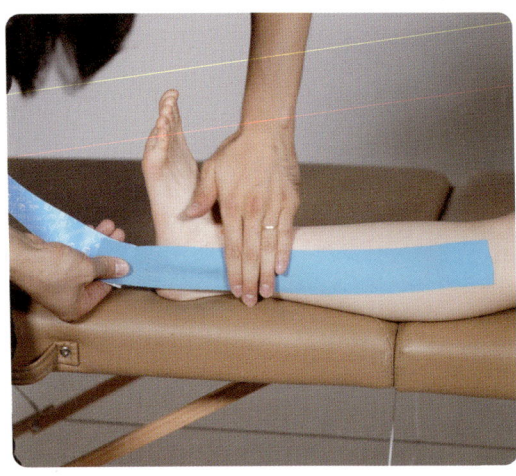
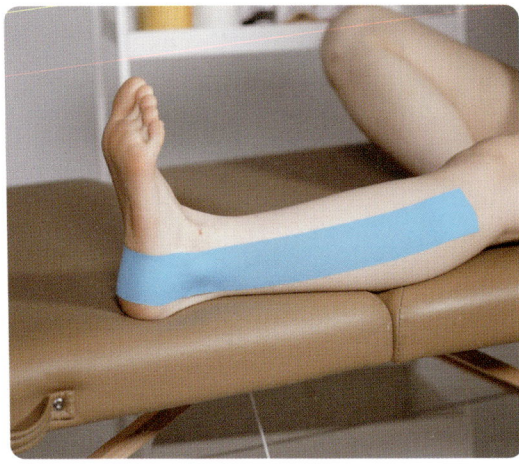

03 • 발가락이 위로 향하게 한 상태(배측굴곡)에서 3칸짜리 테이프의 앵커를 아킬레스건 뒤쪽에 스트레치 없이 부착한다.
  • 발목뼈를 가로질러 적당한 스트레치로 테이프를 부착한다.

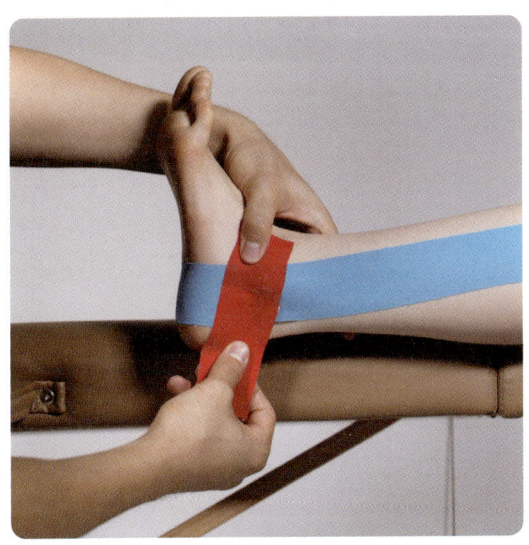

04 발목을 아래로 움직이면서 남은 앵커를 발목 앞쪽 위에 스트레치 없이 부착한다.

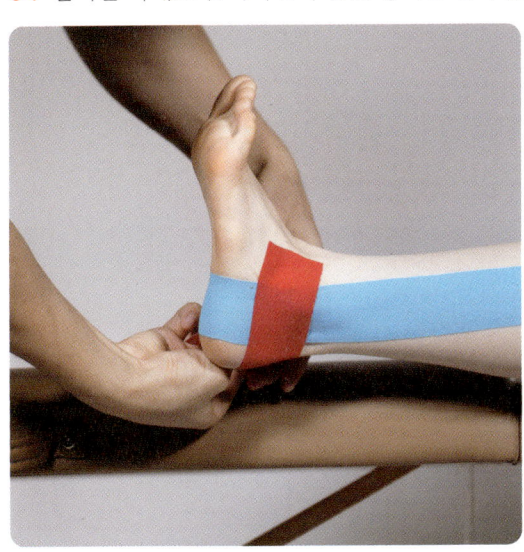 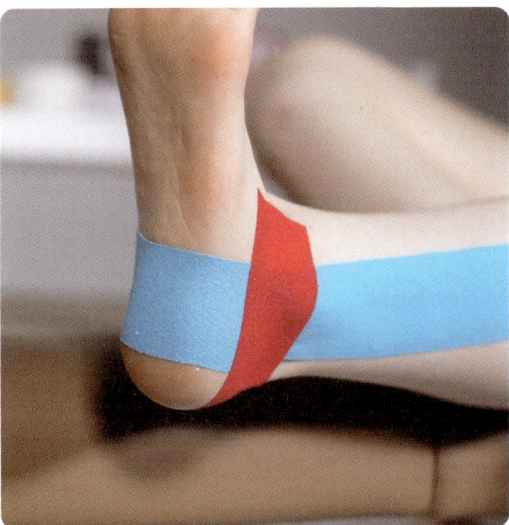

27 Bunion

준비물 : 4칸 1개, 3칸 2개

01
- 의자에 앉아 발목을 무릎 위에 교차하여 놓고, 테이프에 약 5cm 앵커(고정점)를 만든다.
- 엄지발가락 안쪽에 앵커를 부착한다.

02 테이프를 가볍게 늘려 발 안쪽을 따라 부착하고, 발꿈치에 고정한다.

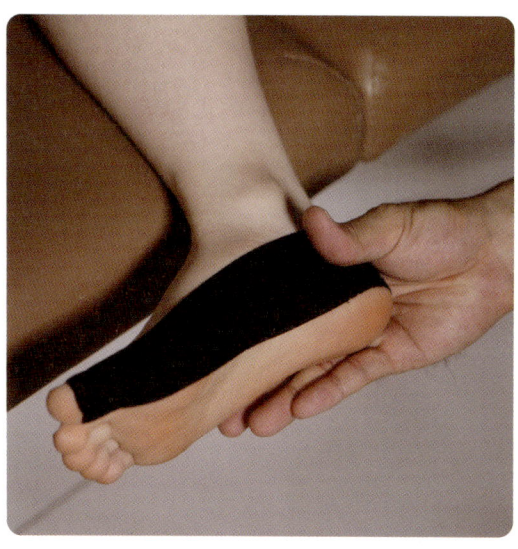 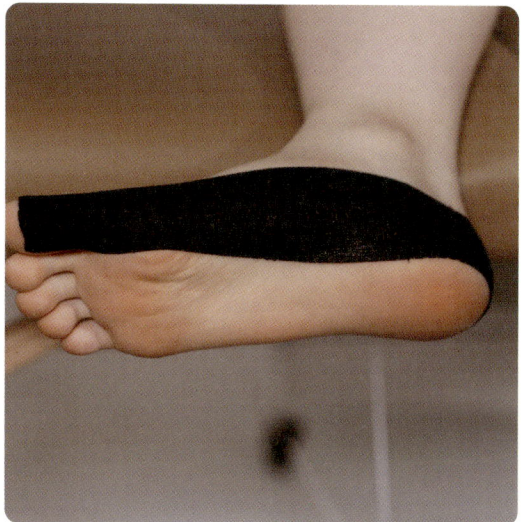

03 · 3칸짜리 테이프의 중간 지점에서 백킹 페이퍼(보호 종이)를 찢고, 테이프의 양 끝을 잡고 적당한 스트레치를 가하며 테이프를 통증 부위에 직접 부착한다.
· 끝부분은 스트레치 없이 부착한다.

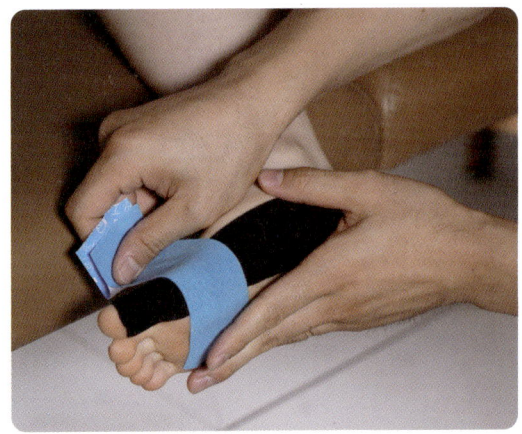

04 필요한 경우, 두 번째 3칸짜리 테이프를 사용하여 추가적인 지지를 위해 같은 방법으로 부착한다.

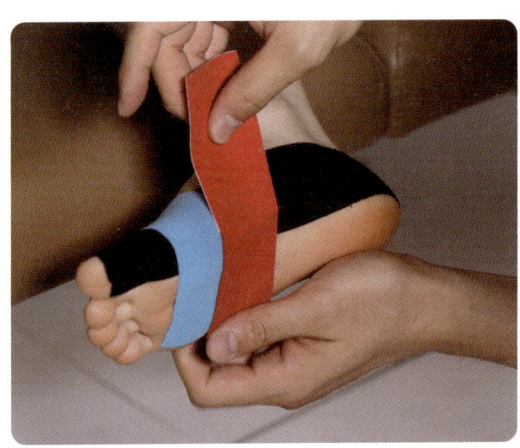 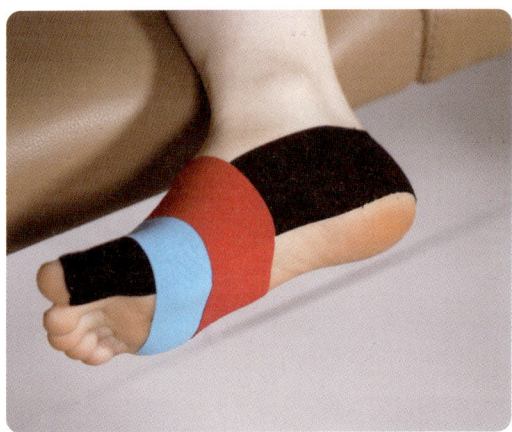

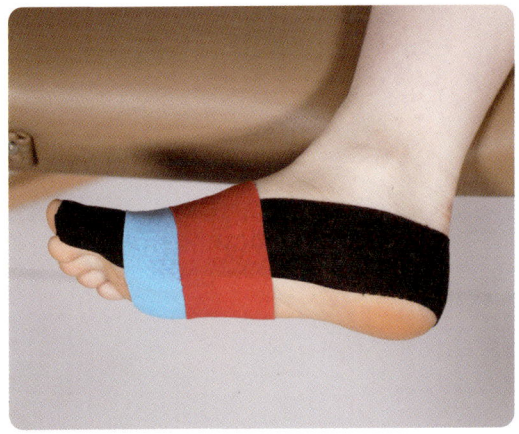

28 Ball of foot

준비물 : 5칸 1개, 3칸 2개

01
- 의자에 앉은 상태에서 발목과 발가락을 위로 올려 배측굴곡 상태로 유지한다.
- 테이프에 약 5cm 앵커(고정점)를 만들고, 발바닥의 앞쪽에 스트레치 없이 앵커를 부착한다.
- 테이프는 발꿈치 쪽을 향하도록 방향을 맞춘다.

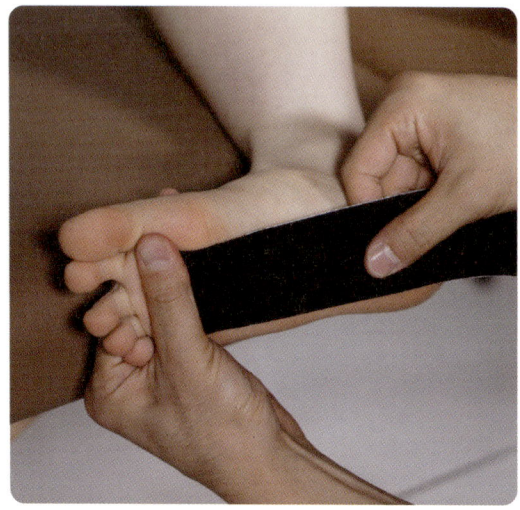

02
- 테이프를 중간 정도의 균일한 스트레치를 가하며 발바닥에 부착한다.
- 나머지 테이프 부분은 스트레치 없이 뒤꿈치 위쪽까지 부착한다.

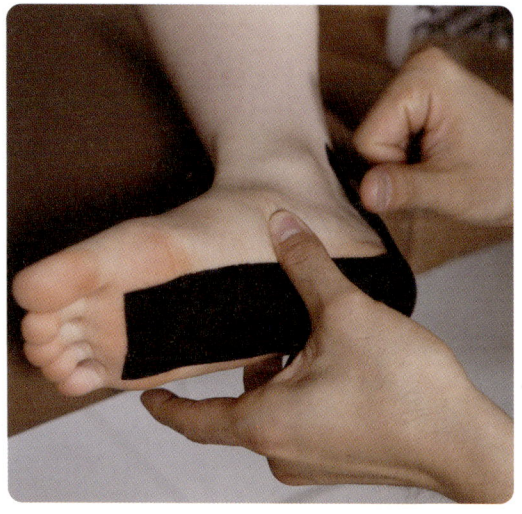 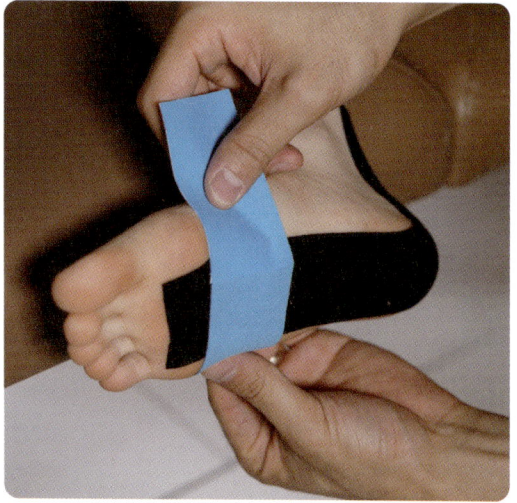

03 • 3칸짜리 테이프의 중간지점에서 백킹 페이퍼(보호 종이)를 찢고, 적당한 스트레치를 가하여 부착한다.
• 앵커 부분은 발의 안쪽과 바깥쪽 상단 측면에 스트레치 없이 부착한다.

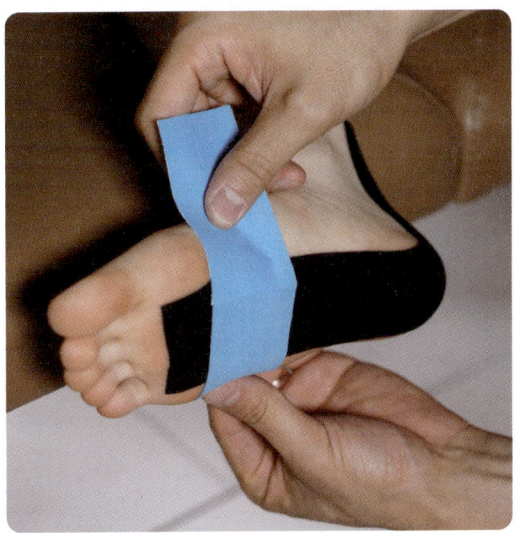 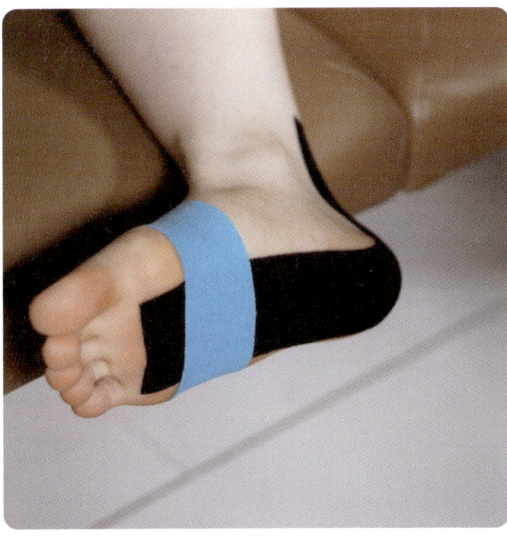

04 두 번째 3칸짜리 테이프를 준비하여, 첫 번째 3칸짜리 테이핑 바로 뒤쪽에 같은 방법으로 반복하여 부착한다.

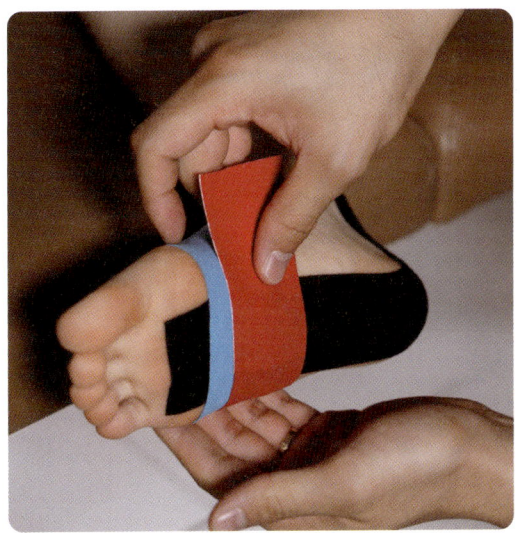 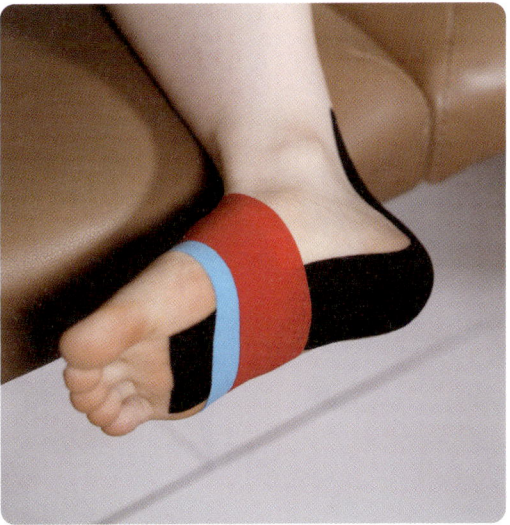

PART 03

스포츠 종목별 테이핑 방법

CHAPTER 01 축구
CHAPTER 02 야구
CHAPTER 03 배구
CHAPTER 04 농구
CHAPTER 05 탁구
CHAPTER 06 배드민턴
CHAPTER 07 골프
CHAPTER 08 태권도
CHAPTER 09 러닝1
CHAPTER 10 러닝2
CHAPTER 11 스노보드
CHAPTER 12 스키

오선복 트레이너

현) 프리랜서 (현장파견 및 출강 등)
전) 서울이랜드FC 수석트레이너
　　강원FC 수석트레이너

종목별 테이핑 소개

CHAPTER 01
축구

01 축구 스포츠 상해 소개

축구는 전신을 사용하는 운동이지만, 특히 하체 사용 빈도가 매우 높고 방향 전환, 킥, 점프, 착지 등 고강도 동작이 연속적으로 이뤄지는 종목이다. 그래서 부상도 자주 발생한다. 현장에서 가장 주의 깊게 보는 부위는 햄스트링, 발목, 그리고 내전근이다. 이 세 부위의 위치는 다르지만, 모두 축구 특유의 급가속, 급정지 그리고 킥 동작과 깊은 관련이 있다.

햄스트링은 스프린트 중 갑작스러운 가속이나 감속이 반복되는 상황, 특히 공을 향해 전력 질주하다가 멈추는 상황에서 햄스트링 부상이 자주 발생한다. 대표팀 공격수 중 한 명이 그런 상황에서 오른쪽 햄스트링에 경미한 파열을 겪은 적이 있었고, 회복 이후에도 스프린트 시 불안함을 계속 표현했다. 이 선수에게 테이핑을 적용했던 이유는, 단순히 근육을 잡아주는 목적보다는 햄스트링 부위에 감각 피드백을 줘서 달릴 때 동작을 더 안정적으로 만들고, 불필요한 근 긴장을 줄여주기 위함이었다. 테이핑은 대퇴 후면부를 중심으로 부착했고, 훈련 중에만 적용했다. 하지만 핵심은 언제나 기능 회복이다. 노르딕 햄스트링 컬(Nordic Hamstring Curl)을 중심으로 원심성 레그컬(Eccentric Leg Curl), 그리고 힙 힌지 패턴을 안정화시키는 보강 운동을 루틴화 했다. 훈련 후엔 폼롤러를 이용한 이완, 냉찜질, 좌식PNF 스트레칭을 함께 진행했고 테이핑은 시즌 중 장거리 원정 경기나 연속 일정이 있는 경우, 근 긴장이 높은 날에만 제한적으로 사용했다.

다음은 발목이다. 축구에서 흔한 부상 중 하나이다. 외측 발목 염좌는 방향 전환 도중 또는 상대 태클을 피하려는 순간에 쉽게 발생한다. 수비수 한 명이 실제로 경기 중 상대 발에 걸리며 발이 바깥쪽으로 꺾였고, 이후 반복적인 염좌로 발목 안정성 자체가 많이 떨어진 상태였다. 이 선수에게는 발목 외측과 후면을 감싸는 방향으로 테이핑을 적용해 불안정한 움직임을 억제했다. 여기서도 테이핑은 보조일 뿐, 회복의 중심은 보강 운동이다. BOSU 위에서의 발목 균형 훈련, 단측 스탠스에서의 컷 동작, 슬로 플라이오메트릭 훈련 등을 포함했고, 특히 장비골근(Peroneus longus)와 단비골근(Peroneus brevis)의 근 활성화를 유도해 발목 외측 안정성을 회복하는 데 초점을 맞췄다. 훈련 후엔 거상법(Elevation), 냉수욕(Cold water bath), 발목 주위 근막 이완(Myofascial Release) 마무리 루틴으로 가져갔다.

요즘 들어 많이 강조하는 부위가 바로 내전근이다. 사이드라인에서 크로스를 많이 올리는 윙어나 풀백 선수들에게 특히 자주 나타난다. 빠른 방향 전환과 발을 크게 벌리는 동작이 반복되다 보면 내전근, 특히 장내전근(Adductor longus)나 박근(Gracilis) 부위에 긴장이 축적되고 결국 부분 파열로 이어질 수 있다. 어느 윙어 선수는 연속적인 사이드 크로스와 드리블 이후 내전근 부위에 불편감을 호소했는데, 심층 평가 결과, 반복된 외전 움직임에 대한 내전근의 이탈성 긴장도가 높아진 상태였다. 이 선수에게는 테이핑을 적용해서 내전근 부위의 감각 피드백을 높이고, 엉덩관절 내전 시 불필요한 근수축을 줄여주는 역할을 하도록 유도했다. 테이핑은 내전근의 기시부에서부터 치골 부착부까지 연결해 안정적인 지지감을 줄 수 있도록 했고, 훈련 중 반복된 드리블 동작에서 동작 효율이 좋아졌다는 피드백을 받았다.

하지만 여기서도 핵심은 보강 운동이다. 엉덩관절 내전근을 원심성(Eccentric)으로 강화하는 슬라이딩 런지, 어시스트 밴드를 이용한 원심성 등척성 유지(Eccentric Isometric Hold), 그리고 미니밴드를 이용한 전두면 조절(Frontal Plane Control using Miniband) 훈련까지 루틴으로 포함시켰다. 훈련 후에는 허벅지 내측부를 중심으로 한 마사지, 전기자극 치료, 그리고 Adductor에 대한 능동 스트레칭을 함께 실시했다.

이렇게 설명하는 이유는 명확하다. 테이핑은 언제나 '보조 수단'이라는 점이다. 어떤 움직임이 반복되었고, 그 결과 어떤 조직이 긴장됐는지를 먼저 파악한 후에 그 구조에 대해 감각적 보조를 해주고, 근본 원인을 해결하기 위한 기능적 접근이 반드시 따라가야 한다. 단순히 '아프니까 부착한다.'라는 접근은 위험하며, 오히려 잘못된 의존만 만들 수 있다. 그래서 트레이너들께 강조하고 싶은 건 이것이다.

'왜 부착하게 되었는가?' 그리고 '그 부위를 회복시키기 위해 어떤 루틴을 짜야 하는가?' 이 두 질문에 대한 명확한 답 없이 테이핑을 사용하는 건 피해야 한다. 우리는 치료사가 아니라 트레이너이다. 움직임을 보고, 움직임을 교정하고, 기능을 회복시키는 사람이다. 테이핑은 그 과정에서 사용하는 전략 중 하나일 뿐이다.

1 축구 상해 예방을 위한 조언

1. 충분한 준비운동과 점진적 강도의 몸풀기 적용
2. 엉덩관절, 무릎관절, 발목 관절의 가동성 및 안정성 확보
3. 훈련 전·후 햄스트링, 내전근, 발목 주변 근육 이완 및 활성화 루틴 적용
4. 체간 안정성 강화: 코어·엉덩관절 연결성 중심의 트레이닝 루틴 구성
5. 포지션별 특성을 고려한 반복 동작 관리 (측면 크로스, 급정지 등)
6. 체력 소모도에 따른 회복 루틴 적용 (냉수욕, 마사지, 휴식 포함)
7. 잔디 상태, 운동화 착용, 습도 및 기온을 고려하여 부상 가능성 낮추기
8. 적절한 테이핑 활용을 통해 감각 피드백 제공 및 관절 보호 강화

추가조언

1. 햄스트링 부상 방지를 위해 Nordic curl과 힙힌지 훈련을 주기적으로 포함할 것
2. 발목 염좌 이력이 있는 선수는 BOSU 균형 훈련과 발목 감각 회복 훈련 병행할 것
3. 사이드 크로스가 많은 포지션은 내전근 중심의 이완·보강 루틴 주기적 적용
4. 한쪽 방향 패턴이 누적되지 않도록 양측성 훈련을 의도적으로 설계할 것
5. 시즌 중 연속 경기 시, 가벼운 테이핑과 함께 회복 루틴을 병행할 것

2 축구 실력 향상과 상해를 줄이는 방법

축구는 고속의 전신 움직임 속에서 짧은 시간 내에 다양한 기술 동작과 방향 전환, 가속-감속이 반복되는 종목이다. 따라서 상체와 하체의 협응력, 무릎관절과 엉덩관절의 회전력, 그리고 체간의 안정성이 높은 수준으로 유지되어야 하며, 한쪽으로 반복되는 킥, 크로스, 태클 동작은 근육과 인대에 불균형을 만들어 부상을 유발하기 쉽다. 특히 윙백, 윙어, 공격수 등 측면에서 빠르게 크로스를 올리거나 방향을 전환하는 선수들은 내전근과 햄스트링 부상 위험이 높고, 수비수는 착지 충격과 갑작스러운 반응성 점프 때문에 발목과 무릎의 반복 손상이 자주 나타난다. 이러한 상해를 줄이기 위해선 움직임의 효율성을 높이는 루틴 설계가 선행되어야 하며, 테이핑은 그 과정에서 감각 피드백을 제공하고 동작 패턴을 안정화하는 도구로 활용할 수 있다.

축구 실력 향상과 상해를 줄이기 위한 가장 좋은 방법은, ① 부상에 취약한 구조에 대한 사전 대응 훈련, ② 반복 동작에 대한 감각 피드백 제공, ③ 테이핑과 운동 처방을 연결한 기능적 루틴 설계이다.

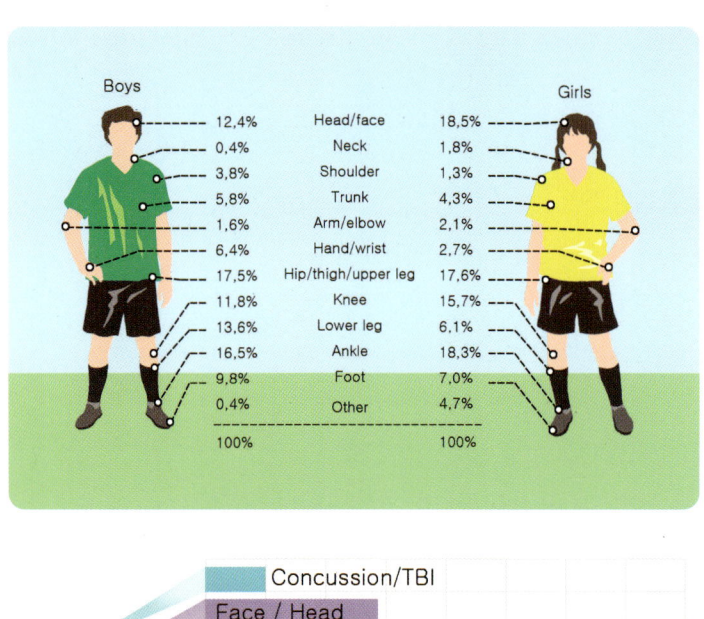

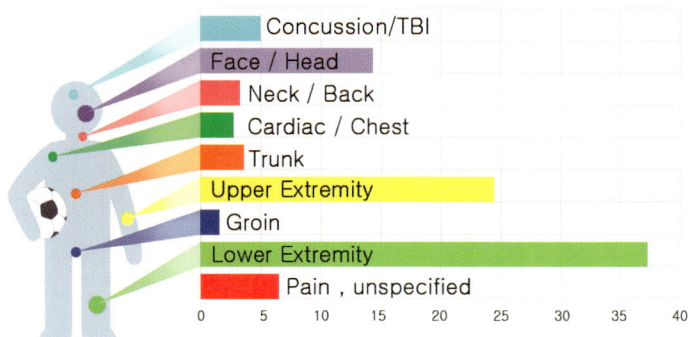

02 축구 스포츠 테이핑 방법

1 발목 C-tape

- **준비물** : C-tape, 언더랩

01 언더랩을 사용하여 기본베이스로 발목 위 10cm 정도 위에서 절반 정도 겹쳐지도록 감으며 시작한다.

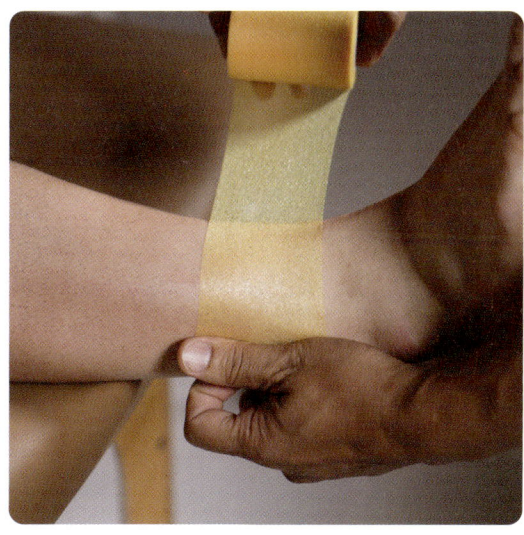
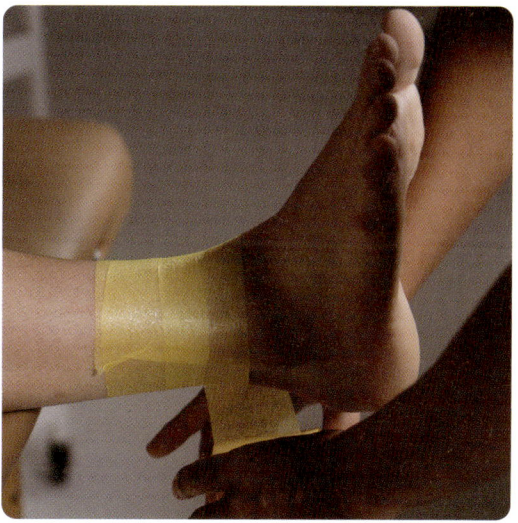

02 발목까지 내려온 뒤에는 피겨에잇이나 사선으로 편하게 발목과 발꿈치까지 감싸준다. 언더랩을 발목까지 다 감은 뒤 발등까지 길게 감아 주고 마무리한다.

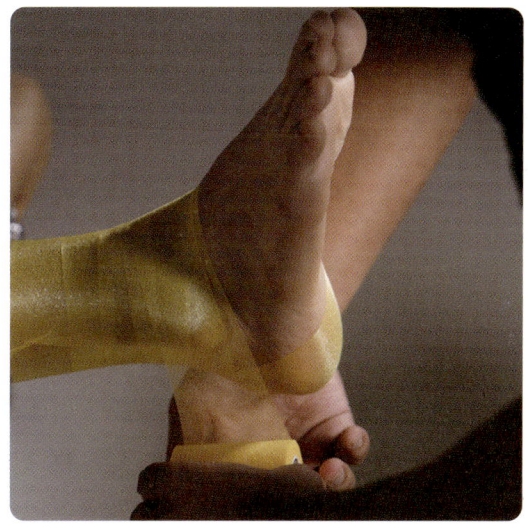
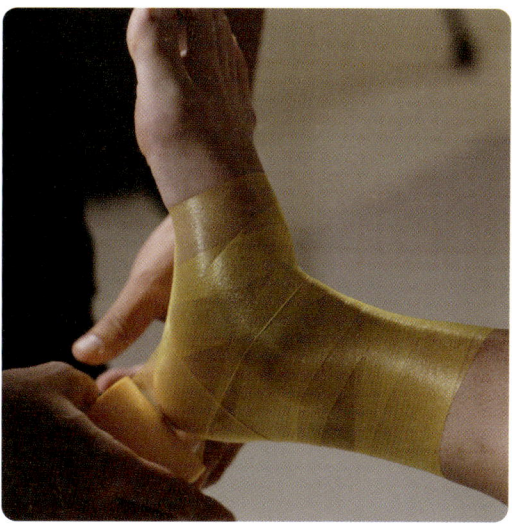

03 언더랩을 사용하여 베이스가 되는 언더랩 테이핑을 마무리한 모습이다.

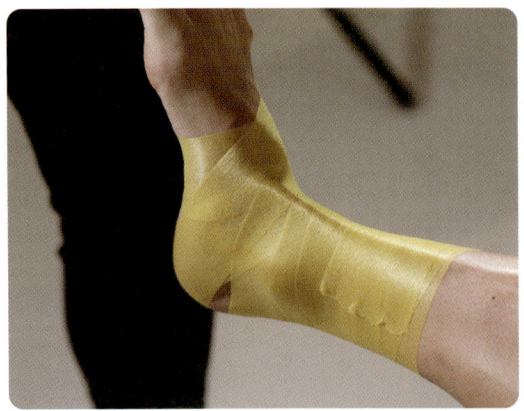

04 언더랩을 다 마친 뒤에 C-tape를 사용하여 앵커포인트(C-tape 기준) 발목 위에서부터 한 바퀴씩 감으며 시작한다. C-tape를 사용하여 발목 위를 대략 1cm 간격으로 겹치게 두 번 감아 준다.

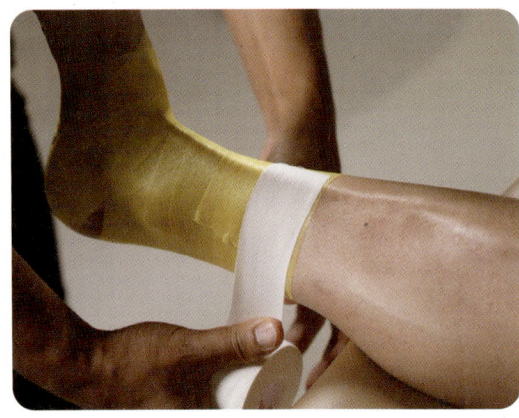 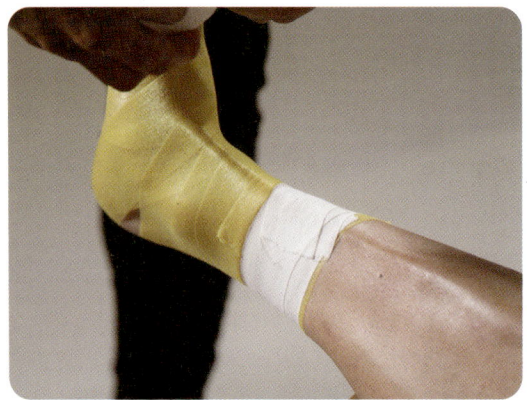

05 발목 위쪽을 2번 감은 뒤 발등 쪽으로 다시 앵커포인트를 감아 준다. C-tape를 사용하여 발목 위를 대략 1cm 간격으로 겹치게 두 번 감아 준다.

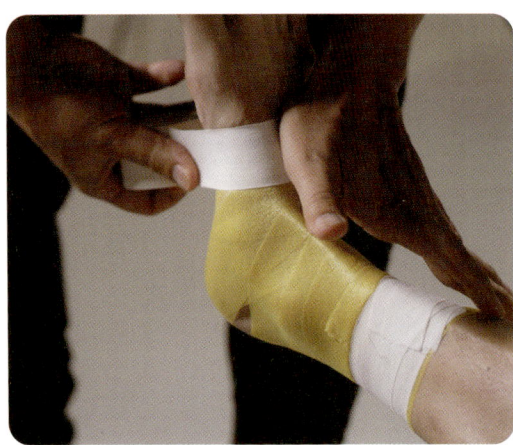 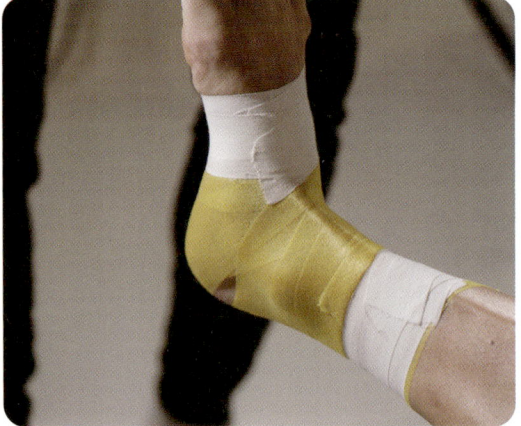

06 발목 위쪽과 발등을 감아 준 뒤에 발목 안쪽으로 시작해서 바깥쪽으로 기둥을 세우듯이 Stir up(세로 기둥)을 잡아준다.

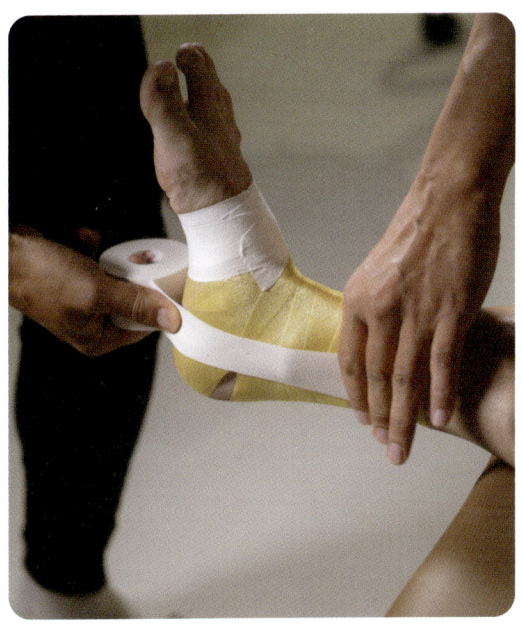

07 발목에서 기둥을 하나 잡은 뒤에는 Horse shoe(가로 기둥)로 앵커포인트 기준 테이핑 안쪽에서 시작해서 발꿈치를 지나 발 바깥쪽으로 돌려서 앵커포인트 기준 바깥쪽까지 잡아준다. Stir up과 Horse shoe로 가로 기둥을 하나씩 잡아준 모습이다.

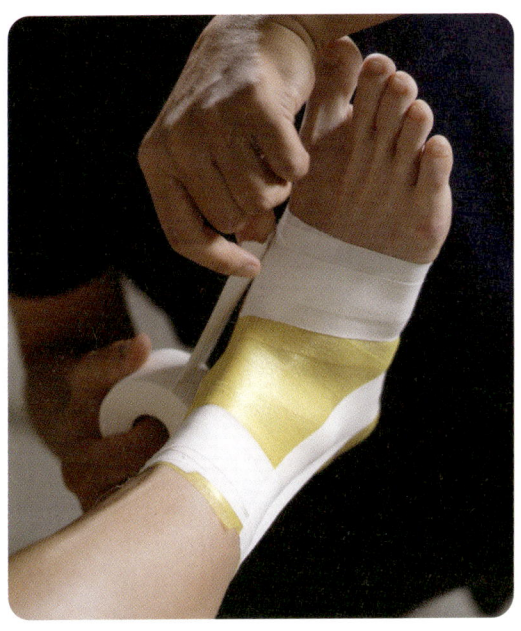 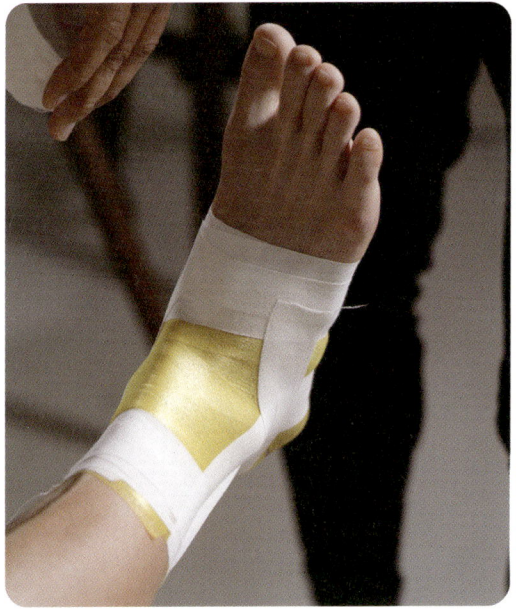

08 기둥을 잡아준 뒤 다시 발목 위에서 아래로 내려오는 기둥을 앞쪽으로 1cm 가량 겹치게 다시 잡아준다. Stir up을 겹치게 잡은 뒤에는 다시 Horse shoe도 위로 올라가면서 1cm 정도 겹치게 테이프를 부착한다.

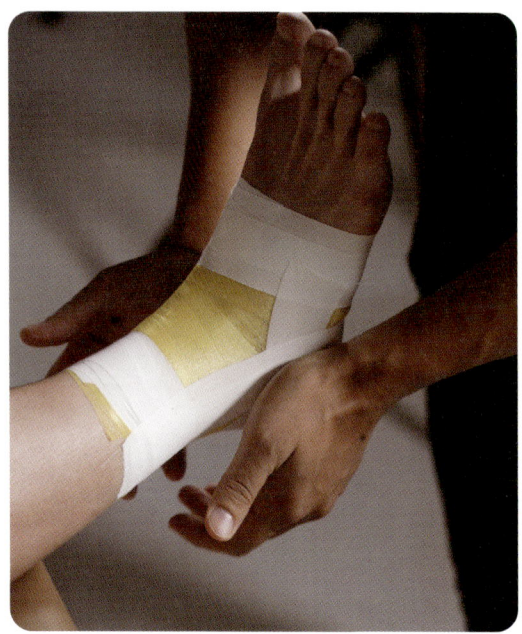 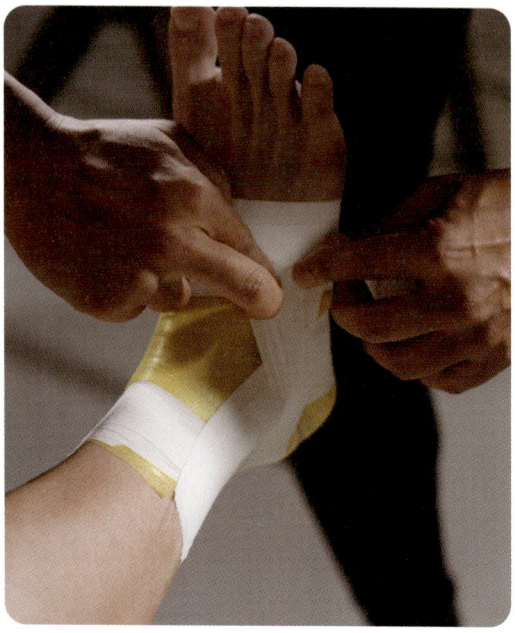

09 발목 위쪽의 기둥을 두 번 잡은 뒤에는 마지막으로 뒤쪽으로 1cm 정도 겹치게 세 번째 기둥을 마지막으로 잡아준다. Stir up을 세 줄까지 다 잡은 뒤에는 Horse shoe를 연속해서 잡아준다.

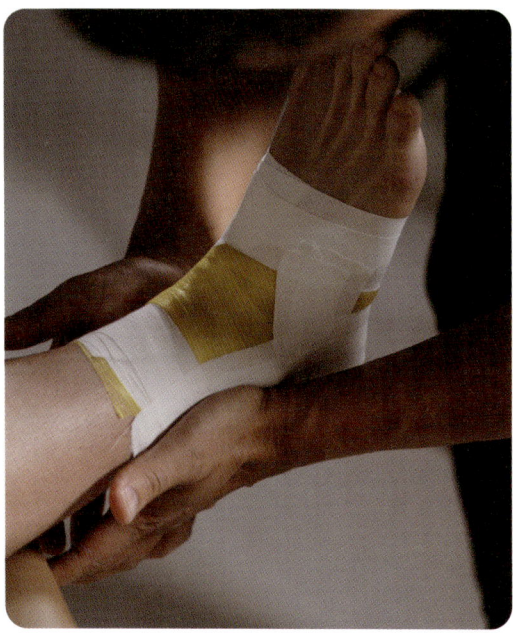 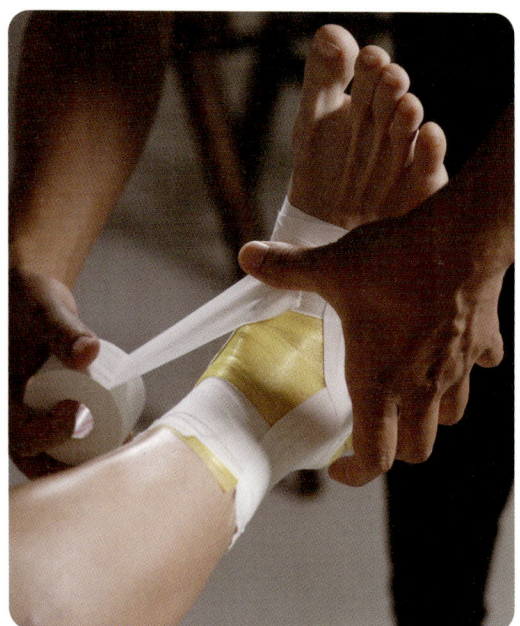

10 Horse shoe의 테이핑을 언더랩이 보이지 않을 때까지 연속해서 잡아준다. 발목 위쪽의 앵커포인트까지 언더랩이 보이지 않게 다 감아 준 모습이다.

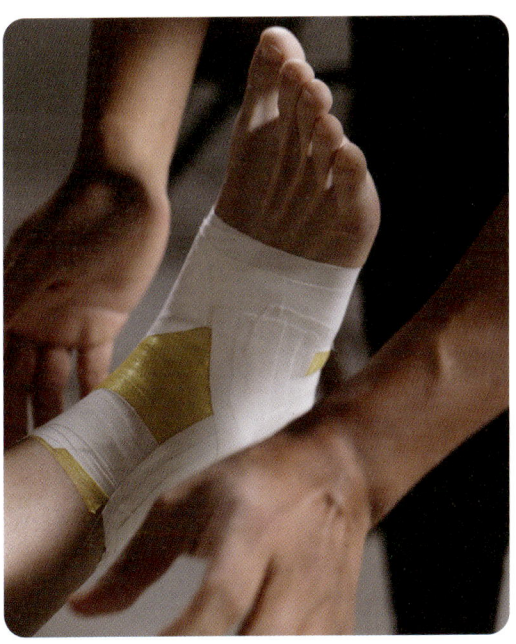 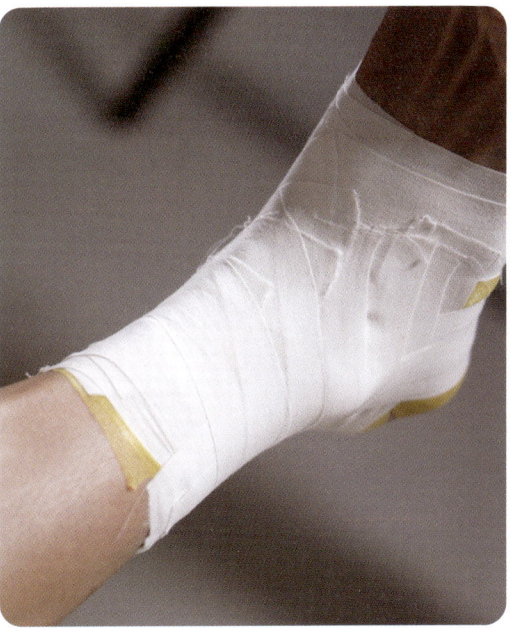

11 언더랩이 보이지 않게 다 감은 뒤에는 복사뼈 바깥쪽에서 안쪽까지 발목 위로 덮어서 테이프를 부착한다. 발목 위로 덮는 테이핑은 두 번 정도 겹치게 테이프를 부착한다.

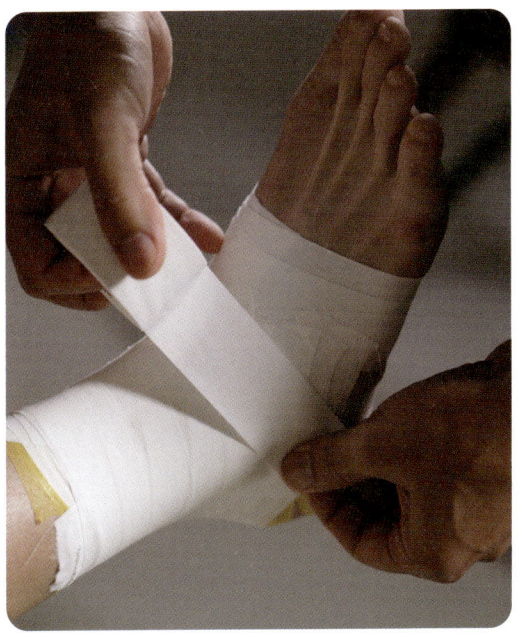 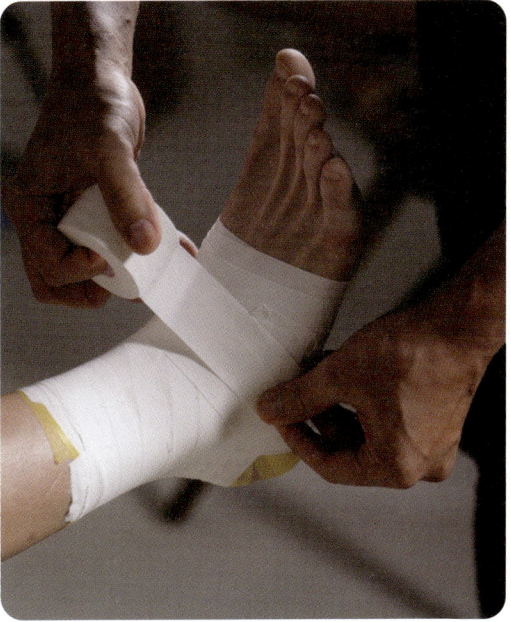

12 발목 위로 테이핑을 두 번 겹치게 마무리한 뒤에는 피겨에잇과 힐락(Heel lock, 발꿈치 쪽을 잡아주는 테이핑 방법)을 잡아주기 위해 복사뼈 바깥쪽에서부터 시작한다. 여기서 중요한 것은 피겨에잇과 힐락은 따로 시행하여도 되고 한 번에 시행하여도 무방하다. 복사뼈 바깥에서 시작해서 안쪽 복사뼈 방향으로 사선으로 감아 안쪽 복사뼈를 지나서 발꿈치 바깥쪽 대각선 아래 방향(힐락) 발바닥 쪽으로 감아 내려간다.

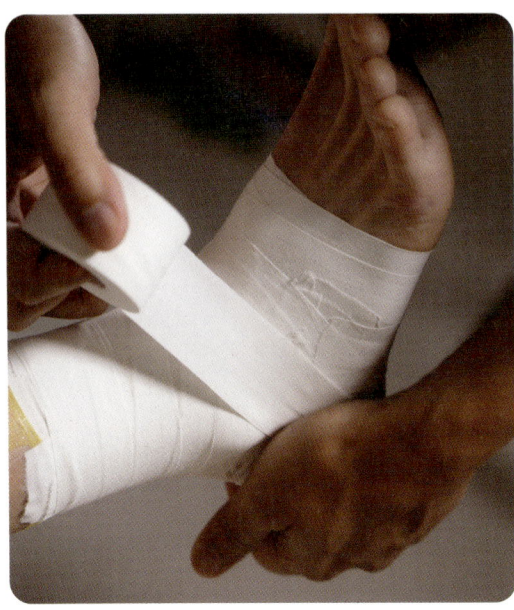 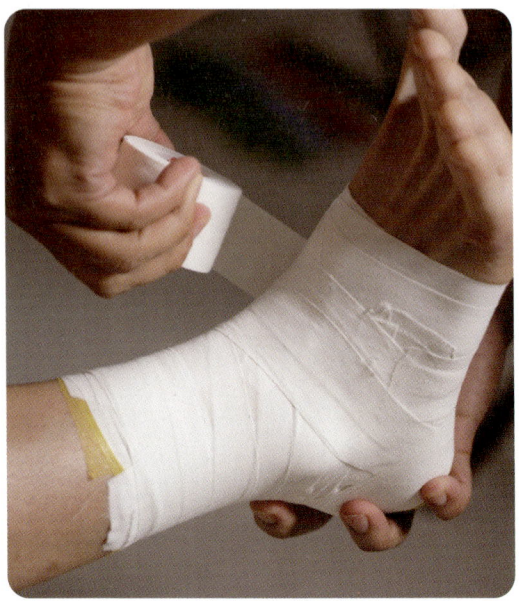

13 바깥쪽 발꿈치 대각선(힐락)으로 내려가서 발바닥 발꿈치 쪽을 덮으며 발목 안쪽 위 방향으로 다시 올려주며 피겨에잇으로 넘어간다. 그리고 다시 발목 안쪽 방향으로 힐락을 해준다.

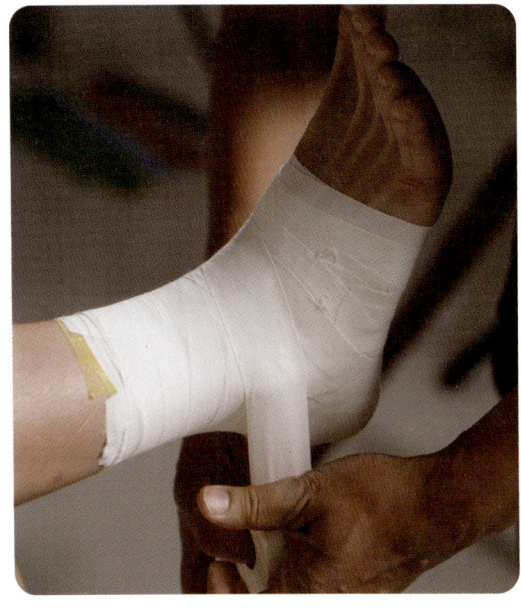

14 발목 안쪽으로 힐락을 하여 발목 바깥쪽으로 올려서 마무리해 준다. 발목까지 올려서 부착한 후 마무리까지 마친 C-tape 모습이다.

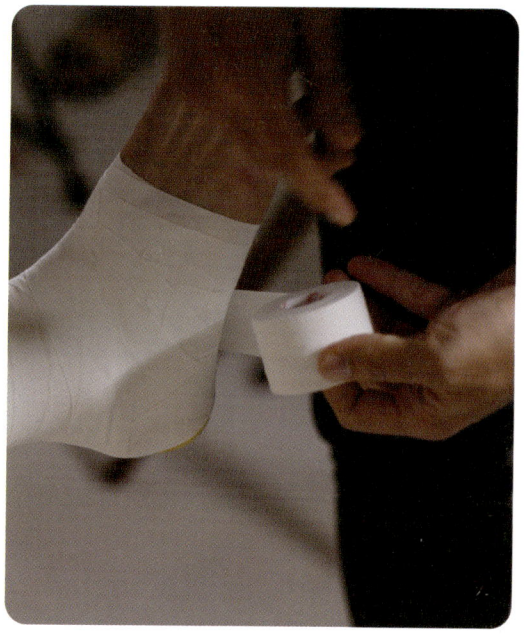 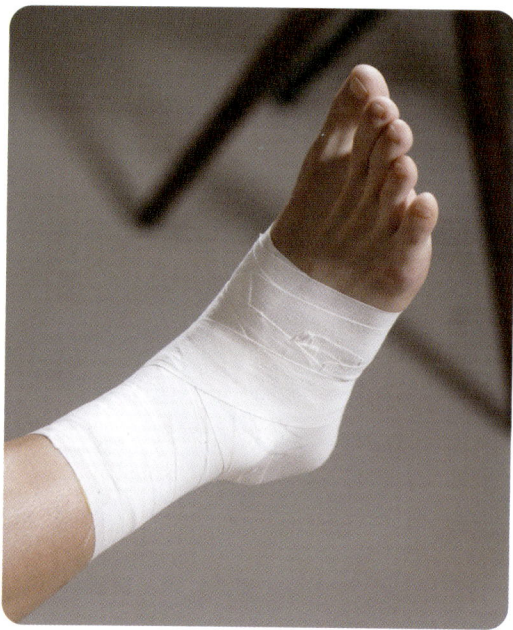

15 C-tape 완료된 모습

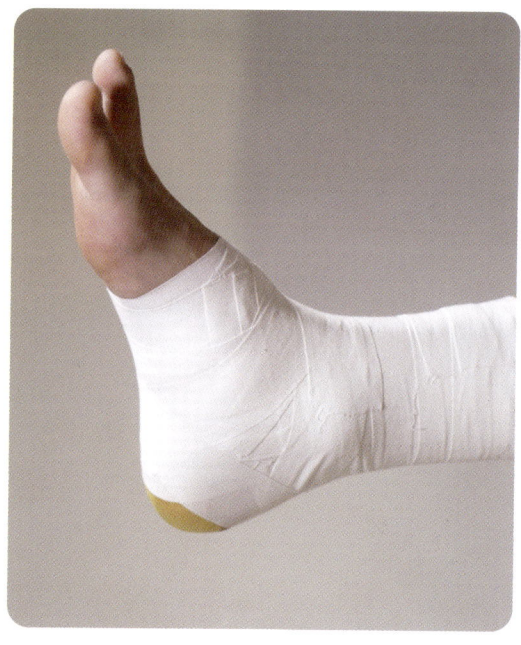

2 오스굿 테이핑

- **준비물** : 8칸 1개, C-tape

01 테이프를 무릎 안쪽에서부터 슬개건을 감으면서 가로 방향으로 감아 준다. 테이프를 슬개건 오스굿 있는 곳에 겹쳐지게 감고 마무리한다.

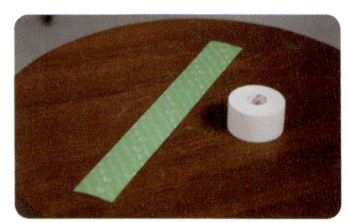

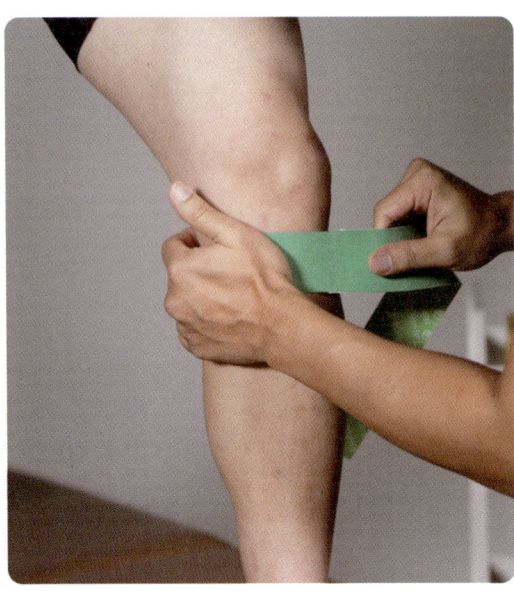
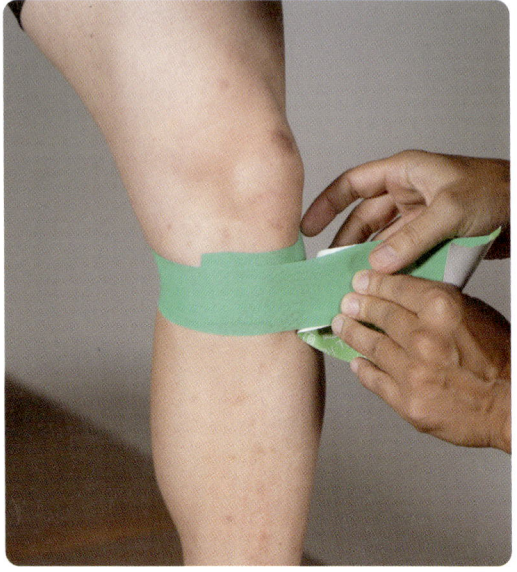

02 테이프를 부착한 뒤 그 위에 C-tape를 같은 방법으로 기존의 테이핑 위에 압박하며 감아 준다. 기존의 테이핑 위에 한 바퀴를 감은 모습이다.

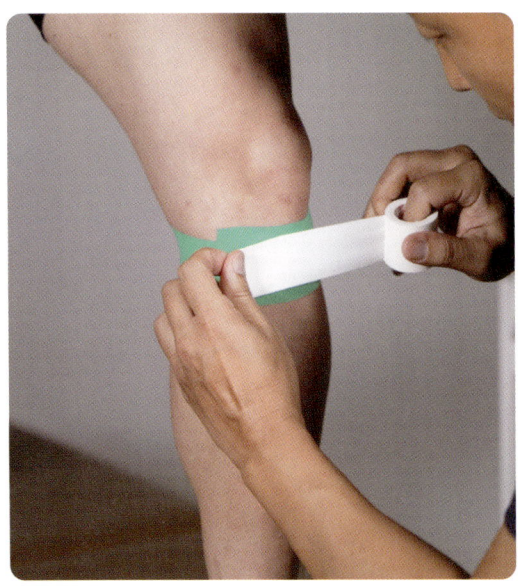
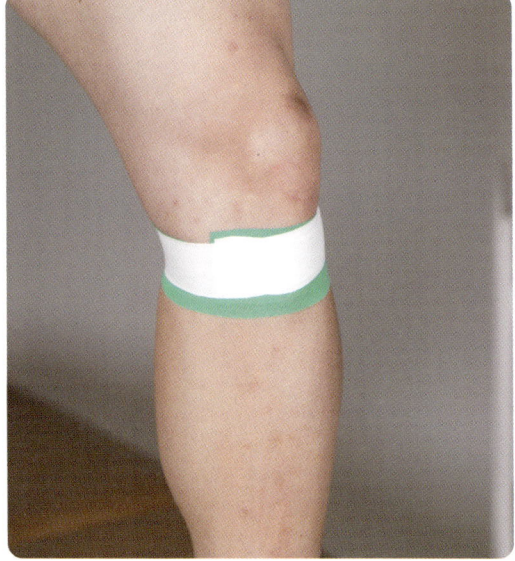

03 기존의 테이핑 위에 한 바퀴를 감은 뒤 한 번 더 C-tape를 겹치게 하여 첫 번째 감은 C-tape 아래 한 바퀴를 더 감아주고 마무리한다. 오스굿 테이핑을 마무리한 모습이다.

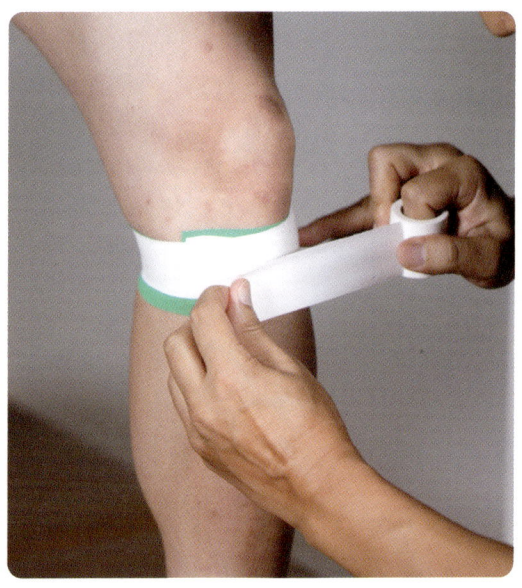
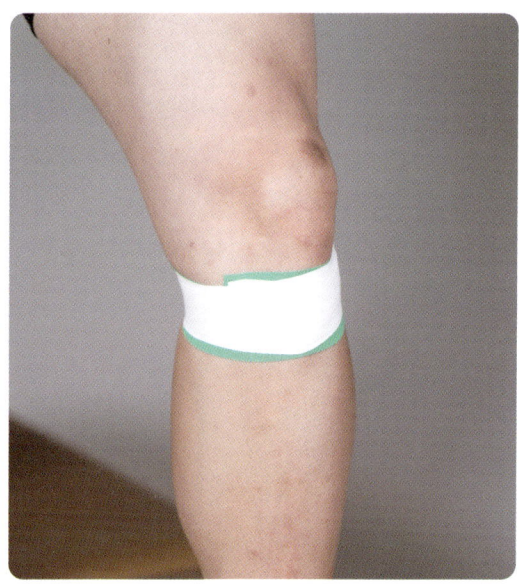

04 오스굿 테이핑 완료된 모습

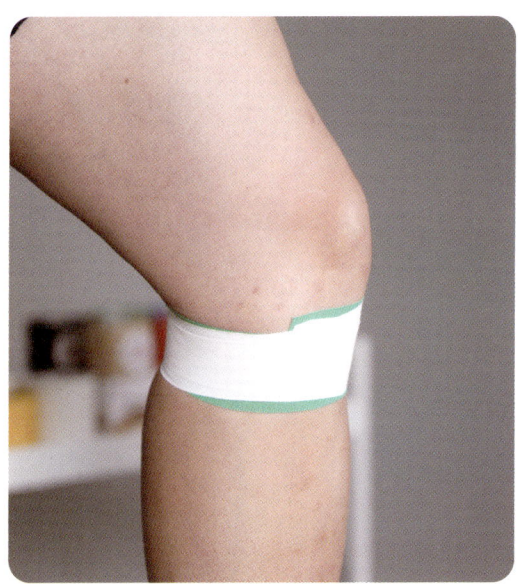

3 키네지오와 C-Tape를 활용한 족근막 테이핑

- **준비물** : 5칸 1개, 절반(세로)으로 나눈 10칸 2개, 키네시오 롤 1개 (발목 테이핑 할 정도 길이)

01 5칸짜리 테이프를 사용하여 아치 쪽에 가까운 발바닥 발꿈치 쪽에 부착해서 적당한 텐션을 준다. 적당한 텐션을 주며 아킬레스건이 덮이도록 테이프를 부착한다.

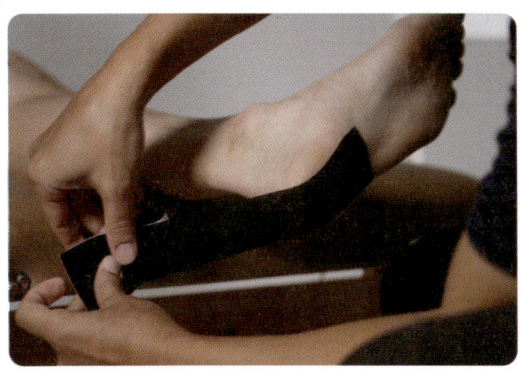 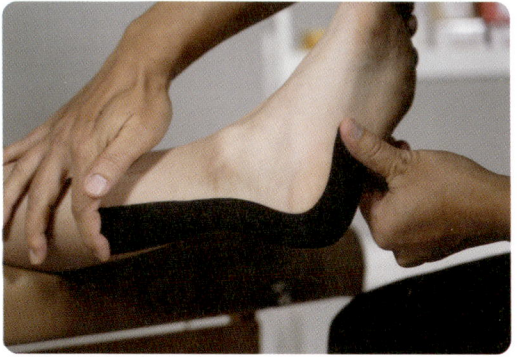

02 키네시오를 사용하여 아킬레스건을 덮고 난 뒤에는 C-tape를 사용하여 발꿈치에서부터 발아치를 지나 발바닥 위쪽까지 테이프를 부착한다. 발바닥 아치 부분을 C-tape로 테이핑한 모습이다.

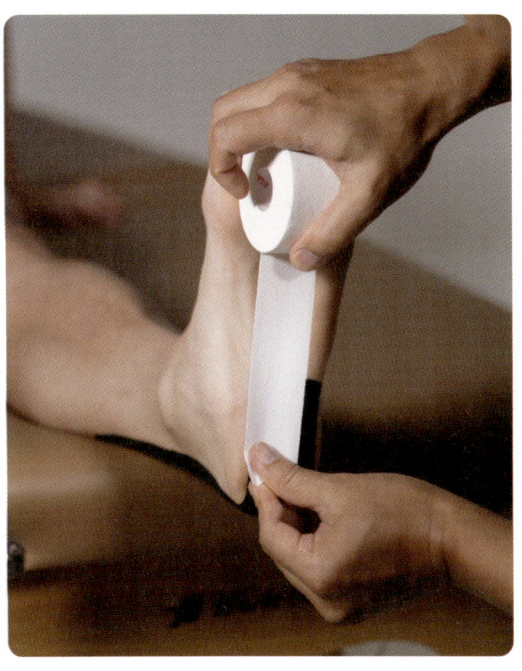 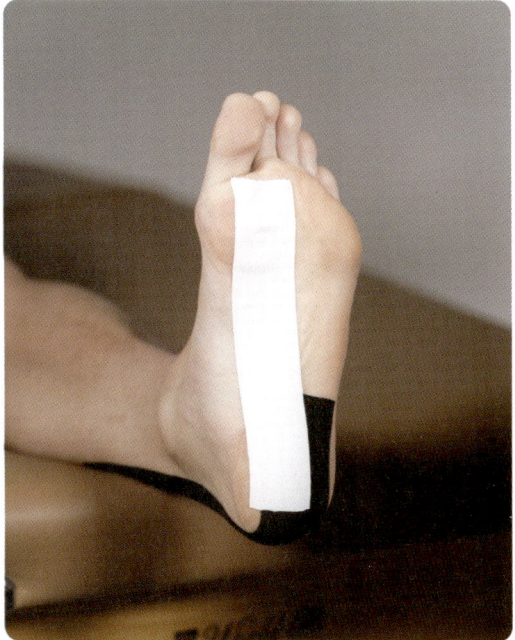

03 C-tape를 사용하여 다시 첫 번째 테이핑과 겹치게 발꿈치에서부터 발바닥 중간 지점을 지나 발바닥 위쪽까지 두 번째 테이프를 부착한다. C-tape를 사용하여 두 번째 테이핑을 마무리 한 모습이다.

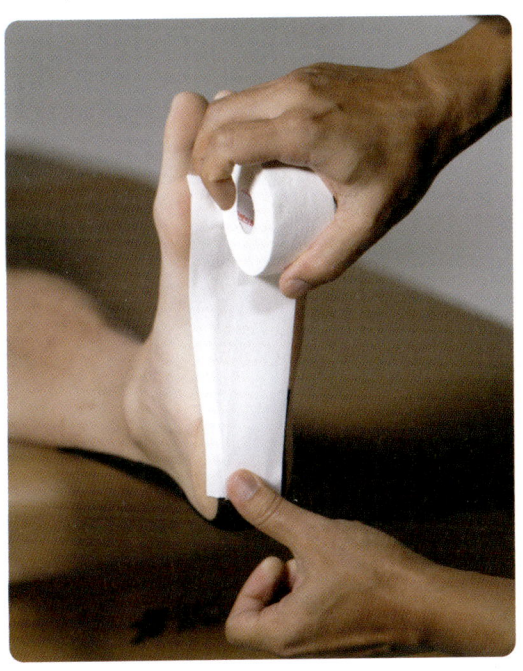 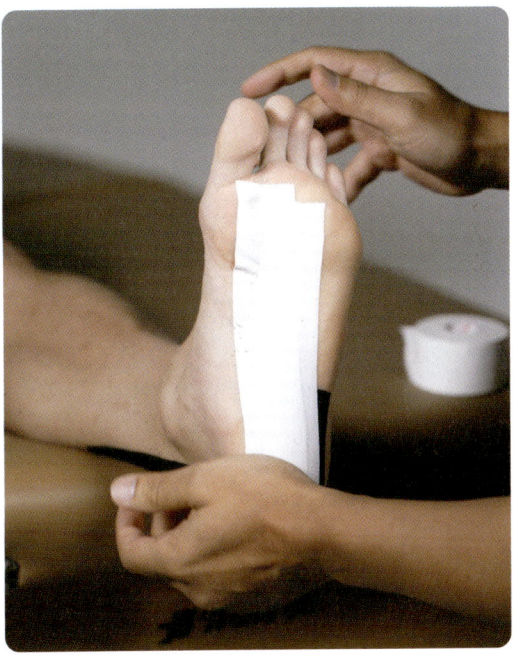

04 마지막으로 C-tape를 사용하여 발바닥이 전체적으로 덮이도록 발꿈치에서 발바닥 바깥쪽으로 발바닥 위쪽까지 테이프를 부착한다. C-tape를 사용하여 발바닥 전체를 테이핑을 마무리 한 모습이다.

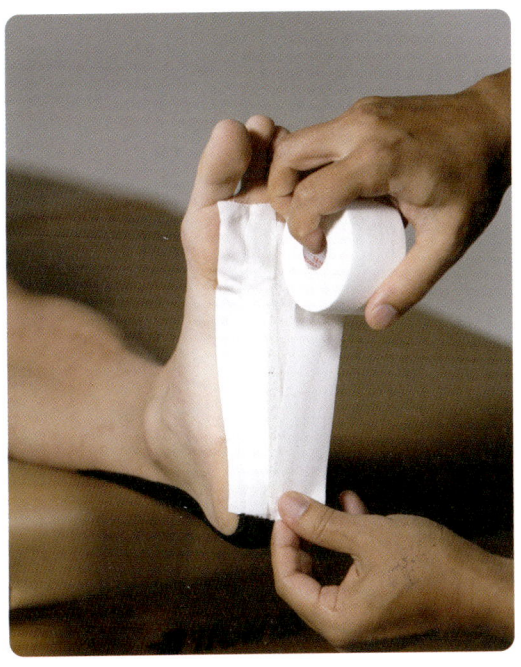 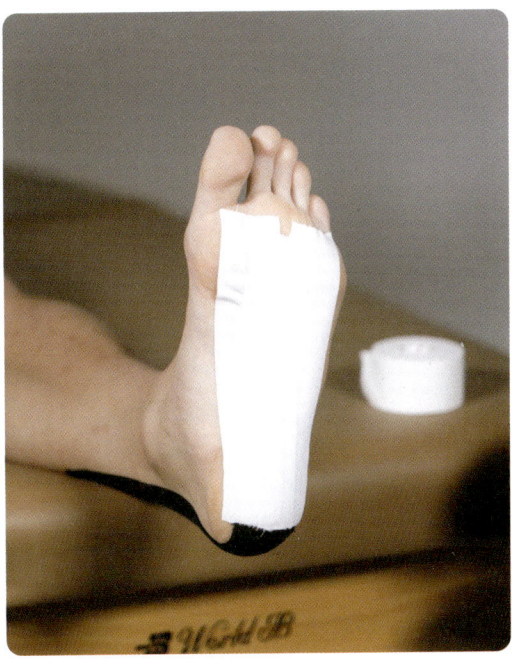

05 발바닥 전체를 다 덮어준 뒤에 절반(세로)으로 나눈 10칸짜리 테이프를 사용하여 엄지발가락 관절 바깥쪽에 부착해서 시작한다. 엄지발가락 바깥쪽에 부착한 테이프를 적당한 텐션을 주어 발바닥 대각선으로 발꿈치 바깥쪽까지 부착한다.

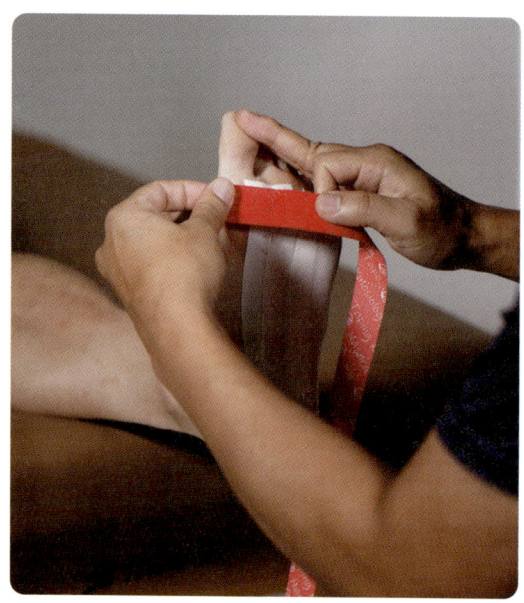 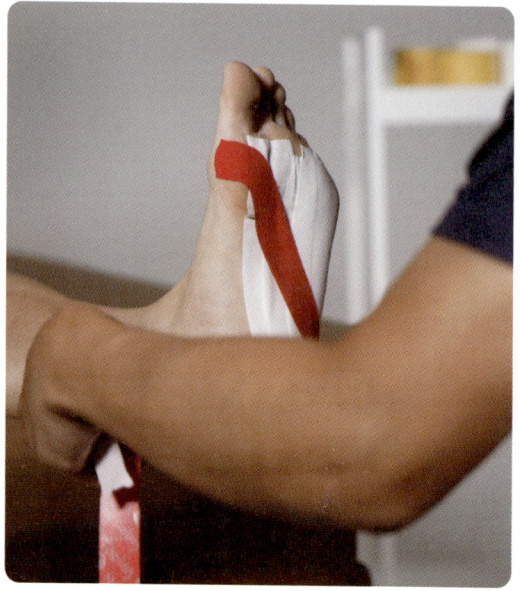

06 발꿈치 바깥쪽까지 붙여준 다음 발바닥 바깥쪽에서 발꿈치 쪽으로 돌려서 측면을 감싸주면서 테이프를 부착한다. 발꿈치를 돌아 아치 쪽으로 테이프를 부착한다. 아치 쪽으로 테이프를 올려서 부착한 후 처음 시작한 엄지발가락 관절 부위까지 부착한 후 발바닥을 가로 방향으로 지나면서 붙여주고 새끼발가락 관절 쪽을 덮으며 발 위쪽 관절 부위를 감아서 부착한다.

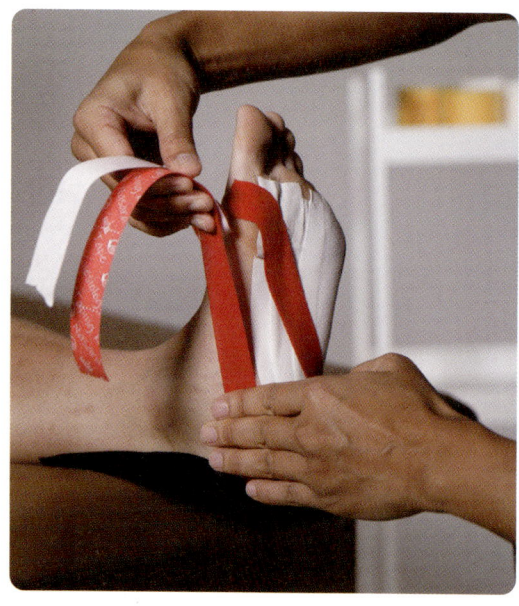 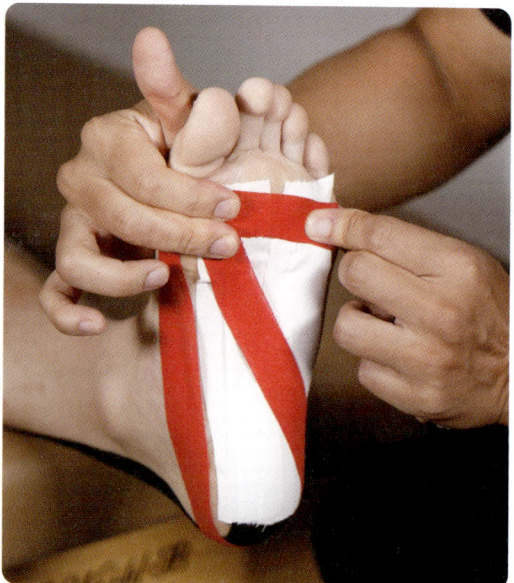

07 절반(세로)으로 나눈 10칸짜리 테이프를 사용하여 처음 엄지발 쪽에서 시작한 것과 같이 이번에는 새끼발가락 쪽 관절에 부착해서 시작한다. 엄지발가락 쪽 관절에 부착해서 시작한 것과 반대로 새끼발가락 관절에서 시작하여 적당한 텐션을 주며 아치를 지나면서 발꿈치 안쪽 방향으로 테이프를 부착한다.

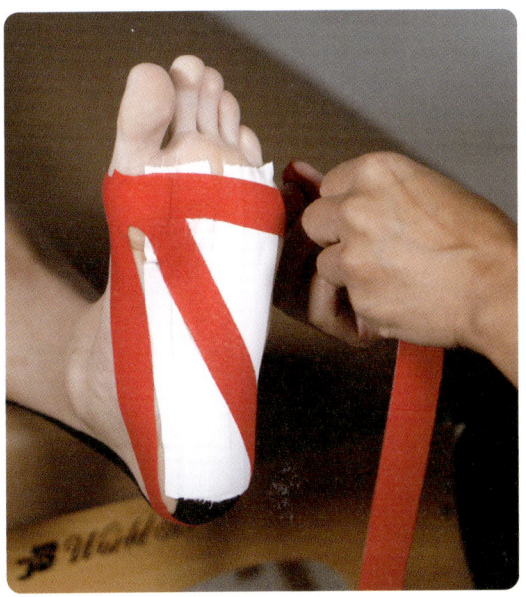 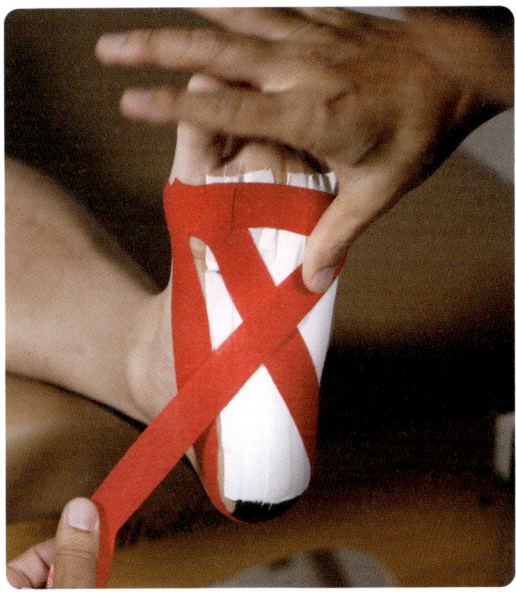

08 발꿈치 안쪽까지 테이프를 부착했다면 전과 같이 테이프로 발꿈치를 감싸면서 바깥쪽으로 부착한다. 발꿈치 바깥쪽에서 새끼발가락 관절 부위까지 올려서 부착한다.

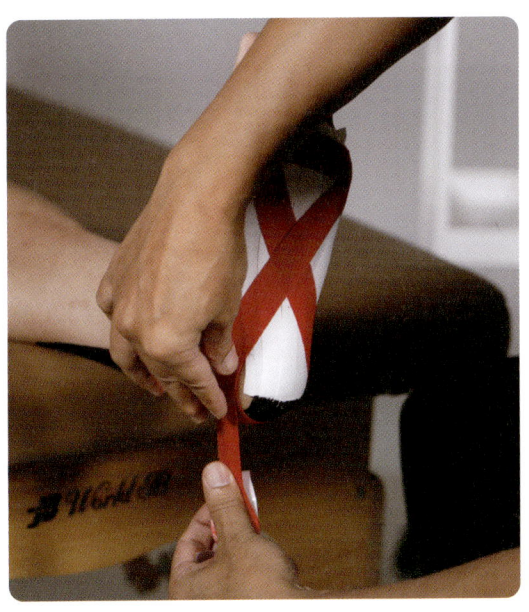 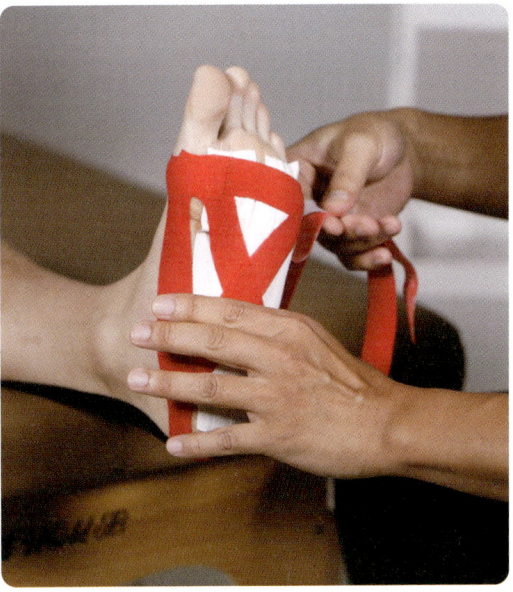

09 새끼발가락까지 올려 부착한 후에는 엄지발가락 관절에서 발바닥 가로 방향으로 부착하였으나 새끼발가락 관절에서는 반대로 발 위쪽 관절 부위 방향으로 돌려서 발바닥 관절까지 감아 부착한다. 키네시오 10칸을 2개로 나눈 테이핑을 활용하여 발바닥 테이핑을 완료한 모습이다.

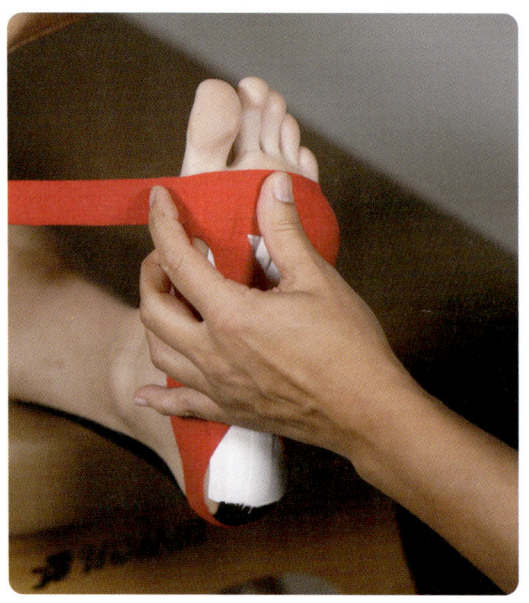 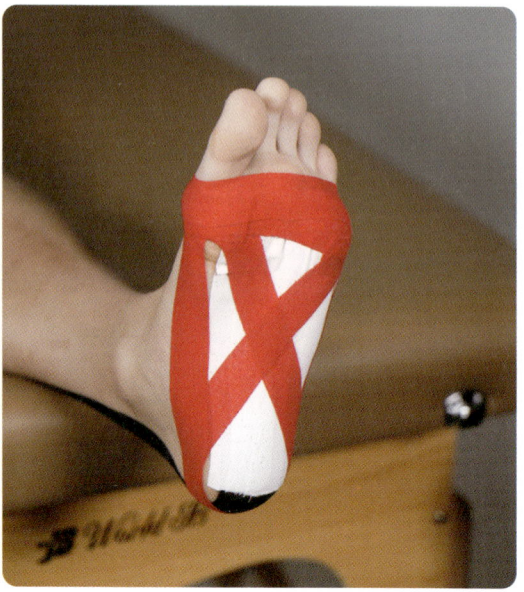

10 마지막으로 키네시오 롤을 활용한 발목 힐락 테이프를 부착한다. 바깥쪽 복사뼈 아래쪽에 테이프를 붙이고 적당한 텐션을 주며 테이프를 부착한다. 바깥쪽 복사뼈 아래쪽에서 시작하여 발목 앞쪽을 지나 발꿈치 방향으로 테이프를 붙이고 발꿈치 쪽에서는 바깥쪽 복사뼈 아래 방향의 사선으로 테이프를 감아 준다.

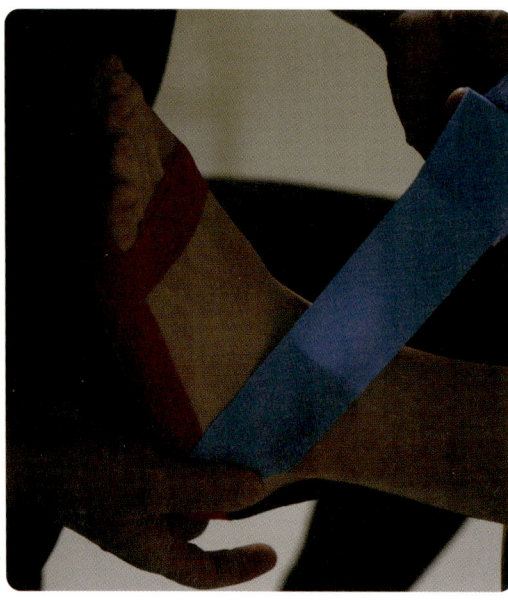 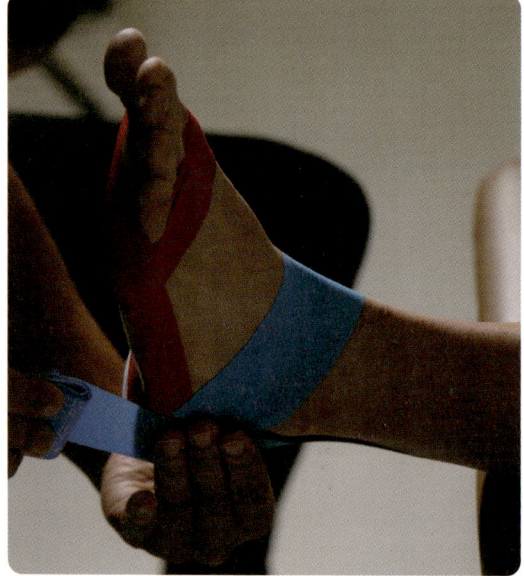

11 발꿈치 아래 방향 사선으로 테이프를 감고 발바닥 발꿈치 쪽을 지나 다시 안쪽 복사뼈 방향으로 테이프를 감으며 발목 앞쪽까지 덮어준다. 발목 앞쪽까지 덮어주었다면 전 테이핑 방법대로 반대 방향 즉, 바깥쪽 복사뼈를 지나 발꿈치 방향으로 테이프를 감아준다.

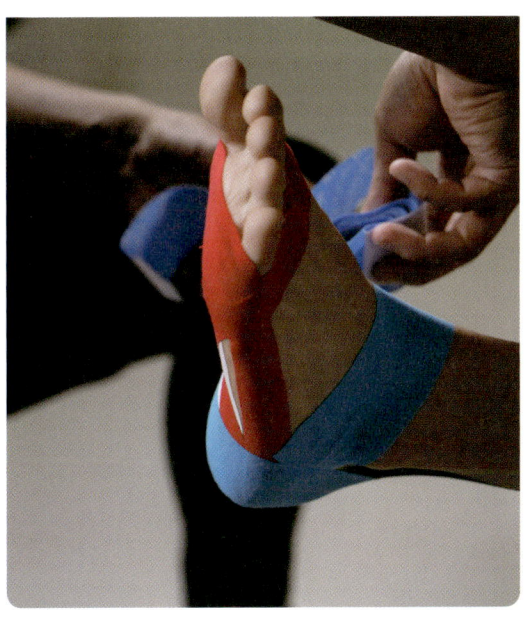
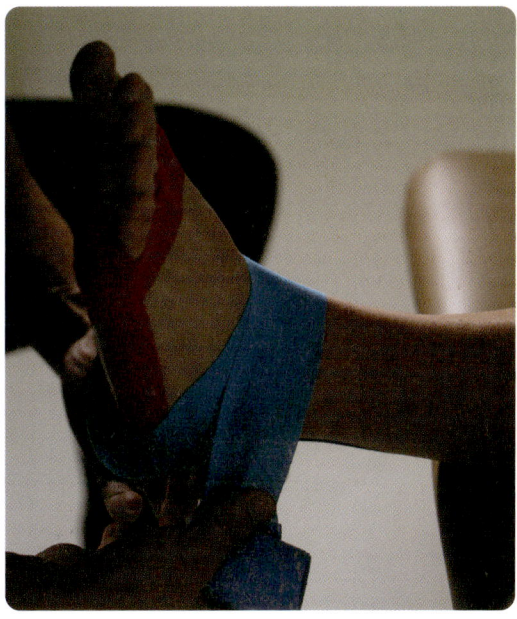

12 바깥쪽 복사뼈 방향에서 발꿈치까지 테이프를 부착하고 발꿈치에서 안쪽 복사뼈 방향 사선으로 다시 발바닥 발꿈치 방향으로 덮으며 테이프를 부착한다. 발바닥을 지나 마지막으로 바깥쪽 복사뼈 쪽까지 테이프를 올린 후 발목을 감아 주면 마무리된다.

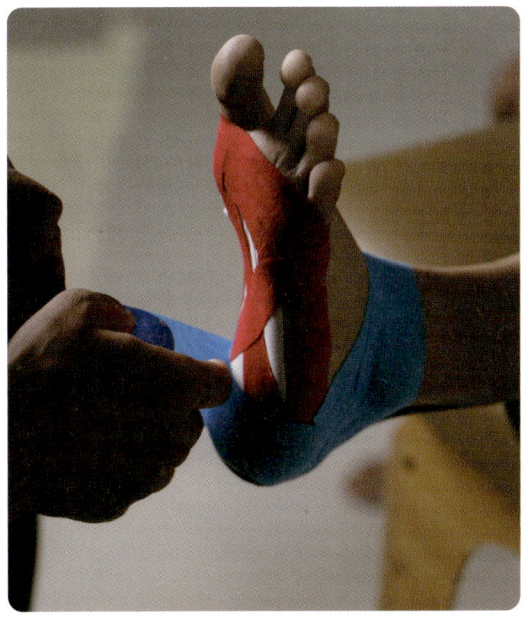
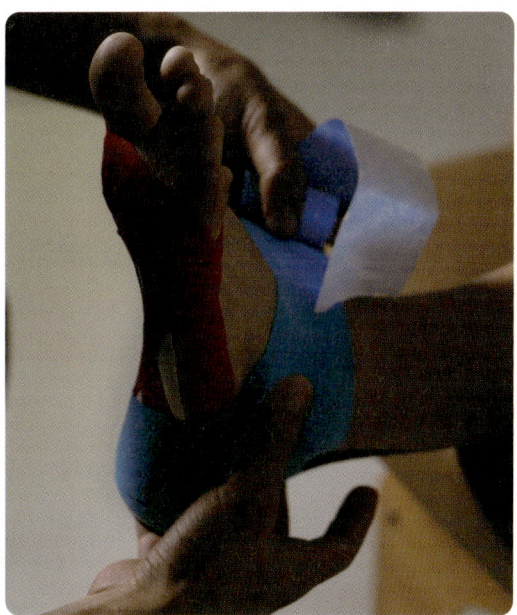

13 발목 앞쪽까지 덮어주었다면 전 테이핑 방법대로 반대 방향 즉, 바깥쪽 복사뼈를 지나 발꿈치 방향으로 테이프를 부착한다. 바깥쪽 복사뼈 방향에서 발꿈치까지 테이프를 부착하고 발꿈치에서 안쪽 복사뼈 방향 사선으로 다시 발바닥 발꿈치 방향으로 덮으며 테이프를 부착한다.

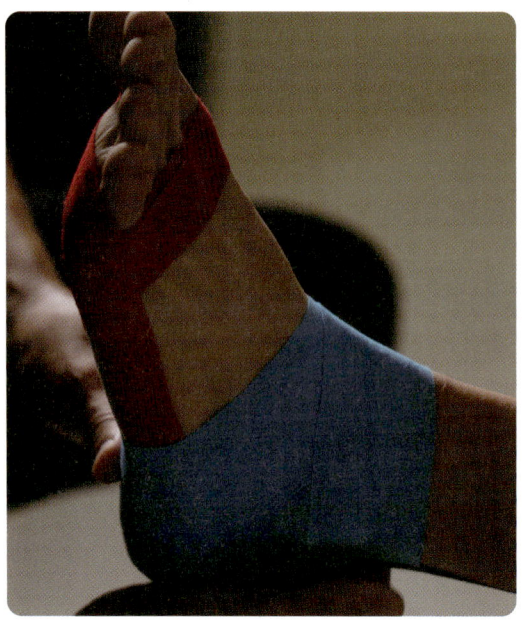
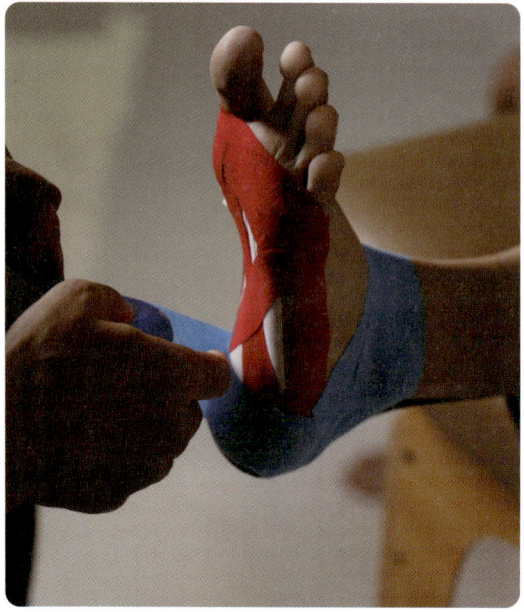

14 발바닥을 지나 마지막으로 바깥쪽 복사뼈 쪽까지 테이프를 올린 후 발목을 감아 주면 이것으로 마무리된다.

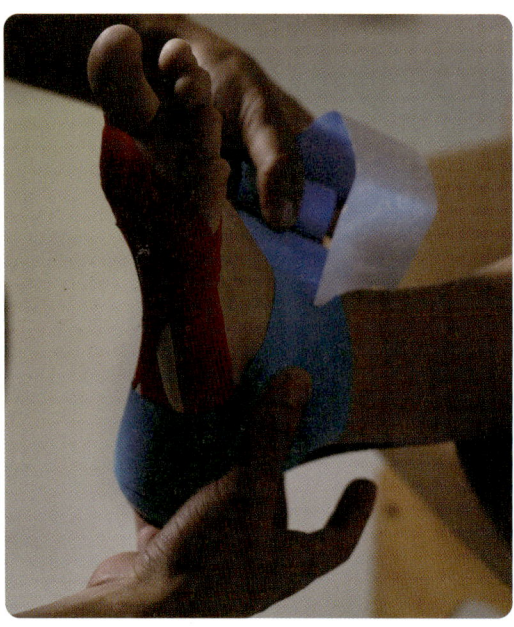
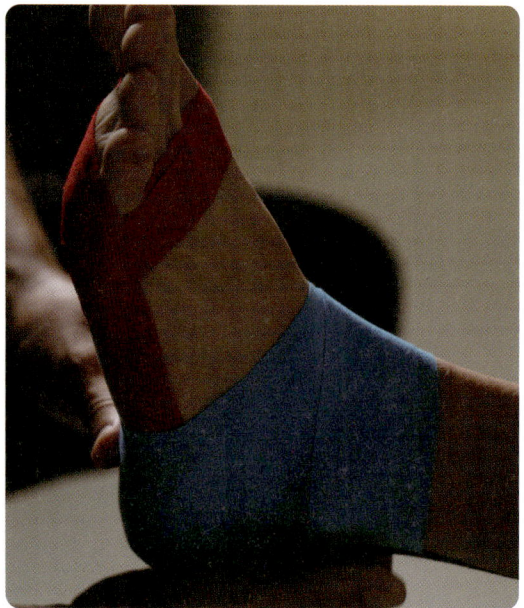

15 키네시오와 C-tape를 활용한 발바닥 테이핑이 완료된 모습이다.

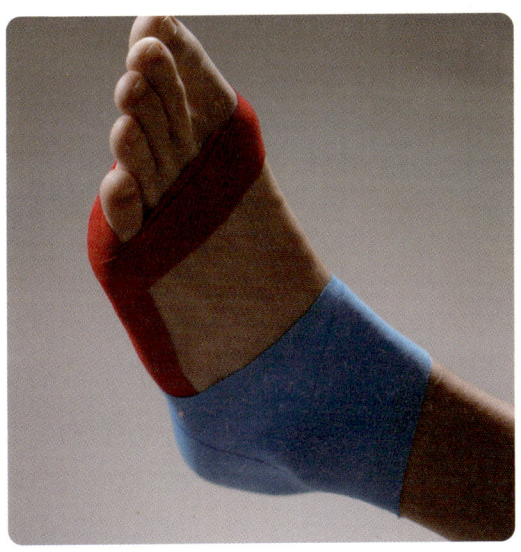
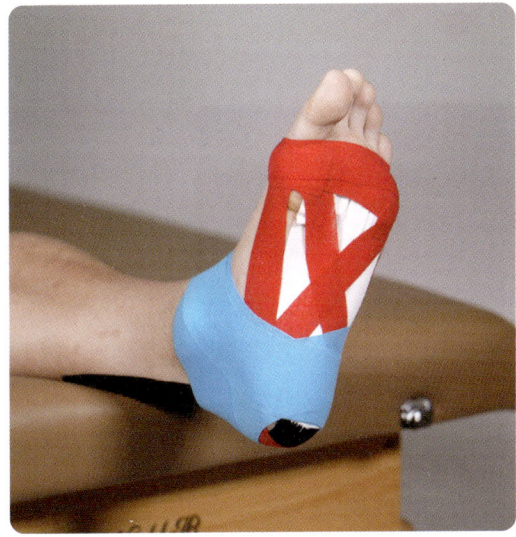

4 종아리

- **준비물** : 6칸 3개, 3.5칸 2개

01 6칸짜리 테이프를 이용해 발꿈치에 테이프를 부착하고 적당한 텐션을 주어 테이프를 늘려준다. 적당한 텐션을 준 테이프는 발꿈치에서 아킬레스건을 따라 올라가며 붙이고 종아리 아래 끝 지점에서 종아리근육 바깥쪽을 타고 올라가면서 종아리 위쪽까지 따라 부착한다.

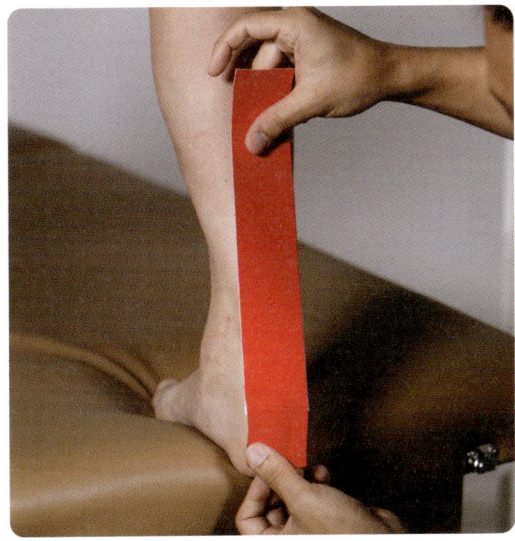
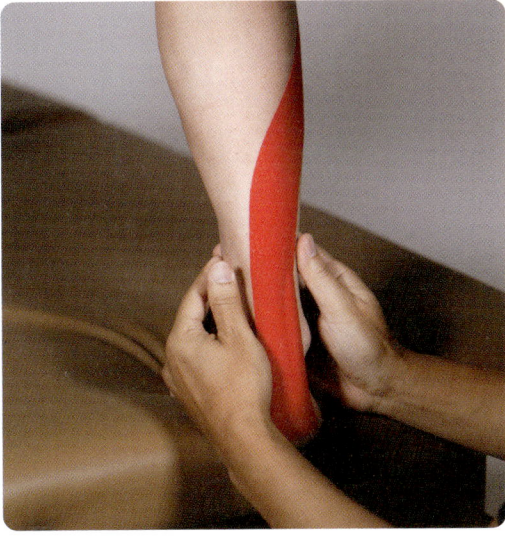

02 6칸짜리 테이프를 이용해 처음 부착한 것과 같이 발꿈치에 테이프를 부착하고 적당한 텐션으로 늘려준다. 처음 바깥쪽으로 부착했던 테이핑과 반대로 발꿈치에 부착해서 적당한 텐션을 준 테이프를 아킬레스건까지 올려서 부착한 후 이번엔 종아리 안쪽으로 감싸며 올려서 부착한다.

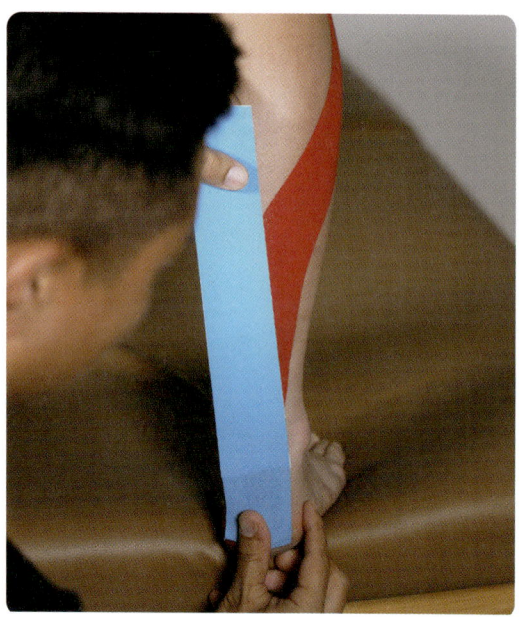
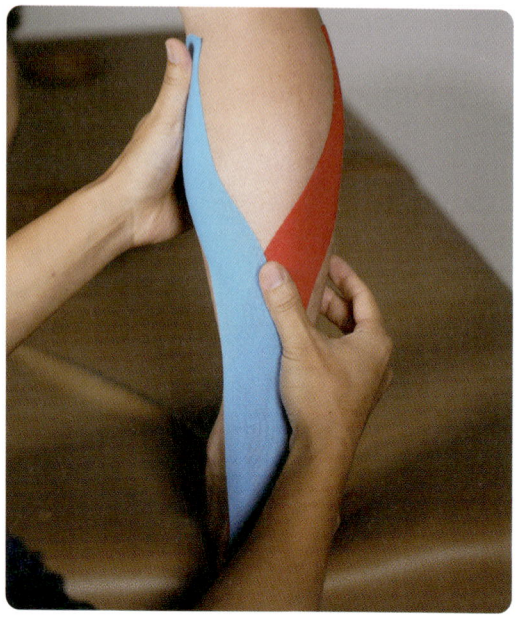

03 6칸짜리 테이프를 이용해 발꿈치부터 종아리 양쪽으로 테이프를 부착한 모습이다. 그리고 남은 6칸짜리 테이프 한 개를 발꿈치부터 아킬레스건을 따라서 수직으로 올려서 부착한다.

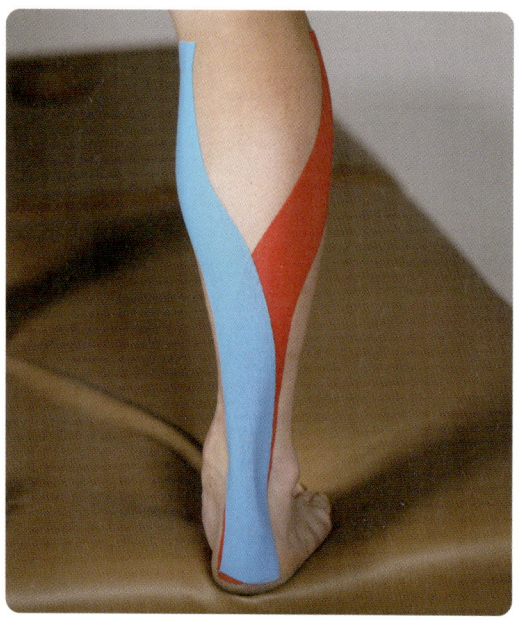
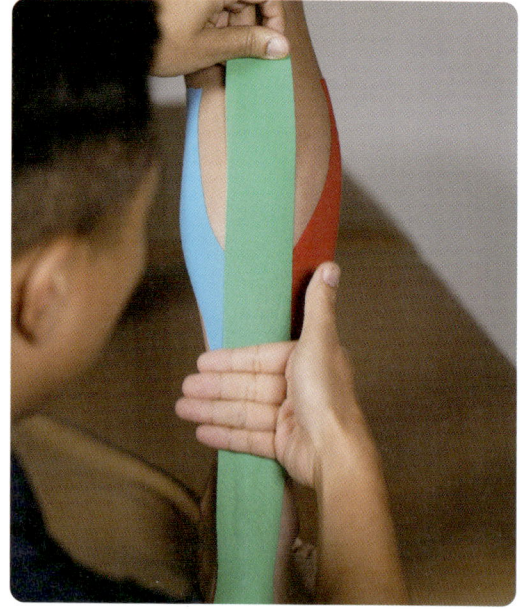

04 6칸짜리 테이프 세 개를 다 사용한 모습이다. 이제 남은 3.5칸짜리 두 개를 사용할 차례이다. 3.5칸짜리 테이프 한 개를 종아리 안쪽 중간 지점에 붙이고 적당한 텐션으로 늘려준다.

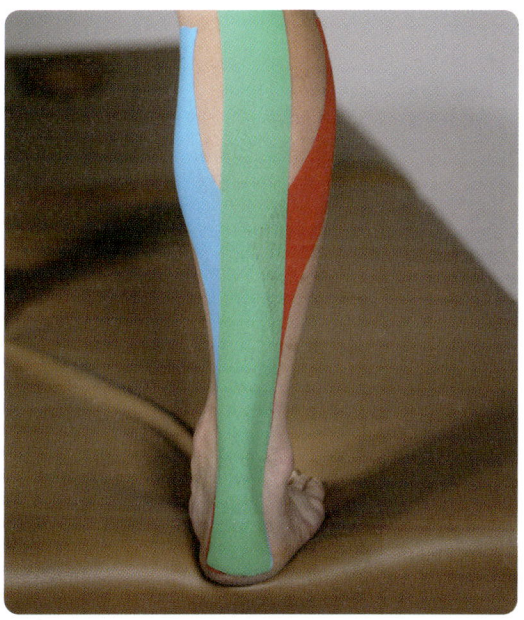
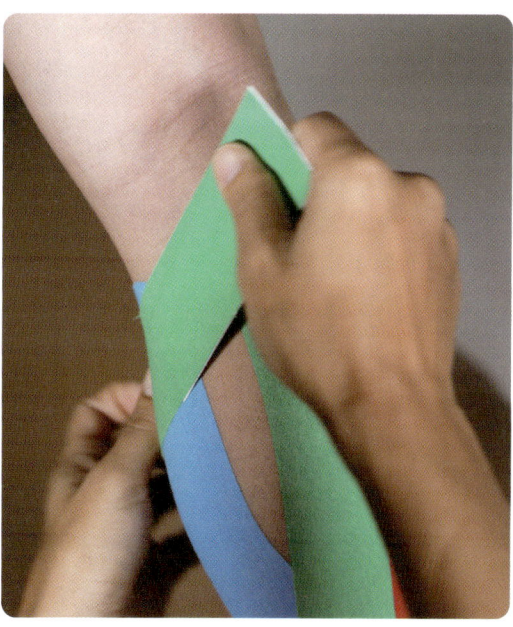

05 종아리 중앙 부위에 부착한 테이프로 반원을 위로 그리듯이 종아리를 덮고 바깥쪽 종아리 중간 지점에 테이프를 붙여 마무리해준다. 3.5칸짜리 테이프로 종아리 위쪽 부분을 잡아준 모습이다.

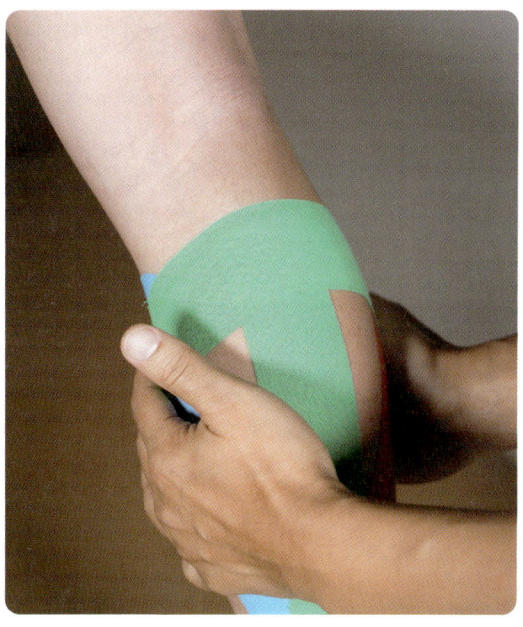
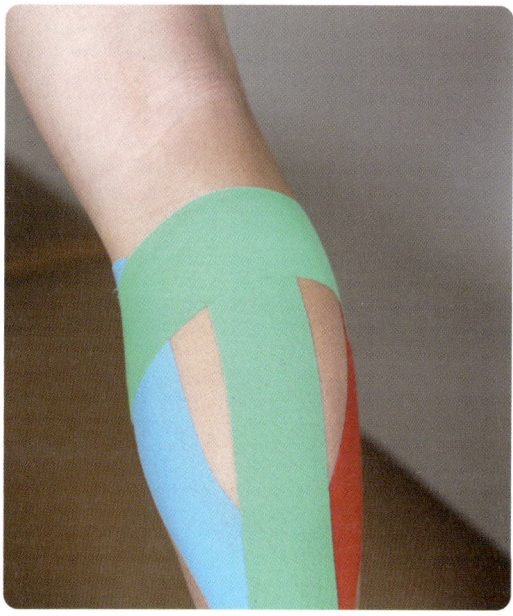

06 이제 마지막으로 남은 3.5칸짜리 테이프로 전에 부착한 테이핑의 시작 부분과 겹치게 테이프를 부착한 뒤 텐션을 주어 반원을 아래로 그리듯이 종아리 아래쪽을 감싸주어 바깥쪽 중앙 부위에 겹치게 부착한 뒤 마무리한다.

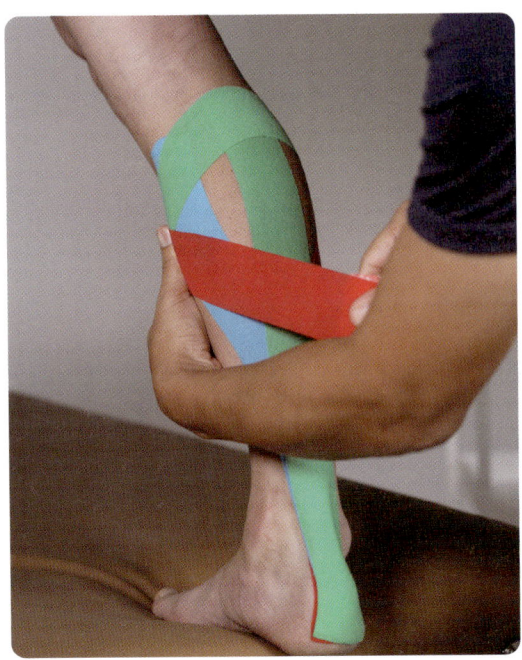 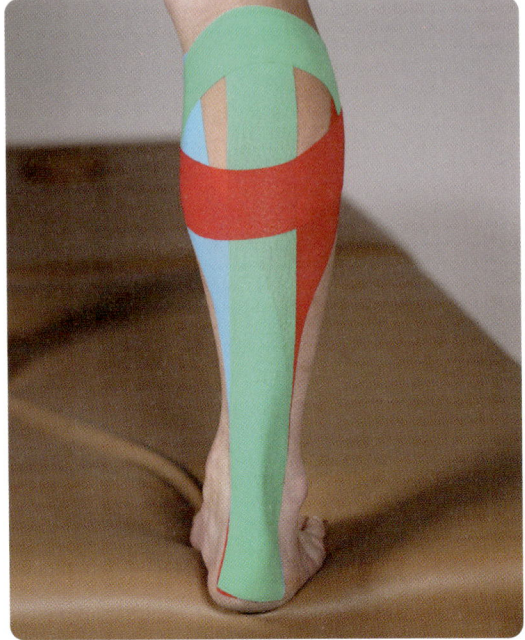

5 축구 선수들을 위한 발목 C-tape

- **준비물** : C-tape, 언더랩

01 언더랩을 사용하여 기본베이스로 발목 위 10cm 정도 위에서 시작한다. 발목까지 내려온 뒤에는 피겨에잇이나 사선으로 편하게 발목과 발꿈치까지 감싸준다.

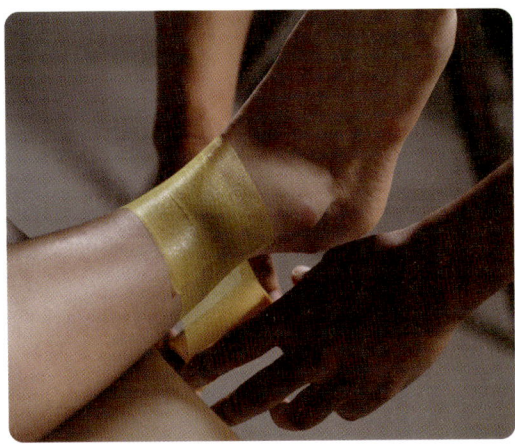 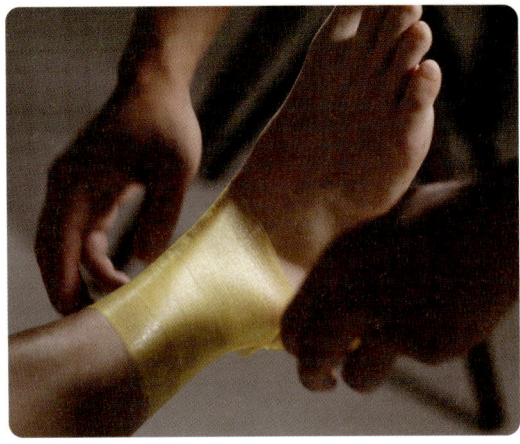

02 언더랩을 발목까지 다 감은 뒤 발등까지 길게 감아 주고 마무리한다. 언더랩을 마친 뒤에 C-tape를 사용하여 앵커포인트(C-tape 기준) 발목 위에서부터 한 바퀴씩 감으며 시작한다.

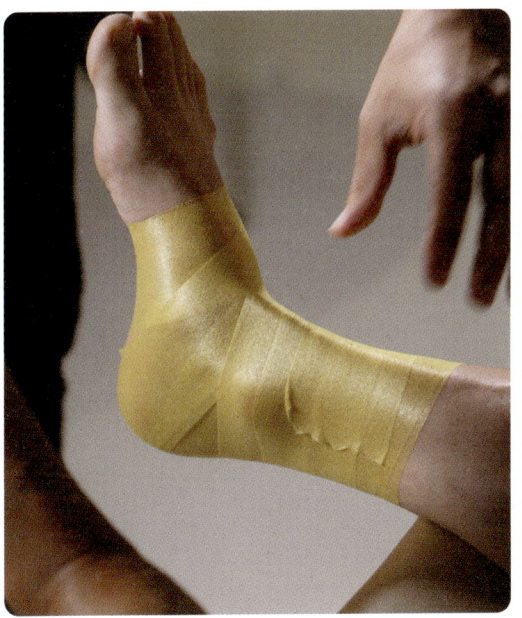
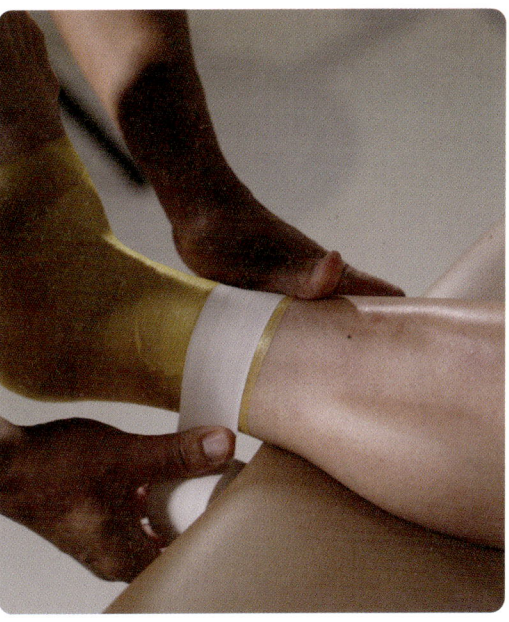

03 C-tape를 사용하여 발목 위를 대략 1cm 간격으로 겹치게 두 번 감아 준다. 축구 선수들을 위한 발목 C-tape에서 기본 C-tape와 다른 부분은 일단 기본 C-tape에서 발목 위쪽과 발등 쪽의 앵커포인트를 잡아줬던 것과 달리 축구선수를 위한 발목 C-tape는 발목 위쪽의 앵커포인트만 잡고 발등 쪽의 포인트는 잡지 않고 바로 Stir up(세로 기둥)을 잡아준다.

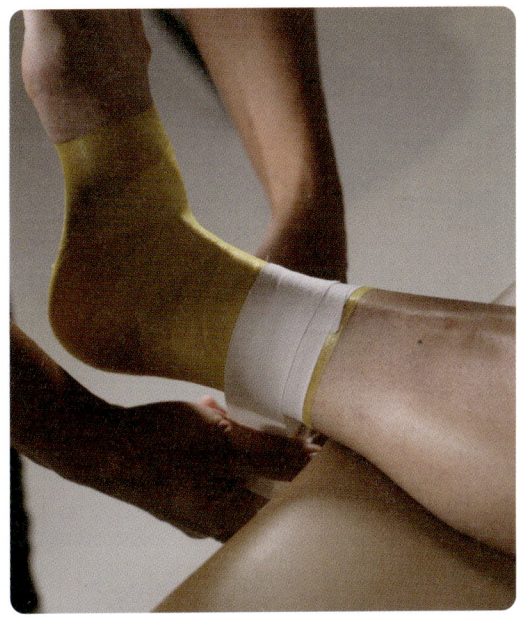
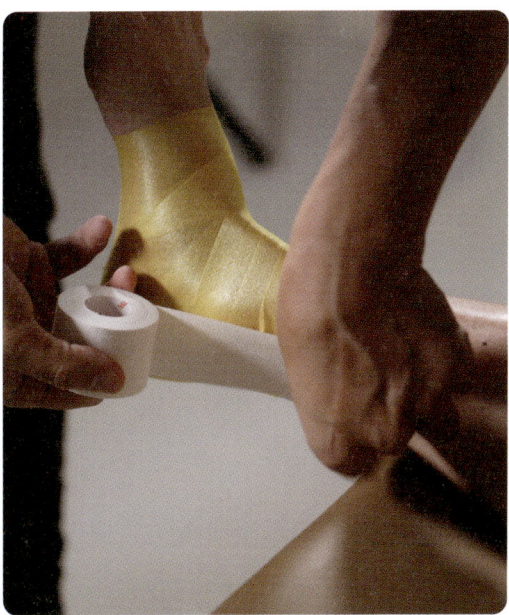

04 발목 앵커포인트 안쪽에서 시작해서 바깥쪽 방향으로 Stir up을 잡아준다. 앞에서 말했듯이 발등 쪽 앵커포인트를 잡지 않았기 때문에 Horse shoe(가로 기둥)를 부착할 때 아치 중간지점에 기준을 잡아서 Horse shoe 테이프를 안쪽에서 바깥쪽으로 한다.(축구선수들 같은 경우는 발목을 많이 사용하기 때문에 발등 쪽 앵커포인트를 잡지 않고 좀 짧게 C-tape 하는 선수가 대부분이다.)

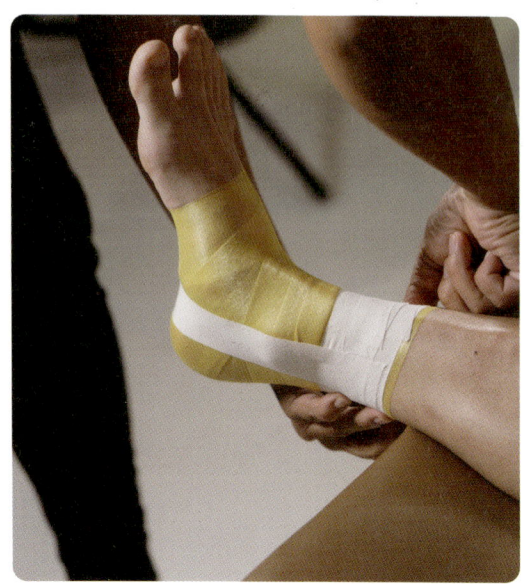 

05 기둥을 잡아준 뒤 다시 발목 위에서 아래로 내려오는 기둥을 앞쪽으로 1cm가량 겹치게 다시 잡아준다. Stir up을 겹치게 잡은 뒤에는 다시 Horse shoe도 위로 올라가면서 1cm 정도 겹치게 테이프를 부착한다.

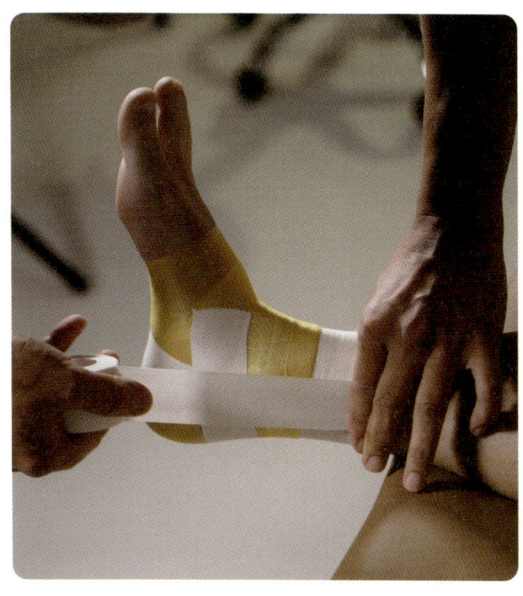 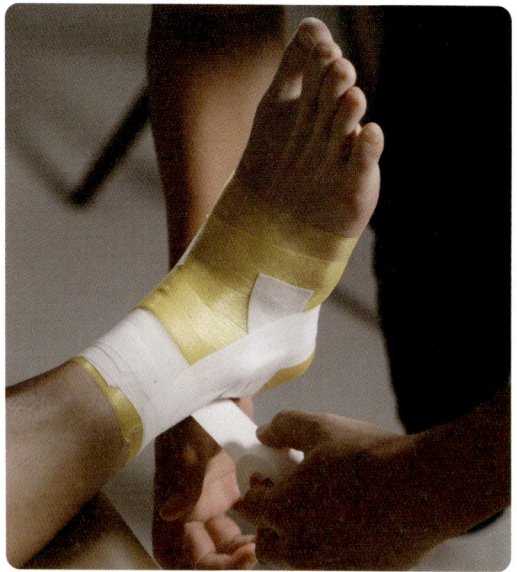

06 Stir up과 Horse shoe를 두 번씩 잡아준 모습이다. 발목 위쪽의 기둥을 두 번 잡은 뒤에는 마지막으로 뒤쪽으로 1cm 정도 겹쳐지게 세 번째 기둥을 마지막으로 잡아준다.

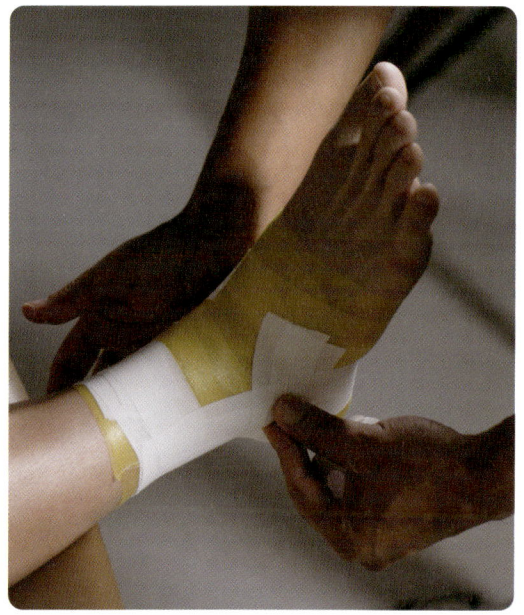 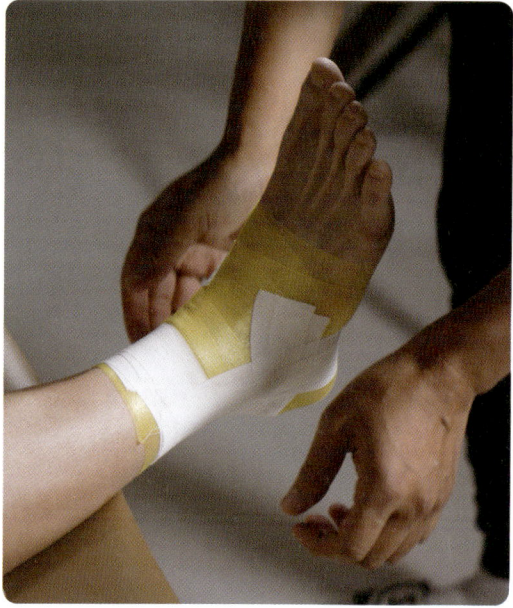

07 언더랩이 보이지 않을 때까지 Horse shoe 테이핑을 연속해서 감은 후 완료한 모습이다. 언더랩이 보이지 않게 다 감은 뒤에는 복사뼈 바깥쪽에서 복사뼈 안쪽까지 발목 위로 덮어서 테이핑이 두 번 겹치게 시행한다.

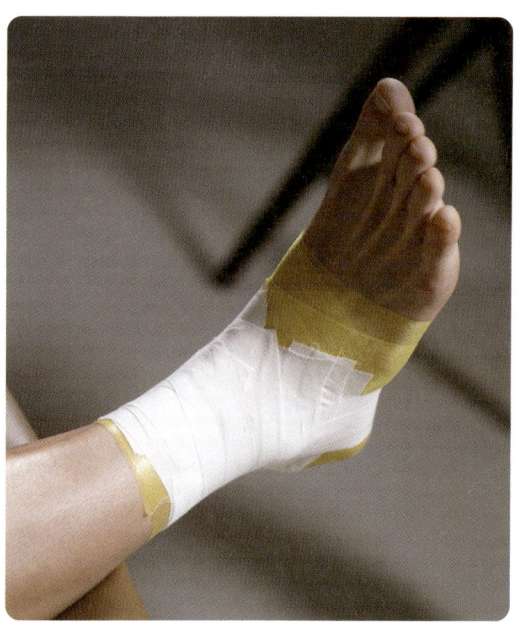 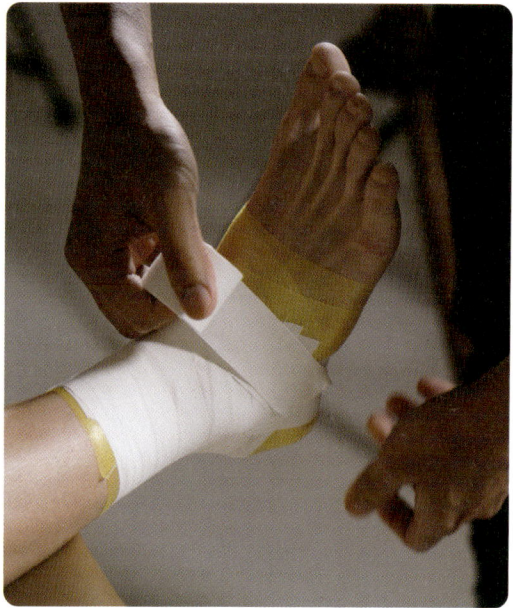

08 발목 위로 테이핑을 두 번 겹치게 마무리를 한 뒤에는 피겨에잇과 힐락을 잡아주기 위해 복사뼈 바깥쪽에서부터 시작한다. (여기서 중요한 것은 피겨에잇과 힐락은 따로 시행하여도 되고 한번에 시행해도 무방하다.) 복사뼈 바깥에서 시작해서 안쪽 복사뼈 방향으로 사선으로 감아 안쪽 복사뼈를 지나서 발꿈치 바깥쪽 대각선 아래 방향(힐락) 발바닥 쪽으로 감아 내려간다.

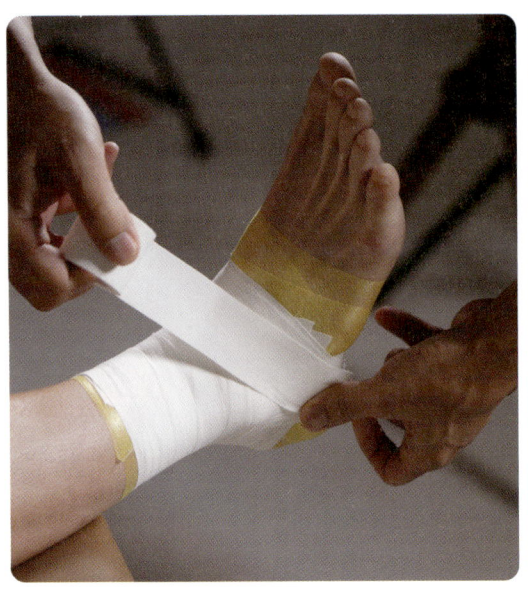 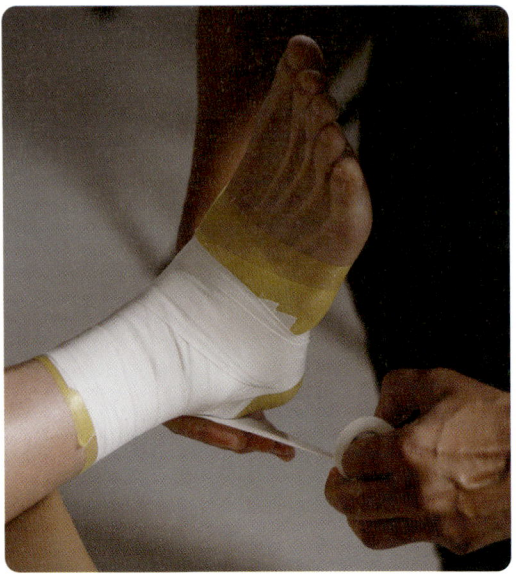

09 발바깥 쪽으로 힐락을 시행한 뒤 발바닥에서 발목 안쪽을 지나 발목으로 올라오도록 시행한다. 발목 위로 올라와 피겨에잇을 시행한 뒤 처음 바깥쪽 발목 힐락과 반대로 바깥쪽 복사뼈 방향으로 테이프를 부착한다.

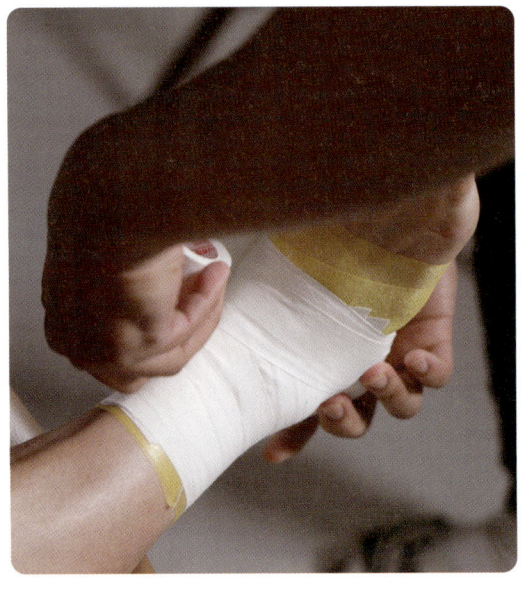 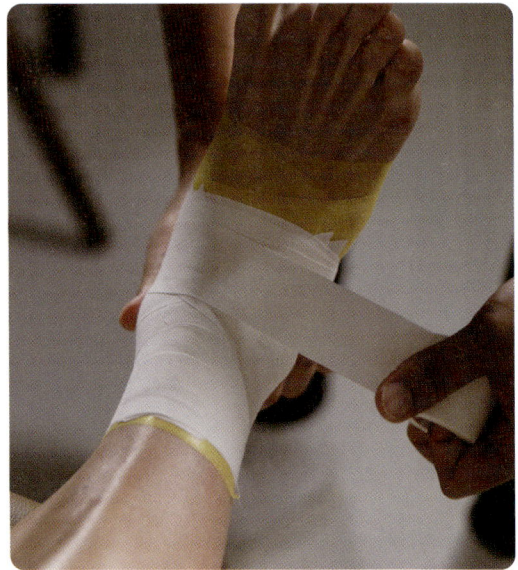

10 바깥쪽 복사뼈 방향에서 아킬레스건을 지나 안쪽 발꿈치 방향으로 힐락을 시행하고 바깥쪽 방향으로 C-tape를 올려 발목까지 덮어주면서 마무리한다.

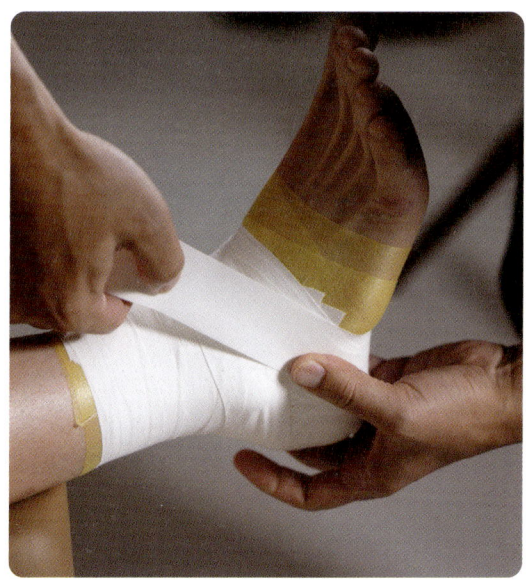

11 축구선수를 위한 발목 C-tape를 마무리한 모습이다.(C-tape 겉으로 나온 언더랩의 경우는 다 뜯어내 준다.) 피겨에잇과 힐락은 선수 개인의 차이에 따라서 2~3바퀴까지 감는 경우도 있다.

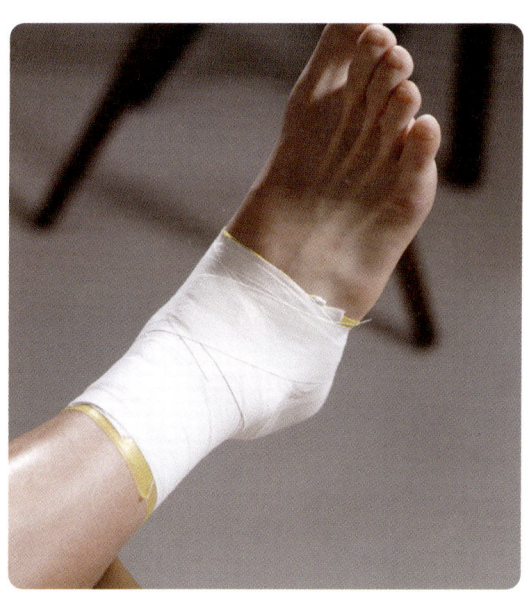 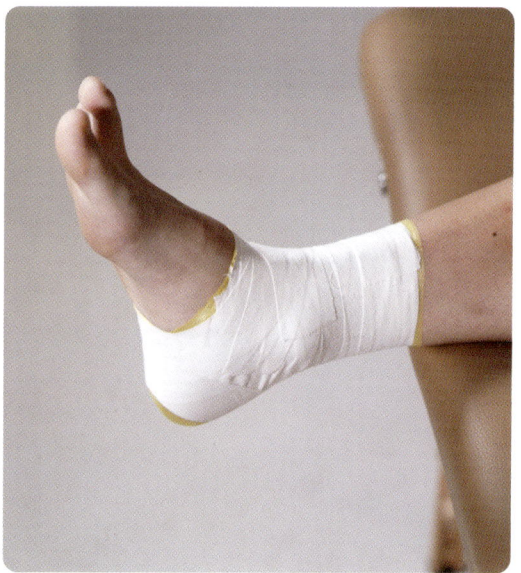

6 축구 선수들의 위한 발목 키네지오 테이핑

• **준비물** : 4칸 4개, 키네지오 롤 1개(지면에서 골반까지 길이)

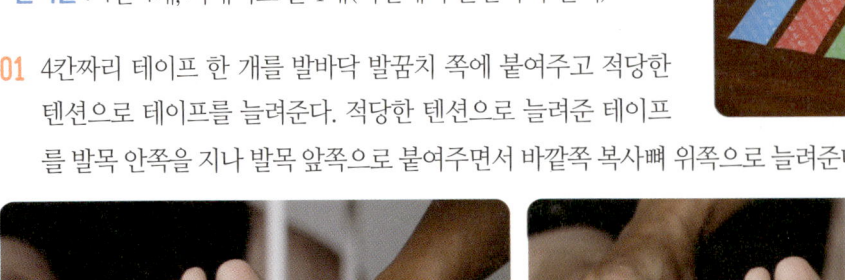

01 4칸짜리 테이프 한 개를 발바닥 발꿈치 쪽에 붙여주고 적당한 텐션으로 테이프를 늘려준다. 적당한 텐션으로 늘려준 테이프를 발목 안쪽을 지나 발목 앞쪽으로 붙여주면서 바깥쪽 복사뼈 위쪽으로 늘려준다.

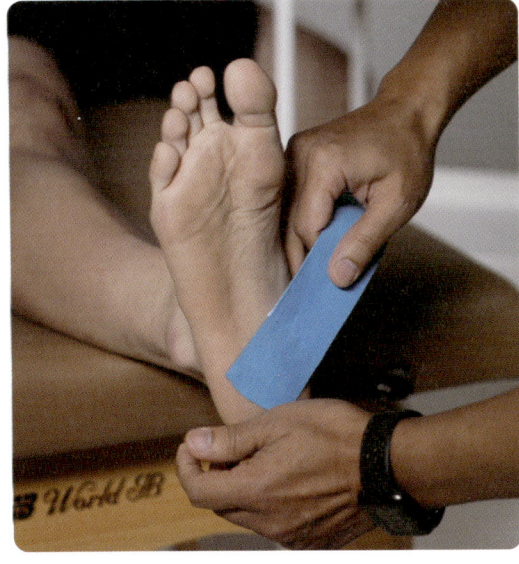
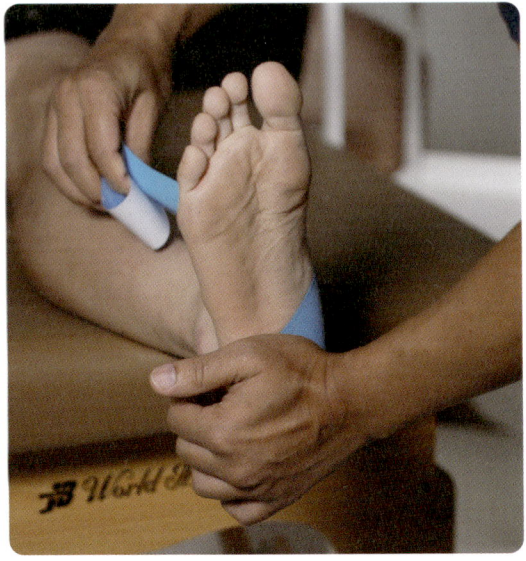

02 바깥쪽 복사뼈 위쪽으로 부착한다. 4칸짜리 두 번째 테이프를 처음과 같이 발바닥 발꿈치 쪽에 겹치게 부착한다.

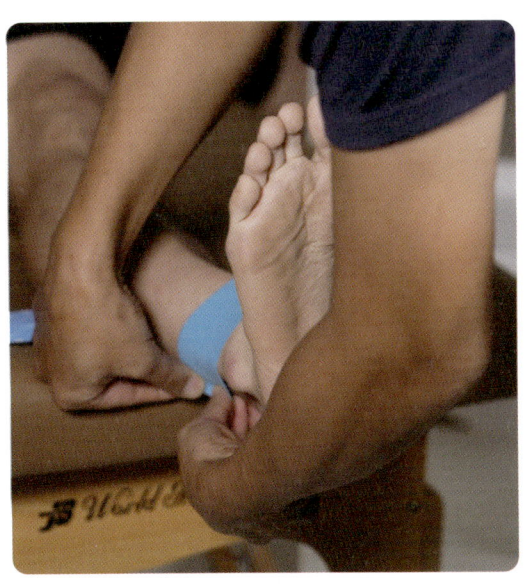
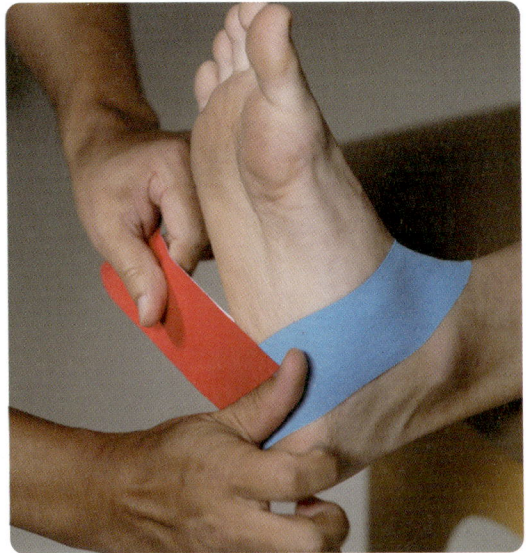

03 두 번째 테이프도 발꿈치 쪽에 부착한 상태에서 적당한 텐션으로 늘려 발 바깥쪽으로 올려서 발목 앞쪽을 지나며 부착한다. 발목을 지나 안쪽 복사뼈 위쪽으로 지나며 부착한다. 이렇게 두 개를 붙이면 피겨에잇과 같은 모습으로 앞쪽 기둥을 잡아준다.

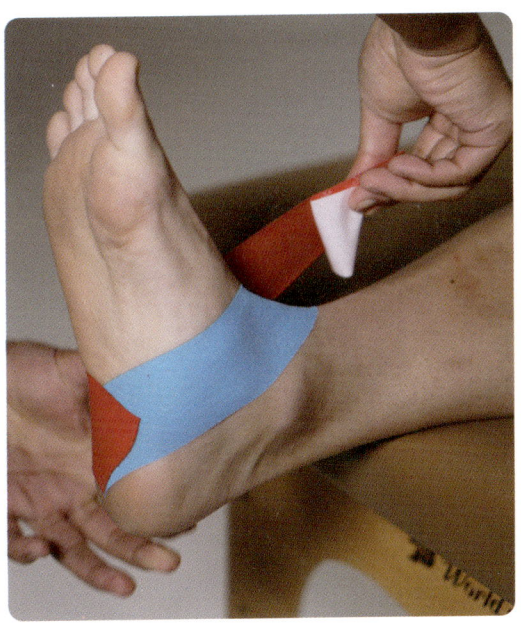
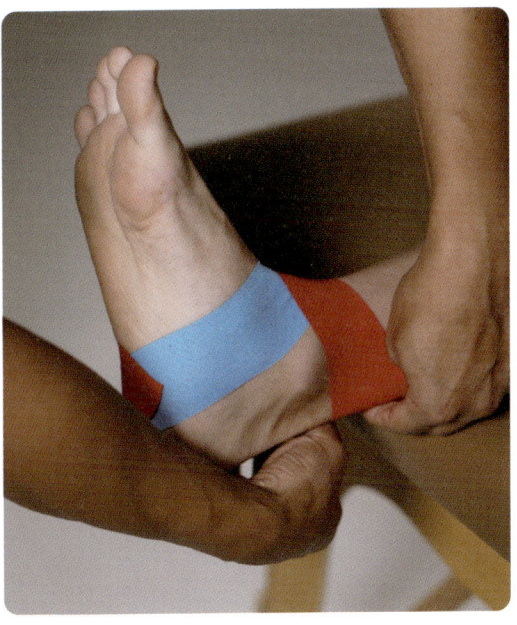

04 남아있는 두 개의 4칸짜리 테이프는 힐락과 같은 모습으로 잡기 위해 처음 부착한 발바닥 발꿈치 쪽에 다시 테이프를 부착한다. 발꿈치 쪽에 부착한 테이프에 적당한 텐션을 주어 이번엔 안쪽에서부터 아킬레스건 방향으로 감아서 부착한다.

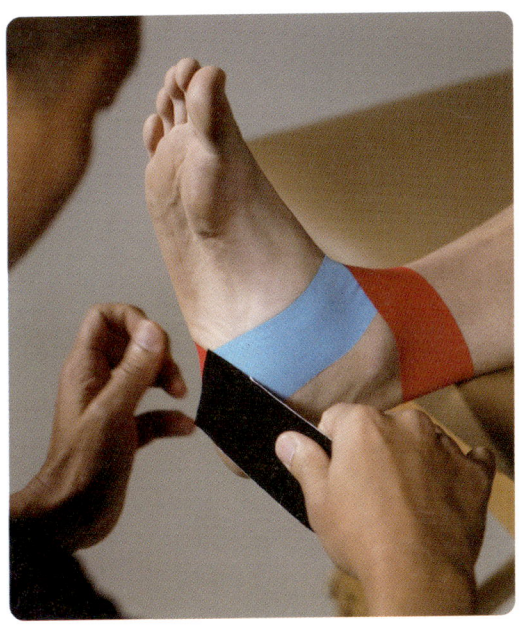
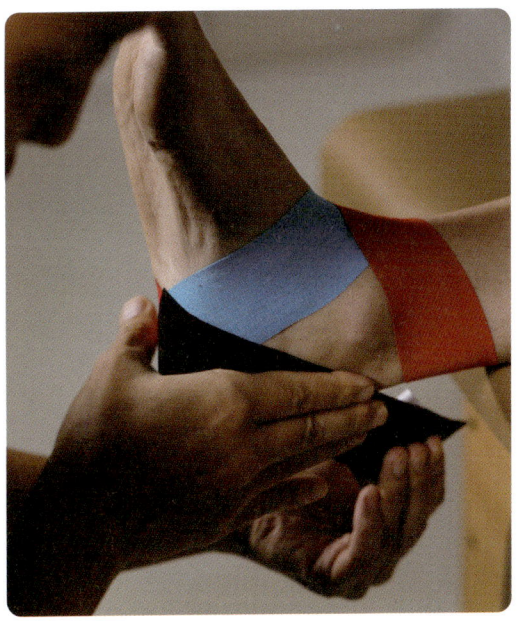

05 아킬레스건을 지나 붙여주면서 바깥쪽 복사뼈 위쪽으로 지나서 발목으로 감아 주면서 테이핑을 부착한다. 마지막 남은 4칸짜리 키네시오 또한 발바닥 발꿈치 쪽에 부착해서 발 바깥쪽으로 늘려준다.

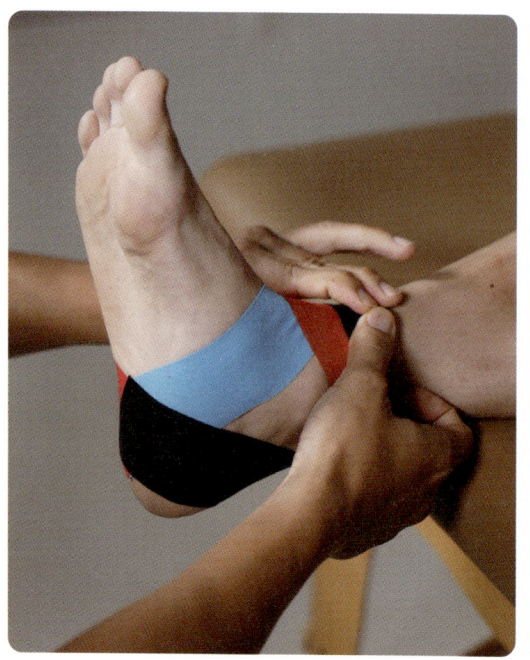 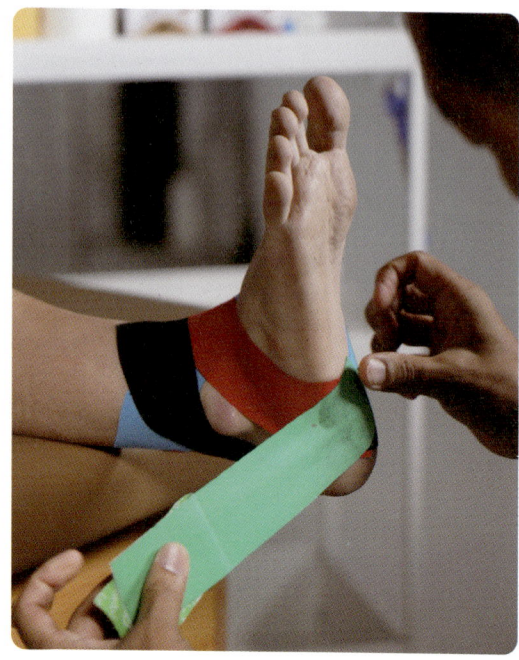

06 발 바깥쪽으로 늘려준 테이프를 전과 마찬가지로 바깥쪽으로 붙여주면서 아킬레스건을 지나 붙여주고 안쪽 복사뼈 위로 지나며 발목 앞쪽을 지나면서 부착한다.

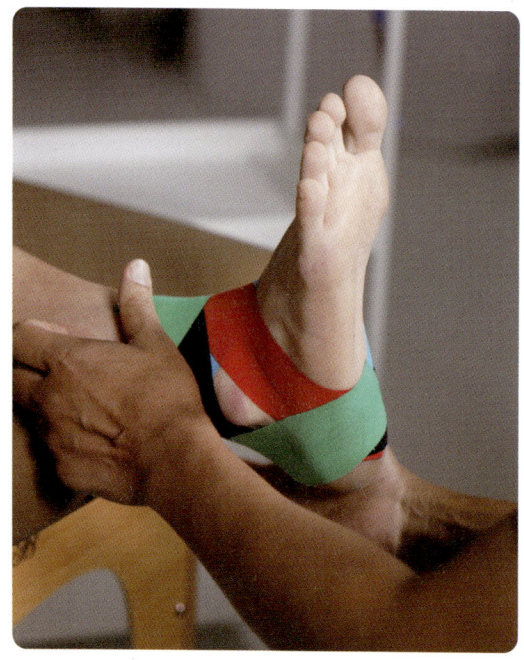

07 발목 기둥을 다 잡았다면 이제 남은 롤 테이프(지면에서 골반까지의 길이)로 마무리한다. 시작은 바깥쪽 복사뼈 아래쪽에 붙이고 적당한 텐션을 주면서 감아 준다. 바깥쪽 복사뼈 아래에서 시작하여 발목 앞으로 붙여주면서 안쪽 복사뼈를 덮으며 부착한다.

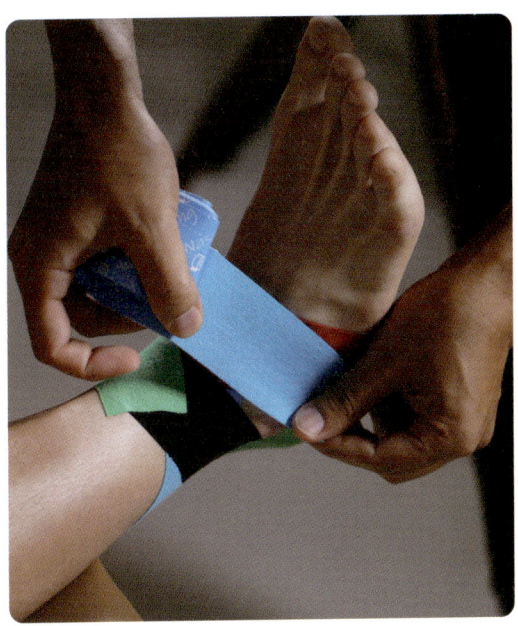 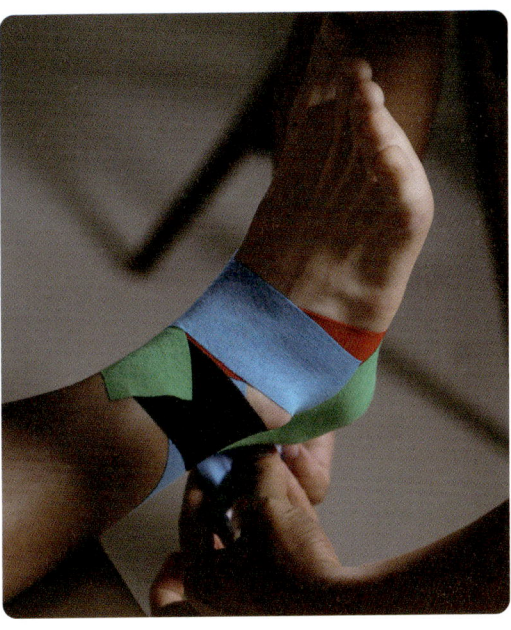

08 안쪽 복사뼈를 덮어서 부착한 후 아킬레스건을 지나 바깥쪽 발꿈치를 감으며 발바닥 쪽을 향해 테이프를 감아가며 힐락과 같이 발목 안쪽으로 향하게 부착한다. 발목 안쪽을 향해서 부착하며 발목 앞쪽을 지나 이번엔 바깥쪽 복사뼈를 덮으면서 부착한다.

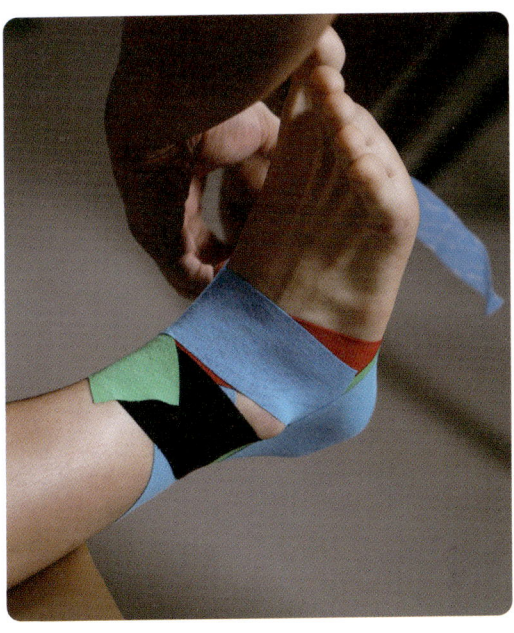 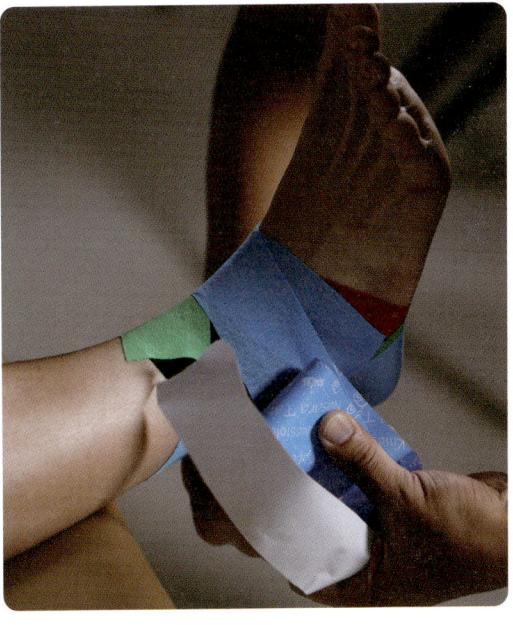

09 바깥쪽 복사뼈를 덮으며 부착한 다음에는 전에 사용한 힐락으로 바깥쪽 복사뼈에서 아킬레스건을 지나 발꿈치 안쪽으로 테이프를 사선으로 붙이며 발바닥 발꿈치 쪽을 지나 발 바깥쪽으로 올려주면서 테이프를 부착한다. 한번 더 같은 방법으로 복사뼈 안쪽을 지나 바깥쪽 발꿈치 방향으로 힐락하면서 반복한다.

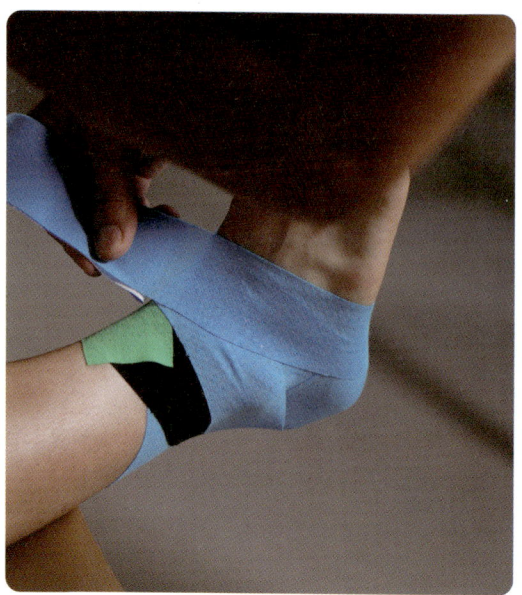 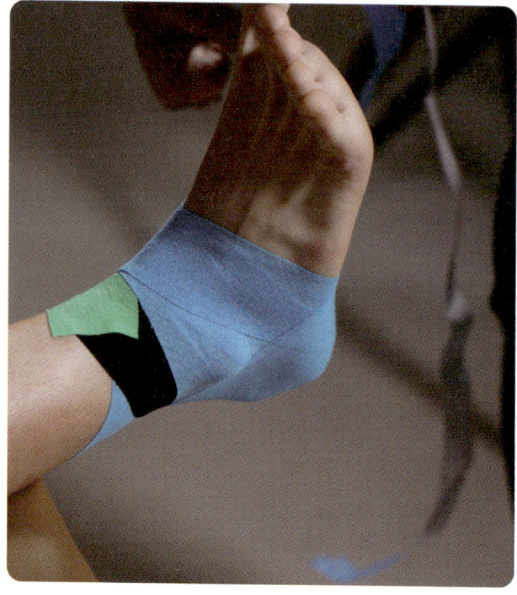

10 발꿈치 쪽의 힐락을 사용하고 발 안쪽으로 올리면서 부착한 테이프를 마지막으로 발목 쪽 위 방향으로 올려 부착한다. 발목 위쪽으로 부착한 테이프는 발목을 덮고 감싸면서 붙여주고 마무리한다.

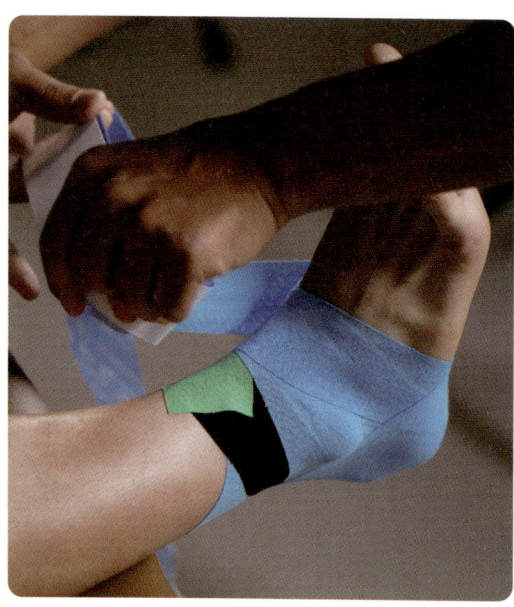 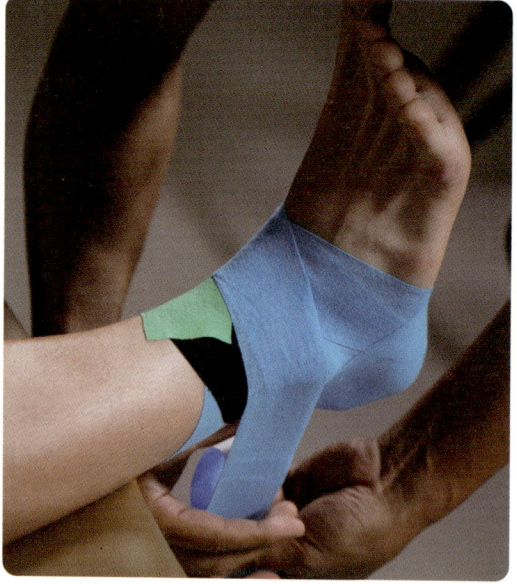

11 기둥을 잡았던 테이핑이 보이지 않게 2~3번 정도 덮으면서 테이프를 감아 준다. 처음에 기둥을 잡았던 테이핑까지 덮으며 마무리를 해주면 키네시오 발목 테이핑이 완성된다.

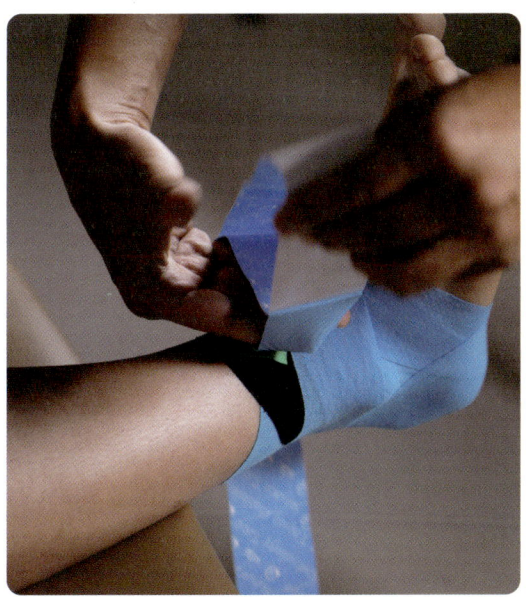 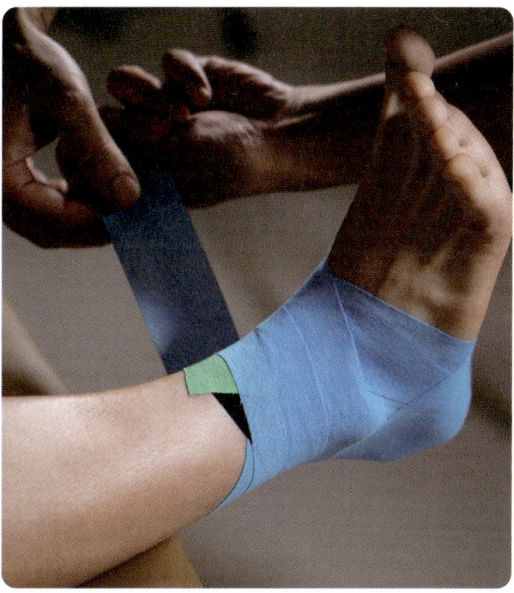

12 롤 테이프로 기둥을 잡았던 테이핑을 다 덮으며 마무리된 모습이다.

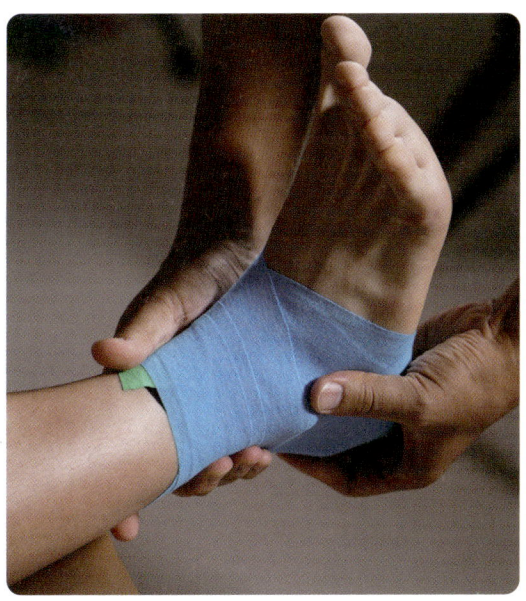 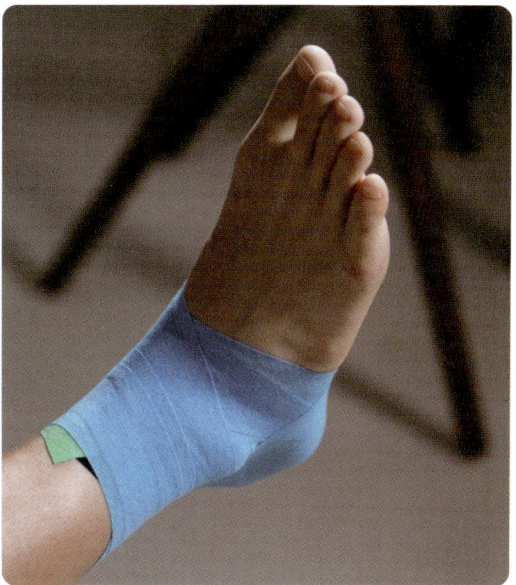

7 키네시오 무릎 테이핑

• **준비물** : 3칸 2개, 4칸 8개, 8칸 2개

01 4칸짜리 테이프를 슬개건 바깥쪽에 부착해서 시작한다. 테이프에 적당한 텐션을 주며 무릎 바깥쪽에서 시작해 슬개건을 지나 내측 측부인대를 덮으며 위로 올려주면서 테이프를 부착한다.

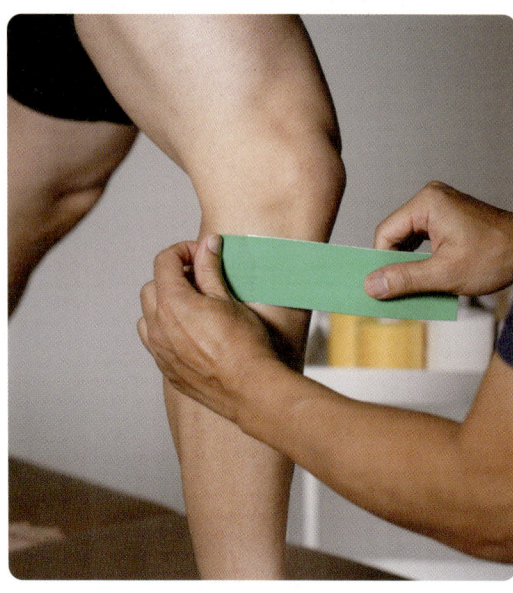
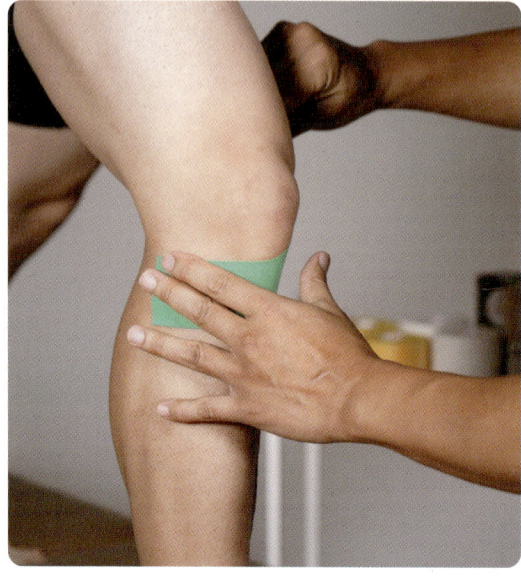

02 무릎 바깥쪽에서 내측 측부인대까지 덮어주며 테이프를 부착한 모습이다. 두 번째는 처음과 반대로 무릎 안쪽에서 시작해 슬개건을 지나 무릎 외측 측부인대를 덮으며 위로 올려주면서 부착한다.

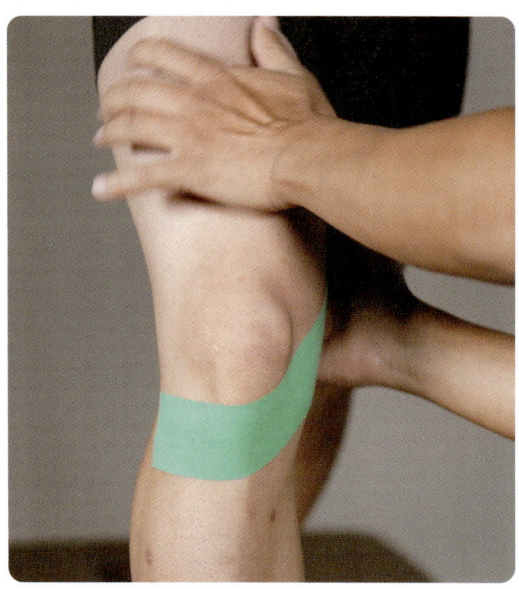
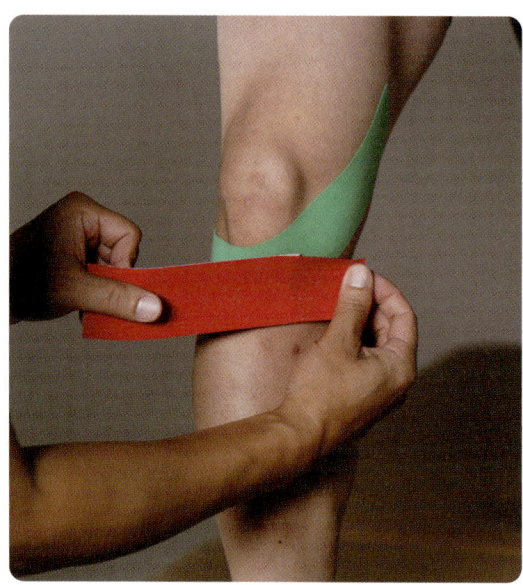

03 무릎 안쪽에서 외측 측부인대 방향으로 붙여준 테이핑 모습이다. 세 번째 4칸짜리 테이프로 대퇴사두근(외측 광근)에서 붙여 시작한다.

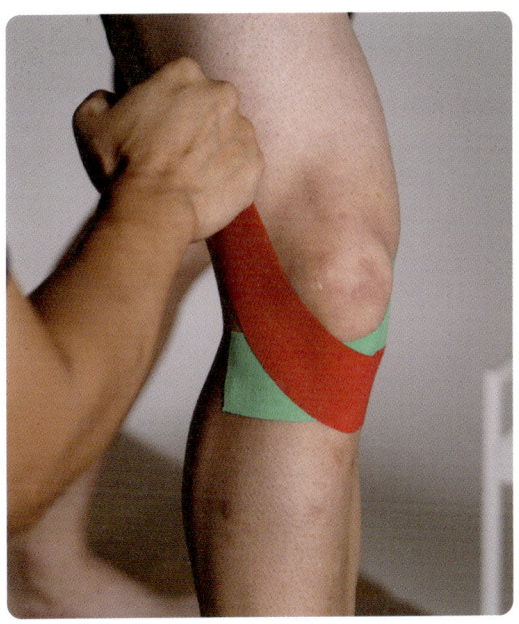
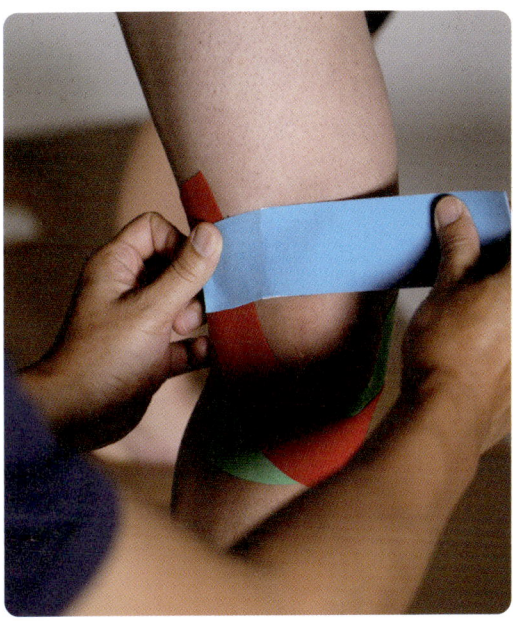

04 대퇴사두근(외측 광근)에서 시작해 무릎 위쪽을 지나 내측 측부인대 아래 방향으로 테이프를 부착한다. 대퇴사두근(외측 광근)에서 시작해 무릎 내측 측부인대 방향으로 테이프를 부착하는 모습이다.

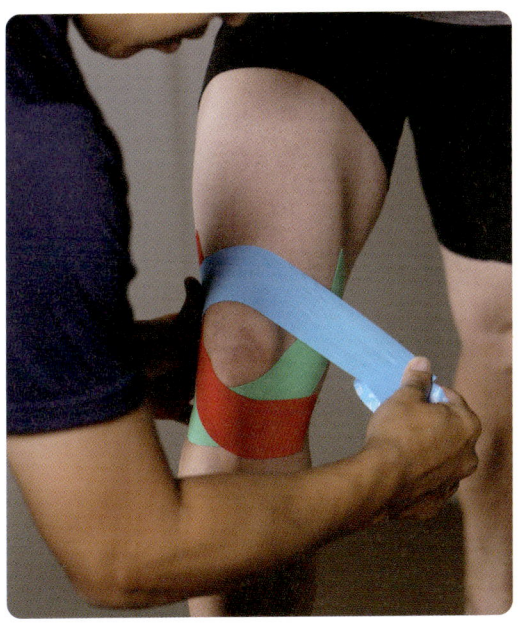
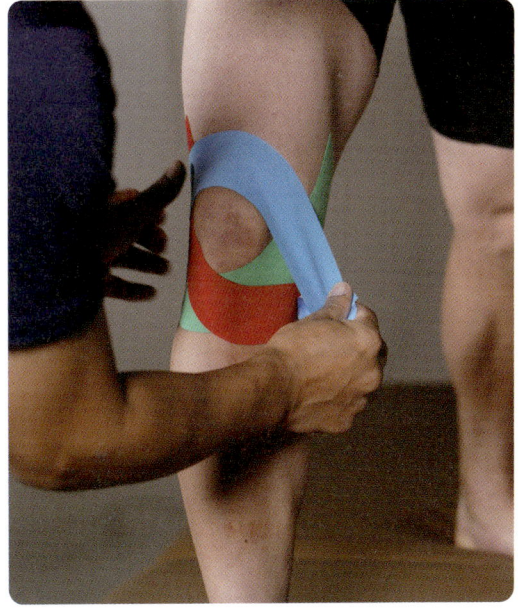

05 무릎 내측 측부인대를 덮으며 아래 방향으로 테이프를 부착해 빨간색 테이핑 시작점이었던 부분까지 덮어준다. 네 번째 4칸짜리 테이프는 대퇴사두근(내측 광근)에서 부착해 시작한다.

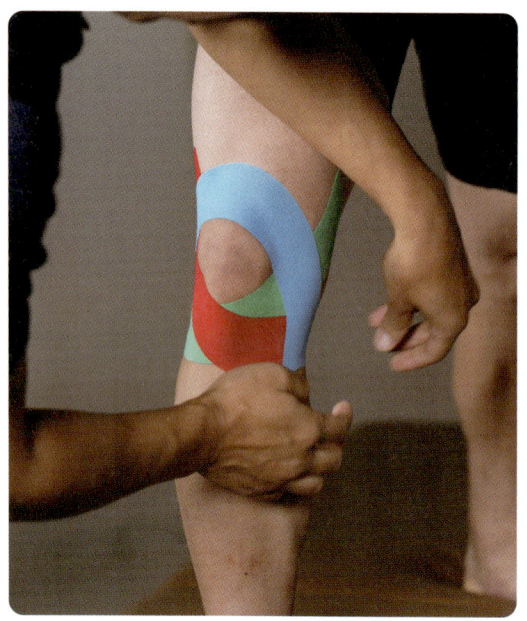
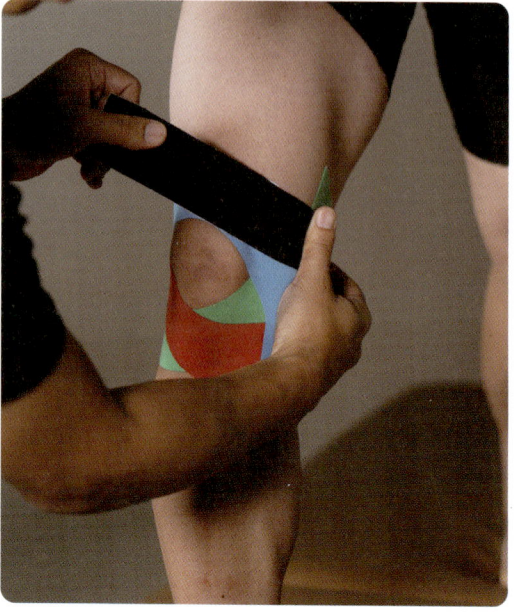

06 대퇴사두근(내측 광근)에서 시작해 무릎 위를 지나서 외측 측부인대 방향 아래쪽으로 덮어주면서 테이프를 부착한다. 네 번째 테이프도 세 번째 테이핑과 마찬가지로 대퇴사두근(내측 광근)에서 시작해서 외측 측부인대를 지나 녹색 테이핑 시작점까지 덮어서 붙여주고 마무리한다. 이렇게 슬개골을 잡아 무릎 테이핑을 마무리한다.

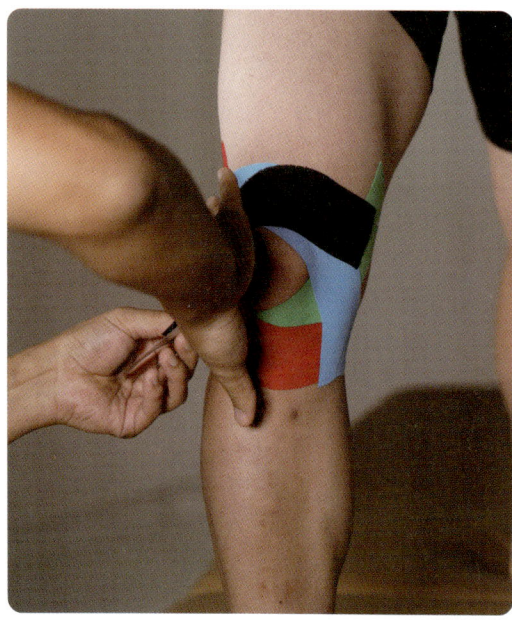
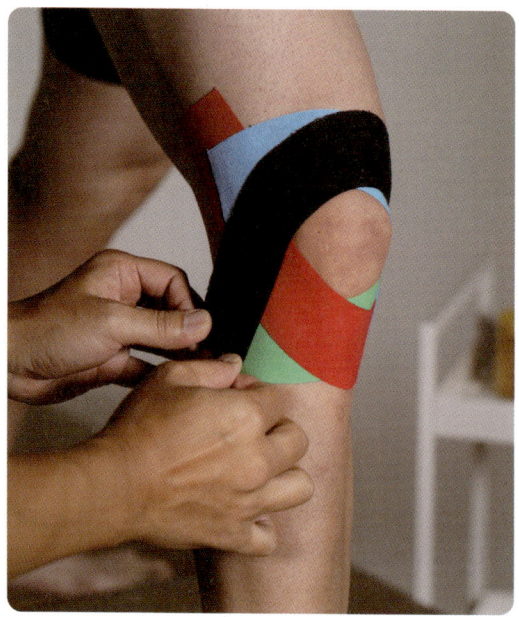

07 대퇴사두근(내측 광근)에서 시작해 무릎 위를 지나서 외측 측부인대 방향 아래쪽으로 덮어주면서 테이프를 부착한다. 네 번째 테이프도 세 번째 테이핑과 마찬가지로 대퇴사두근(내측 광근)에서 시작해서 외측 측부 인대를 지나 녹색 테이핑 시작점까지 덮어서 붙여주고 마무리한다. 이렇게 슬개골을 잡아 무릎 테이핑을 마무리한다.

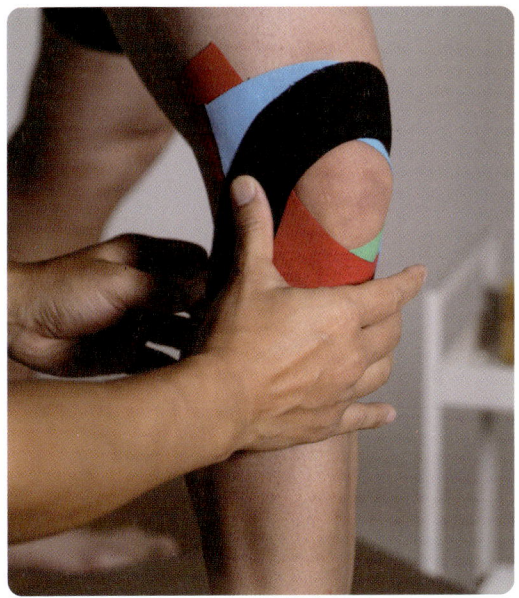
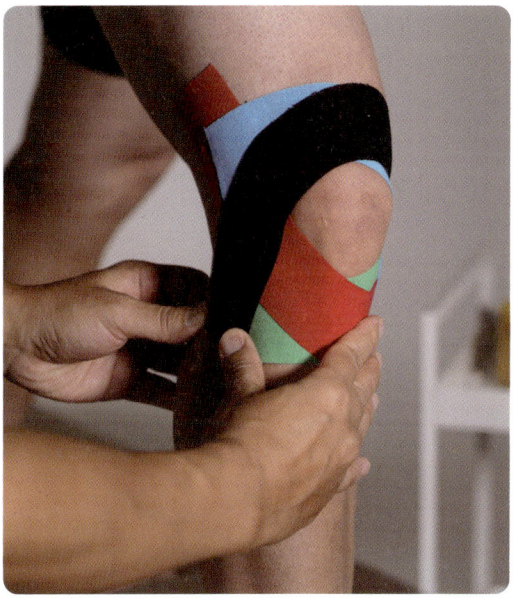

08 다음은 무릎 테이핑을 마무리한 뒤 외측 측부인대를 잡는 테이프를 부착한다. 4칸짜리 테이프를 슬개건 아래쪽에 부착해서 시작한다. 슬개건에 부착한 테이프를 적당한 강도의 텐션으로 늘리고 외측 측부인대를 덮으며 허벅지 바깥쪽으로 올려서 부착한다.

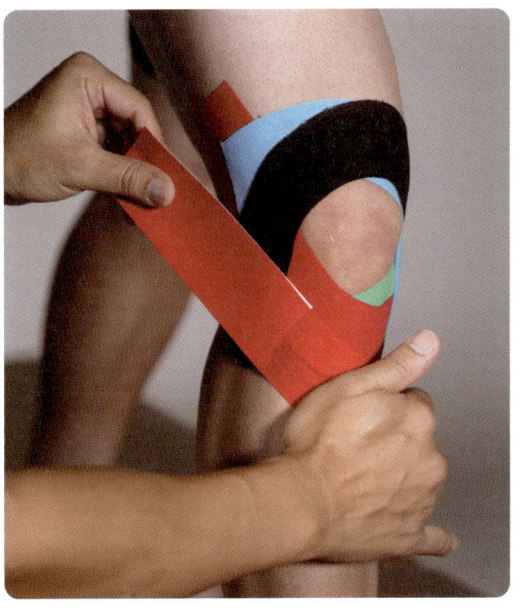
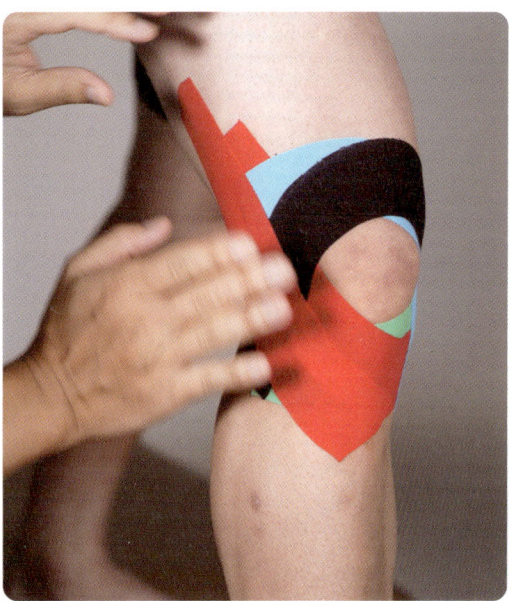

09 4칸짜리 테이프를 사용하여 무릎 뒤쪽의 바깥쪽 힘줄 부위에 테이프를 부착하고 적당한 텐션을 준다. 무릎 뒤쪽에서부터 적당한 텐션을 주고 외측 측부인대가 겹치게 덮어주면서 무릎 위쪽을 지나도록 부착한다.

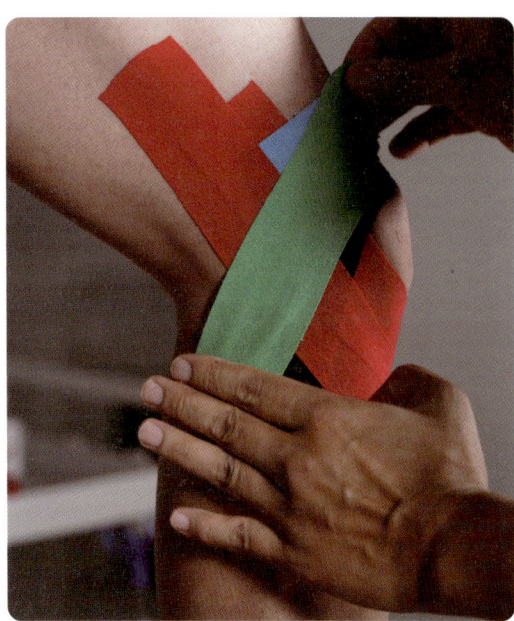 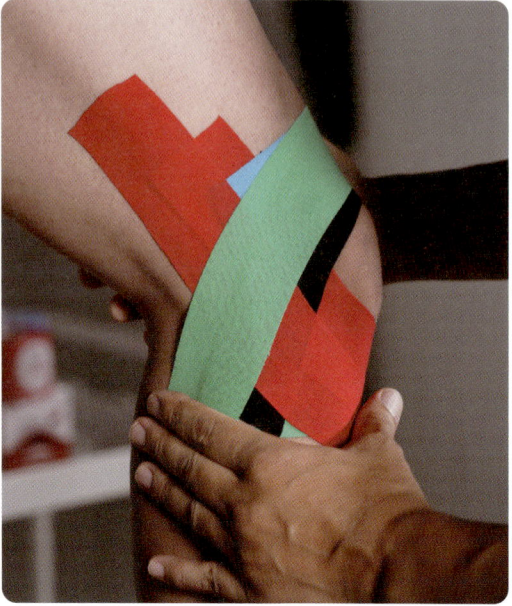

10 외측 측부인대를 앞뒤로 테이프를 사용하여 잡아준 모습이다. 내측 측부인대도 외측과 마찬가지로 4칸짜리 테이프를 먼저 슬개건에 붙이고 적당한 텐션을 주며 내측 측부인대를 지나 내전근 방향으로 올려서 부착한다.

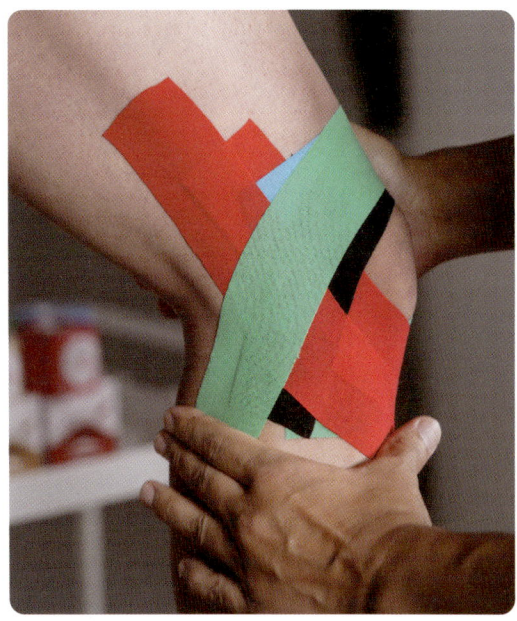 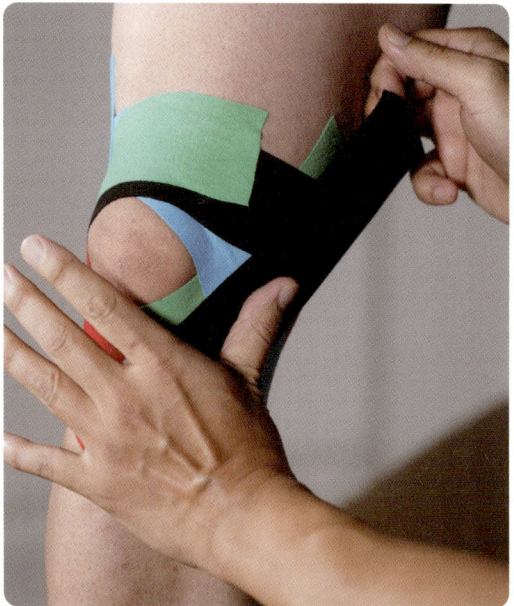

11 두 번째 4칸짜리 테이프를 사용하여 무릎 뒤의 내측 힘줄에 붙이고 적당한 텐션을 주며 내측 측부인대를 덮으면서 무릎 위 사선 방향으로 부착한다. 무릎 내측 측부인대의 앞뒤를 4칸짜리 2개로 잡아준 모습이다.

 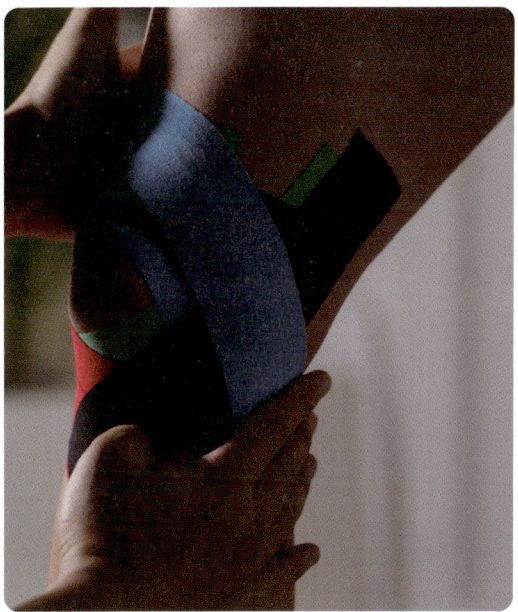

12 마지막으로 3칸짜리 테이프를 사용하여 외측과 마찬가지로 내측 측부인대 테이프 중앙부를 먼저 부착해서 고정하고 중앙에서 위로, 중앙에서 아래로, 차례로 텐션을 주면서 수직으로 부착한다. 내측 측부인대 테이핑을 완성한 모습이다.

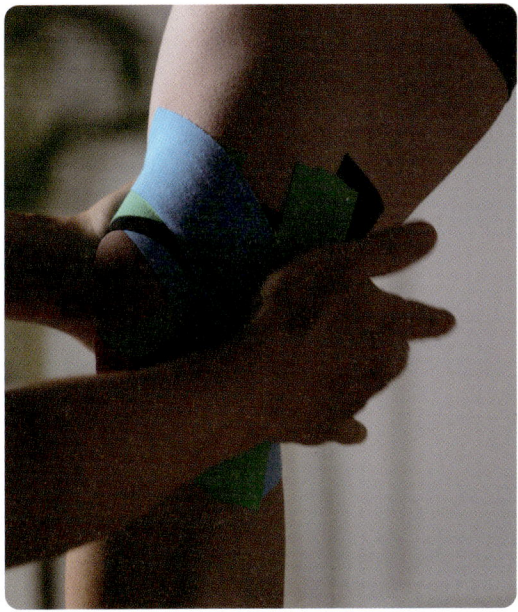 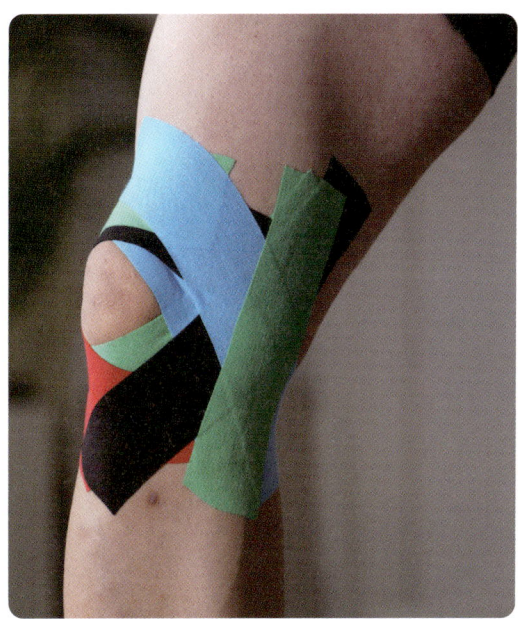

13 마지막으로 8칸짜리 테이프를 사용하여 무릎 위쪽의 테이핑 처리를 마감하도록 한다. 테이프를 허벅지 바깥쪽에 붙이고 적당한 텐션을 준다. 허벅지 바깥쪽에 테이프를 붙이고 적당한 텐션을 주면서 1~2바퀴 정도 감아주고 마무리한다.

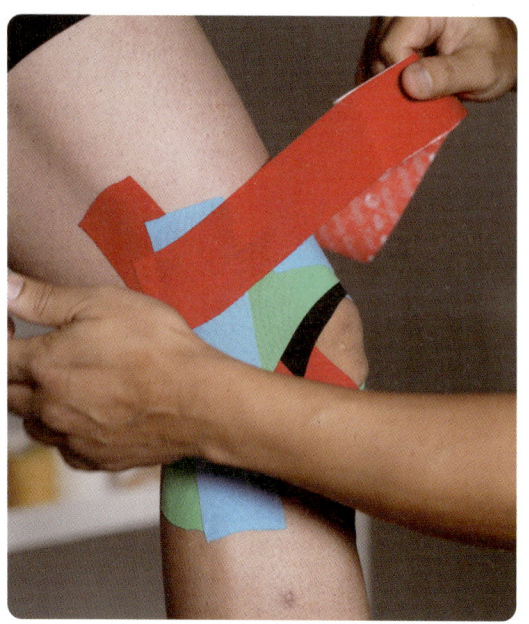 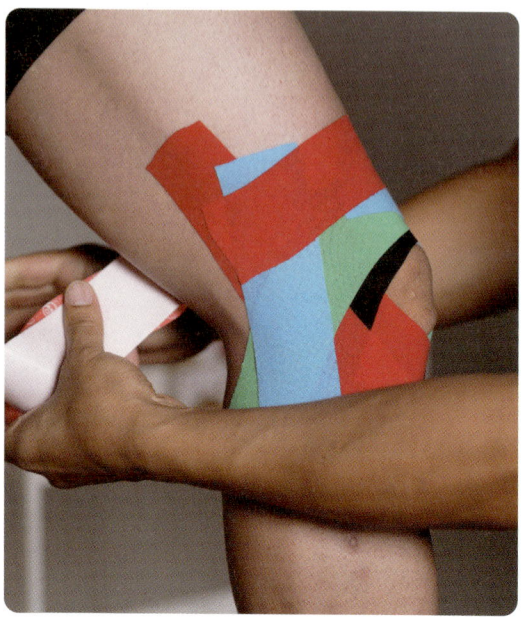

14 허벅지는 개인마다 차이가 있기 때문에 8칸이 아니어도 롤을 사용하여 1~2바퀴 정도 감아주는 것이 좋다. 허벅지 위쪽 테이핑을 마무리한 모습이다.

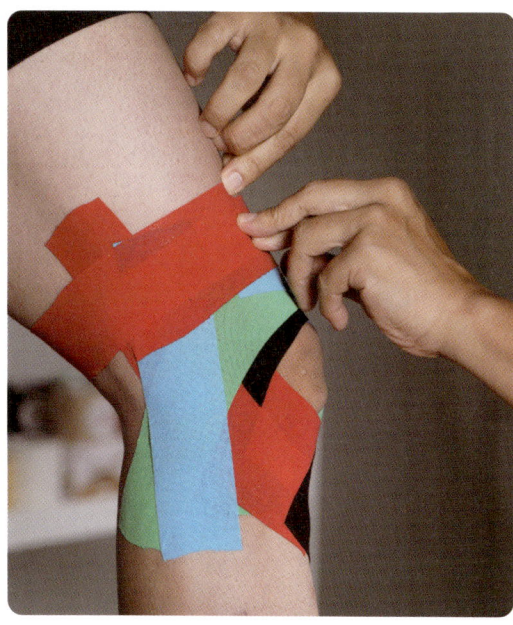 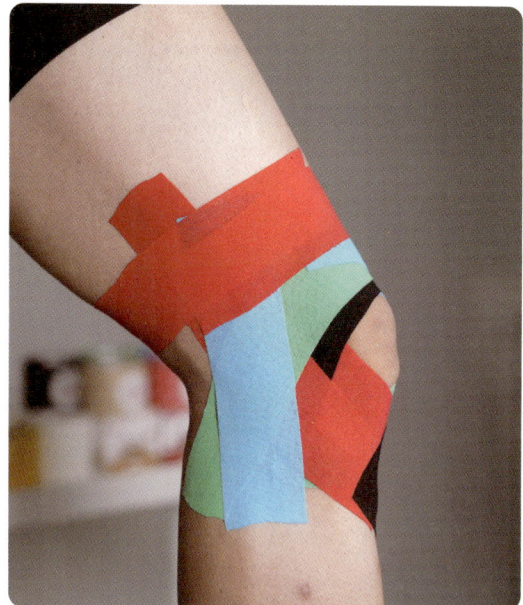

15 이제 마지막으로 무릎 아래쪽을 감아 줄 차례이다. 8칸짜리 테이프를 외측 측부인대에 수직으로 잡아준 테이핑이 덮이도록 아래쪽에서 붙이고 적당한 텐션을 주어 시작한다. 바깥쪽에서 시작한 테이프는 아래쪽에 다른 테이프와 슬개건이 덮이도록 테이프를 부착한다.

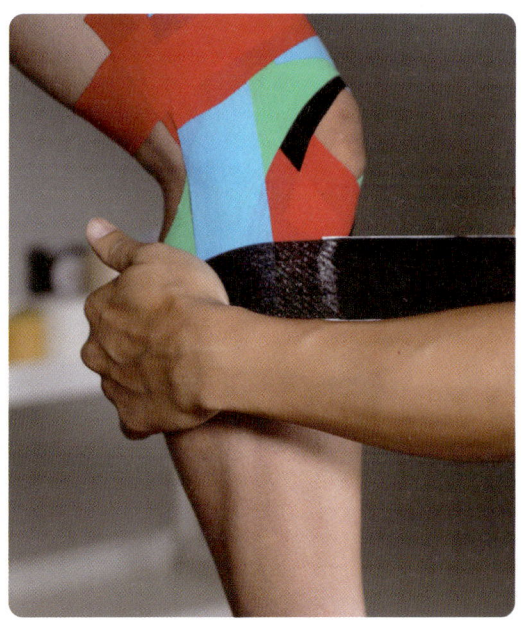 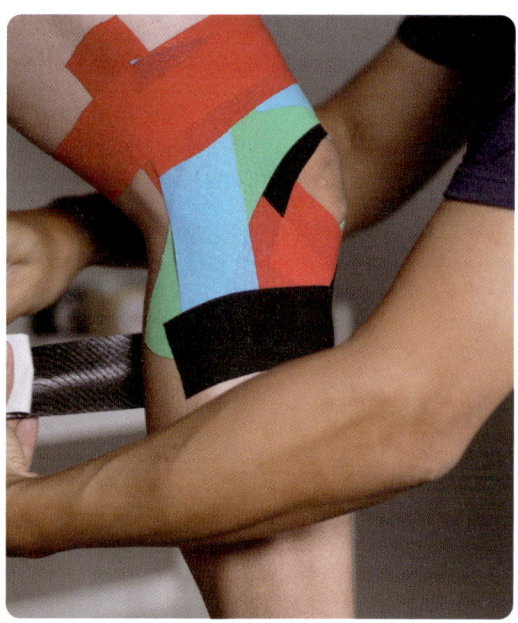

16 위에 마무리한 것과 마찬가지로 8칸이나 롤을 사용하여 1~2바퀴 정도 감고 마무리한다.

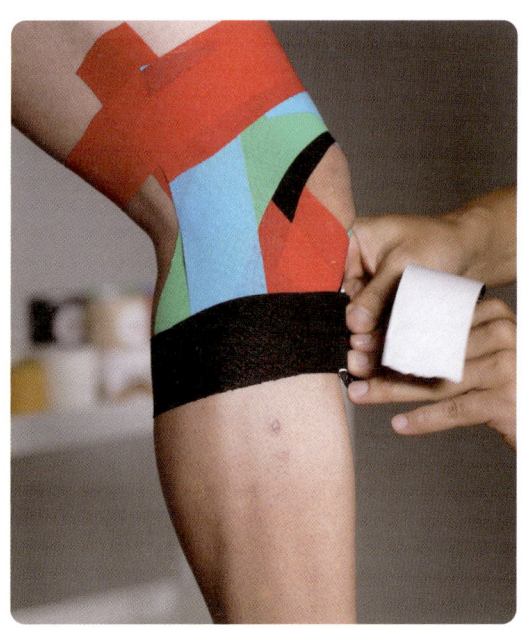

17 무릎 위쪽과 아래쪽의 테이핑을 마무리한 모습이다. (무릎과 외측, 내측 측부인대의 테이핑 완료 모습)

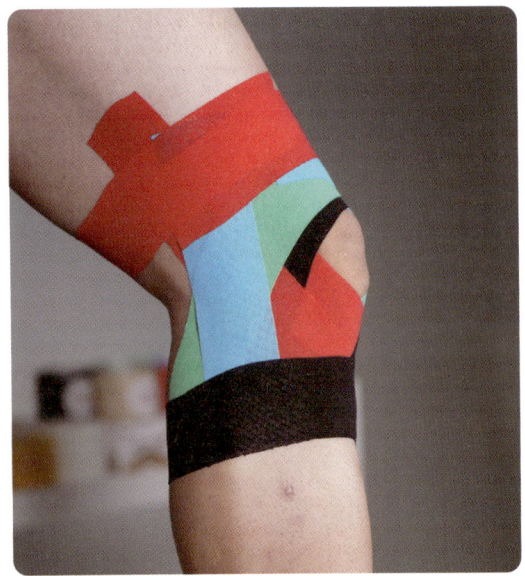 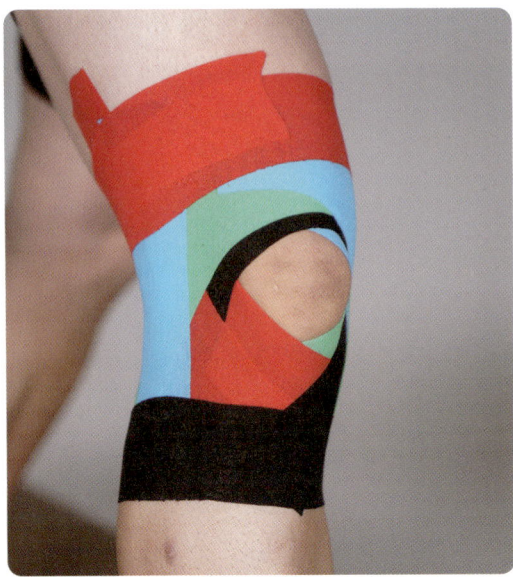

18 완성된 모습

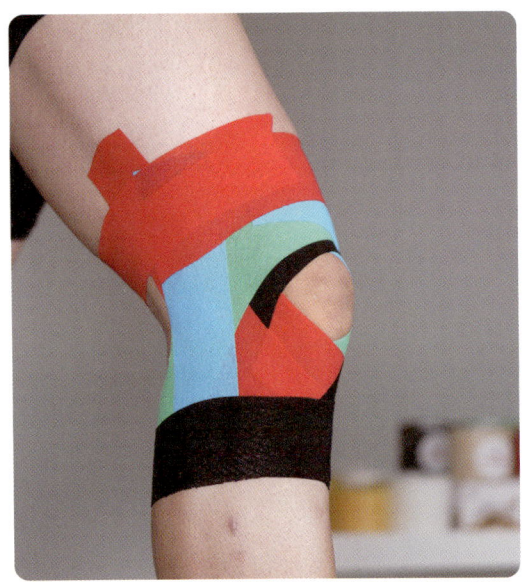 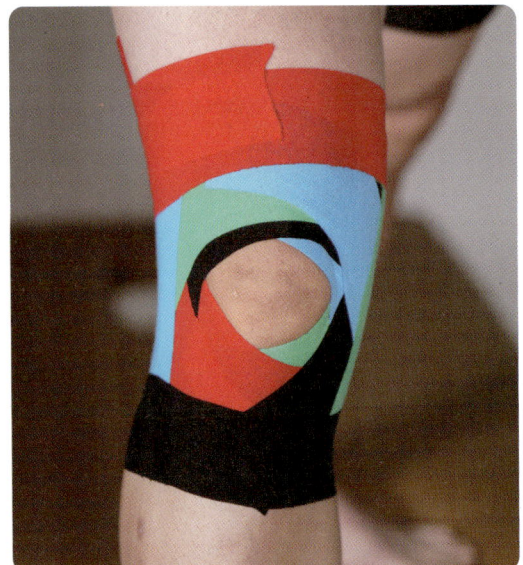

MEMO

서진영 물리치료사

현) 전주 WESTZONE 대표
전) 한화이글스 야구단 트레이닝코치(2020~2022)
    삼성화재 배구단 트레이너(2016~2019)

연세대학교 물리치료학과 졸업, 축구, 럭비, 배구, 야구 팀에서 트레이너로서 근무하였다. 현재 '재활, 운동, 훈련을 고민하는 공간'이라는 슬로건 아래, 전주에서 WESTZONE 트레이닝 센터를 운영하며, 다양한 종목 선수들의 재활 훈련과 컨디셔닝을 책임지고 있다.

종목별 테이핑 소개

CHAPTER 02

야구

01 야구 스포츠 상해 소개

2024년 한국 프로야구(KBO)가 1,000만 관중 시대를 열었다. 또한 지난해 3월, 미국 프로야구(MLB)의 LA다저스와 샌디에이고 파드리스의 개막전을 '서울 시리즈'라는 이름으로 한국에서 치렀다. 대한민국에서 야구는 어느덧 '엘리트 선수들만의 스포츠'가 아니라, 아이부터 성인까지 누구나 즐기는 '국민 스포츠'가 되었다.

그러나 야구의 즐거움 그 이면에는 부상이라는 암초가 있다. 이 책에서 제시하는 테이핑 방법은 만능 해결책이 아니라는 점을 미리 밝힌다. 테이핑과 함께 다른 운동과 관리가 동반되어야 한다.

야구 선수의 부상 중 가장 많은 부상 부위는 단연 어깨와 팔꿈치다. 부위별 부상 종류에 대해 조금 더 자세히 이야기하면, 어깨는 회전근개 손상, 내회전 제한(GIRD), 슬랩(SLAP), 방카르트(Bankart), 충돌 증후군 등을 쉽게 찾아볼 수 있다.

팔꿈치는 수술이 점점 증가하는 내측측부인대(UCL) 부상과 내측 상과염(Golfer's Elbow), 외측 상과염(Tennis elbow), 박리성 골연골염(OCD) 등의 부상에 걸리기 쉽다. 몸통의 경우에는 복사근 좌상, 요추 염좌, 하체는 햄스트링 좌상, 아킬레스건염, 인대나 연골 등의 다양한 무릎 손상을 확인할 수 있다.

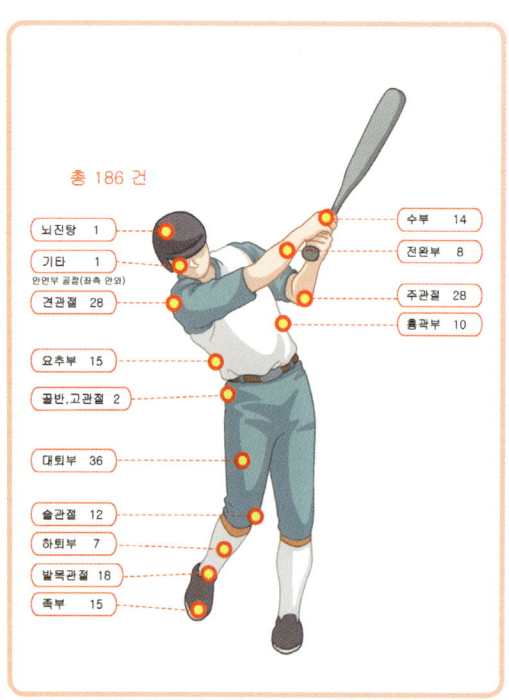

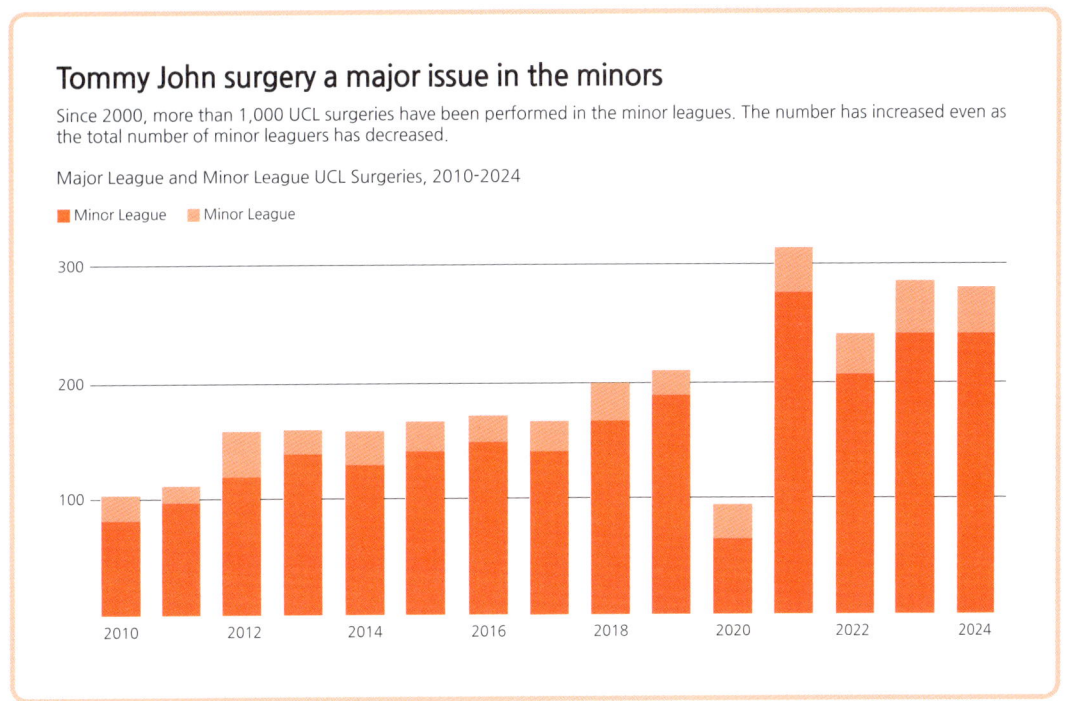

02 야구 스포츠 테이핑 소개

지금부터는 테이핑과 함께하면 좋은 관리 방법에 대해 소개한다.

우선 어깨 관절이다. 투수들의 경우 어깨에 경미한 불편감이 있어도 테이핑하지 않는 선수가 많다. 견갑골 주변이나 어깨 주변에 테이프가 감겨 있는 느낌을 안정감이 아닌, 불편감으로 느끼는 경우가 많다. 따라서 프로 야구 선수의 경우 테이핑보다 운동으로 어깨의 불편감을 관리하고 있다. 사회인 야구 선수들의 경우 테이핑과 함께 운동을 병행해 주면, 훨씬 편안한 어깨를 느끼실 수 있다. 따라서 어깨의 견갑골 안정화 운동, 회전근개의 근력 강화 운동은 필수적이다. 공을 던질 때 발생하는 스트레스를 관리하려면 어깨 관절의 근력과 안정성이 충분히 뒷받침되어야 한다. 견갑골의 안정화 운동으로는 블랙번 운동(Blackburn exercise)과 전거근을 강화할 수 있는 운동을 추천한다. 또한 어깨 관절의 내회전 정상 범위 각도를 늘 확보해야 한다. 특히 투수들의 경우에는 더 강한 공을 던지기 위해 외회전은 과하게 증가하고, 내회전은 부족해지는 경우가 많다. 내회전이 부족하면, 장기적으로 충돌 증후군과 슬랩(SLAP) 병변의 원인이 되기도 하고, 팔꿈치 통증의 원인이 되기도 한다. 따라서 슬리퍼 스트레칭(Sleeper stretching) 등으로 후방 관절낭 스트레칭을 해주면 내회전 확보에 도움이 될 수 있다.

둘째는 팔꿈치 관절이다. 팔꿈치 관절의 중요한 것 중 하나는 내측측부인대를 보호하는 것이다. 공을 던지는 과정 중 코킹(Cocking)이라는 단계에서 팔꿈치에 강한 스트레스가 발생한다. 이 단계에서 내측측부인대를 많이 다치게 되는데, 손목 굴곡근 강화 운동을 통해 예방할 수 있다. 앉은 자세에서 허벅지 위에 팔을 올리고, 손목을 무릎에 걸친 채로 덤벨이나 밴드를 이용하여 보강해 주거나 두 손으로 손목 바벨컬 운동을 해주면 충분히 도움을 받을 수 있다. 내측 상과염(Golfer's elbow), 외측 상과염(Tennis elbow)으로 인한 팔꿈치 통증들은 테이핑으로 즉각적인 통증 감소를 경험한 적이 있다. 또한 위 병변의 경우, 손목의 굴곡근과 신전근의 신장성 운동들은 병행해 주면 호전될 수 있다.

셋째는 몸통이다. 야구는 회전 동작이 많은 스포츠 중 하나이다. 충분히 회전 스트레스를 견뎌주지 못하는 경우 부상에 노출되기 쉽다. 실제 프로야구 선수들의 경우, 투수와 야수 모두 공을 던지거나 치는 반대쪽 옆구리를 다치는 경우가 많다(우타, 우투 기준 좌측 복사근). 요추(lumbar spine)에 발생한 과한 회전력은 흔히 '허리를 삐었다.'라고 표현하는 염좌가 발생하는 경우가 많다.

따라서 허리에서 만들어진 회전이 아닌, 등(thoracic)에서 회전이 충분히 만들어져야 한다. 테이핑으로 허리를 보호하며, 흉추의 회전, 항-회전(Anti-Rotation)과 더불어 신전 운동 또한 도움이 된다. 요추 염좌와 복사근 부상의 경우 재발률이 높으니, 충분한 휴식 시간이 필요하며, 운동과 테이핑을 병행하면 더욱 효과를 볼 수 있다.

마지막은 하체이다. 프로야구의 경우 약 3시간 30분가량 시합한다고 가정하면, 하체의 피로도는 생각보다 크다. 따라서 충분한 하체의 워밍업은 필수적이다. 경기 전 폼롤러, 밴드를 이용한 엉덩관절 활성화, 스프린트, 방향 전환 달리기 등등 야구와 유사한 달리기는 더 효율적으로 하체 근육의 체온을 끌어올릴 수 있다.

또한 테이핑으로 직접적으로 만족할 만한 효과를 볼 수 있으며, 무릎의 경우 쉽게 추가적인 안정성을 확보할 수 있다. 햄스트링과 아킬레스건 보강 테이핑은 근육의 주행 경로에 따라 부착되며, 피부를 살짝 들어 올려 피로도를 조절할 수 있다. 추가로 엉덩이 강화 운동과 햄스트링과 종아리의 신장성 수축 운동들과 테이핑이 병행되었을 때, 부상 예방에 더 큰 효과를 기대할 수 있다.

테이핑은 분명 좋은 요법이 틀림없다. 불안정한 발목에 안정성을 제공하고, 근육의 주행 경로를 따라 부착하여, 간접적으로 근육의 기능을 보조하기도 한다. 때로는 극적으로 퍼포먼스를 향상하기도, 통증을 감소시키기도 한다. 하지만 테이핑 요법은 마술이 아닌, 언제나 보조적 도구로만 사용해야 한다.

막연한 통증의 감소 목적으로 테이핑을 사용하기보다는, 원인을 파악하고 개선하려는 노력이 필요하다. 약해진 근육, 부족한 가동성과 유연성 같은 본질적인 문제를 외면한 채 테이핑에만 의존한다면, 오히려 회복을 늦추고 부상을 반복할 수 있다. 병원에서 정확한 진료와 함께 물리치료사나 트레이너와 정확한 운동과 함께 테이핑이 시행되었을 때, 참된 테이핑 효과를 경험하실 수 있을 거로 생각한다.

03 야구 스포츠 테이핑 방법

1 무릎 관절 통증, 불안감 있는 선수

- 무릎 관절 급성 통증 및 불안정성 가진 선수
- 무릎 관절 안정화 및 각도 제한을 위함

- **준비물** : 5칸 2개, 7칸 1개

  ※ 선수들의 다리 길이에 맞춰 준비한다.

01 첫 번째 테이프는 무릎을 약 20~30° 굴곡한 상태에서, 경골 조면(Tibia Tuberosity, 정강뼈 거친면) 대각선 아래에서, 슬개골(Patella, 무릎뼈)을 감싸며 부착한다.

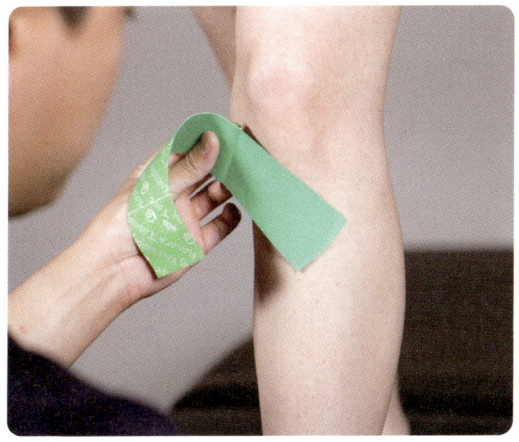
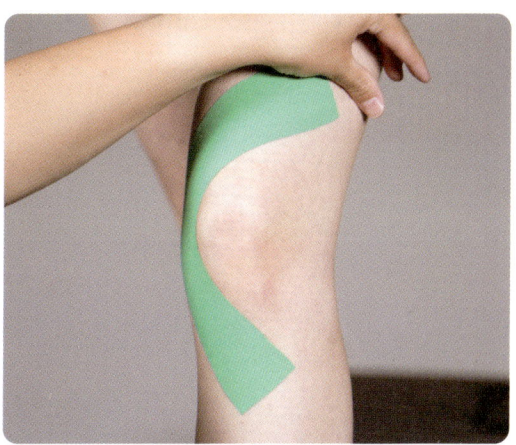

02 첫 번째 테이핑과 'X'자 모양이 되도록, 두 번째 테이프 역시 안쪽에서 경골 조면을 보강하여 부착한다.

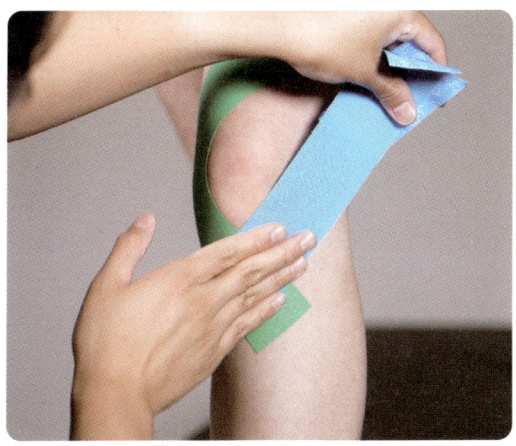
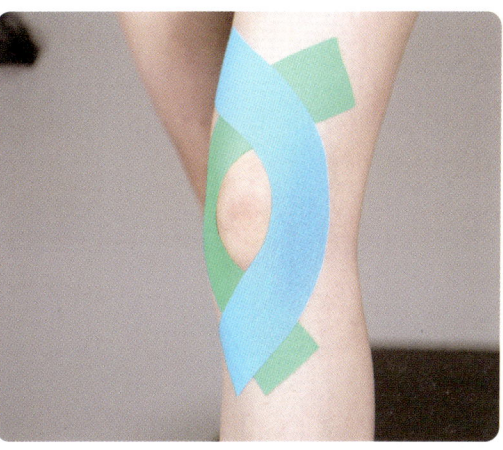

03 세 번째 테이프는 슬개골 위쪽 안쪽에서 시작하여, 슬개골 바깥쪽으로 내려오며, 무릎 관절을 뒤쪽에서 앞쪽으로, 바깥쪽에서 안쪽으로 감싸며 부착한다.

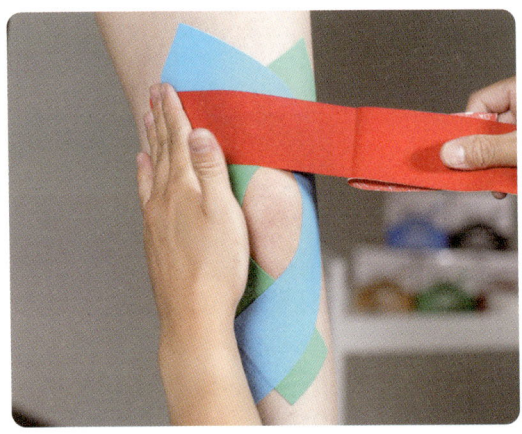 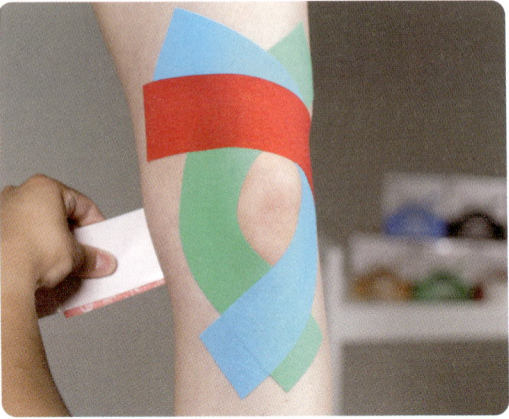

04 세 번째 테이프의 아래쪽 앵커는 경골 조면을 지나, 당기지 않고 부착한다.

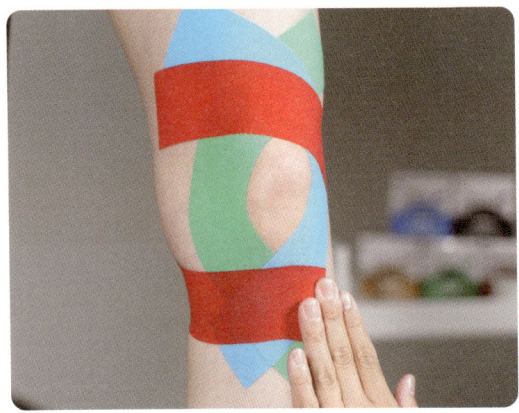 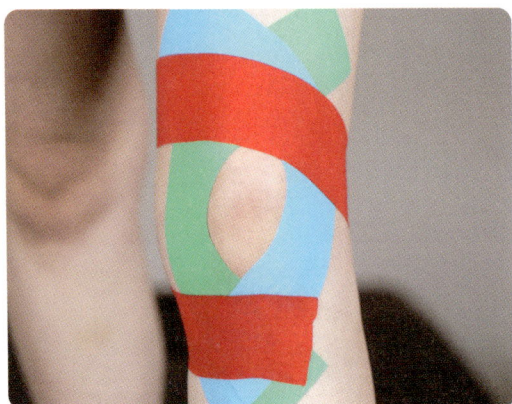

2 어깨 앞쪽 통증, 전방 불안정성 있는 선수

- 야구 선수들의 경우 팔 감각이 예민한 선수들이 많다.
- 투수의 경우, 테이핑을 안 하는 경우가 훨씬 많다. 하지만, 글러브를 낀 팔, 야수의 경우 테이핑으로 어깨의 통증 및 불편감 감소를 기대할 수 있다.
- 어깨 관절 부상 히스토리가 있는 선수
- 어깨 관절 안정화 및 부상 방지를 위함

• **준비물** : 8칸(~10칸) 3개(~5개)

01 첫 번째 테이프는 어깨 앞쪽 가슴에서 테이프를 시작하여, 결간구(Bicipital groove, 두갈래근고랑)를 지나, 바깥쪽을 거쳐 뒤쪽에 부착한다. 야구 선수의 어깨는 움직임이 많은 관절이기 때문에, 최대한 잡아당기지 않고 부착한다.

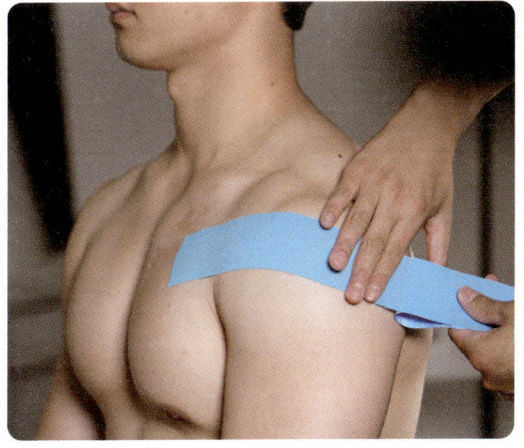 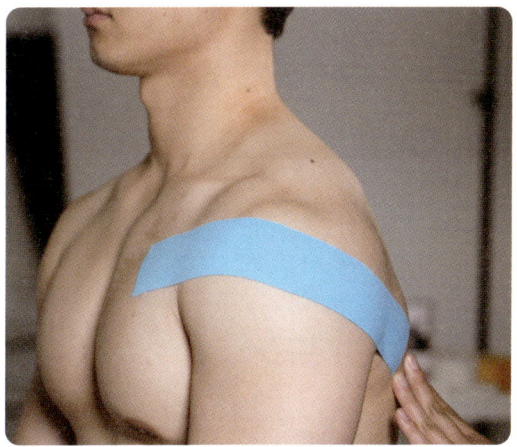

02 두 번째 테이프는 뒤쪽에서 앞쪽으로 상완와관절(GH joint, 오목위팔관절)을 겹치며, 가슴 앞쪽으로 가볍게 부착한다.

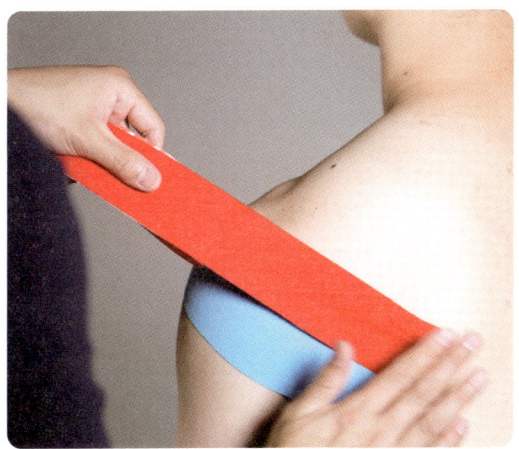 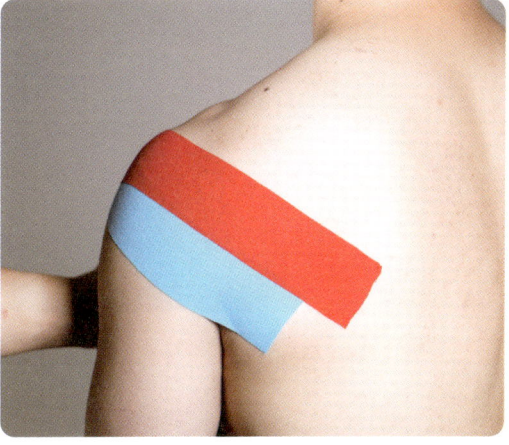

03 세 번째 테이프는 견갑극(Spine of Scapula, 어깨뼈가시) 아래, 안쪽에서 시작하여, 어깨 관절 앞을 지나 부착한다.

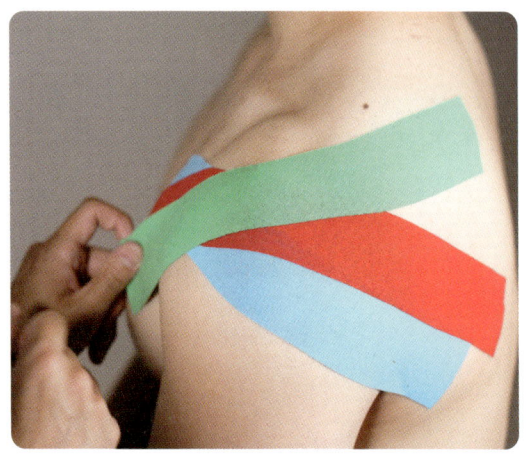 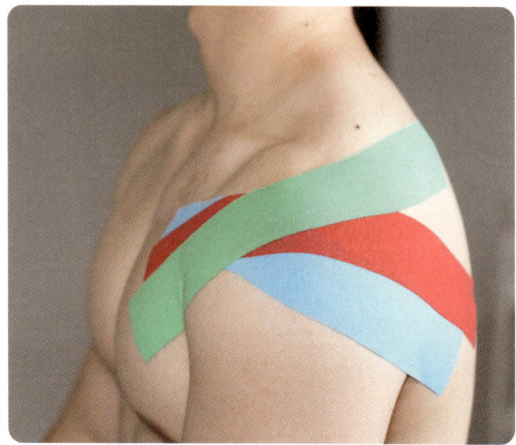

3 종아리, 아킬레스건 통증 있는 선수

- 종아리, 햄스트링, 아킬레스건 부상 히스토리가 있는 선수
- 발목 관절 족저 굴곡(Plantar Flexion, 발바닥 굽힘)을 돕기 위함

• **준비물** : 6칸 1개, 8칸 2개

※ 선수의 종아리 길이에 맞춰 준비한다.

01 첫 번째 테이프는 발목을 약 90°로 유지하고, 발바닥 종골 아래에 앵커를 부착한 후, 안쪽 복숭아뼈 아래를 지나, 바깥쪽 비복근의 주행 방향으로 부착한다.

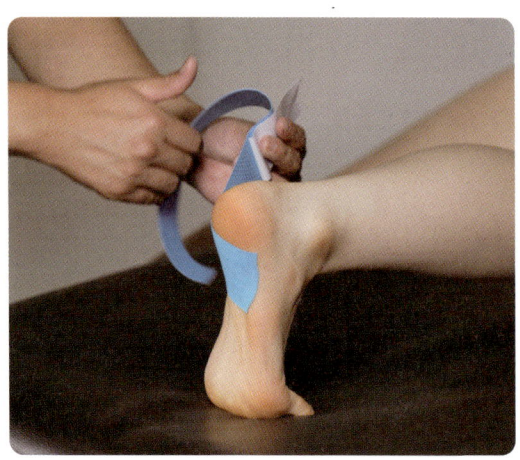

02 첫 번째 테이프는 발목을 약 90°로 유지하고, 발바닥 종골 아래에 앵커를 부착한 후, 안쪽 복숭아뼈 아래, 아킬레스건을 가로질러, 바깥쪽 비복근의 주행 방향으로 부착한다.

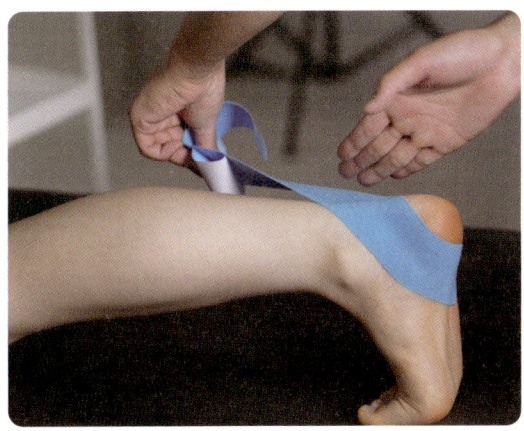

03 첫 번째 테이프의 위쪽 앵커는 무릎 관절을 지나지 않고, 비골두(Fibula head, 종아리뼈 머리)에 부착한다.

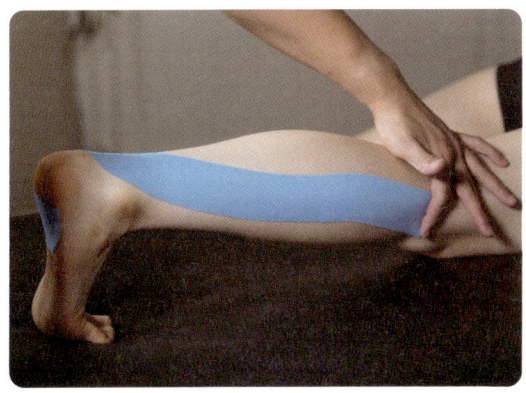

04 두 번째 테이프는 발목을 약 90°로 유지하고, 발바닥 종골 아래에 앵커를 부착한 후, 바깥쪽 복숭아뼈 아래, 안쪽 비복근의 주행 방향으로 부착한다.

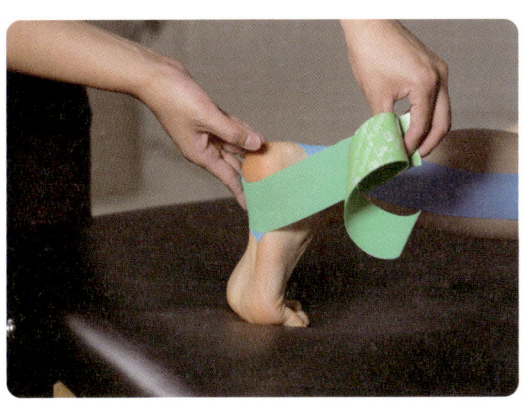

05 두 번째 테이프는 발목을 약 90°로 유지하고, 발바닥 종골 아래에 앵커를 부착한 후, 바깥쪽 복숭아뼈 아래, 아킬레스건을 가로질러, 안쪽 비복근의 주행 방향으로 부착한다. 두 번째 테이프의 위쪽 앵커는 무릎 관절을 지나지 않고, 부착한다.

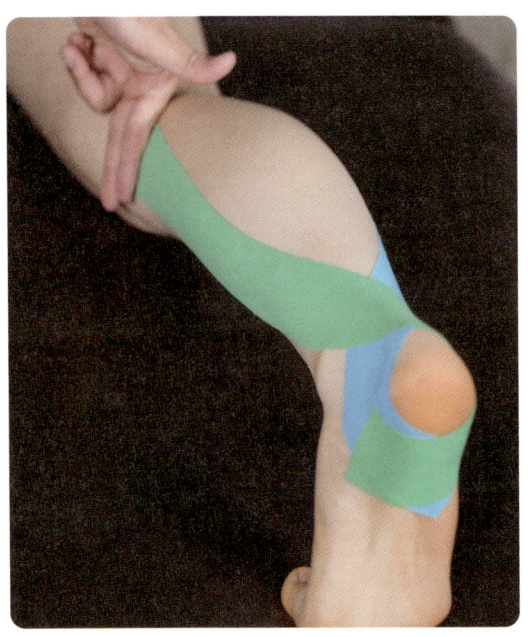

06 세 번째 테이프는 발목을 약 90°로 유지하고, 발바닥 종골에 앵커를 부착한 후, 아킬레스건을 덮어 무릎 관절 방향으로 부착한다.

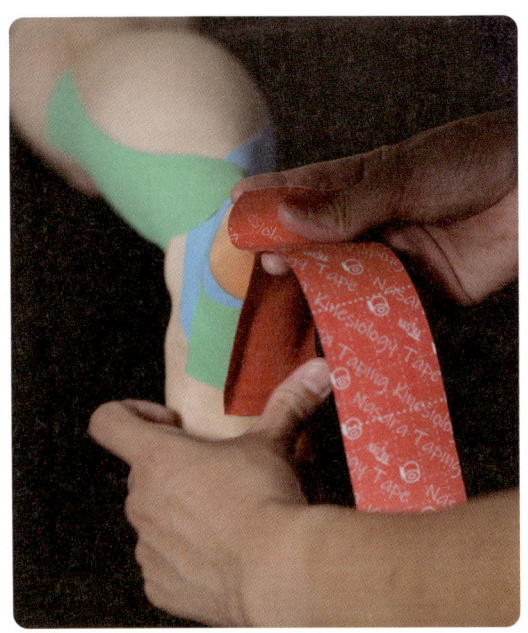

07 세 번째 테이프의 위쪽 앵커는 첫 번째, 두 번째 테이핑의 중간 지점에 부착한다.

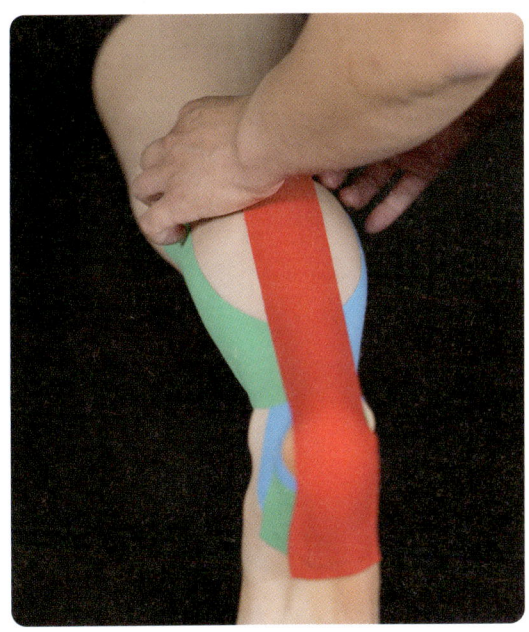

08 세 번째 테이프 완성된 모습

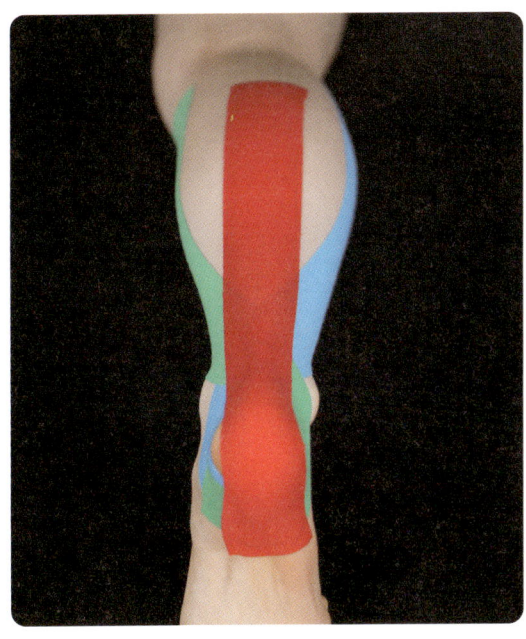
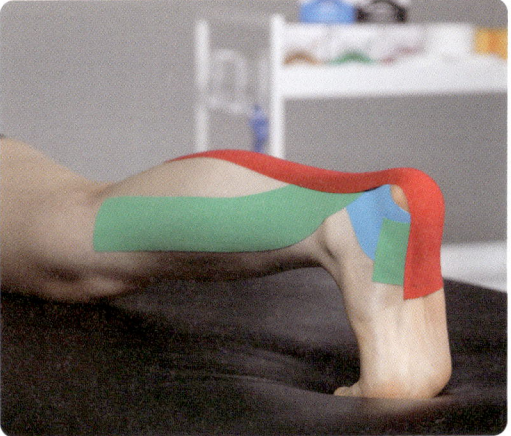

4 팔꿈치 내측 통증, 불편감 있는 선수

- 팔꿈치 내측 부상 히스토리가 있는 선수
- 팔꿈치 관절 안정화 및 부상 방지를 위함

• **준비물** : 2칸 2개, 5칸 1개

※ 선수들의 팔 길이에 맞춰 준비한다.

01 첫 번째 테이프는 팔꿈치를 90° 굴곡한 상태에서, 전완부에서 내측상과(Medial Epicondyle, 안쪽 위관절 융기)를 지나, 상완부에 부착한다.

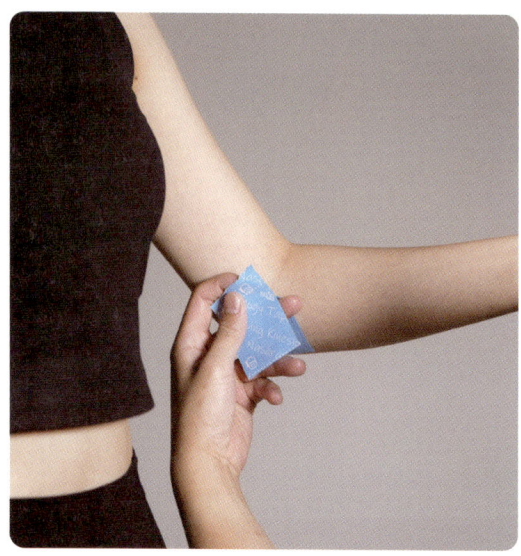
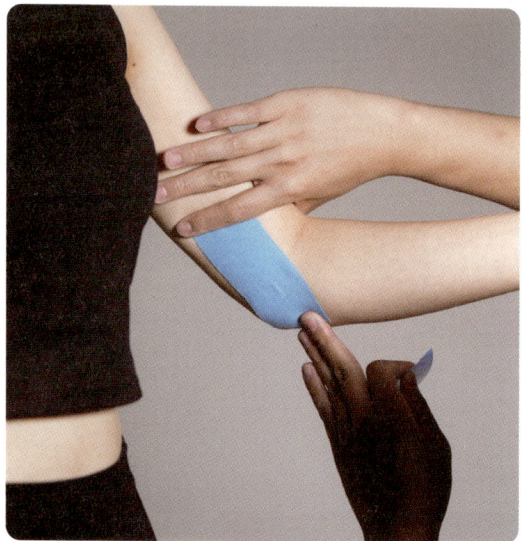

02 첫 번째 테이핑과 'X'자 모양이 되도록, 두 번째 테이프는 내측상과를 보강하여 부착한다.

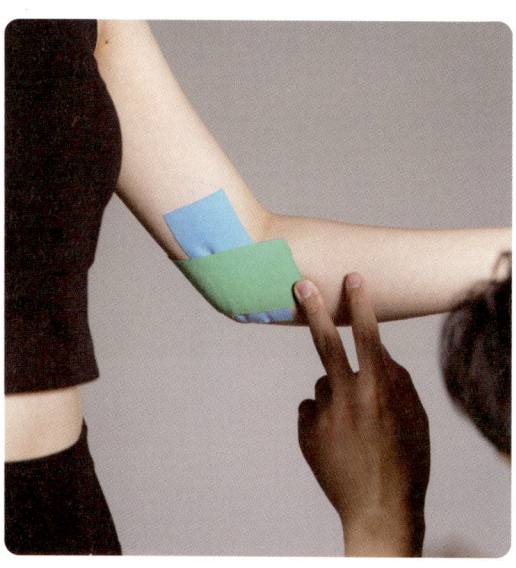
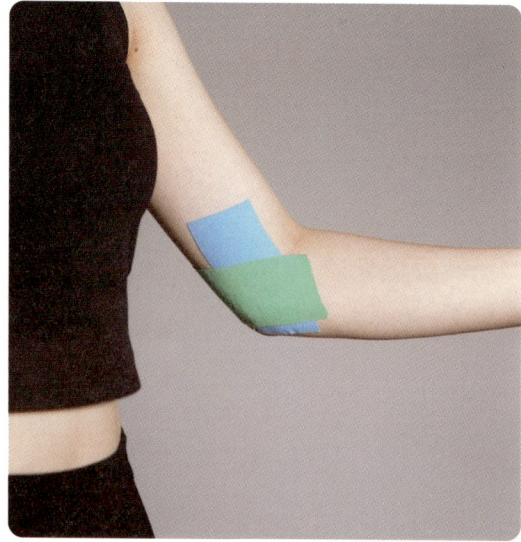

03 세 번째 테이프는 앵커를 위팔에 부착하고, 내측상과를 지나면서 손목 굴곡근을 따라 테이프를 부착한다.

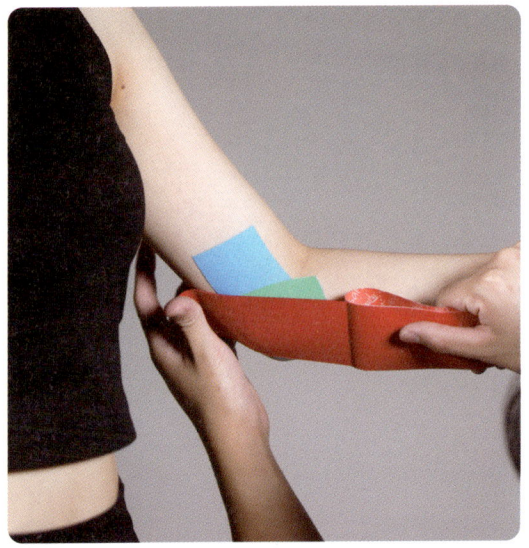
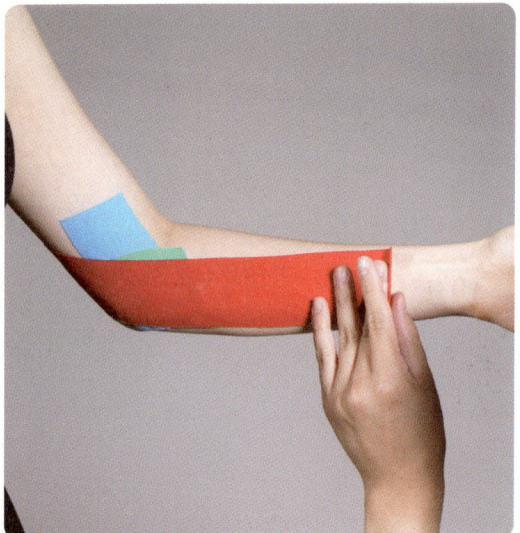
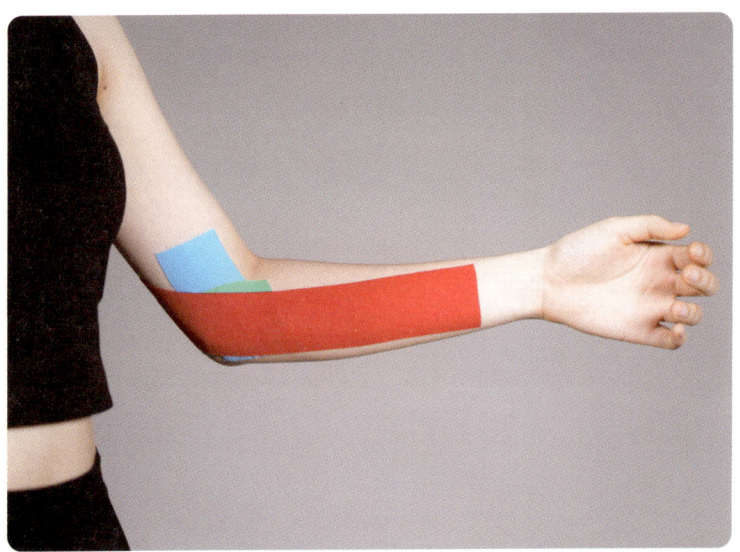

5 팔꿈치 외측 통증, 불편감 있는 선수

- 팔꿈치 외측 부상 히스토리가 있는 선수
- 팔꿈치 관절 안정화 및 부상 방지를 위함

• **준비물** : 2칸 2개, 5칸 1개

※ 선수들의 팔 길이에 맞춰 준비한다.

01 첫 번째 테이프는 팔꿈치를 90° 굴곡한 상태에서, 전완부에서 외측상과(Lateral epicondyle, 가쪽위관절융기)를 지나, 상완부에 부착한다.

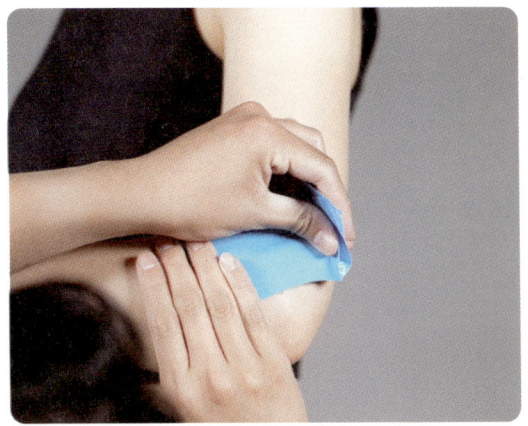

02 첫 번째 테이핑과 'X'자 모양이 되도록, 두 번째 테이프는 내측상과를 보강하여 부착한다.

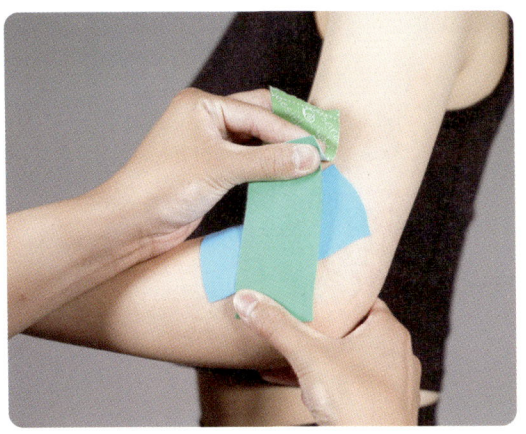
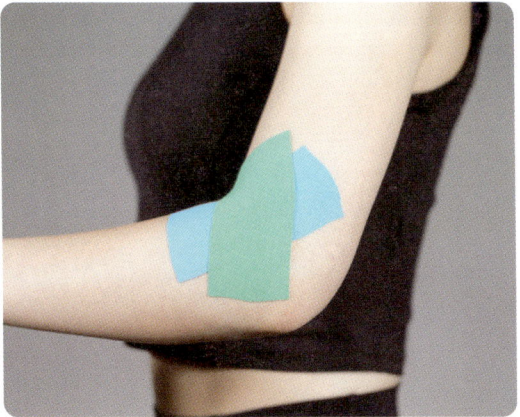

03 세 번째 테이프는 앵커 하나를 위팔에 부착하고, 외측상과를 지나 손목 신전근을 따라 테이프를 부착한다.

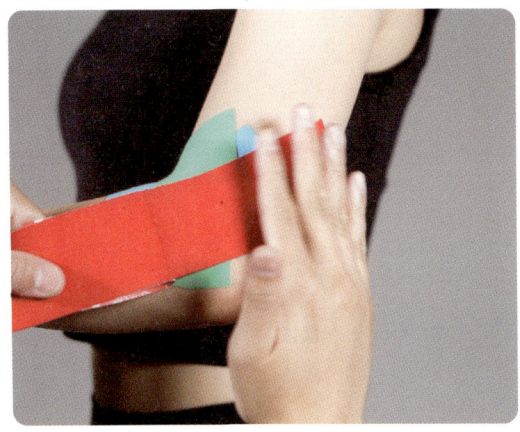

04 세 번째 테이프는 전완부를 따라 테이프를 부착하며, 아래쪽 앵커는 손목 관절 위에서 잡아당기지 않고 부착한다.

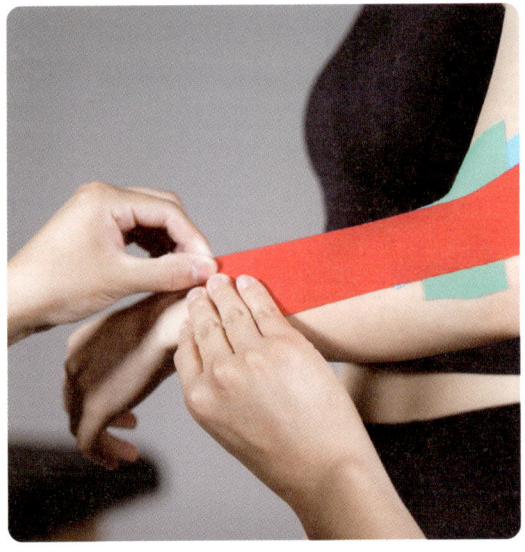
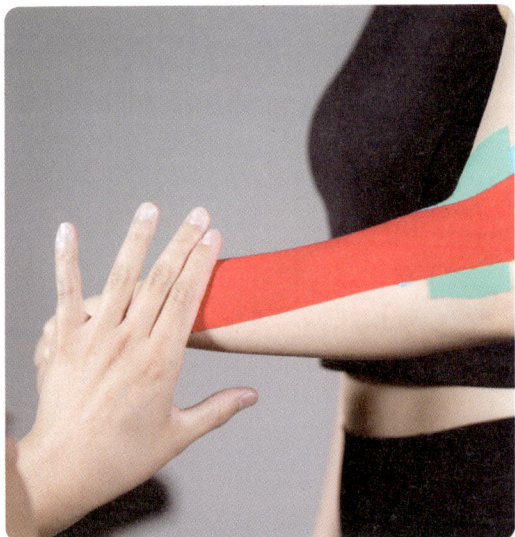
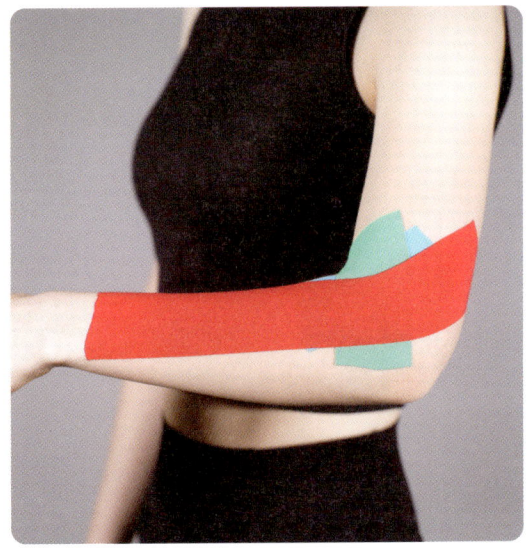

6 햄스트링 통증, 불편감 있는 선수

- 햄스트링 부상 히스토리가 있는 선수
- 햄스트링 안정화 및 부상 방지를 위함

• **준비물** : 6칸 3개

※ 선수들의 대퇴 길이에 맞게 준비한다.(약 6~8칸)
※ 테이프 한쪽 끝부분 2칸~2칸 반 가운데를 자른다.

01 첫 번째 테이프는 다리를 신전한 상태로, 엉덩이 바로 아래부분에 부착한다. 앵커를 붙일 때는 잡아당기지 않고 부착한다.

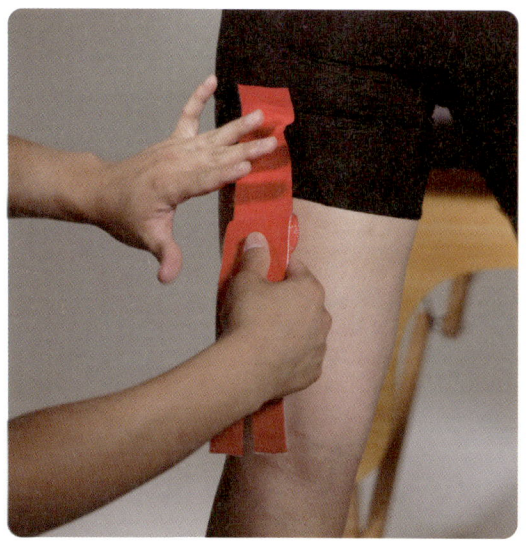

02 테이프는 가볍게 당기면서 햄스트링을 따라 붙인다. 오금 바로 위(무릎 뒤 주름 약 3~5cm 위)에서, 하나는 내측에, 다른 하나는 외측에 부착한다. 위쪽 앵커와 마찬가지로, 아래쪽 앵커 역시 잡아당기지 않고 부착한다.

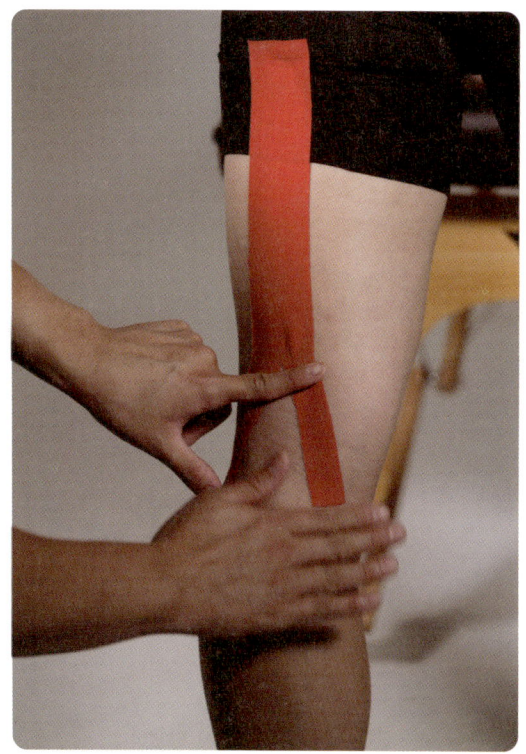

03 두 번째 테이프는 첫 번째 테이핑의 바깥쪽으로 절반정도 겹쳐 똑같이 적용한다.

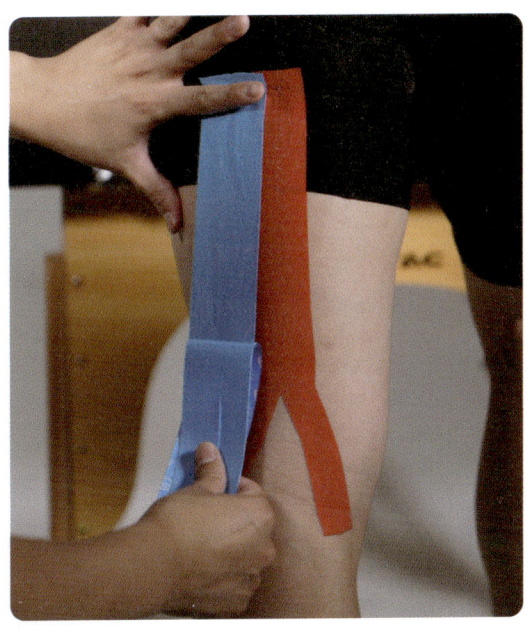

04 아래쪽 앵커는 기존 테이핑의 앵커를 보강하여 부착한다. 아래쪽 두 갈래 앵커는 잡아당기지 않고 부착한다.

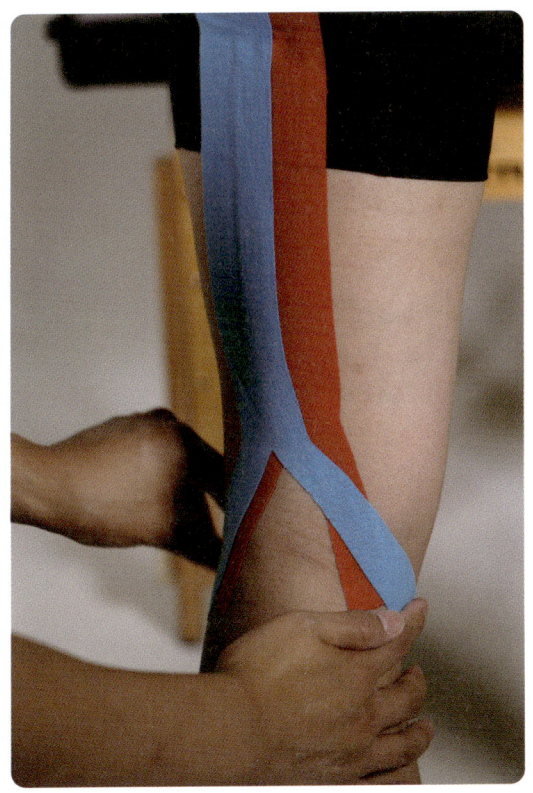

05 세 번째 테이프는 첫 번째 테이핑의 안쪽으로 동일한 방식으로 절반정도 겹쳐 부착한다.

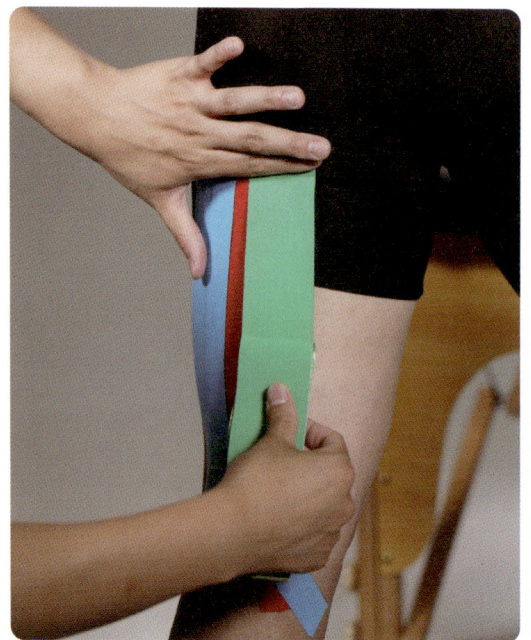
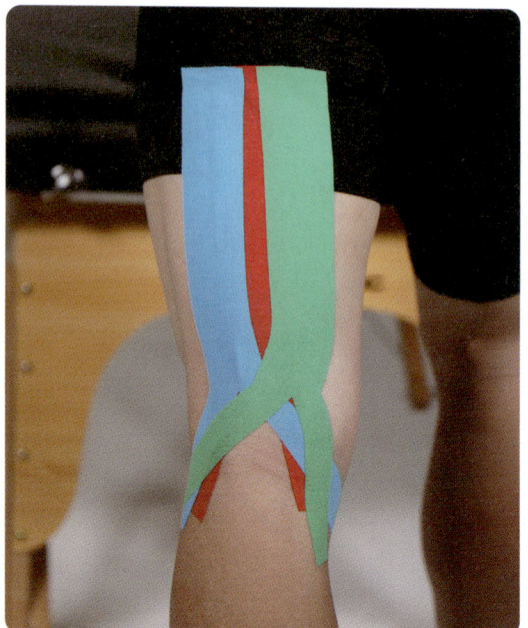

MEMO

조준희 물리치료사

현) FE트레이닝센터 천안점 대표
　　고려대학교 스포츠의학 석사과정
　　피어라(FEARA), 바디먼트(BODYMENT) 강사
전) 현대캐피탈 스카이워커스 프로배구단 재활트레이너(13-14시즌~19-20시즌)
　　배구 남자국가대표팀 의무트레이너
　　하얼빈 동계 아시안게임 의무위원
　　삼성전자 온라인 피트니스 트레이너
　　여주대학교 외래교수

남자배구 국가대표팀 의무트레이너, 전 현대캐피탈 스카이워커스 프로배구팀 재활트레이너 출신 물리치료사. 테이핑은 근 활성도를 올려 퍼포먼스를 증진시키거나, 가동범위의 제한을 만들어 부상을 예방하기도 한다.

종목별 테이핑 소개

CHAPTER 03

배구

01 배구 스포츠 상해 소개

스포츠 현장을 보면 늘 따라다니는 두 단어가 있다. 바로 '부상'과 '예방'이다. 부상은 경기 전, 경기 중, 그리고 경기 후까지 어느 순간에도 발생할 수 있으며, 이를 관리하고 대처하는 것은 선수 스스로 해결해야 할 문제가 아니라 트레이너와 스태프의 중요한 역할이다. 배구는 강한 스윙, 오버헤드 동작이 많기 때문에 어깨 부상이 먼저 떠오를 수 있지만, 실제로는 무릎과 발목 부상이 가장 흔하게 발생한다.

대표팀 경험을 돌아보면, 선수들은 한 번 이상 무릎 통증을 경험하고 있으며, 실제로 70% 이상의 선수들이 무릎 통증을 어느 정도 안고 시즌을 운영하고 있다. 이유는 명확하다. 배구의 기본 동작 구조에서 반복되는 점프와 착지가 무릎에 계속 부하를 주기 때문이다. 특히 공격 점프 이후의 착지 과정에서는 슬개건과 대퇴사두근, 그리고 관절에 강하고 큰 부하를 받게 되어, 이 부하가 반복되면 통증과 기능 저하 그리고 변형으로 이어지기 쉽다. 그래서 항상 부상 부위를 위한 보강 운동, 그리고 운동 패턴의 교정, 더불어 테이핑을 통한 감각 피드백 및 안정화 전략을 병행하고 있다.

물론 무릎과 발목뿐 아니라, 어깨와 팔꿈치, 몸통까지 포함한 다양한 부위에서의 문제도 절대 간과해서는 안 된다. 특히 수술 이력이 있거나 큰 부상을 겪은 선수라면, 단순한 운동만으로는 부족한 경우도 있다. 이런 상황에서 테이핑은 단순한 보호가 아닌, '움직임을 올바르게 해주는 장치'가 될 수 있다. 우리 몸은 원래 학습된 방식대로 움직이게 되어 있고, 아무리 새로운 운동 패턴을 익히더라도 급박한 상황에서는 이전의 손상된 움직임을 다시 사용할 수 있기 때문이다. 이때 테이핑은 물리적으로 그 움직임에 브레이크를 걸거나 안정된 움직임을 만들어 주는 역할을 한다. 특히 무릎 부상으로 인해 수차례 수술을 받은 선수에게 테이핑을 적용했을 때 착지 동작에서 무릎 브레이크 능력이 개선되었고, 그로 인해 통증도 감소했던 사례는 실제로 교육에서 자주 언급하는 케이스 중 하나다.

기억에 남는 장면이 있다. 챔피언 결정전 당시, 외국인 선수 한 명이 점프 후 착지 과정에서 상대의 발을 밟고 발목 염좌가 발생한 상황이었다. 당시 그 선수는 경기를 뛰고 싶다는 강한 의지를 보여주는 상황이었지만 의무팀은 상황과 경기 투입 유무를 즉각적으로 판단해야 했다. 결과적으로 저희는 발목 테이핑을 통해 관절 안정성을 확보하고, 심리적 안정까지 고려한 상태에서 경기에 복귀시켰다. 그 경기에서 그는 완전한 컨디션은 아니었지만 80% 이상의 퍼포먼스를 보여줬고, 결국 남은 두 세트를 승리하며 우승을 확정 지을 수 있었다. 경기 후 검사 결과는 전거비인대(ATFL) 완전 파열이었지만, 그 순간 테이핑이 어느 정도 인대 기능을 대체하며 선수의 투지를 현실로 연결시킨 도구였다고 판단한다.

이런 경험을 통해 분명하게 말씀드릴 수 있다. 테이핑은 기술이 아니라 전략이며, 움직임을 보완하고 통제할 수 있도록 설계되어야 한다. 특히 심리적 안정과 기능적 회복 사이의 다리 역할을 해줄 수 있는 도구라는 점에서 단순한 보호 이상으로 접근해야 한다고 생각한다.

02 배구 스포츠 테이핑 방법

1 General Shoulder

어깨 관절을 해부학적으로 안정화하는 방법의 테이핑으로, 주된 어깨 손상 과정인 감속 구간에서 안정화를 역학적으로 고려한다.

1. 어깨 관절을 해부학적으로 안정화하는 방법
2. 역학적인 움직임을 고려해서 외회전 움직임을 만들어 준다.
3. 운동 중 어깨 손상을 보면 대부분 감속(Deceleration) 시 나타나기 때문에 해당 끝 범위에서 어깨 폄(Shoulder extension) 제한

- **준비물** : 4칸 3개, 8칸 1개, C-tape

01 삼각근 측면부 아래쪽에 부착해서 어깨 측면을 감싸듯이 부착한다. 아래쪽 부착 지점에 5cm 앵커를 부착한 후 위로 당겨주면서 부착한다. 끝부분 마무리 5cm는 장력 없이 부착한 후 문질러 준다.

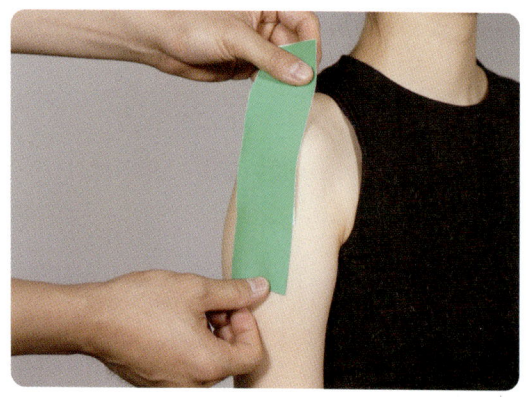
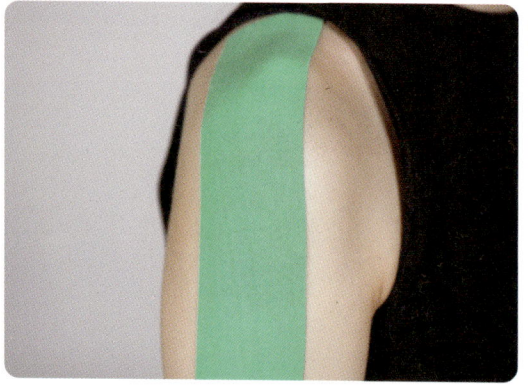

02 테이프를 삼각근의 전면부를 감싸듯이 두고 아래쪽 앵커를 첫 번째 테이핑 옆에 부착하여 준다. 이후 약간의 장력을 주어 당기듯이 부착한다. 테이프의 끝부분은 어깨 위로 올라가서 마무리해 준다.

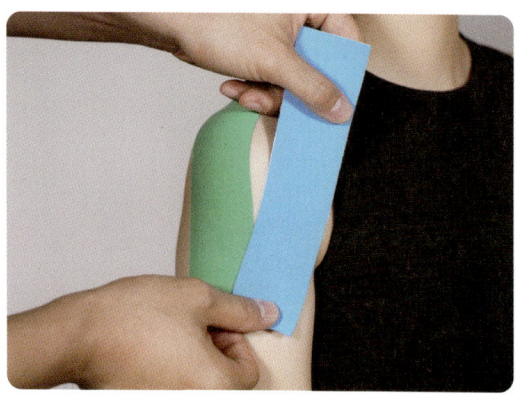
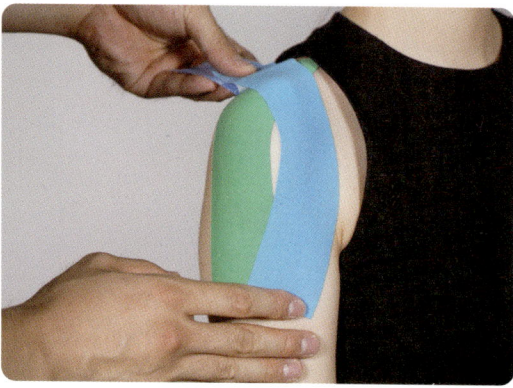

03 세 번째 테이프는 첫 번째와 두 번째 사이에 배치하여 두 번째 테이핑의 움직임을 보강한다. 아래쪽에 앵커를 5cm 두고 장력을 약간 주어 위로 당겨준다. 마무리는 역시 위쪽으로 올려서 부착한다.

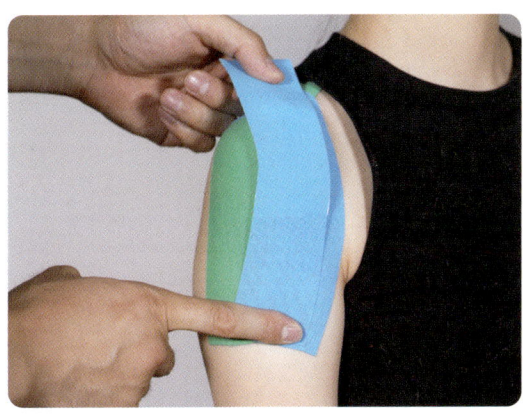 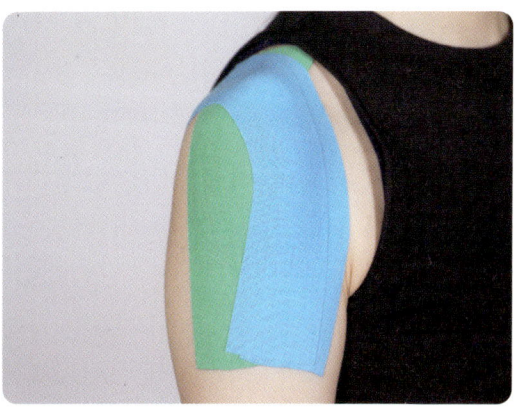

04 어깨의 위쪽 가장 튀어나온 부분에서 약간 뒤로 5cm 앵커를 두고 어깨의 앞쪽을 감싸듯이 부착한다. 이후 팔의 안쪽으로 테이프를 보낸 뒤 나머지는 기존 테이핑의 아래쪽을 감싸주고 마무리한다.

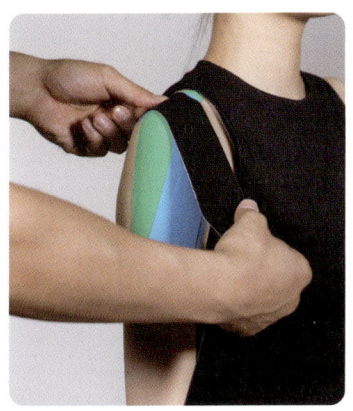 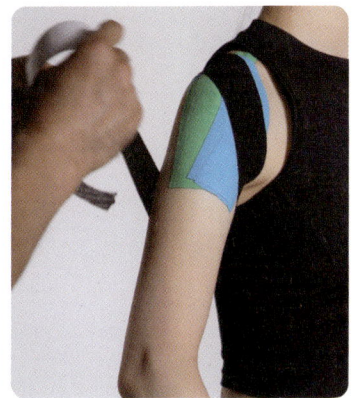 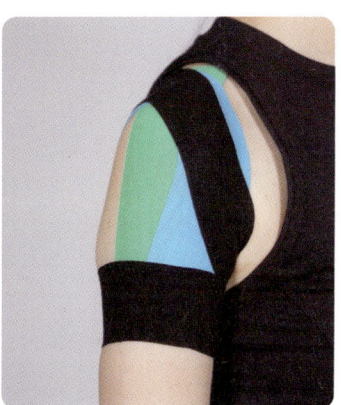

05 이전 테이핑에 C-tape를 통한 이두근건(Biceps tendon) 안정화에 사용한다. 기존 테이핑의 아래쪽부터 어깨의 위쪽까지 어깨 앞쪽에 부착한다.(운동 목적보다 고정 목적으로만 사용)

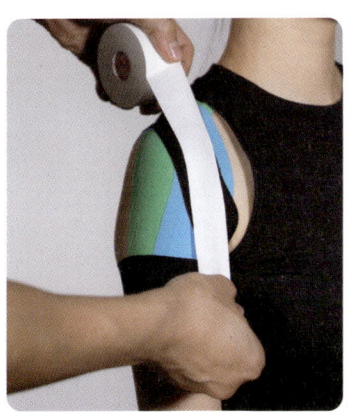 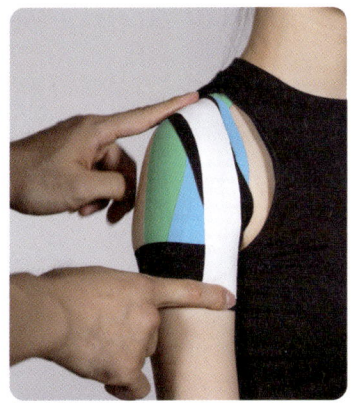 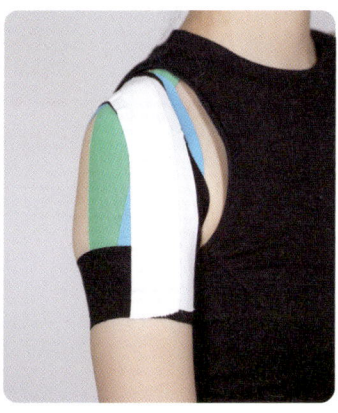

2 General elbow(tennis)

팔꿈치 관절을 해부학적으로 안정화하는 방법으로 역학적인 움직임을 고려해서 나선형 방향으로 부착한다.

1. 팔꿈치 관절을 해부학적으로 안정화하는 방법
2. 외측상과를 기준으로 통증을 잡는다.
3. 역학적인 움직임을 고려해서 나선형 방향을 잡아준다.

- **준비물** : 5칸 2개, 8칸 1개

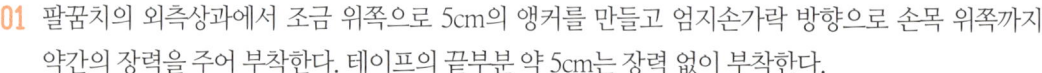

01 팔꿈치의 외측상과에서 조금 위쪽으로 5cm의 앵커를 만들고 엄지손가락 방향으로 손목 위쪽까지 약간의 장력을 주어 부착한다. 테이프의 끝부분 약 5cm는 장력 없이 부착한다.

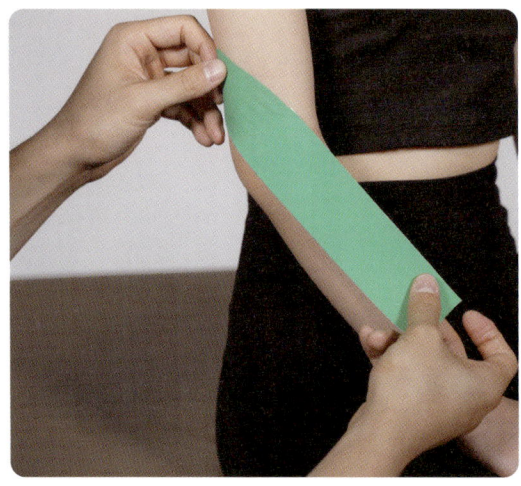 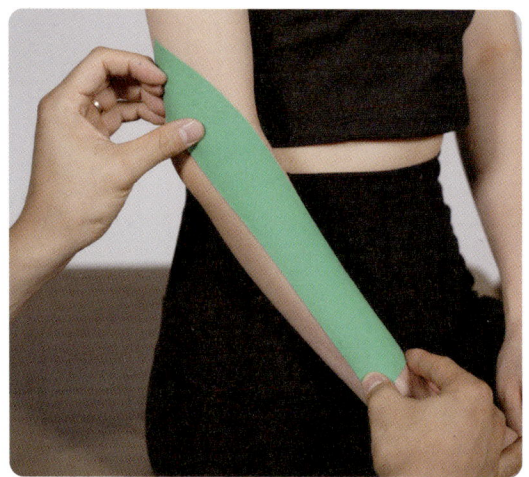

02 첫 번째 테이핑의 바로 아래에서 첫 번째 테이핑과 같은 방법으로 새끼손가락 방향으로 손목 위쪽까지 약간의 장력을 주어 부착한다. 테이프의 끝부분 약 5cm는 장력 없이 부착한다.

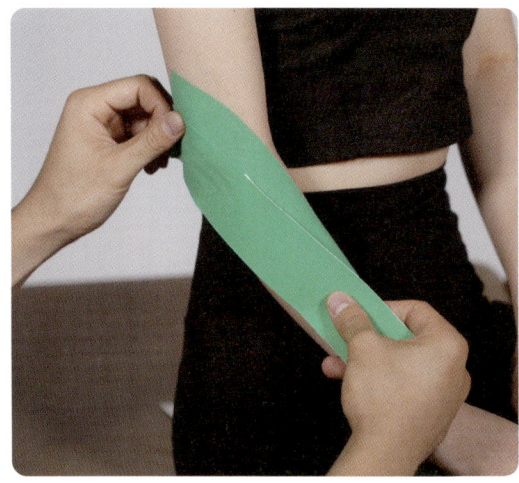 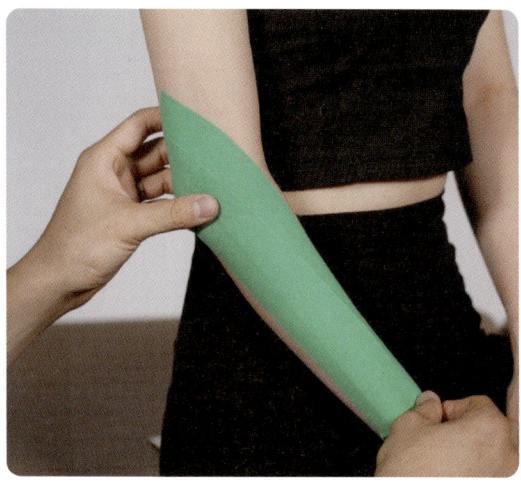

03 8칸짜리 테이프를 첫 번째와 두 번째 테이핑 부착점의 중간지점에서 시작하여 엄지손가락의 안쪽 방향으로 돌려 손목을 감싸준다. 시작하는 앵커 지점에서는 장력 없이, 중간 나선 움직임에서는 40%의 장력을 주어 돌려 부착한다. 손목을 감싸는 동작에서는 장력을 최대한 줄여 손목의 혈액순환에 방해가 되지 않도록 한다.

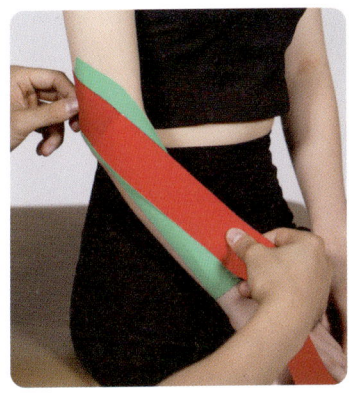 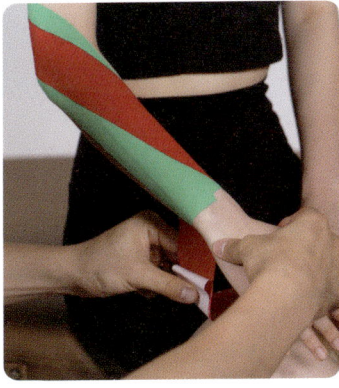 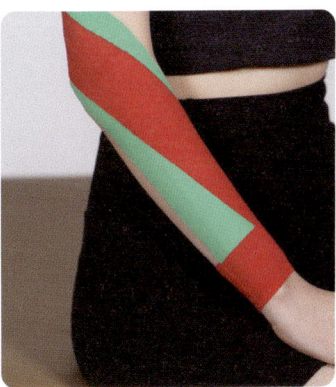

3 General knee

대퇴사두근의 활성화를 만들어 슬개골의 움직임을 개선하는 방법으로, 무릎의 전방과 내측에 걸리는 부하를 줄여준다.

1. 무릎 관절을 해부학적으로 안정화하는 방법
2. 대퇴사두근의 안정화와 슬개골의 움직임을 개선한다.
3. 무릎 전방, 내측에 걸리는 부하를 줄여준다.

- **준비물** : 4칸 3개, 7칸 2개, 10칸 1개, C_tape

  ※ 테이핑을 하는 동안 무릎은 약간 굽힘(약 20°)을 유지한다.

01 7칸짜리 테이프를 슬개골의 아래쪽에 한쪽 방향을 위치한 뒤 무릎을 감싸 안아주듯 놓고 5cm의 앵커를 만든 뒤 약간의 장력을 주어 올려서 부착한다.

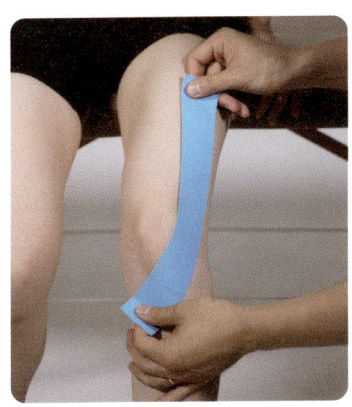 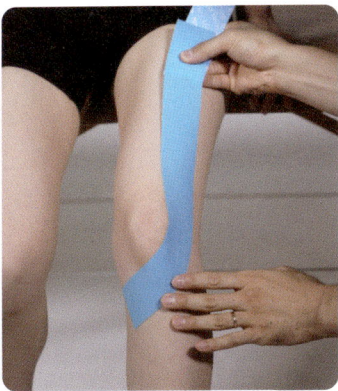 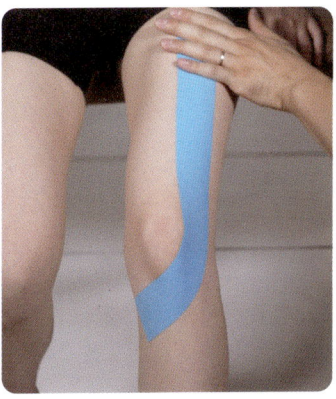

02 7칸짜리 테이프를 슬개골의 아래쪽에 첫 번째와 대칭 방향으로 놓은 뒤 같은 방법으로 부착한다.

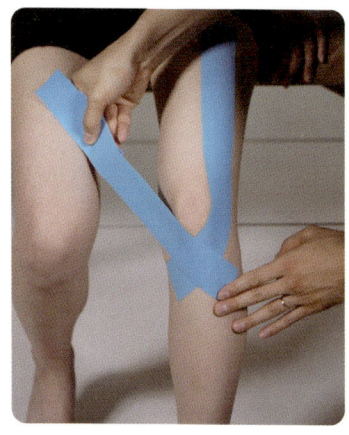 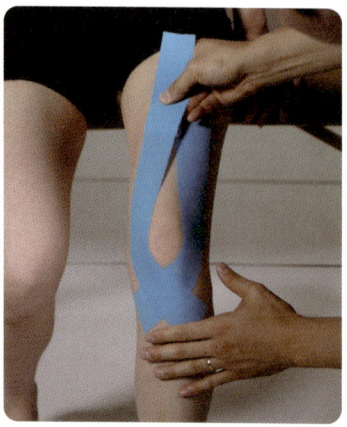 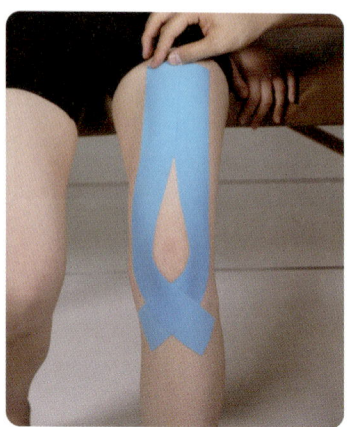

03 4칸짜리 테이프를 첫 번째 위치와 같이 놓고 5cm의 앵커를 만든 뒤 첫 번째 테이핑에 약간 바깥으로 위치하게 부착한다. 4칸짜리 테이프를 두 번째 테이핑 위에 부착하여 세 번째와 같이 부착한다.

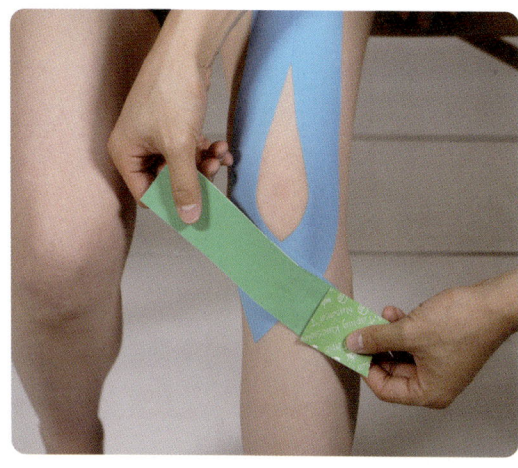 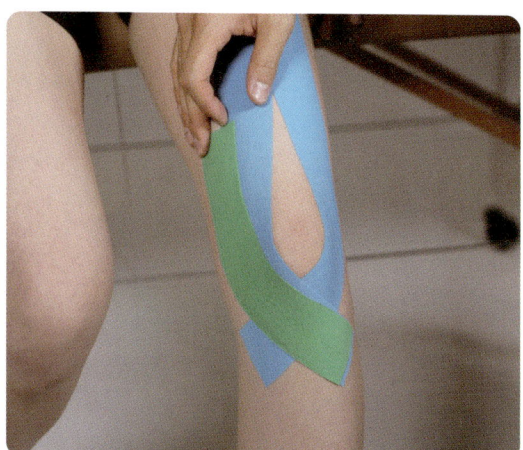

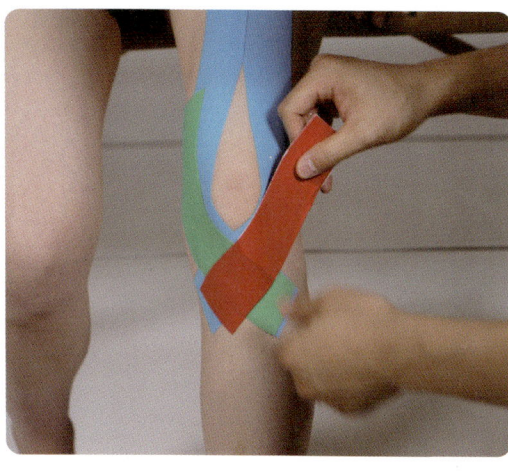 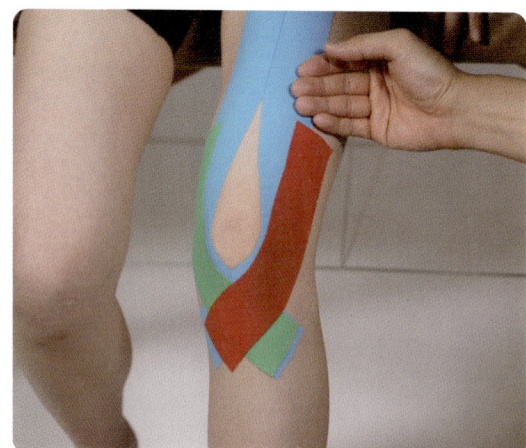

04 밖굽이 스트레스(Valgus Stress) 제한(제외 가능) C-tape를 활용하여 세 번째 테이프와 같은 방향으로 두 번 이어서 부착한다. 내측에 가해지는 스트레스를 제한할 수 있어서 여성의 무릎 내측 불편감에 사용한다.

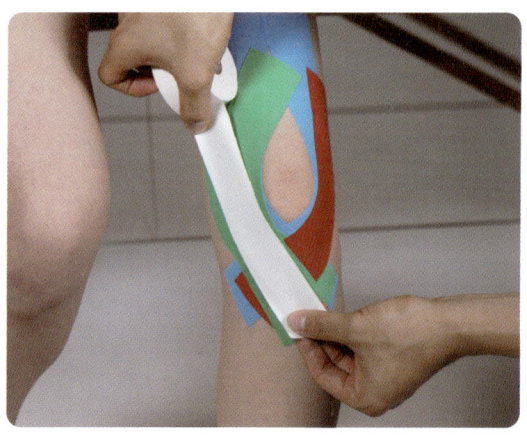 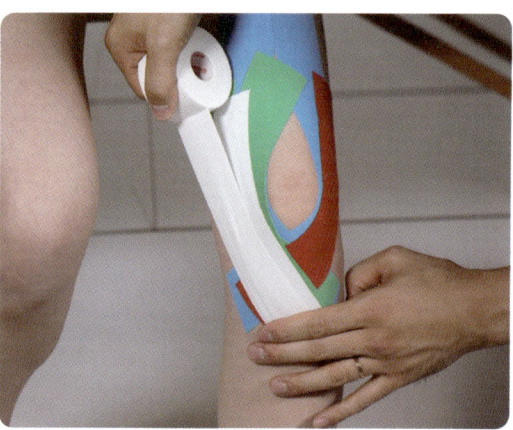

05 10칸짜리 테이프를 슬개골의 아래쪽 안쪽부터 부착하여 무릎 전체를 감싸듯이 부착한다. 오금 부분을 지날 때 최대한 장력은 줄여서 부착한다.

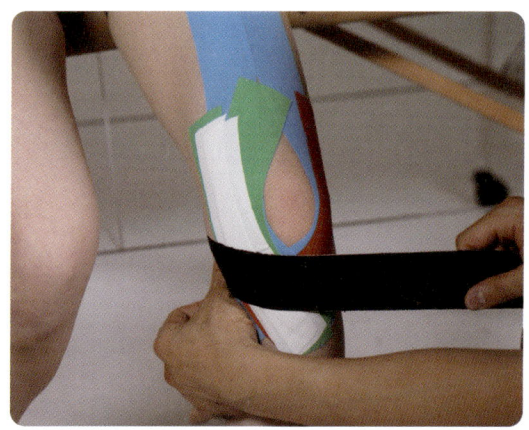 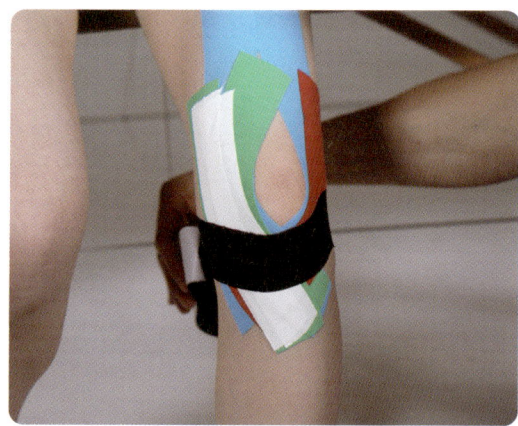

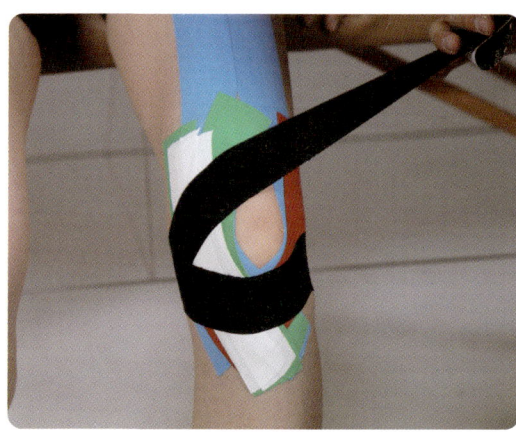 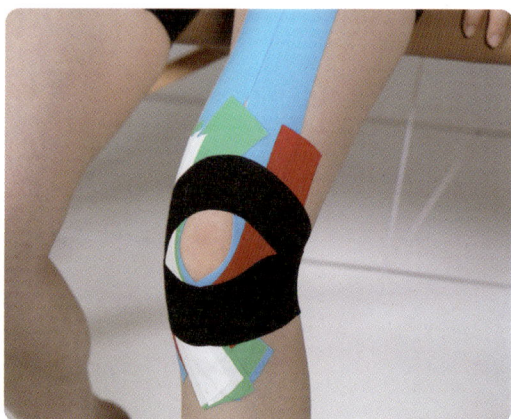

4 Ankle C-tape basket(바구니 짜기)

발목관절의 내측과 외측부에 안정화를 만드는 방법으로 관절움직임의 제한과 압박을 해준다.

1. 발목관절을 해부학적으로 안정화하는 방법
2. 발목 내측과 외측의 안정화

※ 점프 동작의 특성상 Figure 8과 Horse shoe는 제외한다.

- **준비물** : 언더랩, C-tape

01 언더랩을 사용하여 발 전체를 감싸준다.

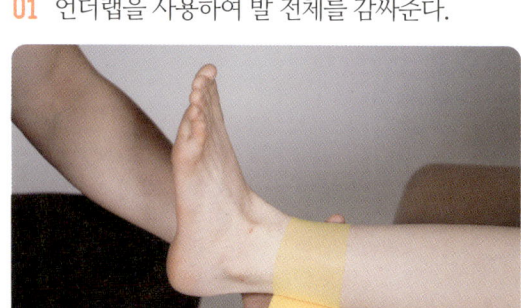
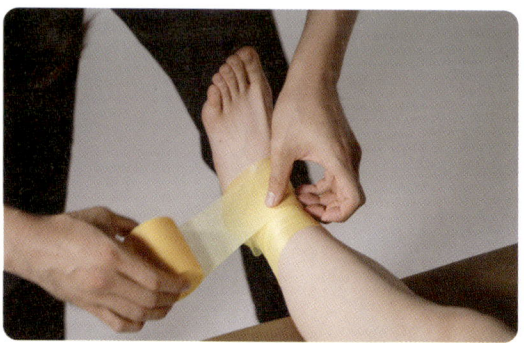

02 발목 위쪽에 앵커를 잡아 준다.

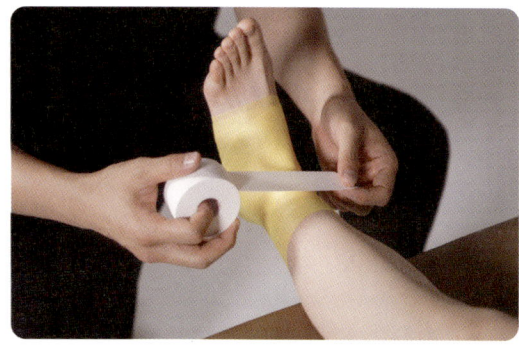
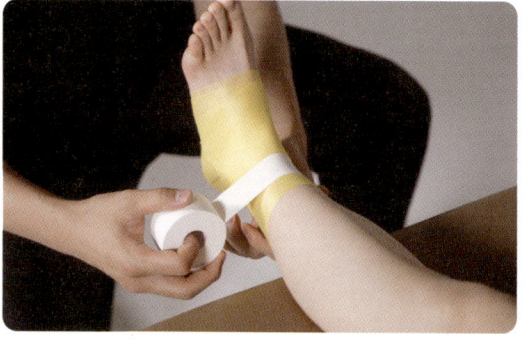

03 안쪽 앵커 위부터 시작해서 발바닥을 지나 바깥쪽 앵커까지 버티컬 테이핑(Stir Up)을 부착한다.

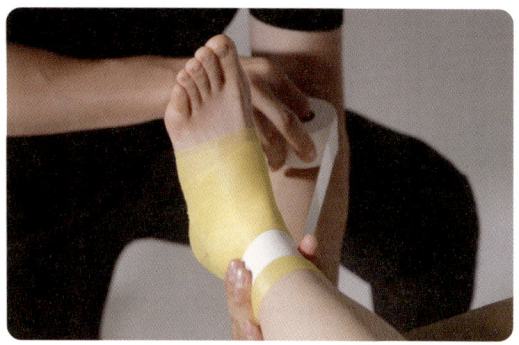
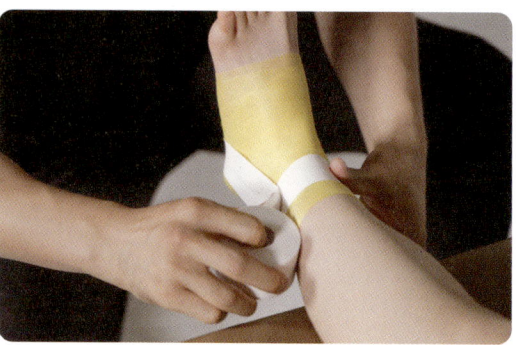

04 버티컬 테이핑(Stir Up)과 홀스 슈(Horse Shoe)를 반복하여 바구니 짜기(Basket)를 해준다(2~3회).

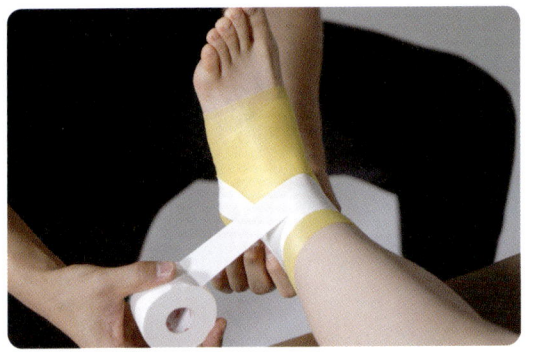 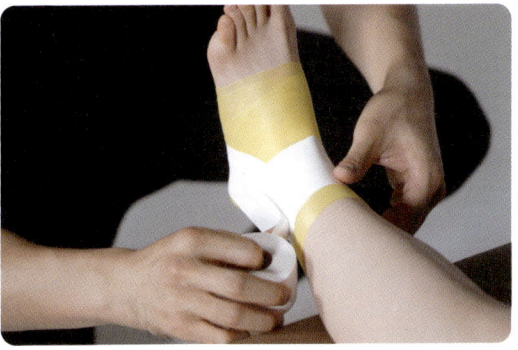

05 마지막은 발목의 위쪽에서 테이프를 잡고 발목을 안쪽과 바깥쪽을 지나면서 전체적으로 감싸준다.

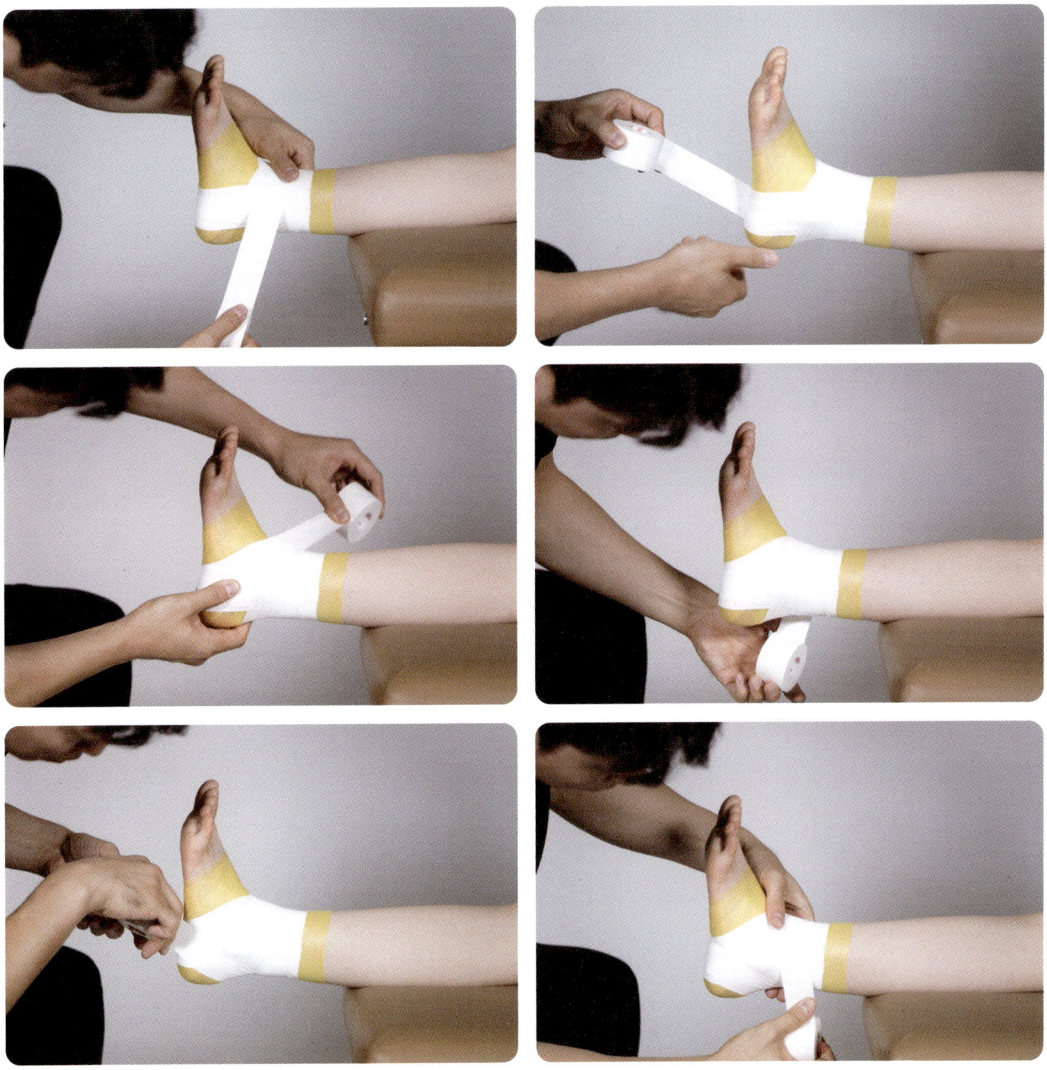

06 완성된 모습

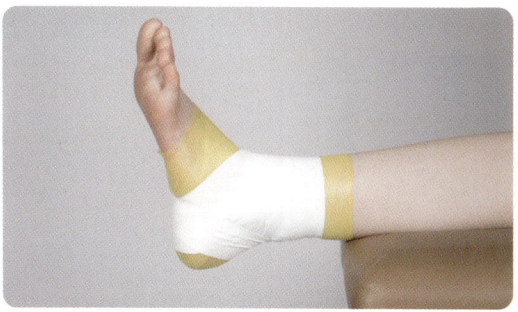

5 Ankle combination

발목관절 주변을 안정화하여 외측부에 근육의 긴장을 유발하여 외번을 방지
1. 발목관절의 아치를 잡아 발목관절의 안정성을 부여
2. 발목 내에 C-tape를 통해 발의 내측 아치(Medial arch)를 잡아 준다.

- **준비물** : 8칸 1개, 9칸 1개, 10칸 1개, 5칸 2개

01 슬개골 아래 경골 바깥쪽에 10칸짜리 긴 테이프를 5cm의 앵커를 만들어 경골을 따라 부착한다. 발목까지 오면 발목의 안쪽과 발바닥 그리고 발목의 바깥쪽을 지나 위쪽으로 올려준다.

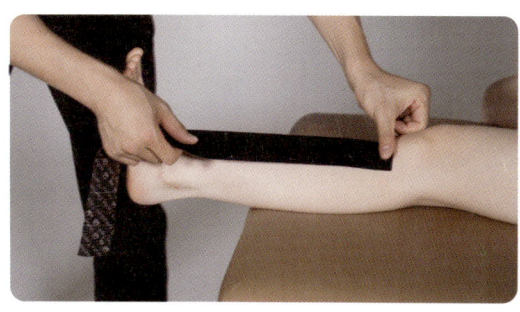 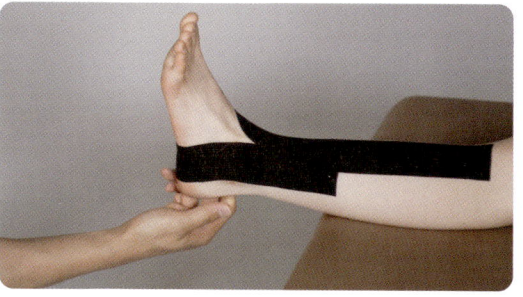

02 첫 번째 테이핑의 바깥쪽에 위치하여 같은 방법으로 부착한다. 발목 바깥쪽, 발바닥, 발목 안쪽 순서로 부착한 뒤 위로 올려 마무리한다.

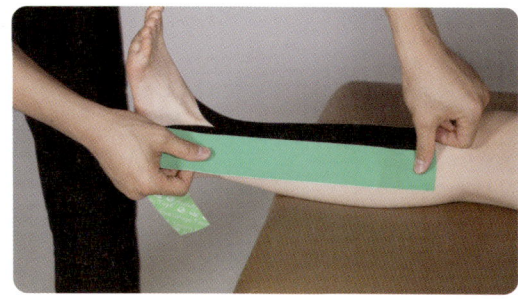 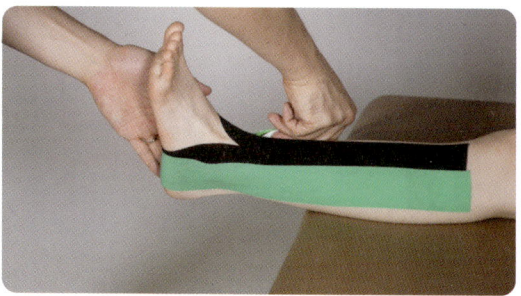

03 5칸짜리 테이프의 중간 지점을 발바닥에 부착한 뒤 양쪽 끝을 잡고 올려 양쪽 복사뼈 옆으로 두 번 부착한다.

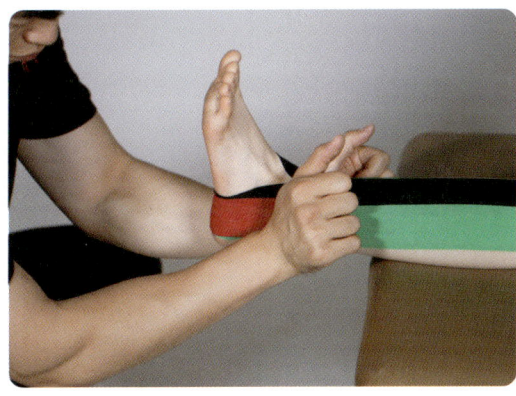 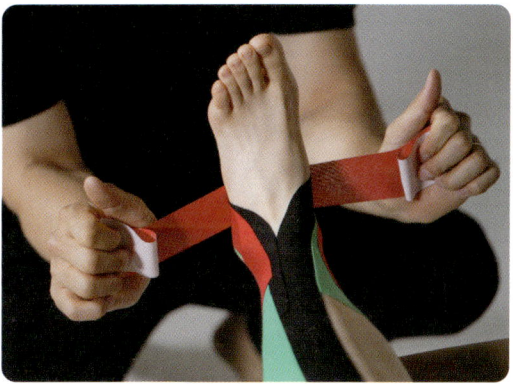

04 발목 내측의 안정성을 위해 발바닥의 중간부터 안쪽 아치를 잡아 두 번 부착한다.

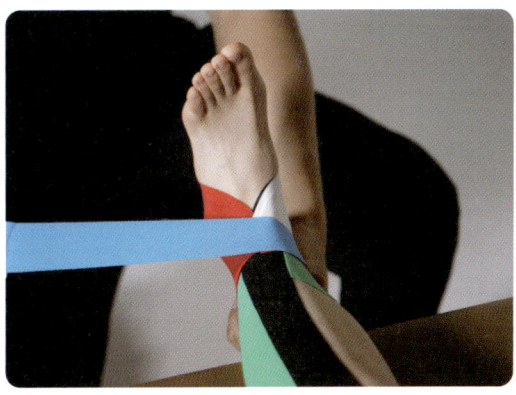 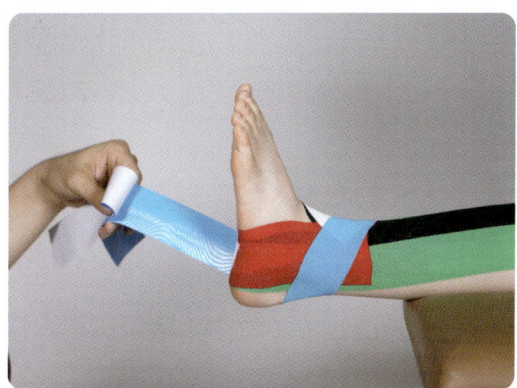

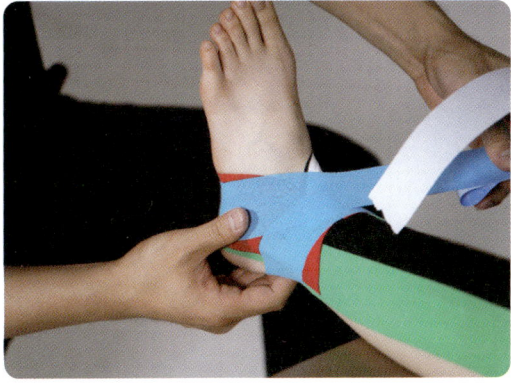 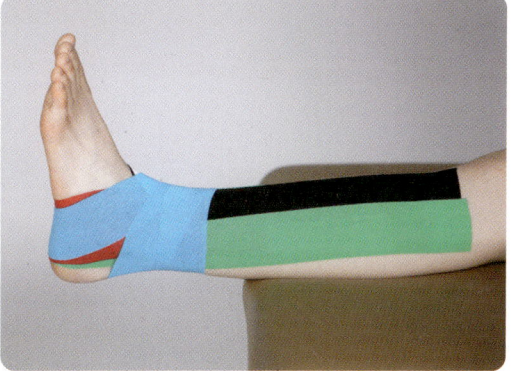

05 발목 위 안쪽에서부터 테이프를 부착하고 발목 발꿈치를 양쪽에서 감싸준다.

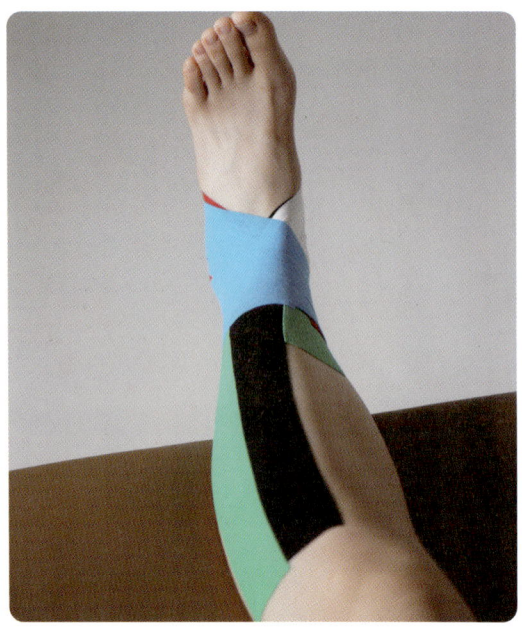

6 손가락 테이핑

1. 손가락 관절의 폄 상태 고정
2. 하나의 손가락을 먼저 제한한 뒤 다른 손가락과 묶어 사용
3. 기능적인 사용을 위해 벌린 후에 고정도 가능

- **준비물** : C-tape 2인치(38mm), (손가락 두마디 길이) 2개, (손가락 세마디 길이) 2개

  ※ 1인치 테이프 사용 권고

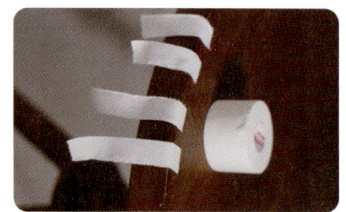

01 손가락의 몸쪽 끝부분에서부터 두마디 길이의 테이프 두 개를 부착한다.

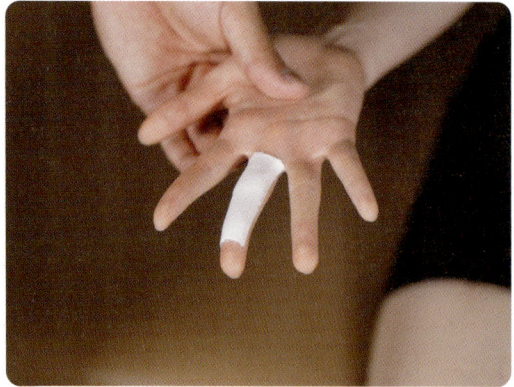

02 아래쪽에 한쪽(바깥쪽)을 부착한 뒤 사선 방향으로 돌려 위에서 마무리한다.

03 다른 테이프도 아래쪽의 다른 한쪽(안쪽)에 대칭적으로 부착한다.

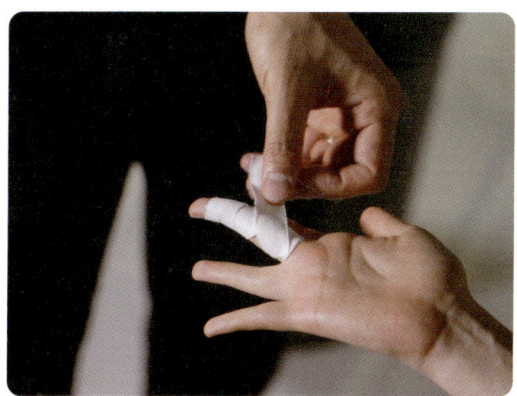 

04 아래쪽의 테이프가 떨어지지 않도록 한 바퀴 감아서 마무리해 준다.

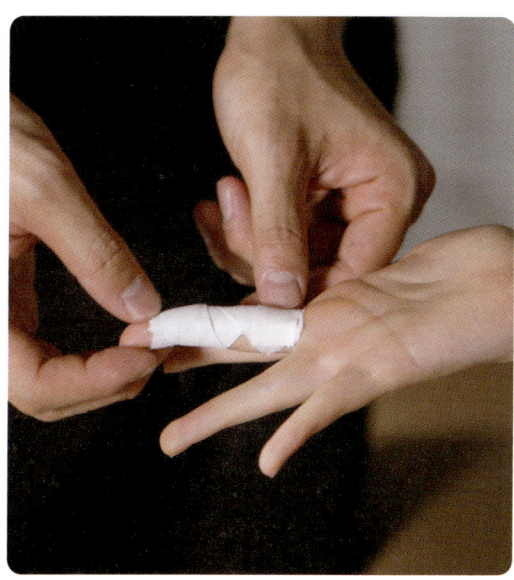 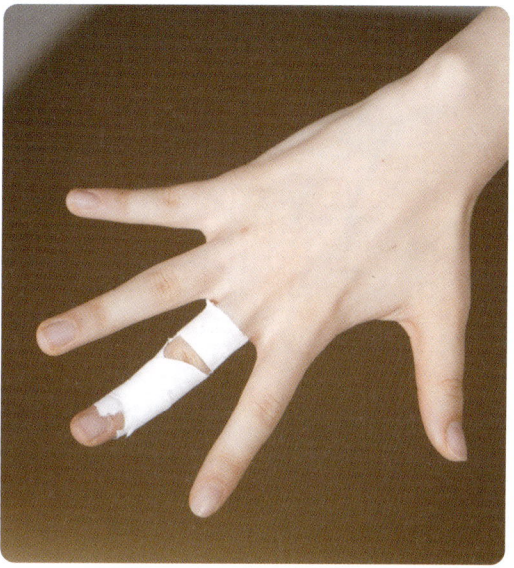

05 두 개의 손가락을 묶어서 안정성 확보

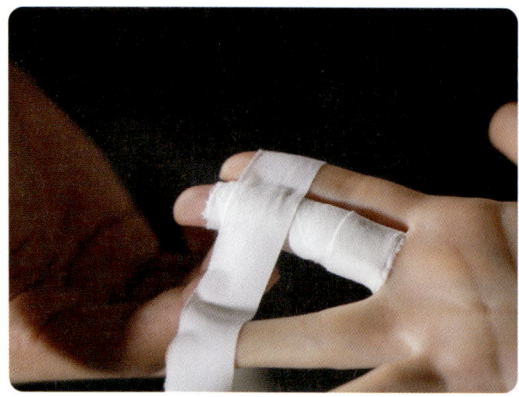 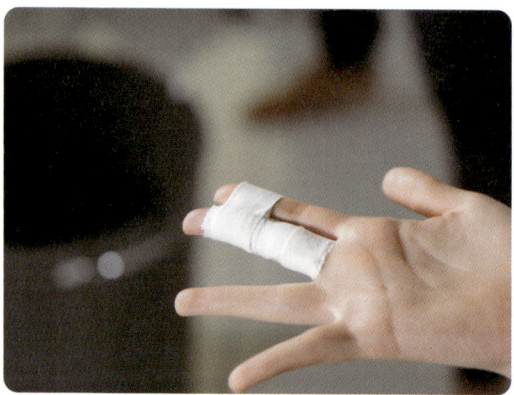

06 통증(문제)이 있는 손가락과 건강한 손가락 사이를 넓게 벌려 준다. 한쪽 손가락 위쪽을 한 바퀴 감아 고정한 뒤 다른 손가락도 감아준다.

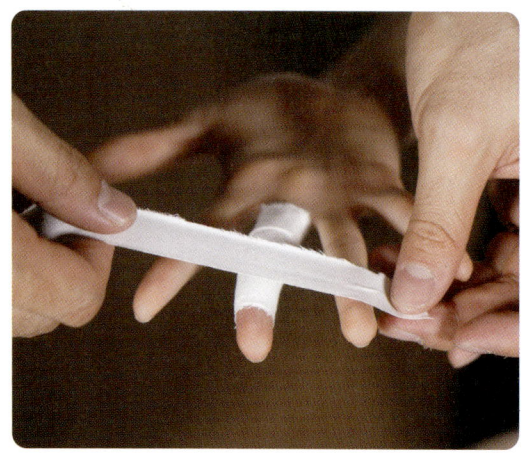 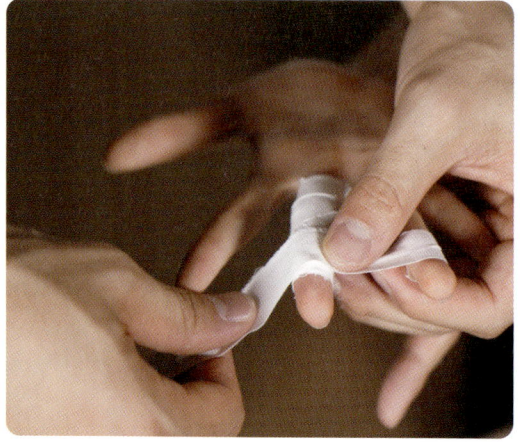

07 다시 처음 손가락으로 돌아와 사이를 손가락으로 눌러 부착한다. 위 과정을 2~3회 반복한다.

 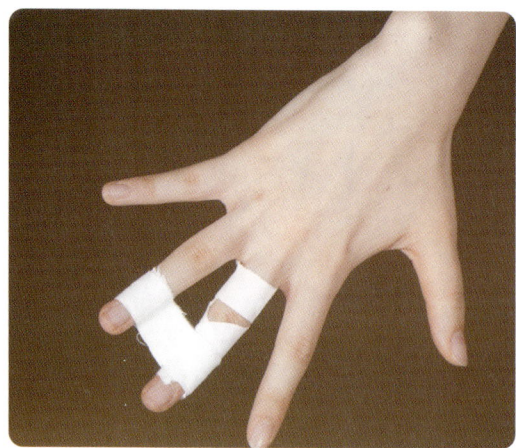

7 팔꿈치 굴곡 제한

팔꿈치의 부상으로 인해 약간의 굴곡상태를 유지하는 방법
1. 팔꿈치의 부상으로 인한 굴곡과 신전 제한
2. 약간의 굴곡 상태 유지

- **준비물** : 4칸 3개, C-tape

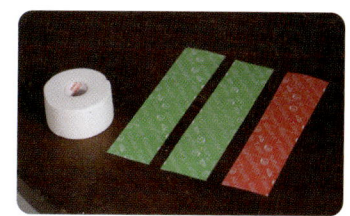

01 팔꿈치를 약간 굴곡한 상태(15°)에서 외측 상과 위쪽에서 손 방향으로 테이프를 부착한다. 두 번째 역시 첫 번째 테이핑처럼 부착한다.

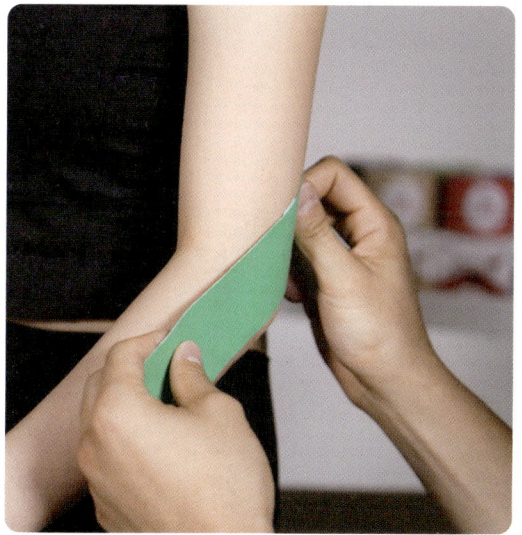
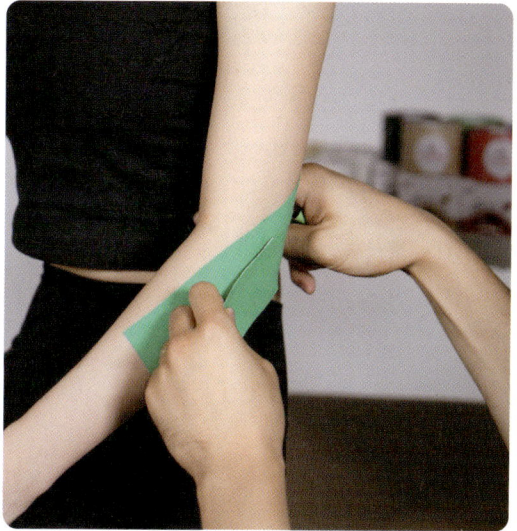

02 세 번째 테이프는 첫 번째와 두 번째를 교차하듯 더 위쪽에서 아래쪽으로 부착한다.

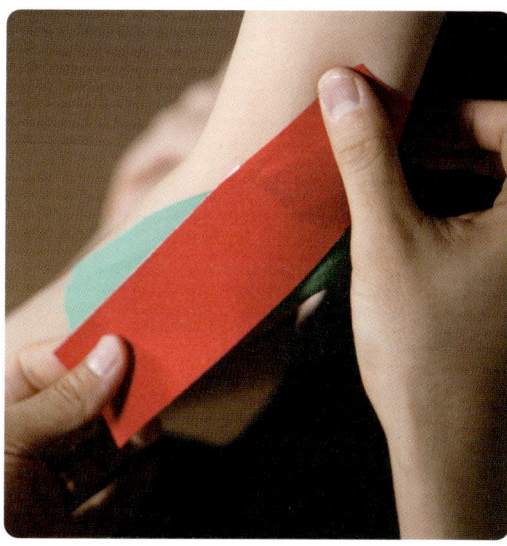
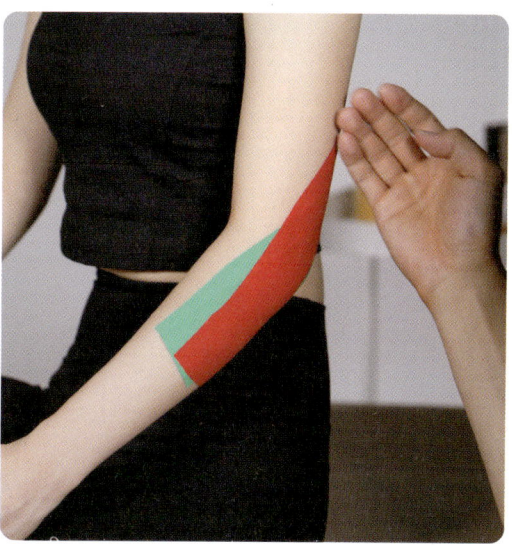

03 C-tape를 활용하여 첫 번째와 두 번째, 세 번째의 순서를 지켜 기존의 테이핑 위에 부착한다.

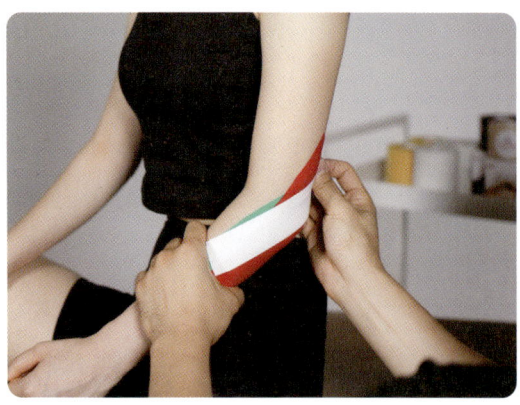 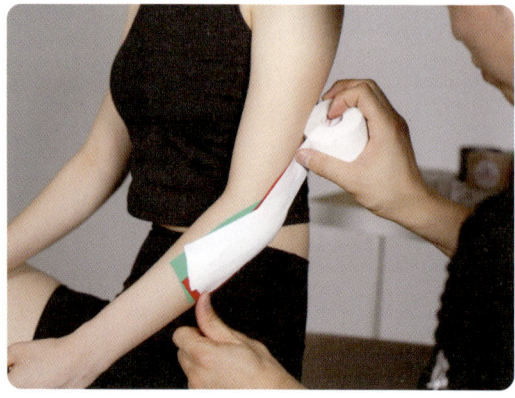

04 위쪽과 아래쪽의 테이프가 떨어지지 않도록 한 바퀴 감아준다.

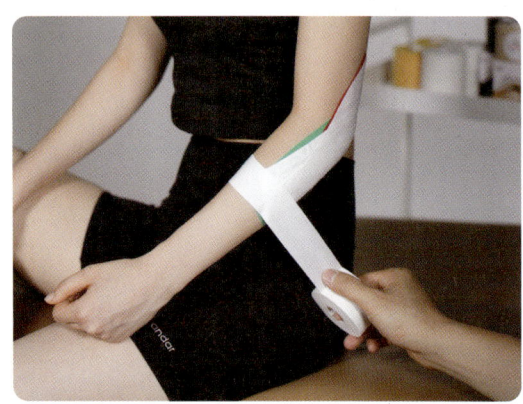 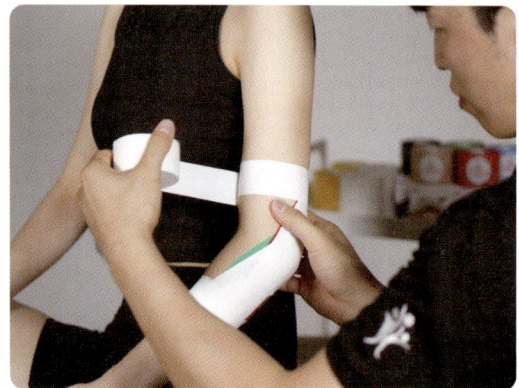

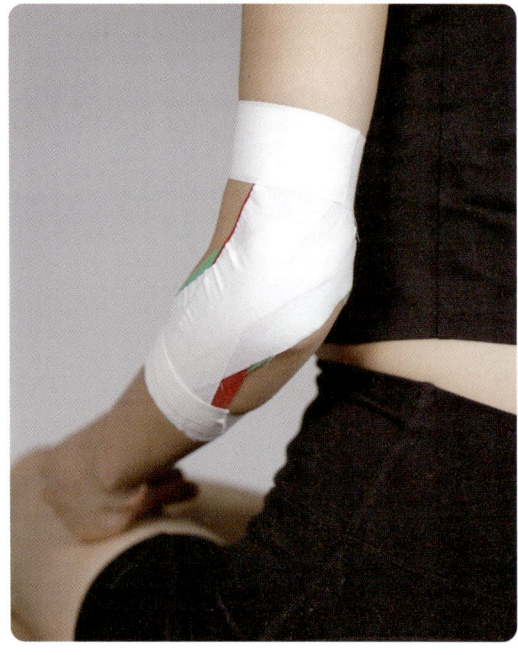

8 팔꿈치 신전 제한

팔꿈치의 부상으로 신전을 제한하는 방법, 안정자세(15° 굽힘)유지
1. 팔꿈치의 부상으로 인한 굴곡과 신전 제한
2. 약간의 굴곡을 유지(15°)

- **준비물** : 4칸 4개, 12칸 1개

01 팔꿈치를 약간 굴곡한 뒤 4칸짜리 테이프를 들어 상완이두근의 중간에 앵커를 만들어 부착한 뒤 전완의 중간에 부착하고 중간 부분은 가볍게 늘려 장력을 만들어 부착한다. 다음 테이프는 첫 번째의 중간 정도 겹치게 만들어 같은 방법으로 부착한다.

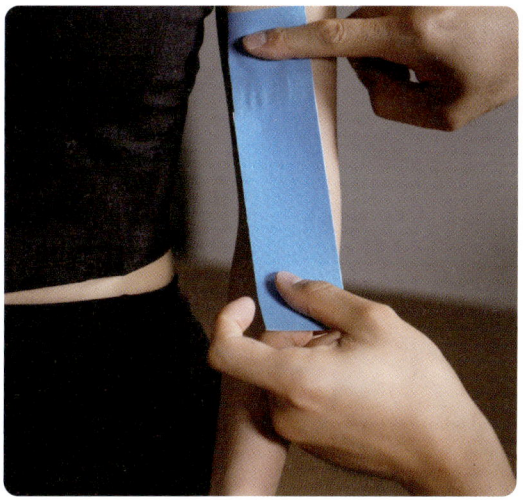
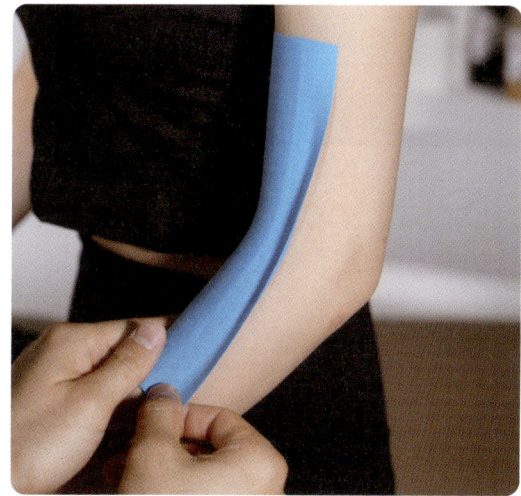

02 팔의 위쪽과 아래쪽 테이프가 떨어지지 않도록 한 바퀴 감아준다.

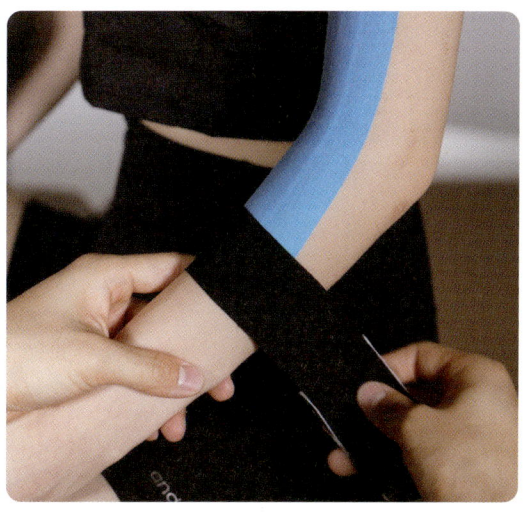
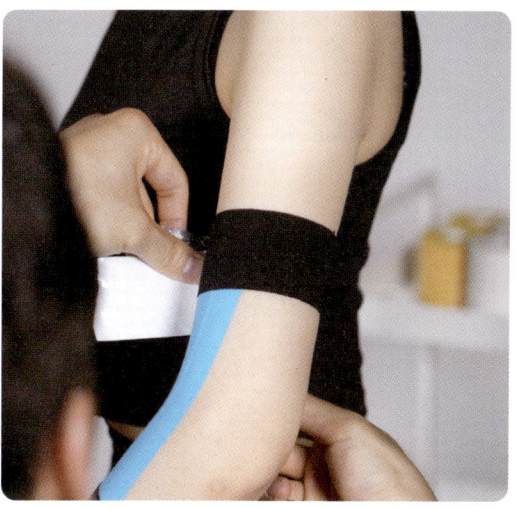

03 C-tape를 활용하여 첫 번째와 두 번째 테이핑 위에 부착한다.

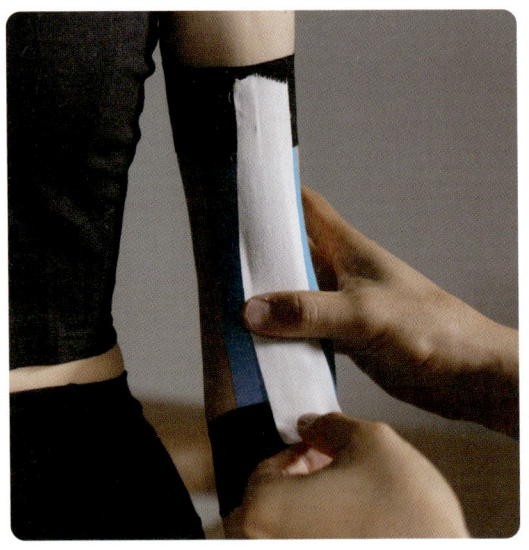
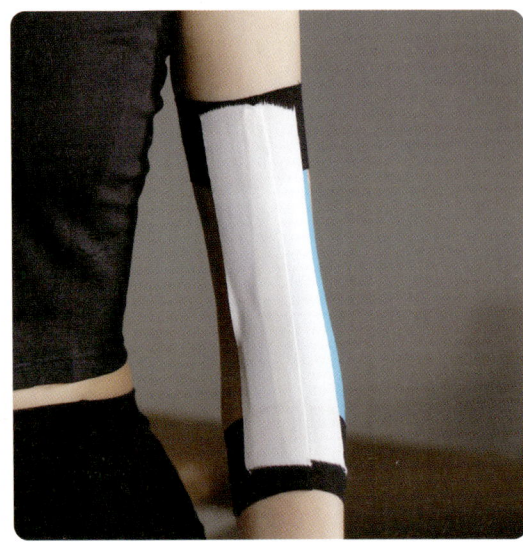

04 가장 긴 테이프를 활용하여 상완이두근의 안쪽에서 시작하고, 팔꿈치에서 교차하도록 Figure 8을 만들어 위쪽과 아래쪽에 긴장을 만들어 준다. 테이프의 아래쪽과 위쪽에 한 바퀴를 감아 테이프가 떨어지지 않도록 해준다.

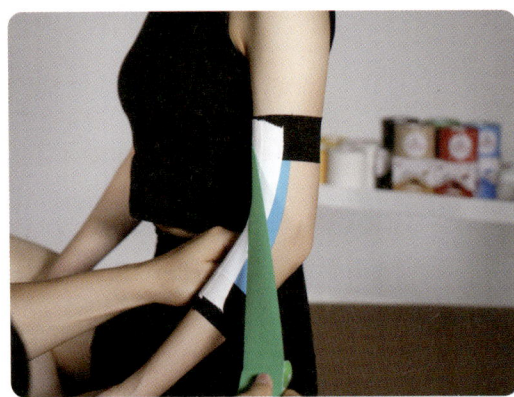
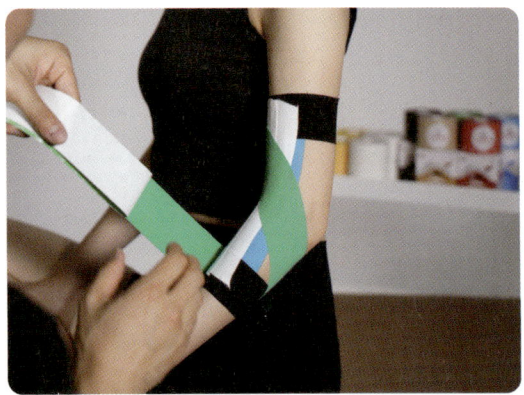
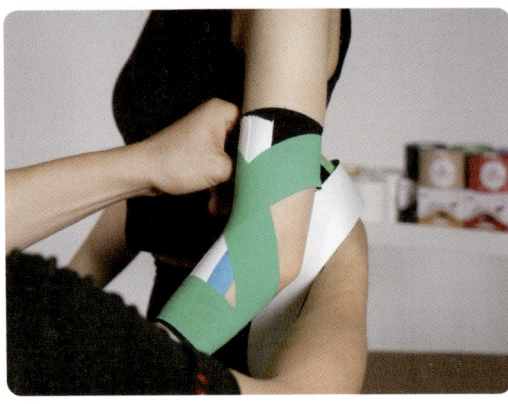
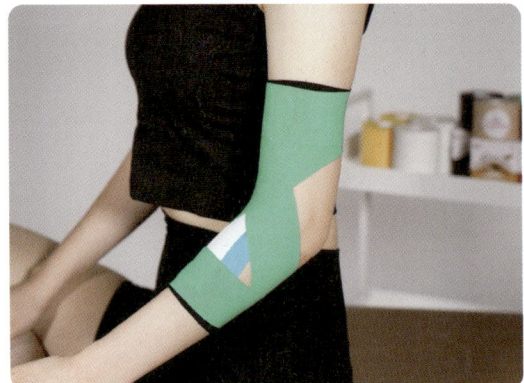

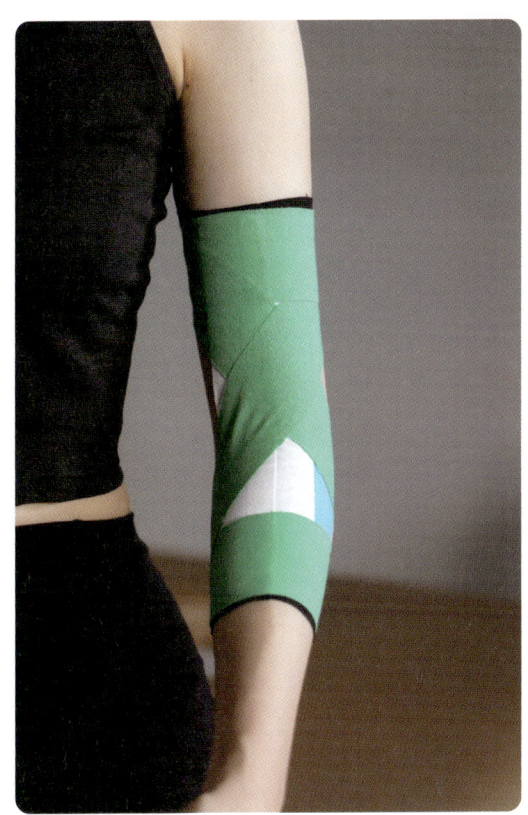

송형철 트레이너

현) 농구 국가대표 전임 트레이너(2022~)
전) KGC 인삼공사 농구단 트레이너(2019~2021)
    2021년 FIBA Olympic Qualifying Tournaments 국가대표 트레이너
    2022 FIBA 아시아 컵 국가대표 트레이너
    2022 FIBA U18 남자 아시아 농구 선수권 대회 헤드 트레이너
    2022 항저우 아시안게임 남자 농구 대표팀 트레이너
    2023, 2024 3X3 아시아 컵 남자 트레이너
    2025 FIBA Asia Cup Qualifiers 남자대표팀 트레이너
    2025 FIBA Women's World Cup 2026 PQT 여자대표팀 트레이너

현재 대한민국 농구대표팀 전임 트레이너로 활동 중이다. 남 여 성인 농구 대표팀을 비롯해 다양한 연령별 대표팀, 3대3농구 대표팀에 트레이너지원을 나가고 아시안게임, 올림픽 최종 예선과 같은 메가 스포츠 이벤트 농구 대표팀 트레이너 경력이 있다.

CHAPTER **04**

농구

01 농구 스포츠 상해 소개

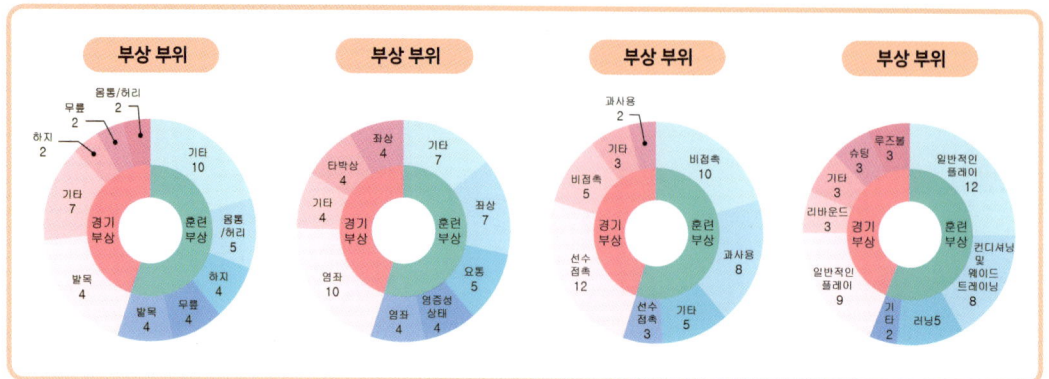

출처: 2020-2021 한국프로농구 리그 시즌 중 발생한 남자 프로농구선수들의 부상역학 -대한스포츠의학회지 40. 2(2022)

농구는 빠른 속도, 순발력, 그리고 높은 민첩성을 요구하는 스포츠다. 짧은 시간 안에 반복되는 방향 전환, 점프와 착지, 그리고 상대 선수와의 격렬한 신체 접촉이 필수적으로 수반되기 때문에 다양한 형태의 부상 위험이 존재한다. 때문에 농구 선수들은 항상 부상의 위험에 노출되어 있고 일반 동호인들 역시 예외는 아니다.

실제로 약 12,000건의 농구 관련 부상을 분석한 결과 전체 부상의 약 63.7%가 하체에서 발생한 것으로 나타났다. 이 같은 경향은 성별(남성 65.2%, 여성 68.4%)이나 경기 수준(프로선수 또는 청소년 선수)에 관계없이 일관되게 나타났으며, 하체 부상이 농구에서 가장 주요한 위험 요소임을 보여준다. 특히 해부학적 위치를 기준으로 분석했을 때 발목 부상이 전체의 21.9%로 가장 높은 비율을 차지했고 이어서 무릎 부상이 17.8%를 차지했다. 이는 농구에서 발목과 무릎이 반복적이고 강한 부하를 받는 것을 보여주며 두 부위에 대한 예방 관리의 필요성을 강조한다.

이러한 부상 위험을 최소화하기 위해 현장에서 흔히 활용되는 방법 중 하나가 바로 테이핑이다. 테이핑은 부상을 예방하는 역할뿐만 아니라 이미 부상이 발생한 경우 응급 처치와 더 큰 손상을 방지하는 데에도 큰 도움이 된다.

테이핑은 단순히 물리적인 지지에 그치지 않고 심리적인 안정감을 제공하는 역할도 한다. 운동 전 테이핑을 통해 선수는 심리적으로 안정을 느끼고 통증 부위에 대한 불안감을 줄일 수 있다. 이는 경기 중 동작의 자신감을 높이고 집중력을 유지하는 데에도 긍정적인 영향을 미친다. 따라서 테이핑은 단순한 치료 기법이 아니라 예방, 보호, 심리적 안정이라는 세 가지 목적을 동시에 수행하는 중요한 준비 과정이라 할 수 있다.

하지만 올바른 테이핑 방법을 숙지하지 않은 상태에서 무분별하게 적용할 경우, 오히려 부상의 위험을 높일 수 있다. 테이프를 너무 강하게 감으면 혈액 순환을 방해하거나 관절의 가동 범위를 과도하게 제한하고, 반대로 너무 느슨하게 감을 경우에는 보호 효과가 떨어지며 테이핑 자체가 불편하거나 피부에 자극을 줄 수 있다. 테이핑에 지나치게 의존하는 것도 장기적으로는 근육이나 인대의 기능 저하, 고유 수용성 감각(관절 위치감각 등)의 약화로 이어질 수 있어 조심해야 한다. 특히 통증을 감추기 위해 테이핑을 사용하는 경우 더 큰 부상으로 이어질 수 있으므로 반드시 전문적인 판단과 정확한 테이핑 기법을 사용하는 것이 바람직하다.

일반 동호인들은 선수들과 달리 전문 트레이너의 도움을 받기 어려운 경우가 많아 정확한 테이핑 방법을 몰라 제대로 활용하지 못하는 경우가 많다. 때문에 동호인들도 쉽게 따라 할 수 있는 간단하면서도 효과적인 테이핑 방법을 익히는 것이 무엇보다 중요하다. 이는 부상 예방은 물론이고, 스포츠 활동의 지속성과 효율성 확보에도 직접적인 도움이 된다.

이번 장에서는 실제 선수들이 경기 전후에 사용하는 테이핑 기법을 중심으로 동호인들도 실생활에서 손쉽게 따라 할 수 있는 간편한 테이핑 방법들을 함께 소개하고자 한다. 이러한 내용을 통해 테이핑이 농구 부상을 예방하고 경기력을 유지하는 데 필수적인 요소임을 강조하려 한다.

추가 조언

농구 경기 부상 예방 TIP - 체육관 Time Line
다음은 농구 경기를 준비하면서 활용할 수 있는 부상 예방 루틴이다.

1. **체육관 도착 직후 : 경기에 앞서 가장 먼저 해야 할 일은 부상 예방 테이핑이다.**
   - 주로 테이핑이 필요한 부위는 발목, 무릎, 어깨, 손가락 등
2. **테이핑 후 – 워밍업(Warm-up) : 테이핑을 마친 후에는 반드시 워밍업을 실시한다.**
   - 동적 스트레칭(Dynamic Stretching)을 중심으로 최소 10분 이상 실시하여 체온을 올려주고 관절과 근육의 가동 범위를 늘려 준다.
3. **경기 중 : 경기 도중에는 충분한 수분 섭취가 필요하다.**
   - 땀으로 배출된 수분과 전해질을 보충하기 위해, 스포츠 음료나 물을 꾸준히 마신다.
   - 빠른 에너지 보충을 위해 에너지 젤이나 에너지 바를 활용하는 것이 경기력 유지에 도움이 된다.
4. **운동 후 – 쿨다운(Cool down)**
   - 경기가 끝난 후에는 정적 스트레칭(Static Stretching)을 최소 10분 이상 실시해 준다.
   - 근육의 긴장을 완화시키고 피로 물질을 줄여 다음날 근육통이나 피로를 최소화할 수 있다.
5. **운동 후 30분 이내 – 영양 섭취**
   - 회복을 돕기 위해 단백질과 탄수화물이 적절히 포함된 영양 섭취가 중요하다.
   - 운동 직후 30분 이내는 '골든타임'으로 이 시기에 단백질 보충제, 단백질 바, 바나나, 우유 등을 섭취하면 근육 회복과 피로회복에 큰 도움이 된다.

이러한 루틴을 일관되게 관리하고 습관화한다면 농구 중 부상을 예방하고 경기력을 극대화할 수 있어, 선수뿐만 아니라 일반 동호인에게도 꼭 필요한 루틴이 될 수 있다.

02 농구 스포츠 테이핑 방법

1 엘리트 선수들의 발목 테이핑

만성 발목 불안정성을 가지고 있는 선수들에게 사용할 수 있는 방법으로 피부 보호용으로 언더랩을 사용하고 C-tape와 티어라이트를 사용하여 발목을 안정화 해준다. 테이핑 강도가 강하기 때문에 발목 부상 이력이 있거나 발목의 강한 안정화가 필요할 때 사용된다.

※ 주의점 : C-tape의 너무 강한 압박은 혈액순환을 방해할 수 있다.

• **준비물** : 언더랩, C-tape, 티어라이트

01 언더랩을 새끼발가락 아래 튀어나온 뼈(5th metatarsal)에서 시작한다.

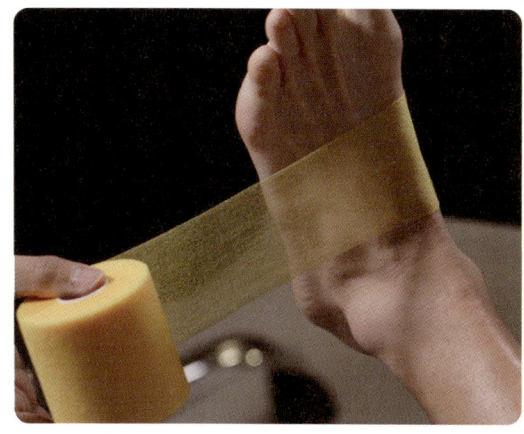

02 적당한 텐션을 주며 언더랩이 말리지 않게 감아준다.

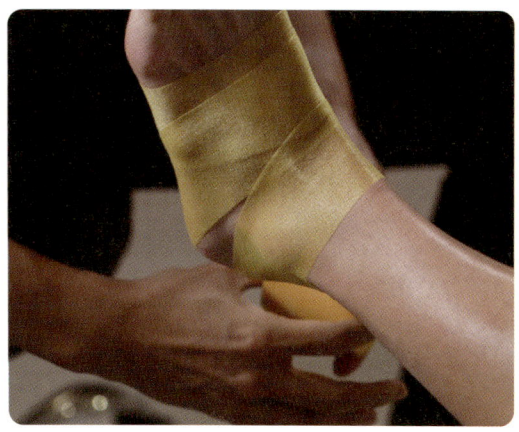
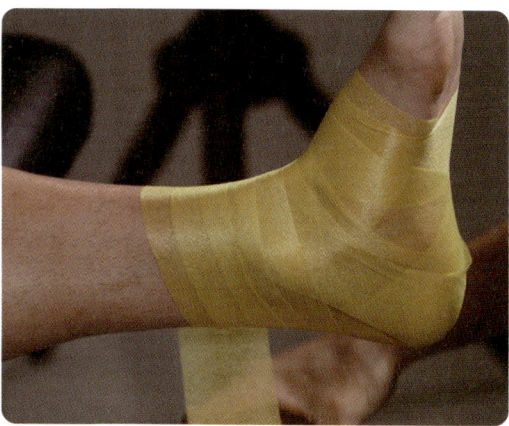

03 언더랩 완료 후 C-tape를 이용하여 복사뼈에서 5~7cm 떨어진 곳(GCM musculotendinous junction)에 C-tape를 두 번 감아준다(앵커).

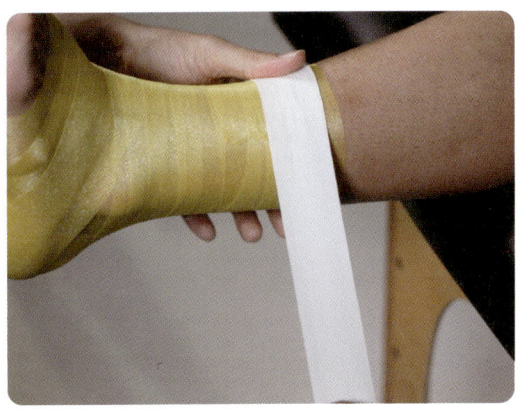 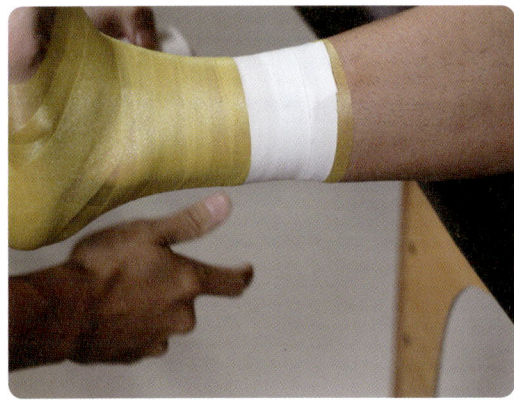

04 발바닥 쪽에는 사진 01에서 기준 잡았던 뼈를 넘지 않는 선에서 C-tape를 한번 감아준다. (앵커 마무리)

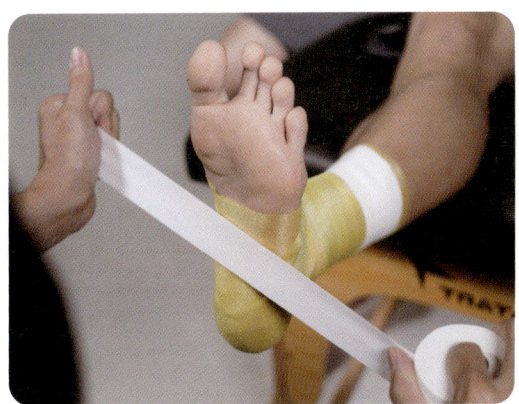 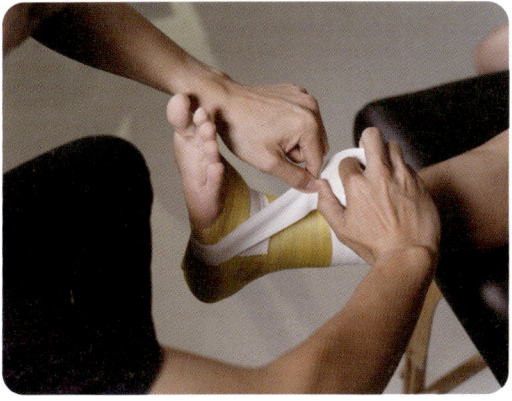

05 C-tape를 안쪽 복사뼈(Medial malleolus)에서 바깥쪽 복사뼈(Lateral malleolus)로 가로 방향으로 부착해 준다. Horse shoe의 테이핑이다.

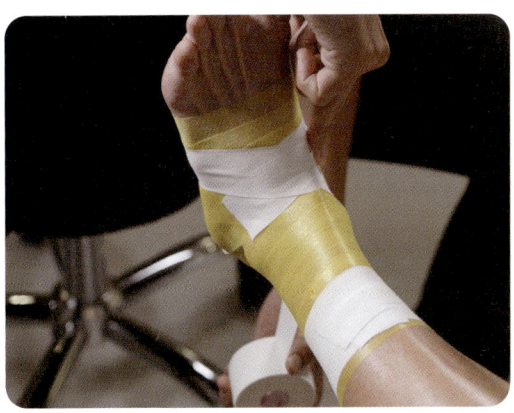 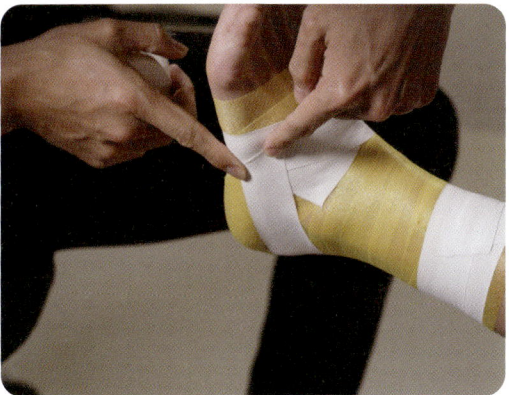

06 C-tape를 안쪽 복사뼈(Medial malleolus)에서 바깥쪽 복사뼈(Lateral malleolus)로 세로 방향으로 부착해 준다. 발목 염좌의 90%는 안쪽으로 꺾이는 내번(Inversion) 부상, 10% 정도가 바깥쪽으로 꺾이는 외번(Eversion) 부상으로 보통은 Stir up을 안쪽에서 바깥쪽으로 많이 진행하는데, 사진 06과 같은 방법을 사용하면 발목 양쪽 다 강하게 압박할 수 있다.

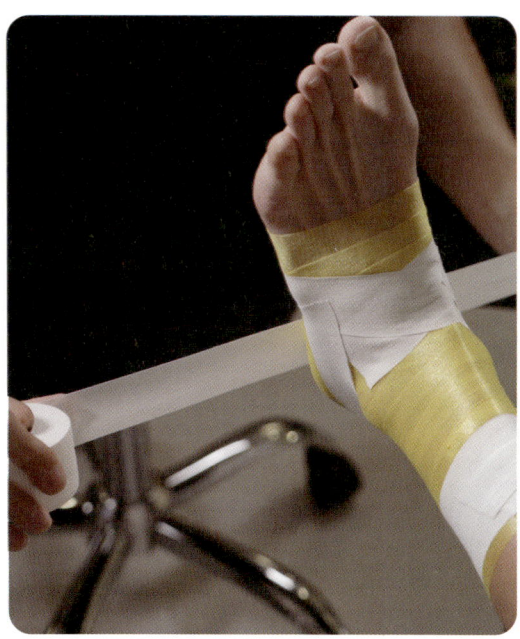
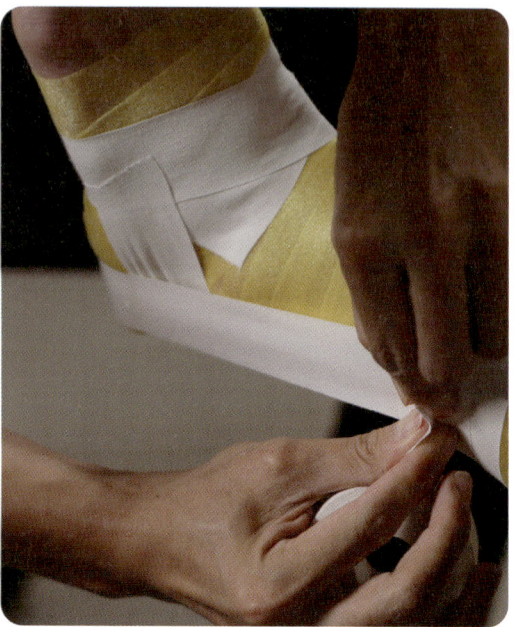

07 C-tape를 절반 정도 겹치게 하며 가로, 세로 방향 번갈아 발목의 남는 공간이 없게 부착한다.

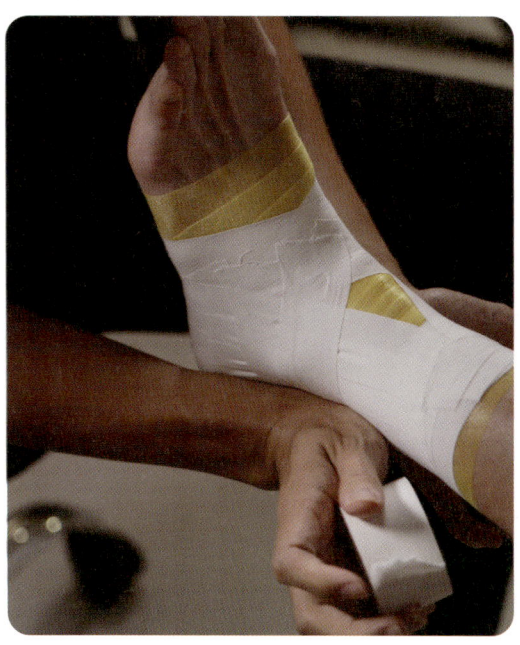
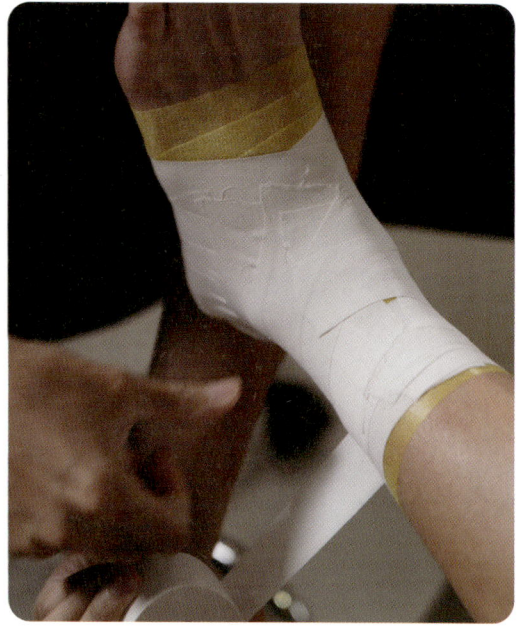

08 C-tape 힐락 발등 → 발꿈치 → 발바닥 → 발등 순으로 부착한다(자세한 사진은 키네시오 발목 힐락 편 참고).

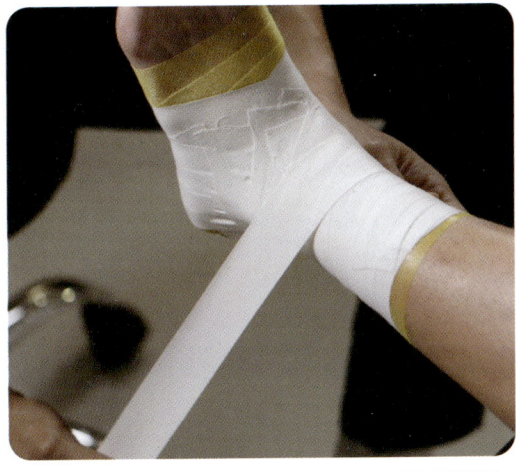
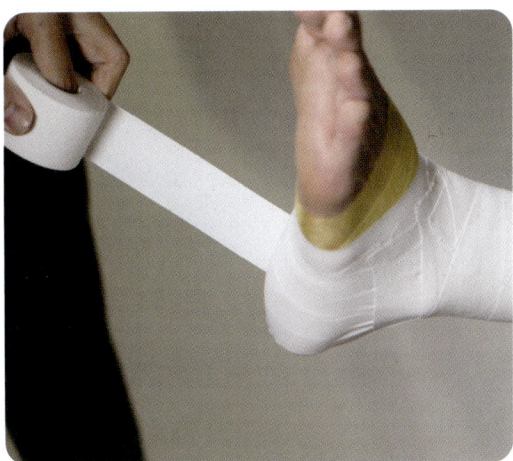
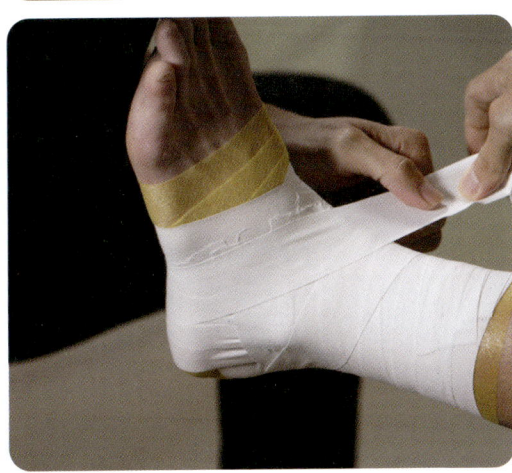

09 C-tape를 사진 8의 반대 방향 발등 → 발꿈치 → 발바닥 → 발등 순으로 부착한다.

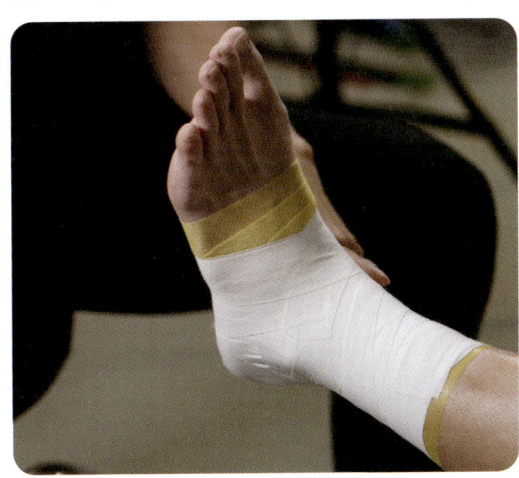

10 티어라이트 테이프를 사용하여 사진 08, 09를 이어 힐락을 해주며 발목 위쪽으로 감아준다.

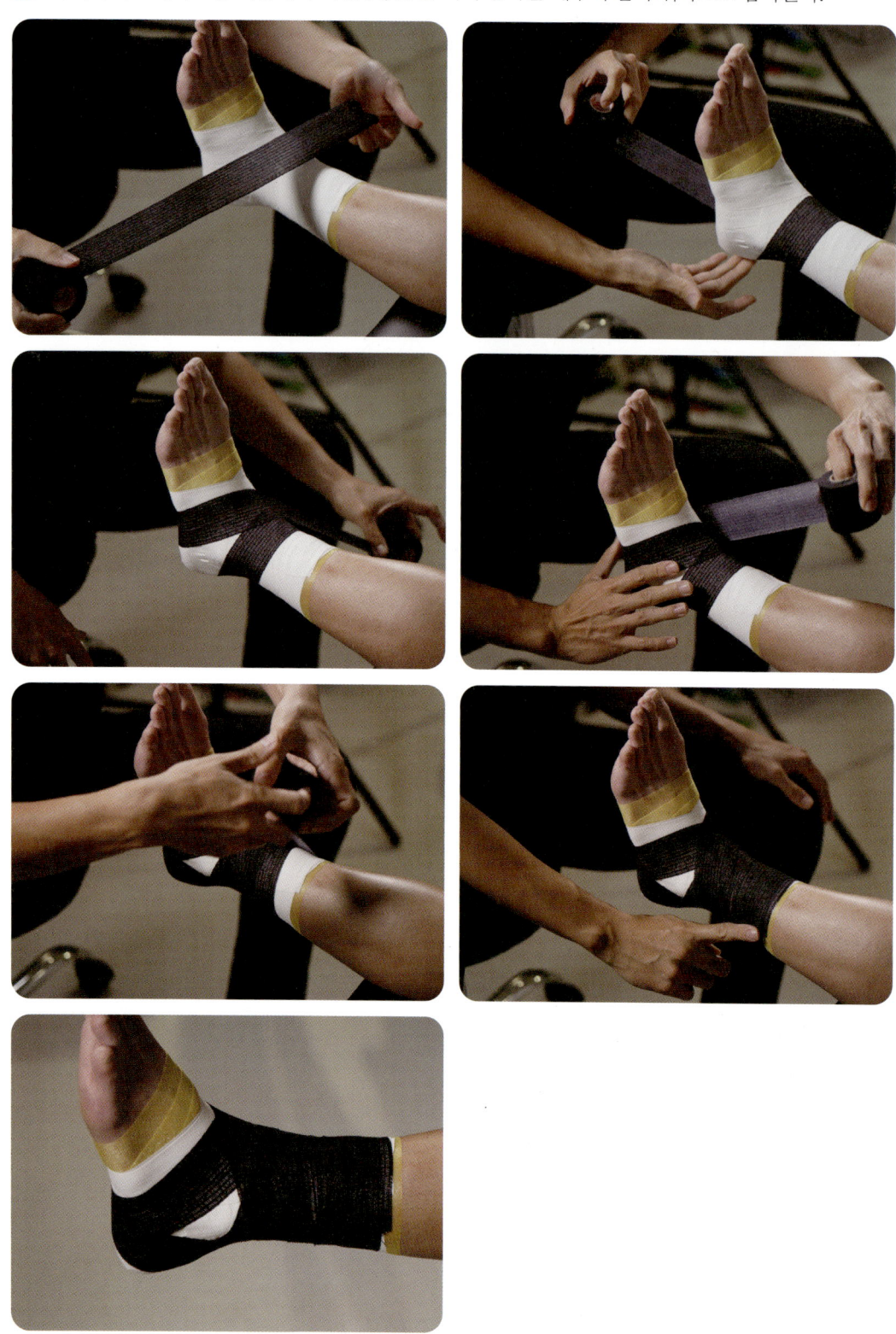

2 동호인 선수의 발목 테이핑

1번의 발목 테이핑보다 강도는 낮지만 쉽게 적용할 수 있다.
C-tape를 사용하기 어렵거나 부담스러운 선수들에게 사용 가능

※ 주의점 : 키네시오 테이핑의 알레르기가 있는 경우는 피한다.

- **준비물** : 5칸 2개, 6칸 1개, 8칸 2개

※ 모든 키네시오 테이프는 시작과 끝부분은 텐션을 주지 않고 부착해야 잘 떨어지지 않는다.

01 5칸짜리 테이프 1개를 바깥쪽 복사뼈에서 안쪽 복사뼈 쪽으로 텐션을 주며 부착한다. 발목의 외번(Eversion) 부상을 방지하기 위해

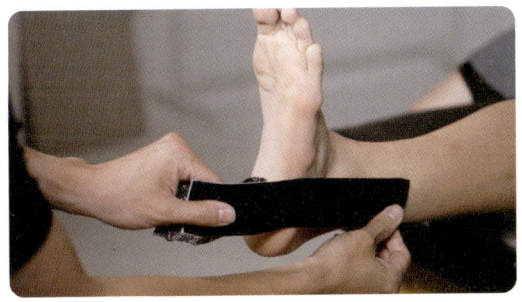 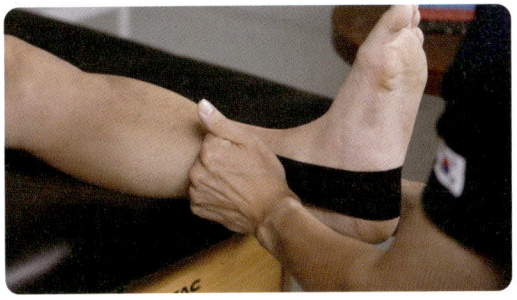

02 5칸짜리 테이프 1개를 안쪽 복사뼈에서 바깥쪽 복사뼈 쪽으로 텐션을 주며 부착한다. 발목의 내번(Inversion)부상을 방지하기 위해

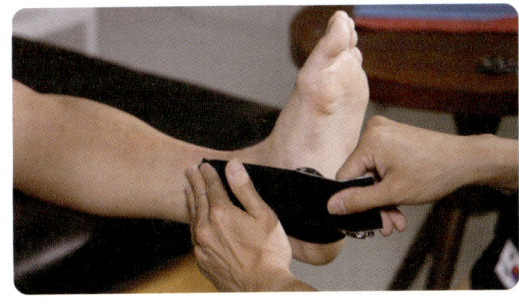 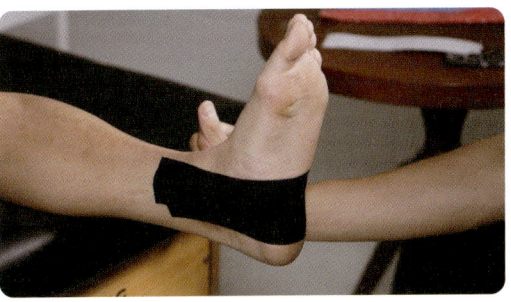

03 6칸짜리 테이프를 발바닥에서 시작해 발등 위 방향으로 'X'자 모양이 되게 텐션을 주며 부착한다(피겨에잇).

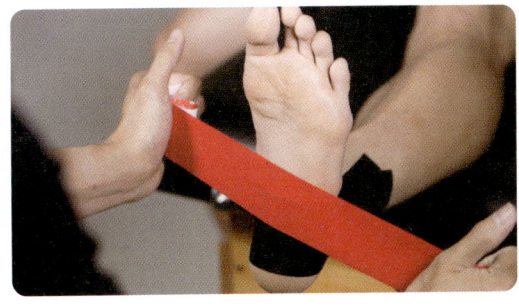 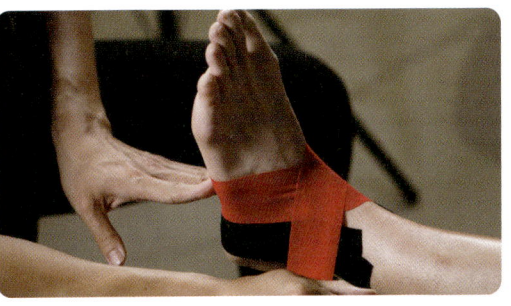

04 8칸짜리 테이프로 힐락 테이프를 부착한다.

 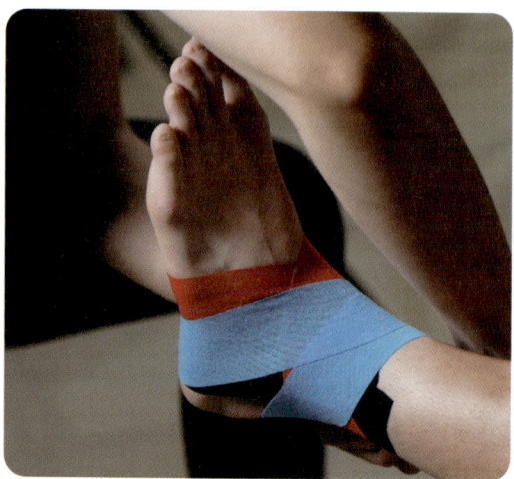

05 8칸짜리 테이프로 반대 방향 힐락 테이프를 부착한다.

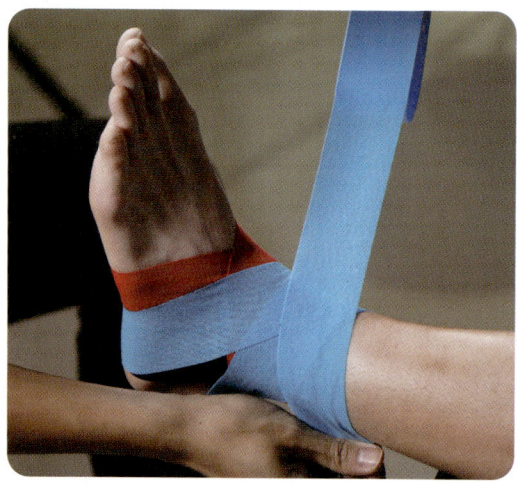 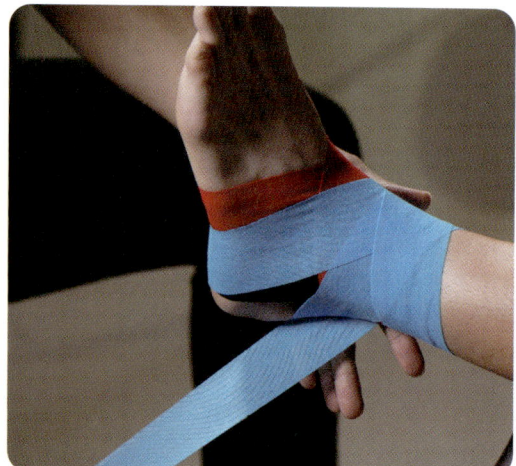

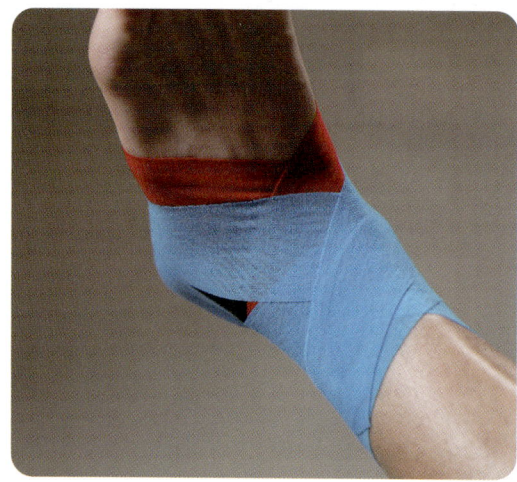

3 엘리트 선수들의 무릎 테이핑

무릎의 내외측 안정성과 회전 안정성, 슬개골의 안정성이 부족한 경우 사용 가능한 테이핑으로 무릎 테이핑 중 가장 안정성이 뛰어나다.

※ 주의점 : 땀이 많은 경우 티어라이트를 사용해 무릎의 위아래를 감아주면 중간에 떨어지는 것을 방지할 수 있음

- **준비물** : 5칸 4개, 8칸 2개, 6칸 1개(세로로 3.5칸을 자른 Y자 모양)

01 6칸짜리 테이프(Y자 모양)를 무릎을 약간 굴곡한 상태에서 허벅지의 중간 부분에서 시작해 텐션을 주며 슬개골(patella)를 감싸며 부착한다.

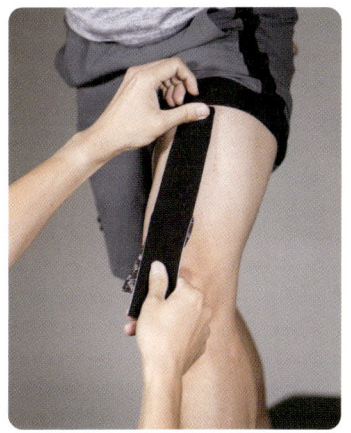 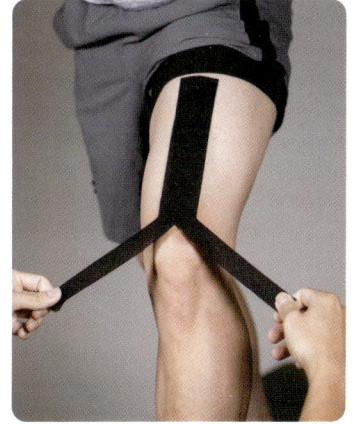 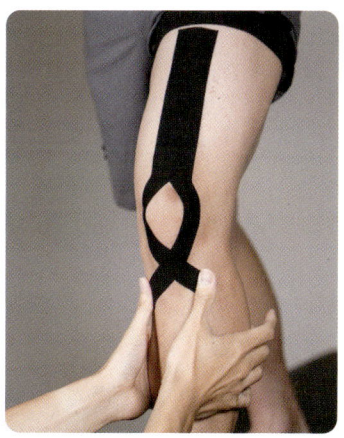

02 5칸짜리 테이프를 사용하여 무릎의 바깥쪽(외측 측부인대)을 지나도록 텐션을 주며 부착한다.

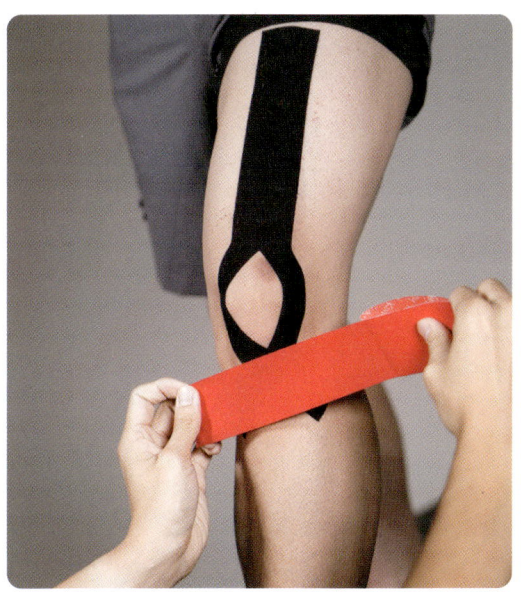 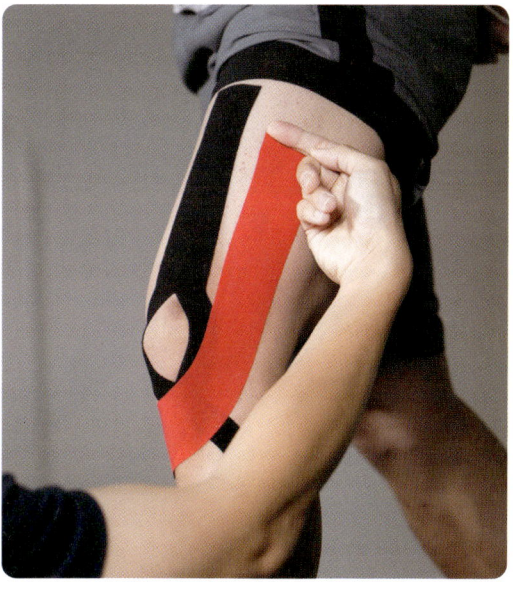

03 5칸짜리 테이프를 사용하여 무릎의 안쪽(내측 측부인대)을 지나도록 텐션을 주며 부착한다.

 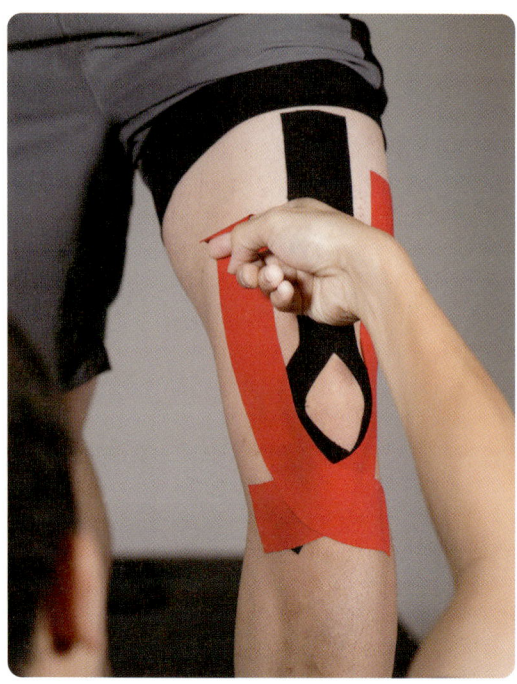

04 5칸짜리 테이프를 사용하여 무릎의 바깥쪽(외측 측부인대)을 지나도록 텐션을 주며 부착한다. 옆에서 봤을 때 'X'자 모양이 외측 측부인대 위에 올 수 있도록 한다.

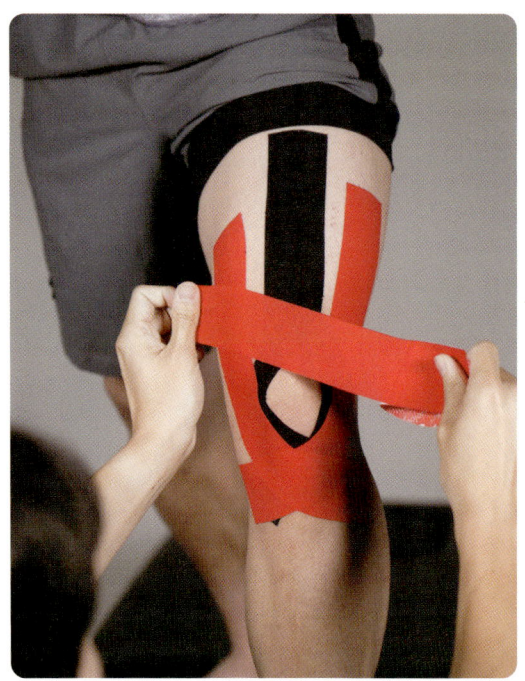 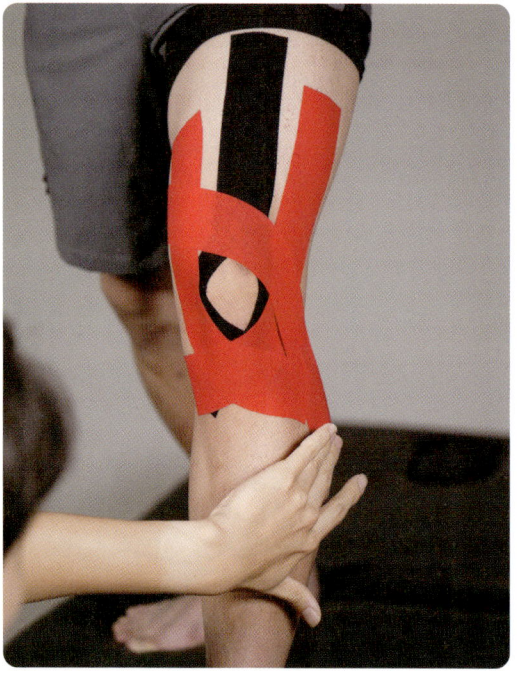

05 5칸짜리 테이프를 사용하여 무릎의 안쪽(내측 측부인대)을 지나도록 텐션을 주며 부착한다. 옆에서 봤을 때 'X'자 모양이 내측 측부인대 위에 올 수 있도록 한다.

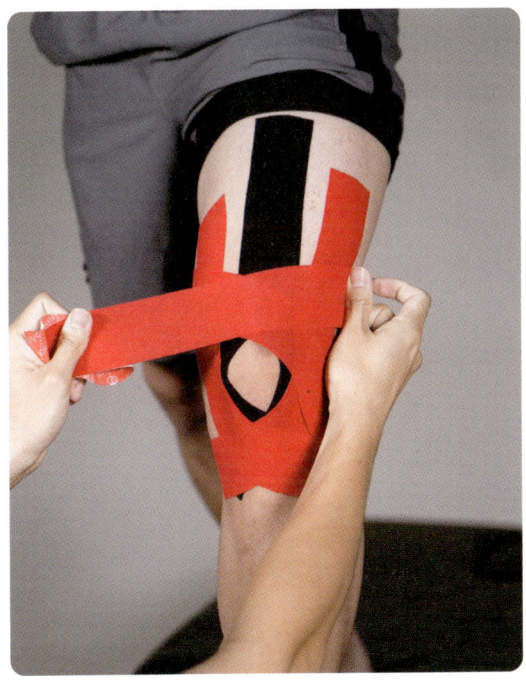 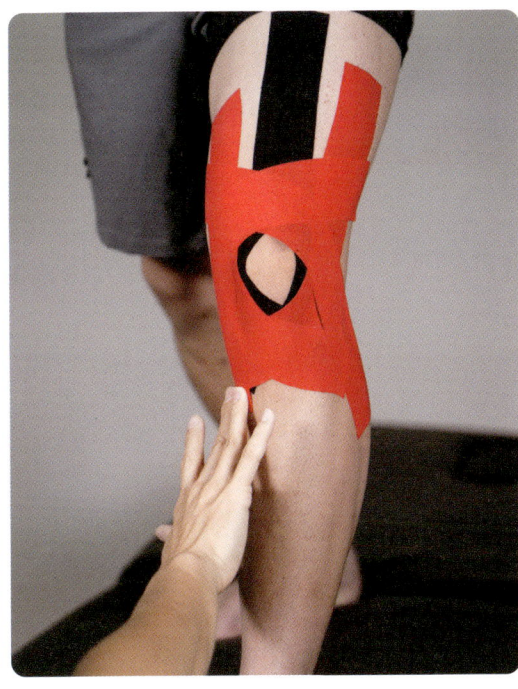

06 8칸짜리 테이프를 사용하여 무릎 앞쪽에서 시작해 나선형으로 무릎 뒤쪽을 지나 허벅지 앞쪽에서 끝난다. 무릎의 앞뒤 쪽 방향과 회전 안정성을 위한 테이핑이다.

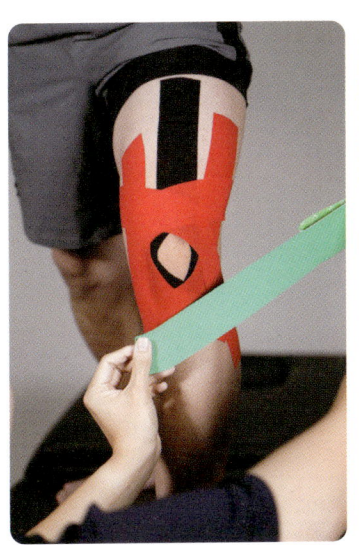 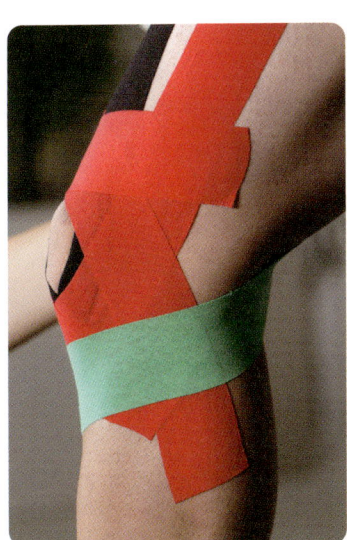 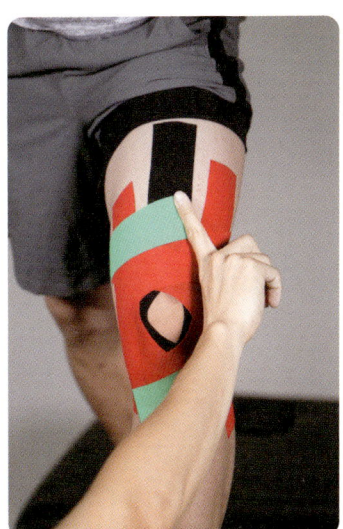

07 사진 06번과 반대 방향으로 테이프를 부착한다.

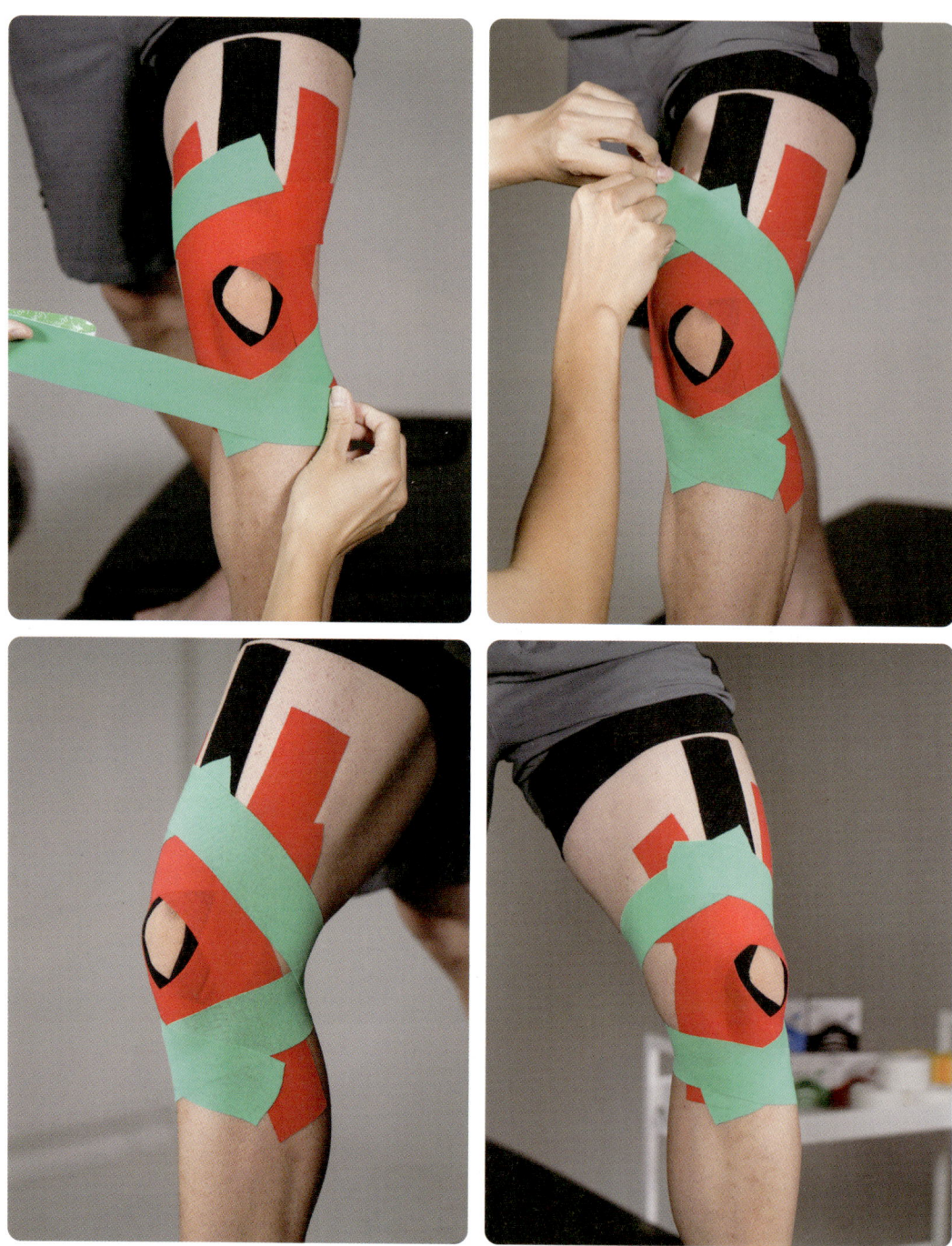

4 동호인 선수들의 무릎 테이핑

무릎 내외측의 안정성과 회전 안정성이 부족한 선수에게 사용할 수 있는 테이핑으로 위 3번 테이핑의 간소화 버전이다.

- **준비물** : 5칸 4개, 8칸 2개

01 5칸짜리 테이프를 사용하여 무릎의 안쪽(내측 측부인대)을 지나도록 텐션을 주며 부착한다.

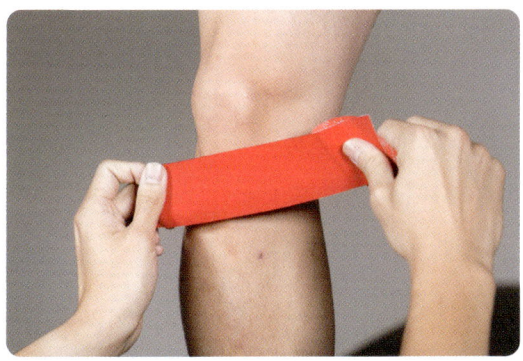
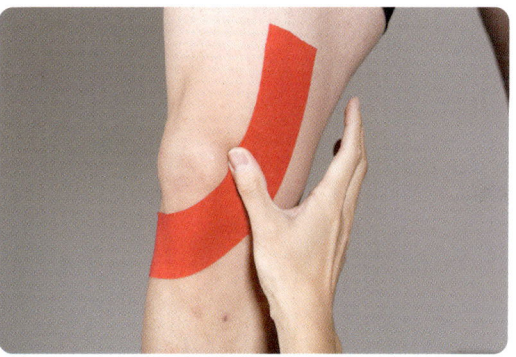

02 5칸짜리 테이프를 사용하여 무릎의 바깥쪽(외측 측부인대)을 지나도록 텐션을 주며 부착한다.

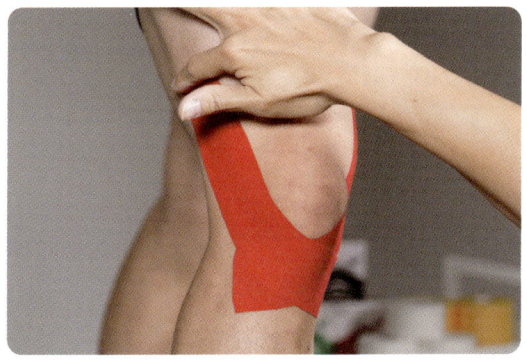

03 5칸짜리 테이프를 사용하여 무릎의 안쪽(내측 측부인대)을 지나도록 텐션을 주며 부착한다. 옆에서 봤을 때 'X'자 모양이 내측 측부인대 위에 올 수 있도록 한다.

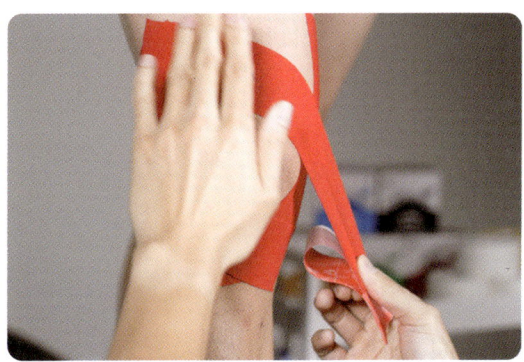
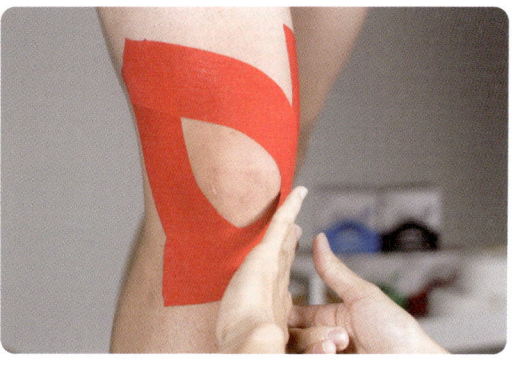

04 5칸짜리 테이프를 사용하여 무릎의 바깥쪽(외측 측부인대)을 지나도록 텐션을 주며 부착한다. 옆에서 봤을 때 'X'자 모양이 외측 측부인대 위에 올 수 있도록 한다.

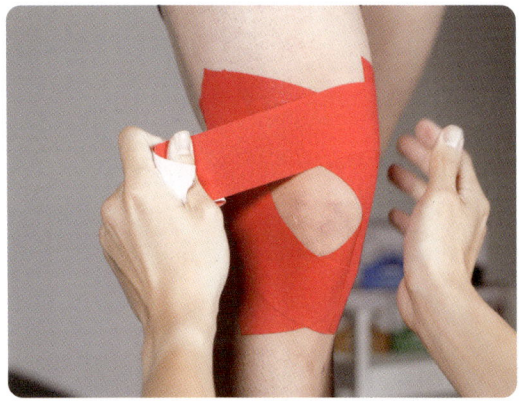
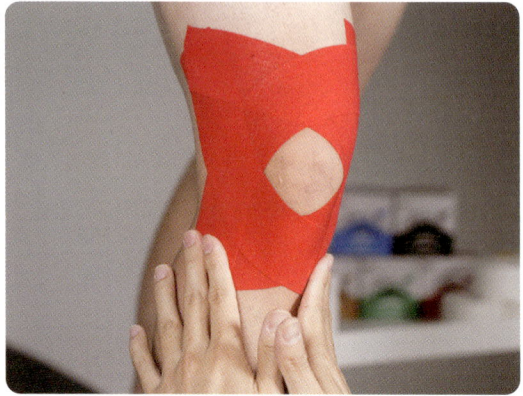

05 8칸짜리 테이프를 사용하여 무릎 앞쪽에서 시작해 나선형으로 무릎 뒤쪽을 지나 허벅지 앞쪽에서 끝난다. 무릎의 앞뒤쪽 방향과 회전 안정성을 위한 테이핑이다.

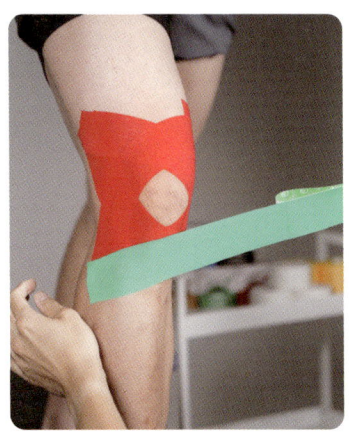
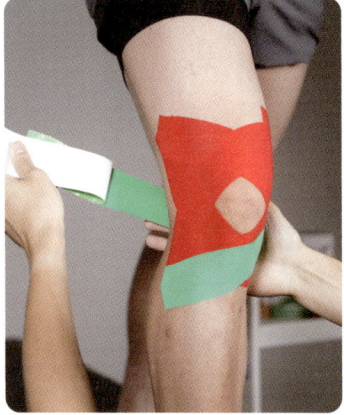
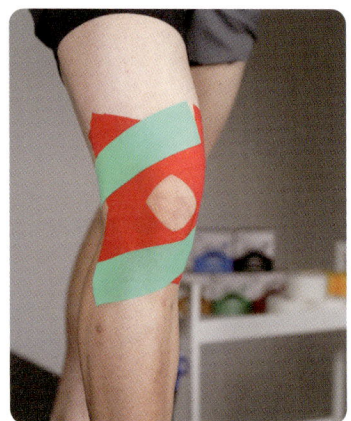

06 사진 05번과 반대 방향으로 한다.

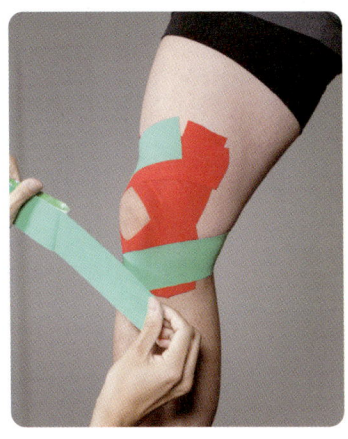
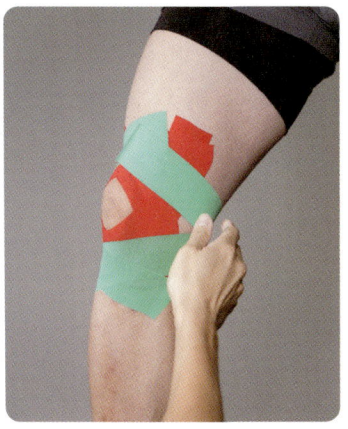
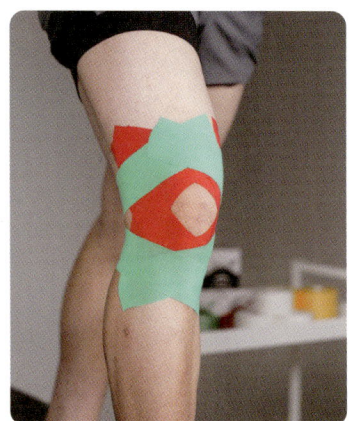

5 농구 선수들의 어깨 테이핑

어깨 회전근개와 삼각근 안정화 테이핑으로 어깨 테이핑 중 안정성이 뛰어나다. 통증 근육에 맞춰 회전근개 테이핑, 삼각근 테이핑만 따로 해도 좋다.

※ 주의점 : 어깨는 땀을 많이 흘리고 동작이 많기 때문에 삼각근 아래에 티어라이트 테이핑을 활용해 감아주면 떨어지는 것을 방지할 수 있다.

- **준비물** : 4칸 4개, 5칸 3개

※ 키네시오 테이핑을 어깨, 목, 허리 등과 같이 땀이 많은 곳에 적용할 경우 사각형의 모든 모서리 부분을 둥그렇게 해준다면 잘 떨어지지 않게 할 수 있다.

01 4칸짜리 테이프를 사용해 어깨 관절의 앞에서 시작해 날개뼈의 위쪽 극상근과 극하근 방향으로 적당한 텐션으로 테이프를 부착한다(어깨 회전근개 보조 테이핑).

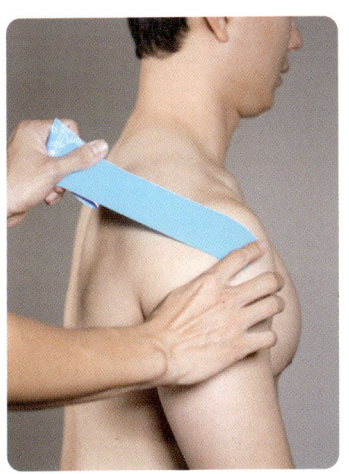 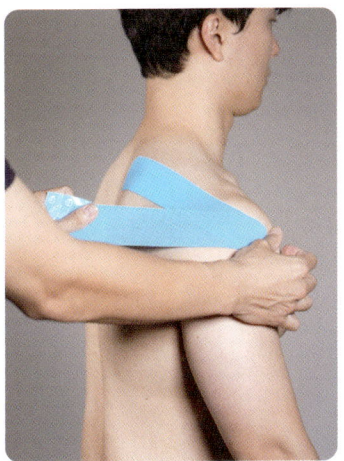 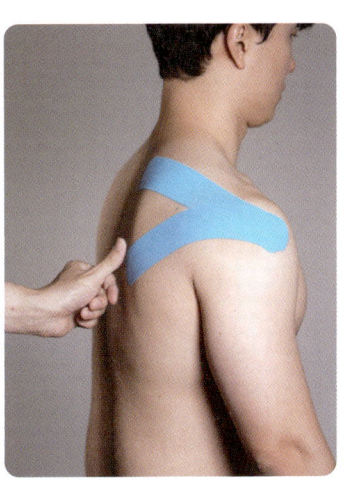

02 5칸짜리 테이프를 이용해 어깨 삼각근 아래에서 시작해 승모근 방향으로 부착한다.

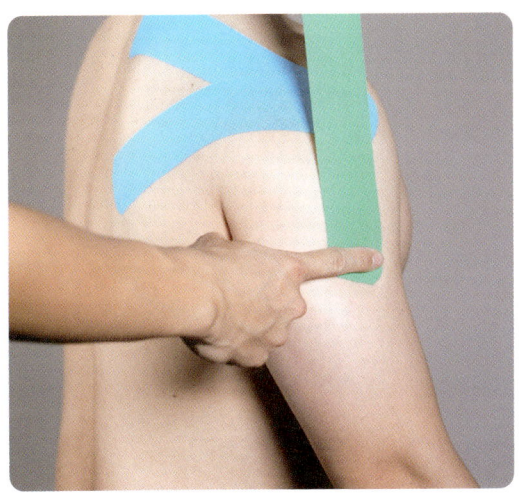 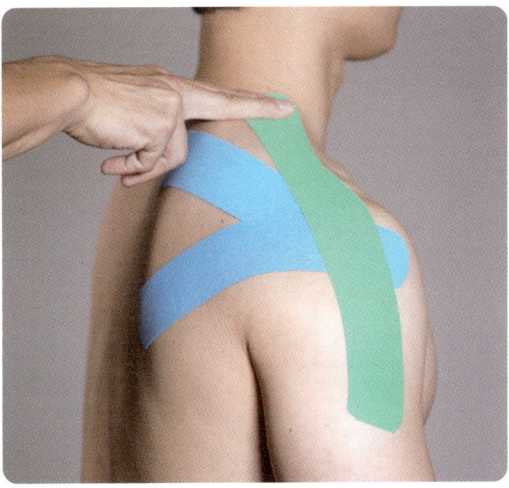

03 5칸짜리 테이프를 이용해 어깨 삼각근 아래에서 시작해 전면 삼각근을 따라 부착한다. 팔을 뒤로 보내 전면 삼각근이 스트레칭 된 자세를 만들어 주어도 좋다.

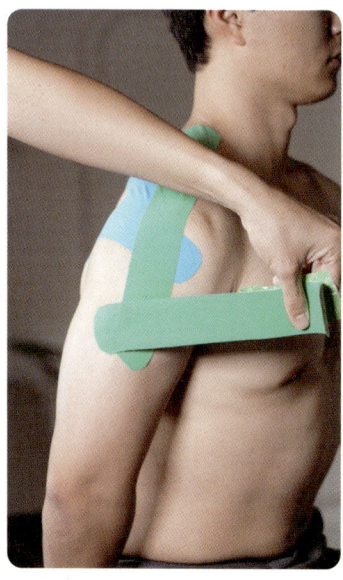 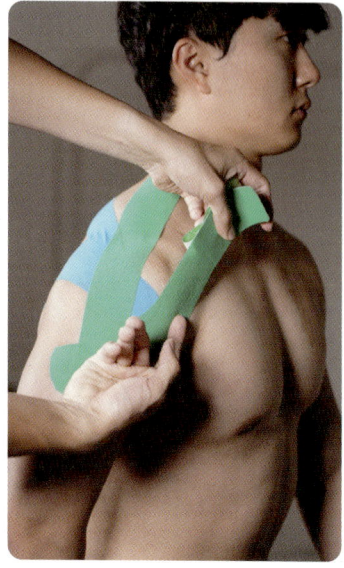 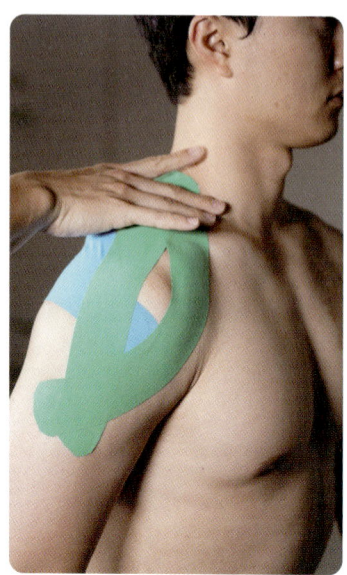

04 5칸짜리 테이프를 이용해 어깨 삼각근 아래에서 시작해 후면 삼각근을 따라 부착한다. 팔을 앞으로 보내 후면 삼각근이 스트레칭 된 자세를 만들어 주어도 좋다.

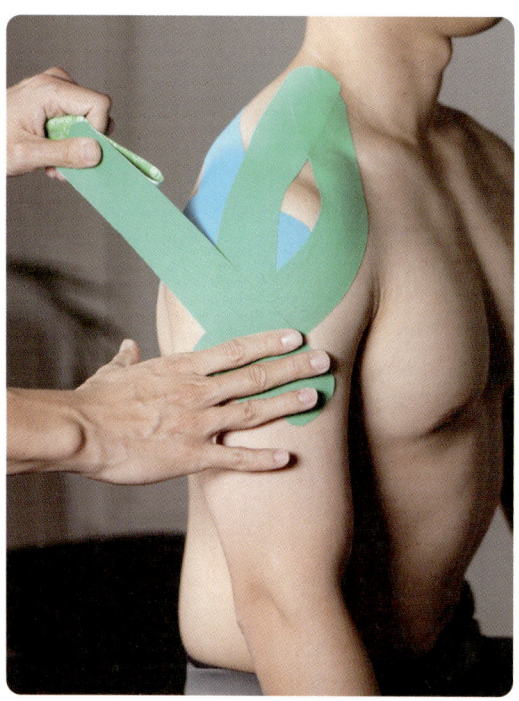 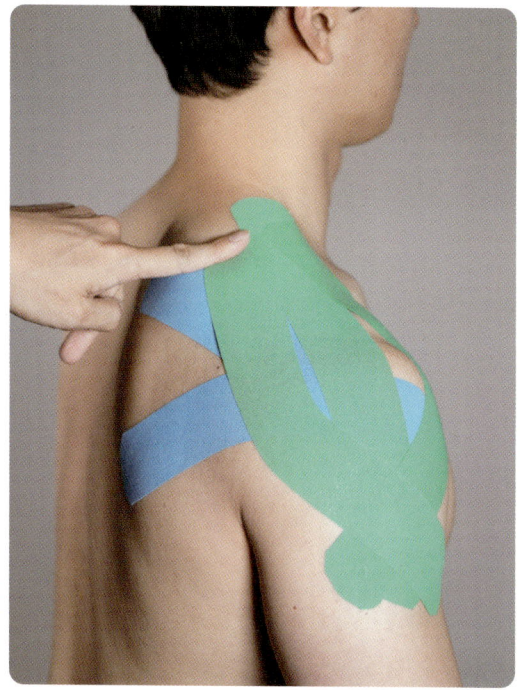

05 4칸짜리 테이프 두 개를 사용하여 어깨 관절에 가벼운 압박을 주어 안정화를 높인다.

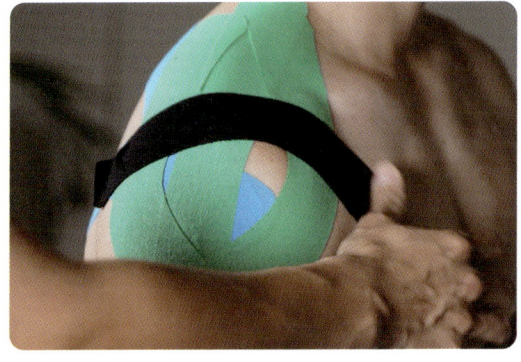
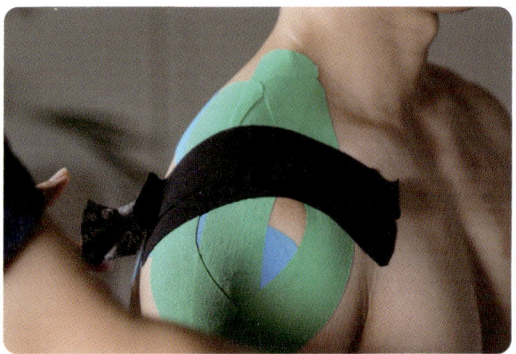
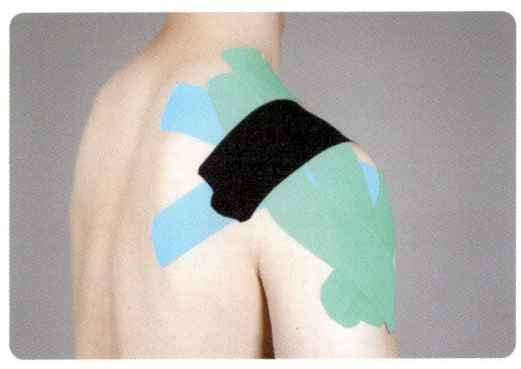

6 농구 선수들의 허리 테이핑

허리 안정화 테이핑으로서, 허리 요추의 통증으로 인해 운동하기 힘들 때 사용한다.

- **준비물** : 5칸 5개

※ 허리 테이핑에서는 안정성을 높여주기 위해 3in 테이핑을 사용해도 좋다.

01 5칸짜리 테이프 두 개를 사용하여 골반의 후상장골극(PSIS)에서 척추기립근을 따라 아래에서 위로 부착한다. 테이프를 부착할 때 손은 테이블이나 무릎에 손을 대고 몸통을 굴곡한다.

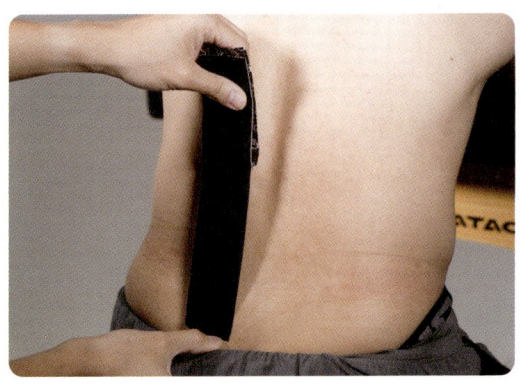
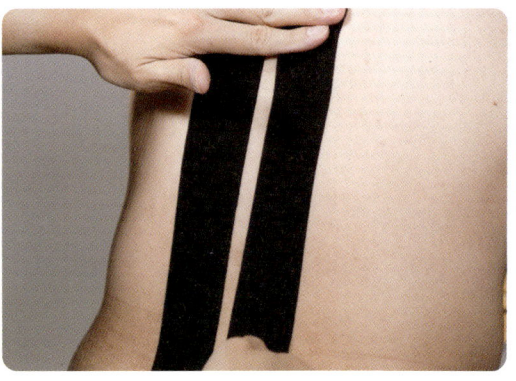

02 테이프를 가로로 잡고 통증 부위를 가로질러 늘려서 부착한다(허리의 안정성).

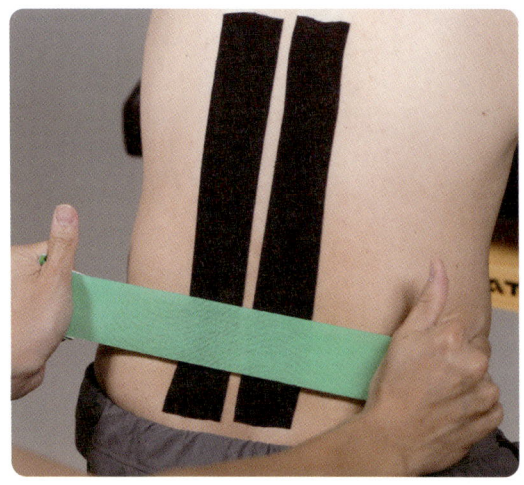

03 허리의 통증 부위를 가로질러 대각 방향으로 늘려 부착한다(허리의 회전 안정성).

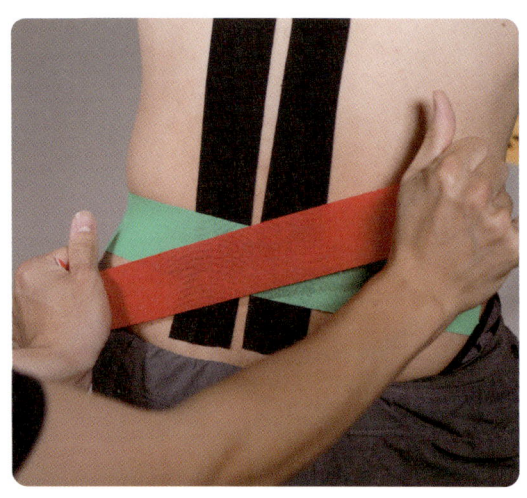 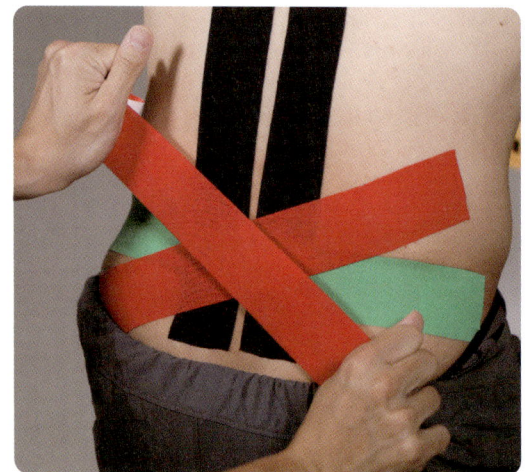

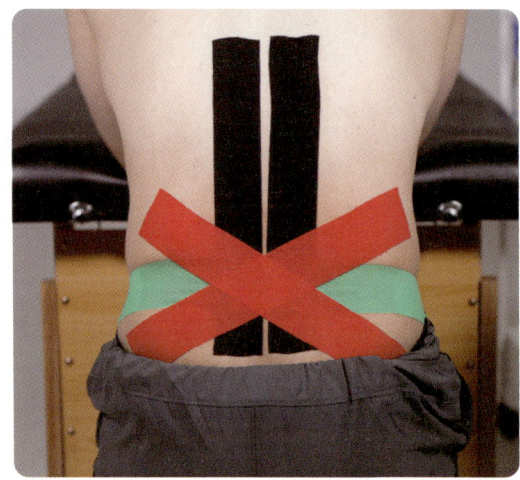

7 농구 선수들의 손가락 테이핑

농구는 공을 잡아서 드리블하거나 패스하는 동작이 빈번한데, 그때 손가락에 공이 맞거나 가로채기를 시도하는 상대방 손에 손가락이 맞을 때 하는 테이핑이다.

※ 주의점 : 손가락 테이핑할 때는 몸으로부터 먼 쪽에서 몸쪽으로 해준다.

- **준비물** : C-tape

※ 1in C-tape가 없다면 일반 C-tape를 반으로 길게 찢어 사용한다.

01 C-tape를 반으로 길게 잘라 짧은 테이프(약 3cm) 6개 긴 테이프(약 6cm) 2개를 준비한다.

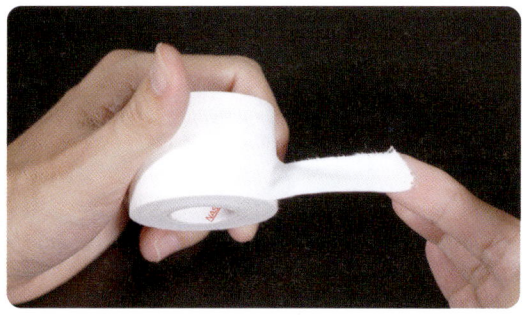

02 손가락 부상 관절의 측부인대에 짧은 테이프를 사용하여 'I'자 모양으로 양쪽에 부착한다.

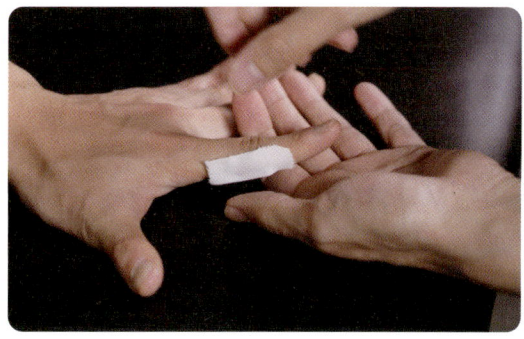
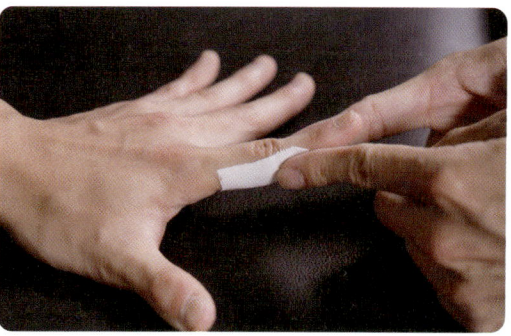

03 손가락 관절의 측부인대에 짧은 테이프를 사용하여 'X'자 모양으로 부착한다.

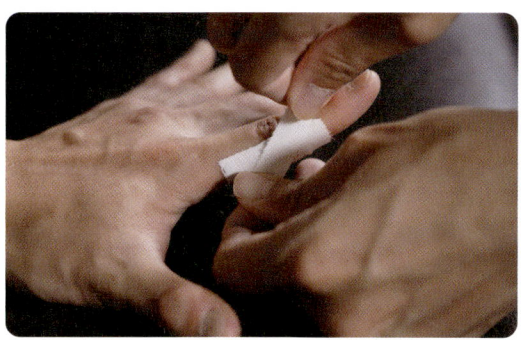
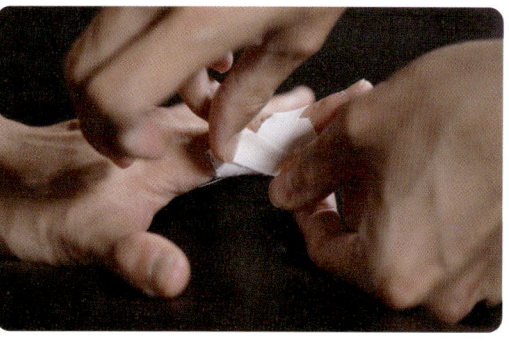

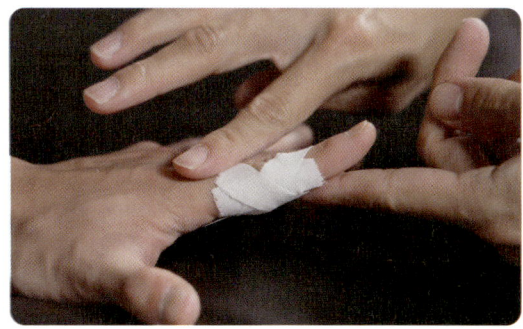

04 안쪽과 바깥쪽 모두 적용한다.

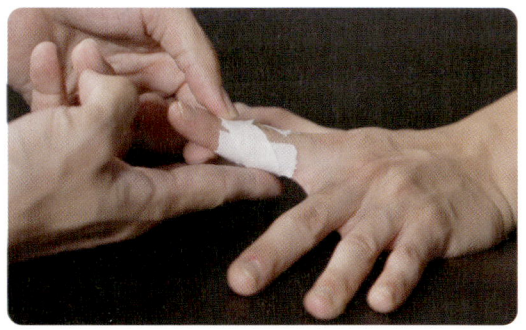

05 긴 테이프를 사용하여 몸 바깥쪽에서 안쪽으로 고정해 준다.

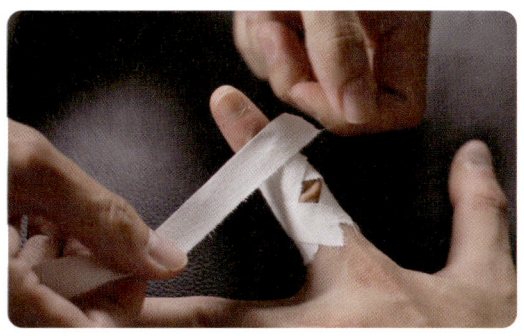 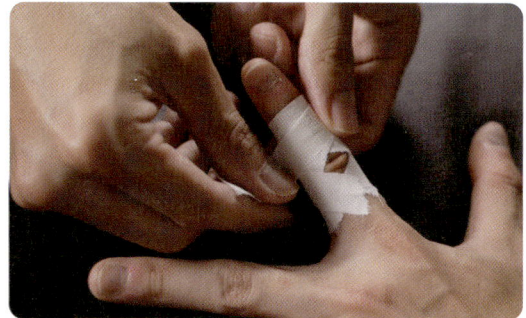

06 긴 테이프를 사용하여 고정해 준다.

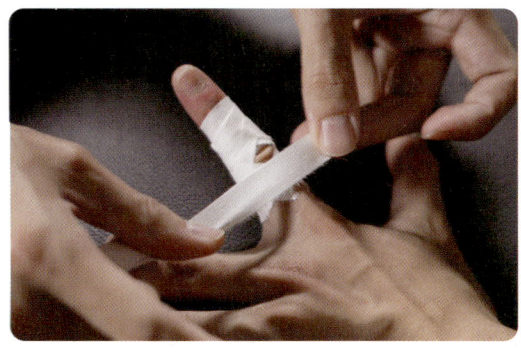 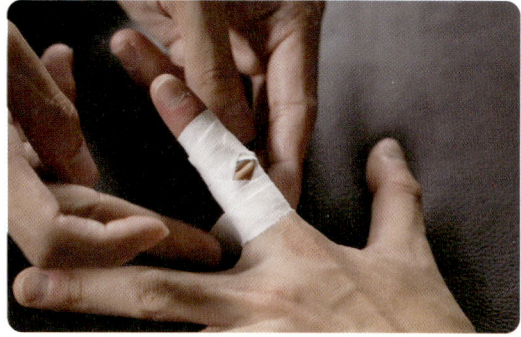

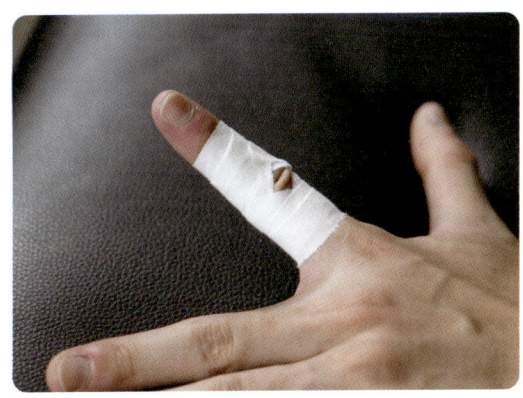

8 농구 선수들의 엄지손가락 테이핑

농구 선수의 손가락 테이핑과 마찬가지로 공이나 상대 선수의 손에 엄지손가락이 다칠 때 사용하는 방식이다.

• **준비물** : 5칸 2개, 5칸 3개(세로로 1/3)

01 5칸짜리 테이프를 사용하여 손목에 가벼운 압박을 해준다. 손목의 안쪽은 너무 압박되지 않게 텐션을 조절한다.

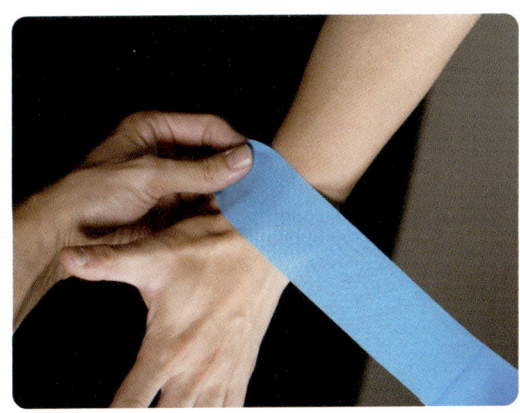
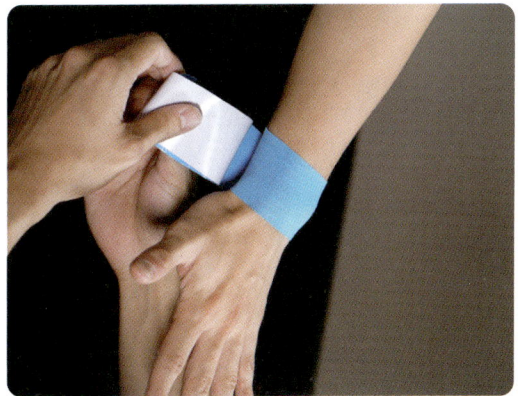
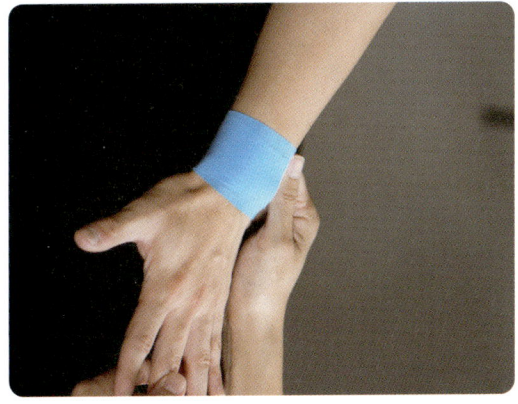

02 세로로 자른 테이프를 이용해 손목의 바닥 쪽에서 시작하여 엄지손가락 마디에 피겨에잇을 그리며 한 바퀴 감아준다.

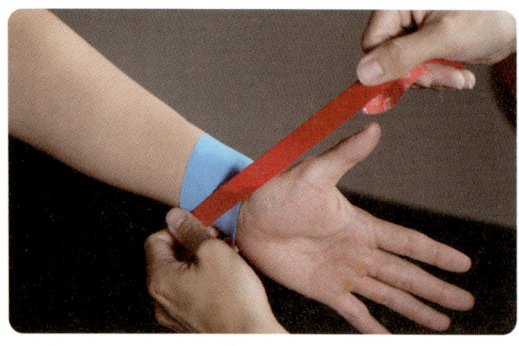 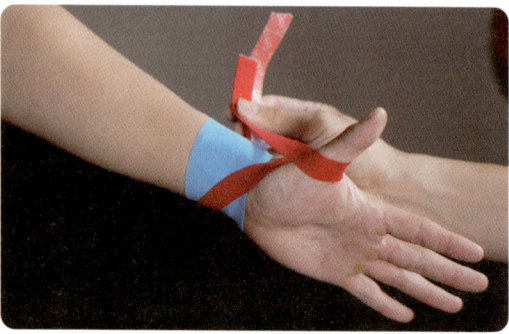

03 세로로 자른 테이프를 이용해 손등 쪽에서 시작하여 엄지손가락 마디에 피겨에잇을 그리며 한 바퀴 감아준다.

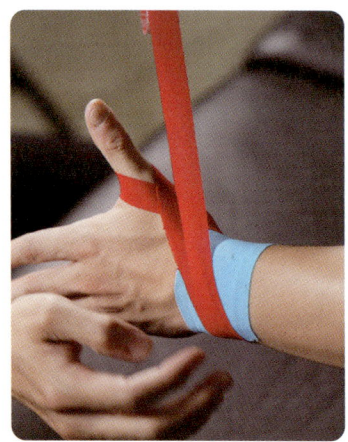 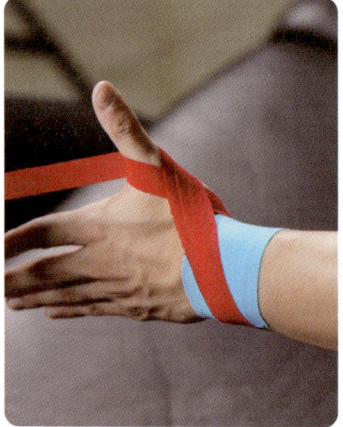 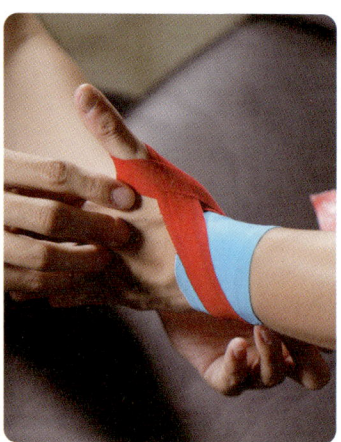

04 세로로 자른 테이프를 이용해 부착된 엄지손가락 마디의 위쪽에서 시작해 'X'자 모양을 그리며 부착한다.

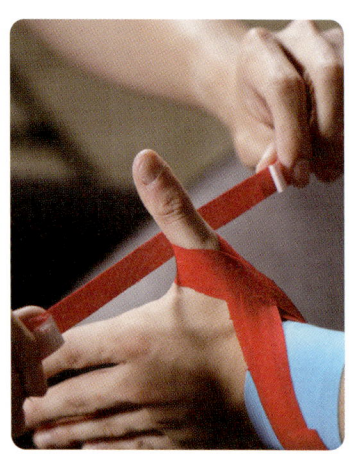 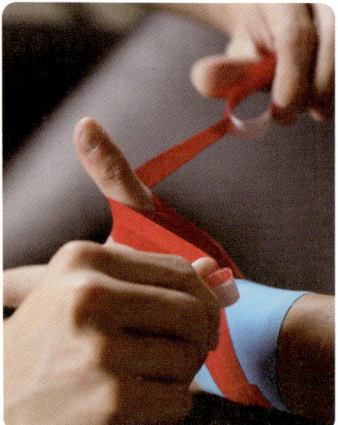 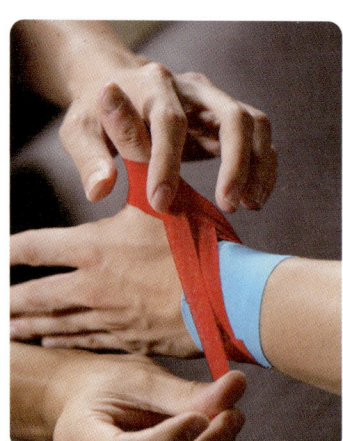

05 5칸짜리 테이프를 사용하여 떨어지지 않게 손목을 가볍게 감아준다. 너무 강하게 압박하면 혈액 순환이 잘되지 않으므로 주의한다.

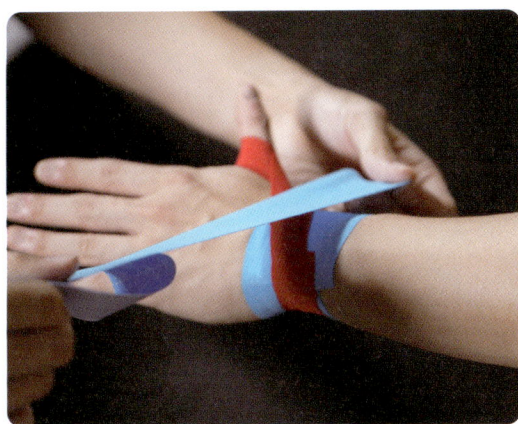
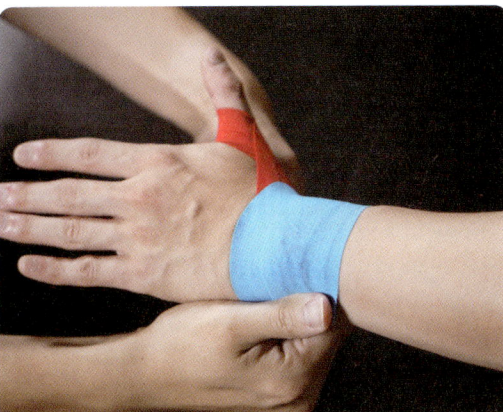
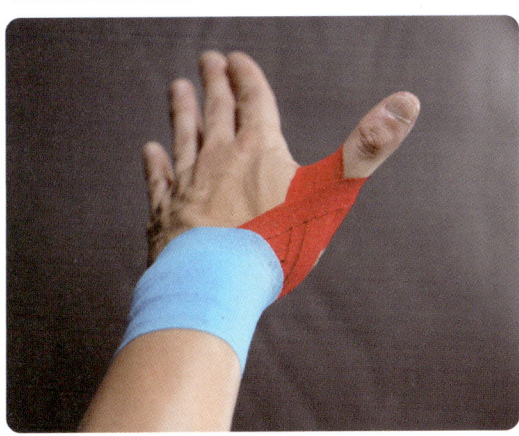

손성민 트레이너

현) TL탁구단 의무트레이너
전) 하늘본튼튼의원 물리치료사
　　보람상조 탁구단 의무트레이너
　　강남 메드렉병원 물리치료사
　　신한대학교 태권도부 2025년 단체 동계 훈련 테이핑, 보강 운동 특강 강사
　　대구보건대학교 스포츠재활, 물리치료과 졸업
　　FIFA Diploma in Football Medicine 수료
　　2024 도핑예방 보건의료 전문가
　　노인스포츠지도자 2급

보람상조 탁구단을 거쳐 TL탁구단 트레이너로 재직 중이며 2023-24 탁구 국가대표 상비군, 2025 탁구 국가대표 배출했으며 다양한 종목 의무지원 및 테이핑 특강을 진행했다.

종목별 테이핑 소개

CHAPTER 05

탁구

01 탁구 스포츠 상해 소개

탁구란 길이 27.4cm, 너비 15.25cm, 높이 76cm 테이블에서 15.25cm 높이의 네트에 지름 4cm 무게 2.7g의 공으로 자신의 테이블에 한 번만 튀게 한 후 상대 테이블로 보내야 하며, 실패할 경우 실점하는 스포츠이다.

탁구공의 최고 속도는 250km/h로 빠른 속도의 스포츠에 속하지만, 다른 스포츠보다 테이블이 작으며 공의 크기가 작고 가벼워 스핀양이 많아 빠른 반응 및 판단이 필요한 스포츠이다.

순발력, 민첩성, 지구력, 유연성, 근력 등 여러 부분에서 육각형의 능력치가 필요하며 집중력과 감각이 중요한 운동이다. 엘리트 선수도 연습량이 부족하면 감각 저하와 라켓에 대한 예민성이 저하되어 휴식 기간이 길지 않으며 많은 연습량이 필요하다.

모든 스포츠가 비슷하지만, 체력과 근력이 부족하면 상해의 위험에 항상 노출되어 탁구 선수들은 하체 훈련 및 체력 훈련을 중요하게 여긴다. 그 이유는 짧은 시간에 작은 테이블에서 낮은 자세로 많은 스텝으로 움직이기 때문에 하체가 버티지 못하면 순간적인 반응, 풋워크를 통해 좋은 샷을 치기 어렵기 때문이다.

탁구는 하루에 최소 2경기에서 많으면 6~8경기를 진행하는 일정이다. 하루에 많은 경기를 해야 하는 일정 속에 근육의 부담이 증가한다. 한 경기를 진행 후 상해가 발생할 경우 다음 경기를 위해 빠르게 컨디셔닝 및 테이핑이 필요하다.

긴장된 상태에서 순간적인 움직임(네트를 맞고 넘어오는 경우, 엣지에 맞는 경우, 상대가 구석으로 강하게 공을 보낸 경우), 상대에게 위협적인 플레이를 시도, 부적절한 스윙 스타일 등을 시도하다 상해가 발생하는 경우가 많다.

상해가 발생한 경우, 다음 경기를 위해 컨디셔닝, 테이핑을 진행하는데 컨디셔닝으로 통증이 조절되지 않는 경우, 신체 기능 이상, 관절의 안정성 저하, 재발 방지, 선수 본인의 심리적 불안감을 느끼는 경우, 혹은 선수가 원하는 경우 테이핑을 진행한다.

탁구는 예민한 스포츠이기에 테이핑이 불편하거나 두꺼우면 선수들의 만족도가 떨어져 최대한 얇게, 스윙에 방해가 되지 않을 정도로 하는 것이 중요하다. 하지만 부득이한 경우 선수와 잘 소통하여 테이핑을 진행해야 한다.

어깨 상해의 경우 포핸드 스윙 시 골반+몸통+어깨의 회전을 통해 힘을 만들어 스윙해야 하지만 선수의 스타일, 갑작스러운 공의 처리 시 탁구 선수의 기본자세[가슴을 숙이고 견갑골의 내밈(Protraction) 자세]에서 어깨만 이용해 스윙하는데 이때 견쇄관절(AC joint)의 충돌과 전면삼각근의 과수축, 후면삼각근의 순간적인 늘어남 등으로 통증이 발생하는 경우가 있다. 이런 상황에서 문제가 발생한 관절의 가동성, 문제 근육의 보강 운동 및 이완, 근 재교육 후 테이핑 등으로 어깨 근육의 정상적인 위치에서 안정성 증진, 통증 조절을 목표로 하는 테이핑 기법을 사용했다.

탁구에서 허리 상해는 어깨와 비슷하지만 조금 다른 기전을 가지고 있다. 포핸드 스윙 시 골반+몸통+어깨의 회전을 이용하지만, 골반의 움직임 없이 복압을 유지하지 못한 상태로 허리만으로 강한 샷을 구사하다 상해가 발생하게 된다.

허리에 상해가 발생하면 몸통의 굽힘(Flexion) 제한이 발생하며 가장 눈에 보이는 부분은 기립근의 경직이 생긴다. 따라서 컨디셔닝을 통해 경직된 근육을 이완하고 코어 활성화를 통해 척추의 안정성을 향상했다. 광배근(Latissimus Dorsi), 하부 승모근(Lower trapezius), 복횡근(Transversus Abdominis), 요방형근(Quadratus Lumborum), 척추기립근(Elector spinae) 테이핑을 통해 기립근의 부담도 줄였다.

실내 스포츠는 접지력이 높은 소재의 바닥과 신발을 이용한다. 순간적인 움직임이 많고 고유수용성 감각 저하, 갑작스러운 움직임에 반응을 요하는 상태에서 연습 및 경기를 진행하면 발목이 돌아가는 사고가 다수 발생한다.

상당수의 탁구 선수는 발목 부상을 갖고 있으며 만성 통증으로 통증에 대한 민감성은 낮아져 있기 때문에 발목에 불안정성을 느끼는 선수는 많다. 따라서 탁구 선수들은 발목 안정성 훈련이 필수이며 테이핑 또한 대다수의 선수들이 요구하고 있다. 발목의 외측(ATFL, PTFL, CFL)의 안정성을 찾아주는 것이 중요하다.

무릎은 (1) 항상 뒤꿈치를 들고 순간적임 움직임 준비, (2) 낮은 자세 유지, (3) 힙 힌지 인지 부족, (4) 반복적인 무릎의 앞쪽 전단력 스트레스, (5) 유소년기 스트레칭 및 관리 부족, (6) 폭발적 움직임으로 다수의 시니어 탁구 선수들이 무릎 통증을 호소한다. 선수들의 과도한 무릎 사용이 무릎 주변의 연부조직을 손상시키는데 회복 시간이 부족하다. 이 경우 통증 조절, 안정성 증진을 목표로 테이핑한다. 그 후 선수의 상해에 알맞은 보강훈련을 진행한다.

위와 같은 각 부위 특징은 경미한 상해일 경우 경기를 진행하기 위한 케어 수단일 뿐이다.

탁구에서는 어깨, 무릎, 허리, 팔꿈치, 손목, 발목의 상해에 대한 테이핑 기법을 알려드리려고 한다. 탁구라는 종목은 동호인과 대중의 관심은 많지만, 정보는 턱없이 부족한 스포츠 중 하나라고 생각된다. 따라서 이 책을 통해 동호인, 주니어, 시니어 선수, 탁구에 관심이 많은 트레이너에게 부족한 정보를 채워줄 수 있는 계기가 되기를 바란다.

02 탁구 스포츠 테이핑 방법

1 어깨 _ Shoulder stability

어깨 전체의 안정성 증가를 위한 테이핑 방법이다. 해당 부위 근육을 최대로 늘린 상태에서 부착하는 것이 불편감을 최소한으로 줄일 수 있다.

- **적용 대상자의 자세** : 편하게 앉은 자세에서 시작하고 부위마다 자세 변경
- **준비물** : 6칸 2개, 5칸 3개, 3.5칸 1개

01 5칸짜리 테이프를 측면 삼각근, 상부 승모근을 최대한 늘어난 자세에서 삼각근 조면 – 상부 승모근 중간 부위까지 부착한다.(필요에 따라 상부 승모근 끝까지 부착하기도 하며 테이프는 당기지 않으며 부착한다.)

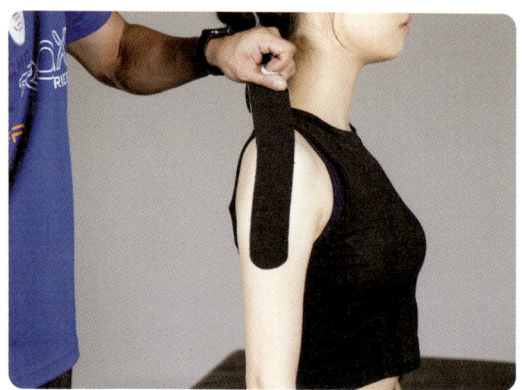
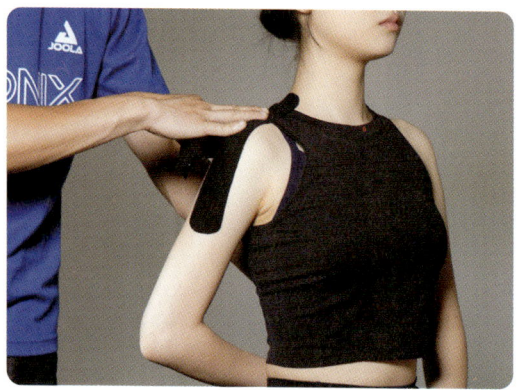

02 5칸짜리 테이프를 전면 삼각근이 늘어난 자세(뒷짐을 진 자세)에서 삼각근 조면 (Deltoid tuberosity)에서 견봉(Acromion)까지 부착하며 테이프는 당기지 않으며 부착한다.

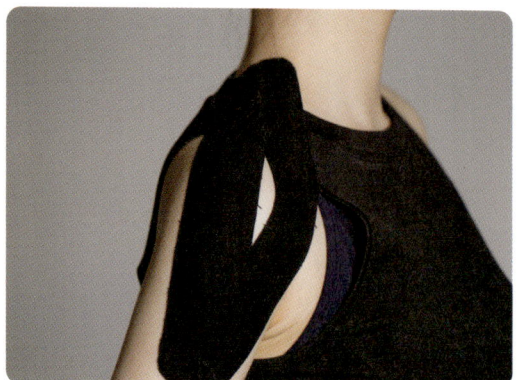

03 5칸짜리 테이프를 손은 반대쪽 어깨를 잡은 자세에서 삼각근 조면(Deltoid tuberosity)-후면 삼각근 (Post deltoid)을 감싸면서 견봉까지 부착하며 테이프는 당기지 않고 부착한다.

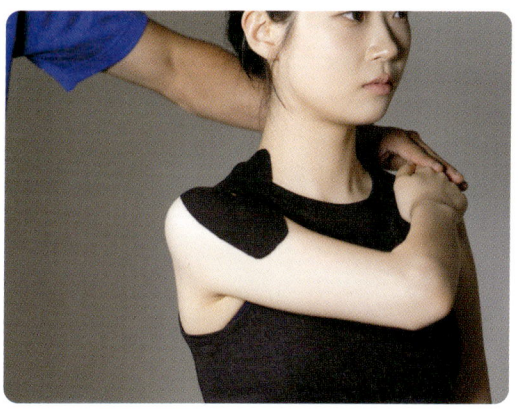
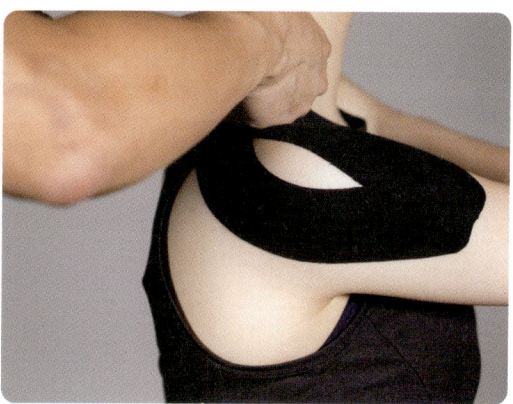

04 6칸짜리 테이프를 어깨의 90° 외전 상태에서 최대한 내회전(IR) 후 삼각근 조면(Deltoid tuberosity) 의 앞-뒤 쪽으로 부착하며 견봉을 지나쳐 가슴 앞쪽까지 당기지 않으며 부착한다.

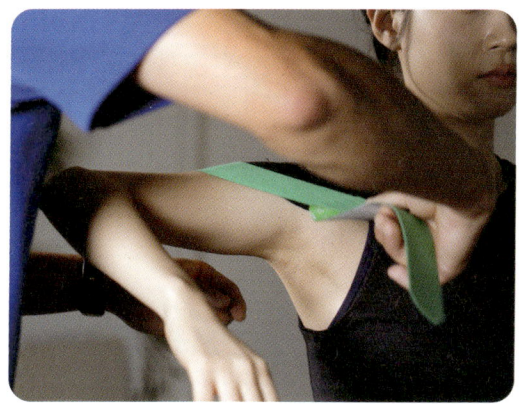

05 6칸짜리 테이프를 팔의 90° 외전 상태에서 외회전(ER) 후 삼각근 조면(Deltoid tuberosity)의 뒤-앞 쪽으로 부착하며 견봉을 지나쳐 어깨 뒤쪽까지 당기지 않으며 부착한다.

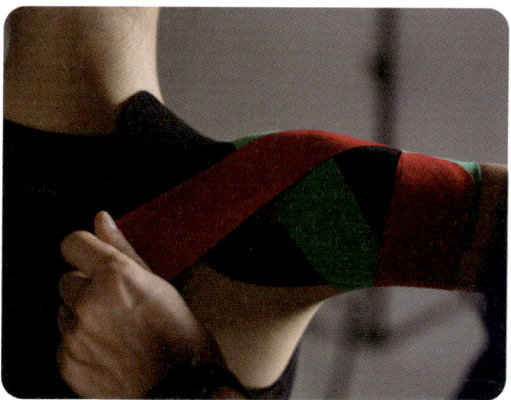

06 3.5칸짜리 테이프를 20%의 텐션으로 견봉 위에서 압박 부착하여 마무리한다.

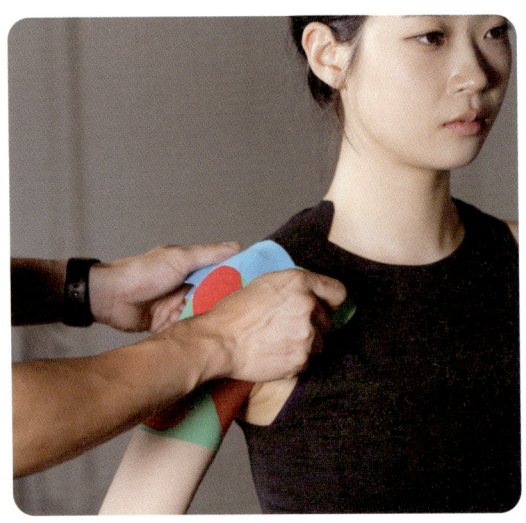
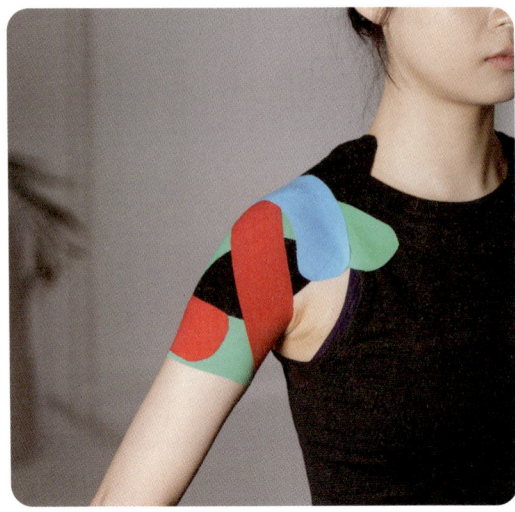

2 무릎 내측 _ MCL stability

무릎 내측 측부인대(MCL)에 안정성이 결여된 경우 실시한다. MCL이 손상되었을 경우 무릎이 굴곡, 신전, 내반력이 가해진 경우 통증이 발생된다.

- **적용 대상자의 자세** : 체중을 지지하고 서 있는 상태

- **준비물** : 3칸 3개, 6칸 3개, 10칸 1개, C-tape, 티어라이트

01 시작 자세는 체중을 실으며 무릎을 약간 굴곡한 상태로, 10칸짜리 테이프를 경골 내측면(Pes anserinus)-전상장골극(ASIS)까지(봉공근 주행방향) 장력은 20~30%로 부착한다.

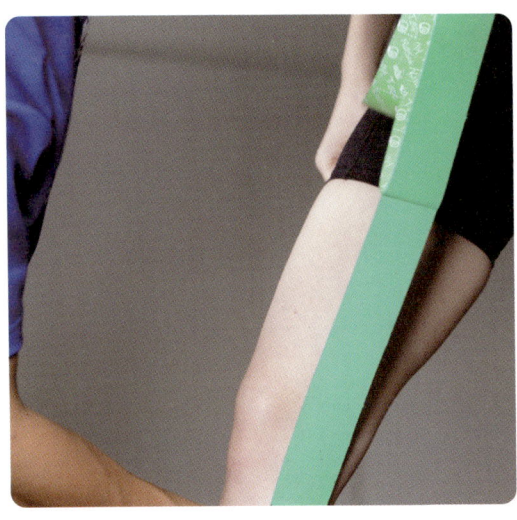
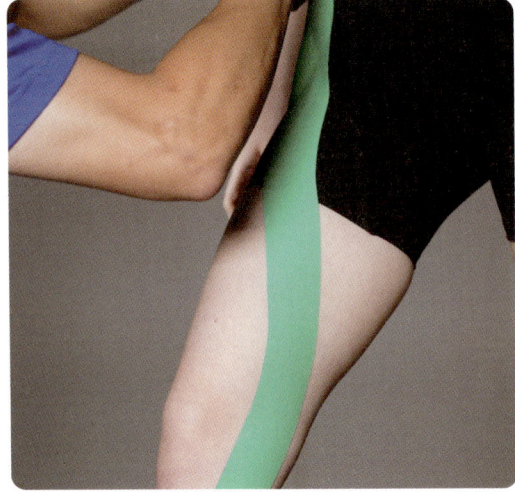

02 6칸짜리 테이프를 세 장을 경골 내측면-내전근 20~30%의 장력으로 부착하며 길수록 좋다.

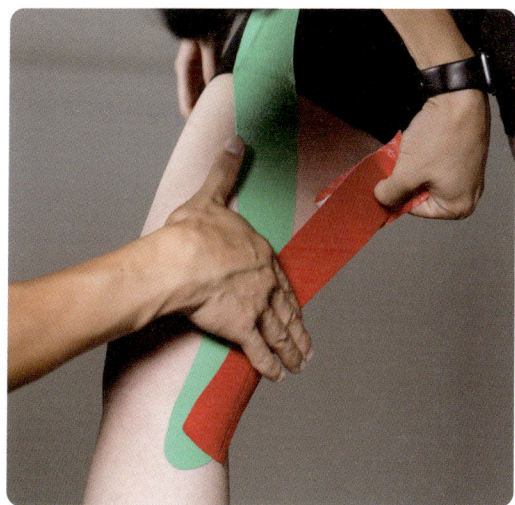 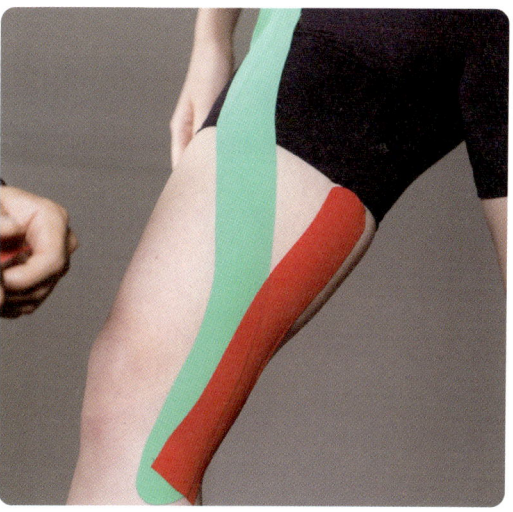

03 3칸짜리 테이프를 내측 측부인대 기준으로 부착 후 사선으로 2개 부착하며 장력은 40~50%가 된다.

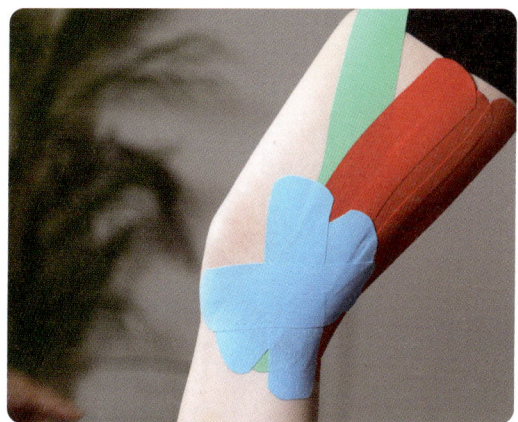

04 주행 방향은 기존의 테이핑과 동일하며 C-tape로 부착한다.

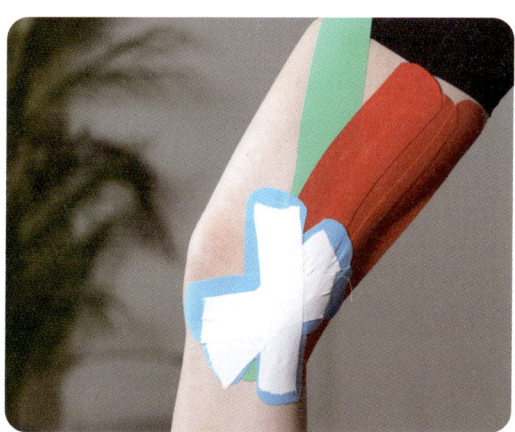

05 티어라이트를 이용해 내측 측부인대 기준 3점압 기법으로 4-6번 감아 마무리하며 장력은 선수가 불편하지 않을 정도로 적용한다. 약 20~30% 정도.

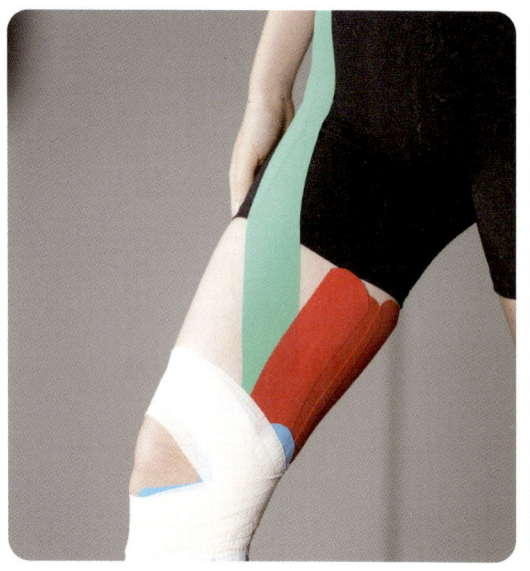
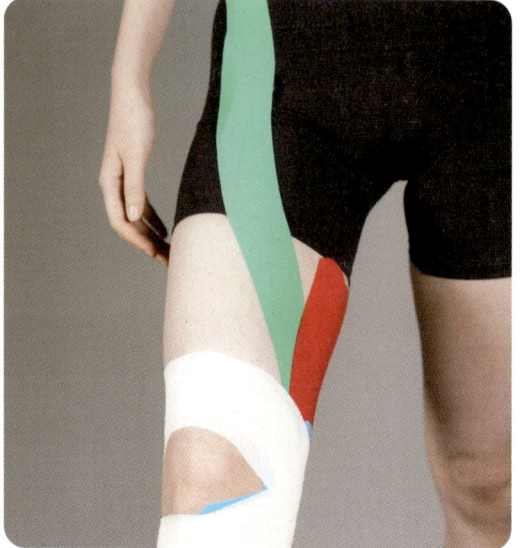

3 무릎 슬개건 _ Knee stability

무릎의 안정성을 증가시키기 위해 적용하는 기법. 접지력 높은 신발과 코트, 많은 양의 연습 및 시합 시 상해가 자주 발생한다.

- **적용 대상자의 자세** : 의자 끝에 걸쳐 앉아 무릎을 약간 굽힌 자세 또는 서서 무릎을 약간 굽혀 체중 지지한 자세

- **준비물** : 7칸(X자 모양) 1개, 8칸(Y자 모양) 1개, 언더랩, C-tape, 티어라이트

01 8칸짜리 테이프를 슬개골의 위 5~6cm 위부터 대퇴직근을 따라서 부착한다. 아래쪽 부분은 슬개골(patellar)을 감싸며(슬개골을 들어 올리는 느낌) 40~50% 장력으로 부착한다.

※ 슬개골(patellar)을 감싸는 테이핑 시 상황에 따라 슬개골(patellar)을 감싸지 않고 6칸 테이프를 이용해 경골 조면에서 내측 광근(VMO), 외측 광근(VL) 방향으로 슬개골을 받쳐주는 느낌으로 부착하기도 한다.

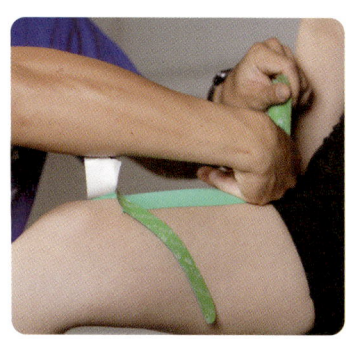
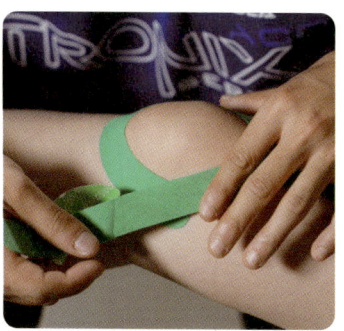
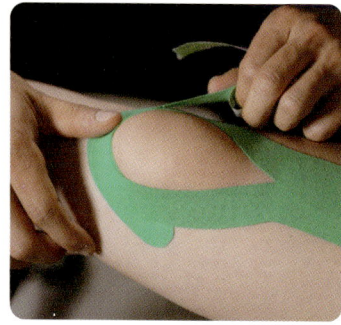

02 7칸짜리 테이프의 백킹 페이퍼(보호 종이) 가운데를 찢어 슬개골을 덮지 않도록 감싸주며 40~50% 장력으로 부착한다.

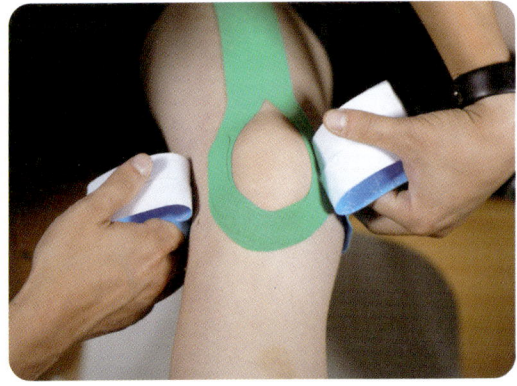
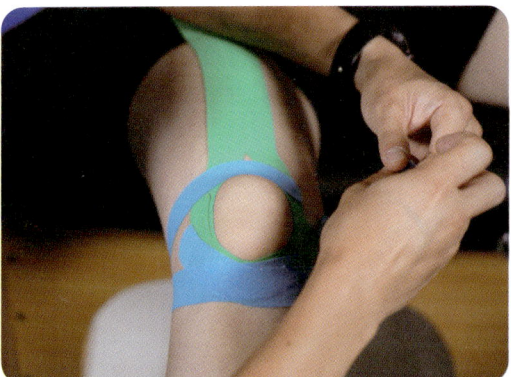
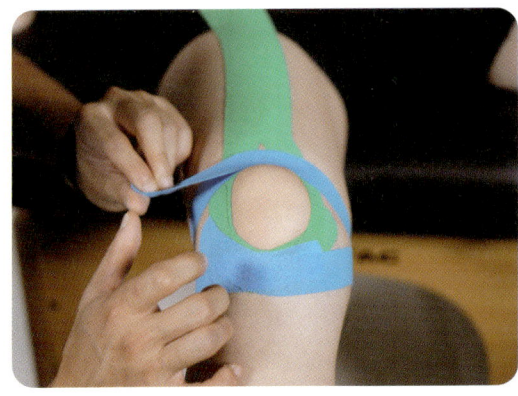

03 언더랩으로 폼 블럭을 만들어 슬개건(Patellar tendon) 위에 두고 C-tape를 이용해 선수가 통증 및 불편감을 느끼지 않을 정도로 감는다. (폼 블럭 부분은 압박이 필요하나 오금 부분을 강하게 부착하여 불편감, 신경, 혈관 압박이 되니 조심하며 부착한다.)

※ 폼 블럭 = 언더랩을 세로 1cm X 가로 3cm 정도로 만든다.

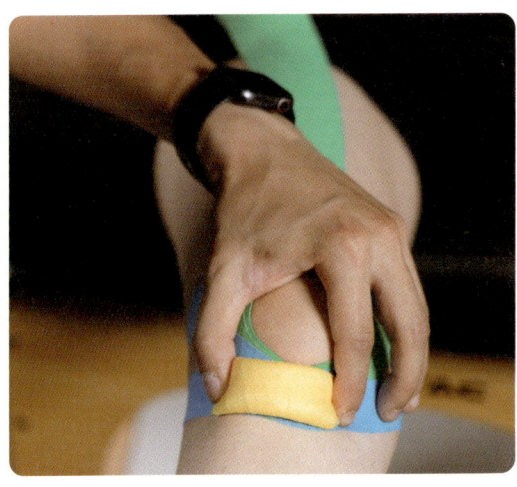
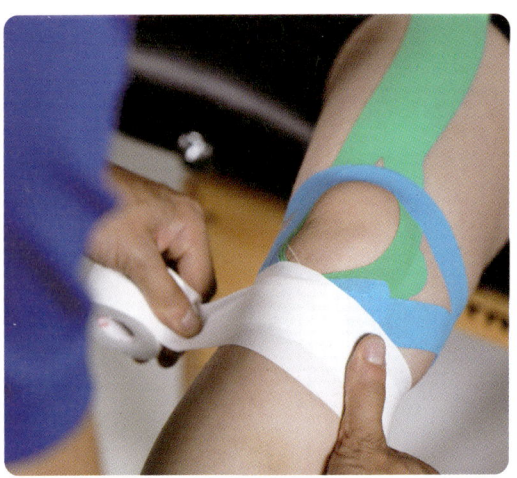

04 티어라이트로 슬개골을 피해서 선수가 불편감을 느끼지 않을 정도로 4-5회 정도 감으며 마무리한다.

※ 처음 슬개골을 감싸는 테이핑 시 상황에 따라 슬개골을 감싸지 않고 6칸 테이프를 이용해 경골 조면에서 VMO, VL 방향으로 슬개골을 받쳐주는 느낌으로 부착한다.

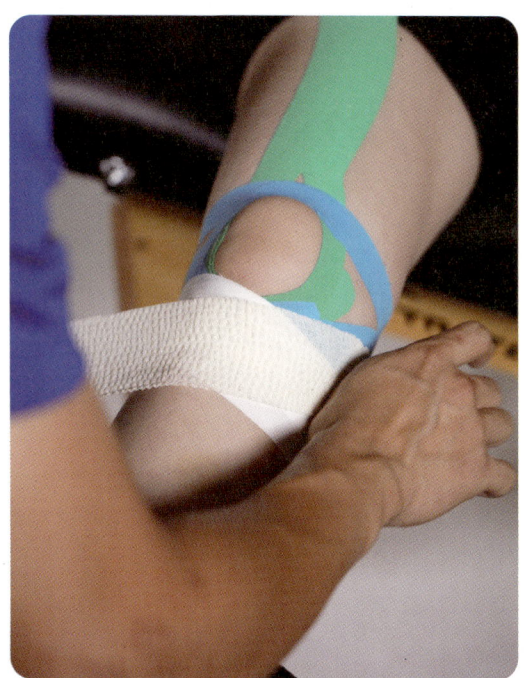
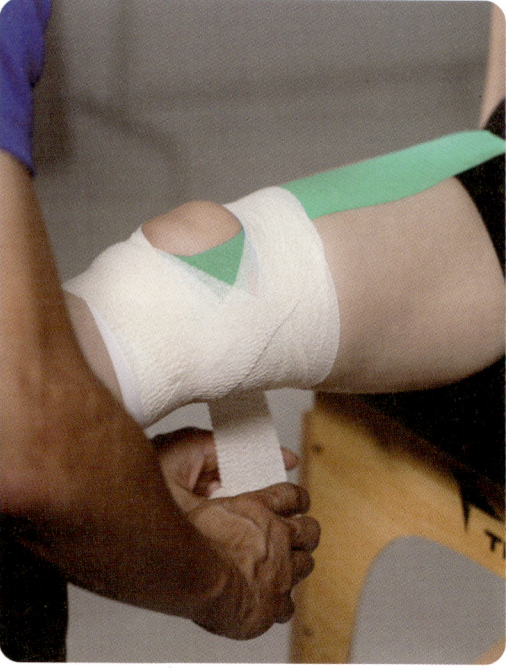
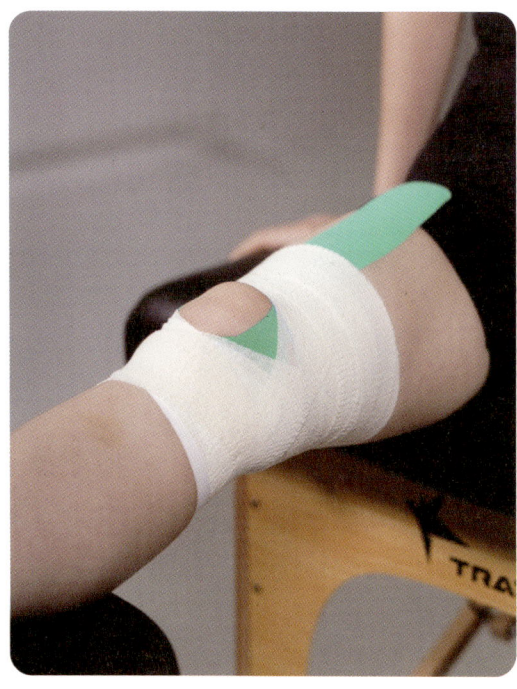

4 허리 _ Acute LBP

급성기 허리 통증 발생 시 적용하는 테이핑 방법이며 위 방법은 급성기 통증에만 적용 가능하다. 그 이후에는 다른 방식을 이용해야 한다.

- **적용 대상자의 자세** : 통증이 없는 몸통을 약간 굴곡한 자세

- **준비물** : 9칸 2개, 6칸 2개, 6.5칸 2개, 3칸(Y자 모양) 2개

01 선 자세에서 선수가 통증이 없는 앞으로 숙인 자세에서 시작(테이핑은 좌우 동일)한다. 12번째 흉추(T12)에서 견갑골의 극(Spine of scapular) 중간 부분까지 9칸짜리 테이프를 장력 5% 내외로 부착한다.

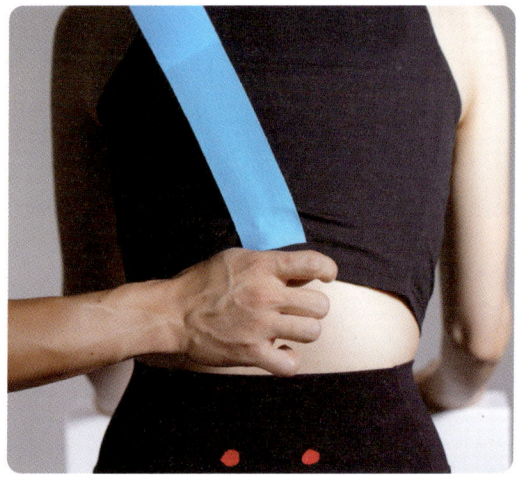

02 6칸짜리 테이프로 후상장골극(PSIS)-광배근(LD)을 따라서 삼두근 1/3 지점까지 장력은 5% 내외로 부착한다.

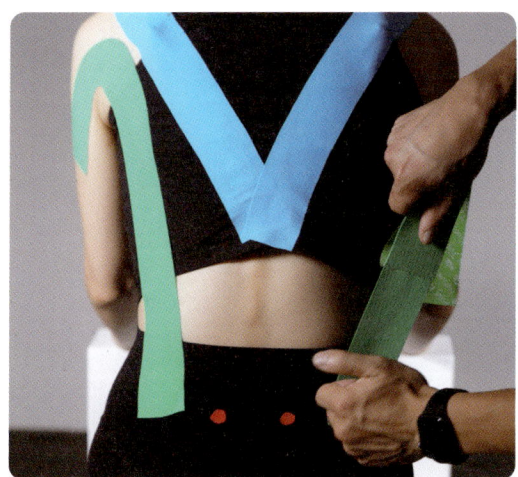
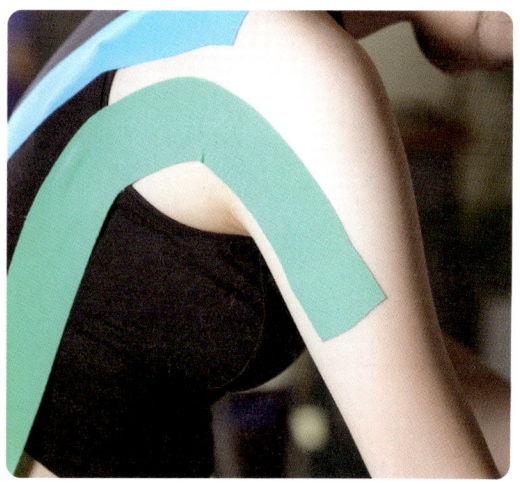

03 3칸짜리 테이프를 후상장골극(PSIS)-12번째 갈비뼈(Rib12) 방향으로 장력은 5% 내외로 부착한다.

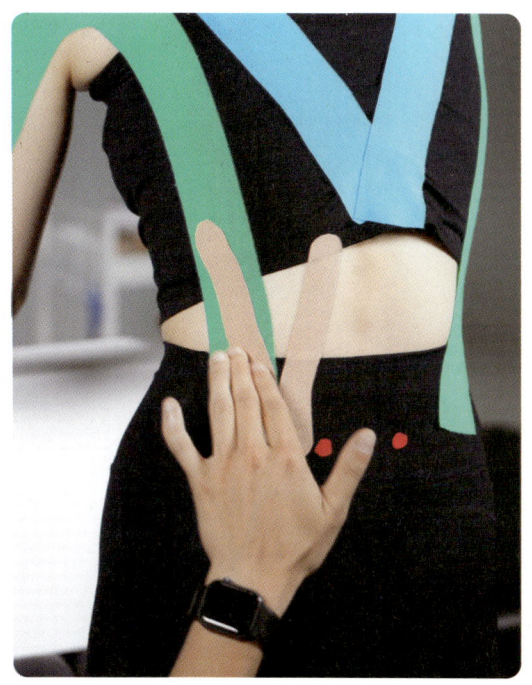 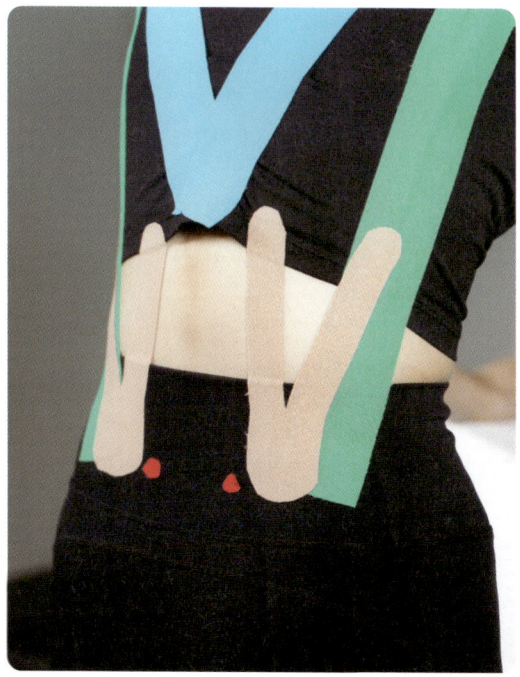

04 6.5칸 테이프를 12번째 흉추(T12)-전상장골극(ASIS) 방향으로 장력은 5% 내외로 부착한다.

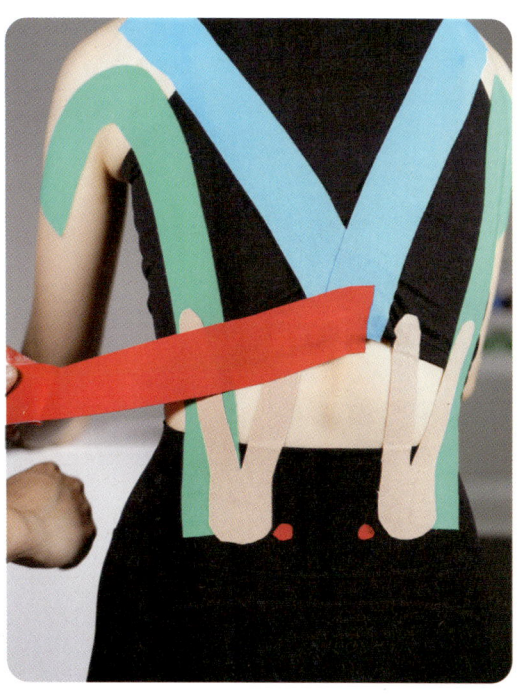 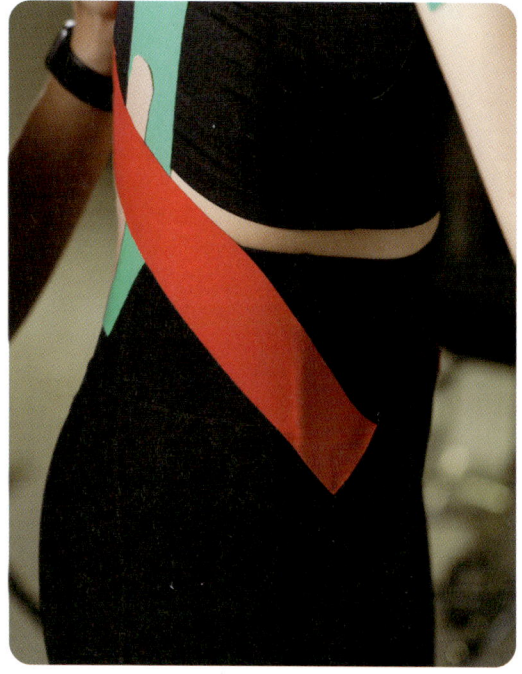

5 팔꿈치 _ Elbow

스윙을 강하게 끊어 치는 경우 팔꿈치 통증이 발생할 가능성이 높으며 상해 예방을 위해 테이핑을 적용해야 한다.

- **적용 대상자의 자세** : 손을 허리에 얹은 자세
- **준비물** : 4칸 1개, 3칸 2개

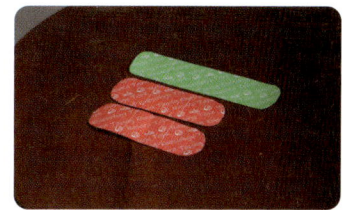

01 4칸짜리 테이프를 손은 허리에 올린 상태에서 삼두근(Triceps) 아래쪽 1/3 지점에서 팔꿈치 바깥쪽을 지나 전완부 앞쪽 1/3지점까지 장력은 10% 정도로 부착한다.

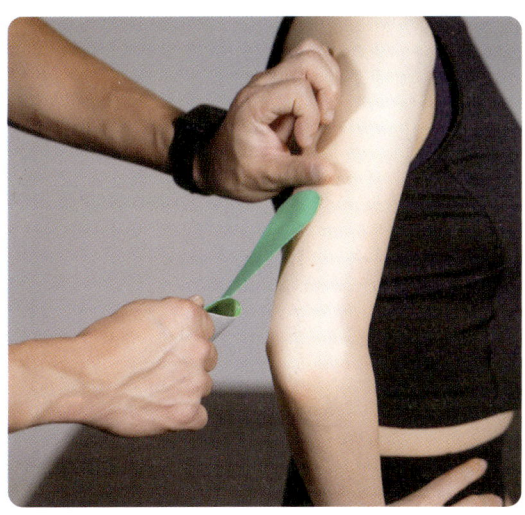 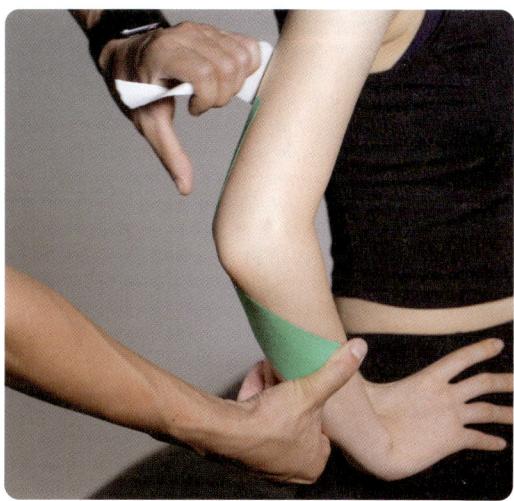

02 3칸짜리 테이프를 팔꿈치 중간 부분(Olecranon)은 피해서 내측상과(Medial epicondyle) - 외측상과(Lateral epicondyle)까지 장력은 10% 정도로 부착한다.

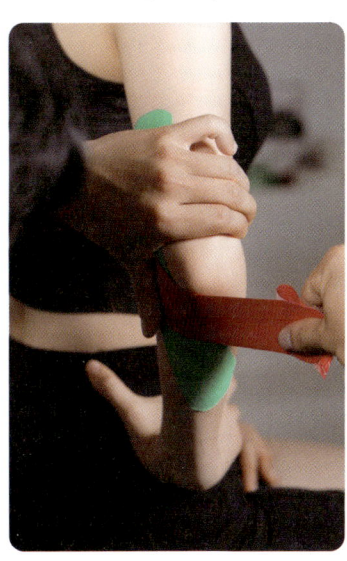 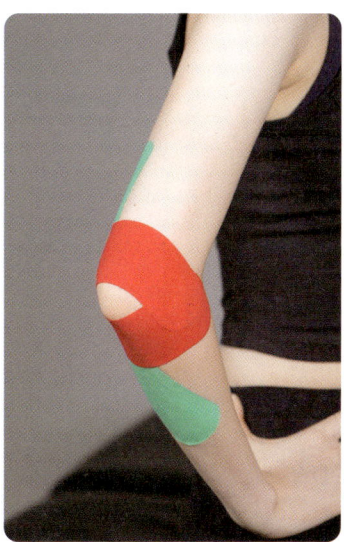 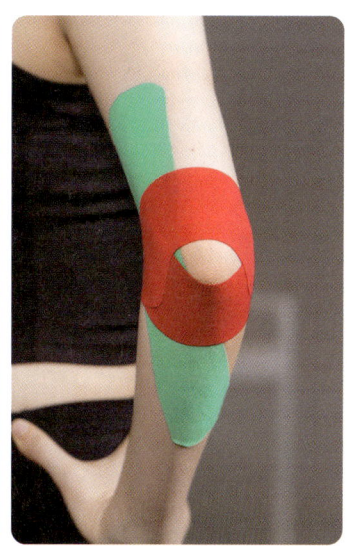

6 손목 _ Wrist

공과 라켓의 임팩트, 다양한 기술을 구사할 때 손목이 필수적으로 사용된다. 사용 빈도가 높은 만큼 상해 발생 가능성이 높다.

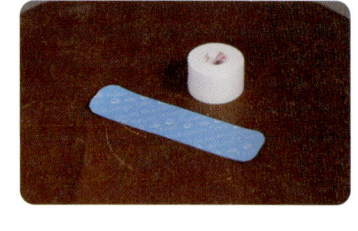

- **적용 대상자의 자세** : 편하게 앉은 자세
- **준비물** : 4칸 1개, C-tape

01 4칸짜리 테이프를 손목에 한 바퀴 감으며 장력 없이 부착한다.

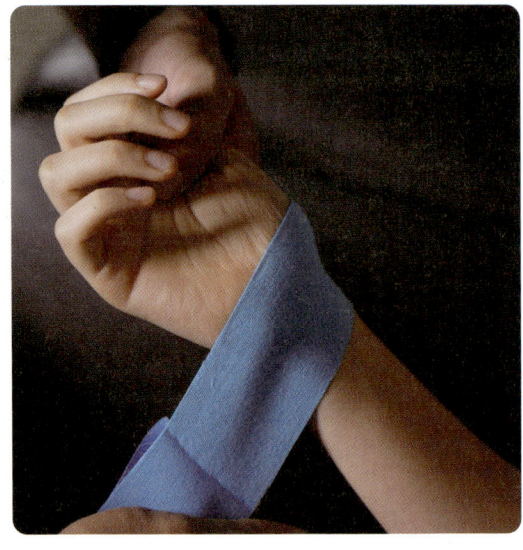
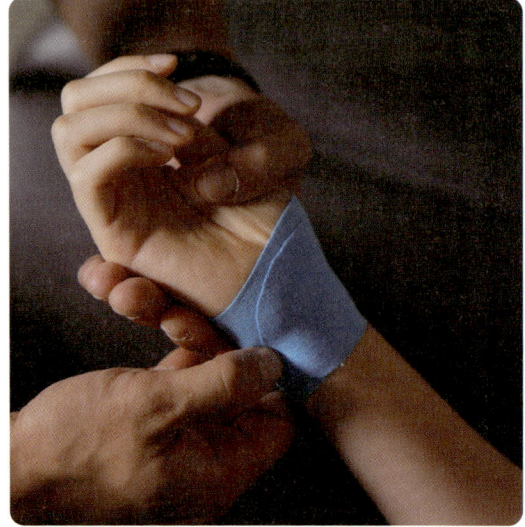

02 C-tape을 얇게 찢어 손목관절(wrist joint)에 촉진하며 부착한다.

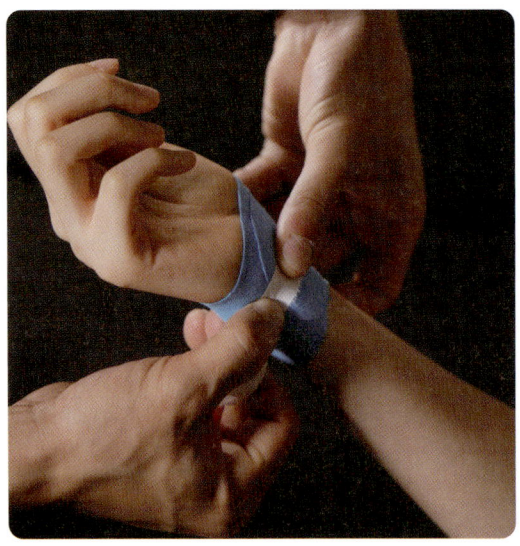
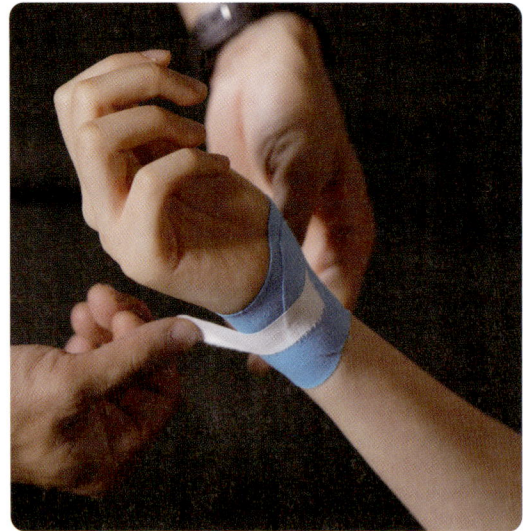

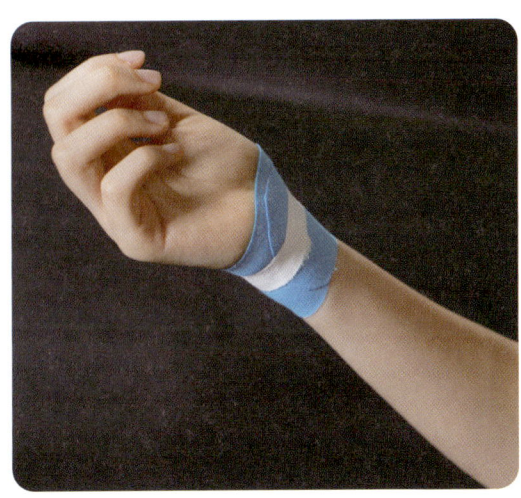

7 발목_Ankle

접지력이 높은 신발 및 코트를 이용하기 때문에 발목 부상 발생 빈도가 높다. 상해 예방을 위해서는 테이핑이 절대적으로 필요하다.

- **적용 대상자의 자세** : 발목 위 20cm 밖으로 나오게 앉은 자세
- **준비물** : 9.5칸 1개, 5칸 4개

01 9.5칸짜리 테이프의 백킹 페이퍼(보호 종이) 중간 부분을 찢어 복사뼈(Malleolus)를 덮으면서 40~50% 당기며 부착한다.

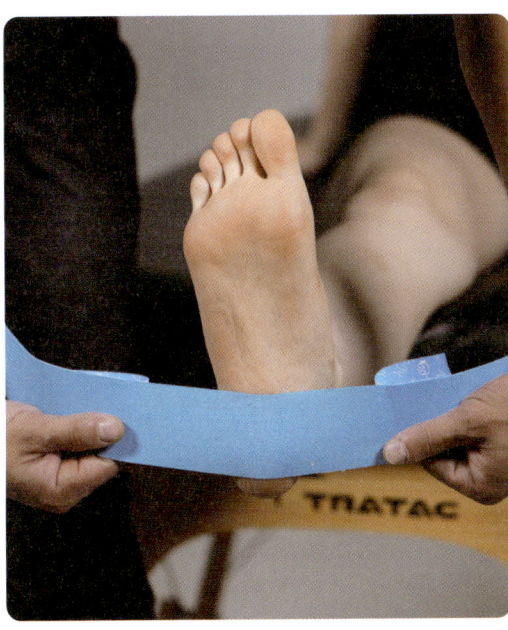 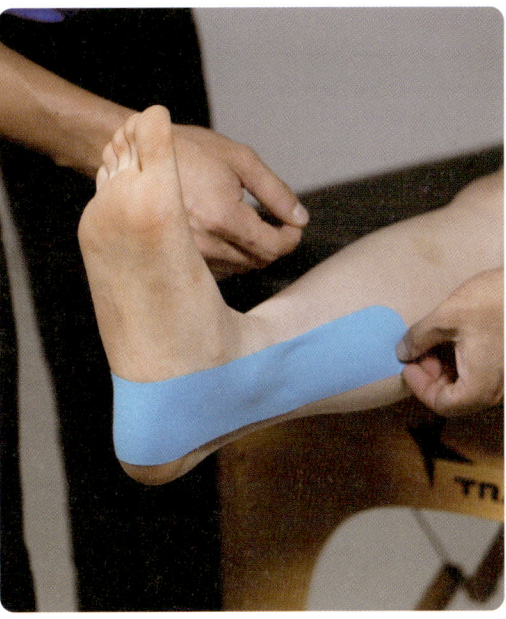

02 5칸짜리 테이프를 뒤꿈치(Calcaneus)-복사뼈 앞쪽 1/3 지점에 겹치면서 반대쪽 테이프 끝부위까지 20~50% 당기며 부착한다.

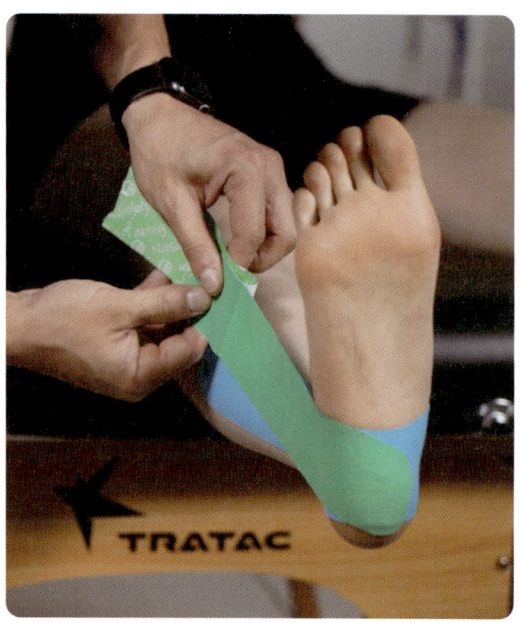 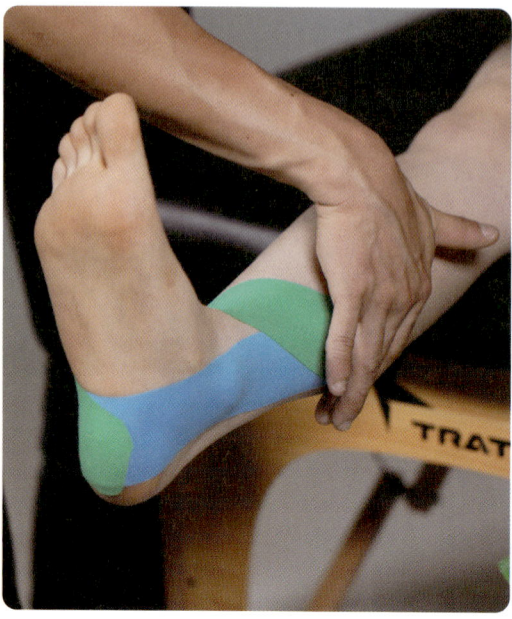

03 5칸짜리 테이프를 뒤꿈치-복사뼈 뒤쪽 1/3 지점에 겹치면서 반대쪽 테이프 끝부위까지 40~50% 당기며 부착하고 발목 위 테이프가 겹치는 부분에 한 바퀴 감으며 마무리한다.

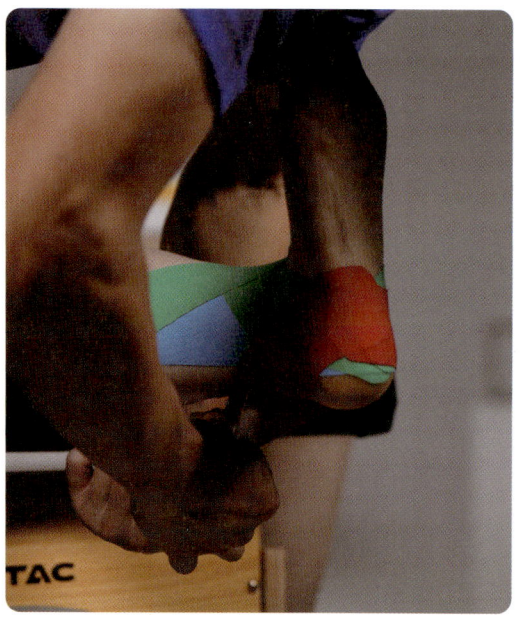 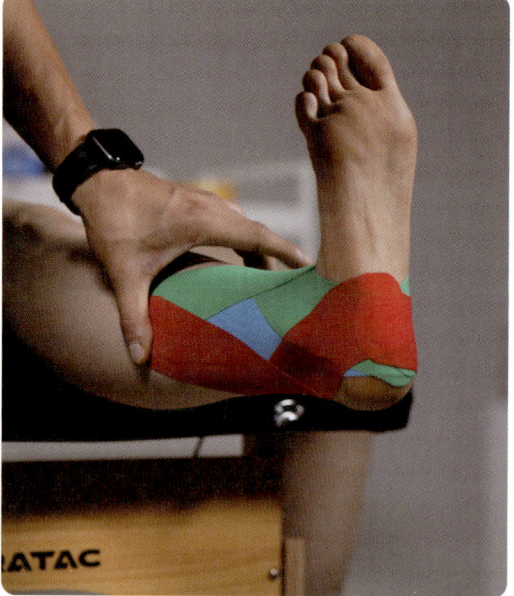

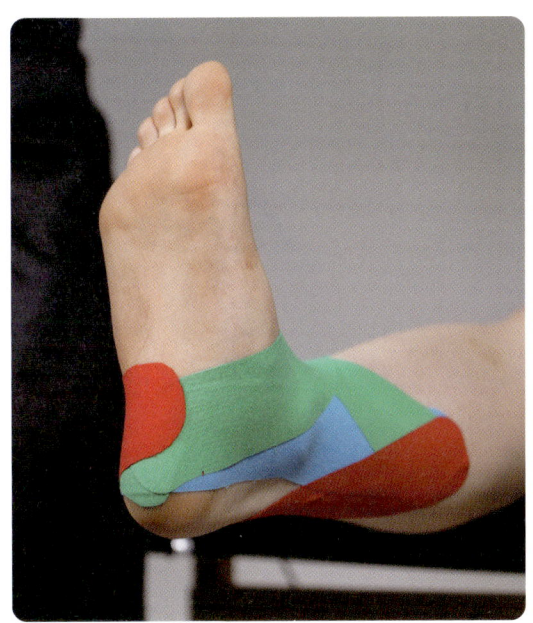
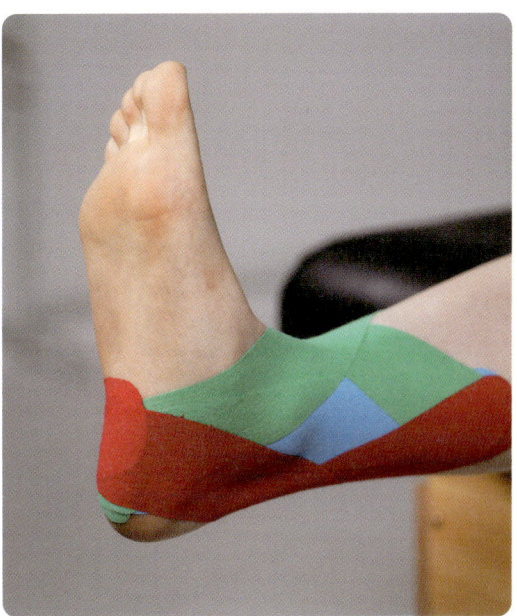

최명훈 트레이너

현) 요넥스 배드민턴 선수단 수석 트레이너 (물리치료사)
    대한체력코치협회 선수퍼포먼스향상팀 팀장
전) 대한핀수영협회 경기력향상 위원
    태권도과학연구소 수석연구원
    라켓보이즈, 국대는 국대다, 미운우리 새끼 TV프로그램 촬영 스텝
    스페셜올림픽코리아 총괄 트레이너
    축구, 농구, 럭비, 태권도, 프로 격투, 육상, 우슈팀 등 다수 관리
   - 문화체육부장관상 수상 (트레이너 부문)
   - 대한체육회장상 수상 (스포츠인권 지도자 부문)

현재 요넥스 배드민턴 선수단 트레이너로 활동 중이다. 국내외 배드민턴 종목에서 담당 선수들의 훈련과 치료, 경기를 위한 컨디션 조절을 책임지고 있다. 상황에 맞추어 주니어 국가대표팀, 발달장애인팀을 지원하기도 한다.

종목별 테이핑 소개

CHAPTER 06
배드민턴

01 배드민턴 스포츠 상해 소개

배드민턴 상해는 다른 스포츠보다 경미하지만, 빈도수가 높다. 일부 동호인들의 경우 부상 후 완전히 치료되기 전에 코트로 복귀해 더 심각한 부상으로 이어지는 사례가 자주 있다. 엘리트 선수 또한 중요한 경기 일정과 개인의 감각 저하로 인한 불안함에 부상 후 이른 시간 코트로 복귀하여 만성 통증으로 이어지는 경우가 많다.

배드민턴은 순발력, 지구력, 민첩성, 유연성 등의 여러 가지 체력 인자를 사용하는 운동이자 관절의 가동 범위 또한 큰 운동이다. 모든 스포츠는 종목마다 특색 있는 기술이 있는데 그 기술을 습득하려면 장기간의 훈련이 필요하고 훈련 시 기술이 부족하면 상해를 입을 가능성이 있다. 배드민턴은 네트 스포츠로 상대방과의 신체 접촉은 없다. 하지만 셔틀콕의 빠른 속도와 갑작스러운 방향 전환으로 인한 신체의 뒤틀림, 회전, 도약, 착지 등 일상생활 동작을 벗어난 관절의 큰 가동 범위, 과도하고 반복적인 동작의 반복 등으로 타 종목 못지않게 상해가 발생한다. 종목 특성상 배드민턴 선수들은 발목, 무릎, 허벅지 등 다리와 상체 중 어깨와 팔꿈치, 상체를 굽히고 젖히며 뒤틀리는 동작을 하는 허리 부위에 특히 많은 부담을 받는다. 또 라켓 자체가 상해의 요인으로 치명적인 무기가 될 수 있으며, 셔틀콕의 순간 평균 시속이 약 100km/h(최대 320km/h) 정도로 빠른 속도를 내기 때문에 눈 부위에 항상 위협이 된다.

주된 상해 부위는 발목, 허리, 무릎과 다리, 어깨, 팔이며 운동의 숙련도와 숙련 기간, 나이, 코트 바닥, 운동 참여 횟수와 같은 요소에 따라 개인적 차이가 있다. 상해 증상은 근육과 건의 상해가 85.6%로 가장 높으며, 관절 상해 10%, 피부 상해 3.8%, 뼈의 상해 0.5% 순으로 나타난다.

구체적인 스포츠 상해 원인은 지나친 운동, 나쁜 운동법, 체격의 문제점, 유연성 결핍, 근력 불균형, 피로에 따른 집중도 결핍, 기술 부족, 준비운동과 정리운동의 부족 등이다. 상해를 유발하는 도구로는 코트 바닥, 신체의 컨디션이 고려되지 않은 적절하지 않은 라켓 사용과 그로 인한 상해, 맞지 않는 운동화의 비율이 높으며, 셔틀콕, 네트, 지주대도 부상의 요인이 된다.

상해가 빈번한 계절은 동호인과 엘리트 선수 모두 겨울이다. 추운 날씨에 부상이 자주 일어나며 상해 발생 원인은 준비운동 부족이 제일 크다. 추운 계절이나 운동량이 많이 없는 계절에는 몸이 굳어 있어 갑자기 운동할 경우 근육의 충분한 이완이나 신전, 관절의 움직임을 기대할 수 없다. 그 결과 상해로 이어질 가능성이 높다.

과도한 승부욕도 상해의 원인이 된다. 또한 본인 스스로 운동 시점을 결정하여 코트로 복귀하거나 무리한 게임 수, 적절하지 않은 응급처치와 치료 등도 상해의 위험이 될 수 있다. 부상을 예방할 방법을 숙지하여 건강하고 부상 없는 배드민턴을 즐기길 바란다.

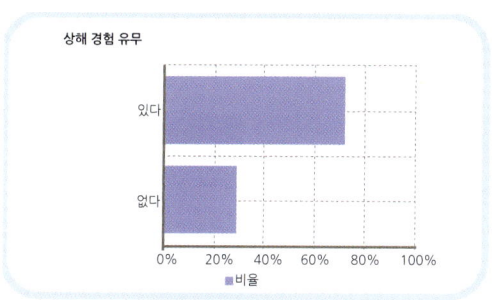
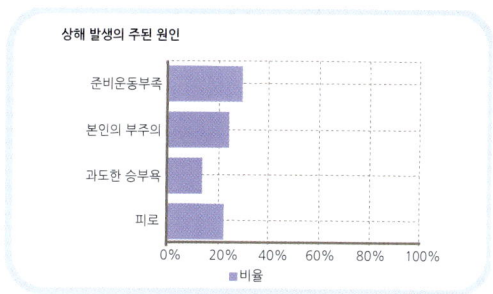

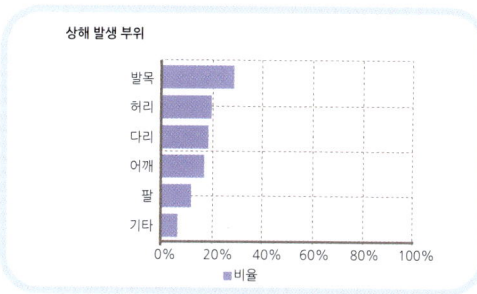
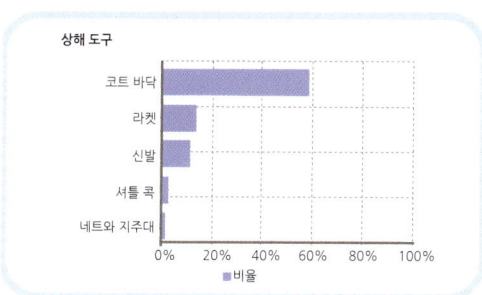
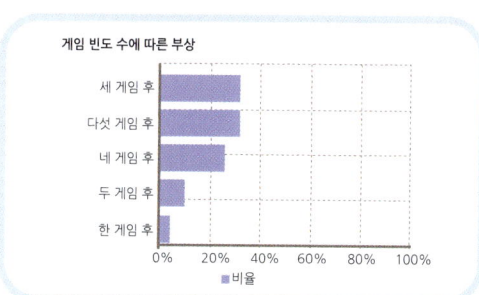
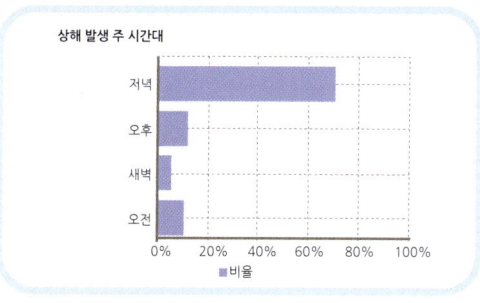
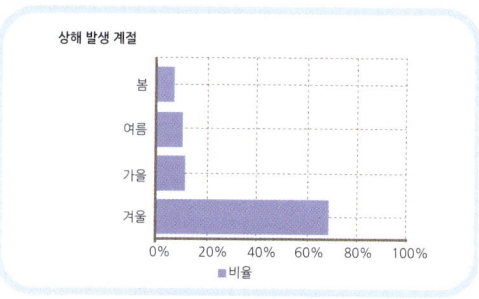
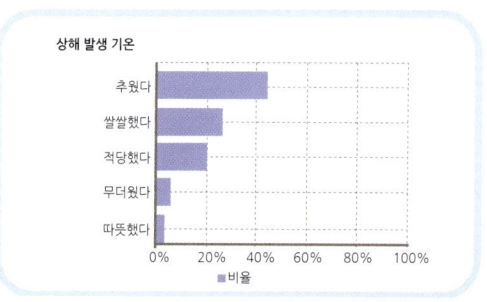
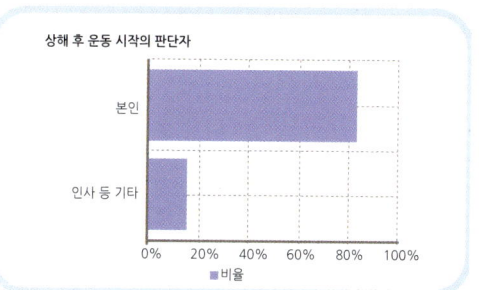

1 배드민턴 상해 예방을 위한 조언

1. 철저한 준비운동과 정리운동
2. 충분한 휴식 취하기
3. 주기적인 건강 상태 점검
4. 균형 잡힌 체력 강화 : 근력, 유연성, 순발력, 지구력, 코어 강화 등
5. 적절한 기술 훈련으로 올바른 자세 습득
6. 과도한 운동 피하기, 특히 추운 날씨에 주의
7. 적절한 장비 사용 : 신발, 라켓, 코트 바닥 상태 확인
8. 적절한 보호대와 테이핑을 적용하여 신체를 보호

추가조언

1. 점진적 운동 강도 증가 : 갑작스러운 운동량 증가는 피하고, 서서히 강도를 높일 것
2. 균형 잡힌 근육 발달 : 한쪽으로 치우친 운동은 피하고, 전신 근육을 골고루 발달시킬 것
3. 코어 근육 강화 : 허리와 복부 근육을 강화하여 전반적인 안정성을 높일 것
4. 유연성 운동 : 스트레칭을 통해 근육의 유연성을 높이고 부상 위험을 줄일 것
5. 적절한 휴식과 회복 : 과도한 운동 후에는 충분한 휴식을 취하고, 필요시 전문가의 조언을 구할 것

2 배드민턴 실력 향상과 상해를 줄이는 방법

배드민턴은 셔틀콕의 급격한 감속이나 빠른 가속을 위해 앞으로 향하고 있다가 뒤로 물러나 셔틀콕을 쳐야 하는 등 방향 변화가 빈번하다. 때문에 몸을 전후좌우 사선 방향으로 민첩하게 움직여야 하는 근력, 순발력, 근지구력과 민첩성, 유연성, 평형성, 협응성 등이 필요하다. 다양한 상황에서 빠른 판단과 사고로 반응하여 즉시 적응할 수 있는 심리 능력도 요구된다. 특별히 급격한 감속과 빠른 가속, 점프와 같은 움직임을 수행할 때 근육과 힘줄, 관절이 체중의 3~4배 정도를 버틸 힘과 에너지가 있어야 한다. 무리한 운동 시간과 게임 수는 지속적으로 최상의 컨디션을 유지하기 힘들며 상해 발생 확률이 높아진다. 배드민턴 실력 향상과 상해를 줄이기 위한 가장 좋은 방법은 체력 관리이며, 스포츠 보호대, 테이핑은 선택적인 보조역할을 할 뿐이다.

02 배드민턴 스포츠 테이핑 소개

배드민턴은 운동 자체의 특수성으로 인해 발목, 무릎, 허벅지 등의 하체와 어깨, 팔꿈치, 허리의 상체에 부담을 많이 받는다. 세부 상해 발생 부위는 발목, 허리, 무릎과 다리, 어깨, 팔이다. 상해 증상에는 근육과 건의 상해, 관절 상해, 피부 상해가 있다. 스포츠 테이핑의 종류와 적용 방법은 상황에 따라 다르게 적용할 수 있다. 이 책에서는 근육의 위치에 따른 테이핑의 적용보다는 현장에서 자주 발생하는 상해 유형에 따라 관절의 움직임을 활성화하거나 안정성을 제공하는 테이핑 위주로 소개한다.

03 배드민턴 스포츠 테이핑 방법

공통사항

▶ 테이프의 움직임 방향
재단된 테이프를 처음 붙이는 지점(Base)으로 테이프의 움직임 방향이 설정된다.

▶ 재단
이해를 돕고 피부 발적을 최소화하는 테이핑 방법으로 3/4만큼의 테이프를 이용하는 방법으로만 설명한다.
1. 테이프를 적용할 필요한 길이를 측정한다.
2. 측정한 길이의 3/4만큼 테이프를 자른다.
3. 테이프의 움직임 방향을 설정한다.
4. 재단된 3/4만큼 테이프를 이용하여 처음 측정한 길이(4/4)만큼 늘려 부착한다.
5. 처음과 끝의 테이프 장력은 발생하지 않도록 부착한다.

▶ 래핑(관절이나 피부를 전체적으로 감싸는 기술) 시 혈행 장애나 신경 장애를 줄이기 위해 압박력을 조절해야 한다.

▶ 성별, 나이, 피부 상태 등을 고려하여 자신에 맞는 스포츠 테이프를 선택적으로 사용한다.

▶ 테이핑 제거 시 물을 묻혀 접착력을 줄이거나, 피부 표면을 천천히 걷어내며 제거한다.

1 발목 _ Eversion 테이핑

발목에 비틀림이나 안쪽 꺾임 상황으로 발목 바깥쪽에 통증(인대 손상)이 생길 경우 발목의 움직임을 바깥쪽으로 고정하는 방법이다. 배드민턴에서는 점프 후 착지, 바닥 마찰로 인한 헛디딤으로 손상을 입는 경우가 많다. 일반적으로 더 강한 고정을 위하여 비 탄력성 테이프(C-tape or M-tape)를 사용하기 전에 언더랩을 사용하여 피부 표면을 보호하지만, 이와 같이 키네지오를 사용하여 관절의 안정성과 피부 표면 보호를 동시에 할 수 있다.

- **적용 대상자의 자세** : 편안하게 앉은 자세에서 발등 쪽으로 발을 당긴 상태를 유지한다.

- **준비물** : 5칸 3개(재단은 공통 사항을 참고한다)

01 안쪽 복사뼈 위에서 발등을 가로질러 안쪽 복사뼈 아래에 부착한다.

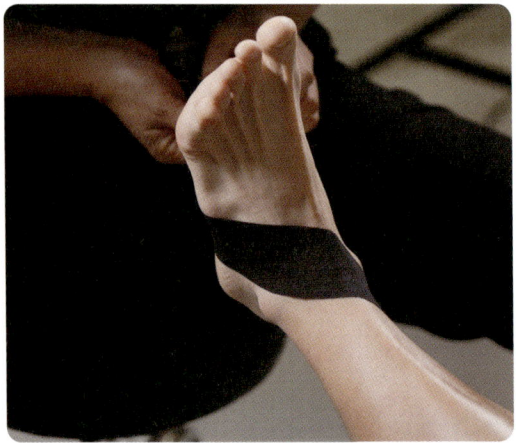

02 1과 같은 방법으로 2~3개를 2/3 가량 겹쳐 부착한다.

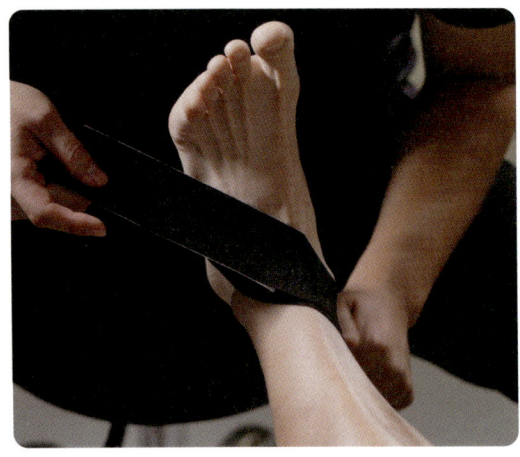
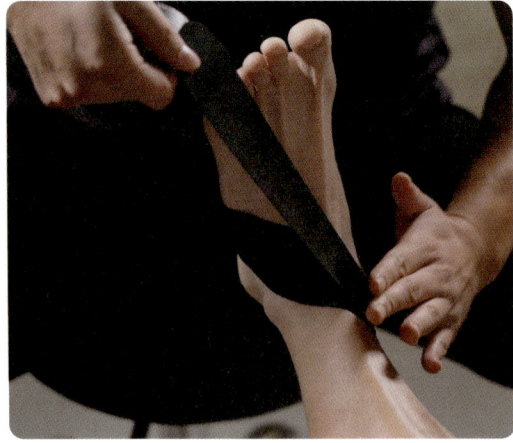

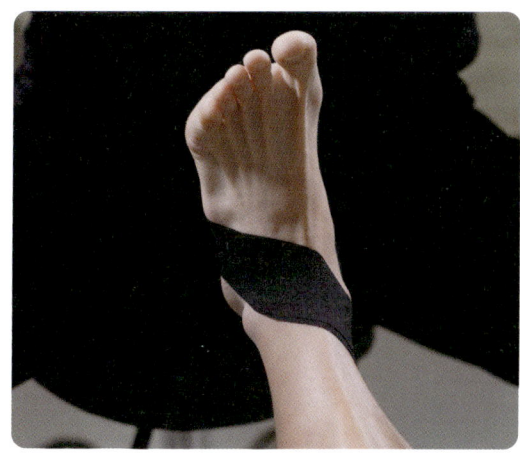

03 바깥쪽 복사뼈 위에서 안쪽 복사뼈 아래에 부착하여 발목의 외번(Eversion)을 유도한다.

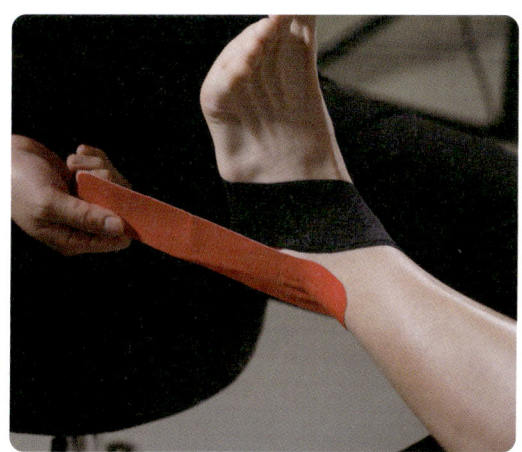
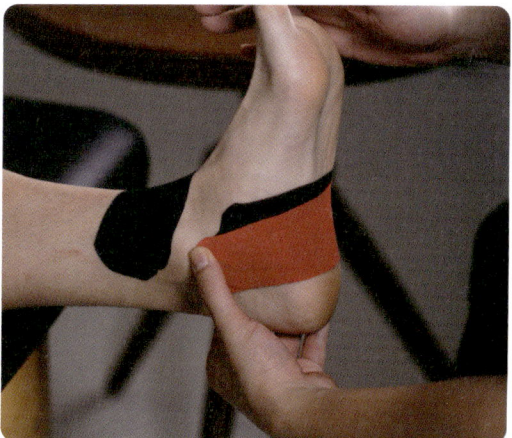
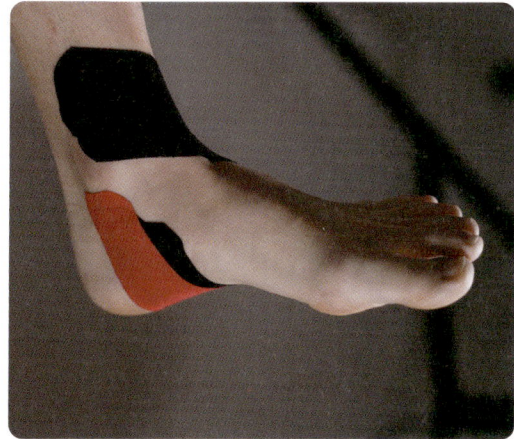

2 발목 _ Heel-lock을 이용한 Lapping

이미 적용된 테이프가 운동과 움직임으로 떼어지지 않도록 하면서, 압박을 통해 피로도 감소와 부종을 막을 수 있다. 더 쉬운 방법으로 래핑을 적용할 수 있지만 여기서는 힐락(Heel-lock) 테크닉을 이용하여 래핑을 한다. 테이핑의 압박에 민감한 선수들은 래핑의 감압을 조절하여 관절의 안정성만 느낄 수 있도록 하고 시합에 나선다.

- **적용 대상자의 자세** : 편안하게 앉은 자세에서 발등 쪽으로 발을 당긴 상태를 유지한다. 숙련된 시술자는 발등 쪽으로 발을 당긴 상태라면 어느 자세에서든 적용할 수 있다.

- **준비물** : 키네시오 롤 1개, 가위

01 복사뼈 바깥쪽에서 시작하여 안쪽 발꿈치를 감싸고 발등 쪽으로 올라온다.

02 반대쪽 발꿈치를 감싸고 발등 쪽으로 올라온다.

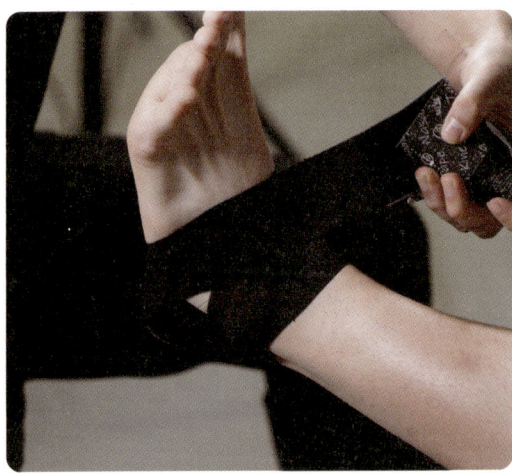

03 위 방향으로 발목에 적당한 압력을 주어 필요한 만큼 감아 주고 테이핑 가위로 자른다.

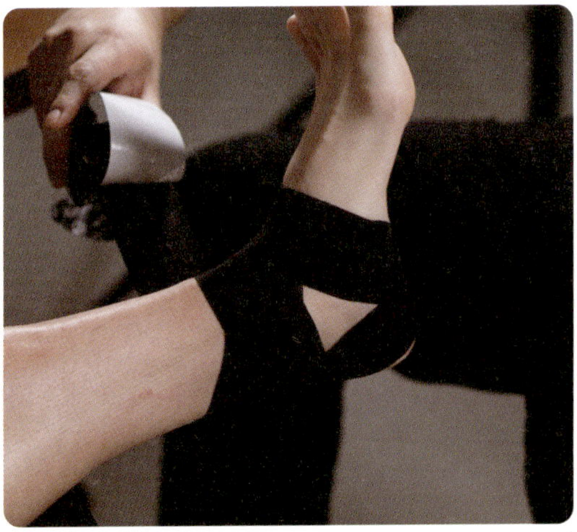

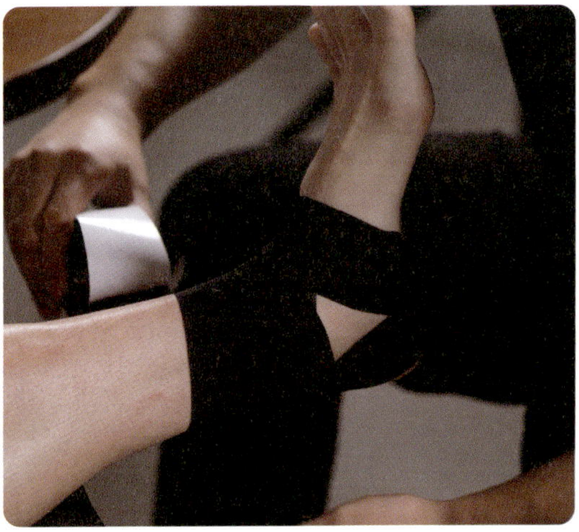

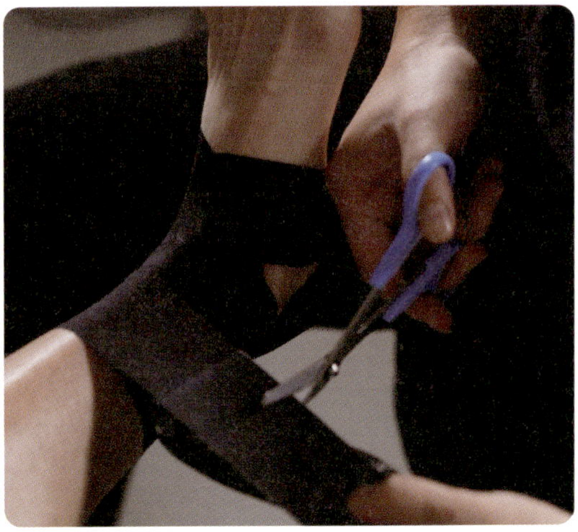

04 테이프가 잘 접착되도록 마무리 하고 힐락(Heel-lock)의 형태가 나왔는지 확인한다.

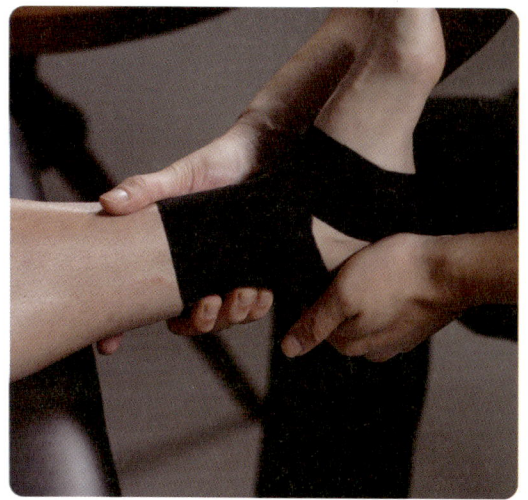
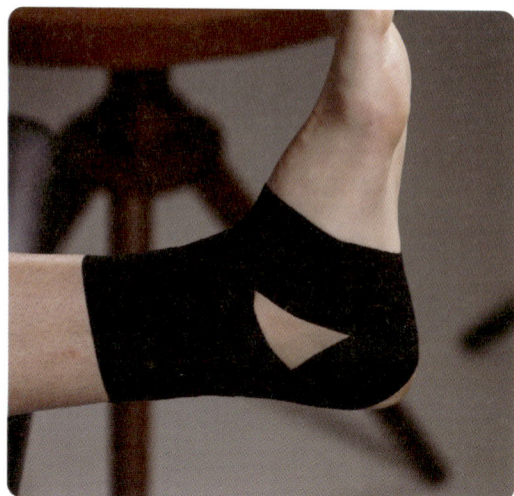
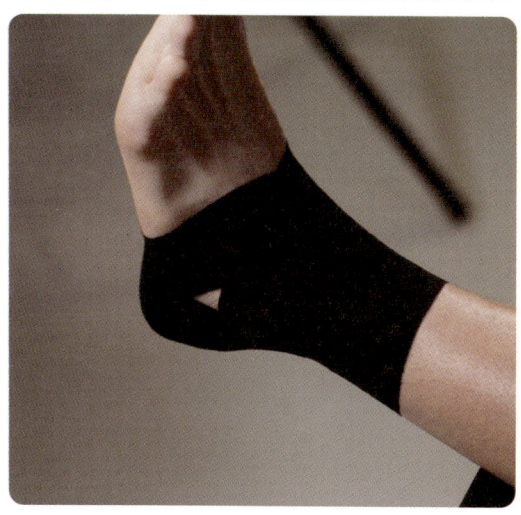

3 발목 _ Open basket을 이용한 혼합 테이핑

키네시오 테이프보다 더 강한 고정을 할 때 사용한다. C-tape를 이용한 발목 테이핑에는 발목 전체를 완전히 감싸는 방법과 발목 관절을 완전히 감싸지 않는 방법이 있다. 여기서는 발목 관절을 감싸지 않는 방법을 제시한다. 깊은 런지 시에 발등 굽힘이 필요한 선수들이 종종 사용하는 테이핑 방법이다.

- **적용 대상자의 자세** : 편안하게 앉은 자세에서 발등 쪽으로 발을 당긴 상태를 유지한다.
- **준비물** : C-tape, 키네시오 롤 1개, 발목 외번(Eversion) 테이핑 2개, 가위

01 뒤쪽 앵커와 발바닥 쪽 앵커에 C-tape를 사용하여 적용한다.

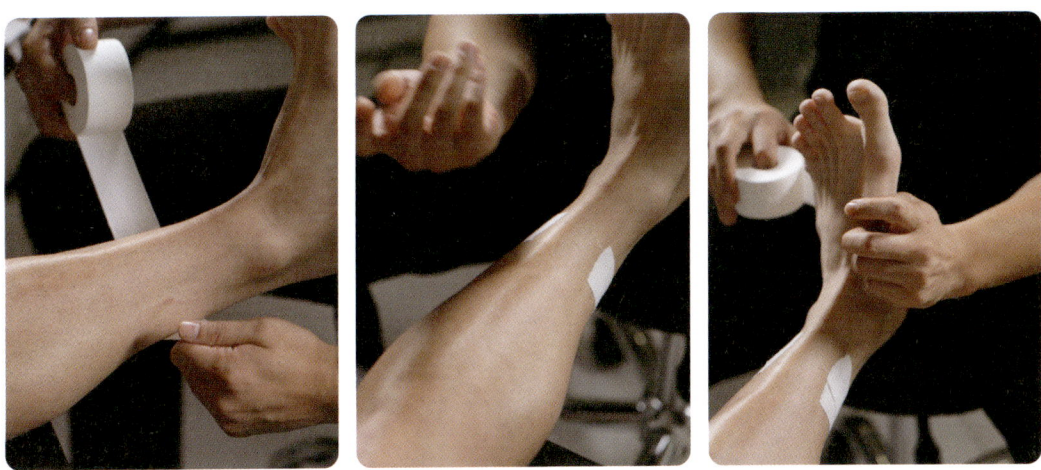

02 스티럽(Stir up)과 홀스슈(Horse Shoe) 기술을 번갈아 가며 2~3회 정도 부착한다. 발등 부분을 감싸지 않도록 부착한다.

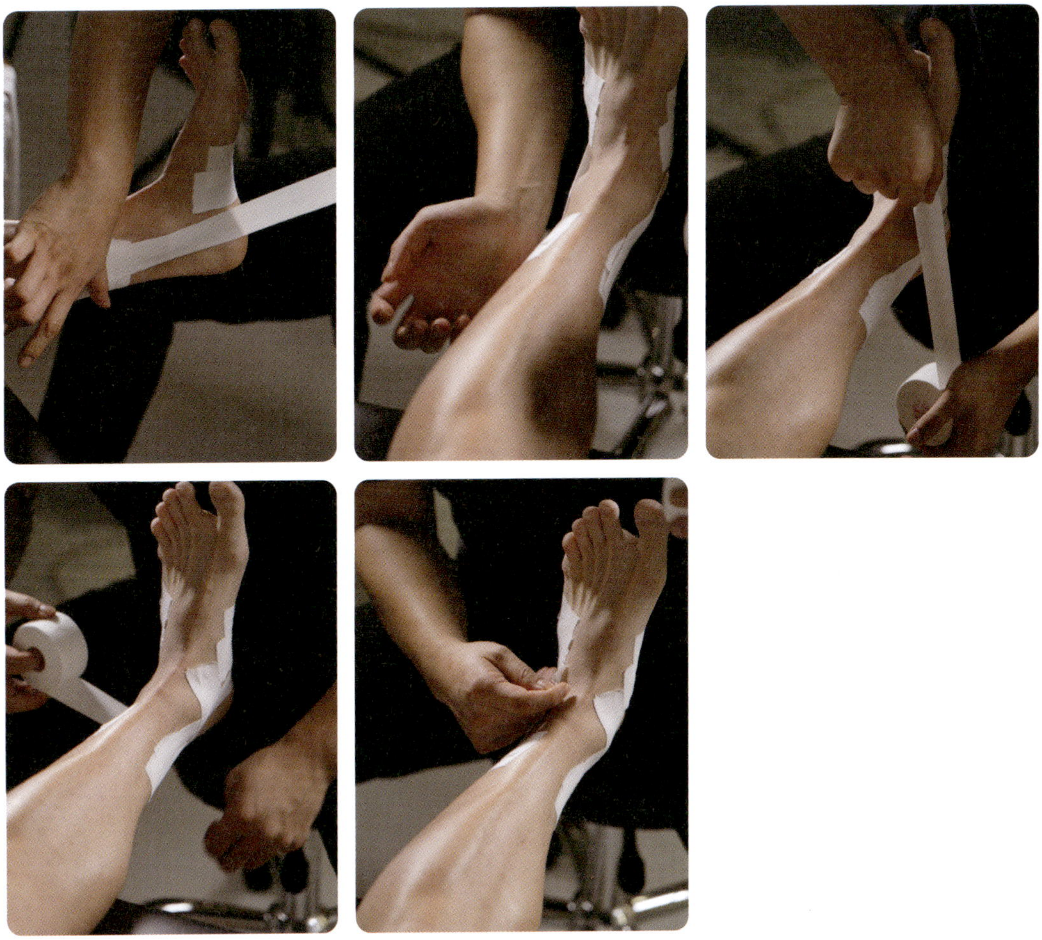

03 홀스슈(Horse Shoe) 기술을 사용하여 나머지 부분을 뒤쪽 앵커까지 부착한다.

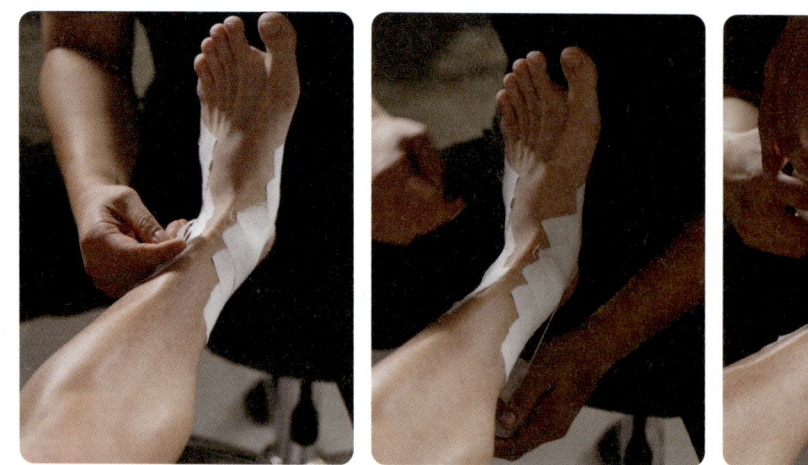
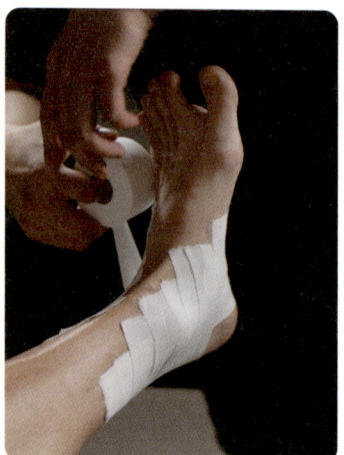

04 부착된 테이프를 덮어 다시 한번 고정시켜 준다.

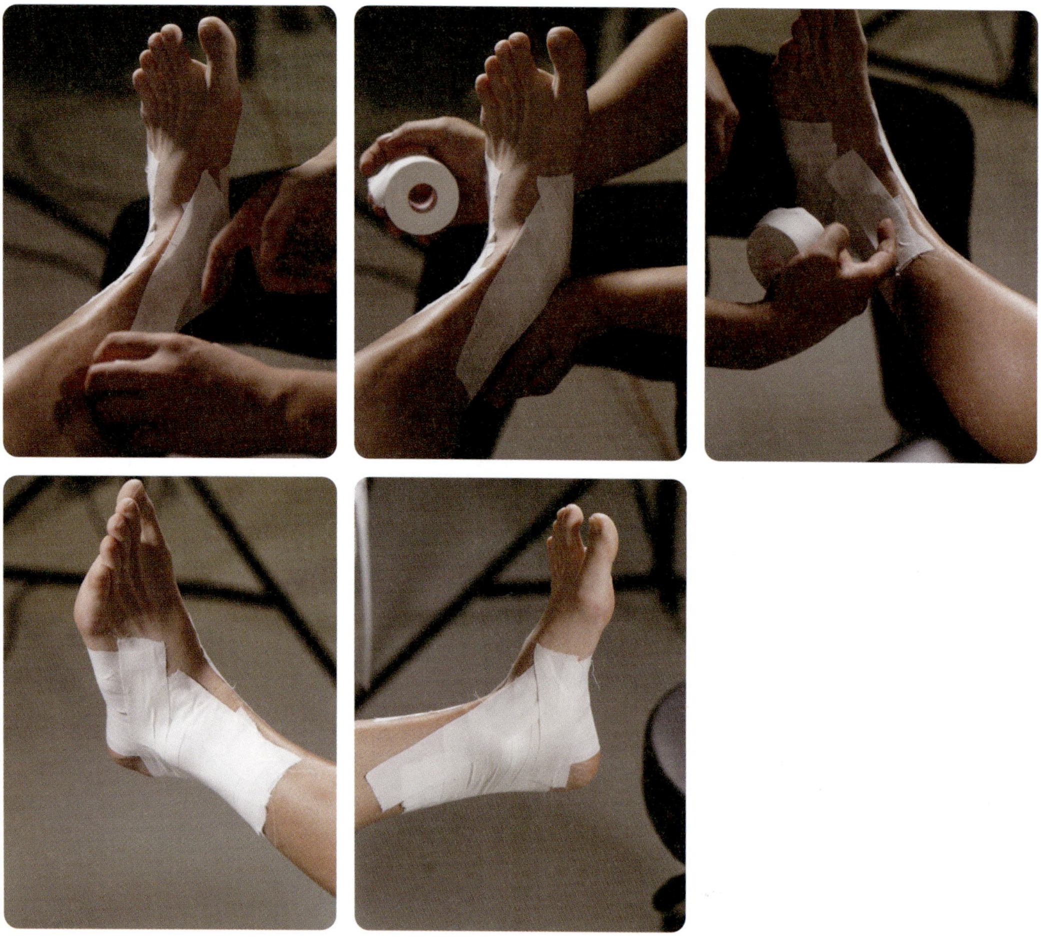

05 발목 외번(Eversion) 테이핑, 발목 래핑(Lapping) 테이핑을 상황에 맞게 적용한다.

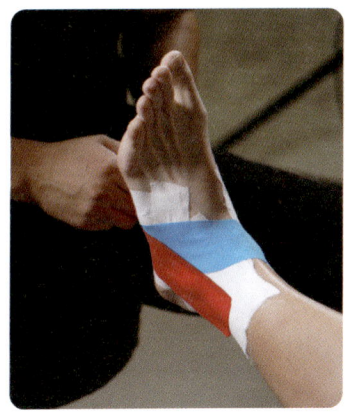
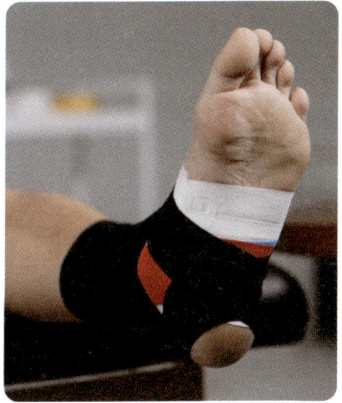

4 Achilles & Calves 테이핑

아킬레스건의 통증과 종아리 경련을 완화하는 테이핑이다. 잘 훈련된 단식 선수의 한 게임 걸음 수는 코트 안에서 8~14km까지로 측정된 바 있다. 선수들이 주로 통증을 호소하는 부위 중 하나이다. 이 테이핑의 적용은 근육통을 완화하는 데 사용될 수 있다. 근육의 피로감을 줄이기 위하여 종아리 보호대 또는 키네시오 테이프를 사용한 래핑으로 해당 부위의 피로도를 낮출 수 있다. 추가적으로 아킬레스 파열은 뚜렷한 전조증상이 나타나지 않고 한순간 나타날 수 있는 상해이므로 운동 전후로 잘 관리하여야 한다.

- **적용 대상자의 자세** :
  - 통증이 발생하기 전까지 아킬레스와 종아리 근육이 늘어나는 지점에서 발목을 유지한다.
  - 엎드린 자세(Prone position) 혹은 서 있는 자세(Standing position)

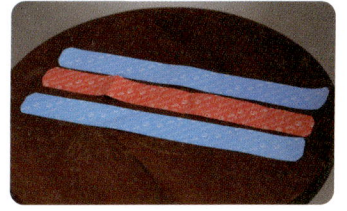

- **준비물** : 9~10칸 3개

01 복사뼈 바깥쪽에서 시작하여 안쪽 발꿈치를 감싸고 발등 쪽으로 올라온다.

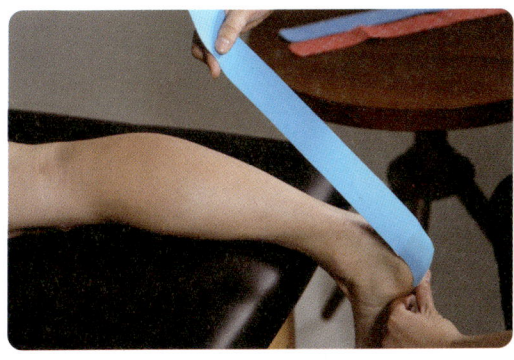
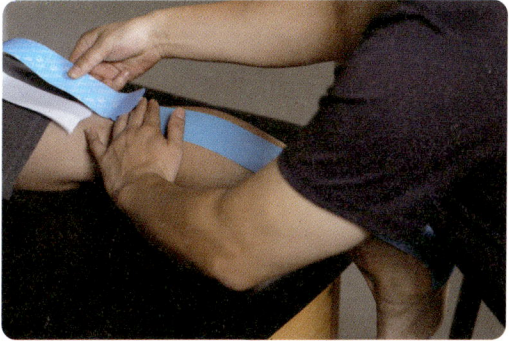

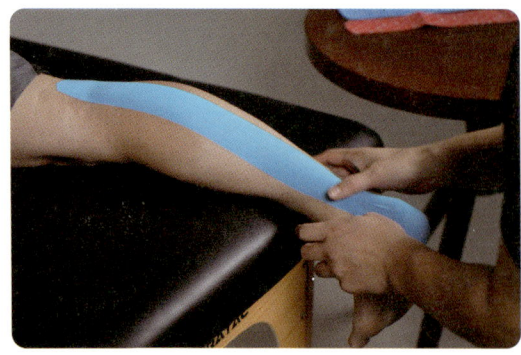

02 발꿈치뼈 바닥 가장자리 쪽에서 시작하여 가장자리 쪽 오금 라인까지 부착한다.

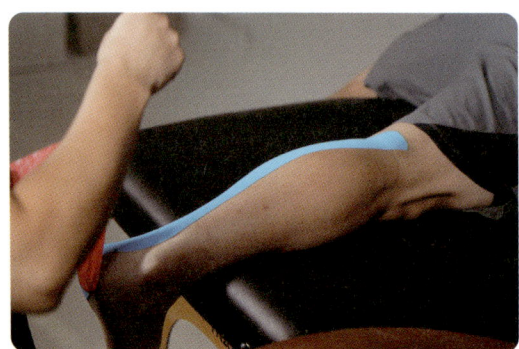
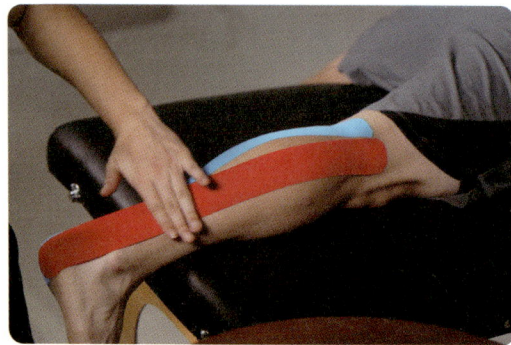
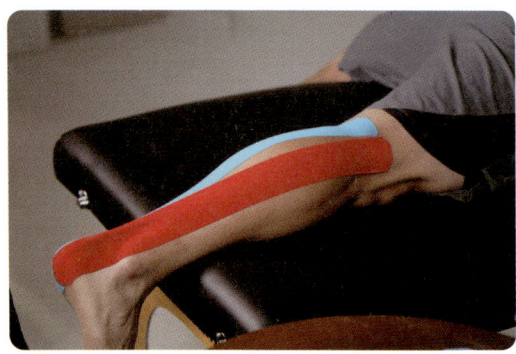

03 발꿈치뼈 바닥 안쪽에서 시작하여 안쪽 오금 라인까지 부착한다.

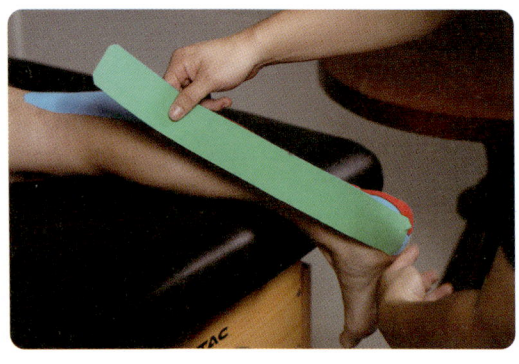
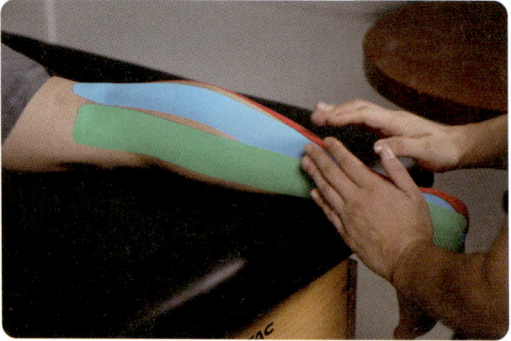

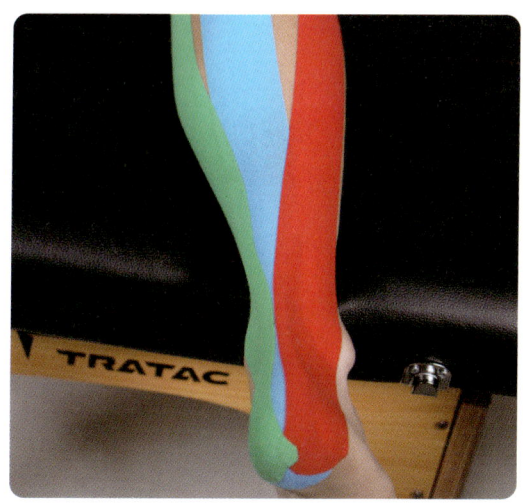

5 Shin & Calves 래핑

허벅지, 종아리, 정강이, 아래팔(전완), 위팔(상완)과 같은 부위에 적용할 수 있는 테이핑이다. 보통 타박상에 사용된다. 보호대와 유사한 효과로 근육의 피로도를 낮출 수 있다. 다른 테이핑이 떨어지지 않도록 감아 줄 수 있다. 비교적 사지 먼 쪽에서 몸쪽으로 감아 올라가는 방법으로 혈류가 심장으로 더 이동할 수 있도록 하는 것이 좋다.

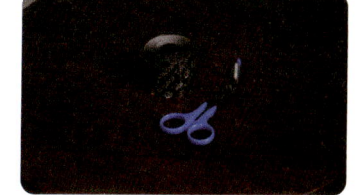

- **적용 대상자의 자세** : 편안하게 앉은 자세 또는 선 자세
- **준비물** : 키네시오 롤 1개, 가위

01 빨간 지점(타박상 또는 피로감을 느끼는 지점)을 몸쪽에서 먼 쪽부터 시작하여 감으며 올라간다. 전체 부위의 압력을 줄이기 위하여 빨간 지점에서만 압박을 가하고 나머지 부위는 테이프의 장력 없이 부착한다.

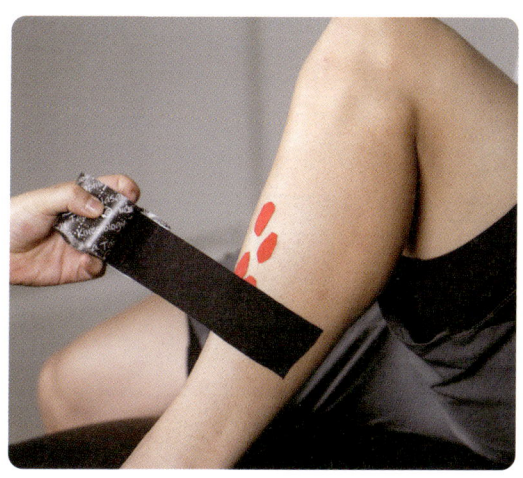
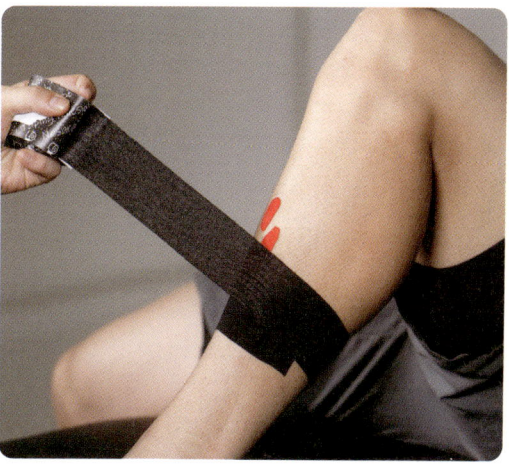

02 마무리는 정면에서 보이지 않도록 최대한 깔끔하게 하며, 마지막 잘린 부위는 테이프 위에 부착하여 쉽게 떨어지지 않도록 한다.(피부에 부착하여 마무리하는 것보다 지속력이 길다.)

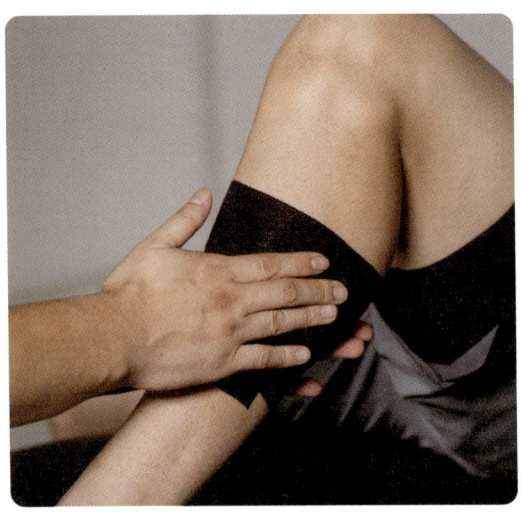 

6 무릎 _ 전방십자인대(ACL) & Knee Extension 테이핑

전방십자인대의 불안정성이 느껴지거나, 무릎이 잘 펴지지 않을 때 적용할 수 있는 테이프이다. 전방십자인대의 불안정성 이유로 테이핑을 한다면 무릎 래핑이나 보호대를 같이 사용하면 좋다.

- **적용 대상자의 자세** : 앉거나 선 자세에서 무릎을 약간 구부린다.
- **준비물** : 10칸 2개

01 좌골 결절 부위(햄스트링 시작점)에서 정강뼈 조면을 지나 부착한다.

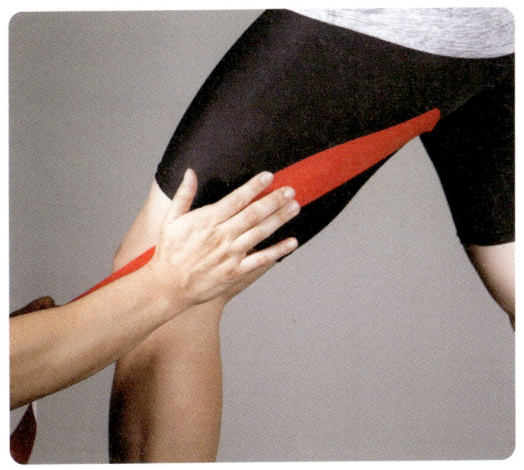 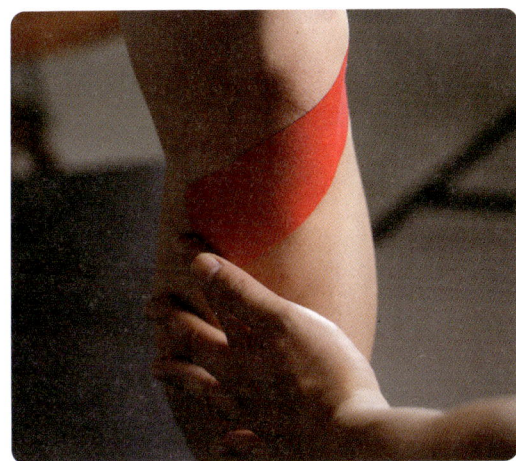

02 반대쪽 방향도 동일하게 적용한다.

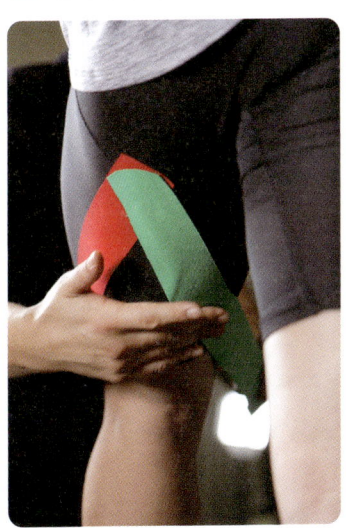 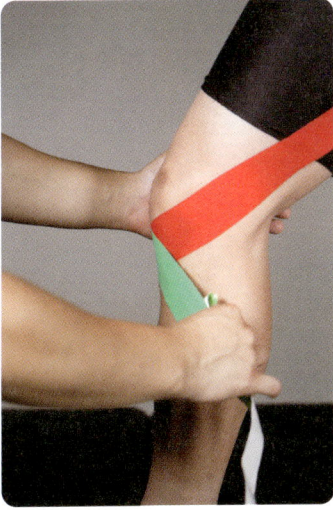 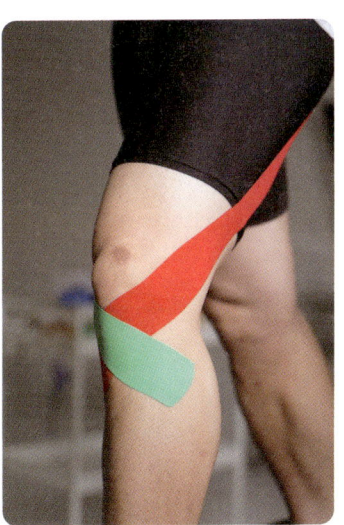

7 무릎 _ 무릎내측인대(MCL)

무릎의 내측인대는 과도하게 펴지거나 긴장될 수 있다. 내측 측부인대는 높은 긴장도로부터 보호되어야 한다. 무릎관절에서 경골의 안쪽 회전을 촉진하고, 인대의 긴장을 줄여 바깥쪽 회전을 방지하는 방법이다.

- **적용 대상자의 자세** : 무릎을 약간 구부리고 앉거나 서 있는 상태에서 무릎은 정면을 향하고 발은 안쪽으로 놓는다.
- **준비물** : 8칸 1개, 10칸 1개

01 내측 측부인대 위에서부터 바깥쪽 종아리뼈까지 부착한다.

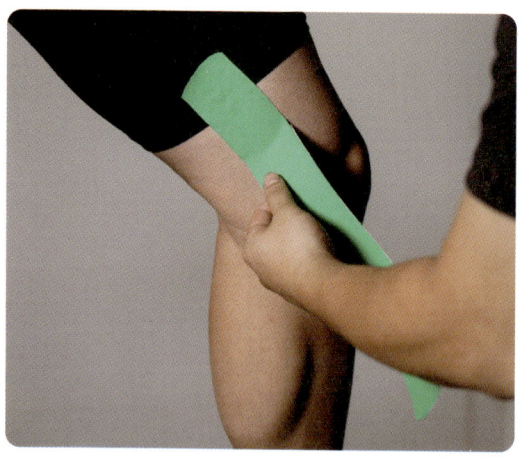 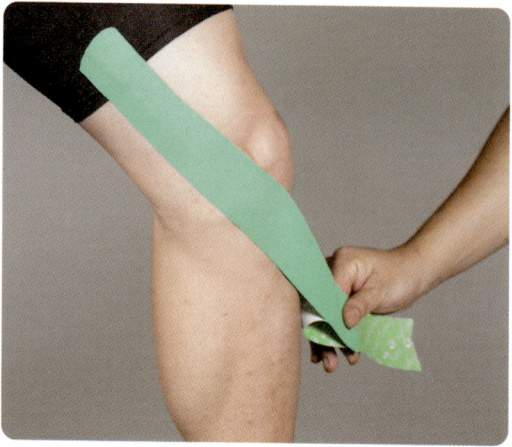

02 테이프 중간 부분을 오금 부위에 사선 방향으로 부착한다.

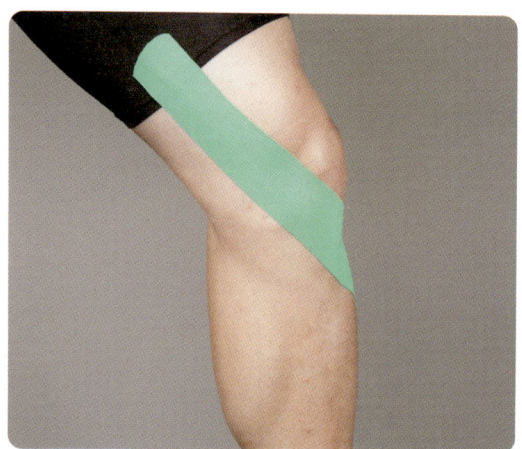 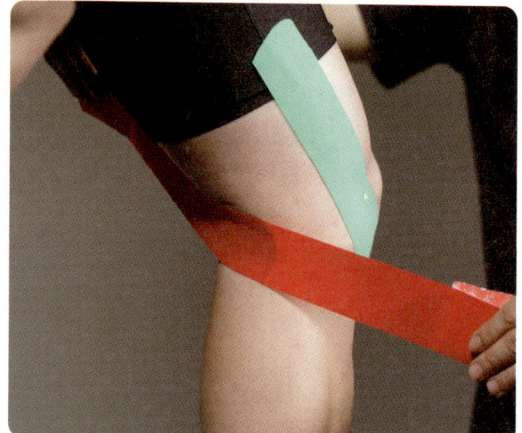

03 바깥쪽 비골 부위로 당겨 부착한다.

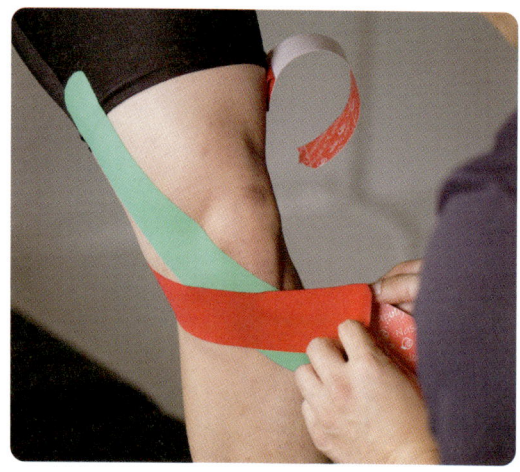

04 안쪽 허벅지 쪽으로 당겨 부착한다. 대퇴직근(Rectus femoris muscle)을 지나 부착할 수 있도록 한다.

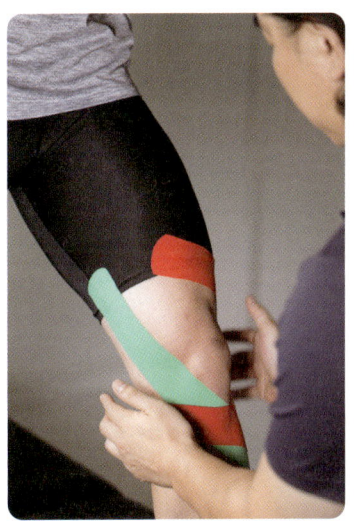 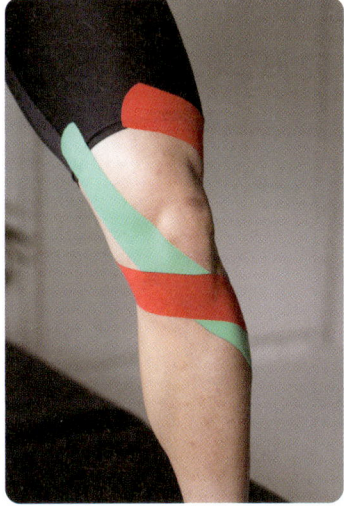 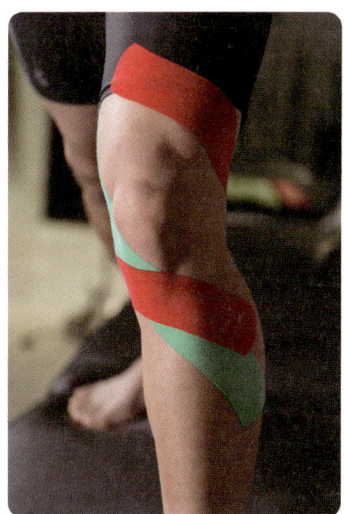

8 무릎 _ 전방십자인대(ACL) 래핑

전방십대인대 래핑은 정강이뼈의 앞쪽 움직임과 비틀림을 제한한다. 운동 시간과 강도가 높은 경우 무릎에 안정감을 주기 위하여 사용하면 좋다.

- **적용 대상자의 자세** : 앉거나 선 자세에서 무릎을 약간 구부린다.

- **준비물** : 키네시오 롤 1개, 가위

01 비골두에서 사선으로 올라갈 수 있도록 부착한다.

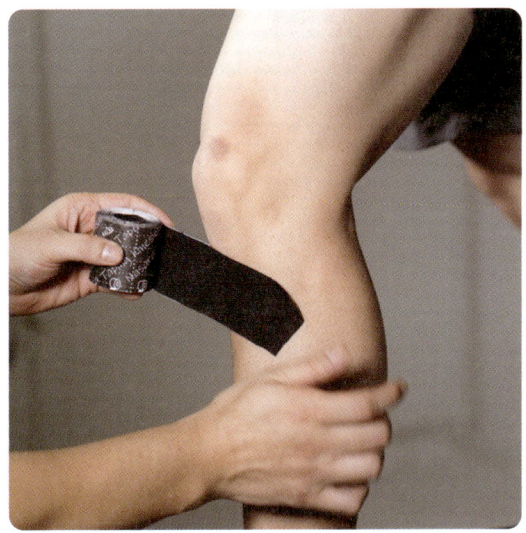

02 오금을 지나 허벅지 쪽을 향해 사선으로 올라간다.

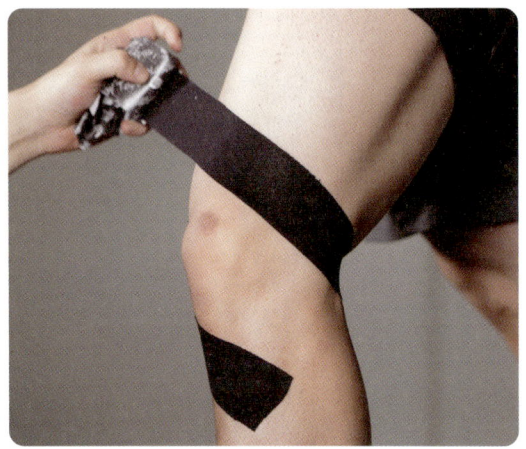

03 테이프의 주행 방향에 따라 허벅지를 감으며 내려온다.

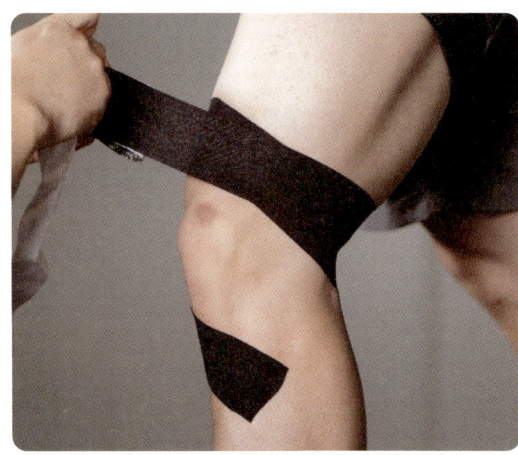
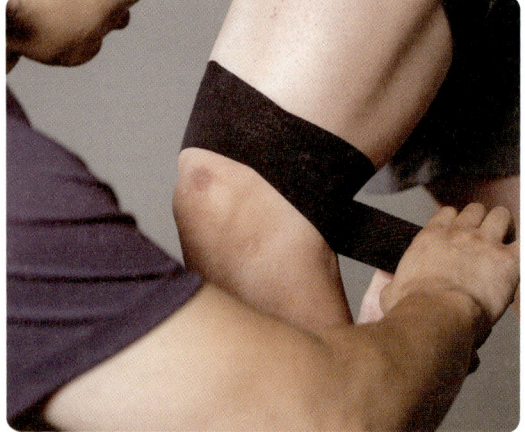

04 경골 조면에서 처음 붙인 테이프와 'X'자 모양이 되도록 한다.

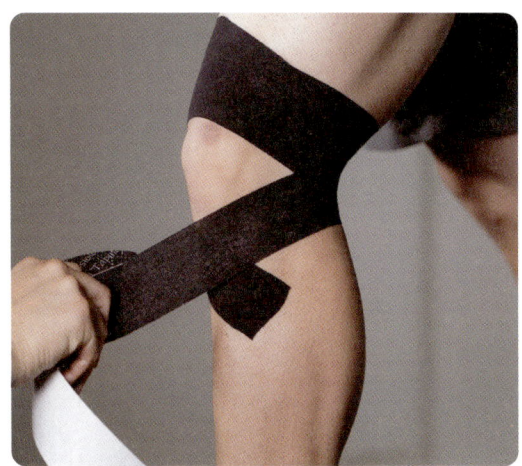

05 그대로 주행 방향으로 안정감을 줄 수 있도록 적당한 만큼 감으며 내려와 마무리한다.

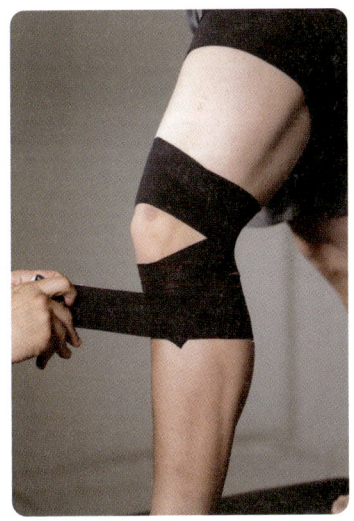 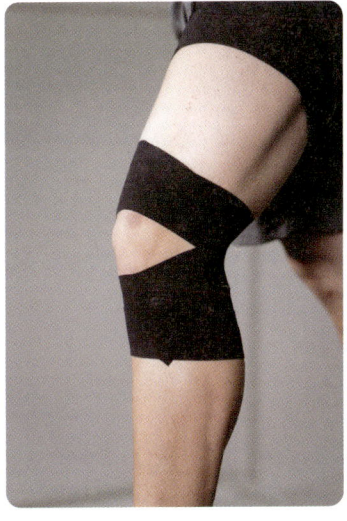 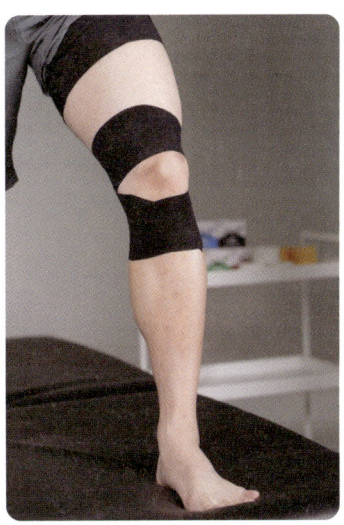

9 무릎 _ 무릎내측인대(MCL), 무릎외측인대(LCL) 래핑

전방십자인대 래핑은 정강이뼈의 앞쪽 움직임과 비틀림을 제한한다. 내측 인대와 외측 인대 래핑은 해당 측부 인대를 더 지지해 주는 테이핑이다. 키네시오 테이프나 티어라이트 테이프의 끈적임을 싫어하는 경우 언더랩을 먼저 감은 후 같은 방법을 적용할 수 있다.

- **적용 대상자의 자세** : 앉거나 선 자세에서 무릎을 약간 구부린다.
- **준비물** : 키네시오 롤 1개, 가위

01 내측 측부인대(안쪽 허벅지 먼 쪽 1/3 지점)와 외측 측부인대
(바깥쪽 허벅지 먼 쪽 1/3 지점)에서 시작하여 경골 조면 방향으로 당겨준다.

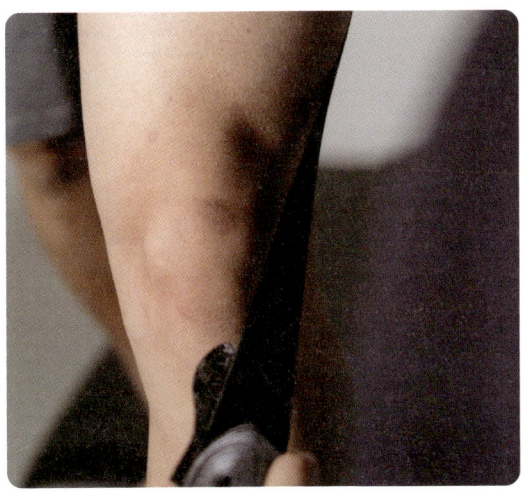 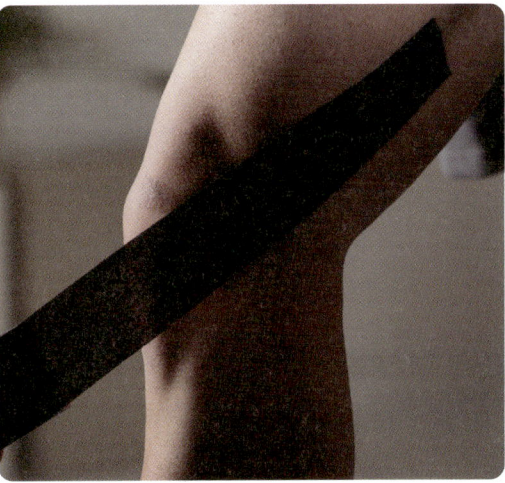

02 경골 조면을 지나 1~2바퀴 돌리고 무릎 바깥쪽을 보강하여 올라갈 수 있도록 방향을 만들어 준다.

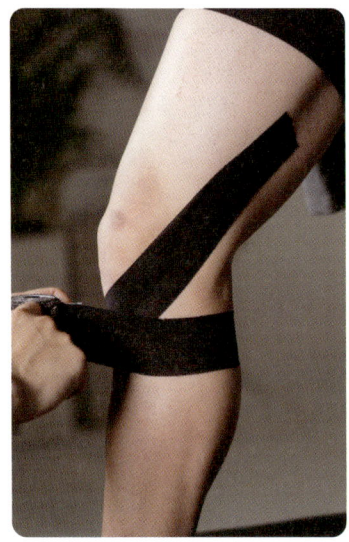 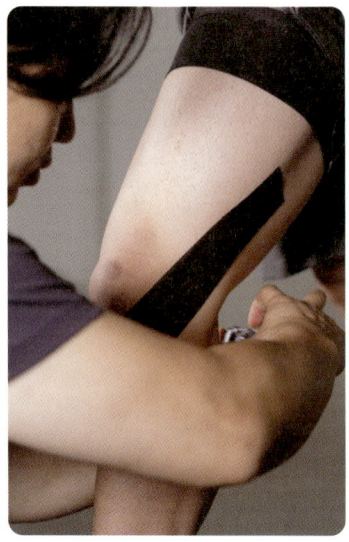 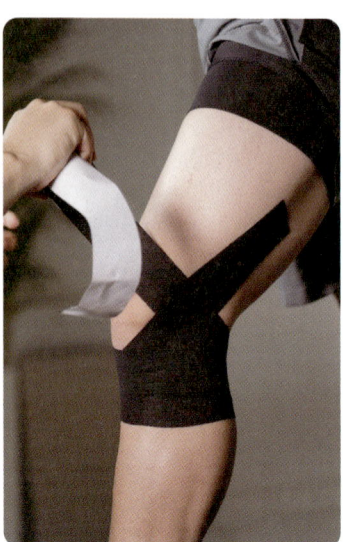

03 무릎 바깥쪽을 지나서 올라갈 때 몸쪽 허벅지로 큰 사선을 그리며 피부 일부가 보이게 한다. (큰 사선을 그리지 않고 주행 방향대로 올라가서 마무리해도 좋다.)

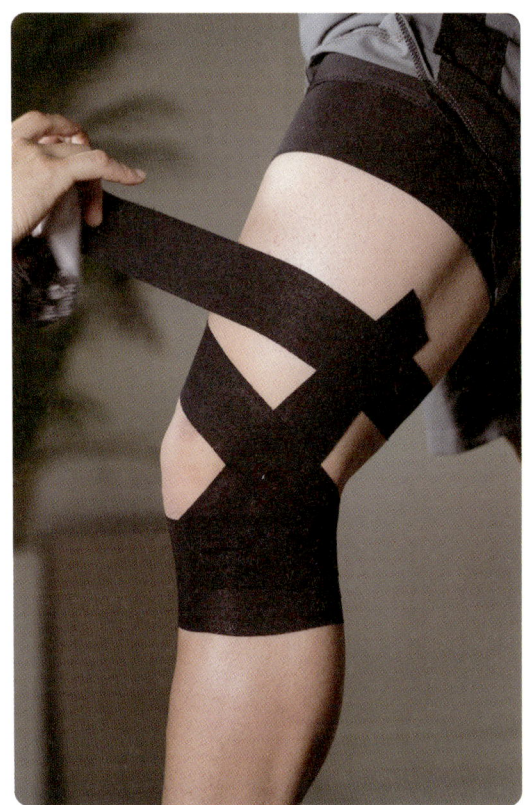

04 큰 사선으로 올라가며 노출된 피부를 덮으며 다시 내려온다.

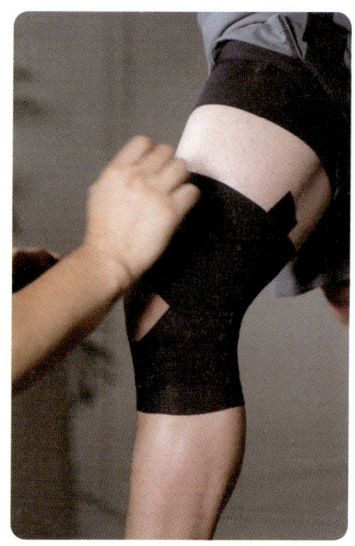 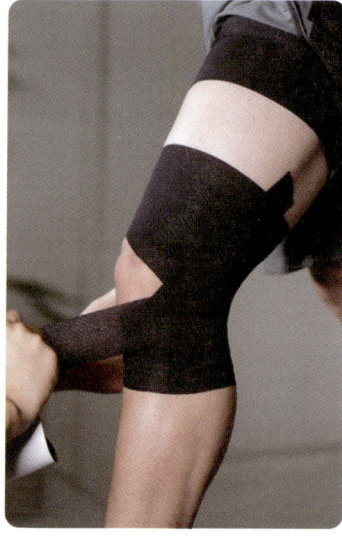 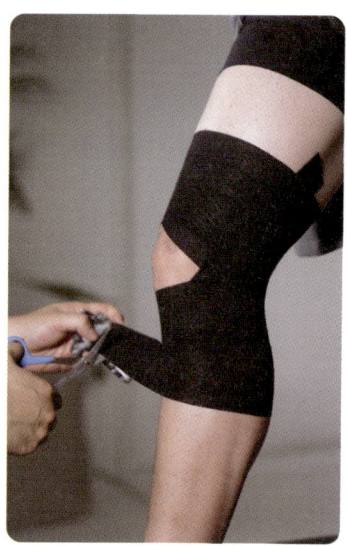

05 무릎 바깥쪽과 무릎 안쪽의 테이핑 모양이 다른 것을 확인할 수 있다.

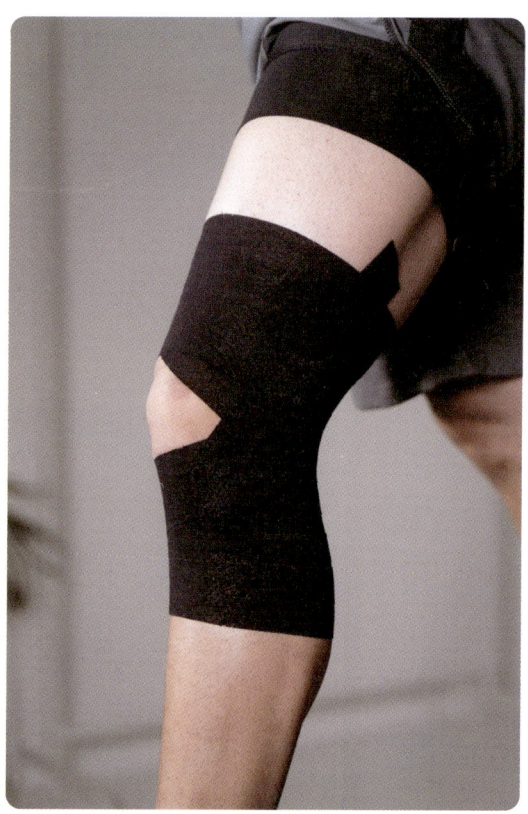 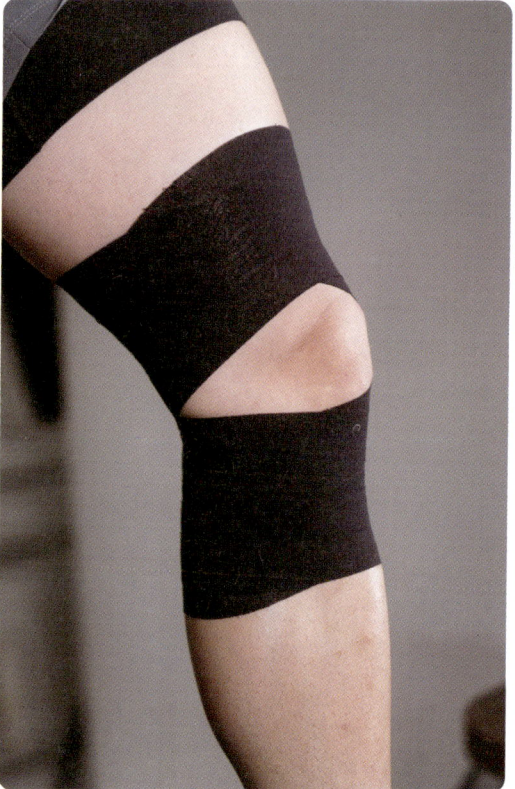

10 슬개골 활주 변화 테이핑

슬개골의 탈구는 주로 바깥쪽 허벅지 근육의 힘이 안쪽 허벅지 근육의 힘보다 강할 시 나타나는 증상이다. 슬개골의 통증이 발생하거나 Popping Sound(뚝뚝하고 나는 소리)가 지속적으로 나타나는 경우 슬개골을 고정하기보다는 통증이 나타나지 않도록 활주 방향을 바꾸어 주면 효과가 있다. 이분 슬개골(두 개로 구분된 슬개골)의 경우도 테이핑이 도움이 될 수 있다.

- **적용 대상자의 자세** : 무릎을 신전한 상태에서 눕거나 앉은 자세
- **준비물** : 2~3칸 2개

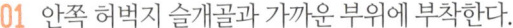

01 안쪽 허벅지 슬개골과 가까운 부위에 부착한다.

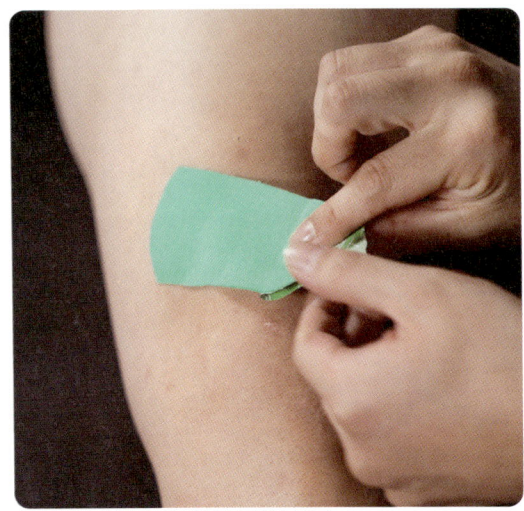

02 슬개골을 안쪽 허벅지 방향으로 가볍게 밀어준다. 피부의 움직임을 잘 관찰한다.

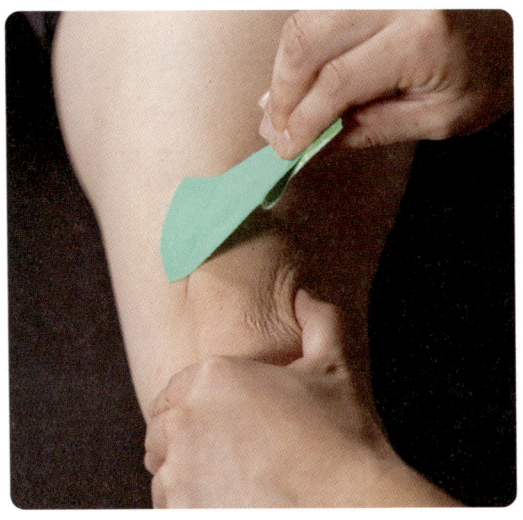
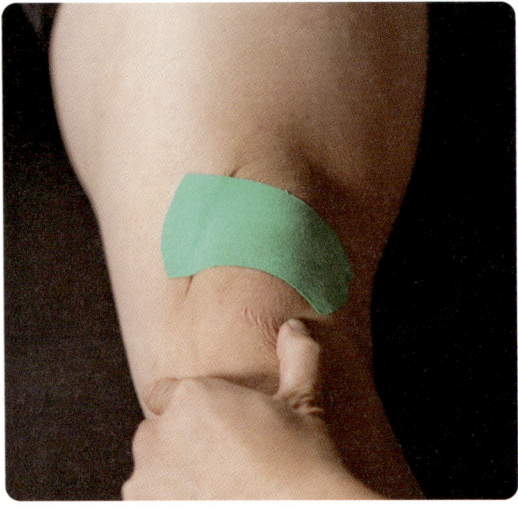

03 대상자의 통증 유무와 불편함에 따라 두 번째, 세 번째 테이프의 방향을 조금씩 달리할 수 있다.

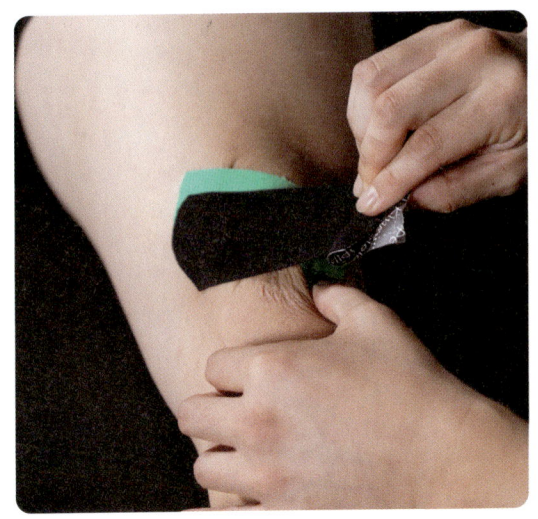 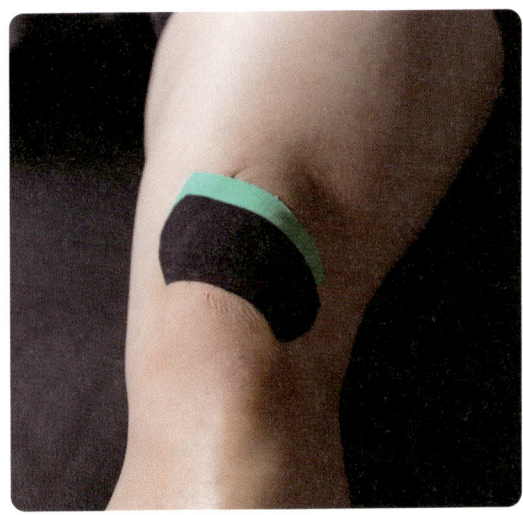

04 피부 주름의 방향을 통해 원하는 방향으로 테이핑이 되었는지 확인한다.

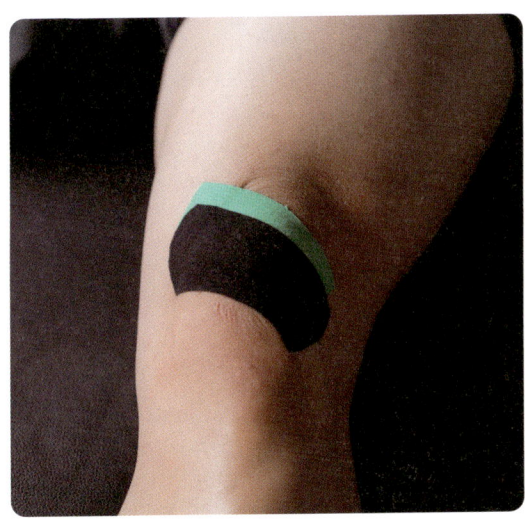

11 어깨 _ 외전(Abduction) 테이핑

라켓을 들고 셔틀콕을 쳐야 하는 움직임에는 어깨의 외전과 회전이 필수적이다. 어깨 근육에 근력 약화 또는 신경통이 있는 경우 도움이 될 수 있다. 특히나 라켓을 들고 준비하는 동작이 익숙하지 않은 동호인들에게 자세 교정으로도 사용될 수 있다.

- **적용 대상자의 자세** : 어깨를 외전하고 통증이 나타나지 않아야 한다. 팔꿈치는 직각(90°)으로 굽힌다.

- **준비물** : 6~7칸 2개

01 몸쪽 극상근에서 시작하여 전면 삼각근까지 부착한다.

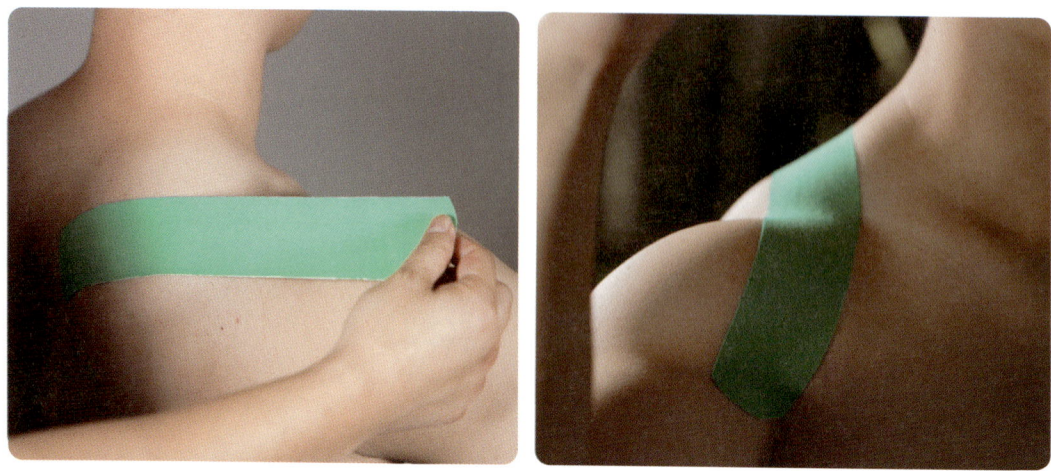

02 쇄골 아래쪽에서 시작하여 후면 삼각근으로 부착한다.

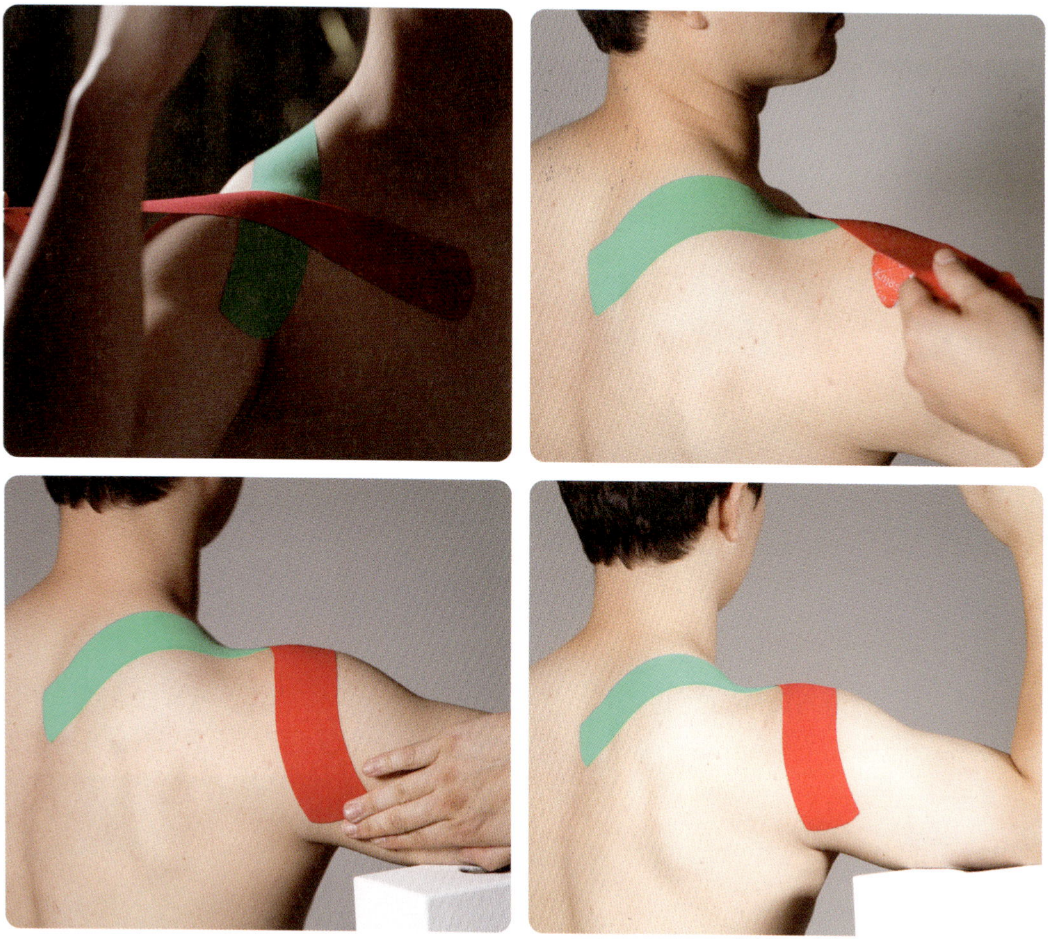

03 삼각근을 보조하여 벌릴 수 있다.

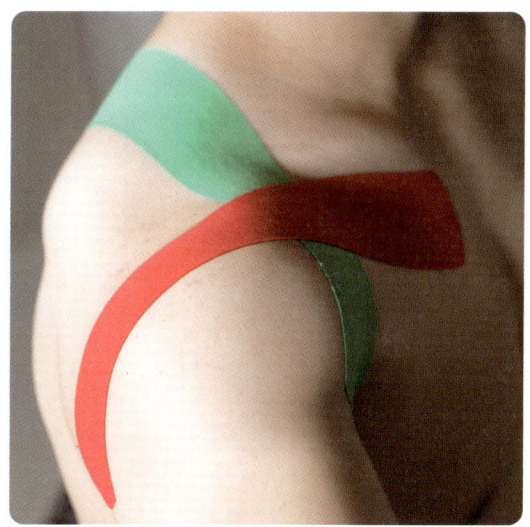

12 어깨 _ 외회전(External rotation) 테이핑

배드민턴에서는 어깨 내회전과 관련한 통증이 외회전 통증에 비해 상대적으로 적은 편이다. 어깨관절에서 마찰음이 나거나, 갈리는 느낌이 들거나, 뚝뚝 소리가 난다면 어깨관절의 공간이 충분하지 않은 상태에서 견갑골과 상완골의 부딪힘을 의심할 수 있다. 이런 증상이 있을 시 위팔에 외회전을 유도하여 도움을 줄 수 있다.

- **적용 대상자의 자세** : 팔을 약간 옆으로 돌리고 바깥쪽으로 향하게 한 채로 테이블 앞에 앉는다. 팔꿈치는 직각으로 굽힌다.
- **준비물** : 6~7칸 2~3개

01 몸쪽 극상근 부위에서 시작하여 상완골두에 주행 방향대로 부착한다.

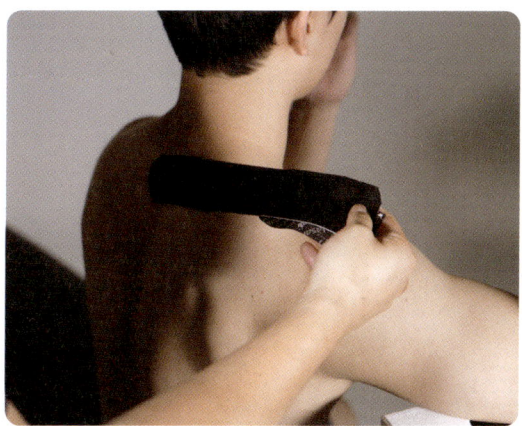 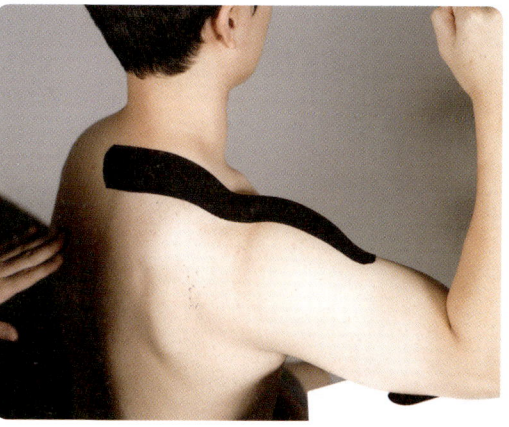

02 몸쪽 능형근 부위에서 시작하여 상완골두에 주행 방향대로 부착한다.

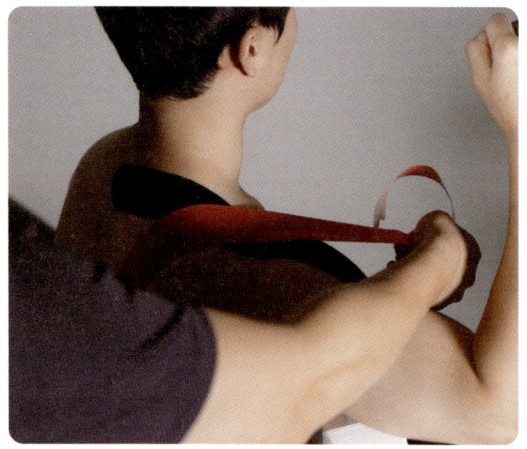 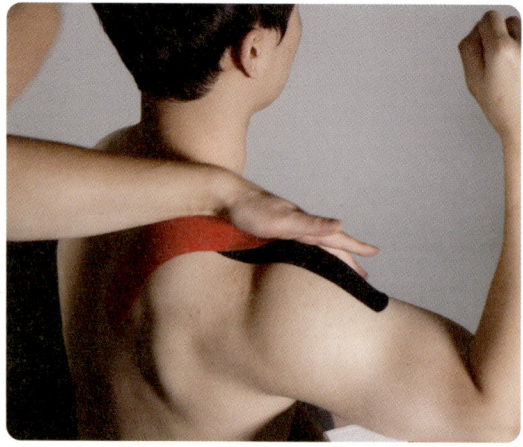

03 광배근의 중간 부위에서 시작하여 상완골두에 주행 방향대로 부착한다.

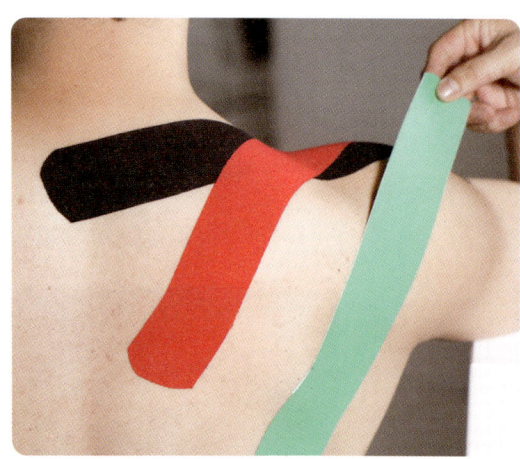 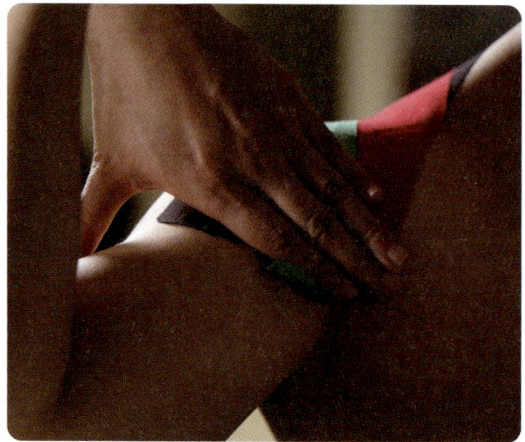

04 상완골두의 외회전 시 짝힘이 발생하여 움직임을 원활하게 돕는다.

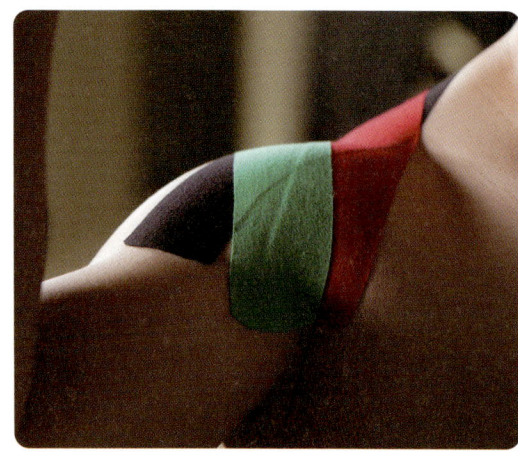 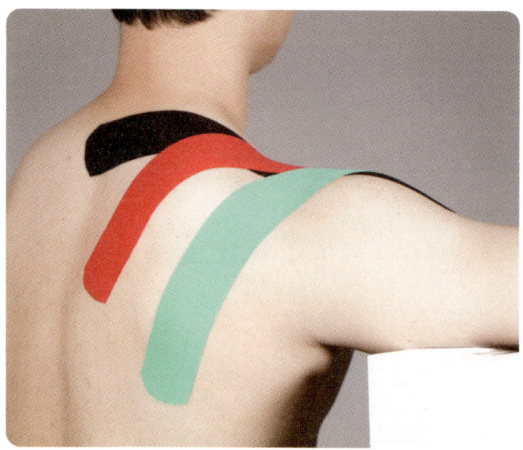

13 팔꿈치 _ 엎침 테이핑

포핸드와 백핸드 기술을 사용할 때 손가락을 이용하여 라켓 면을 뒤집으며 상대적으로 아래팔 뒤침 상태보다 엎침 상태에서 볼을 치게 된다. 엎침의 문제가 있을 시 배드민턴 기술 구현이 어려울 수 있다. 이 테이핑은 아래팔 엎침에 도움을 주는 테이핑이다.

- **적용 대상자의 자세** : 팔꿈치 90° 굴곡과 전완부 회외(Supination) 자세에서 시작한다.

- **준비물** : 4칸 2개

01 전완부 회외와 회내 자세에서 팔꿈치 내측상과 위에 부착한다.

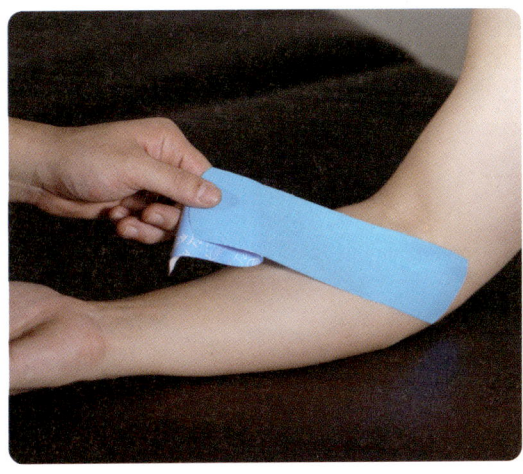

02 테이프를 1/4만큼 늘린 상태에서 전완부를 회내(Pronation)한다.

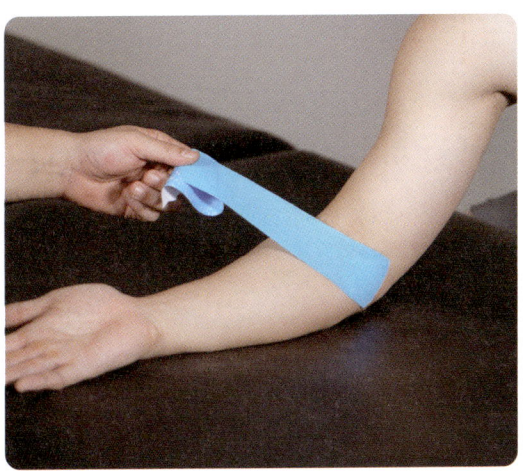 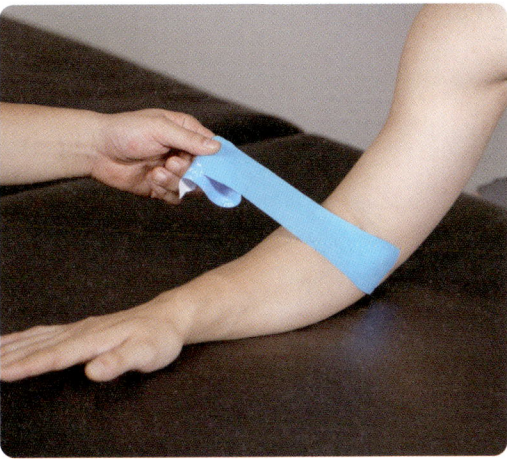

03 그 상태로 손등 쪽 자뼈 위에 테이프를 부착한다.

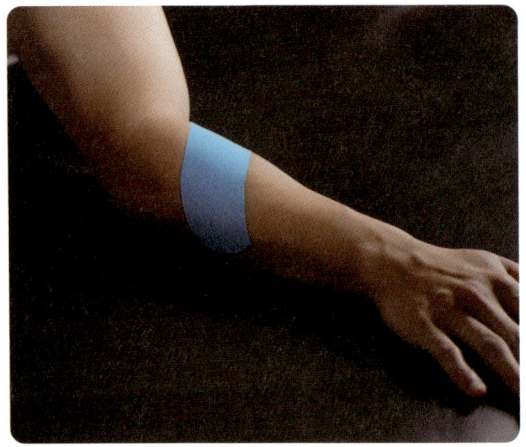

04 두 번째 혹은 세 번째 테이프까지 같은 방법으로 부착하여 회내의 움직임이 쉽게 나오도록 한다.

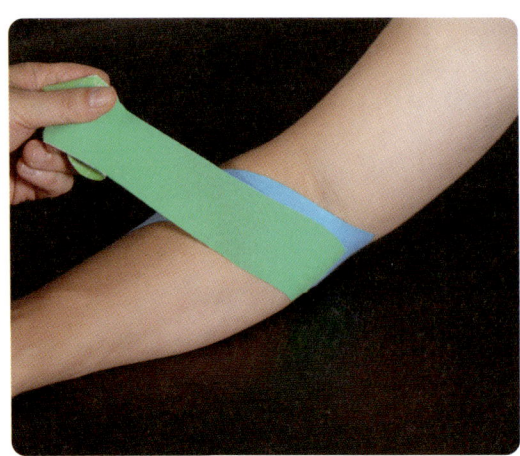 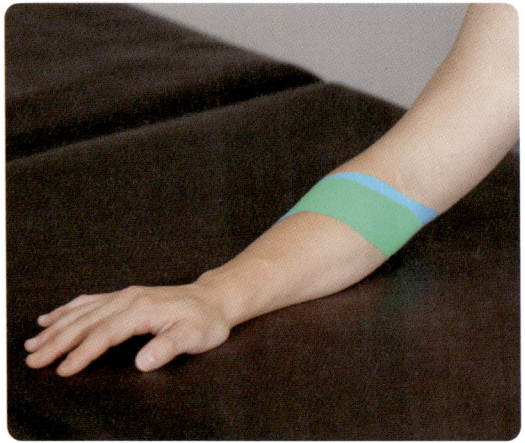

14 팔꿈치 _ 골프 엘보(Golfer's-elbow) 테이핑

셔틀콕을 빠르고 강하게 보내기 위해서 선수들은 주먹을 쥐는 것과 같은 동작을 통해 손목 힘을 강화한다. 이런 훈련을 지속하다 보면 '골퍼 엘보'로 알려진 팔꿈치 안쪽의 통증을 느끼게 된다. 보통 손목 부위까지의 테이핑을 적용하지만 여기서는 손가락 굽힘 부위까지 테이프를 적용한다. 손목의 힘으로 강하게 셔틀콕을 치려는 동호인들에게도 많이 나타나는 현상이다.

- **적용 대상자의 자세** : 통증이 있는 팔꿈치를 펴고 손바닥이 위를 향하도록 하여 테이블 위에 올려놓는다.
- **준비물** : 8칸(Y자 모양) 1개, 절반(세로)으로 나눈 1칸 2개

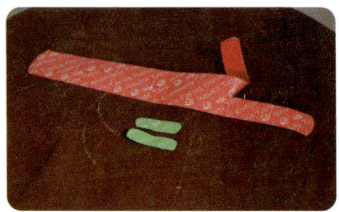

01 전완부 회외(Supination) 상태에서 팔꿈치 내측상과 위에 부착하여 시작한다.

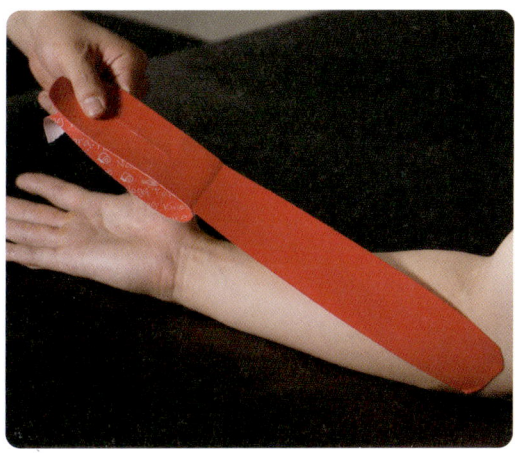

02 테이프를 늘려 두 번째, 세 번째 손가락 끝까지 부착한다.

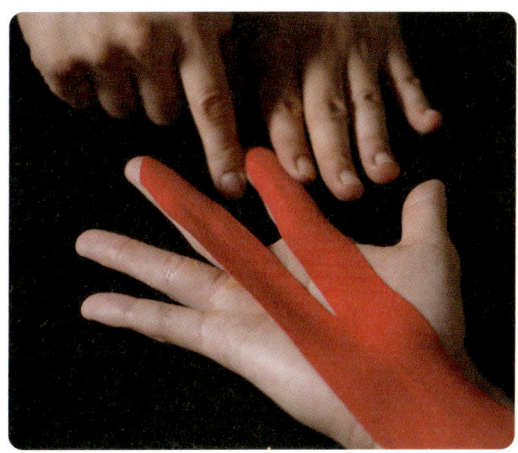

03 테이프의 장력으로 인해 탈착되지 않게 감아준다.

 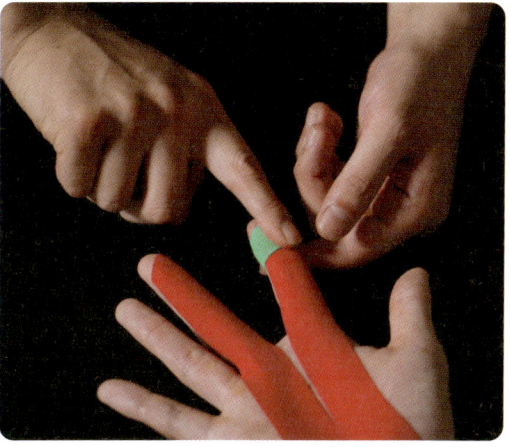

04 나머지 한쪽도 마무리 감아준다.

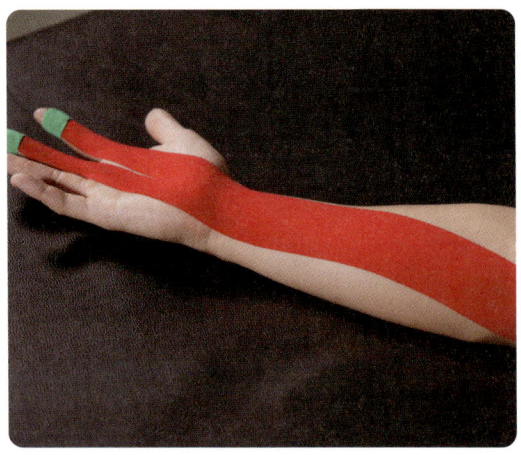

15 피부 상처 치유 촉진 테이핑

테이핑의 장력 방향을 이용하여 흉터가 더 잘 치유되고 더 부드럽게 유지된다. 때로는 피부의 작은 흉터가 운동경기에 큰 영향을 미치기도 한다.

- **적용 대상자의 자세** : 흉터가 늘어나 불편함을 느끼기 직전의 편안한 자세
- **준비물** : 절반(세로)으로 나눈 3칸 1개

※ 상처의 가로 부분을 덮을 수 있는 길이

01 테이프의 중간 지점을 상처 부위에 먼저 부착한 후 양쪽 테이프를 자연스럽게 부착한다. 양쪽 테이프를 부착할 때 약간의 장력을 이용하여 부착해도 좋다.

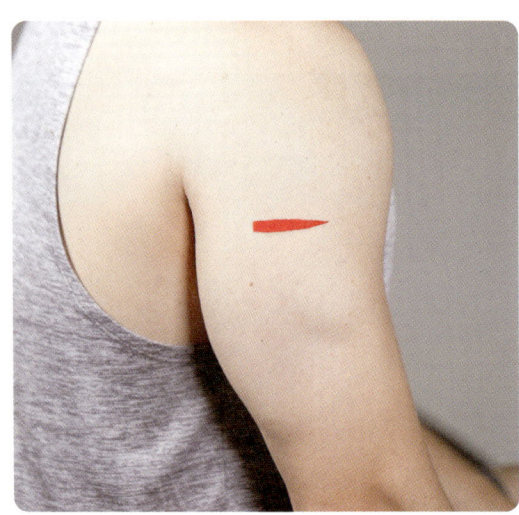
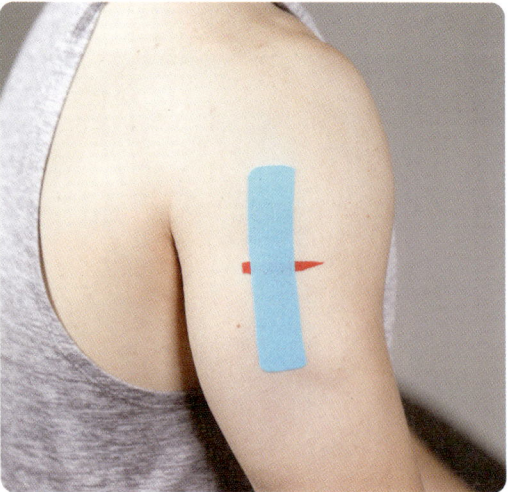

02 필요시 2~3개를 더 적용할 수 있다. 상처의 벌어짐을 최소화하여 치유에 도움이 될 수 있다.

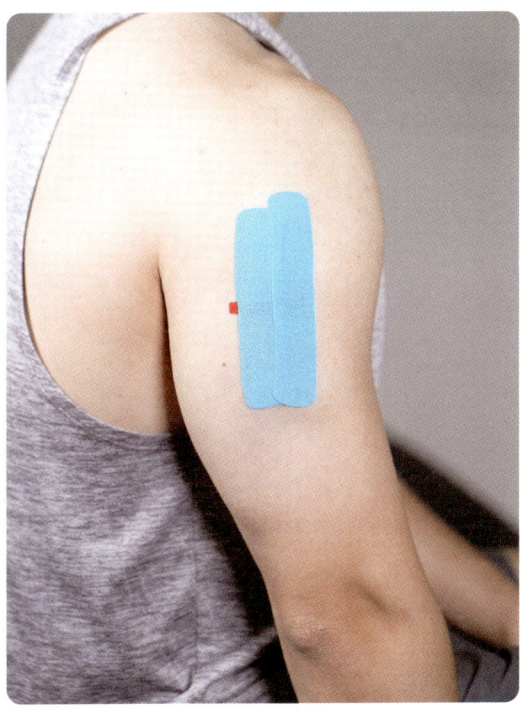

윤용태 물리치료사

현) KLPGA 1부투어 투어팀
전) 평택시티즌FC 의무트레이너
    청라국제병원 도수치료실 물리치료사 근무

오리진스포츠투어팀에 소속되어 KLPGA 1부 투어 선수들을 현장에서 관리하는 피지오로 활동 중이다. 경기 전 선수들에게 필요한 웜업을 제공하고, 경기 후 컨디셔닝과 운동 처방을 통해 선수들이 경기에서 최상의 퍼포먼스를 내도록 돕는다.

종목별 테이핑 소개

CHAPTER 07
골프

01 골프 스포츠 상해 소개

골프는 정적인 스포츠처럼 보이지만, 실제로는 복합적인 신체 회전과 순간적인 폭발력이 필요한 고난도의 기술 스포츠이다. 수많은 아마추어와 프로 골퍼는 오랜 시간 반복되는 훈련과 경기 속에서 최고의 퍼포먼스를 추구하며, 특정 관절과 근육군에 지속적인 부하를 야기한다. 특히 골프는 한 방향의 회전 동작을 반복하는 특성상 특정 부위의 편측성 사용이 심화하여, 과사용 손상이 빈번히 나타난다.

연구에 따르면 골프 부상 중 가장 흔한 부위는 허리(요추), 손목, 어깨, 팔꿈치이며, 대부분의 손상이 급성 외상보다는 반복적인 동작에 의한 누적 손상에서 발생한다. 이는 골프 스윙이 회전력, 지면 반발력, 코어의 협응을 동시에 요구하는 복합적인 동작이기 때문이다.

1 대표적인 골프 부상 예시

1) 허리 통증(요추 통증)

허리(요추)는 골프 부상에서 가장 높은 비율을 차지하는 부위로, 백스윙과 다운스윙을 빠르게 수행하며 회전하는 동안 허리에 반복적으로 회전력과 전단력, 압축력이 가해진다. 한 연구에 따르면 임팩트 순간에 허리에는 체중의 6~8배의 충격이 가해진다고 한다. 특히 저가동성으로 회전이 제한된 상태에서 무리하게 임팩트를 시도할 경우, 디스크 압박 및 관절의 염증, 심한 경우 디스크 탈출이나 요추 불안정증으로 이어질 수 있다.

2) 골프엘보 / 테니스엘보(팔꿈치 부상)

골프엘보는 팔꿈치 안쪽의 굴곡근 기시부에 염증이 생기는 내측상과염이다. 반대로 테니스엘보는 바깥쪽의 신근 부위에 생기며, 양쪽 모두 비효율적인 스윙 또는 지나친 반복 사용에서 비롯된다.

3) 손목 및 손 부상

다운스윙 시 임팩트 순간의 충격은 손목과 손에 전달된다. 특히 너무 딱딱한 지면이나 러프에서 반복적으로 스윙할 경우, 손목건초염, 삼각섬유연골복합체(TFCC) 손상 등이 나타날 수 있다.

2 골프 부상 원인

1) 유연성 부족 또는 가동 범위 제한

엉덩관절, 등(흉추), 어깨 등의 가동 범위가 제한되면, 보상 움직임으로 인해 다른 관절에 과부하가 걸린다. 예를 들어 등이 잘 회전하지 않으면 허리나 어깨가 과하게 움직이며 손상이 발생한다.

2) 잘못된 스윙 메커니즘

스윙 시 체중이 제대로 전달되지 않거나 회전이 불균형할 경우 근육과 관절의 비정상적인 사용으로 부상이 유발된다. 이는 특히 아마추어 선수나 기술이 미숙한 사람에게 자주 나타난다.

3) 준비운동 부족과 회복 관리 미흡

운동 전 충분히 워밍업 하지 않거나 경기 후 회복 훈련(스트레칭, 근막 이완 등)이 부족할 경우 근육과 관절의 준비도가 낮아지고, 미세 손상이 누적되어 큰 부상으로 이어진다.

이 장에서는 통증을 예방하고 완화하기 위한 테이핑 기법을 소개한다. 테이핑은 통증 부위의 움직임을 제한하고, 근육에 걸리는 부하를 분산시키는 데 효과적이다. 실제로 선수들이 시합 전후에 테이핑을 활용하여 통증을 줄이고 안정적인 스윙을 유지하는 데 도움받고 있다.

일반 골퍼들도 팔꿈치에 피로감이나 통증이 느껴질 경우, 테이핑을 통해 조기 관리함으로써 만성 부상으로의 이행을 예방할 수 있다. 특히 반복된 통증 경험이 있는 골퍼라면 훈련 전후 스트레칭, 마사지, 테이핑 적용을 일상화하는 것이 중요하다.

▶ 공통적인 부상 원인

Area	Amateur(%)	Professional(%)	Male(%)	Female(%)
Low back	15~34	22~24	25~36	22~27
Wrist	13~20	20~27	18~28	12~36
Elbow	25~33	7~10	8~33	6~50

02 골프 스포츠 테이핑 방법

1 손목 통증

스윙 시 임팩트 순간 발생하는 손목 통증 완화를 위한 테이핑으로, 안쪽과 바깥쪽 통증 모두에 적용 가능하다. 손목의 안정화와 통증 완화에 효과적이다.

- **적용 대상자의 자세** : 편안하게 앉은 자세에서 팔꿈치를 약간 굴곡한 상태로 전완부 회내(Pronation) 상태에서 한다.

- **준비물** : 4칸 1개, 4칸(Y자 모양) 1개

01 테이프의 한쪽 앵커 부분을 약 10cm를 자른 후, 반대쪽 앵커를 아래팔 바깥쪽 1/3 지점에 부착한다.

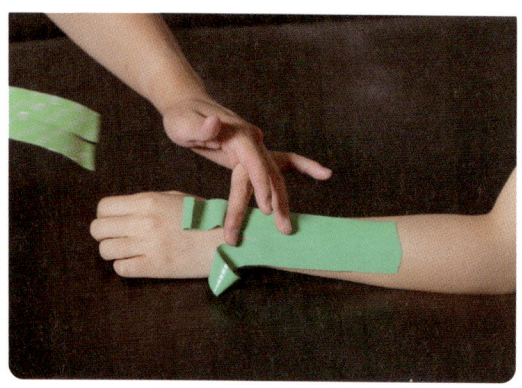

02 가벼운 스트레치를 주어 적용해 주면서, 자른 부분의 한쪽은 네 번째(다섯 번째) 손가락에 다른 한쪽은 엄지손가락 부분에 부착한다.

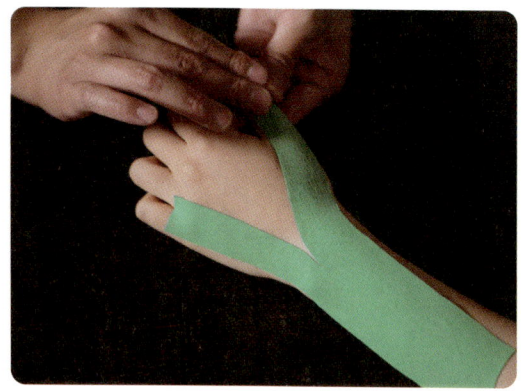

03 두 번째 테이프 중간 부분에서 백킹 페이퍼를 찢어 제거한 후, 손목 아래 부분에 부착한다.

04 테이프 양쪽으로 손목을 감싸주며 부착한다.

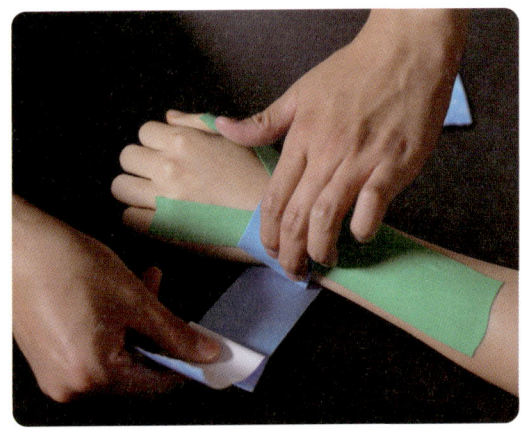 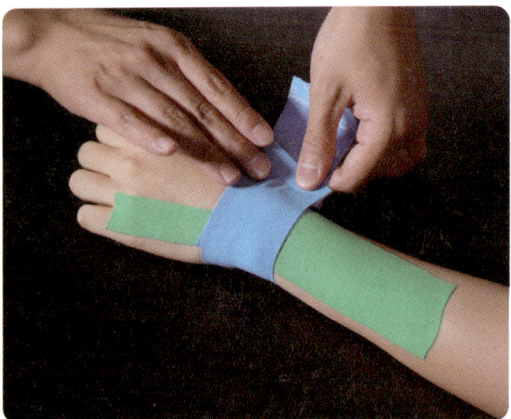

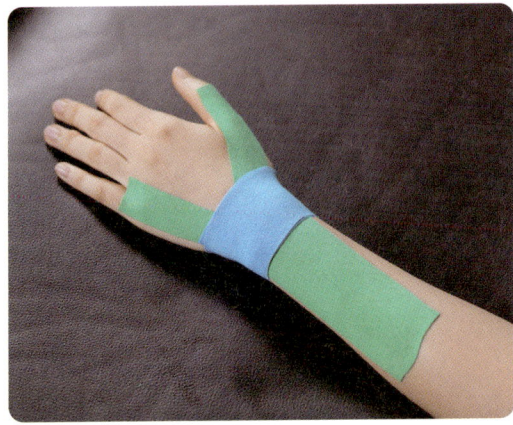

2 허리 통증

어드레스부터 후방사슬에 긴장을 유지해야 하며, 임팩트 시 허리에 체중의 6~8배 충격이 가해진다. 이로 인한 허리 통증은 테이핑을 통해 조절 가능하며, 기립근과 흉요근막의 안정성도 높일 수 있다.

- **적용 대상자의 자세** : 선 자세에서 몸통을 약간 굴곡시켜 통증이 유발되기 직전까지의 자세에서 한다.

- **준비물** : 5칸 4개

01 허리를 약간 숙여준 상태로, 테이프의 앵커 부분을 엉치뼈 위에 사선으로 부착한다.

02 가벼운 스트레치를 주면서 테이프를 부착 방향대로 적용하여 허리를 감싸준다.

03 같은 방식으로 반대편에 두 번째 테이프를 부착한다.

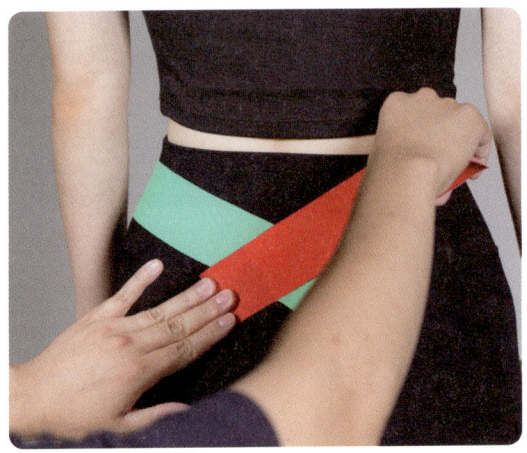 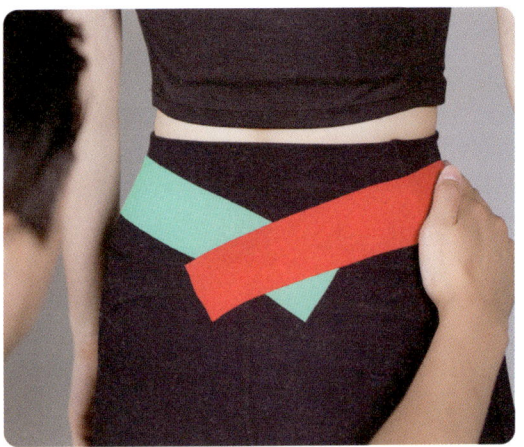

04 세 번째 테이프를 엉치뼈 위에 부착한 후 중간 정도 스트레치를 주면서 기립근 방향으로 부착한다.

 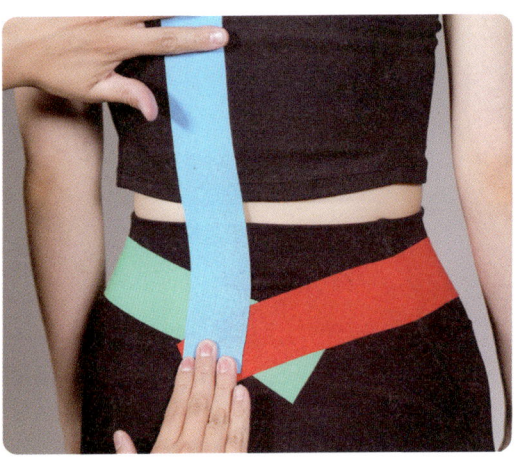

05 네 번째 테이프를 같은 방식으로 세 번째 테이핑 옆에 부착한다.

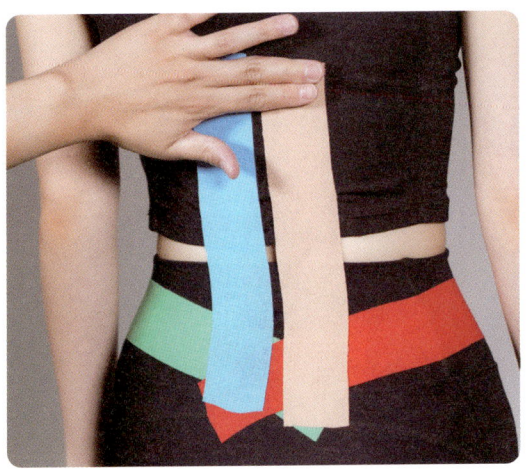 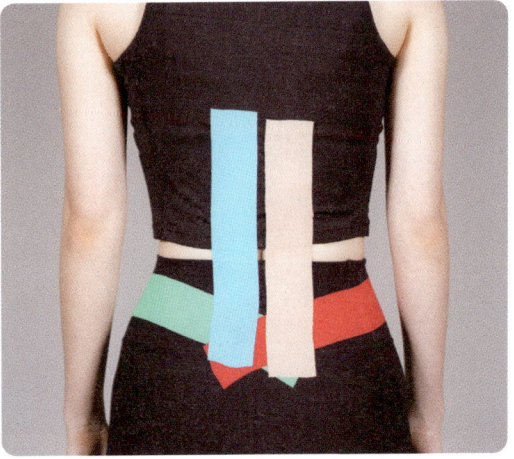

3 복사근

아마추어 골퍼에게선 백스윙이나 피니시 시 부족한 흉추 가동성 또는 무리한 힘의 사용으로 복사근 손상이 발생할 수 있다. 이때 테이핑은 손상 부위의 통증을 줄이고 안정성을 높이는 데 효과적이다.

- **적용 대상자의 자세** : 편안하게 선 상태에서 통증부위를 시술자 쪽으로 향하게 한다.

- **준비물** : 5칸 4개

01 첫 번째 테이프를 전상장골극(ASIS)에 부착한 후, 가볍게 스트레치를 주어 12번째 갈비뼈 방향으로 사선으로 테이프를 부착한다.

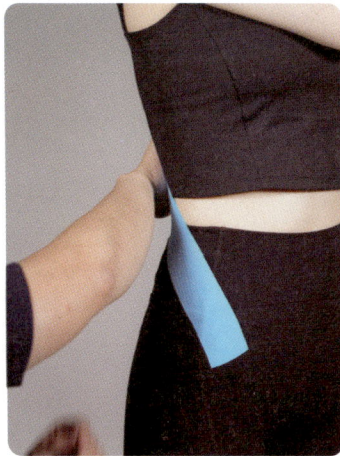
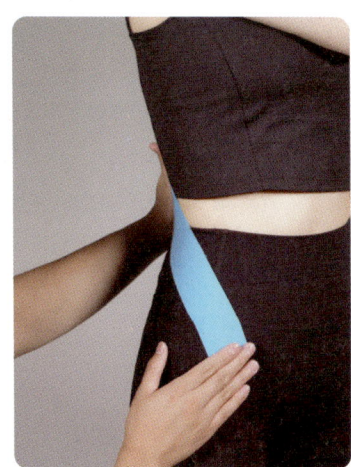

02 두 번째 테이프를 뒤쪽 장골능(Iliac crest)에 부착한 후, 첫 번째 테이프와 동일한 방법으로 앞쪽 방향으로 부착한다.

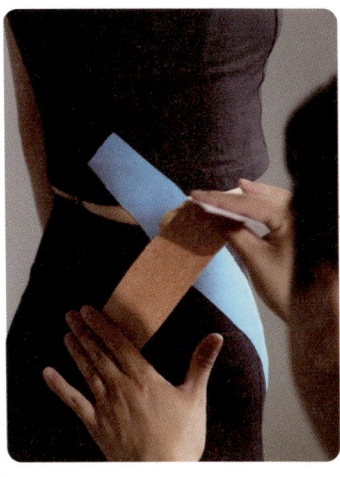
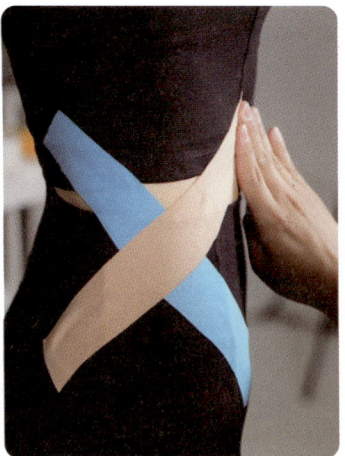
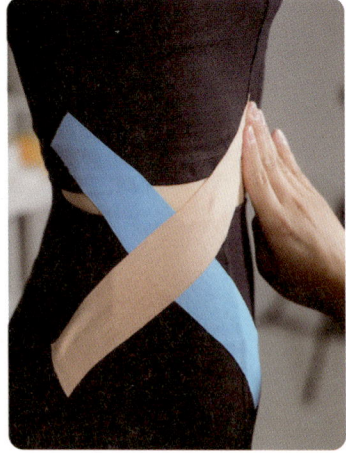

03 세 번째 테이프를 첫 번째 테이핑과 절반 겹쳐 부착한다.

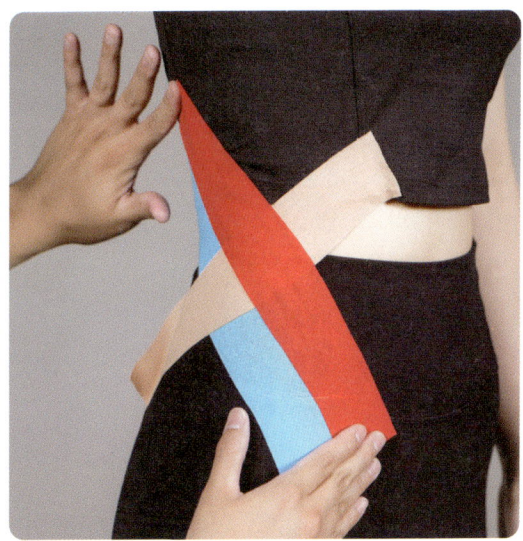

04 네 번째 테이프를 두 번째 테이핑과 절반 겹쳐 부착한다.

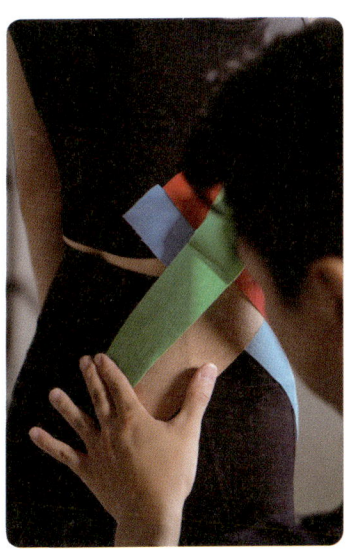
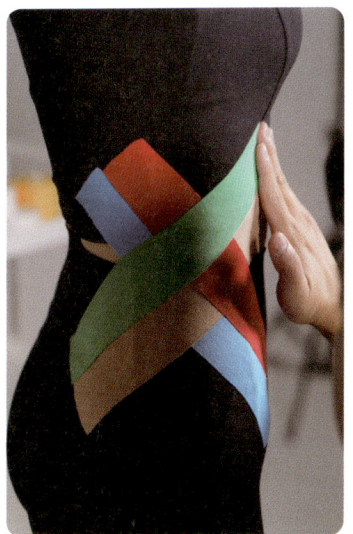

4 팔꿈치 외측

팔꿈치 외측 통증(Tennis elbow)은 아마추어 골퍼에게 흔하며, 잘못된 그립이나 스윙 메커니즘으로 반복 연습 시 발생한다. 이 테이핑은 통증 감소와 팔꿈치 고정에 효과적이며, 골프 외 다른 종목에도 적용 가능하다.

- **적용 대상자의 자세** : 아래팔을 중립으로 한 상태에서 환부를 시술자 쪽으로 향하게 선다.

- **준비물** : 4칸 2개, 2칸 2개

01 테이프를 팔꿈치 바깥쪽 아래에 부착한 후, 중간 정도 스트레치를 주어 팔꿈치 바깥쪽을 덮으면서 테이핑을 부착한다.

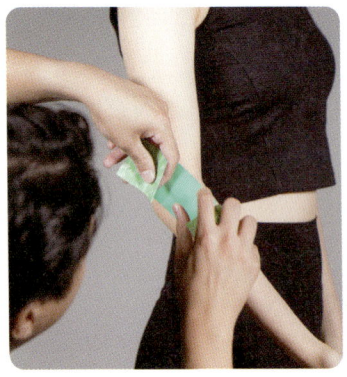 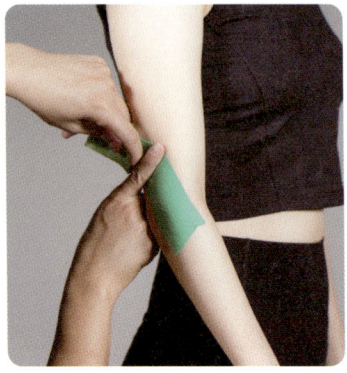 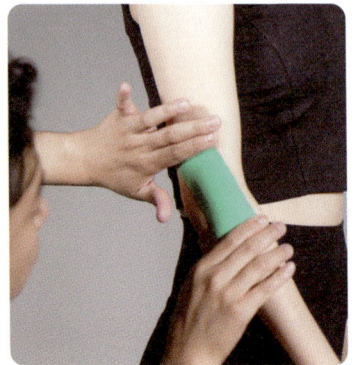

02 팔꿈치 바깥쪽을 가운데에 두고 첫 번째 테이프와 'X'자 모양으로 겹쳐서 테이핑을 부착한다.

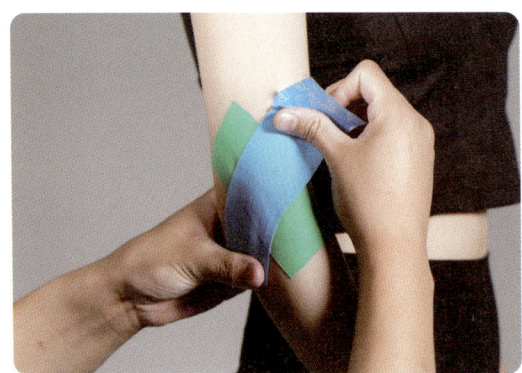

03 첫 번째 테이핑 부착점 아래에 테이프를 부착한 후, 팔꿈치 안쪽을 덮으며 약간 스트레치를 주어 대각선 방향으로 테이프를 부착한다.

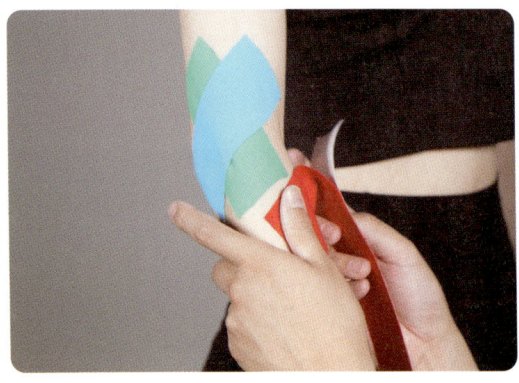 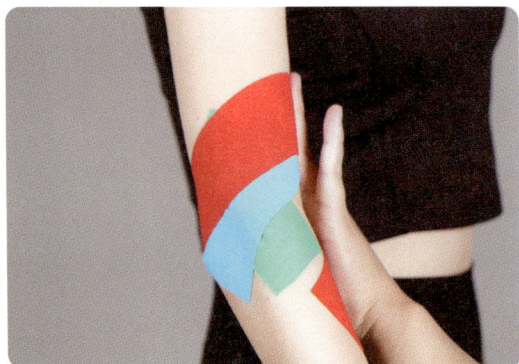

04 세 번째 테이핑의 부착점에서 반대 방향으로 팔꿈치 바깥쪽을 덮으며 약간 스트레치를 주어 테이프를 부착한다.

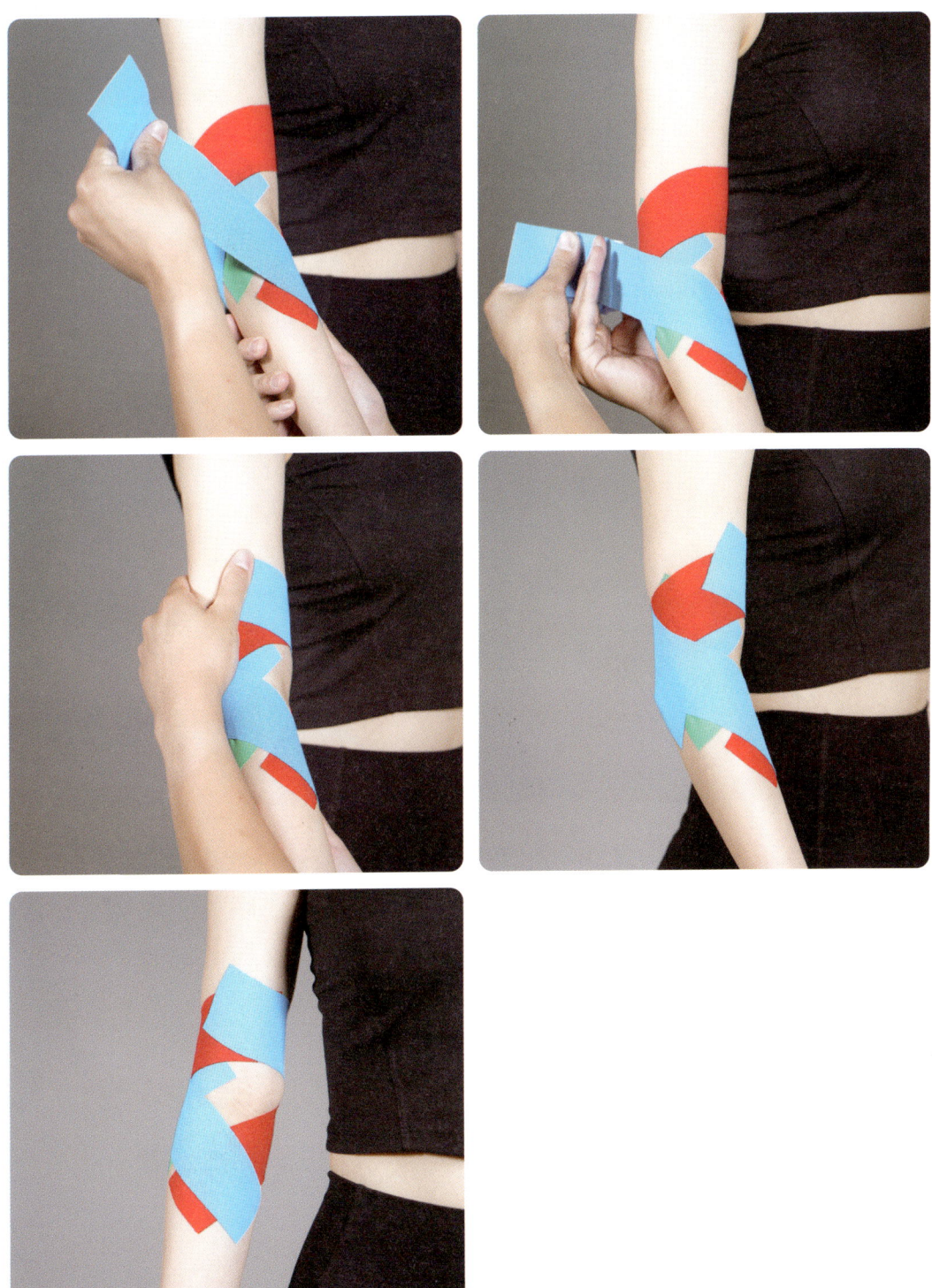

5 팔꿈치 내측

팔꿈치 내측 통증(Golfer's elbow)은 손목 굴곡근의 문제로, 강한 임팩트나 과한 연습 시 아마추어 골퍼에게 자주 발생한다. 이 테이핑은 통증 감소와 팔꿈치 고정에 효과적이며, 다양한 종목에 활용할 수 있다.

- **적용 대상자의 자세** : 전완부를 중립으로한 상태로 팔을 약간 벌려 환부를 시술자 쪽으로 향하게 선다.

- **준비물** : 5칸 2개, 2칸 2개

01 테이프를 팔꿈치 안쪽 아래에 부착한 후, 중간 정도 스트레치를 주어 팔꿈치 안쪽을 덮으면서 테이프를 부착한다.

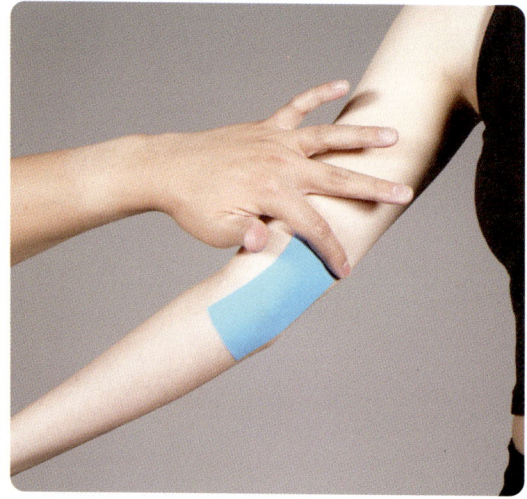

02 팔꿈치 안쪽을 가운데에 두고 첫 번째 테이프와 'X'자 모양으로 겹쳐서 테이프를 부착한다.

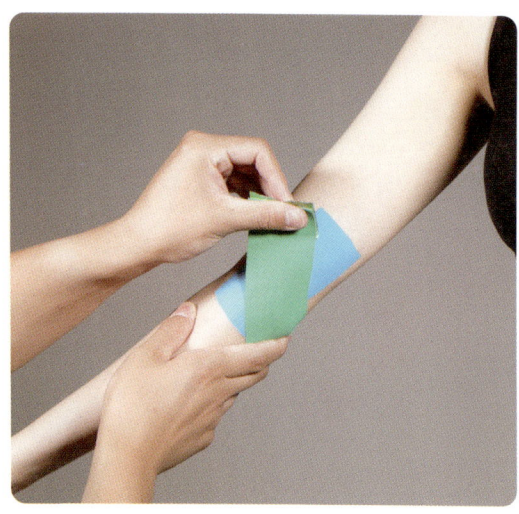
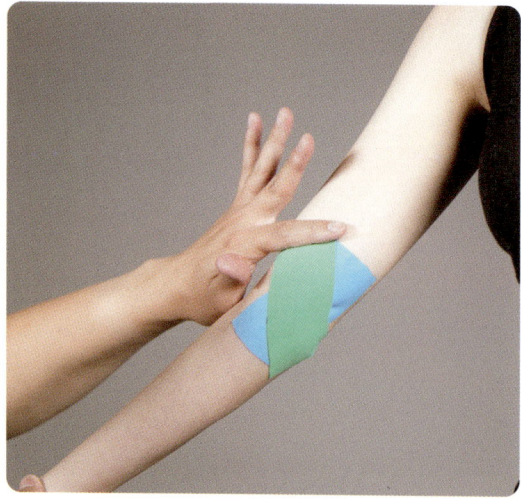

03 첫 번째 테이핑 부착점 아래에 테이프를 부착 후, 팔꿈치 바깥쪽을 덮으며 약간 스트레치를 주어 대각선 방향으로 테이프를 부착한다.

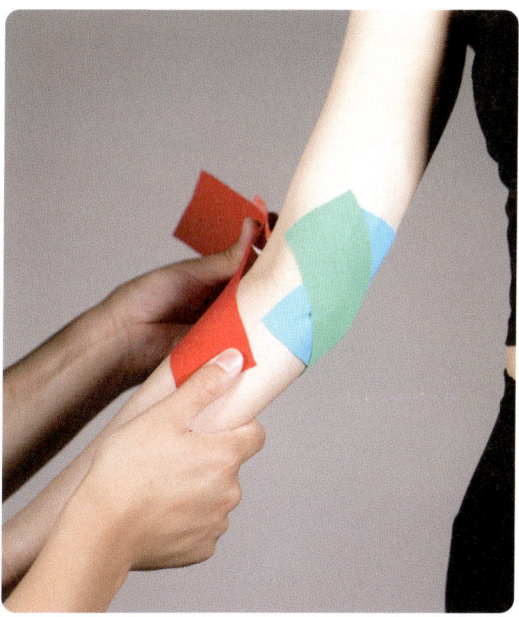 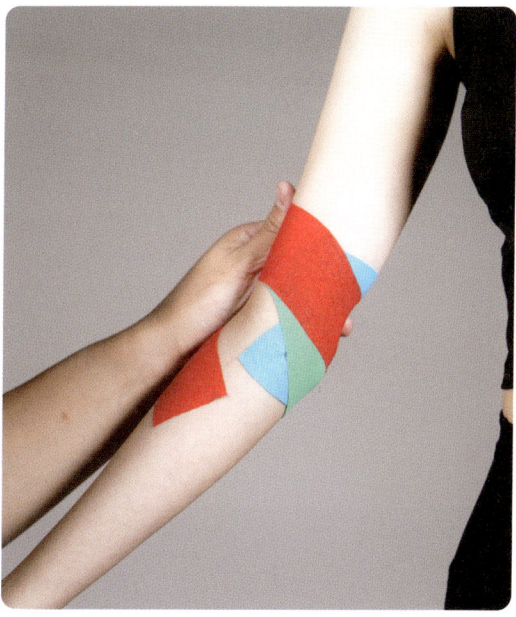

04 세 번째 테이핑의 부착점에서 반대 방향으로 팔꿈치 안쪽을 덮으며 약간 스트레치를 주어 테이프를 부착한다.

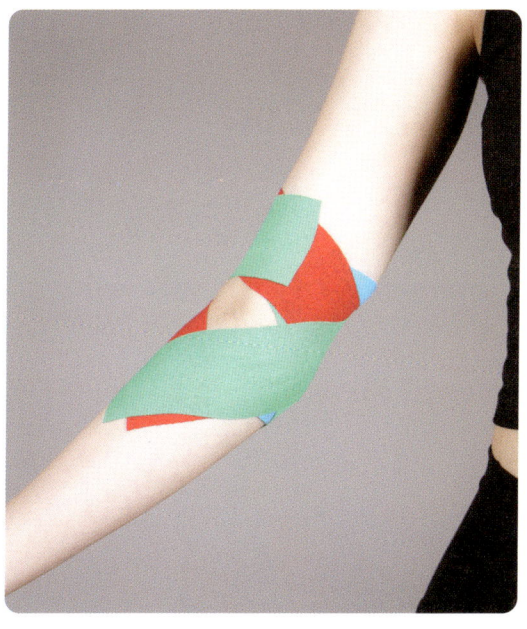 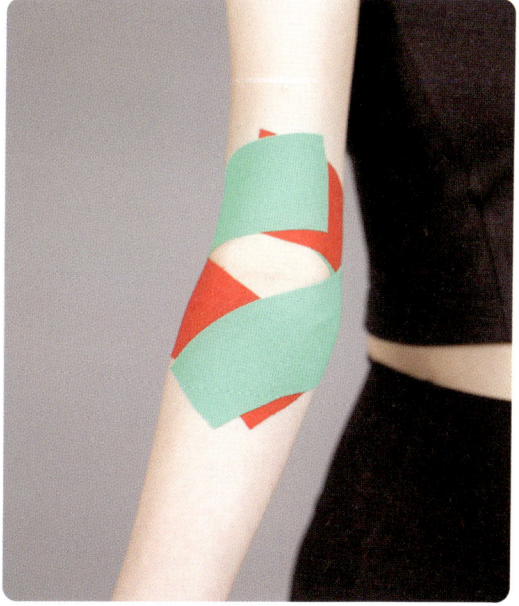

나연희 물리치료사

현) 국가대표 재활의학과 도수치료팀장
전) 대한민국 태권도 국가대표팀 의무트레이너
  본브릿지병원 운동재활센터
  모던필라테스 잠실점
  올림픽, 아시안게임, 세계선수권 등 국제대회 다수 파견
  채널A 프로그램 '나는 몸신이다'(348회) 출연

현재 재활 병원에서 선수 및 일반인을 대상으로 선수 재활 및 수술 후 재활, 체형 교정, 통증 케어 등 근골격계 재활을 전문으로 담당한다. 이 외에 테이핑 및 재활 운동 방법을 알려주는 콘텐츠를 제작하여 SNS에 공유하고 있다.

종목별 테이핑 소개

CHAPTER 08

태권도

01 태권도 스포츠 상해 소개

태권도는 대한민국 고유의 무술로, 세계적으로 널리 보급된 격투기 스포츠이자 대한민국의 국기(國技)이다. 원래 군사훈련의 일환으로 발생한 태권도는 시간이 지남에 따라 체계적인 무술로 발전하였으며, 이후 스포츠로 자리 잡게 되었다. 세계태권도연맹(WT)은 축구연맹(FIFA) 다음으로 많은 스포츠 연맹인 210여 개 회원국을 보유하고 있는데, 이는 태권도가 세계에서 가장 보편화된 무술 겸 스포츠 중 하나로 자리 잡았다는 것을 보여준다. 태권도가 단순한 무술을 넘어 스포츠 경기로 자리 잡게 된 핵심 요소가 바로 '겨루기'이다. 태권도 겨루기는 2000년 시드니 올림픽부터 정식종목으로 채택되어 국제적 명성을 얻고 있으며, 전 세계 8,000만 명 이상의 태권도 수련인 중, 상당수가 겨루기 중심의 훈련을 진행하고 있다.

태권도 겨루기는 무술이자 접촉 스포츠로 발차기, 손기술을 사용하여 상대를 공격하는 격투기 스포츠이다. 격렬한 신체 접촉, 고속의 발차기 동작, 빈번한 점프 및 회전이 있기 때문에 다양한 부상에 노출된다. 부상은 보통 과사용성(지속적인 반복 사용)과 외상성(충돌 등 외부 충격)으로 나타나고, 특히 하지(엉덩관절, 무릎관절, 발목관절)에서의 부상이 가장 많다.

연구 결과를 살펴보면 태권도 부상은 상지(18%)보다 하지(46.5%)에서 더 자주 발생하고[5], 하지(발, 발목, 무릎, 허벅지)가 전체 부상 중 70.7%의 비율로 태권도에서 가장 많이 손상되는 신체 부위[1]라 한다. 하지의 부상이 많은 이유는 발차기의 점수가 크다 보니 더 큰 점수를 얻기 위해 손기술보단 거의 발차기 기술을 중심으로 상지보다 하지를 더 많이 사용하는 태권도의 특수성 때문이다.

과사용으로 인한 하지에서의 부상이 많은 이유를 관절별로 구분하여 구체적으로 알아보자.

무릎은 태권도 동작에서 가장 중심적인 부하를 받는 부위이다. 발차기 시 지지 다리로 무게와 회전을 동시에 버티므로 비틀림 부상 위험이 크며, 착지 시 충격 대부분이 무릎에 집중된다. 빠르게 방향 전환 시 무릎 관절이 내외반 되어 십자인대나 반월상 연골 손상을 일으킬 수 있고, 지면 마찰로 인해 갑작스러운 멈춤 또는 회전 시 무릎이 고정된 채 틀어지는 상황이 발생할 수 있다.

엉덩관절은 태권도 특유의 높은 발차기, 유연한 동작의 핵심 관절이다. 높은 발차기, 회전차기 시 과도한 가동 범위가 요구되어 엉덩관절의 충돌 또는 염좌를 발생시키고, 근육 불균형으로 장요근(엉덩이 굽히는 근육), 둔근(엉덩이 펴는 근육) 간의 밸런스가 맞지 않으면 관절에 무리를 주게 된다. 또 발차기 시 반복되는 동작으로 엉덩관절 과사용 증후군이 유발되기도 한다.

발목은 작은 관절이지만 태권도에서는 지속적으로 스텝, 착지, 방향 전환에 쓰인다. 겨루기 도중 빠른 스텝 이동, 순간 정지, 점프 착지로 발목이 심하게 꺾이거나 접질리고, 보호 장비를 착용해도 발목 지지력은 낮아서 충격에 취약하다. 발차기 후 균형이 흐트러져 착지 실패 시 발목을 삐는 경우가 많고, 매트 위에서의 마찰력 변화로 인해 순간적으로 미끄러지며 발목 손상을 입는 일도 있다.

▶ 공통적인 부상 원인

원인	설명
반복된 부하	매일 수십~수백 번의 발차기, 착지, 회전으로 관절 피로 누적
순간 폭발력	갑작스러운 힘과 방향 전환이 관절 구조를 초과하는 힘을 가함
균형과 코어의 중요성	균형이 무너지면 관절 하나에 무리가 집중되어 손상
유연성 & 근력 불균형	관절을 지지하는 근육이 약하거나 불균형하면 보호 기능 저하

외상성 형태의 부상은 빠르고 강한 발차기와 실제 신체 접촉, 보호 장비의 한계로 인해 머리, 몸통, 팔다리 등 직접 충돌로 발생하게 된다. 예를 들면 안면에 들어온 돌려차기로 코뼈 골절, 뇌진탕이 발생할 수 있고, 몸통의 강한 충격으로 늑골 타박상이나 골절이 발생하고 손이나 발이 어깨나 팔에 비정상적으로 맞으면 탈구나 염좌 부상을 입는다.

이 장에서는 여러 연구 결과와 실제 태권도 선수들을 관리하면서 접했던 부상 경험을 바탕으로, 태권도 겨루기 국가대표 선수들에게 직접 적용했던 하지의 테이핑을 소개한다. 같은 부상을 가진 태권도 선수뿐만 아니라 일반인들도 적용 가능하며 쉽게 따라 할 수 있다.

태권도 겨루기 국가대표팀에 있으면서 경기중 응급상황 및 부상, 훈련 중 통증, 과사용으로 인한 부상을 예방하기 위해 테이핑을 많이 적용하여 효과를 보았고, 더욱 효과적으로 사용하기 위해 연구하였다. 테이핑은 선수들이 최상의 경기력을 내기 위한 방법 중 하나로, 일반인들에겐 통증 없이 좀 더 편한 생활을 할 수 있게 도와주는 방법이라고 생각한다. 개인마다 테이핑 효과의 차이는 있을 수 있으나, 적극 활용할 것을 추천한다.

태권도 겨루기 부상 예방을 위한 팁
1. 워밍업과 동적 스트레칭을 충분히!
2. 엉덩관절과 무릎 주변 근력 강화 운동
3. 실전 중 충돌 최소화를 위한 반응 훈련
4. 균형 감각 향상 훈련
5. 충격 흡수 및 외상 예방 위해 보호 장비 착용

02 태권도 스포츠 테이핑 방법

1 족저근막염 (비탄력 테이프 방법)

족저근막은 종골이라 불리는 발꿈치뼈에서 시작하여 발바닥 앞쪽의 발가락 기저 부위에 붙은 두껍고 강한 섬유 띠를 말한다. 발의 아치를 유지하고 발에 전해지는 충격을 흡수하며 체중이 실린 상태에서 발을 들어 올리는 데 도움을 주어, 보행 시 발의 역학에 중요한 역할을 한다. 이러한 족저근막이 반복적인 미세 손상을 입어 근막을 구성하는 콜라겐의 구조가 변하고 염증이 발생한 것을 족저근막염이라 한다.

태권도 겨루기는 민첩성이 요구되는 종목으로 빠른 움직임을 위해 앞꿈치에 체중을 싣고 발꿈치가 떨어진 상태로 기본 스텝을 띈다. 이때 발이 안쪽으로 회전(회내)하게 되고, 반복적인 부하가 원인이 되어 족저근막염과 발의 아치가 무너지는 평발이 흔하게 나타난다. 심할 경우 족저근막이 파열되기도 한다. 이러한 이유로 발바닥의 통증을 호소하는 경우가 많은데, 이 때문에 족저근막의 긴장을 감소시킬 목적으로 테이핑을 한다.

테이핑 소개

태권도 겨루기 선수같이 반복적인 발의 회내 작용이 원인이 되어 족저근막염이 나타날 경우, 이 회내 작용을 막기 위한 테이핑 방법으로 '로 다이(Low Dye)' 기법이 있다. 이 기법들은 비정상적인 발의 회내를 줄이고 내측 아치를 유지시켜 족저근막의 긴장을 감소시킴으로써 족저근막염과 관련된 통증을 줄여 줄 수 있다.

태권도 겨루기 선수에게 로 다이 테이핑 기법을 족저근막이 파열된 후 복귀 운동에서 적용했던 사례가 있었다. 첫 복귀 운동이라 강한 테이핑을 원했고, 로 다이 기법에 키네시올로지 테이핑까지 추가하여 적용했다. 그 결과 성공적인 복귀 운동을 할 수 있었다.

아래에 소개된 로 다이 테이핑 방법은 발바닥 통증이 있는 운동량이 많은 선수들이나 동호회, 통증이 큰 족저근막염 환자들에게 적용하면 좋다. 일반인이나 가벼운 테이핑을 원하는 선수들에게는 그다음에 소개된 키네시올로지 테이핑을 추천한다.

- **준비 자세** : 침대에 엎드려 누워 발이 침대 바깥으로 나오게 하여, 발목을 몸쪽으로 당긴 자세를 취한다.
- **준비물** : C-tape

01 첫 번째 발가락 중족골 아래에서 부착하여 발꿈치를 감싸돌아와 시작점에서 끝낸다.

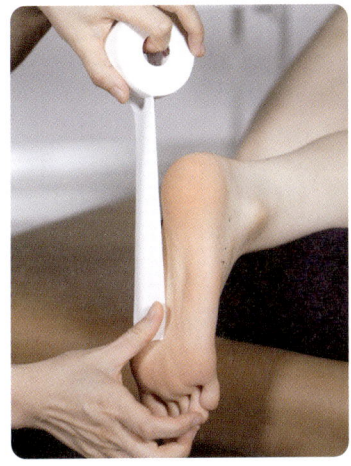 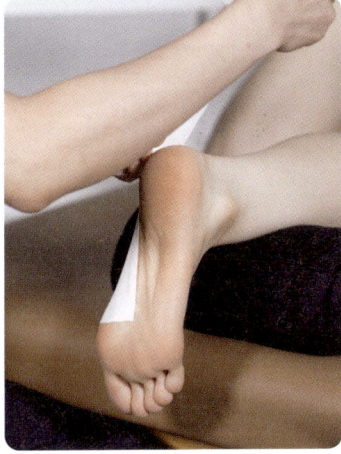 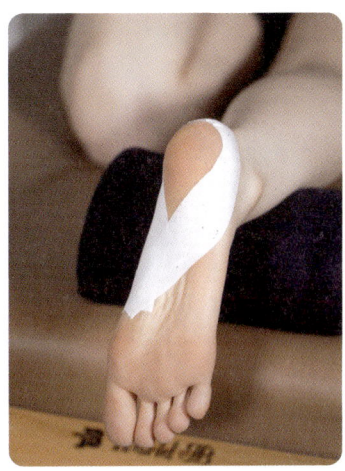

02 다섯 번째 발가락 중족골 아래에서 부착하여 발꿈치를 감싸고 돌아 와 시작점에서 끝낸다.

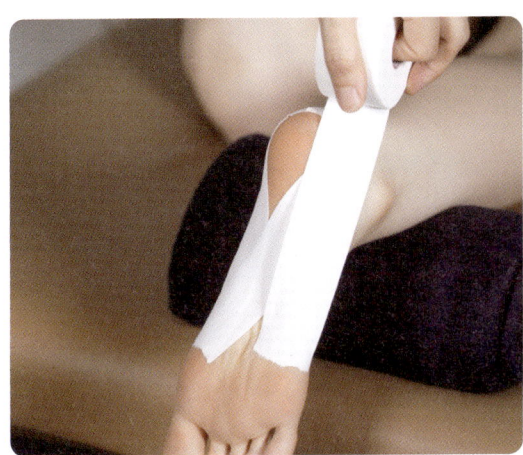 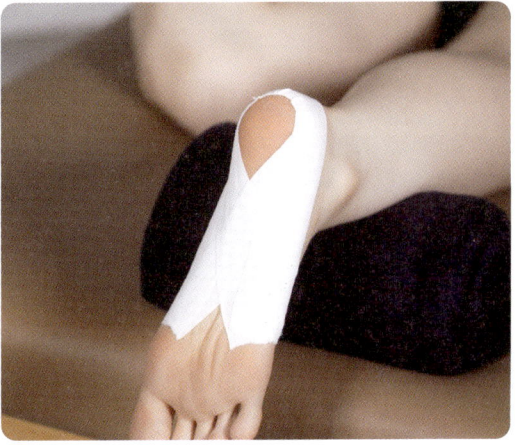

03 발의 바깥쪽에서 시작하여 발바닥을 가로질러 발의 안쪽에서 끝낸다.

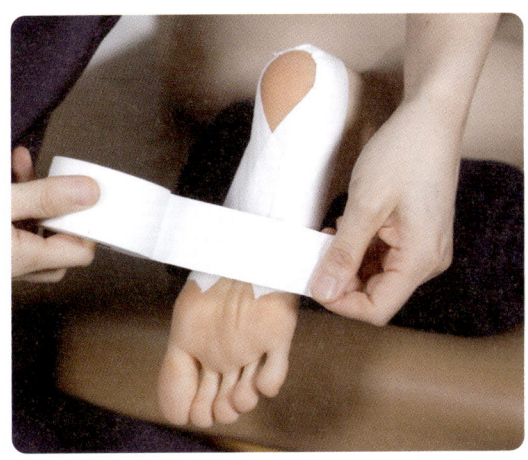 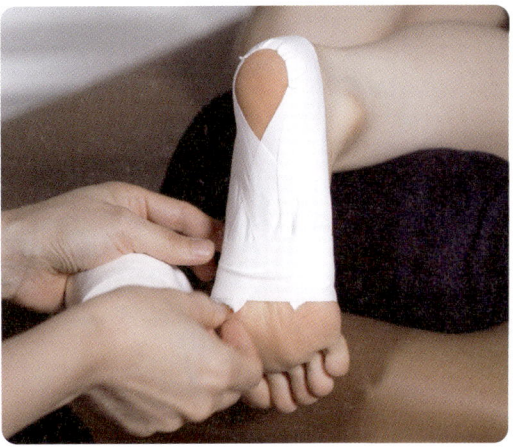

04 중족골 아래에서 시작하여 절반씩 겹치면서 발꿈치를 제외한 발바닥 전체를 부착한다. 이때 바닥 피부나 테이프에 주름이 생기지 않도록 주의한다.

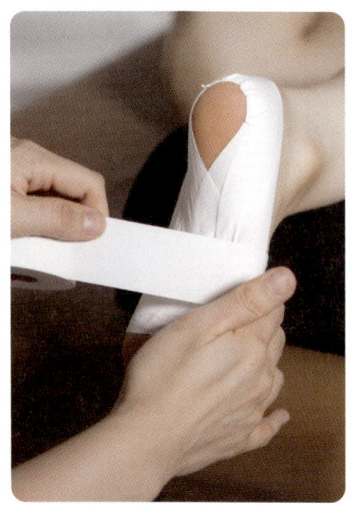  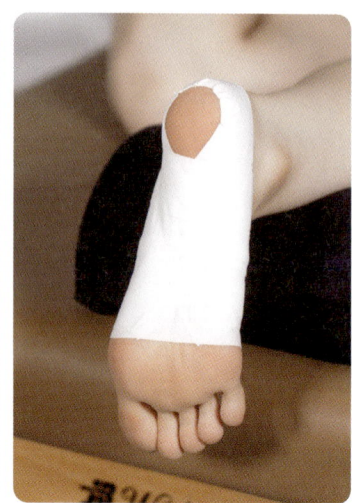

05 첫 번째 발가락 중족골의 안쪽에서 시작하여 발꿈치를 감싸고 돌아 다섯 번째 발가락 중족골 바깥쪽에서 끝낸다. 발바닥 아치와 주상골 결절이 지지되어야 하고, 첫 번째 테이프가 고정되도록 한다.

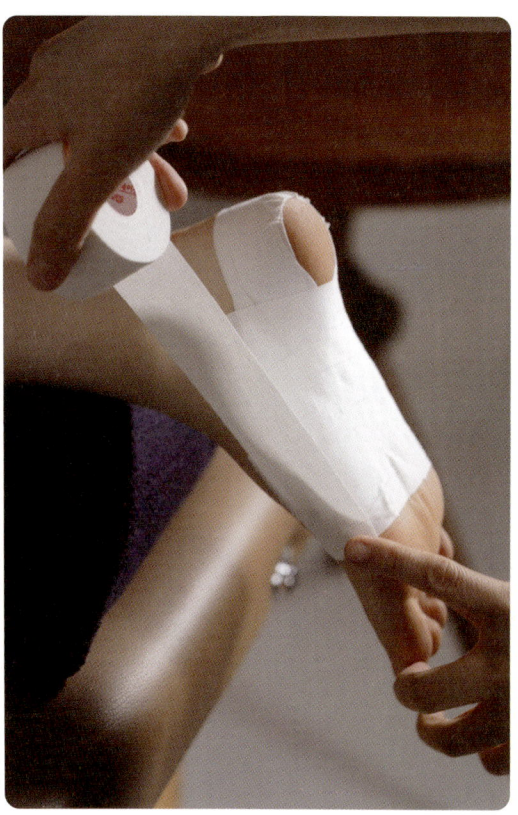 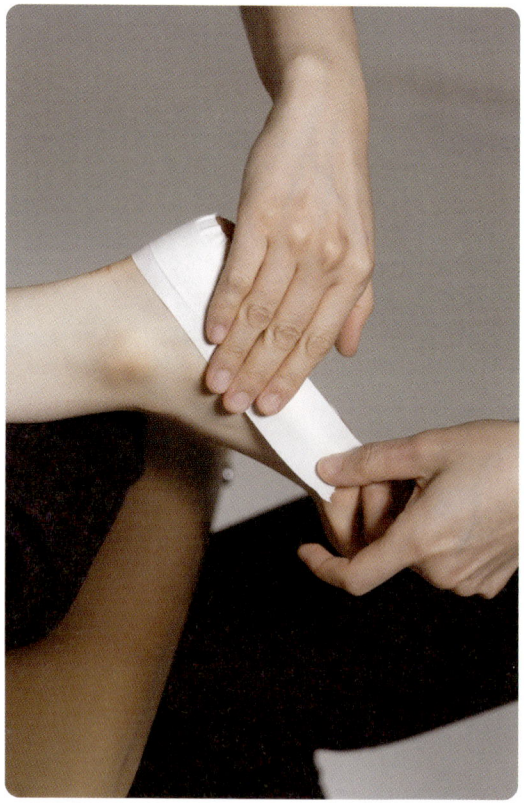

06 고정 테이프를 발등에 적용하여 발꿈치뼈 고정 테이프와 합쳐지도록 안쪽에서 바깥쪽으로 적용한다. 환자를 일으켜 세워 편안한지 평가한다.

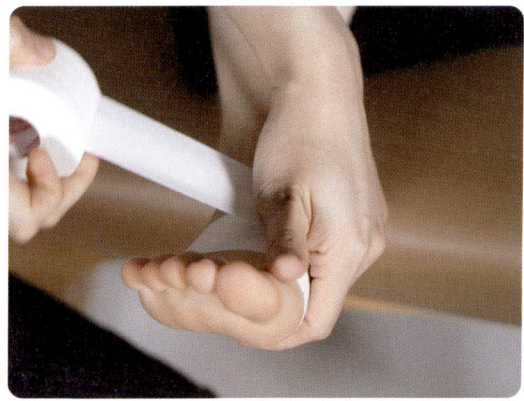

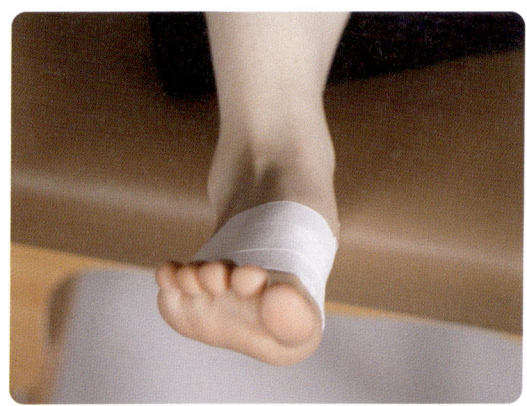

07 완성된 모습

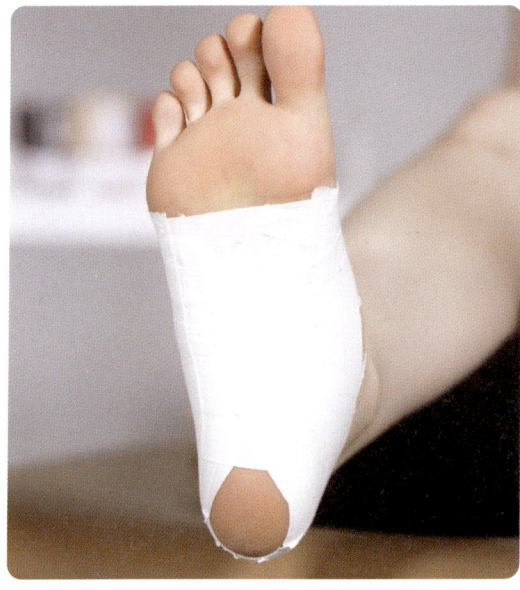
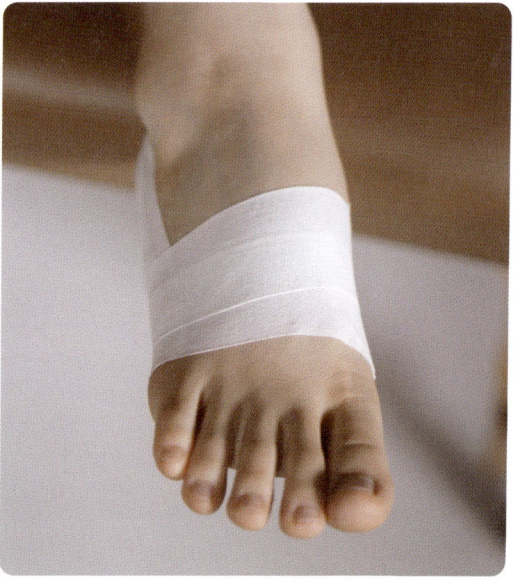

2 족저근막염 (키네시올로지 테이프 방법)

족저근막염은 발바닥 통증의 가장 흔한 원인이다. 과사용으로 인한 족저근막염이 있는 태권도 선수들뿐만 아니라 일반 성인들도 여러 원인으로 인해 족저근막염이 많이 발생한다. 한 연구에서 족저근막염에 대한 키네시올로지 테이핑의 단기간 효과에 대해 알아봤다. 1주일간 키네시올로지 테이핑과 물리치료를 함께 했을 때와 물리치료만 시행했을 때를 비교한 결과, 테이핑과 물리치료를 같이 실시했을 때 통증이 더 감소하였으며, 또 키네시올로지 테이핑을 적용한 후 발바닥 근막이 닿은 부분의 두께가 얇아진 것으로 나타났다.

테이핑소개

아래의 테이핑 방법은 발바닥 통증을 가진 태권도 겨루기 선수들에게 흔하게 했던 방법으로, 일반인들도 혼자서 쉽게 따라 할 수 있는 방법이다. 선수 개인 성향과 상태에 따라 비탄력 테이핑을 선호하는 선수도 있고, 가벼운 키네시올로지 테이프를 선호하는 선수도 있어서 상황에 따라 적절히 적용하면 된다. 키네시올로지 테이프 방법은 선수들뿐만 아니라 발바닥 통증이 있는 일반인에게도 적용하면 통증 완화에 도움이 된다.

- **준비 자세** : 침대에 엎드려 누워 발이 침대 바깥으로 나오게 하여, 발목을 몸쪽으로 당긴 자세를 취한다.

- **준비물** : 5칸 1개, 4칸 2개
  ※ 발의 앞쪽부터 발꿈치까지의 길이   ※ 한 칸 짧은 길이

01 (긴 테이프) 발의 앞쪽에서 시작하여 테이프를 늘리지 않고 발꿈치를 지나 아킬레스건에서 끝낸다.

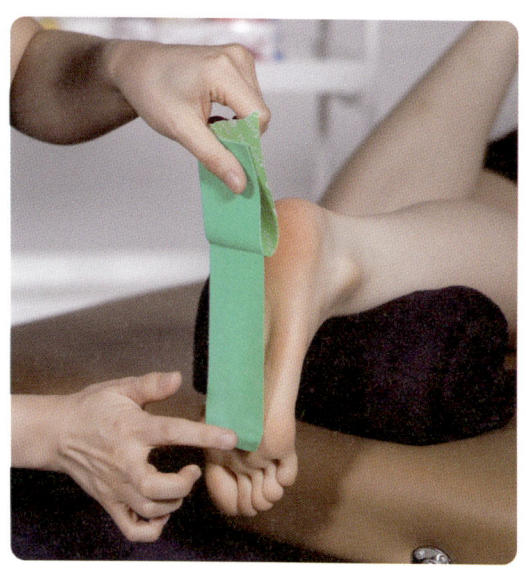
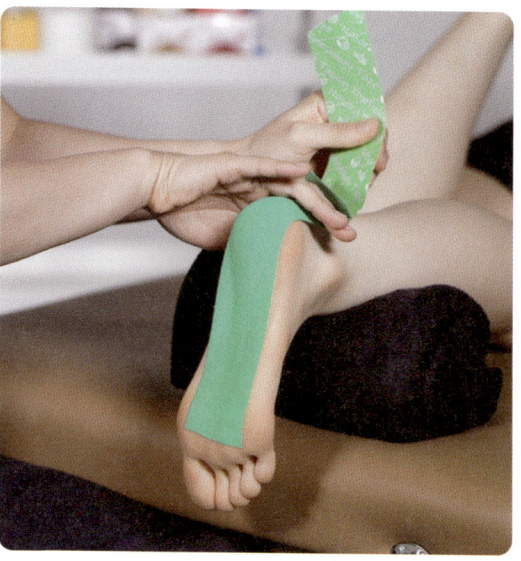

02 (짧은 테이프1) 바깥쪽 복사뼈 아래에서 시작하여 테이프를 50% 정도 늘려 통증 부위를 지나 대각선 방향으로 부착해 발의 안쪽에서 끝낸다.

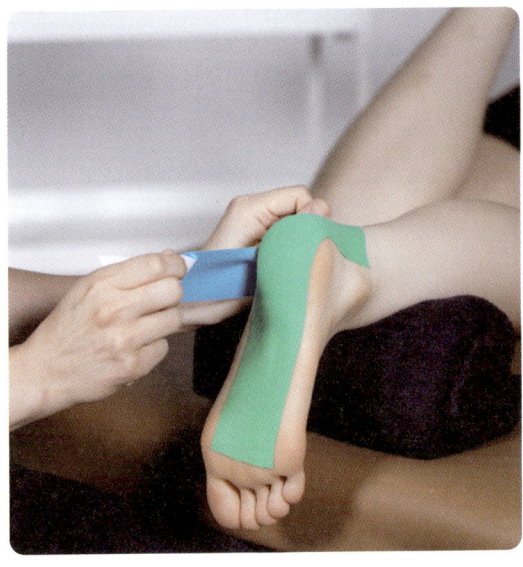 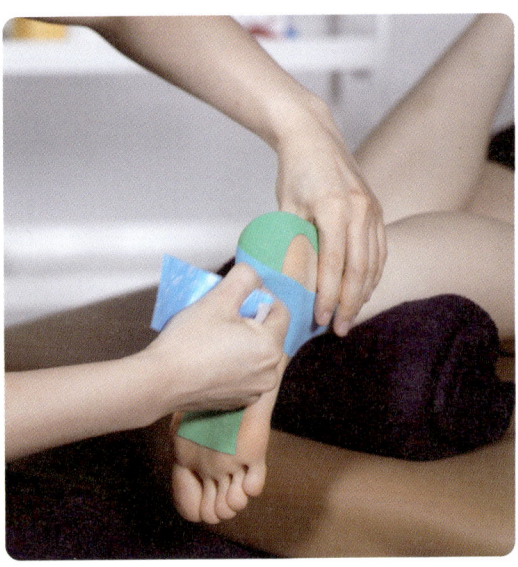

03 (짧은 테이프2) 바깥쪽 복사뼈 아래에서 시작하여 테이프를 50% 정도 늘려 통증 부위를 지나 대각선 방향으로 부착해 발의 안쪽에서 끝낸다. 이때 이전 테이프와의 교차점이 통증 부위에 오도록 한다. 열에 의한 접착 효과를 높이기 위해 손으로 테이핑 부위를 몇 초간 문질러 준다.

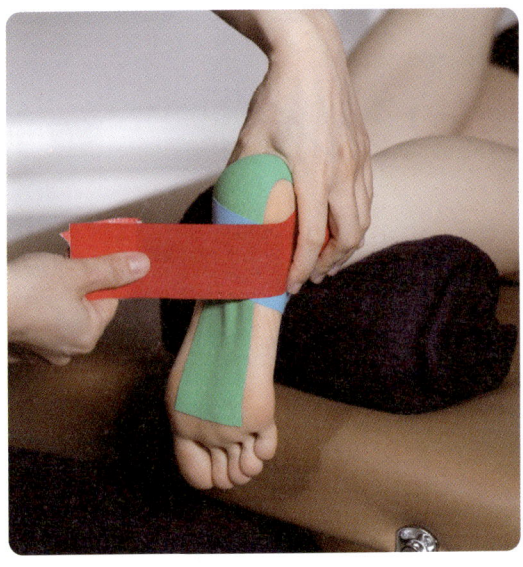 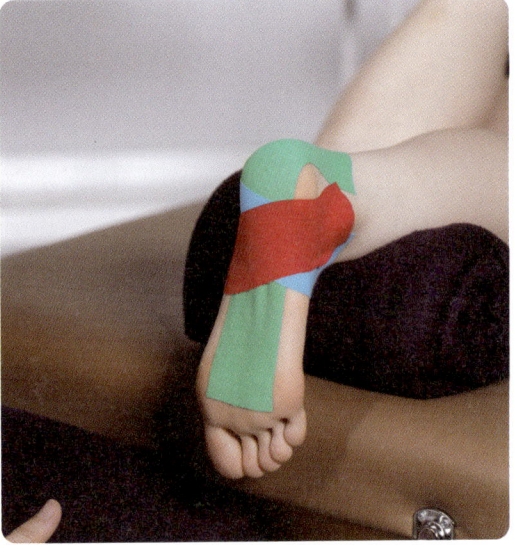

3 타박상

타박상은 외부의 충격이나 둔탁한 힘(구타, 넘어짐) 등에 의해 연부 조직과 근육 등에 손상을 입어 피부에 출혈과 부종이 보이는 경우를 말한다. 일상생활에서는 교통사고와 스포츠 손상에서 타박상을 가장 많이 볼 수 있다. 넘어지거나, 차이거나, 외부의 충격을 받아 근육이 붓고 통증이 생기는 것으로 피부 속의 세포조직이 파괴되어 속으로 출혈이 생겨 검푸르게 멍이 든 것이다. 약하게 타박 당했을 때는 창상과 골절, 내출혈 등 여러 가지 증상들이 함께 나타난다.

태권도 겨루기 부상 중 가장 흔한 부상 유형은 타박상으로, 공격 및 방어 기술을 발차기로 타격을 가하는 접촉 스포츠 형태이기 때문이다. 특히 태권도 겨루기에서는 근육 파열과 동반된 타박상이 흔하게 나타난다.

테이핑소개

타박상은 일반적으로 부기와 멍이 나타나며, 대각선 방향으로 테이핑한다. 림프 테이핑과 함께 적용하면 효과가 더 좋아 함께할 것을 추천한다. 타박상 테이핑은 통증을 점차 완화시키고 부상의 치유를 빠르게 해주며, 근육에 흉터가 적게 남도록 도와준다.

- **준비물** : 멍 부위 너비를 측정하여 자른 테이프, 세로 방향으로 여러 개. 전체를 덮을 만큼의 양

01 테이프 중간에 있는 백킹 페이퍼(보호 종이)를 제거하여 압력 없이 테이프의 중간 지점을 부착한다. 대각선으로 붙이며, 동시에 테이프의 양쪽 끝을 당겨 적절히 스트레치를 주어 부착한다. 통증이 가장 심한 부위이므로 테이프의 중간 지점은 누르지 않는다.

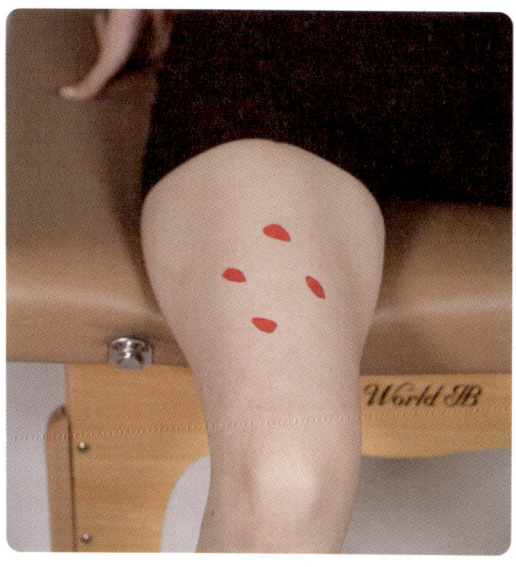
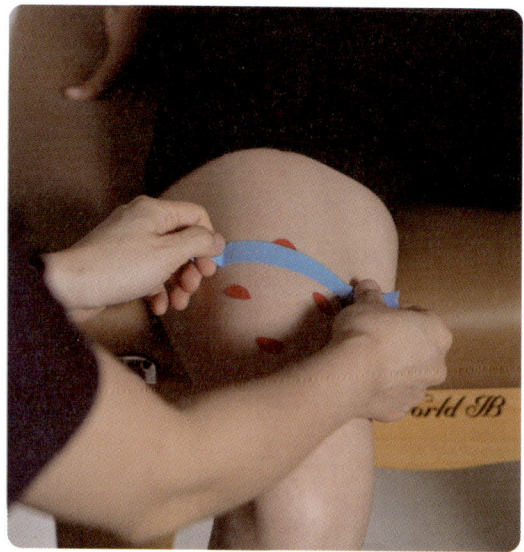

02 이전 테이핑의 반대 대각선 방향으로, 통증 부위에서 교차되게 부착한다. 같은 방법으로 타박상 멍 부위 전체를 덮어준다. 너무 두꺼워지지 않게끔 테이프의 절반 또는 완전히 겹치지 않도록 한다.

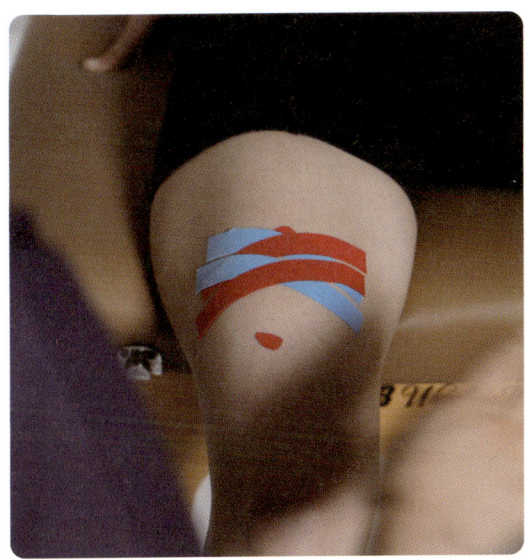

03 무릎 불안정성 완성된 모습

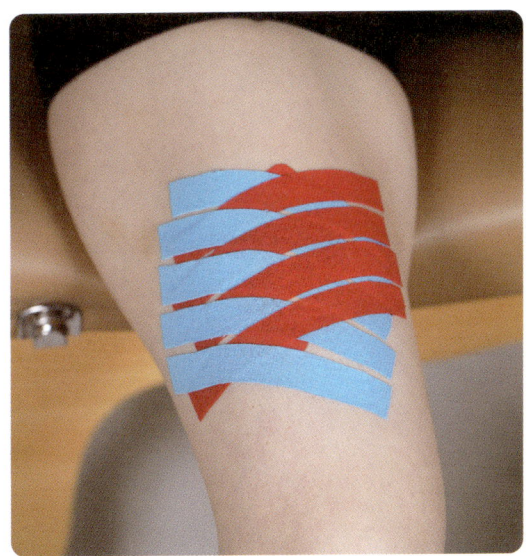

4 무릎 불안정성

무릎은 측부인대, 십자인대와 반월상 연골 등의 구조물들로 안정성을 유지하게 된다. 그러나 무릎 부상으로 인대나 연골 손상이 일어나면 이 구조물들이 제 기능을 하지 못하게 되고, 결국엔 무릎의 불안정성이 나타나게 된다.

태권도 겨루기에서 흔히 발생하는 두 번째 부상 유형은 관절 염좌이다. 타박상과 마찬가지로 공격 및 방어 기술이 많은 것이 이 부상 유형이 많은 이유이다. 한 발로 지지하여 큰 파워를 내는 발차기를 하거나 상대방의 체중을 이겨내는 등, 한 발로 체중을 지지하는 동작이 많기 때문에 무릎을 다칠 확률이 높다. 그래서 가벼운 1도 염좌 정도의 부상은 흔하게 발생하며, 부상 후에도 완벽한 회복을 하지 못한 채 운동에 복귀하는 상황이 많아 불안정성은 더 심해지며 무릎의 기능도 떨어지게 된다. 이런 상황에서 테이핑은 완전한 치료 방법이 되진 않지만, 운동을 해야 하는 선수들에게는 무릎의 불안정성을 줄여 주는 데 도움이 된다.

테이핑소개

기본적으로 무릎 부상 후 무릎의 불안정성과 함께 통증이 동반되는 경우가 많다. 아래에 소개될 테이핑 방법은 무릎의 전면 통증 완화를 위한 방법과 무릎 전체의 안정성을 높이기 위해 회전을 제한하는 방법이 조합된 키네시올로지 테이핑 방법이다. 선수들뿐만 아니라 운동을 즐겨 하는 일반인들, 무릎이 아프거나 불안정성을 가진 사람에게 도움이 될 것이다.

- **준비물** : 6칸 2개, 6칸(Y자 모양) 1개

※ 정강이 길이

01 'Y'자 모양 테이프를 무릎 아래 경골에 부착하고 슬개골의 안쪽과 바깥쪽 측면을 따라 위 방향으로 부착한다. 슬개골 위 허벅지에서 교차하면서 마무리한다.

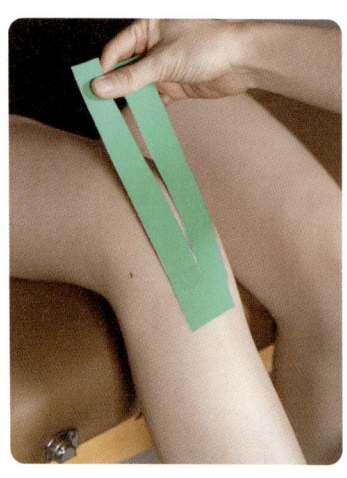
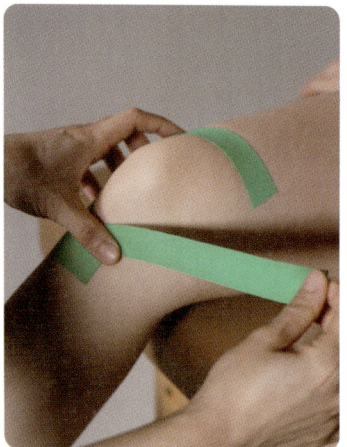
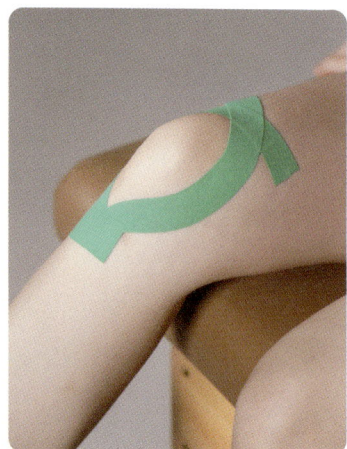

02 두 번째 'Y'자 모양 테이프를 무릎 위에 부착하고 슬개골의 안쪽과 바깥쪽 측면을 따라 아래로 부착한다. 무릎 아래 경골에서 교차하면서 마무리한다. 첫 번째 테이프와 너무 겹치지 않게 부착한다.

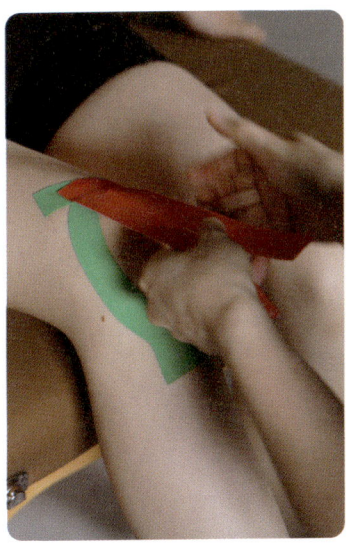 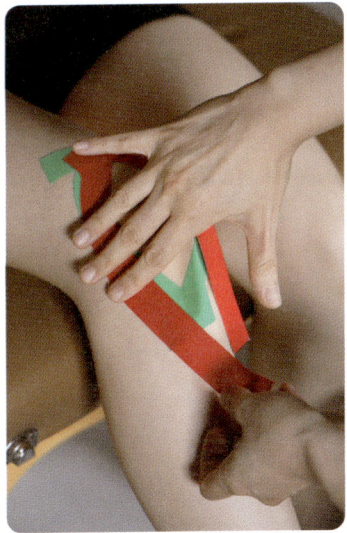 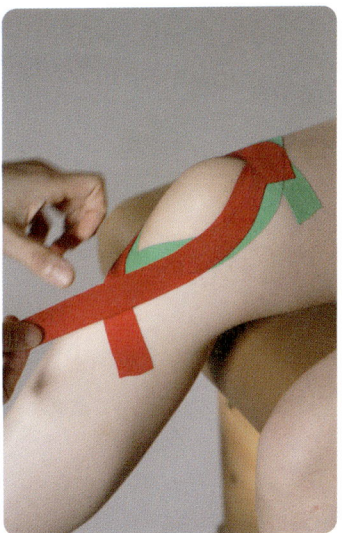

03 긴 테이프 중간의 백킹 페이퍼(보호 종이)를 잘라 두 손을 사용하여 무릎 뒤쪽(오금)에 부착한다. 무릎 안쪽의 손이 무릎 바깥의 손보다 아래에 오게 하고 테이프를 적절하게 스트레치를 주어 대각선으로 부착한다.

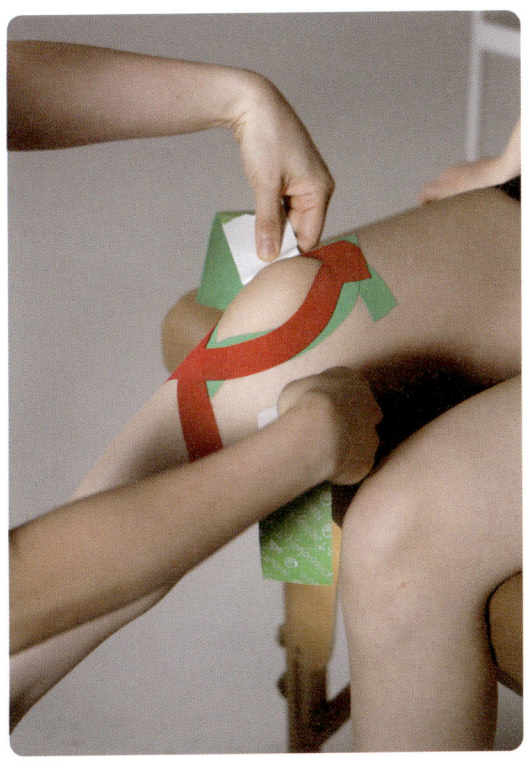

04 아래쪽 테이프를 대각선 방향으로 아래 바깥쪽으로 당겨 부착한다. 위쪽 테이프는 무릎 바깥쪽에서 대각선 위로 당겨 허벅지 안쪽까지 오게 부착한다. 단단히 지지하려면 테이프를 한 장 더 같은 방법으로 부착한다.

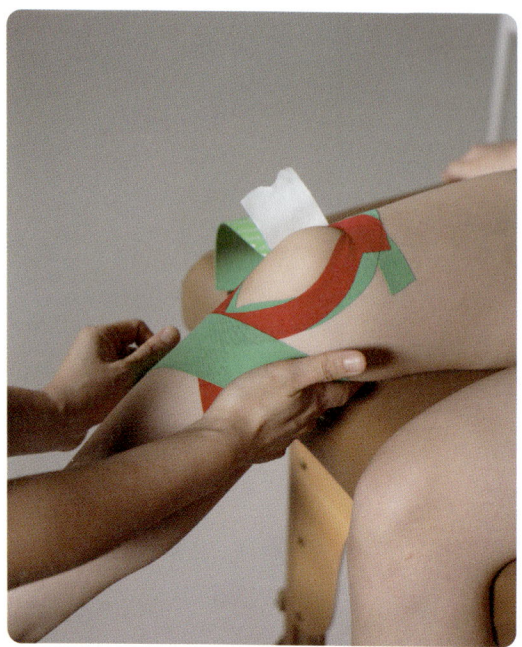 

05 남은 긴 테이프도 같은 방법으로 두 손을 사용하여 무릎 뒤에 부착한다. 무릎 바깥의 손이 무릎 안쪽의 손보다 아래로 향하게 하여 적절하게 스트레치를 주어 대각선으로 부착한다.

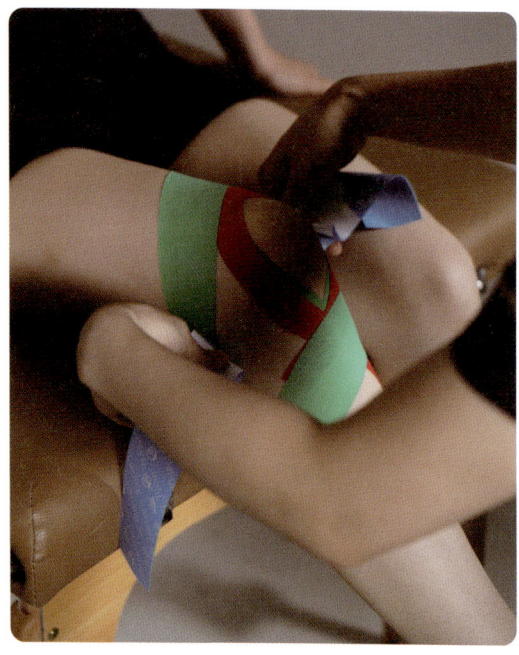

06 완성된 모습

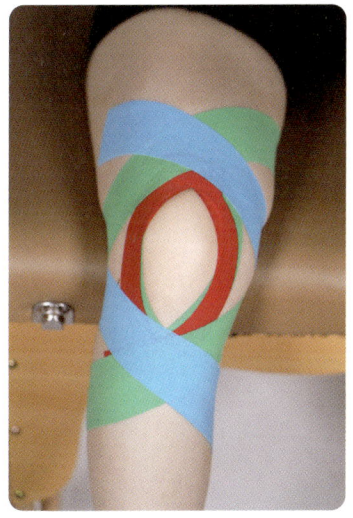 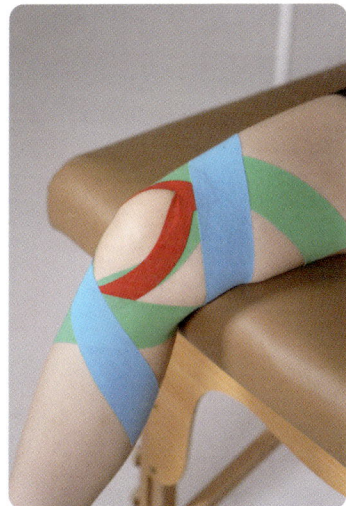 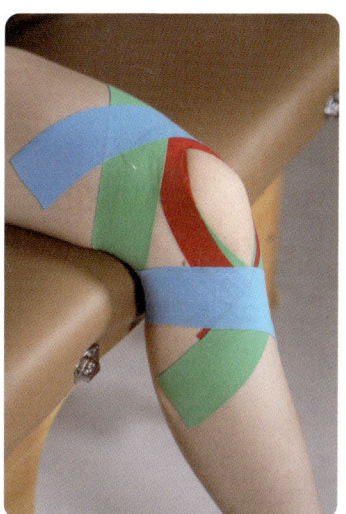

5 발목 불안정성

무릎과 마찬가지로 발목도 여러 인대들로 구성되어 있고 이 인대들이 발목의 안정성을 유지해 주는 역할을 하고 있다. 그러나 발목 부상 후 통증이 계속해서 나타나고 발을 접질리는 증상이 습관적으로 나타난다면 '만성 발목 불안정성'을 의심해 볼 수 있다. '만성 발목 불안정성'은 발목 인대의 손상 부위가 올바르게 회복되지 않아 발목이 불안정해지는 상태를 말한다. 이 경우 작은 힘에도 발목이 자주 접질릴 수 있으며, 습관적으로 발목이 붓고 아픈 증상이 발생한다.

발목은 무릎보다 작은 관절에다가 한발 서기 상태에서 하체의 체중을 지지해야 하는 부위라서 태권도 겨루기 선수들에게는 부상 위험이 무릎보다 더 높다. 그만큼 부상률이 높기 때문에 태권도 겨루기 선수들이 부상 방지 차원에서 발목 테이핑을 하고 있다.

테이핑소개

강력한 발목 고정이 목적이라면 비탄력 테이프를 이용한 발목 고정 테이핑을 한다. 대부분의 태권도 겨루기 선수들이 비탄력 테이프를 이용한 발목 고정 테이핑을 하지만, 선수들 개인의 성향에 따라 테이프의 종류를 선택하기 때문에 선수가 원하는 테이프로 해주면 된다. 아래의 테이핑 방법은 선수뿐만 아니라 발목을 자주 접질리는 일반인들에게도 적용하면 좋은 방법이다.

- **준비물** : 8칸 1개, 6칸 3개

※ 바깥쪽 복사뼈에서 무릎 밑까지 길이
※ 안쪽 복사뼈에서 발바닥을 지나 바깥쪽 복사뼈까지 길이

01 (긴 테이프) 바깥쪽 발바닥에서 시작하여 바깥쪽 복사뼈를 지나 비골의 측면을 따라 무릎 밑에서 끝낸다. 이때 테이프는 늘리지 않는다.

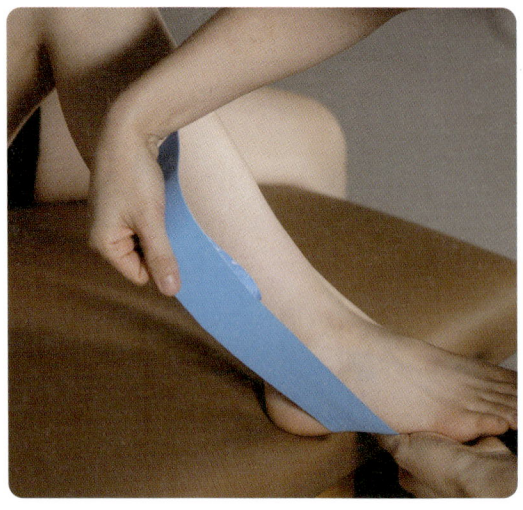 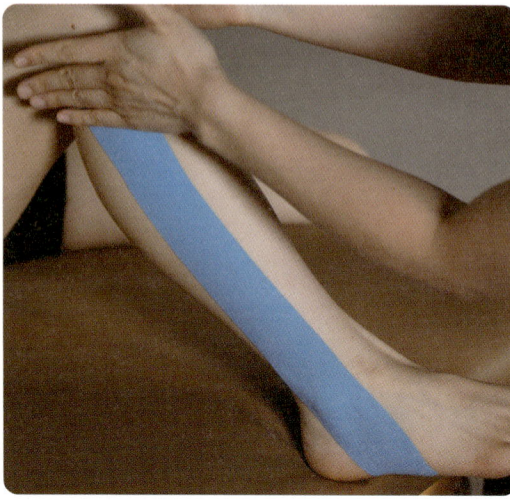

02 (짧은 테이프1) 안쪽 복사뼈 위에서 시작하여 발목 중앙과 바깥쪽 복사뼈 밑을 덮고 발바닥을 지나 안쪽 복사뼈에서 끝낸다. 이때 테이프를 70~100% 당겨서 부착한다.

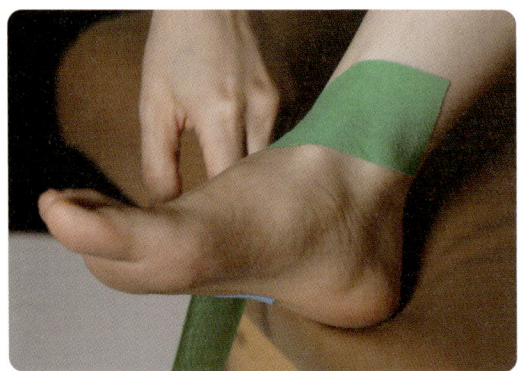 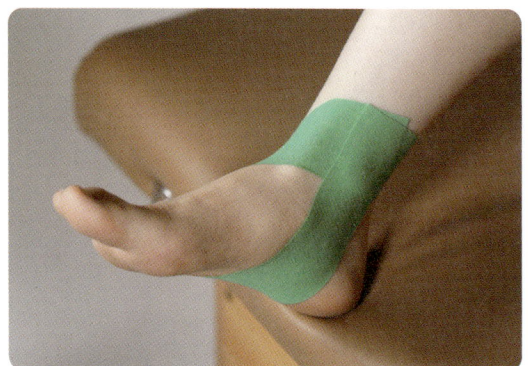

03 (짧은 테이프2) 같은 방법으로 한번 더 부착한다. 이때 전 테이프와 절반 정도 겹치게 부착한다.

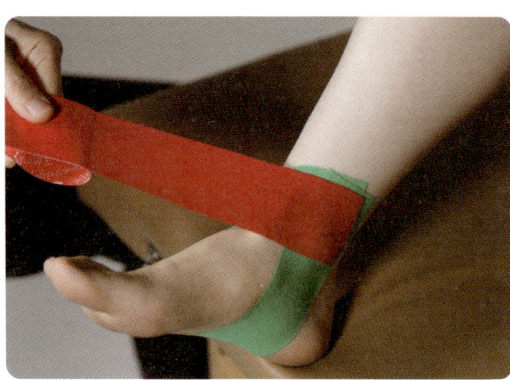 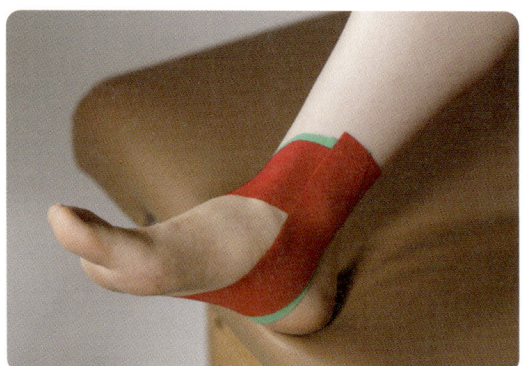

04 (짧은 테이프3) 안쪽 복사뼈 위에서 시작하여 발꿈치를 지나 바깥쪽 복사뼈 위까지 70~100% 당겨서 부착한다.

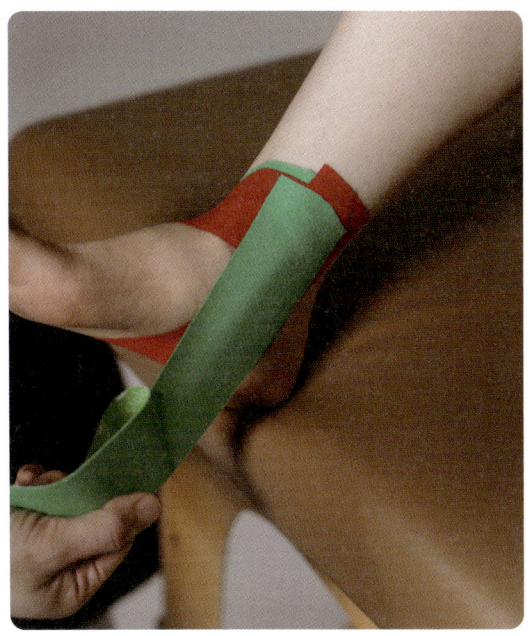 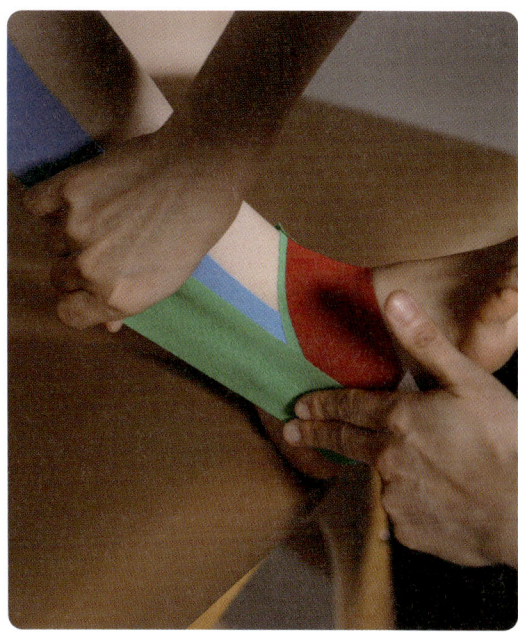

05 완성된 모습

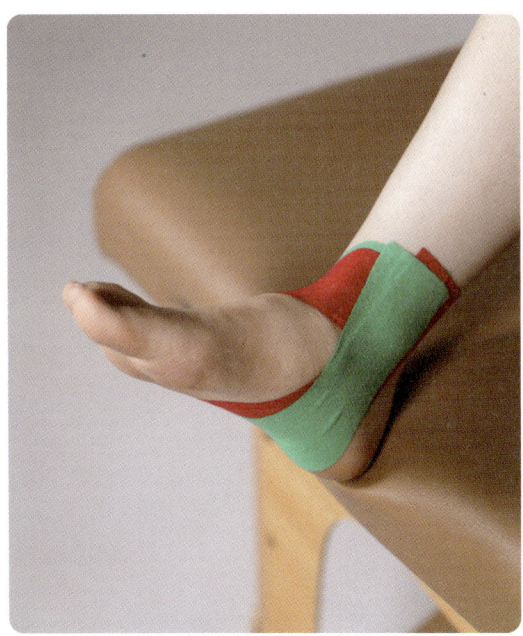 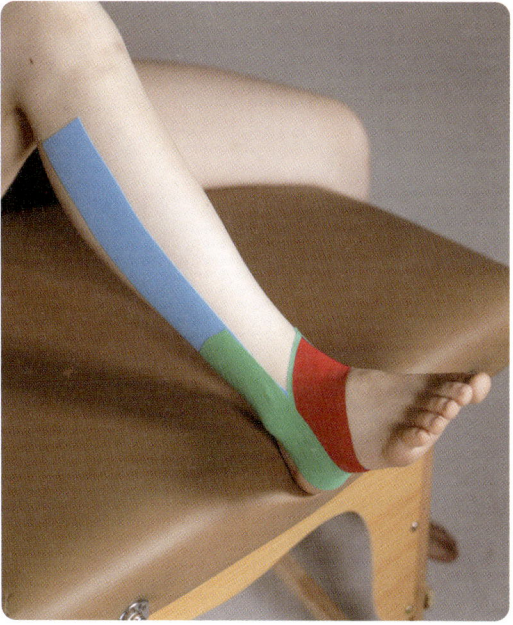

이원주 트레이너

현) FE트레이닝센터 송파점, 노원공릉점 대표
    인하대학교 스포츠과학, 스포츠의학과 석박사 통합과정
    인하대학교 스포츠재활 연구소 연구원
    니찌반 스포츠 테이핑 마스터
    JTBC 서울 마라톤 엘리트선수 메디컬케어
    FEARA(기능운동재활협회)교육이사
    한국대학보디빌딩협회 임원
    대한 물리치료사 협회 정회원
    카카오 헬스케어 자문위원
    대학 및 학부생 농구, 배구, 야구 팀 관리
    산업체, 산악구조대 등 근골격 손상 예방 스포츠 테이핑 강의 다수

종목별 테이핑 소개

CHAPTER 09

러닝 1

01 러닝 스포츠 상해 소개

우리나라에서 달리기에 관심을 갖게 된 기간이 얼마 되지 않지만, 전 세계 사람들이 즐기는 가장 인기 있고 접근하기 쉬운 스포츠 활동 중 하나이며, 지난 50년 동안 점점 더 인기를 얻고 있다. 다른 스포츠에 비해 비용이 저렴하고 다양한 사람들이 최소한의 장비로 쉽게 참여할 수 있기 때문에 지난 수십 년 동안 달리기 참가자와 달리기 행사가 많이 증가했다. 더 중요한 것은 달리기가 장수와 심혈관 질환 위험 요소 감소와 관련이 있기 때문에 체력 향상 또는 더 건강한 라이프스타일을 추구하는 사람들에게 훌륭한 운동이다.

러닝은 단순한 달리기가 아니라 복잡한 움직임 패턴의 연속이다. 최근 생체역학적 연구는 러닝 스타일을 이해하기 위해 다양한 매개변수 간의 상호작용을 분석해 왔으며, 결과적으로 러닝 스타일을 효과적으로 기술할 수 있는 두 가지 핵심 지표로 보폭 빈도(SF: Step Frequency)와 지지 비율(DF: Duty Factor)이 있다.

보폭 빈도는 1분 동안 러너가 얼마나 많은 걸음을 내딛는지를 나타내는 지표로, 흔히 '분당 스텝 수(SPM: Steps Per Minute)'로 표현된다. 지지 비율은 지면에 발이 닿는 시간(Stance time)이 전체 보폭 주기(Stride time)에서 차지하는 비율을 나타낸다. 즉, DF가 높다는 것은 발이 지면에 머무르는 시간이 상대적으로 길다는 의미이며, 이는 주로 러닝 속도가 낮거나 충격 흡수 능력이 낮은 러너에게서 나타난다. 반면 DF가 낮을수록 공중에 떠 있는 시간이 길어지며, 이는 러너가 탄성 에너지를 잘 활용하고 있음을 나타내는 지표이다.

일반적으로 DF가 지나치게 낮으면 관절과 근육에 가해지는 순간적인 부하가 증가할 수 있으며, DF가 지나치게 높으면 비효율적인 주법으로 에너지 소모가 커진다.

러닝은 접근성과 효과가 뛰어난 운동으로, 체중 감량, 심혈관 기능 향상, 정신 건강 개선 등 다양한 장점이 있다. 그러나 이러한 장점 이면에는 '과사용(Overuse)'에 따른 근골격계 상해(RRMI: Running-Related Musculoskeletal Injury)의 위험이 내포되어 있다. 실제로 러너의 약 50%는 매년 부상을 경험하며, 25%는 항상 어느 정도의 부상 상태에 놓인다.

러닝 중 발생하는 부상의 약 75~80%는 무릎 이하의 하지에서 집중적으로 발생하며, 이는 달리기라는 운동 특성상 하체의 지속적인 반복 사용과 지면 충격의 누적 때문으로 분석된다. 하지에서 부상 부위로는 무릎(31.2%), 정강이/하퇴부(20.1%), 발/발가락(14.4%), 발목(13.3%) 순서의 유병률로 되어 있다. 병리학적 주요 질환으로는 전방슬개통증증후군(PFPS)(16.7%), 정강이 내측 스트레스 증후군(9.1%), 장경인대증후군(7.9%), 아킬레스건염(6.6%)의 유병률이 보고된다. 그리고 이러한 병리학적 질환에 대한 원인은 나름 러닝의 패턴에도 연관이 있을 수 있다.

주로 보폭이 길고 낮은 보폭 빈도의 러너는 무릎과 정강이 부상이 흔하며, 높은 보폭 빈도를 유지한다. 탄성 활용이 부족한 러너는 종아리와 발바닥 부상이 빈번하다. 따라서 개인의 보폭 빈도와 지지 비율 지표를 파악하여, 특정한 부상에 대한 취약성을 사전에 예측할 수 있다.

1 러닝 스타일의 5가지 주요 패턴 유형 (Dual-axis Framework)

보폭 빈도와 지지 비율이라는 두 가지 핵심 지표를 이용하여 러닝의 패턴 스타일을 다음과 5가지 유형으로 설명한다.

- **스틱(Stick) 형** : 높은 지지 비율, 낮은 보폭 빈도로 보폭이 길고 접지 시간이 긴 형태로, 충격 흡수가 미약하여 관절 스트레스 지수가 높다. 주로 슬개골(무릎), 정강이, 발목 등 하체 관절부 손상이 잦다.

- **바운스(Bounce) 형** : 낮은 지지 비율, 높은 보폭 빈도로 탄성 에너지를 적극 활용하는 형태로, 부상 위험이 상대적으로 낮다. 주로 탄성 에너지를 최대한 활용하는 스타일로 근육과 인대의 탄력을 잘 이용하여 지면과의 접촉을 빠르게 끝내고 효율적으로 반동을 만든다. 전체적으로 부상 위험은 낮으나, 탄력에 많이 의존하므로 아킬레스건이나 족저근막 등 탄성 조직에 스트레스가 가해질 수 있다.

- **푸시(Push) 형** : 지지 비율이 중간 정도이며, 지면과의 접촉 시간 동안 하체 후면부(종아리와 햄스트링) 근육이 강하게 작용하여 전방 추진력을 만들어 낸다. 효율적인 힘 전달이 이루어져 러닝 속도를 증가시키기 좋은 스타일이다. 부상 부위로는 종아리 근육(비복근), 햄스트링, 아킬레스건과 같은 하체 후면부에 집중적인 스트레스가 가해지므로 이 부위의 부상이 빈번할 수 있다.

- **홉(Hop) 형** : 낮은 지지 비율과 낮은 보폭 빈도를 가진 형태로, 수직 방향으로의 힘이 세며, 뛰는(Jumping) 방식으로 달리기 때문에 전체적으로 보폭이 길고, 발이 지면에 닿는 순간 강한 수직 방향 힘이 가해져 높은 충격을 받는다. 부상 위험 부위로는 대퇴부(햄스트링과 대퇴사두근), 무릎 관절, 허리와 같이 수직 충격에 민감한 부위에 부상 위험이 크다.

- **싯(Sit) 형** : 높은 지지 비율과 높은 보폭 빈도로 무게 중심을 낮추고 허리와 골반을 중심으로 지면과의 접촉을 유지하여 낮은 자세로 지면과의 밀착이 높다. 탄성 활용은 떨어지고, 상대적으로 근력 소모가 많다. 부상 위험 부위로는 허리, 엉덩이, 엉덩관절 부위의 피로가 집중되어 부상 가능성이 높으며, 무릎과 발목도 빈번히 피로가 누적될 수 있다.

각 러닝 스타일에 따른 부상 양상은 명확히 구분되며, 개인의 스타일을 파악하여 맞춤형 예방 전략을 세워야 한다.

러닝 스타일	보폭 빈도	지지 비율	주요 부상 부위	특징
스틱형	낮음	높음	무릎, 정강이, 발목	긴 지지 시간, 낮은 탄성 활용
바운스형	높음	낮음	아킬레스건, 족저근막(적음)	탄성 에너지 활용이 뛰어남
푸시형	중간	중간	종아리, 햄스트링	강력한 추진력
홉형	낮음	낮음	대퇴부, 무릎, 허리	뛰는(Jumping) 동작
싯형	높음	높음	허리, 엉덩이, 엉덩관절	낮고 밀착된 자세

2 러닝 상해 예방을 위한 조언

러닝 상해는 완전히 막을 수는 없지만, 그 발생률을 현저히 낮추는 것은 충분히 가능하다. 특히, 체계적인 트레이닝과 적절한 회복 전략을 병행한다면 초보 러너부터 숙련된 러너까지도 부상 없이 안정적으로 러닝을 즐길 수 있다. 다음 여섯 가지 조언은 러닝 상해를 예방하는데 가장 핵심적인 원칙들이다.

1) 점진적 트레이닝 원칙

러닝 거리나 강도를 갑작스럽게 늘리는 것은 부상의 가장 큰 원인 중 하나이다. 일반적으로 주간 러닝 거리 증가량은 10% 이내로 조절하는 것이 좋으며, 훈련 강도, 거리, 주기 중 한 가지 요소씩만 점진적으로 늘리는 전략이 효과적이다. 이를 통해 신체가 변화에 적응할 시간을 확보하고, 과사용에 따른 손상을 예방할 수 있다.

2) 러닝화 선택과 교체

러닝화는 러너의 생체역학적 특성과 직접적으로 연결되며, 부상 예방의 첫걸음이라 할 수 있다. 자신의 발 형태(평발, 요족 등)와 러닝 스타일에 맞는 러닝화를 신는 것이 중요하다. 일반적으로 러닝화의 쿠셔닝 기능은 600~800km 사용 후 급격히 저하되므로, 일정 주기마다 교체하는 것이 필요하다. 적절한 신발 선택은 무릎, 발목, 발바닥 등에 가해지는 충격을 줄여 준다.

3) 정기적인 스트레칭 및 근력 강화

유연성과 근력은 상해 예방의 핵심이다. 특히 종아리, 햄스트링, 대퇴사두근, 대둔근 등 하체 주요 부위에 대한 스트레칭은 러닝 전후에 반드시 실시해야 한다. 또한 대둔근 및 코어 강화 운동은 하지의 안정성을 높여주고 무릎에 가해지는 부담을 줄이는 데 매우 효과적이다. 강도 높은 러닝을 하기 전에는 반드시 이러한 준비 운동이 동반되어야 한다.

4) 착지 형태 점검

잘못된 착지 패턴은 무릎, 정강이, 발목에 반복적인 스트레스를 유발하여 부상으로 이어질 수 있다. 러닝 시에는 발뒤꿈치(Heel)부터 중족부(Midfoot), 전족부(Forefoot)로 이어지는 자연스러운 롤링 형태의 착지가 충격 분산에 가장 유리하다. 자신의 착지 패턴을 영상 촬영이나 전문가 분석을 통해 점검하고 교정하는 것은 매우 중요한 부상 예방 방법이다.

5) 휴식과 회복 전략

러닝도 회복이 포함된 하나의 사이클로 바라봐야 한다. 근육의 피로도와 통증이 누적되는 시점에서 '회복 주간(Deload week)'을 설정하여 충분한 휴식을 취하는 것이 필요하다. 또한 수면의 질을 높이고, 단백질과 항산화 영양소가 풍부한 식사를 병행하며, 마사지나 가벼운 활동을 통해 혈액 순환을 촉진하는 것이 회복에 큰 도움이 된다. 계획적인 휴식은 다음 훈련의 효율성과 부상 방지 모두를 돕는다.

6) 장비 외 보조 전략

트레이닝 외에도 다양한 보조 전략이 부상 예방과 회복에 효과적이다. 예를 들어, 족저근막이나 아킬레스건 부위에 테이핑을 적용하면 물리적 지지와 안정성을 제공할 수 있다. 또한 폼롤러나 진동 마사지건을 활용하면 회복 시간을 줄이고 근막 이완 효과를 얻을 수 있다. 무엇보다도 정기적인 러닝 자세 점검을 통해 부정확한 폼으로 인한 누적 손상을 사전에 차단하는 것이 중요하다. 러닝의 실력 향상과 상해를 줄이기 위한 가장 좋은 방법은 체력 관리이며, 스포츠 보호대, 테이핑은 선택적인 보조적인 역할을 해준다. 스포츠 테이핑은 어떻게 하냐에 따라 보조적인 부분으로 러닝 시 약한 부위를 안정적으로 잡아주거나 보조를 해주기도 한다. 다음은 C-tape와 키네시오 테이프를 이용한 테이핑 방법을 부위별로 소개한다.

02 러닝 스포츠 테이핑 방법

C-tape 발목

- **준비물** : 언더랩, C-tape

01 언더랩을 발목에서부터 감싸기 시작한다. 이때 발목은 사진과 같이 발목 관절의 각도가 직각에서 또는 배측 굴곡을 한 상태에서 진행하는 것이 좋다. 약간의 텐션을 주어야 나중에 다 감은 후에도 언더랩이 돌지 않는다.

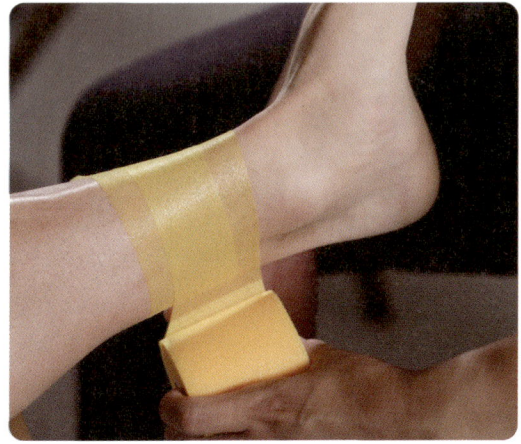
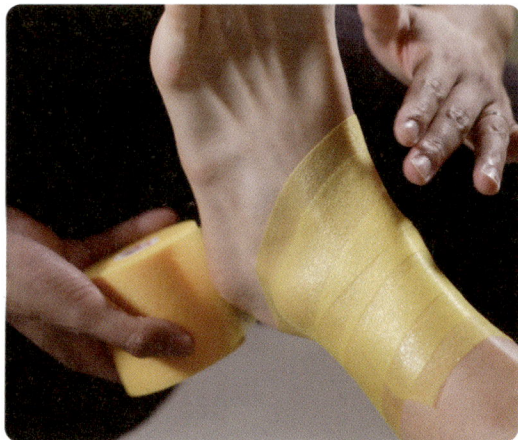

02 뒤로 감싸 올라가며 다시 발목으로 감싸주고 이렇게 몇 번 감싼 후 깔끔하게 정리한다. 여기서 주의해야 할 점은 많이 감거나 꽉 감으면 러닝화를 신고 뛸 때 불편할 수 있으니 언더랩은 최대한 얇게 감아서 연습하는 것이 좋다.

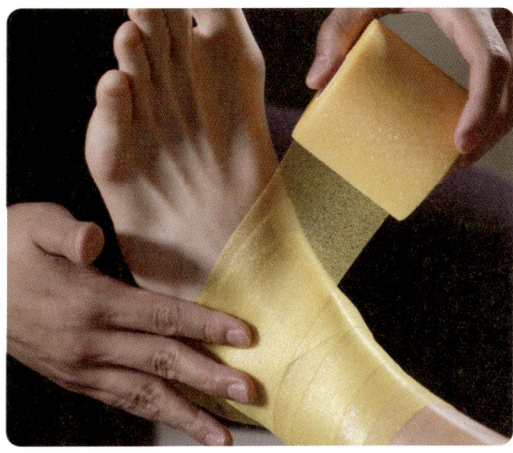
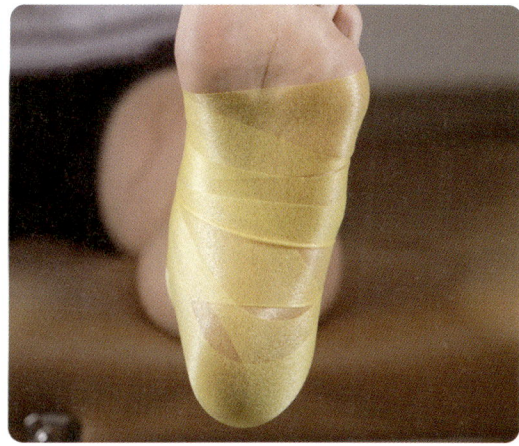

| C-tape | Anker(앵커, 고정점) |

01 발목 부분에 앵커를 부착한다. 텐션은 너무 강하게 보다 적절한 강도로 감싸준다. 보통 발목 부분과 언더랩 앞부분에 하는 경우가 많은데, 러닝할 때 앞부분 앵커를 붙이면 발 바깥쪽이 압박되어서 통증을 많이 호소한다. 그래서 필자는 앵커를 발목 부분만 하는 것을 선호한다.

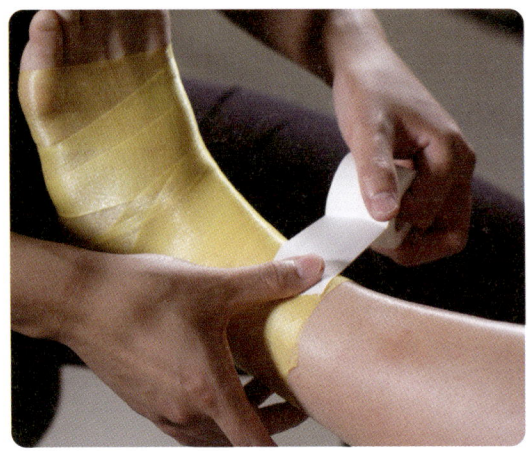
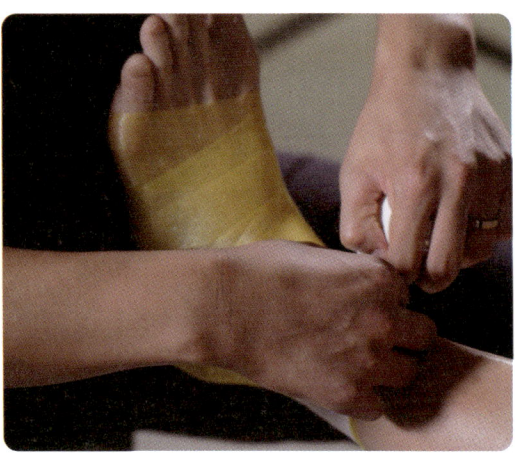

1 스티럽(Stir up)

스티럽은 세로로 고정하는 테이핑 방법이다. 발목을 안쪽(내번)으로 해서 접질리지 않게 방지해주는 테이핑 방법이다. 먼저 발목 안쪽 앵커를 부착한 곳에서 시작하여 발바닥을 지나 발목 바깥쪽으로 부착한다. 바깥쪽으로 부착할 때는 발바닥 부분에서 테이프의 길이를 만들고 난 후 바깥쪽으로 부착한다. 이렇게 테이프를 반 정도 겹쳐서 2~3겹으로 진행한다. C-tape를 할 때는 겹겹이 부착하면 강도가 더 강해지기 때문에 한번에 강하게 부착하기보다 적절한 강도로 해주는 게 좋다.

순서 : 안쪽 앵커 – 발바닥 – 바깥쪽 앵커

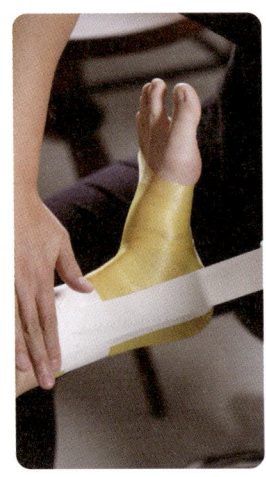
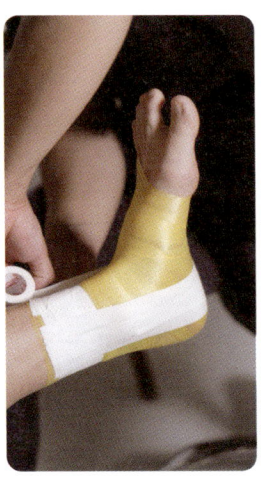
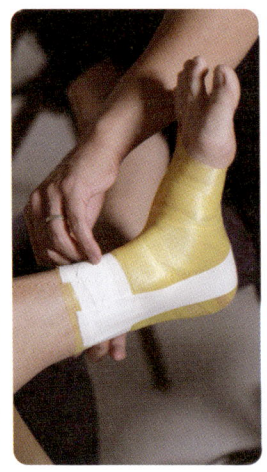
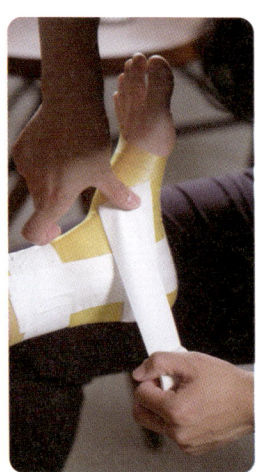

2 홀스슈(Horse shoe)

홀스슈는 테이핑한 모양이 말발굽과 같다 하여 생긴 이름으로 스터럽과 반대로 가로로 고정을 해주는 역할을 한다. 테이핑할 때는 발 안쪽 부분에서 아킬레스건을 지나 발 바깥쪽으로 부착하면 된다. 홀슈스는 지면과 수평이 되도록 하는 것이 포인트이다. 이렇게 테이프의 반 정도 겹쳐서 2~3겹으로 한다.

순서 : 발 안쪽 – 아킬레스건 – 발바깥쪽

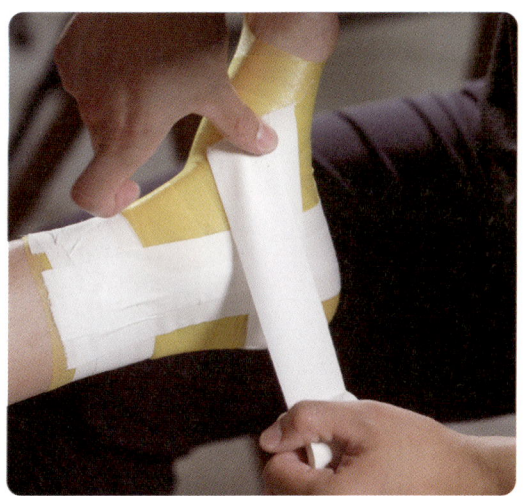 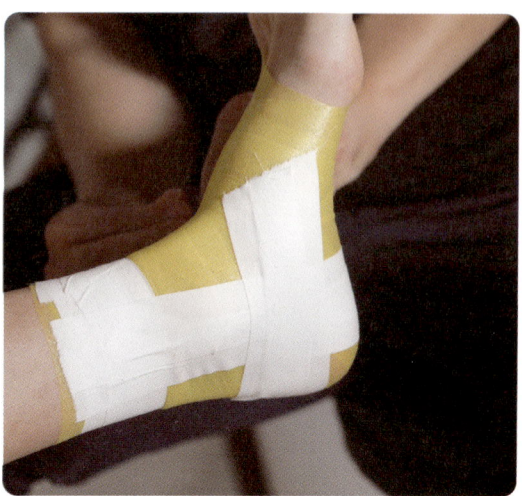

3 피겨에잇(Figure 8)과 힐락(Heel lock)

- **피겨에잇**

01 발바닥 안쪽 부분에서부터 C-tape를 부착한 뒤 발목 앞쪽을 지나 바깥쪽으로 감싸준다.

순서 : 발바닥 안쪽 – 발 안쪽 – 발목 앞 – 발목 바깥에서 뒤쪽

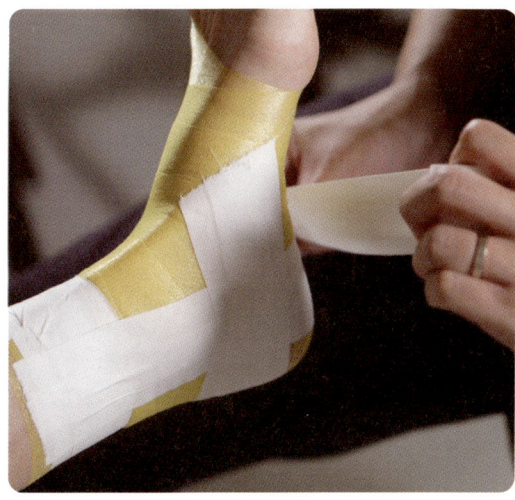 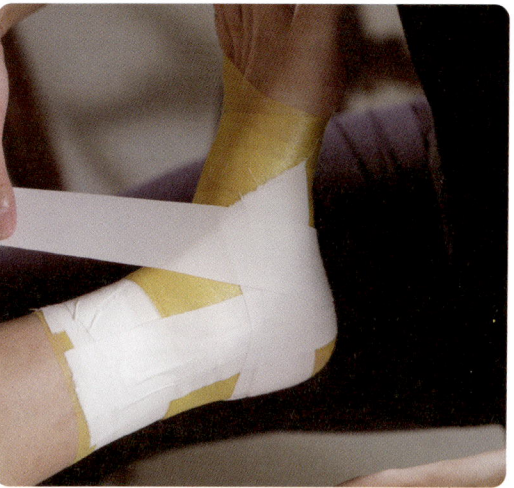

02 발목 뒤쪽에서 그대로 발목 안쪽을 감싸서 앞쪽을 지나 발등 바깥쪽에서 발바닥으로 간 후에 발 안쪽에서 발목 뒤쪽으로 감아준다.

순서 : 발목 앞 – 발목 바깥쪽 – 발바닥 – 발목 안쪽 – 발목 뒤쪽 (아킬레스건)

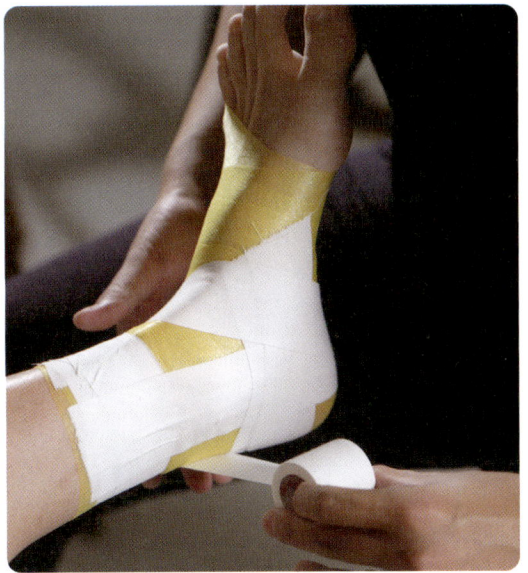
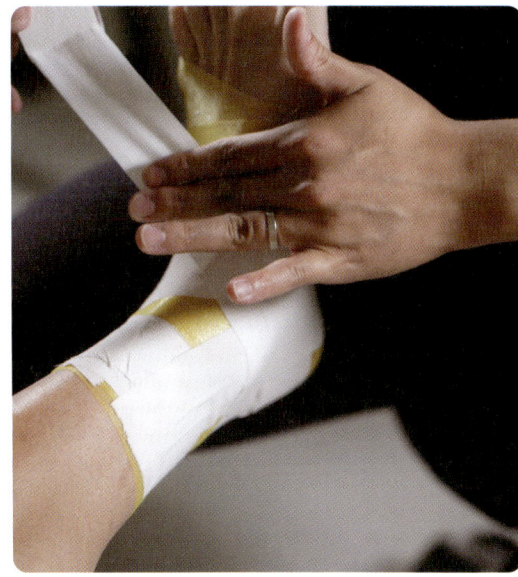

• **힐락**

01 사진 02에 이어서 발목 뒤에서 앞으로 향해 감은 뒤 발목 안쪽으로 감싸고 난 후 발뒤꿈치를 향해 바깥쪽에서 안으로 감싸준다.

순서 : 발 앞 안쪽 – 발뒤꿈치 바깥쪽 – 발목 뒤쪽 (아킬레스건)

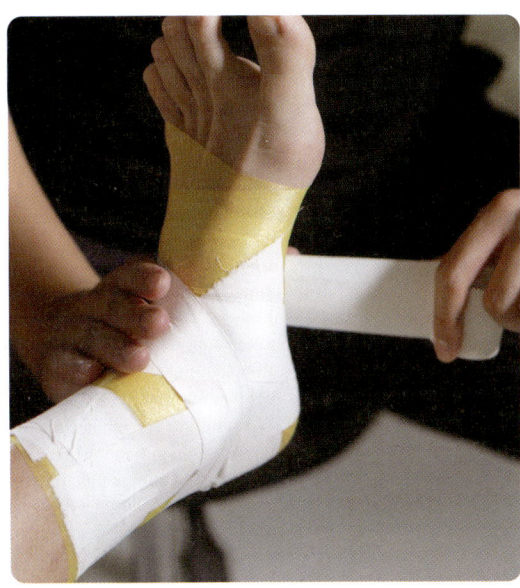
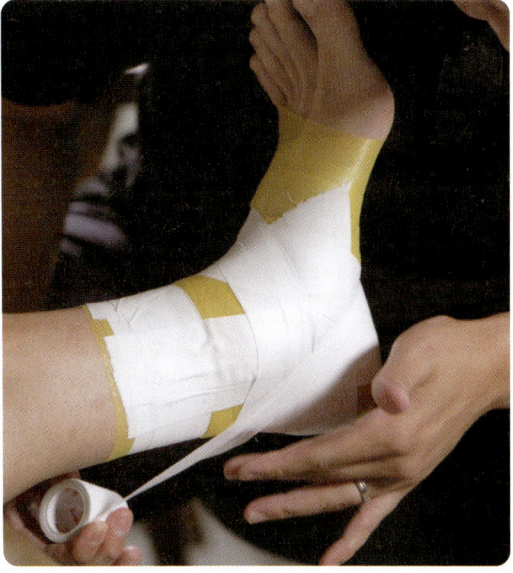

02 남은 언더랩 부분을 C-tape로 다 감싸서 고정해주고 마지막에 위쪽도 다시 감아준다.

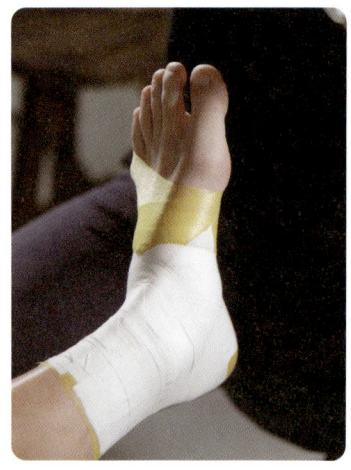 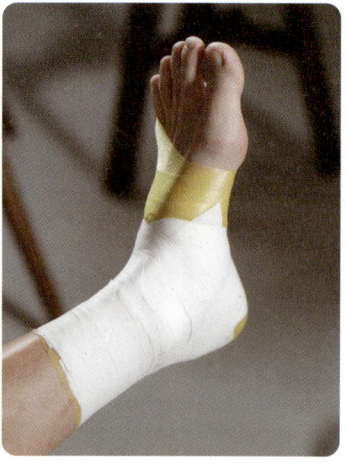 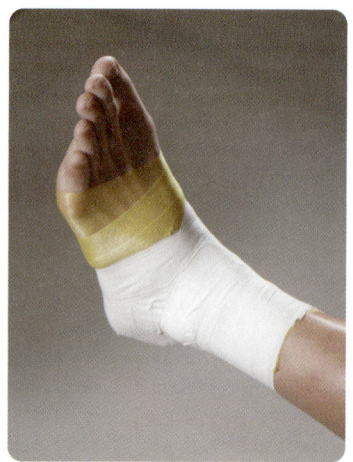

| 테이프 | 키네시오 테이핑 |

- **준비물** : 적절한 길이의 키네시오 테이프

1 발목 테이핑

발목 테이핑에서 피겨에잇, 힐락을 같이 하는 경우인데 분류에서 설명을 도와준다.

- **피겨에잇** : 테이프의 끝부분을 복사뼈 라인 밑에서 발바닥 안쪽에서 약간의 텐션을 주어 발목 앞쪽을 지나 발목 바깥쪽으로 발목 뒤를 감싸고 앞으로 돌아온다.

  순서 : 복사 뼈 라인 발바닥 안쪽 – 발목 앞 – 발목 바깥 – 발목 뒤 – 발목 앞

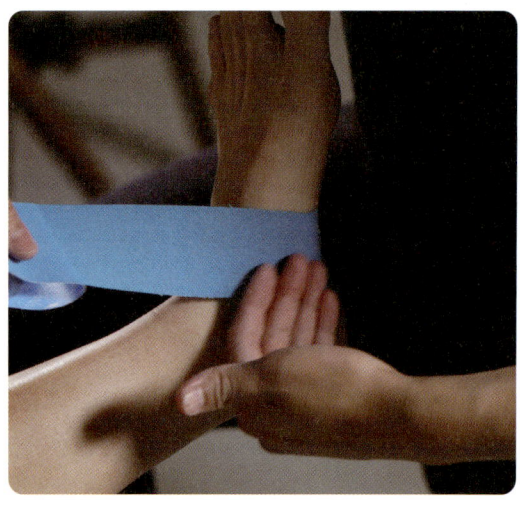 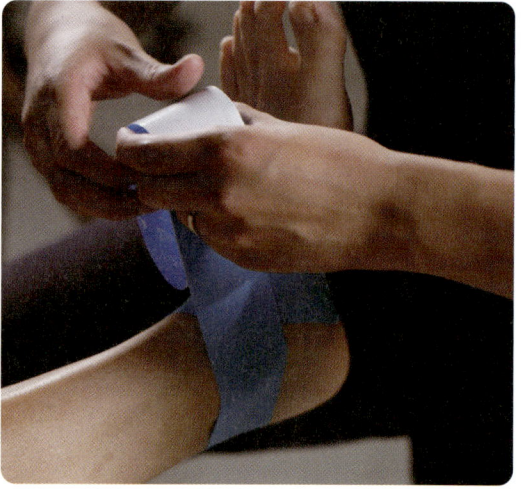

- **힐락** : 발목 앞쪽에서 바깥쪽으로 발바닥으로 처음 테이핑 시작했던 부분을 지나 발목 뒤를 향해 지난다. 그리고 다시 발목을 감싸주면 된다.

순서 : 발목 앞 – 발바닥 – 발목 안쪽 – 발목 뒤쪽 – 발목 감싸기– 발목 안쪽

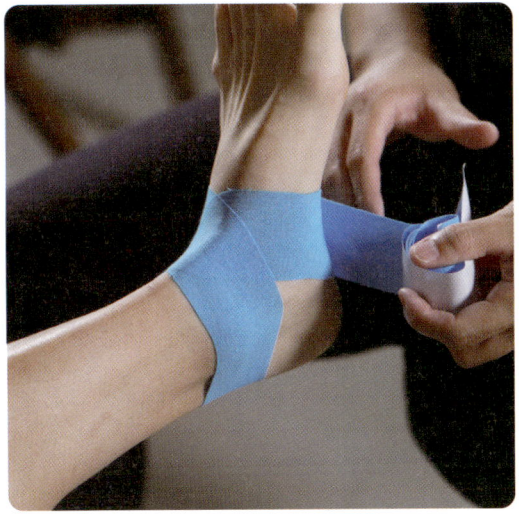
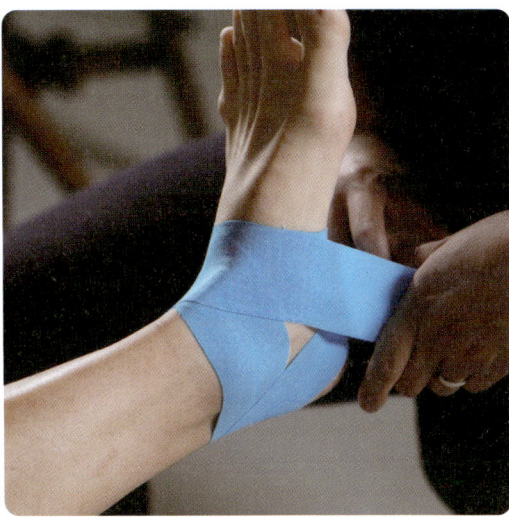

발목 안쪽을 지나 발목 뒤쪽을 감싼 후 다시 발목으로 감싸며 마무리해 준다.

순서 : 발목 안쪽 – 발바닥 – 발목 뒤쪽 – 발목 감싸기– 발목 앞쪽(마무리)

너무 헷갈리고 어렵다면 4개로 잘라서 하는 피겨에잇 과 힐락 방법을 소개한다.

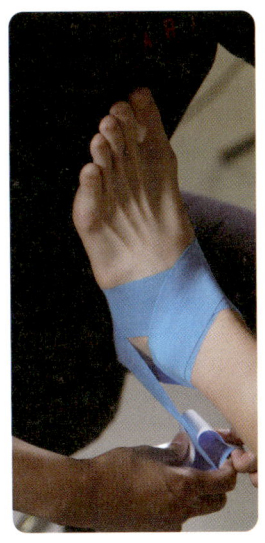
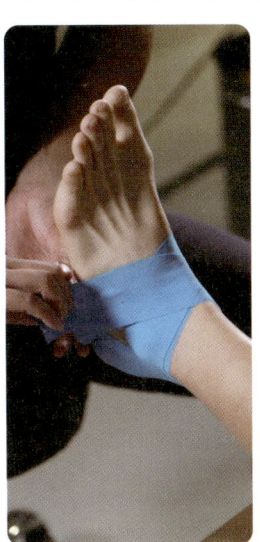
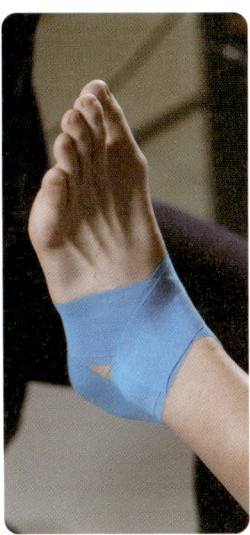
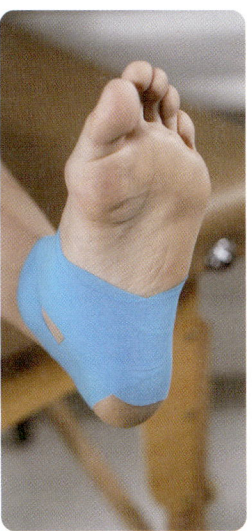

2 키네시오 테이프 4장으로 쉽게 하는 발목 테이핑

- **준비물** : 4~6칸 4개

※ 발 사이즈에 맞게 재단해 사용

※ 260기준 이상일 경우 5~6칸, 이하일 경우 4~5칸

- **피겨에잇** : 첫 번째 테이프를 복사뼈 라인에서 발바닥 안쪽에서 부착한다. 그리고 약간의 텐션을 주어 발목 앞쪽을 지나 바깥쪽으로 감싸준다.

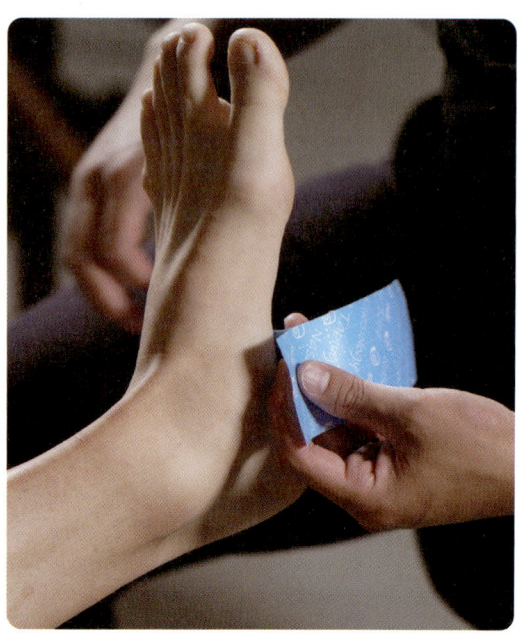
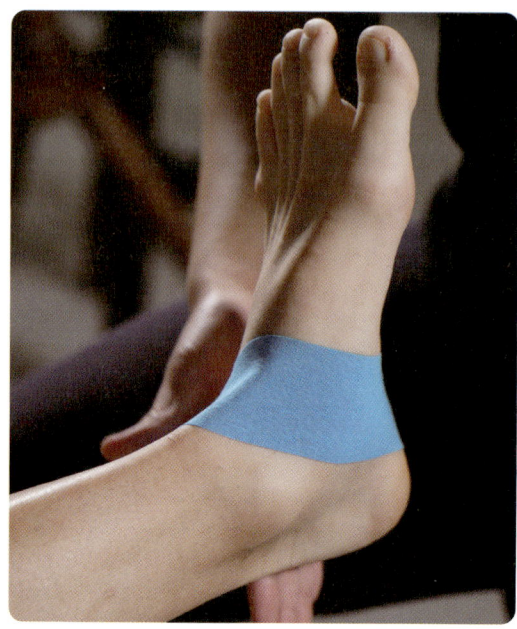

두 번째 테이프는 반대로 발바닥 바깥쪽에서 발목 앞쪽으로 감싸준다.

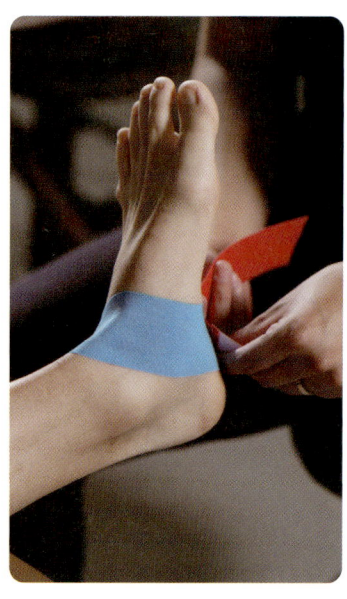
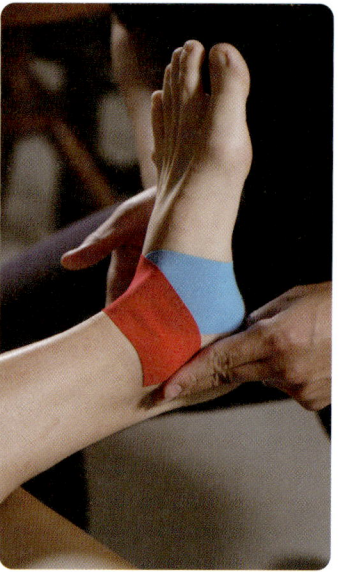
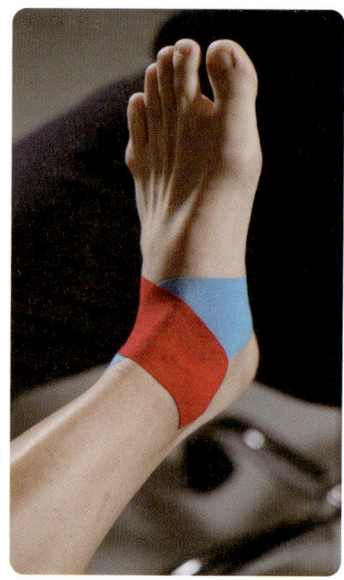

- **힐락** : 세 번째 테이프의 시작점도 같다. 복사뼈 라인 발바닥에서 시작한다. 그리고 약간에 텐션을 주고 발목 뒤쪽을 향해 감싸준다. 네 번째 또한 반대쪽으로 똑같이 감싸준다.

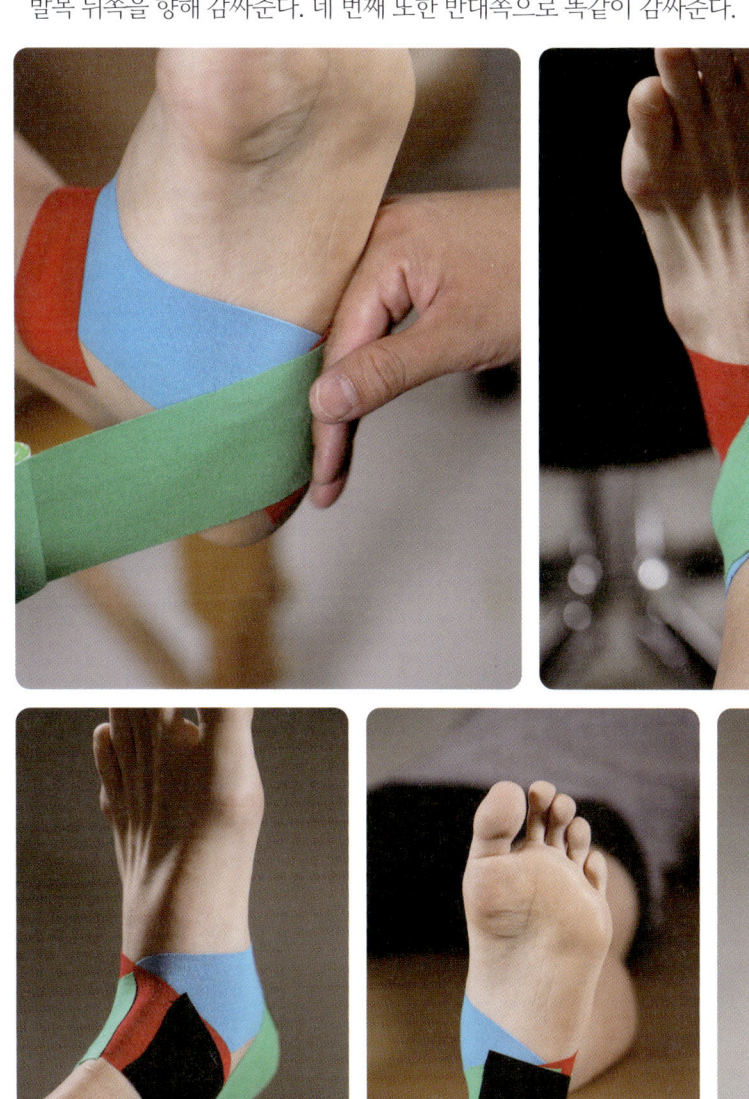
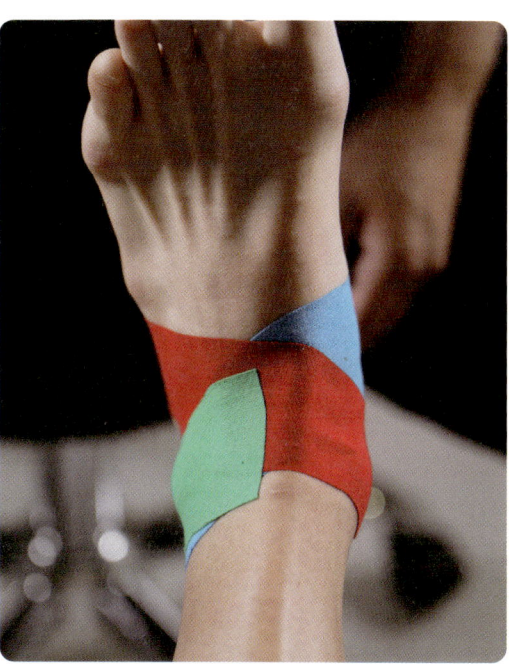
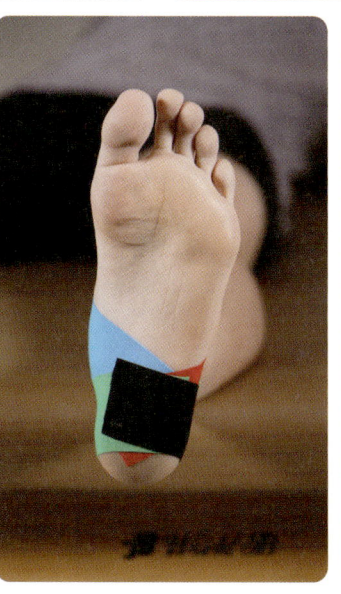
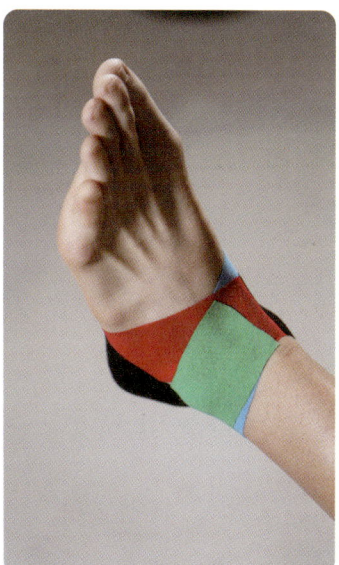

3 발날 쪽으로 뛰는 경우의 테이핑

이 테이핑을 필요로 하는 사람은 발날 쪽으로 뛰어서 통증이 있는 경우에 필요한 방법이다. 피겨에잇을 앞발에 부착하는 방법이라고 생각하면 이해하기 쉽다.

- **준비물** : 12칸 1개

01 먼저 키네시오 테이핑을 발바닥 앞부분에 부착하고 새끼발가락 쪽 앞바닥에서 텐션을 주어 당겨주며 안쪽 발목을 지나 발목 뒤쪽으로 감싸준다. 그리고 발 바깥쪽에서 안쪽 앞 발바닥 아래쪽으로 감싸주며 테이프를 부착한다.

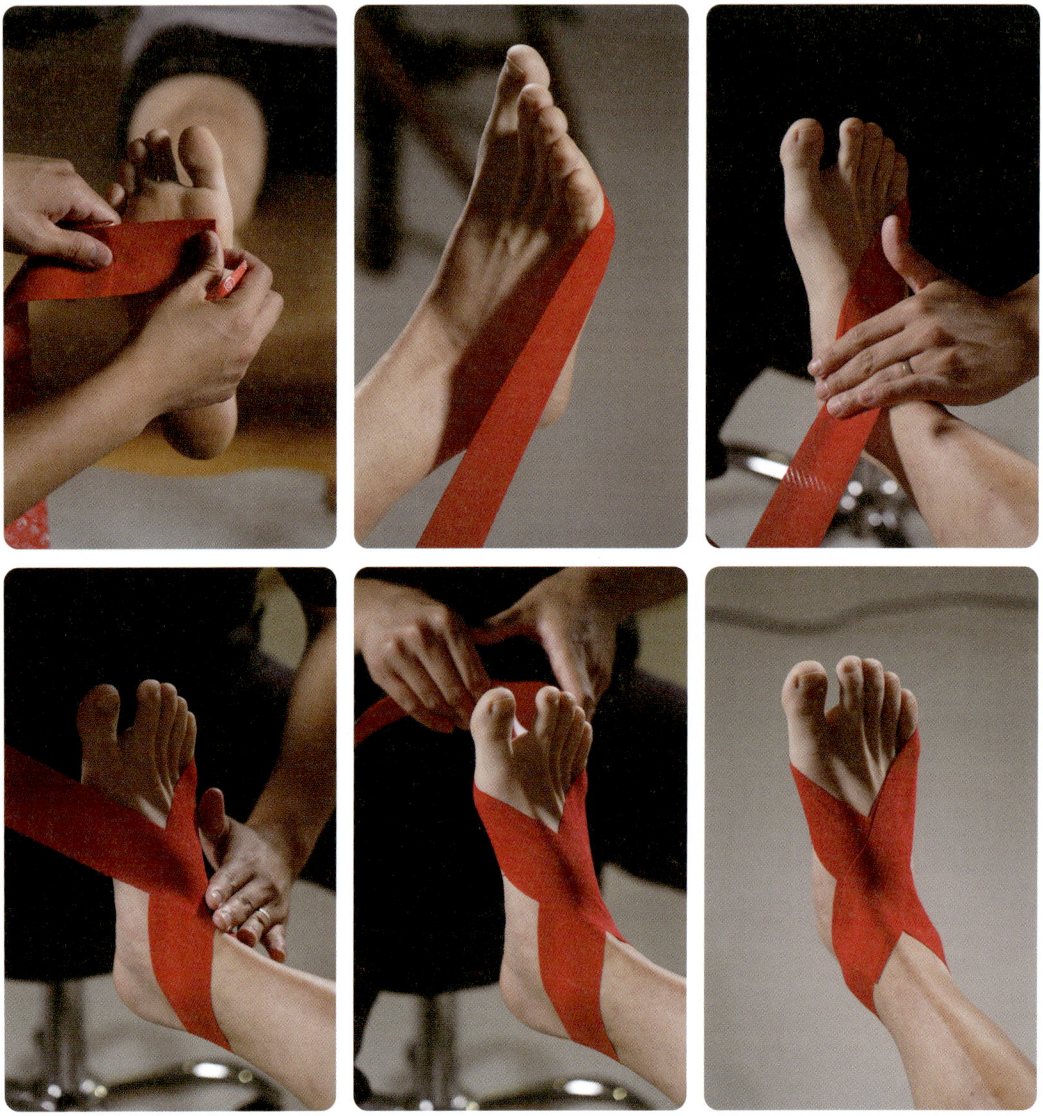

4 종아리 근육 테이핑

개인적으로 러닝하다가 근육통이 오겠지만 종아리가 가장 큰 통증을 느끼고 회복이 늦는다고 생각한다. 그래서 처음 운동하는 사람은 이 종아리 테이핑을 추천한다.

• **준비물** : 4칸 2개

01 5칸짜리 테이프 한 개로 왼쪽 첫 번째처럼 시행자의 다리를 이용하여 발목의 배측굴곡을 최대한 만들어 종아리 근육이 스트레칭 될 수 있도록 한 후 발뒤꿈치에 부착한다. 그 후 약간의 텐션을 준 뒤 그대로 위로 테이프를 부착한다.

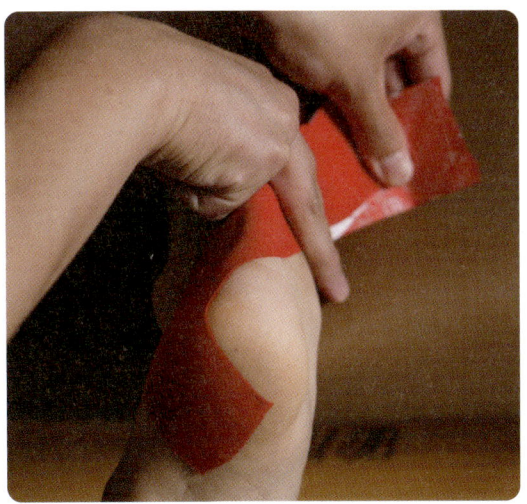 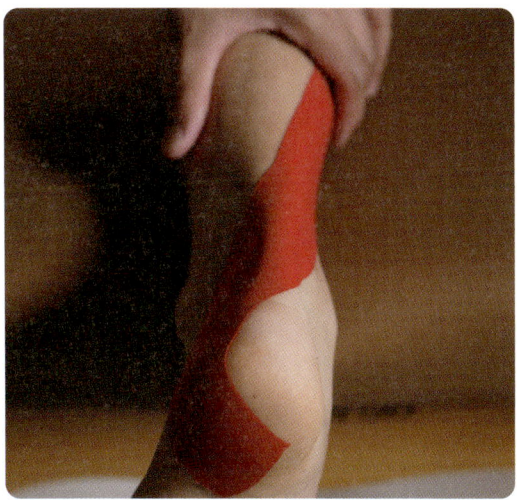

02 발바닥 뒤꿈치 안쪽에 부착한다. 그리고 텐션을 주어 당겨주며 뒤꿈치 바깥쪽을 둘러서 감은 뒤 안쪽 종아리 라인으로 부착한다.

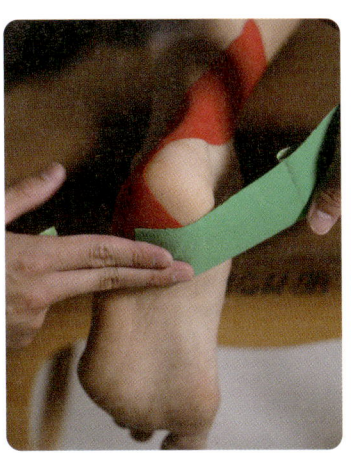 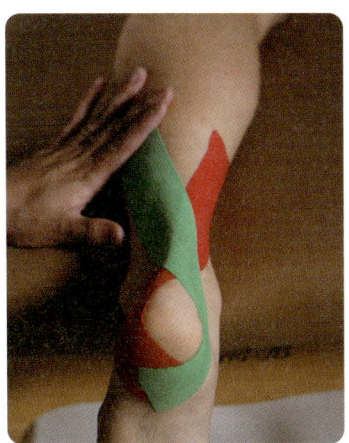 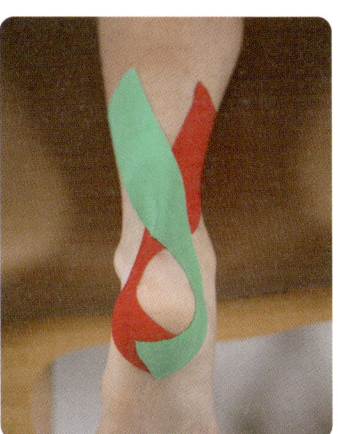

5 무지외반 테이핑

무지외반이 있는 상태로 뛰다 보면 발가락이 꺾인 부분에 통증을 호소하는 경우가 있다. 그에 대한 예방 테이핑을 하면 좋다.

- **준비물** : 10칸 1개 ※ 한 칸정도 세로 방향으로 잘라준다.

01 세로 방향으로 잘라진 테이프를 엄지발가락에 감싸준다.

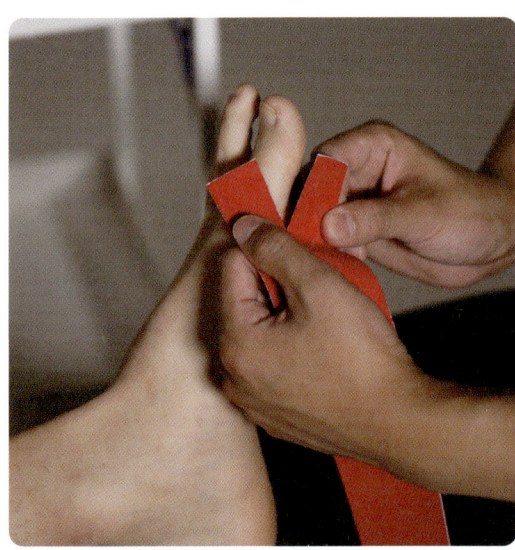 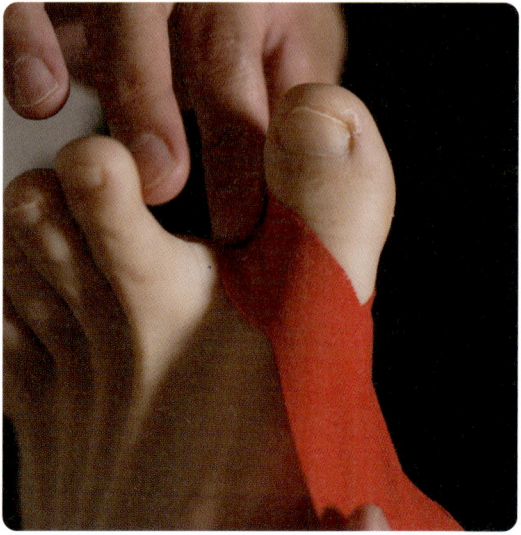

02 엄지발가락을 감싼 후 무지외반에 각도가 심한 부분에 손가락을 놓아 축이 되어 엄지발가락이 외전되게 당겨주고 테이프에 텐션을 가해 발 아치 라인에 따라 부착한다.

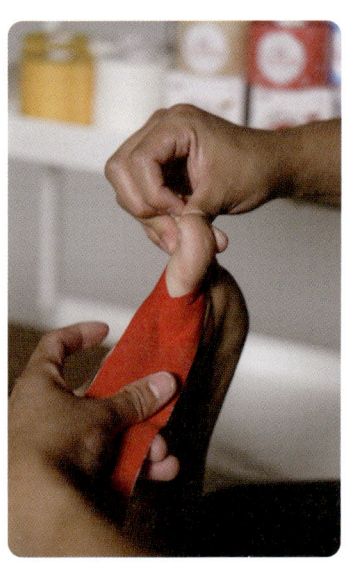 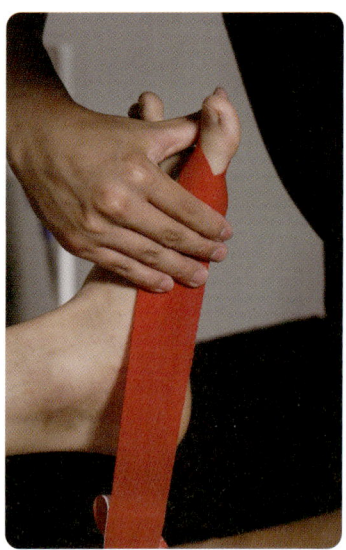 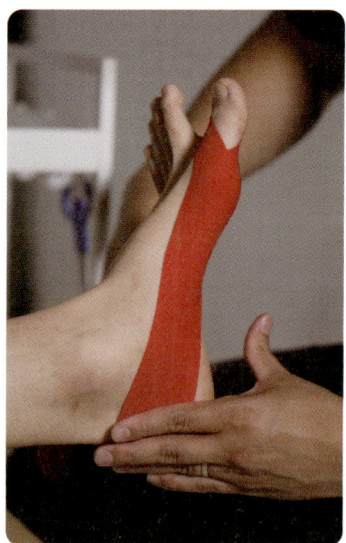

03 아치 라인을 따라 부착한 뒤 발목 뒤를 감아 발 바깥쪽에서 발바닥 쪽으로 감싸준다.

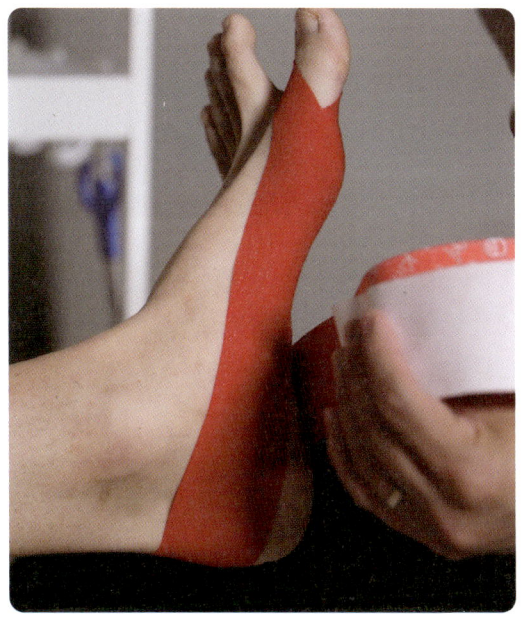

04 엄지발가락을 감싼 후 무지외반에 각도가 심한 부분에 손가락을 놓아 축이 되어 엄지발가락이 외전 되게 당겨주고 테이프에 텐션을 가해 발 아치 라인에 따라 부착한다.

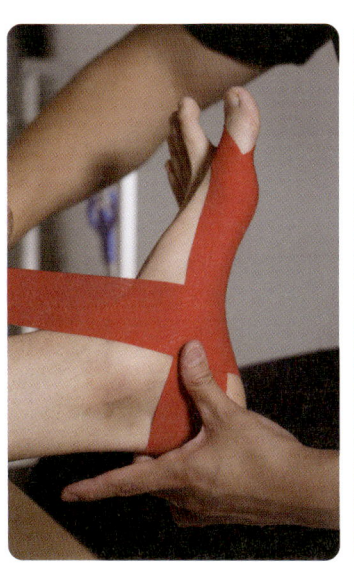 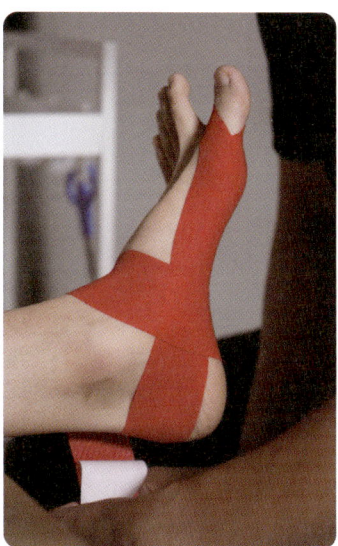 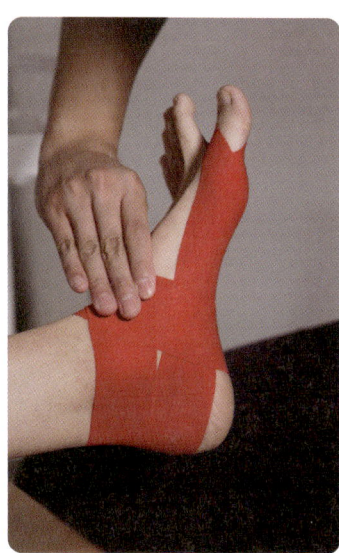

6 무릎 관절을 보호하기 위한 테이핑

이 테이핑 방법은 러닝뿐만 아니라 대표적으로 자주 사용하는 전방 십자인대 및 무릎 관절 보호를 위한 테이핑 방법이다. 개인적으로 무릎이 불안정한 사람에게 루틴으로 해드리는 테이핑 방법이기도 하다.

- **준비물** : 6칸 2개, 8칸 2개

01 서 있는 채로 시작한다. 그리고 테이핑하는 다리는 한 발 앞으로 위치하고 무릎을 살짝 굴곡한 후 무릎을 바깥으로 돌려준다(외회전). 6칸짜리 테이프로 슬개골 아래쪽 부분에 부착하고 약간 당겨주어 슬개골 주변을 감싸 허벅지로 테이프를 부착한다.

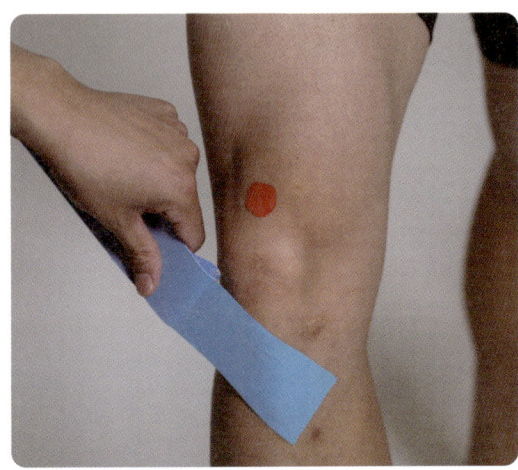
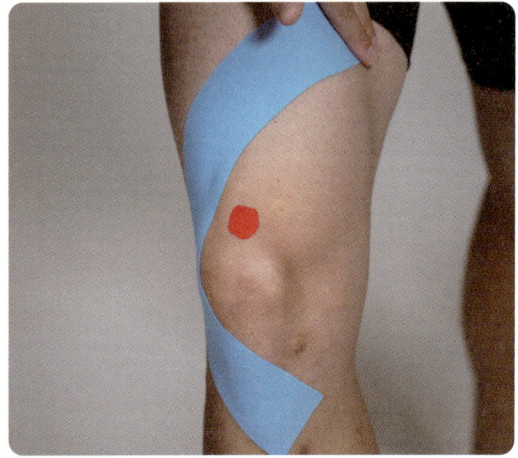

02 반대편에도 이와 같이 슬개골 아래쪽에 부착하고 약간 당겨주어 슬개골 주변을 감싸 허벅지로 테이프를 부착한다.

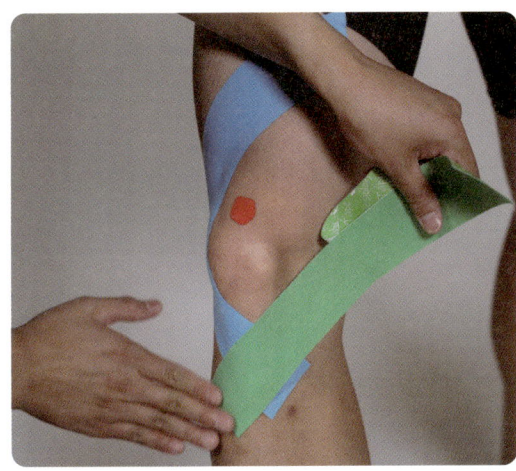
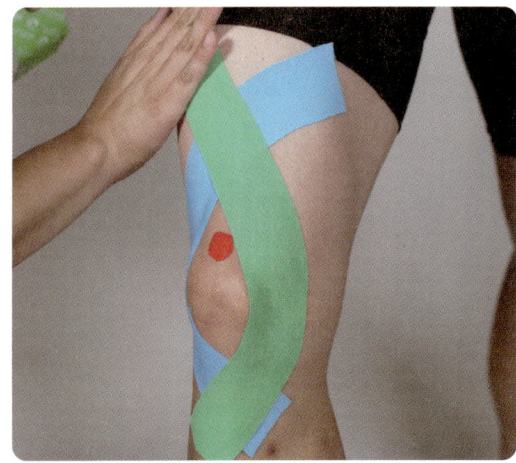

03 8칸짜리 테이프를 사진 01의 부착 부위 아래쪽에 부착한다. 그리고 약간 당겨주며 무릎 뒤 오금 쪽으로 돌려서 허벅지에 테이프를 부착한다.

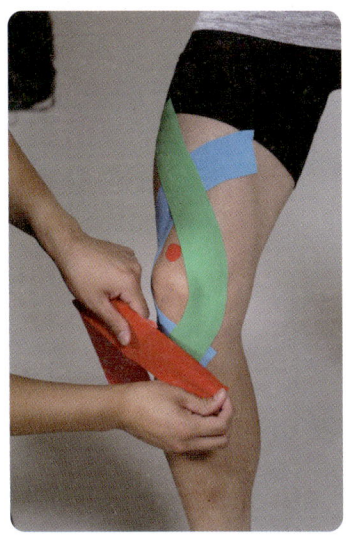
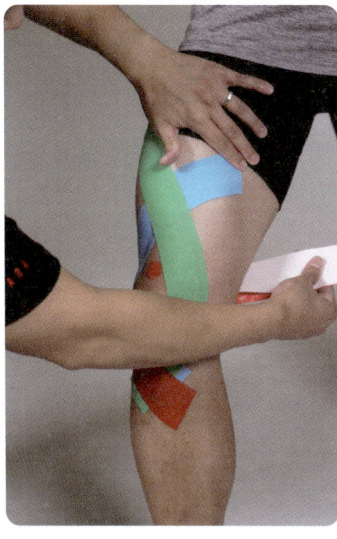
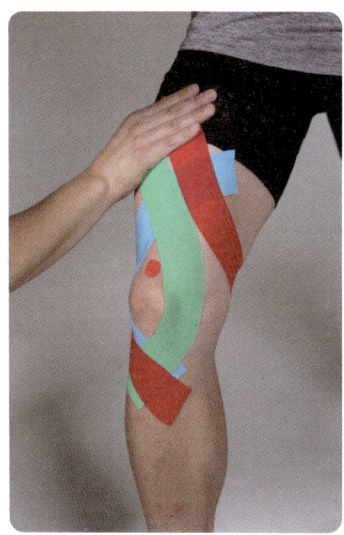

04 반대편 방향으로 부착하는데 사진 02의 부착 부위 아래쪽에 부착한다. 그리고 약간 당겨주며 무릎 뒤 오금 쪽으로 돌려서 허벅지에 테이프를 부착한다.

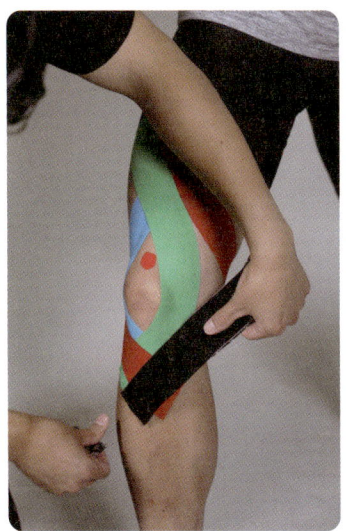
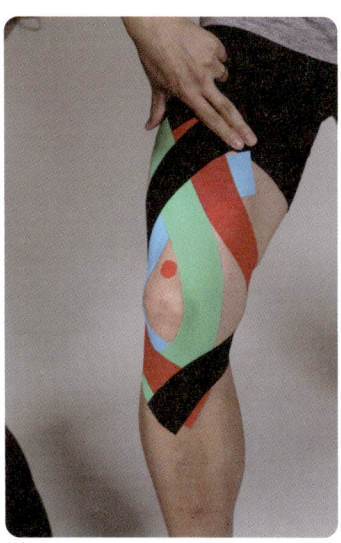
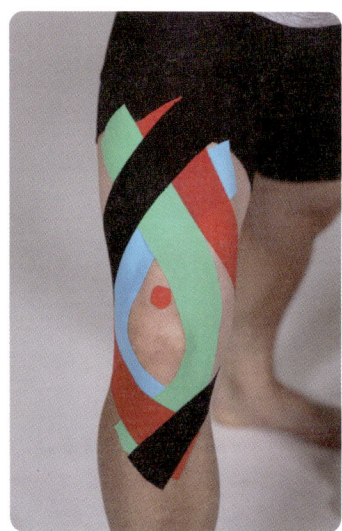

7 무릎 _ 내측 인대 테이핑

러닝 시 내측 인대 부위 통증이 있는 경우 진행하는 테이핑 방법이다.

- **준비물** : 4칸 2개, 6칸 2개, 8칸 2개

01 서 있는 채로 시작한다. 그리고 테이핑하는 다리는 한 발 앞으로 위치해주고 무릎을 살짝 굴곡한 후 무릎을 바깥으로 돌려준다(외회전). 4칸짜리 테이프를 슬개골 아래쪽에 부착한 후 약간 텐션을 주어 테이프를 당겨주며 위에 사진과 같이 교차하여 부착한다.

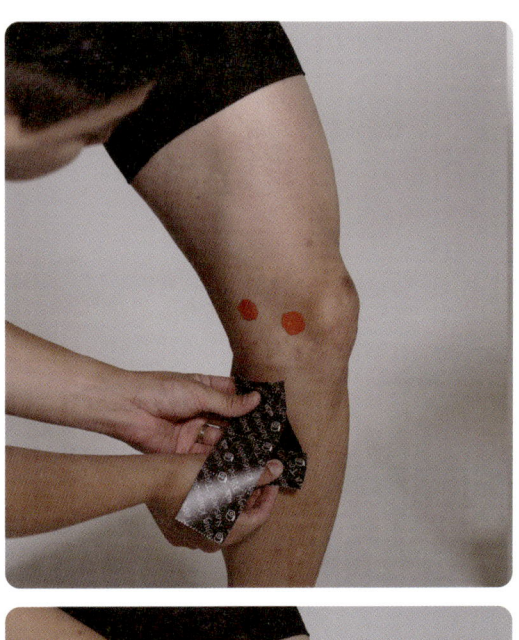
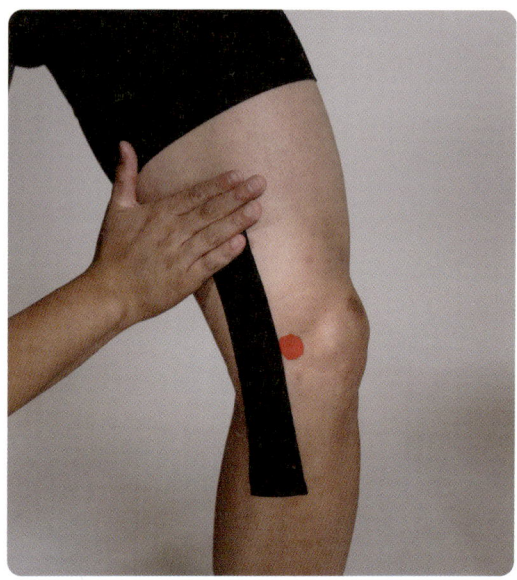
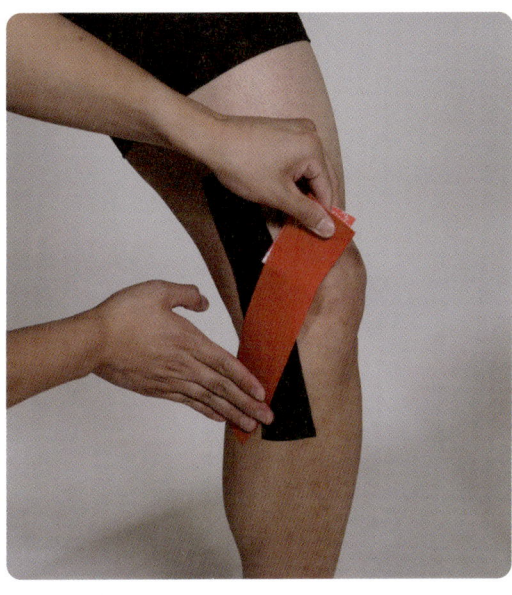
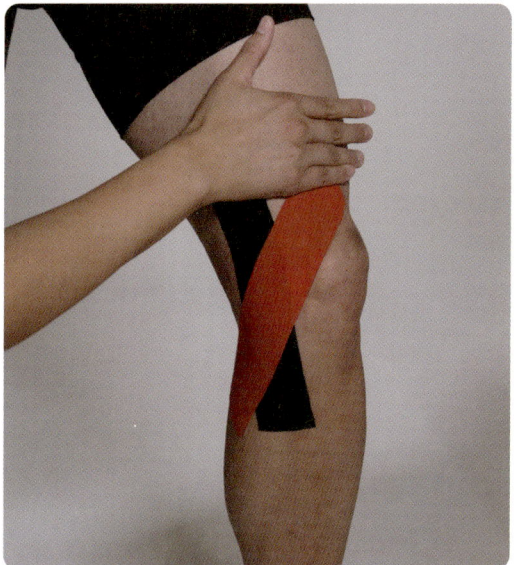

02 6칸짜리 테이프를 슬개골 아래쪽에 부착하고 약간 당겨주어 슬개골 주변을 감싸 허벅지로 테이프를 부착한다.

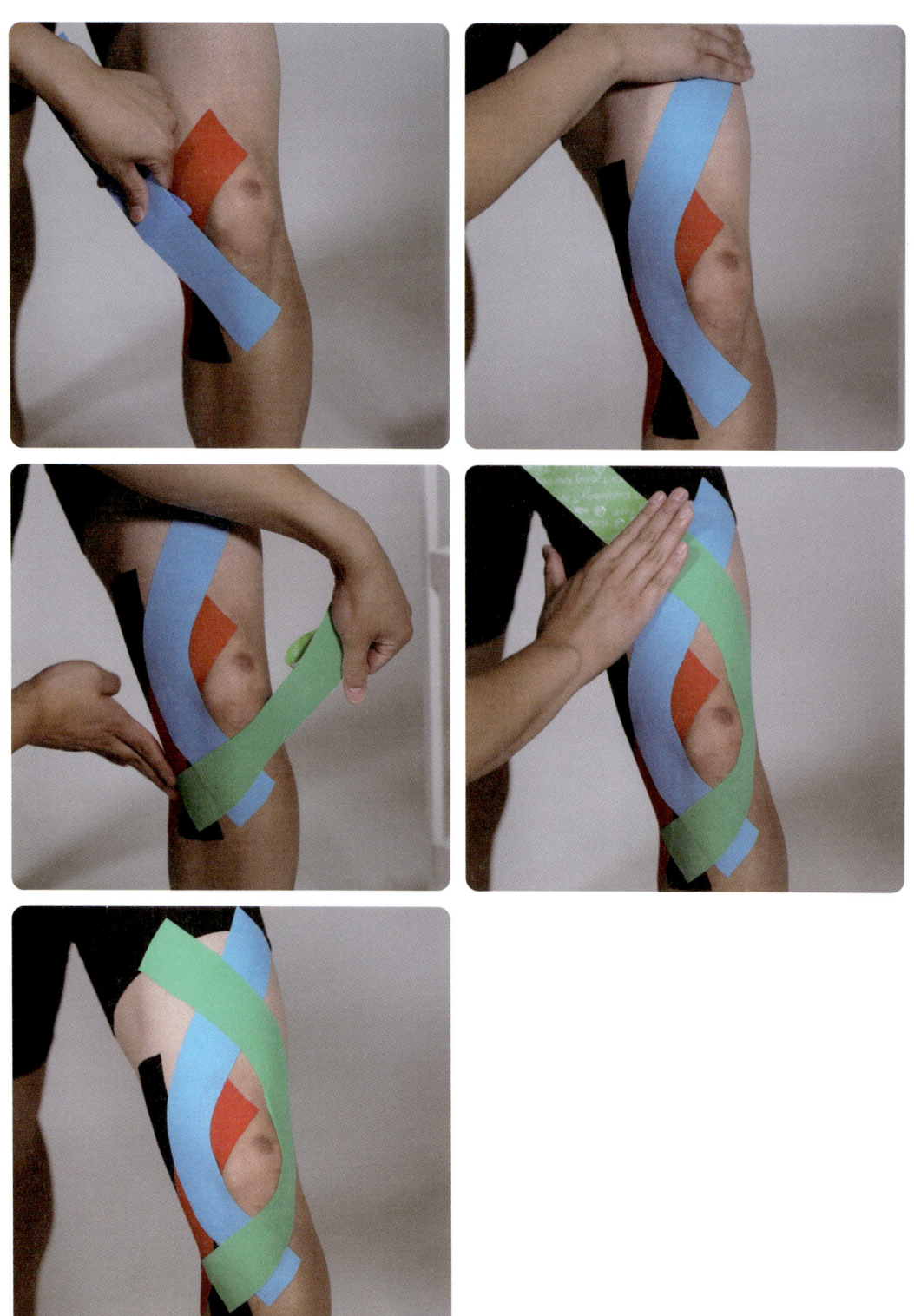

03 8칸짜리 테이프를 설명에서 부착한 부분보다 아래쪽에 부착하고 허벅지 뒤로 돌려 부착한다.

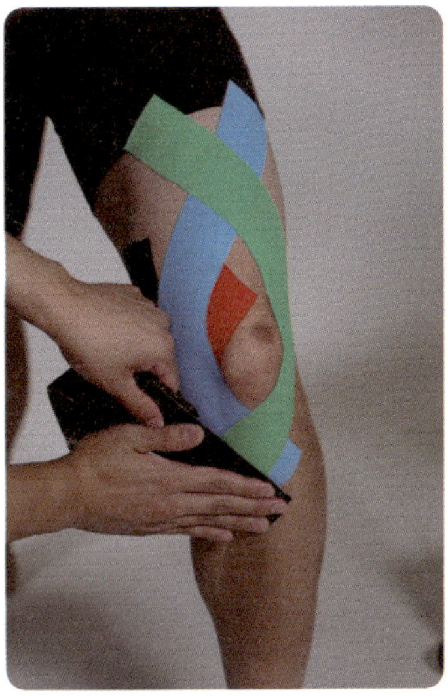

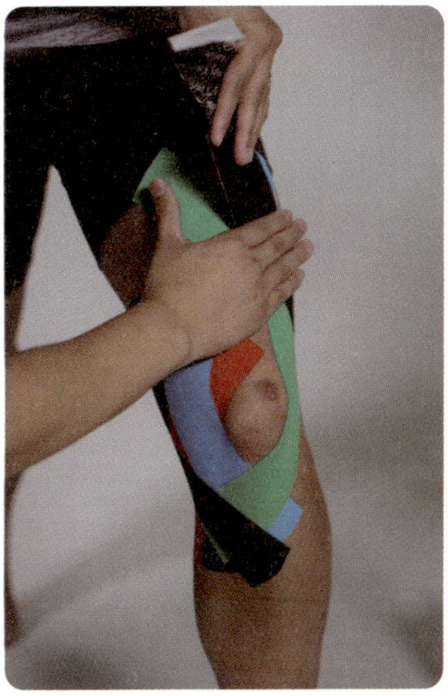

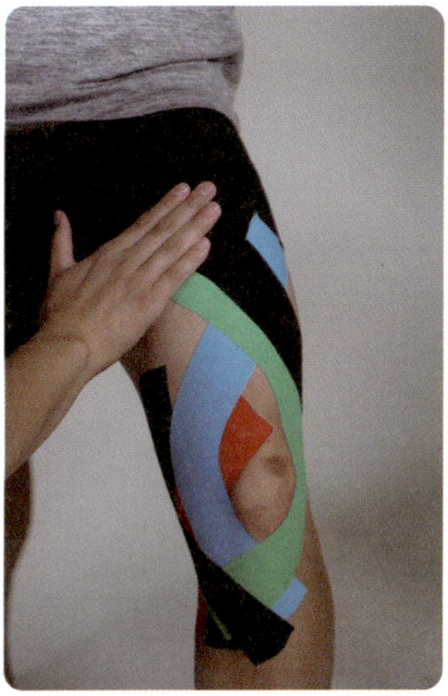

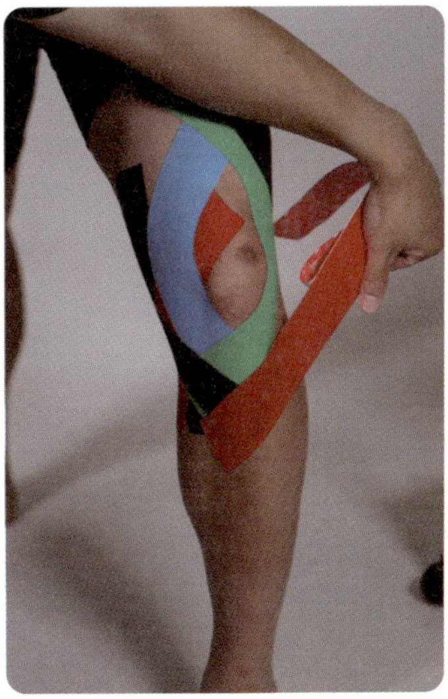

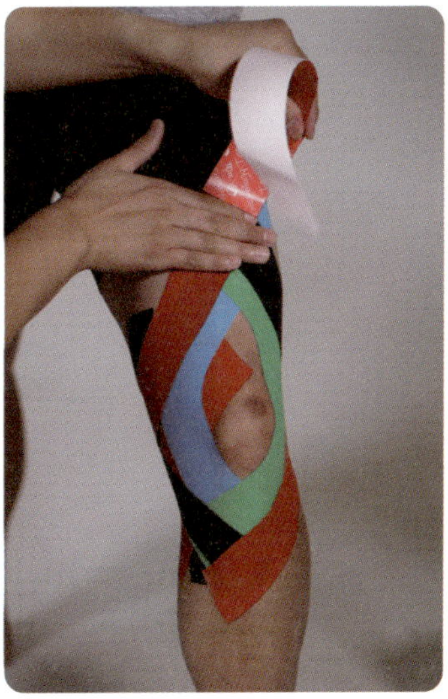

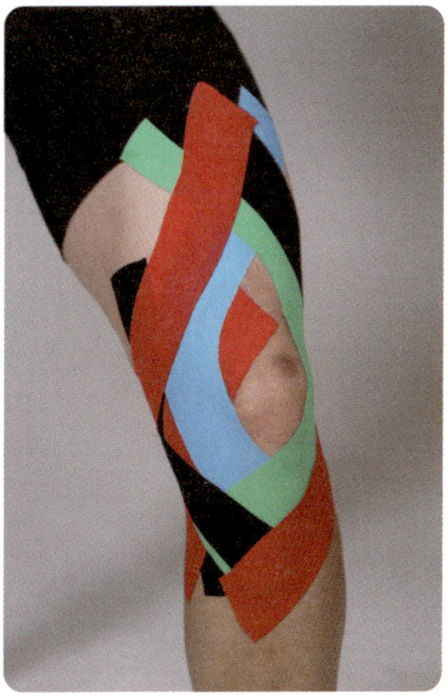

8 무릎 _ 장경인대(무릎 바깥쪽) 테이핑

러닝 시 바깥쪽 또는 장경인대 부위에 통증이 있는 경우 진행하는 테이핑 방법이다.

- **준비물** : 테이프 4칸 2개, 6칸 2개, 8칸 2개

01 서 있는 채로 시작한다. 그리고 테이핑하는 다리는 한 발 앞으로 위치해 주고 무릎을 살짝 구부린 후 무릎을 바깥으로 돌려준다(외회전). 바깥쪽 무릎 밑에 경골 부분에서부터 부착한 후 약간 텐션을 주어 3칸짜리 테이프로 당겨주며 위에 사진과 같

이 교차하여 부착한다.

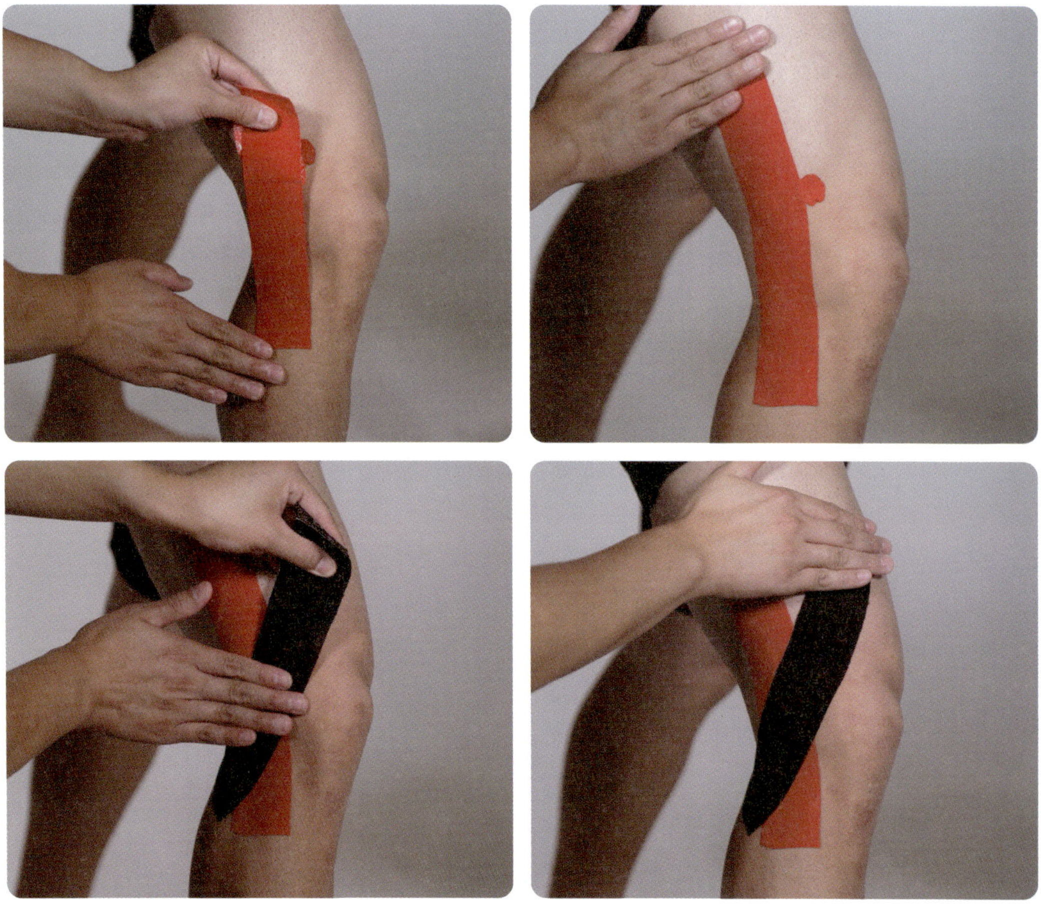

02 6칸짜리 테이프를 슬개골 아래쪽에 부착하고 약간 당겨주어 슬개골 주변을 감싸 허벅지로 테이프를 부착한다.

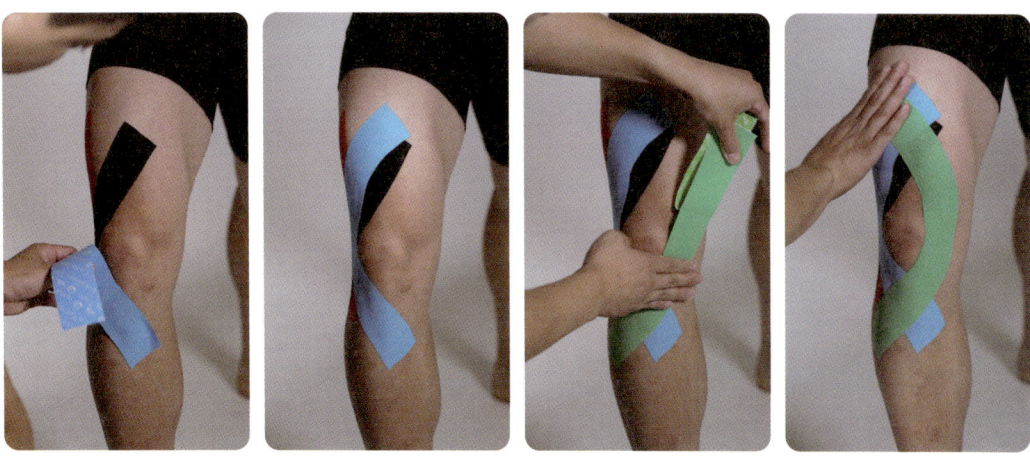

03 8칸짜리 테이프로 사진 02의 부착 부위보다 아래쪽에 부착하고 허벅지 뒤로 돌려 테이프를 부착한다.

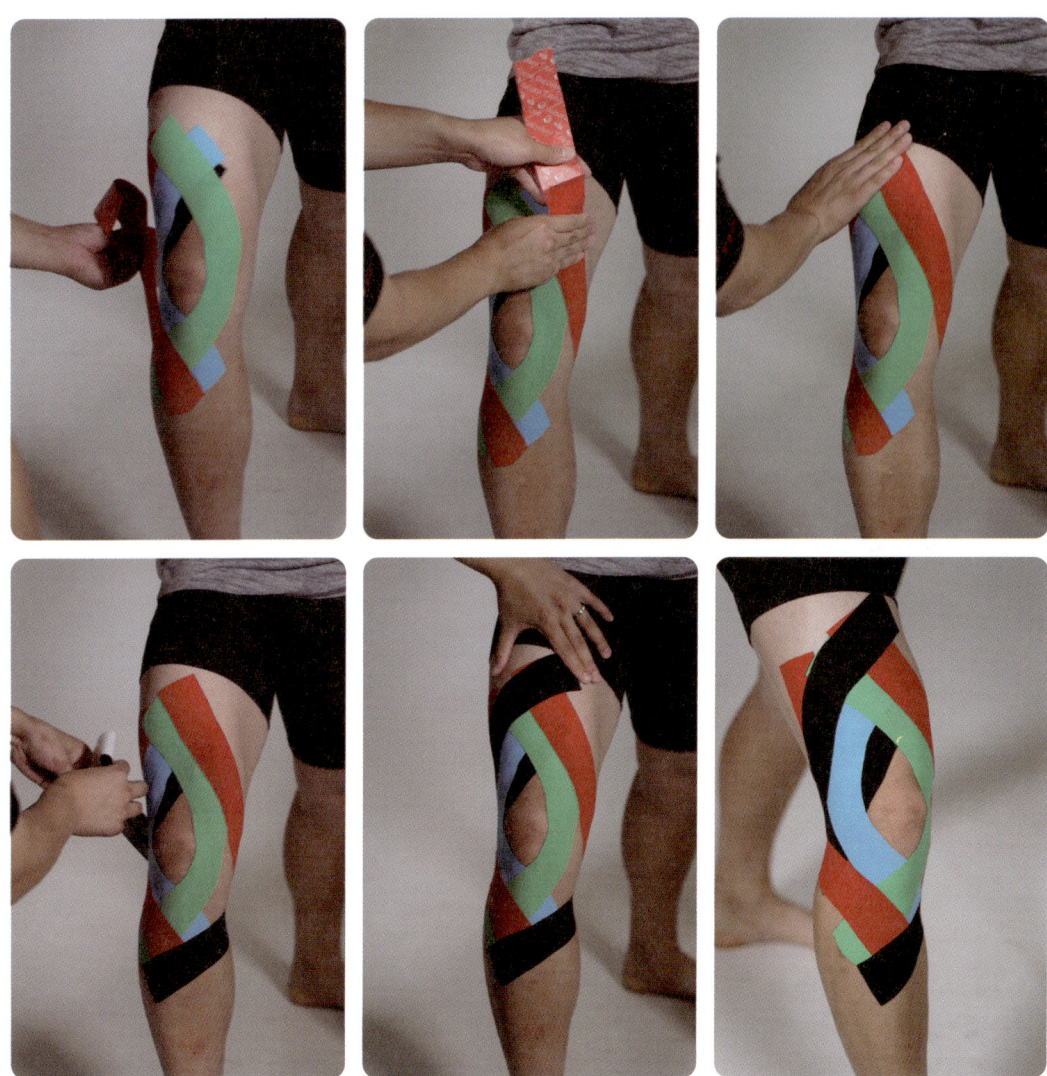

9 무릎 인대 or 점퍼스 니 테이핑

무릎 밑에 부분 슬개 인대 부분에 통증이 있는 경우에 하면 좋은 테이핑 방법이다.

- **준비물** : 5칸 3개, 8칸 2개

01 서 있는 채로 시작한다. 그리고 테이핑하는 다리는 한 발 앞으로 위치해주고 무릎을 살짝 굴곡한 후 무릎을 바깥으로 돌려준다(외회전). 6칸짜리 테이프를 슬개골 아래쪽에 부착하고 약간 당겨주어 슬개골 주변을 감싸 허벅지로 테이프를 부착한다.

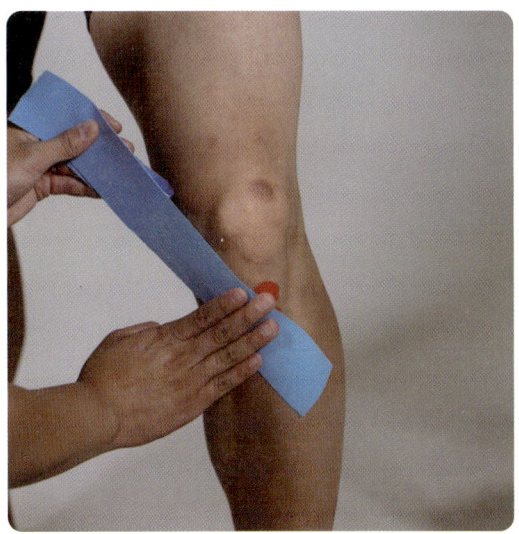
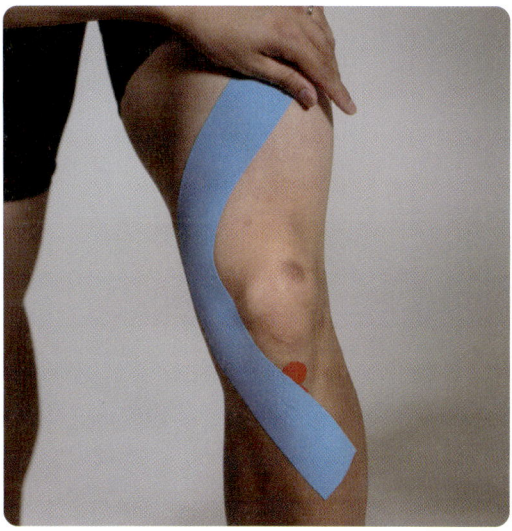

02 반대편에도 이와 같이 슬개골 아래쪽에 부착하고 약간 당겨주어 슬개골 주변을 감싸 허벅지로 테이프를 부착한다.

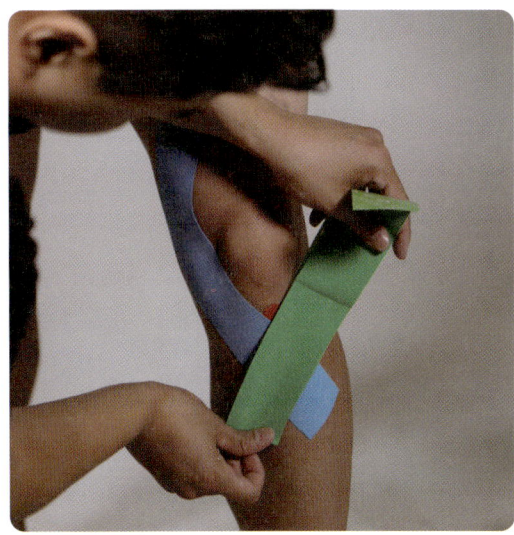
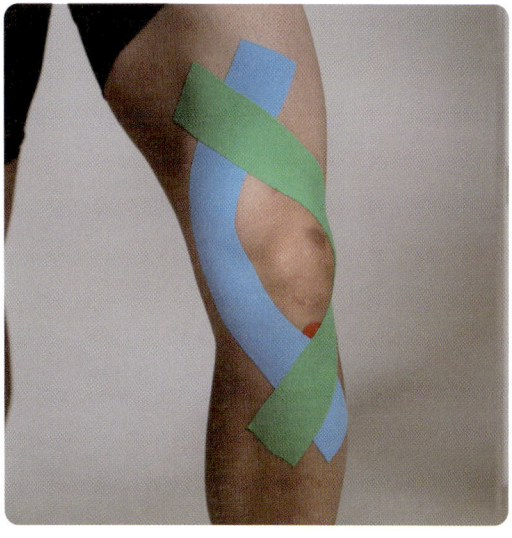

03 8칸짜리 테이프를 사진 01의 부착 부위보다 아래쪽에 부착한다. 그리고 약간 당겨주며 무릎 뒤 오금 쪽으로 돌려서 허벅지로 테이프를 부착한다.

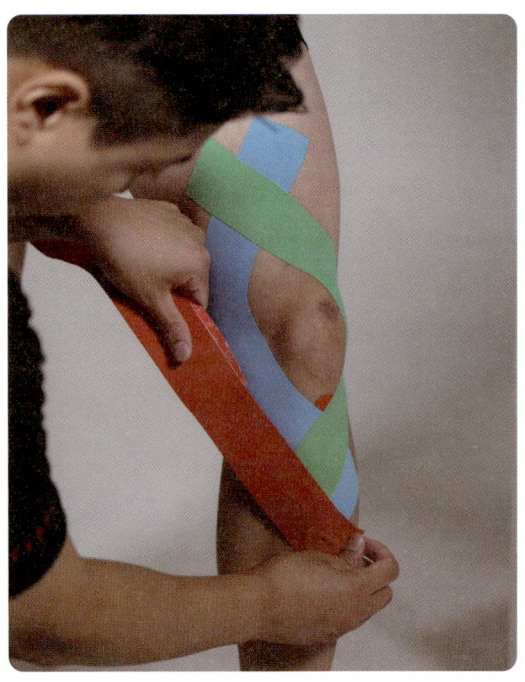 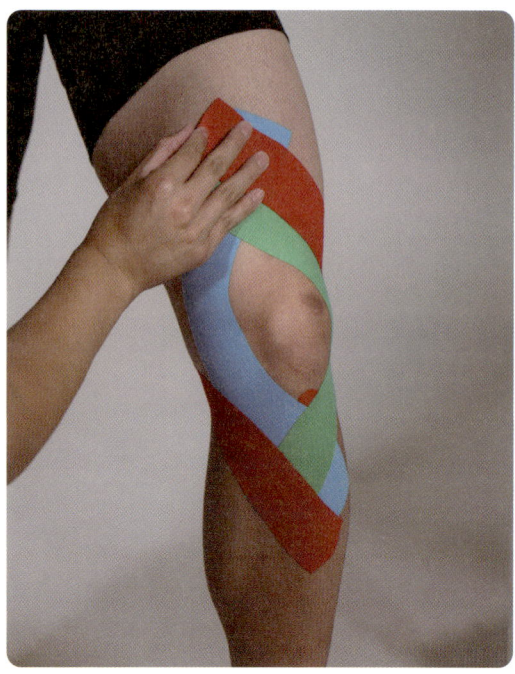

04 반대편 방향으로 부착하며 사진 02의 부착 부위보다 아래쪽에 부착한다. 그리고 약간 당겨주며 무릎 뒤 오금 쪽으로 돌려서 허벅지로 테이프를 부착한다.

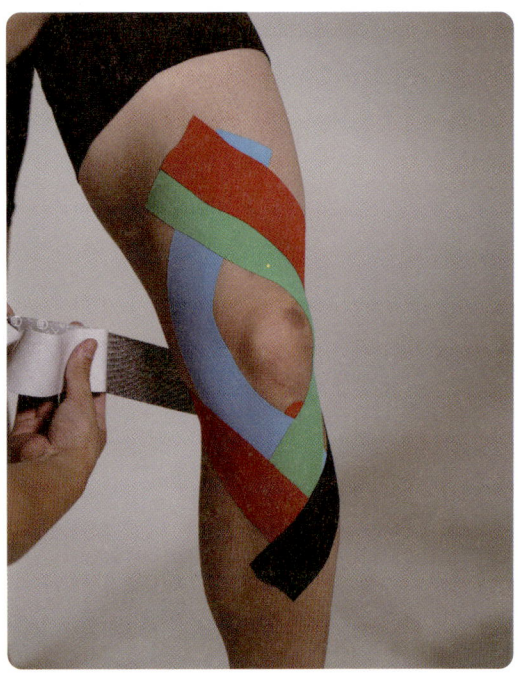 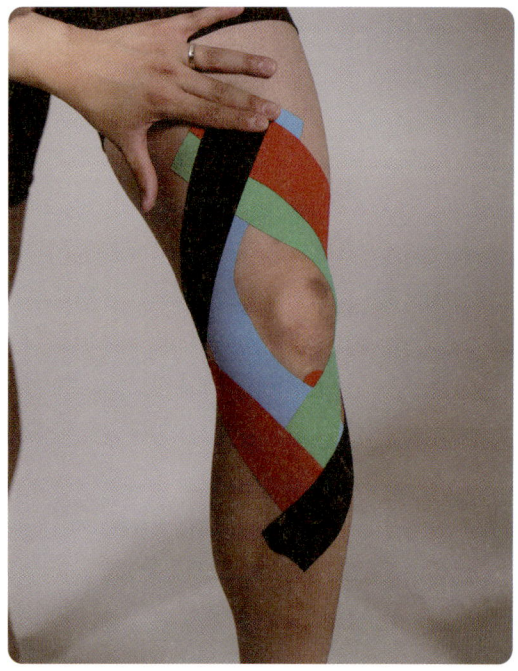

05 무릎 밑에 슬개 인대 부분에 남은 5칸짜리 테이프의 중간지점을 찢고 늘려서 텐션을 주며 부착하고 대퇴 방향으로 텐션을 주며 부착한다.

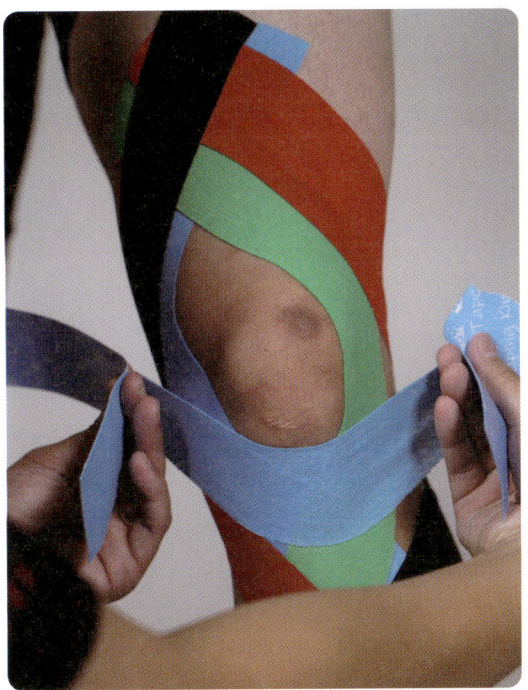
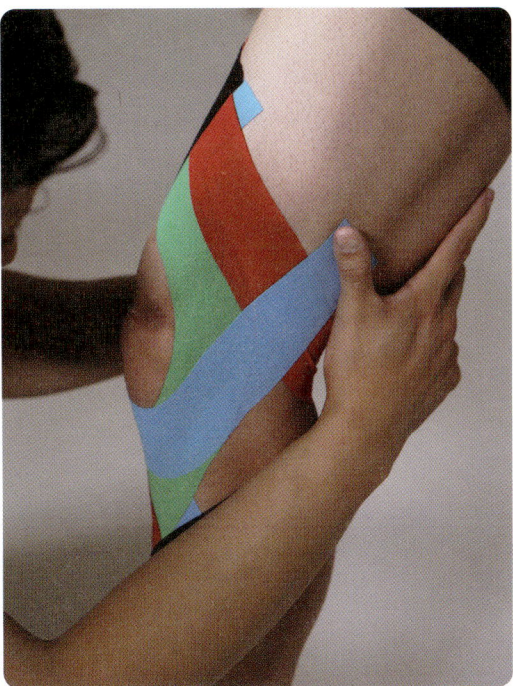
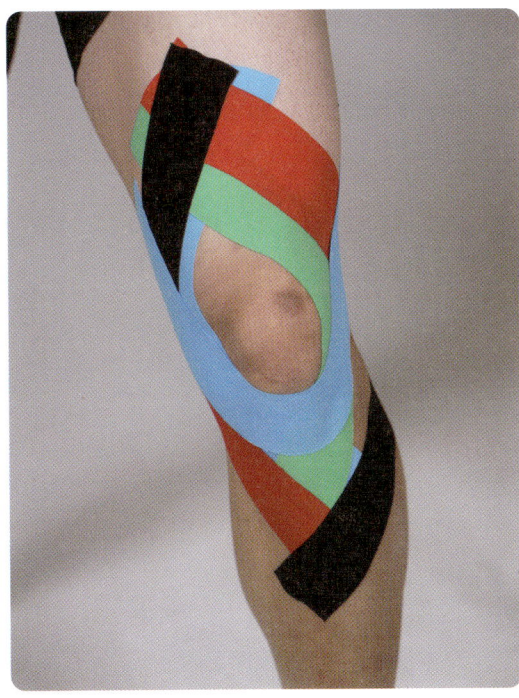

조해영 물리치료사

- 10년차 물리치료사
- 동남아시안게임 SEA GAMES 팀닥터
- 주식회사 이너매니지먼트 팀 픽스닉스 소속
- 서울시 러닝크루 7979 의료페이서
- 교보생명 HD 현대 임직원대상 러닝클래스
- 서울교통공사 근골격계 통증해소 운동처방 강사
- 서울특별시 성동구청 생활체육 지도강사
- 장수트레일러닝, 울주트레일러닝 리커버리담당
- 무쇠소년단, 뛰어야산다 리커버리담당 물리치료사
- 멀티 스포츠샵 러닝 스포츠 상해 테이핑 강의
- 풀코스 8번 완주, 50K 트레일러닝 2번 완주

종목별 테이핑 소개

CHAPTER **10**

러닝 2

01 달리기 스포츠 상해 소개

달리기는 발을 지면에 딛기를 반복하고, 반발력을 이용하여, 앞으로 추진하는 전방 이동을 주목적으로 둔 운동으로 누구나 특별한 장비 없이 운동화 하나로 시작할 수 있으며 우울감, 불안, 치매 예방 및 감소의 정신적 효과와 고혈압, 2형 당뇨병, 골관절염 예방, 심혈관계 질환, 체중, 허리둘레 감소 등 신체적 효과도 함께 가질 수 있으므로 훌륭한 운동이라고 할 수 있다.

보행과 달리기는 다르다는 점을 인지해야 한다. 달리기는 크게 지지기(Support phase)와 회복기(Recovery phase)로 나뉘며 보행과 다르게 양다리 동시 유각기(Double float)가 존재한다.

다만 연간 부상 발생률은 19.4%~79.3%로 장거리와 단거리의 차이, 참여 태도, 행위, 자세에 따라 러너의 타입을 나누어 달리기 부상 역학을 이해해야 한다. 달리기 부상 역학의 1순위 위험인자로는 바로 과거 부상 경험이다.

초보 러너는 1,000시간당 약 9.78건의 부상이 발생하는 반면, 경험 많은 러너는 4.24건에 그쳐, 경험이 충분할수록 부상 위험이 크게 줄어드는 것으로 나타났다.

1 달리기 부상 역학

장거리 질환일 경우 대부분 하지이며 흔히 발생 부위(순서)는 무릎, 종아리, 발, 허벅지 순으로, 무릎관절에서는 슬개건염, 장경인대염, 슬개골 주위의 통증 등, 종아리에서는 정강이 통증, 경골 피로 골절 등, 발에서는 족저근막염이나 중족골 피로 골절 등이 나타나며, 단거리나 다른 경기 달리기 중 발생하는 질환은 근육 파열(햄스트링), 염좌(발목 관절 외측인대) 등 급성 외상이 주로 나타난다.

2 러닝 상해 예방 및 관리

① 동적 스트레칭으로 근육, 힘줄, 관절 부상 위험이 낮은 상태로 준비하는 충분한 워밍업
▶ **추천 운동** : 레그스윙, 하이니, 버드킥, 앵클 서클, 사이드 스탭, 숏 스프린트

② 햄스트링 종아리 둔근 밸런스 트레이닝과 근력 강화로 주요 가동 축의 균형 잡힌 힘 분포로 특정 부위 과부하 방지
▶ **추천 운동** : 노르딕 햄스트링 컬, 스탠딩 카프 레이즈, 힙 쓰러스트, 싱글 레그 데드리프트

③ 갑작스러운 속도, 거리 증가는 피하며 점진적 부하 증가 관리
 - 인터벌 속도 훈련은 평소 페이스 대비 10~20% 빠르게
 - 한 주 강도 높은 훈련 후, 다음 주는 거리 페이스 20~30% 줄여 회복

④ 미세 손상 복구, 피로 누적 방지, 퍼포먼스 장기 유지를 목표로 적절한 휴식과 회복
  - 수면, 영양섭취, 액티브 리커버리(가벼운 조깅, 수영, 자전거), 마사지, 스트레칭, 요가, 폼롤러 등

1) 달리기 폼의 원칙

모든 러너는 신체 조건이 다르지만, 최적의 달리기 폼의 원칙을 생각해둬야 한다. 자세, 코어, 팔, 착지, 케이던스(Posture, Core, Arms, Landing, Cadence)

2) 발 착지 패턴별 차이

- **후족부 착지(Rearfoot Strike)** : 착지 시 발은 배측 굴곡 상태로, 더 높은 충격 부하 및 지면 반발력으로 경골 스트레스 골절 또는 족저근막염 부상 위험 증가, 무릎과 엉덩관절 부하 증가. 해당 후족부 착지와 연관된 충격 부하는 짧은 Stride length와 증가된 케이던스를 통해 줄일 수 있다.

- **중족부 착지(Midfoot Strike)** : 초기 충격력 감소로 충격 부하가 낮아 부상 위험이 감소

- **전족부 착지(Forefoot strike)** : 착지 시 발은 저측 굴곡 상태로 짧은 보폭으로 무릎 엉덩관절 부하가 감소하지만 종아리 근육의 원심성 수축 사용 증가로 아킬레스건염, 종아리 근육 손상 위험 상승

해당 전족부 착지는 종아리와 아킬레스건의 부상을 예방하기 위해 적절한 근력 강화 훈련이 필요하다.

러너의 신체 특성과 훈련 목표에 따라 적절한 발 착지 패턴을 선택하는 것이 중요하다.

이처럼 워밍업부터 회복까지 체계적인 관리만으로도 부상 위험을 크게 줄일 수 있다. 여기에 테이핑을 더하면 근·힘줄·관절의 안정성을 한층 더 강화할 수 있다. 이제 테이핑의 원리와 부위별 적용법에 대해 알아보자.

02 달리기 스포츠 테이핑 소개

테이핑은 크게 비탄력 테이프와 탄력 테이프로 존재하며 일상에서 자주 사용하는 테이프는 비탄력 테이프(C-tape), 탄력 테이프(Kinesio tape)가 있다.
스트레치 범위에 따라 목적이 다르며 테이프는 마찰에 약해 모서리를 둥글게 자르고 손의 열로 마찰을 증가시킨다. 근육 지지용으로는 기본 길이의 10~20% 신장을 추천하며 림프 드레인용으로는 최대 50~75% 신장한다.
2012 스포츠 논문에도 스포츠 손상 예방과 치료에 키네시오 테이프를 사용했을 시 효과가 있었다고 증

명되며 현재 다양한 스포츠 활동에서 사용되고 있다.

달리기 활동 중 뼈와 근육의 안정된 위치를 유지하기 위해 직접 붙이거나 랩 위에 부착하며 일반적으로 과사용 및 기타 부상으로부터 회복하는 데 사용하고, 통증을 줄이고 회복을 돕기 위해 근육이나 뼈를 특정 위치에 물리적으로 고정하는 데도 사용한다.

러닝 시 주로 무릎에 많이 사용하며 전 후방 슬개건 지지 및 통증 억제, 발목 아킬레스건은 관절 안정화로 염좌 위험을 감소시키고 종아리 햄스트링은 근막 이완과 혈류 촉진으로 경골 스트레스를 완화한다.

※ 테이프 길이는 체격에 따라 다르며 필요시 ±1칸 조절한다.

03 달리기 스포츠 테이핑 방법

1 아킬레스건

아킬레스건을 지지하며 반복적인 충격분산 목적

- **준비물** : 8칸 2개, 4칸 1개, 2칸 1개

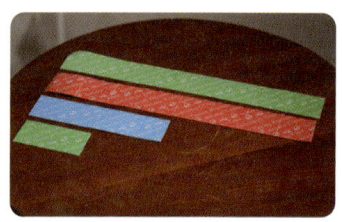

01 엎드린 자세로 시작한다. 발등을 몸쪽으로 당기고 발꿈치에 고정, 종아리 안쪽과 바깥쪽 라인을 따라 위로 당겨 부착하며 종아리 외측 라인도 동일하게 감싸며 부착한다. (8칸×2개) 2개를 추천하지만 1개로 Y자형 테이핑도 가능하다.

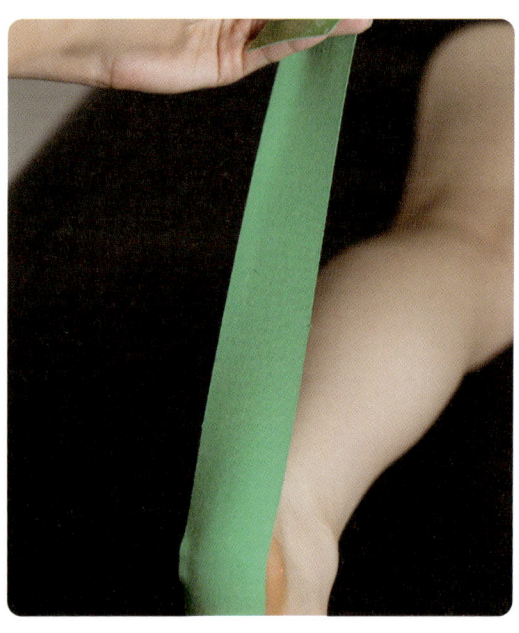
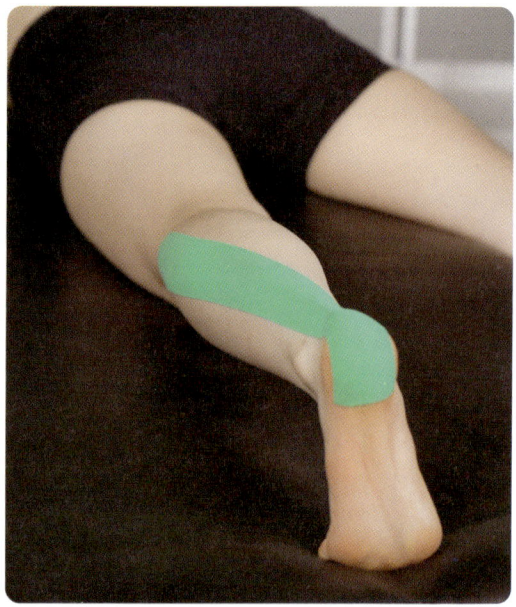

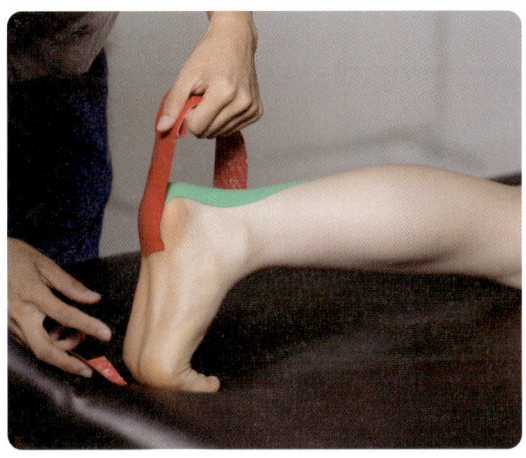 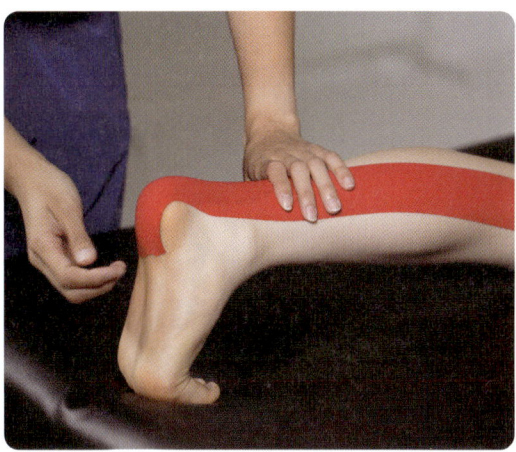

02 I자형 보강 스트립 : 4칸짜리 테이프로 아킬레스건을 따라서 I자형으로 부착한다.

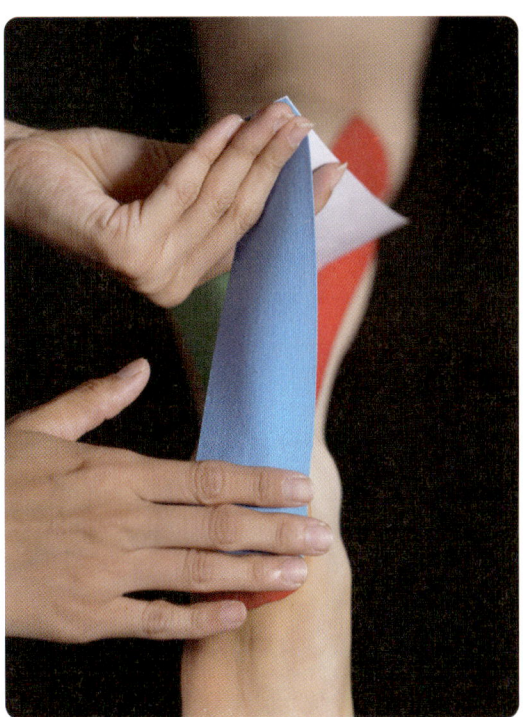 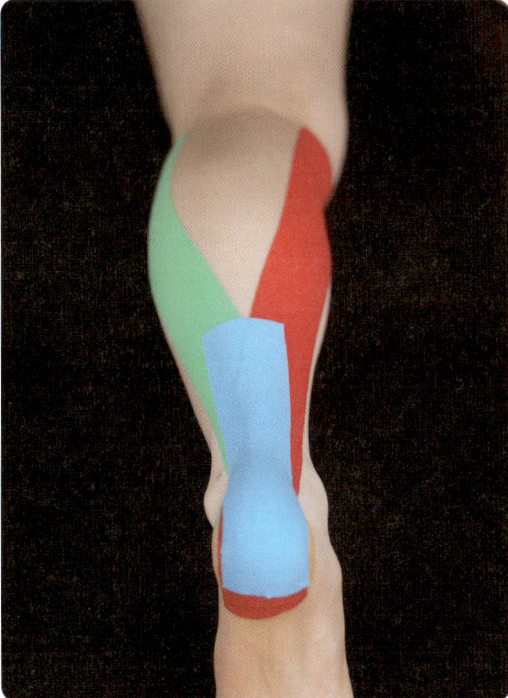

03 가로 방향 고정 테이프: 2칸짜리 테이프를 교차하여 가로 방향으로 고정한다.

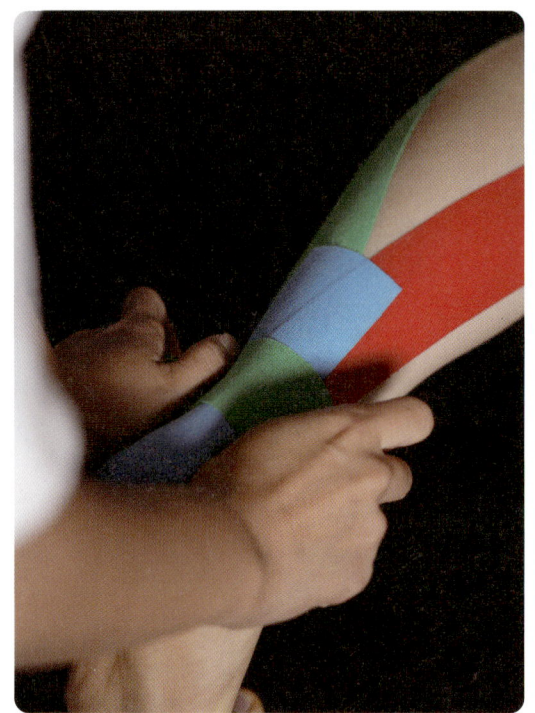
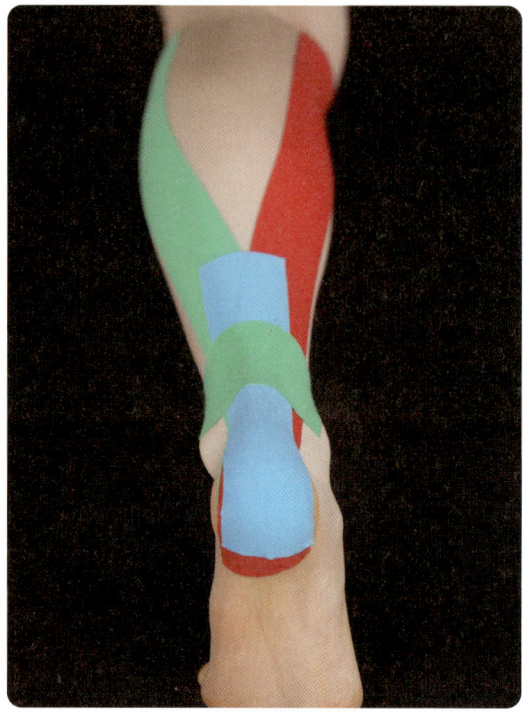
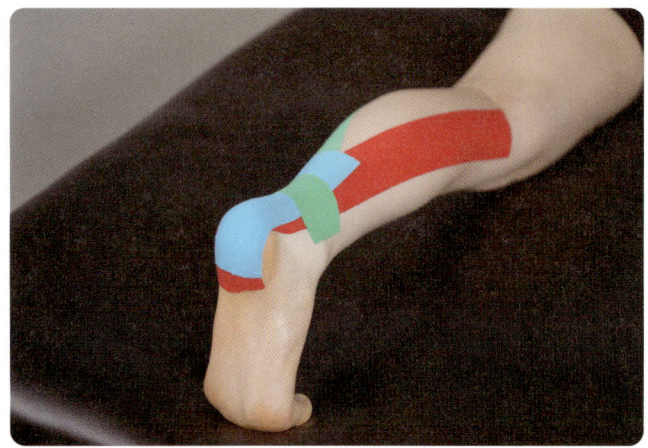

2 경골 통증

신스플린트(Shin splint) 통증완화 : 과한 운동량, 발의 내측에 무게가 쏠리거나 체중 분산이 제대로 되지 않는 경우 (경골 주변의 근육과 힘줄을 지지하여 과도한 움직임 제한, 통증 완화)

- **준비물** : 7칸 1개, 2칸 1개

01 앉거나 누운 자세로 시작한다. 발끝을 아래로(Plantar flexion) + 안쪽으로 기울임(Inversion) 상태로 유지하여 전경골근이 최대로 스트레칭 되어 있는 자세를 만든다.

02 테이프를 너무 강하게 당기지 않고 적당한 장력으로 테이프를 무릎 바로 아래 2~3cm 떨어진 안쪽 경골을 따라 수직으로 부착한 후, 아래로 당겨 내리면서 발목의 복숭아뼈 바로 위 지점까지 부착한다.

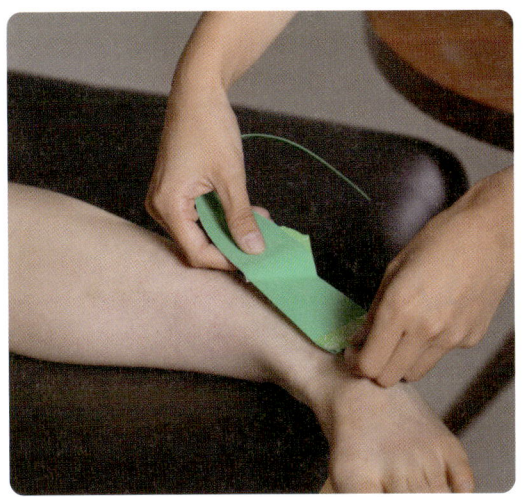
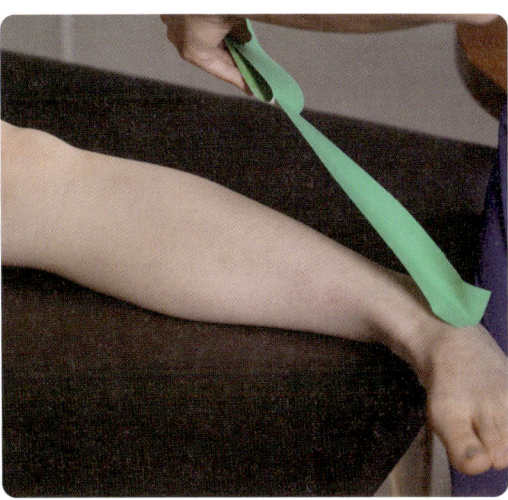
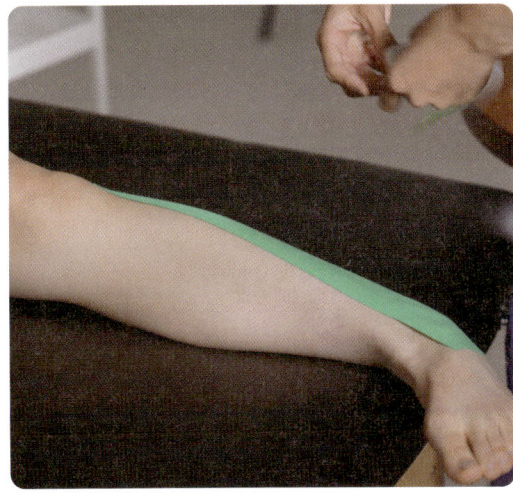

03 크로스 압박 테이프: 통증 부위 바로 위에 70% 장력으로 십자 형태로 교차 부착

04 발목 발바닥굽힘(Plantar flexion)과 발등굽힘(Dorsi-flexion) 동작으로 테이프의 밀착을 확인한다.

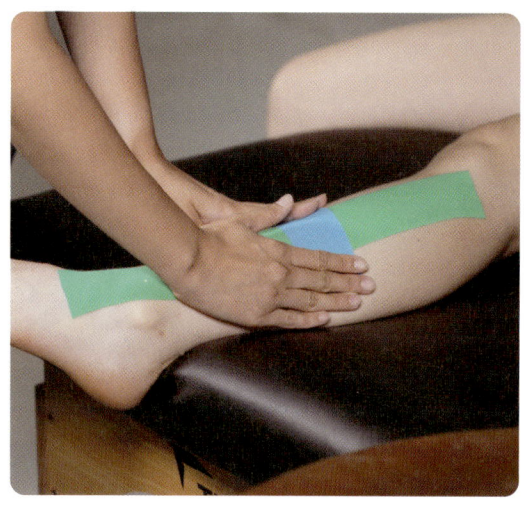

3 간단하게 붙이는 무릎 불안정성

장거리 러닝 중 반복되는 충격과 피로로 달리기 시 무릎 통증 또는 불안정감 완화

- **준비물** : 5칸 4개

01 의자에 앉아 무릎을 90° 굴곡한 자세. 발을 앞으로 살짝 내밀어 20~30° 정도 신전한다. 무릎 아래에 서부터 시작하여 바깥쪽 무릎을 감싸주며 허벅지 방향을 따라 테이프를 부착한다.

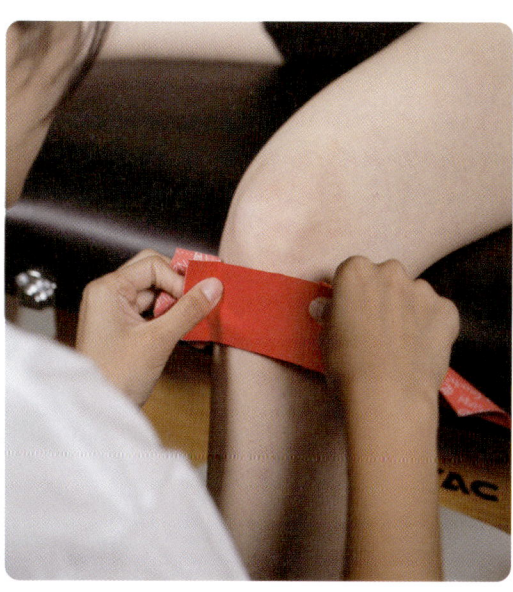
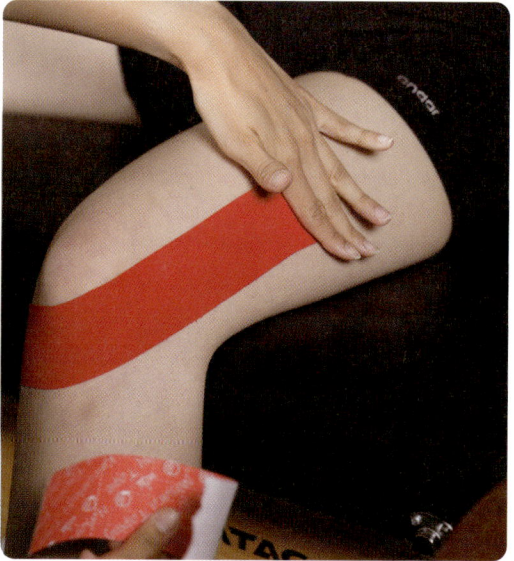

02 두 번째 테이프도 무릎 바로 아래 관절선을 따라 안쪽 무릎을 감싸 허벅지 방향으로 감아 부착한다. 무릎 전체가 C자 형태로 감싸듯이 부착해 내외측 모두 안정화시킨다.

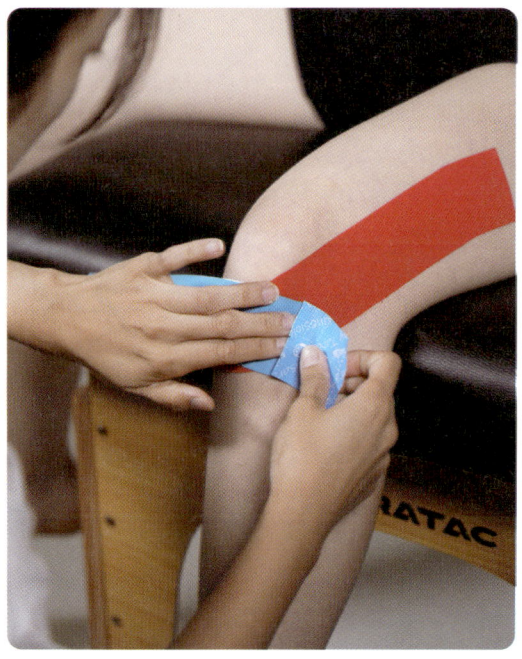 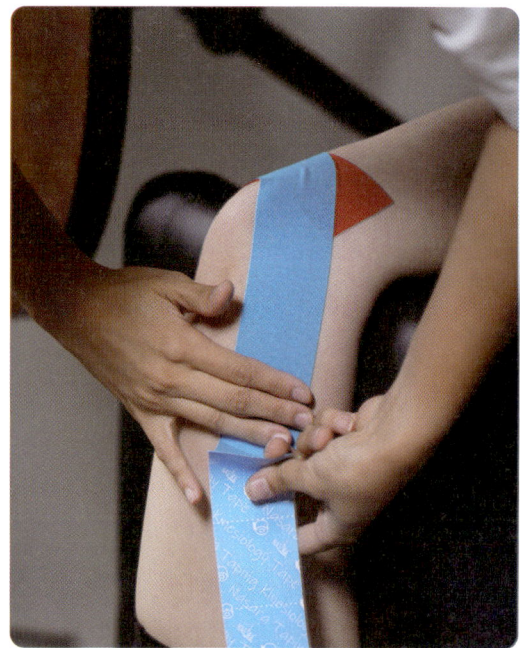

03 안쪽 무릎을 감싸주며 무릎 전체로 테이핑한다.

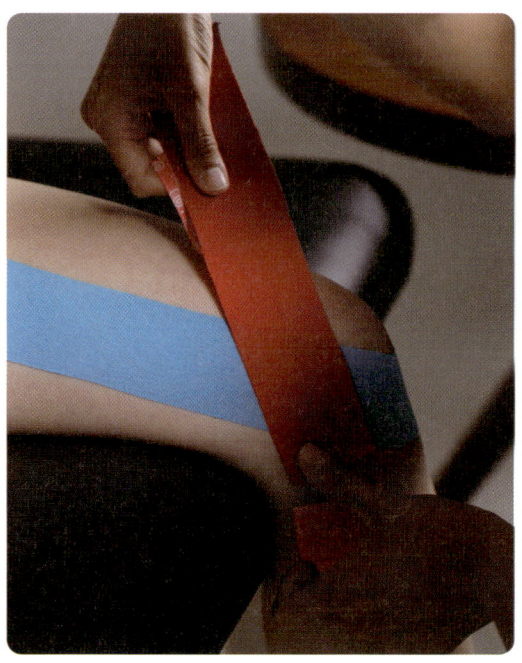 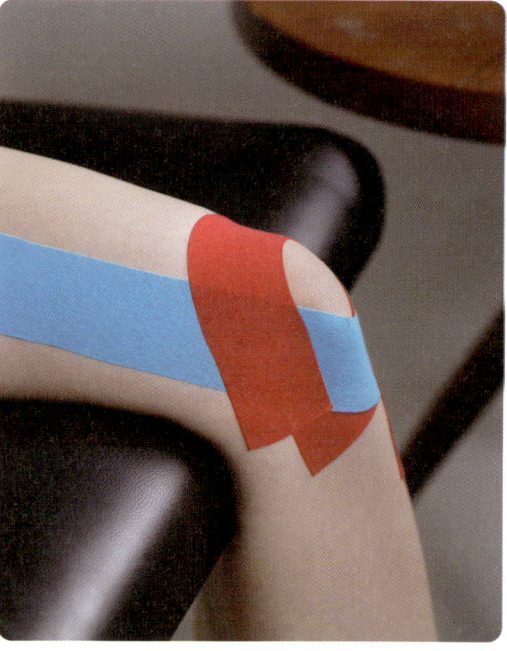

04 바깥쪽 무릎을 감싸주며 무릎에 전체적으로 테이프를 부착한다.

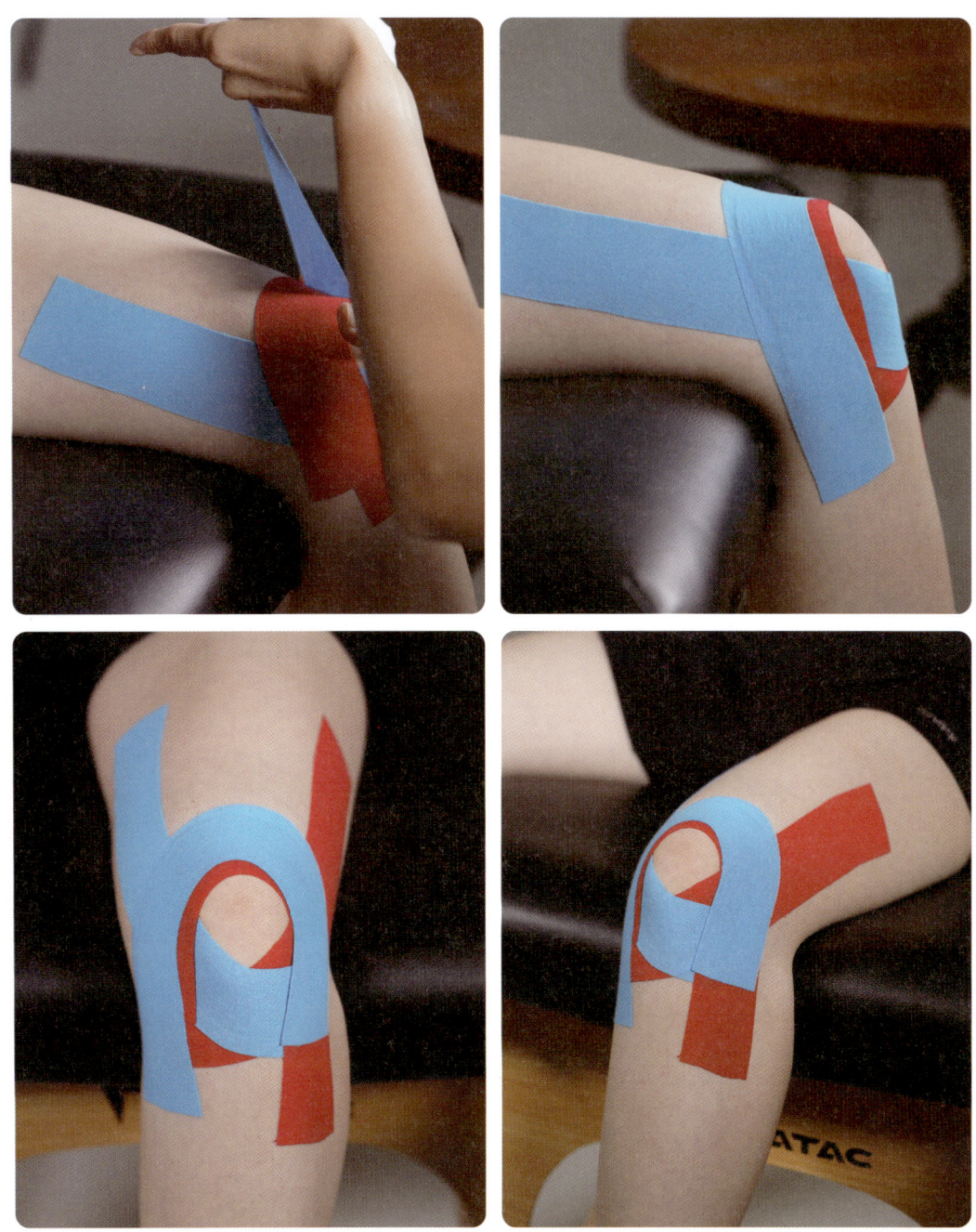

MEMO

박두희 물리치료사

현) 대한민국 스노보드 프리스타일 대표팀 의무 트레이너 (물리치료사)
　　대한선수물리치료사연맹(KAPF) 실무위원
전) 하늘병원 컨디셔닝센터

대한민국 스노보드 프리스타일 국가대표팀에서 의무 트레이너로 활동 중이다.
슬로프스타일과 빅에어를 주 종목으로 맡고 있으며 최상의 경기력을 위한 컨디셔닝을 담당하고 있다.

종목별 테이핑 소개

CHAPTER 11

스노보드

01 스노보드 스포츠 상해 소개

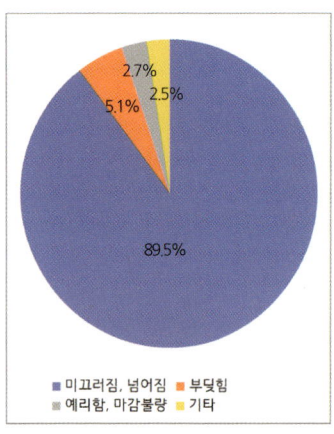
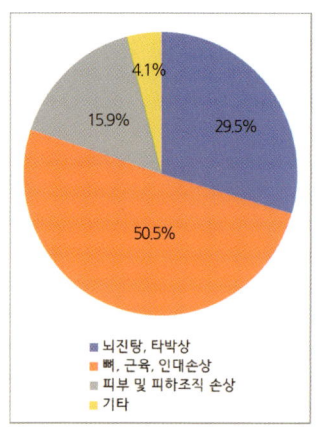
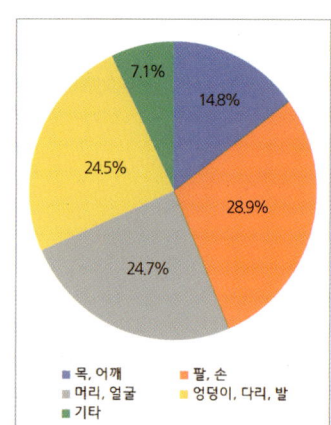

겨울 스포츠(스키, 스노보드, 스케이트, 눈썰매)를 즐기는 인구가 해마다 증가하고 있으며, 이에 비례하여 부상자의 수도 증가하고 있다. 소비자원에 따르면 이 중 스키장에서 발생하는 사고는 전체의 75.8%라고 밝혔다. 사고의 가장 큰 원인은 미끄러지거나 넘어지는 것(89.6%)이고 사람 또는 사물과의 부딪힘(5.1%)이 뒤를 잇고 있다.

이로 인해 발생하는 증상은 뼈, 근육, 인대 손상(50.5%)이 가장 많았고 뇌진탕 및 타박상, 피부 및 피하조직 손상 순으로 나타났다. 주된 상해 부위는 목과 상지 관절(43.7%)이 가장 많았으며, 머리 및 얼굴과 하지 관절이 뒤를 잇는 것으로 나타났다.

라이딩(Riding)의 진행 방향인 스노보드의 진행 방향과 연관이 있는 스탠스(Stance)에 따라 부상이 발생하는 위치도 다를 수 있다. 왼발을 진행 방향으로 두는 레귤러 스탠스(Regular stance)의 경우 상대적으로 왼쪽의 상지 관절에 대한 부상 발생률이 높고, 오른발을 진행 방향으로 두는 구피 스탠스(Goofy stance)의 경우 오른쪽 상지 관절에 대한 부상 발생률이 높다.

스키장을 가보면 슬로프 면에서 빠른 속도를 추진력으로 삼아 회전하는 기술을 연습하거나 미니 파크에서 점프 및 레일 기술을 연습하는 사람들을 흔히 볼 수 있다. 또한, 프리스타일 스노보드 선수의 경우 해외로 훈련 및 대회를 나가 정식 규격의 하프파이프, 점프대, 레일 등을 이용한 기술을 연습한다.

현장에서 가장 많이 보이는 부상의 유형은 정확하게 착지하지 못하며 발생하는 관절 부위 손상, 타박으로 인한 근육의 손상 등이 있고 부상 부위는 발목, 어깨, 손목 등이 있다. 이는 원활한 움직임의 제한을 초래하여 2차 부상으로 이어질 수 있다.

스노보드 부상에 대한 예방 방법
1. 충분한 휴식
2. 준비운동 및 마무리 운동 : 특히, 엉덩관절(Hip joint)의 움직임과 관련된 근육에 대한 스트레칭
3. 약발과 관련된 체력 강화 : 편측(Single side)의 운동성이 강한 종목이므로 좌우의 균형을 위해 필요
4. 올바른 장비 착용 : 장비를 대여하는 경우, 부츠와 바인딩의 결합이 잘 맞는지 확인
5. 보호대 착용 : 머리 보호를 위한 헬멧, 반사에 의한 화상으로부터 눈 보호를 위한 고글(Goggles) 등

02 스노보드 스포츠 테이핑 소개

국내외의 프리스타일 스노보드 선수 중 몇몇은 선천적 또는 후천적인 이유로 발의 아치가 무너져 있는 형태를 보인다. 후천적 이유는 여러 가지가 존재할 것이지만 개인적으로 생각했을 때, 가장 큰 이유는 보드(Board) 위에서의 자세이다. 골반부터 무릎, 발목 관절을 이용해 누르는 압력이 발바닥을 통해 보드로 전달된다. 이때, 진행 방향에 대해 뒤쪽에 있는 발의 경우 무릎이 Mid-line에 가까워지며(안쪽으로 모임) 보드를 누르는 모습을 볼 수 있고 이는 아치의 무너짐을 유발하고 발바닥의 피로감을 증가시켜 최상의 퍼포먼스를 내지 못하게 한다.

스노보드 선수들의 경우 대회를 준비하며 쉬는 시간이 늘어날수록 훈련할 수 있는 시간은 줄어들기 때문에 숙소로 돌아가 휴식 취하기를 꺼리는 경우가 있다. 시즌이 시작되고 설상에서 오랜 시간 훈련을 진행하게 되면 발의 피로감으로 인해 부츠를 벗고 보드 위에 앉아 발을 스스로 주무르고 있는 모습을 볼 수 있다.

이 경우, 선수를 관리하는 루틴에 종아리 근육(특히, 가자미근, Soleus), 발등의 발가락 신전근(Extensor muscle), 발바닥의 발가락 굴곡근(Flexor muscle)들에 대한 이완과 보강 운동이 필요하다고 생각한다. 피로감으로 인해 발생할 수 있는 관절의 가동 범위 감소를 막기 위해 선(Standing) 자세에서 발목의 저측굴곡과 함께 발가락 신전을 한 동작으로, 발목의 배측굴곡과 함께 발가락 굴곡을 또 다른 동작으로 구성하여 전체적으로 발의 원활한 움직임이 만들어지도록 도와주는 운동과 CLX 밴드를 이용한 운동을 필수적으로 진행하고 있다.

운동 후 아치를 들어 올려주는 테이핑을 하고 선수로부터 피드백을 받아보면 이전보다 발의 피로감을 느끼는 것이 줄어들어 훈련에 끝까지 집중할 수 있었다고 말한다.

점프 후 생각보다 높이 뜨거나 비거리가 길 수 있다. 또한, 회전이 부족하거나 많을 수 있다. 이는 불안정한 착지와 나아가 미끄러짐이나 넘어짐을 유발하며, 이때 발생하는 타박으로 인해 근육 또는 관절이 손상되기도 한다. 관절에 심한 충격이 가해졌을 때 선수들은 통증이 가장 심한 부위를 붙잡고 한동안 움직이지 못한다. 처음보다 통증이 완화되면 대부분 손상된 관절을 돌리는 행위 등을 반복하며 자기 몸 상태를 확인하려 한다. 대표적인 부상 부위로 발목 앞쪽, 무릎 주변부 등이 있다. 발목의 경우에는 착지 동작에서 발목 관절의 배측 굴곡(Ankle dorsiflexion)의 움직임이 정상 범위를 넘어 움직이는 경우 자주 발생한다.

위와 같은 상황이 발생했을 때 선수들로부터 '발목 집혔다' 또는 'Crushed'라는 표현을 들을 수 있다. 골절이 되는 심한 경우를 제외하고 개인적으로 이러한 표현을 충돌(Impingement)로 인한 뼈의 단순 타박으로 생각하고 있다. 또한, 한번 경험한 선수는 빠른 시일 내에 같은 경험을 하게 된다.

같은 상황들이 반복되는 경우 시상면(Sagittal plane)의 기준에서 바라볼 때, 바깥쪽 복사뼈(Malleolus)의 위치가 뒤쪽으로 변위되는 상태에 이를 수 있으며, 변위 여부를 판단하기 위해 비골두(Fibular head)와 경골조면(Tibial tuberosity)에 대해 손가락을 이용해 간격을 확인하는 방법을 사용하고 있다.

이 경우, 테이핑을 부착하는 것만으로 부상에 대한 재발 방지를 할 수 없게 된다. 테이핑을 부착하기 전, 발등의 등쪽 굽힘에 대한 움직임을 발생시키는 근육들에 대한 이완을 선행하고 있다. 그리고 소도구를 활용해 변위될 수 있는 복사뼈의 위치를 정상 위치로 이동시키고 안정화 운동과 테이핑을 적용한다.

이외 부상이 발생할 수 있는 다수의 상황이 있다. 손상 초기(급성기)에 PRICE 치료 원칙 중 테이핑으로 할 수 있는 보호(Protection)와 압박(Compression)을 적용하여 부상의 악화를 방지할 수 있다. 부상 후 움직임을 제한하는 테이핑 방법과 제한된 관절에 움직임을 도와줄 수 있는 테이핑 방법을 소개하려 한다.

03 스노보드 스포츠 테이핑 방법

1 발바닥의 아치를 올려주는 테이핑

스노보드는 앞뒤 방향이 아닌 좌우를 바라보며 진행하는 특징을 지녔고, 속도에 맞춰 보드에 가압하기 위해 무게 중심을 낮춘다. 이때, 무릎이 모이며 발바닥의 아치가 무너지는 자세를 하게 되어 발바닥의 피로도가 증가할 수 있고 통증을 동반할 수 있다. 발바닥 아치를 올려주는 테이핑으로 위와 같은 상황을 방지한다.

- **적용 대상자의 자세** : 앉은 상태에서 발목을 발등 방향으로 당긴다.
- **준비물** : 8~10칸 2개

01 발목의 90° 배측 굴곡 자세를 유지한 상태에서 발등의 바깥쪽에서 시작한다.

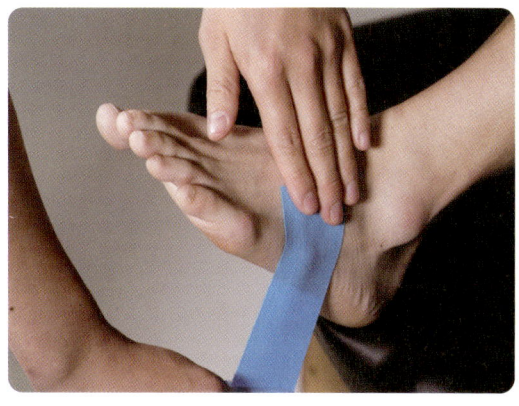

02 발바닥을 감싸고 돌아 안쪽의 아치를 강하게 들어 올린다. 발바닥 중간부터 아치를 지날 때까지 최대 장력을 적용한다.

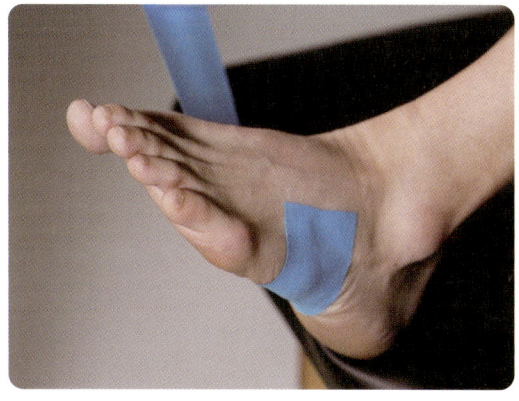

03 발목의 앞쪽을 지나 바깥쪽 복사뼈를 지나간다. 발목 위쪽을 한 바퀴 감싸고 마무리한다.

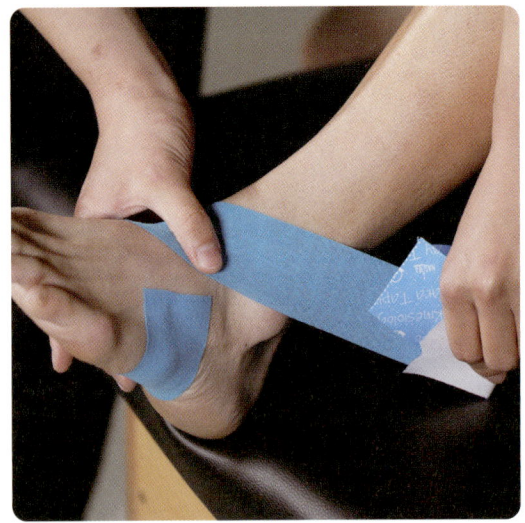
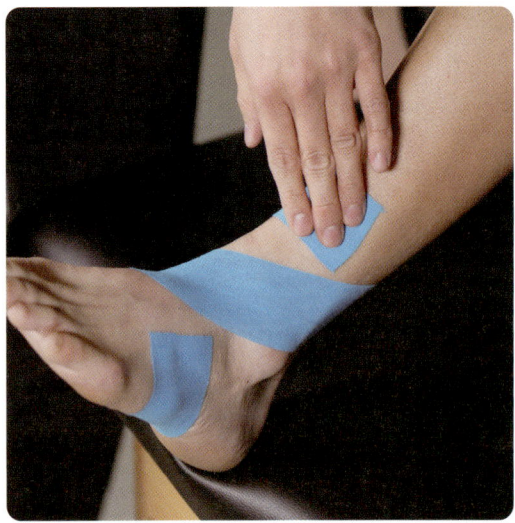

04 같은 방법으로 한 번 더 감아주어 아치의 올림(Lift)을 강화한다.

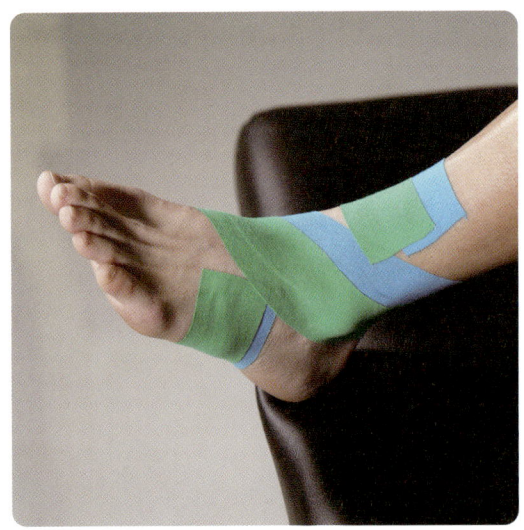
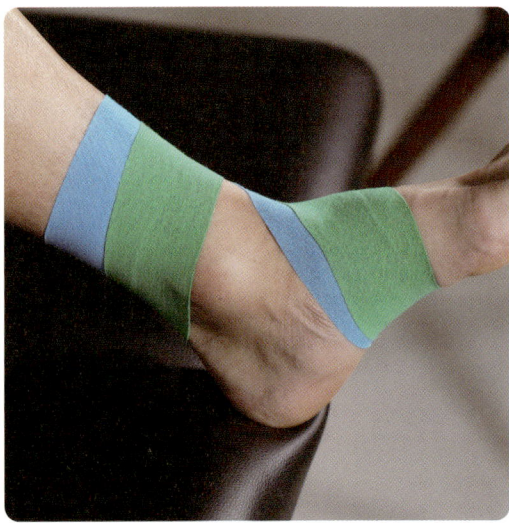

2 발꿈치의 완충(Cushioning) 작용을 해주는 테이핑

스노보드를 타기 시작한 기간이 짧은 초보자일 경우 엉덩이가 뒤로 빠지는 자세를 취하며 발꿈치로 무게중심이 과하게 집중될 수 있다. 또한, 선수들의 경우 공중에서 연기 후 착지할 때, 발꿈치(Heel side)로 착지하며 큰 충격이 발생할 수 있다. 평소에 부담을 느끼고 있는 초보자 또는 선수에게 발꿈치에 충격량을 줄여주기 위해 폼 블럭(Foam block) 형태의 테이핑을 적용할 수 있다.

- **적용 대상자의 자세** : 엎드려 누운 자세에서 발목을 발등 방향으로 당긴다.
- **준비물** : 3칸 2개, 폼 블럭 1개

01 폼 블럭을 테이프 중간에 위치할 수 있게 부착한다.

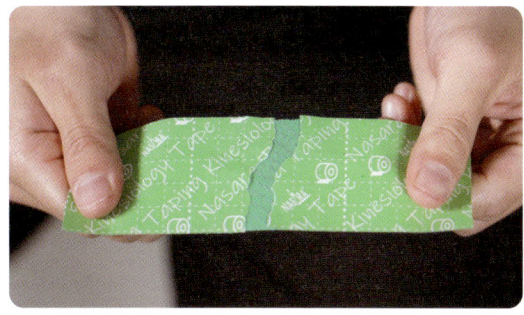

02 발목의 90° 배측굴곡 자세를 유지한다. 발꿈치의 바닥 쪽에서 시작하고 아킬레스건에서 마무리한다.

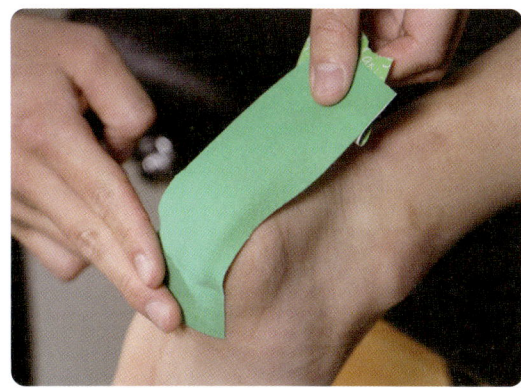
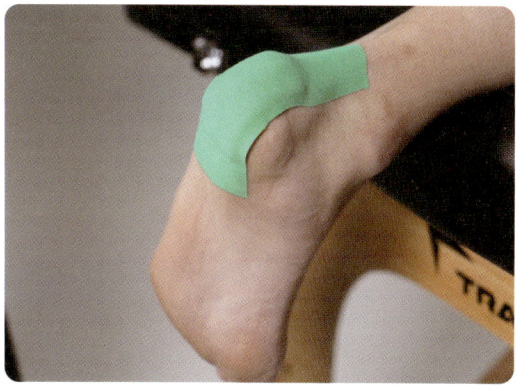

03 테이프의 중간 부분을 발꿈치에 두고 양쪽의 복사뼈 방향으로 부착한다.

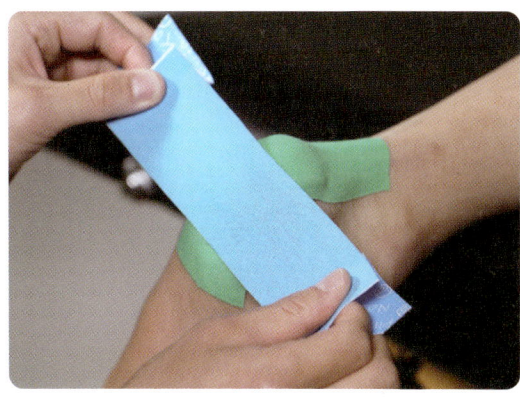
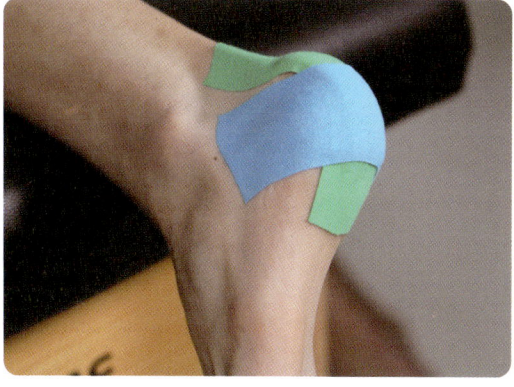

※ 현장에서 : 스노보드 초심자가 연습할 때 체중이 발꿈치로 과도하게 집중되는 경우, 프리스타일 스노보드 선수가 점프 후 착지하며 발꿈치에 과도한 충격이 가해지는 경우 등에 적용한다.

3 관절 및 근육의 멍이나 부종을 줄이기 위한 테이핑

스노보드를 타거나 연습하던 중 엣지(Edge)가 설면에 걸려 넘어지거나 선수들의 경우 점프 후 불안정한 자세로 넘어지거나 레일에 신체의 직접적인 충격이 발생하는 경우 멍과 부종이 발생할 수 있다. 이 때, 멍과 부종을 빠르게 줄여주기 위해 사용한다. 또한, 근육 부상일 경우에도 같은 방식으로 적용할 수 있다.

- **적용 대상자의 자세** : 앉은 상태에서 무릎을 굽힌다.

- **준비물** : 앵커를 남겨두고 세로로 네 번 자른 3칸 2개

  ※ 멍이나 부종이 발생한 부분을 덮을 수 있는 길이

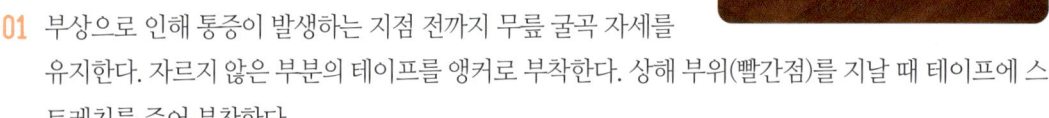

01 부상으로 인해 통증이 발생하는 지점 전까지 무릎 굴곡 자세를 유지한다. 자르지 않은 부분의 테이프를 앵커로 부착한다. 상해 부위(빨간점)를 지날 때 테이프에 스트레치를 주어 부착한다.

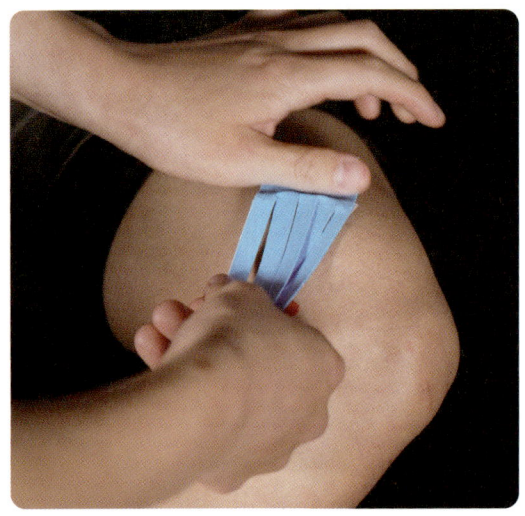
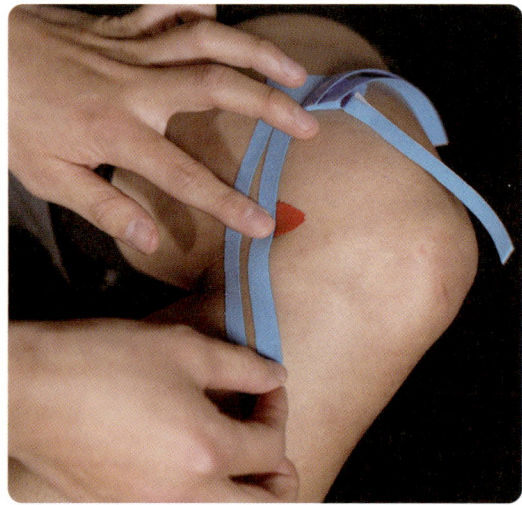
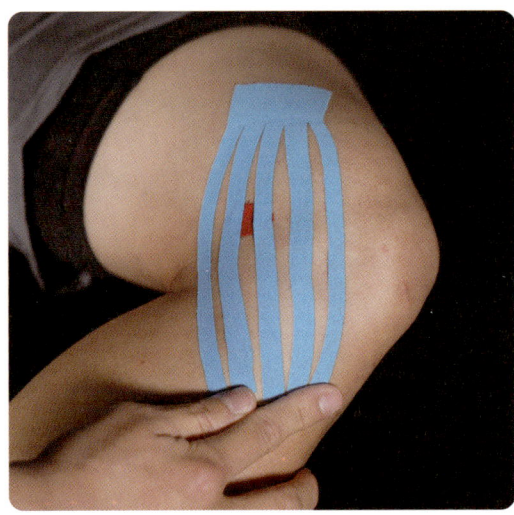

02 사진 01과 같은 방법을 이용해 벌집 모양으로 부착한다.

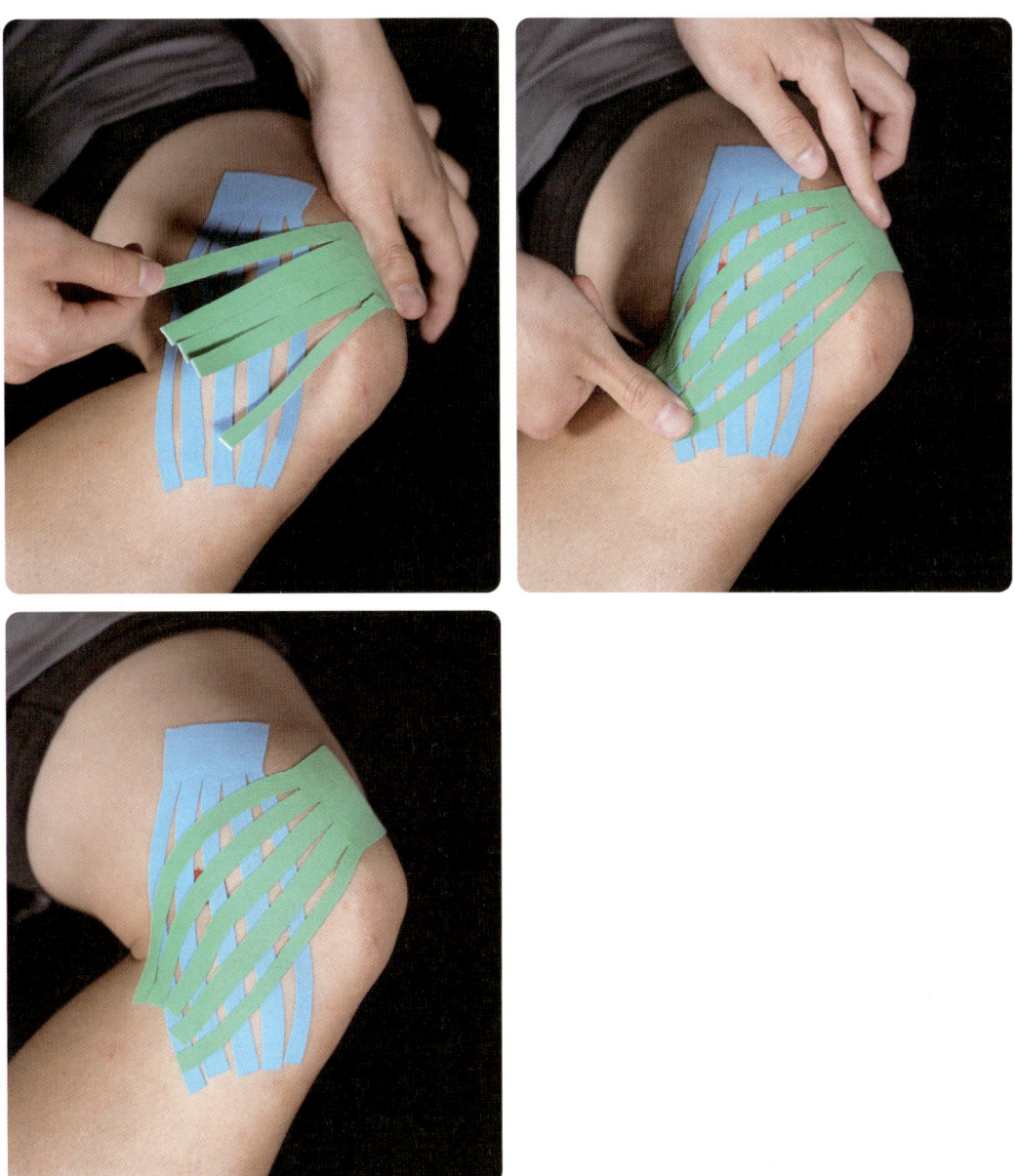

※ 현장에서 : 점프 후 불안정한 자세로 착지해 넘어지는 경우, 레일에 충돌하여 충격이 가해지는 경우 등 주로 허리, 엉덩이, 무릎에 적용한다.

4 발목 앞쪽 충돌에 대해 발등 굽힘을 제한하는 테이핑

점프 후 높은 위치에서 착지할 때 발목의 발등 굽힘이 정상 가동 범위를 넘어가는 경우가 있다. '피겨에 잇' 테이핑의 진행 방향을 발의 바깥쪽에서 안쪽 방향으로 감아주면 발의 안쪽번짐(Inversion)을 유도할 수 있다. 이는, 착지 중 발목 관절의 과도한 등쪽 굽힘을 제어하고 앞쪽에 발생할 수 있는 충돌을 막아주는데 도움을 줄 수 있다. 훈련 또는 대회를 앞두거나 진행 중인 경우 키네지오 테이핑을 사용하고 이후에는 비탄력 테이프(C-tape)를 사용한다.

- **적용 대상자의 자세** : 앉은 상태에서 발목을 저측 굴곡한다.
- **준비물** : 3칸 2개, 10칸 1개

01 발목의 저측 굴곡 자세를 유지한다. 발목 앞쪽 관절을 기준으로 'X'자 모양으로 부착한다.

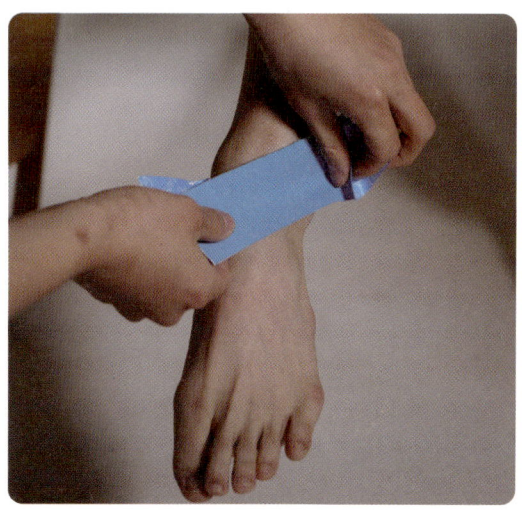
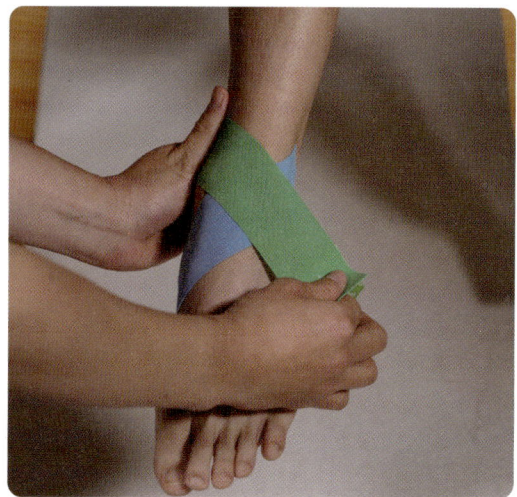
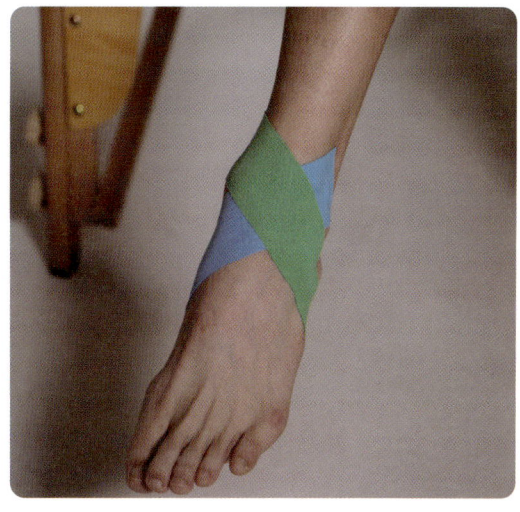

02 '피겨에잇' 테이핑을 한다. 발바닥부터 아치를 지나 바깥쪽 복사뼈에 이를 때까지 최대 장력을 적용한다.

※ '피겨에잇' 테이핑의 시작점과 방향을 확인해야 하는 이유 : 발목의 배측 굴곡을 제한하는 테이핑 방법이기 때문에 발목의 안쪽 번짐(Inversion)의 자세를 유도하는 테이핑 방법이다.

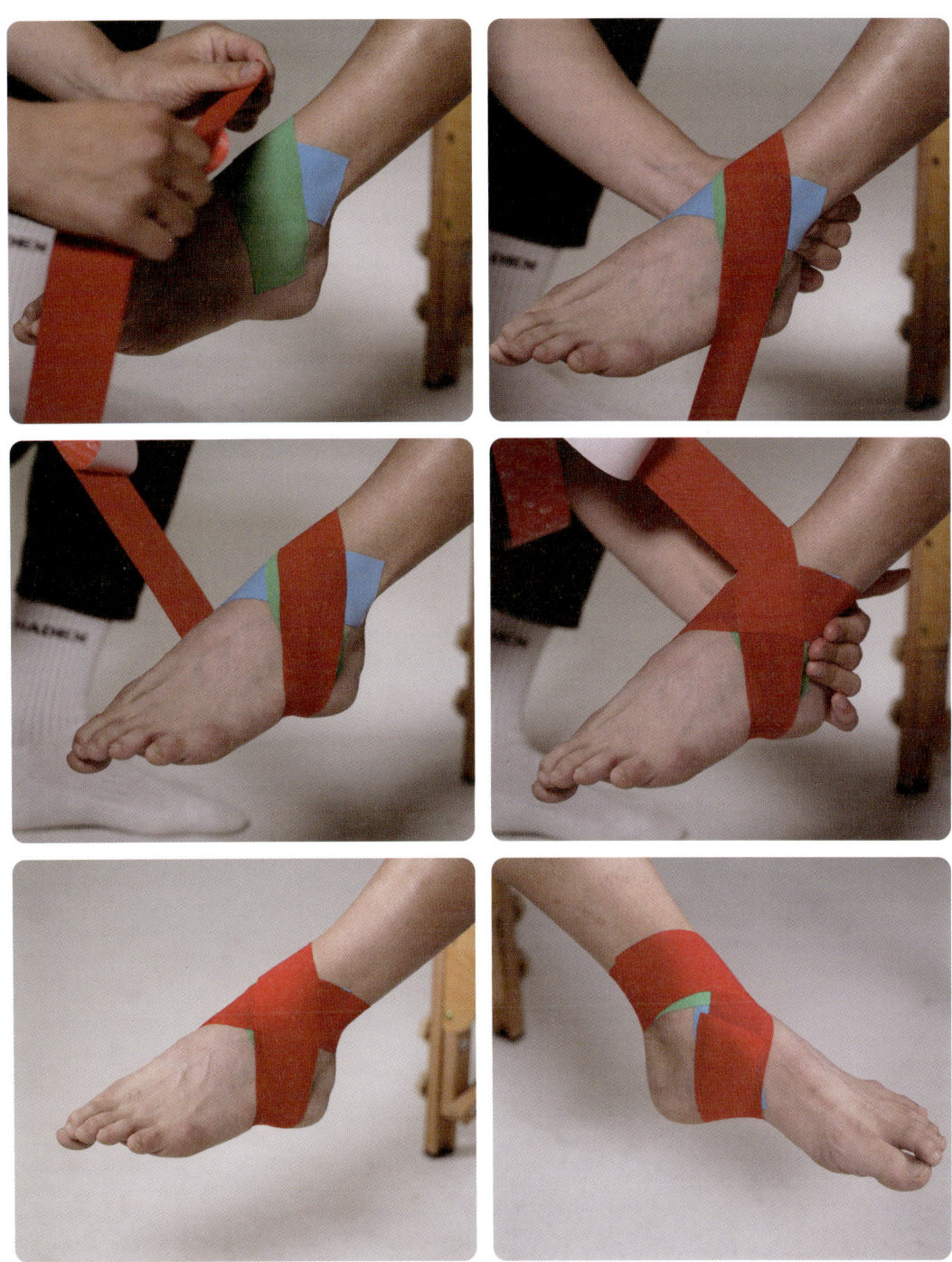

5 손목 움직임을 제한하는 테이핑

점프 후 착지하거나 레일에서 내려올 때, 미끄러지거나 넘어지는 경우가 발생한다. 손을 짚으며 넘어지며 손목 관절에 충격으로 인한 통증을 유발하고 이에 더해 엄지손가락의 꺾임을 동반하는 경우가 많다. 높은 단계의 기술을 연습할 때 흔히 볼 수 있고 손목과 손가락(특히, 엄지손가락)의 꺾임을 막아주기 위해 사용한다.

- **적용 대상자의 자세** : 손목의 중립 자세를 만들고 엄지손가락을 편다.

- **준비물** : 5칸 2개, 절반(세로)으로 나눈 3칸 2개

01 얇은 테이프의 중간 부분을 손가락의 바닥 쪽에 위치시킨다. 관절 부분에서 교차할 수 있도록 감아주며 마무리한다. 같은 방향으로 한 번 더 감아 테이핑을 강화한다.

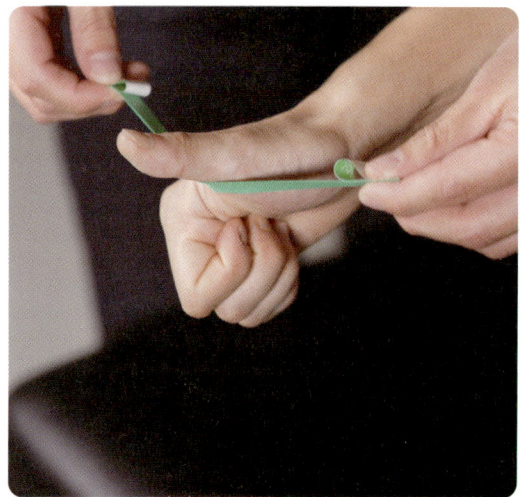

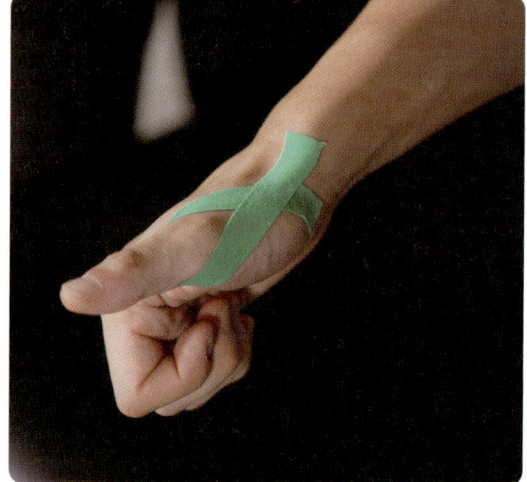

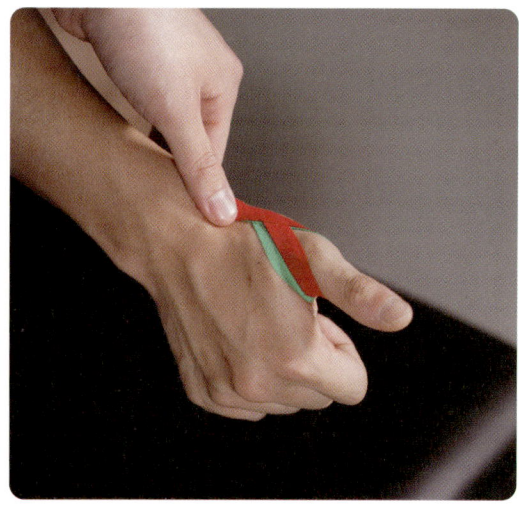

02 손목을 감아준다. 손목의 손등을 지날 때 강한 장력을 적용한다.

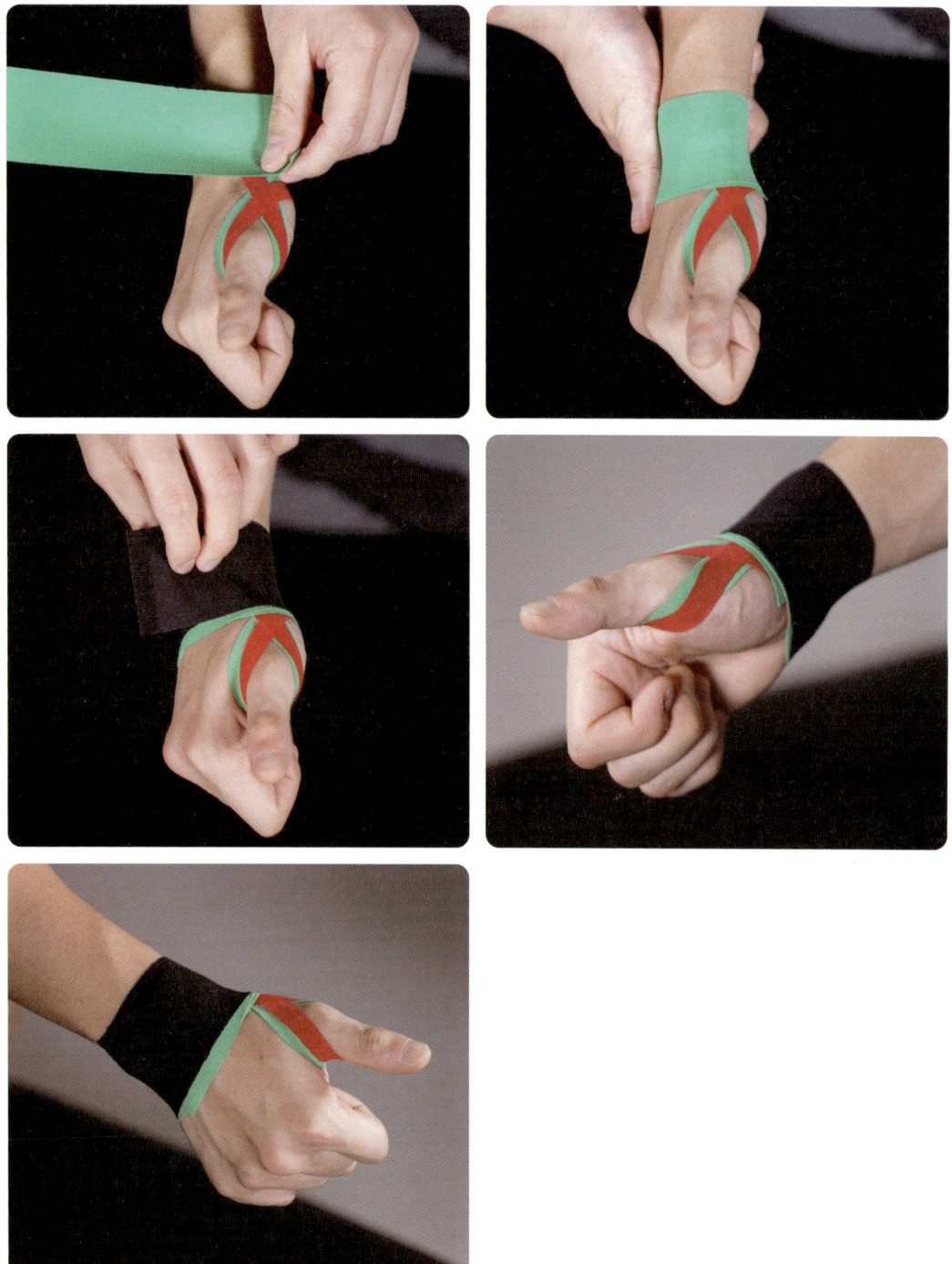

※ 현장에서 : 슬로프 바닥에 손을 짚으면 손가락과 손목의 관절을 함께 다치는 경우가 있다. 이 경우 상해 부위(손목 이하의 관절)를 고정하기 위해 사용한다.

6 어깨의 내회전 보조 및 외회전을 제한하는 테이핑

어깨의 수평 외전(Horizontal abduction) 자세에서 외회전보다 내회전의 가동 범위가 작은 경우가 많다. 프리스타일 스노보드 선수의 경우 한쪽 어깨의 외회전과 함께 반대쪽 어깨는 내회전이 되어야 더 강한 회전을 만들어 낼 수 있다. 이러한 이유로 어깨의 내회전을 보조해 주는 목적으로 사용한다. 또한, 손목의 부상 기전과 유사하지만 손을 짚지 못한 상태에서 어깨가 짓눌리며 넘어지는 상황에서 발생하는 부상에 대해 사용한다.

- **적용 대상자의 자세** : 앉은 자세에서 팔을 벌린다.
- **준비물** : 10칸 2개

01 어깨의 내회전을 유지한다. 상완부의 중간 부분에서 시작해 어깨 뒤쪽을 감은 후 쇄골 아래에서 마무리한다.

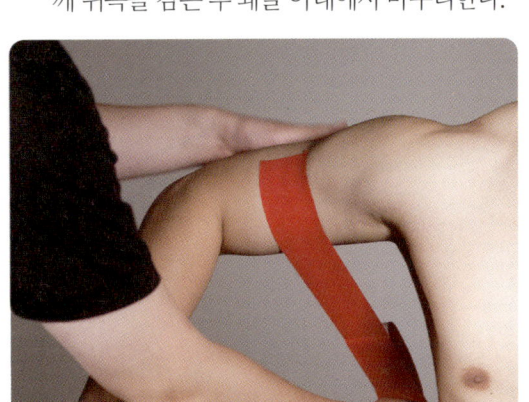
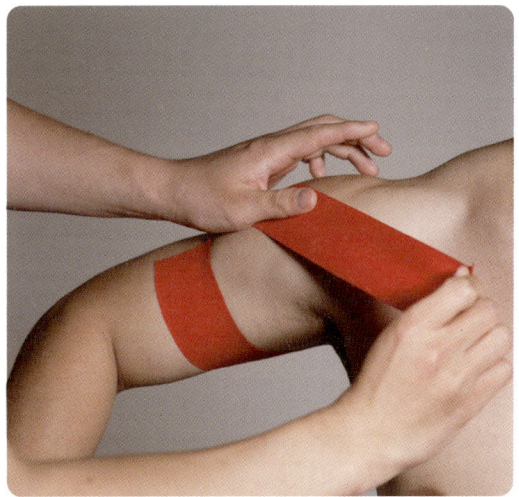
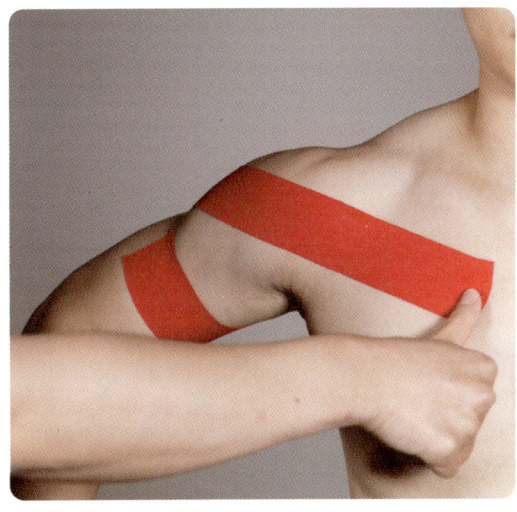

02 같은 방향으로 한 번 더 감아 테이핑을 강화한다.

※ 어깨의 수평 외전(Horizontal abduction) 자세에서 외회전보다 내회전의 가동 범위가 작은 경우가 많다. 프리스타일 스노보드 선수의 경우 한쪽 어깨의 외회전과 함께 반대쪽 어깨는 내회전이 되어야 더 강한 회전을 만들어 낼 수 있다. 이러한 이유로 어깨의 내회전을 보조해 주는 테이핑 방법을 사용한다.

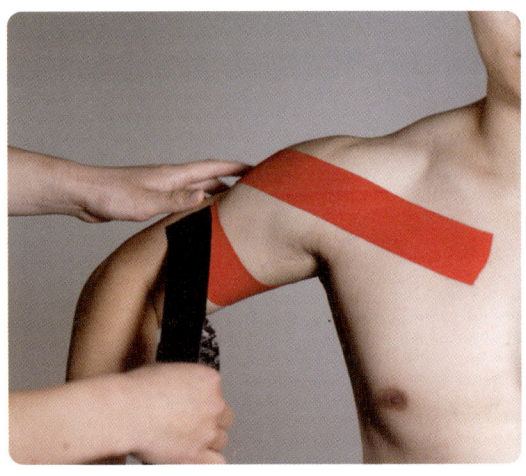
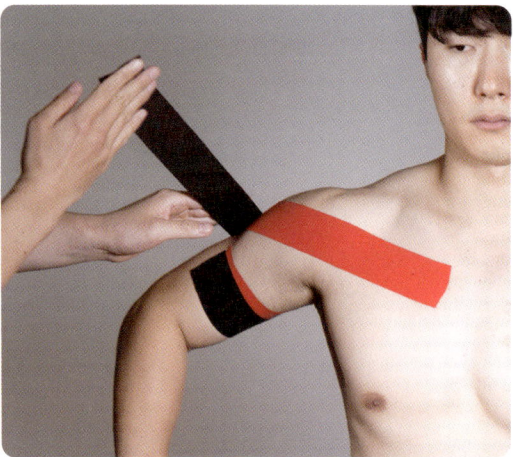
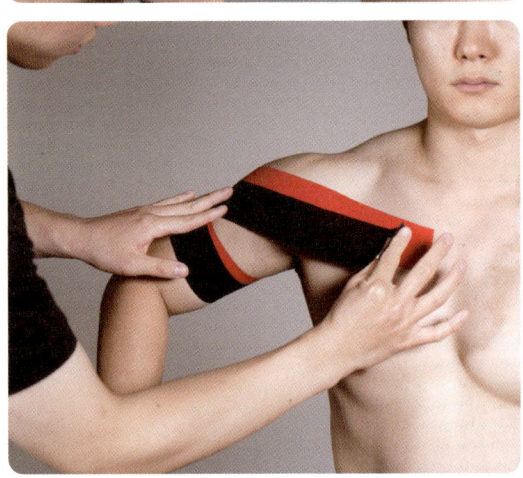
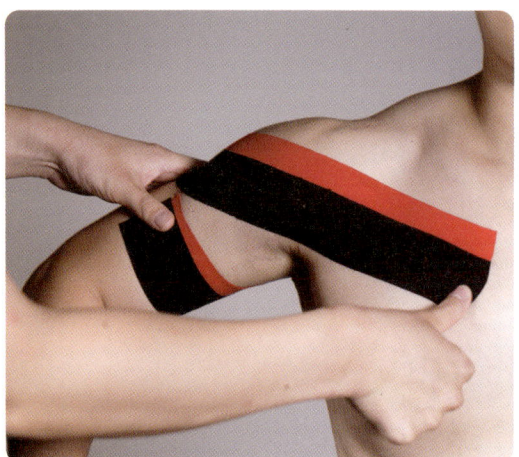
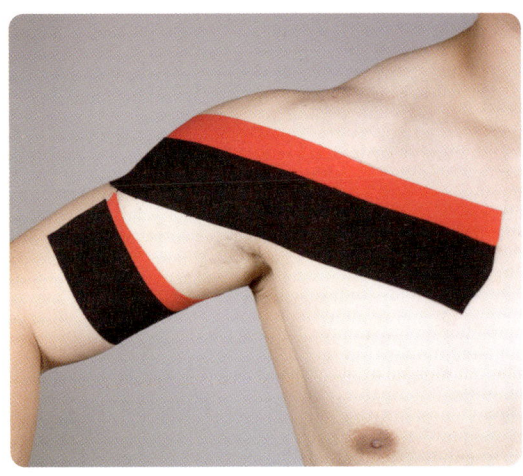

한석규 코치

현) FE트레이닝센터 강남점 대표
    인하대학교 스포츠과학과 박사과정
    한서대학교 물리치료학과 석사 졸업
    기능운동재활협회(FEARA) 이사
    대한선수물리치료사연맹(KAPF) 이사
    대한스포츠아티스트재활협회(K-SPARA) 이사
    대한스키스노보드협회 심판위원회 국제/국내심판
    마포구스키협회 이사

전) 하늘병원 스포츠상해센터
    근대5종 국가대표 물리치료사
    스노보드 국가대표 물리치료사
    2018 평창 동계 올림픽 스노보드 SS/BA 물리치료사
    2024 강원 동계 유스올림픽 NTO FK SS/BA/HP 출발심
    2025 하얼빈 동계 아시안게임 대한스키스노보드협회 야불리 베이스캠프 물리치료사
    여주대학교 건강운동재활과 겸임교수

인간의 움직임에 대한 호기심으로 동작 분석 시스템을 활용한 보행 분석으로 물리치료학 석사과정을 보냈고 더 다양한 시각으로 움직임을 바라보고 싶어 인하대학교 스포츠과학과에서 운동 조절과 역학에 관한 연구 중이다.

종목별 테이핑 소개

CHAPTER 12
스키

01 스키 스포츠 상해 소개

스키는 눈 위를 고속으로 활강하며 회전, 착지, 체중 이동을 반복하는 고난도 종목으로, 전체적인 움직임의 정밀성과 충격 흡수 능력이 경기 수행력과 직결된다. 특히 알파인 스키와 프리스타일 스키의 구조적 차이에도 불구하고, 무릎 관절, 엉덩 관절, 발목 관절을 중심으로 한 하지의 기능적 통합이 유지되지 않으면 반복적인 부하로 인해 부상이 누적될 수밖에 없다. 지형 적응력, 장비 제한성, 회전력, 중심축 제어가 모두 복합적으로 작용하는 만큼 단순한 근력 훈련 이상의 전략적 접근이 필요하다.

알파인 스키는 가장 높은 속도와 극단적인 회전 각도를 요구하는 종목으로, 회전(Slalom)과 대회전(Giant Slalom)처럼 회전 반경이 다른 코스를 높은 속도로 통과해야 하는 경기들이 포함되어 있다. 회전 반경이 작을수록 체간과 무릎에 급격한 전환이 반복되고, 대회전처럼 속도가 높아질수록 코너 진입 시 무릎 관절과 엉덩 관절에 가해지는 횡방향 응력이 많이 증가한다. 특히 FIS 공인 슬로프에서는 굉장히 단단하게 다져진 설면과 높은 경사도가 일반적이며, 턴 중 스키 에지가 강하게 설면에 박히는 구조로 인해 전방십자인대(ACL), 내측측부인대(MCL), 대퇴골 연골에 회전성 스트레스가 누적될 수 있다. 상체를 안쪽으로 깊게 기울이는 자세가 반복되면서 중심축이 무너질 경우, 요추-천장 관절에 회전성 긴장이 누적되어 만성 허리 통증으로 이어지기도 한다. 구조적으로는 정형화되어 보일 수 있지만, 실제 알파인 스키는 가장 예측 불가능한 방향으로 부상이 발생할 수 있는 고위험 종목이다.

하프파이프(Halfpipe)는 반원통 구조의 파이프 벽면을 양쪽으로 주행하며, 다양한 방향의 공중회전을 수행하는 종목이다. 구조 자체는 좌우 대칭이지만, 회전 방향과 착지 지형의 기울기, 착지 후 진행 방향에 따라 좌우 다리에 전혀 다른 양상의 충격이 가해진다. 이로 인해 일반적인 종목에서는 드물게 나타나는 동일하지 않은 손상 패턴이 발생하며, 중심축을 잃고 착지할 때 무릎 관절 내반 스트레스 또는 발목 과신전 손상으로 이어진다. 기술 난도가 높아질수록 공중회전 중 상·하체의 타이밍이 어긋나는 경우가 많고, 이로 인해 요추 회전 손상, 엉덩 관절 보상, 체간 불균형 등 복합적인 기능 손상이 누적될 수 있다.

슬로프스타일(Slopestyle)은 박스, 레일, 점프대 등 다양한 구조물을 연속적으로 통과하며 공중 기술을 수행하는 종목으로, 기술의 유려함, 창의성, 연속성 등이 주요 평가 기준이다. 지형이 구간마다 달라지기 때문에 착지 충격의 방향과 세기가 일정하지 않고, 순간적인 반응성이 떨어지면 종아리, 무릎, 엉덩 관절에 집중된 스트레스를 유발한다. 반복적인 점프 착지에서 정강이 내측 근막의 긴장이나 슬개건 통증이 자주 나타나며, 중심축이 흔들릴 경우 엉덩 관절의 회전 제어 기능이 저하되어 전체적인 기술 정확도도 떨어지게 된다.

빅에어(Big Air)는 하나의 거대한 점프대에서 공중회전 기술을 고난도로 수행하는 종목으로, 단일 낙하 동작의 충격과 회전수의 복합 조건이 모든 관절에 급격한 부하를 일으킨다. 대표적으로는 낙하 착지 시 무릎관절의 전방십자인대(ACL)에 강한 전단력이 작용하며, 발목 관절은 족저 압력 분산이 실패할 경우 구조적 불안정성을 유발하게 된다. 더불어 회전 자세가 무너지면 하체 착지 이전에 머리나 어깨 방향으로 먼저 떨어지는 사례도 많으며, 이 경우 경추 손상, 뇌진탕, 견관절 탈구 등 중등도 이상의 상해로 이어지는 경우도 적지 않습니다. 기술적 완성도와 감각 피드백 능력이 생존성과 직결된다는 점에서, 빅에어는 모든 스키 종목 중에서도 가장 위험도가 높은 경기로 분류된다.

모글(Mogul)은 짧은 간격의 범프 지형을 고속으로 내려오며 다리로 충격을 흡수하고 동시에 턴과 공중 기술을 수행해야 한다. 이러한 기술 특성상 슬개건과 정강이 근막에 반복 충격이 누적되며, 엉덩 관절의 지속적인 굴곡–신전–회전 동작은 요추부와 체간 회전축에 과도한 긴장을 유발한다. 특히 턴 간격이 짧고 반응 시간이 제한적이기 때문에, 순간적인 체중 쏠림이나 중심축 이탈은 곧장 통증 또는 기능 제한으로 이어질 수 있다. 반복적인 미세 충격에 대한 관절 보호 전략이 뒷받침되지 않는다면, 모글은 엉덩 관절 충돌 증후군, 슬개골 연골 연화증 등 기능적 손상의 주요 유발 종목이 될 수 있다.

이러한 종목별 상해 특성을 고려할 때, 스키는 단일 구조의 정형화된 손상보다는 다양한 회전력, 방향성, 낙하 충격이 복합적으로 얽힌 다관절 손상이 특징적이다. 엉덩 관절–무릎 관절–발목 관절의 협응성, 체간 회전력 제어, 반응성 착지 능력, 기술 실패 후의 회복 루틴이 체계적으로 정립되지 않으면, 훈련 반복이 오히려 만성화된 기능 손상의 기폭제로 작용할 수 있다.

테이핑 적용은 반복되는 손상 패턴을 감각적으로 재인식시키고, 기능적으로 취약한 부위를 보조하는 전략으로 활용된다. 무릎 관절 불안정성을 호소하던 한 선수는 회전 중 무릎이 안쪽으로 말리는 패턴을 지속적으로 보였고, 이로 인해 착지 시 내반 스트레스와 통증이 유발되었다. 해당 선수에게는 Full Knee Support 테이핑을 적용해 무릎의 회전축을 감각적으로 인식시키고, 내측으로 쏠리는 움직임을 억제하도록 했다. 단순히 안정성을 제공하는 것을 넘어, 착지 시 무릎이 어느 방향으로 기울고 있는지를 피드백 받아 스스로 조절할 수 있도록 유도한 것이다. 이와 함께 VMO 강화, 싱글 레그 착지 훈련, 엉덩 관절–무릎–발목의 정렬 훈련이 병행되었고, 테이핑은 반복 훈련 중 부담이 클 때 전략적으로 적용되었다.

출처: Radak, J. T. (2021). Skiing-Related injuries: Who, what, how, when, and a bit of prevention   출처: Reh4Mat. (n.d.).

또 다른 사례로, 만성적인 Shin Splint 증상을 겪던 프리스타일 종목의 선수는 훈련과 경기 이후 정강이 내측에 타는 듯한 통증을 반복적으로 호소했다. 단순한 근육통으로 간주되던 증상은 지속적인 압통과 긴장 패턴 확인 후 근막 긴장으로 진단되었고, 이후 내측 경골부를 따라 테이핑을 적용해 긴장을 분산시키는 전략이 채택되었다. 이 테이핑은 발목 가동성 회복 운동, 종아리-경골 간 근막 이완 루틴, 원심성 발등 굴곡(Eccentric dorsiflexion) 트레이닝과 함께 적용되었고, 반복 적용 후 선수 스스로 착지 시 불편감이 감소했다고 평가했다. 단순한 부착 사례가 아닌, 감각-운동 연결을 유도하는 전략적 테이핑으로 작용한 대표적인 사례이다.

1 스키 상해 예방을 위한 조언

1. 시즌 전 체력 베이스 준비: 엉덩관절, 코어, 하지 근지구력 강화
2. 회전력과 착지 충격에 대비한 무릎관절 안정화 루틴 필수
3. 프리스타일/모글 종목 선수는 척추 및 체간 회전 조절 훈련 병행
4. 착지 전방 예측성 향상을 위한 시야 훈련 및 반응 훈련 적용
5. 스키 부츠로 인한 발목 제한을 보완하는 정강이, 종아리 가동성 훈련
6. 테이핑은 착지 방향 인식, 회전 감각 강화, 무릎 안정화에 전략적으로 활용

추가 조언

1. 반복된 회전 동작에 노출되는 선수는 무릎관절 내반 패턴 주기적 평가
2. 무릎 통증 호소 시 점프-착지 동작 영상 분석과 무릎 중심축 재교육 병행
3. 슬개건염, Shin splint 증상은 단순 근육통과 구별해 조기 개입
4. 훈련 종료 후 냉찜질, 종아리 압박, 능동 스트레칭, 코어 안정성 루틴 반복

2 스키 실력 향상과 상해를 줄이는 방법

스키는 설면 위에서 고속 주행, 회전, 착지, 체중 이동이 반복되는 종목으로, 하지 협응, 체간 회전 제어, 충격 흡수력이 실력과 부상 여부를 결정짓는 핵심 요소이다.

첫째, 엉덩 관절-무릎 관절-발목의 정렬과 협응이 무너지면 무릎 내반, 종아리 과부하 등이 유발된다. 둘째, 체간 회전 조절 능력이 부족하면 상·하체의 비동기 움직임으로 허리와 엉덩관절에 스트레스가 누적된다. 셋째, 착지 충격을 효과적으로 분산하기 위해선 무릎 굴곡 타이밍, 엉덩 관절 힌지 동작, 족저 반응성이 필요하다. 특히 스키는 특정 방향 회전만이 아닌, 모든 방향의 회전력 생성과 제어가 요구되는 종목이다. 이를 위해선 양방향 회전 훈련, 엉덩 관절 회전 저항 트레이닝, 체간-하지 협응 강화 루틴이 필수이다. 넷째, 반복 충격에 대응할 수 있도록 근막 이완, 순환 자극, 냉온 교대 회복 루틴이 포함된 회복 전략이 적용돼야 한다. 결국 스키에서는 전방위 정렬, 회전 제어, 충격 분산, 체계적 회복이 선수의 퍼포먼스를 결정짓는 핵심 요소이다.

3 스키 스포츠 테이핑 방법 소개

스키는 종목 특이성으로 인해 다양한 부상 위치가 존재하지만 무릎과 발목에 테이핑을 적용하는 사례가 많다. 여러 신체 부위에 부상이 발생할 수 있지만 이 책에서는 현장에서 자주 발생하는 부상 유형에 따라 관절의 안정성을 제공하거나 통증을 조절하는 테이핑 위주로 소개한다.

02 스키 스포츠 테이핑 방법

1 무릎 _ Full Knee Supoort

무릎의 비틀림이나 압박으로 인해 통증이 발생하거나 불안정성을 느낄 경우 적용하여 무릎 관절에 안정성을 부여하는 방법이다. 스키에서는 점프가 아니더라도 활주 시 엣지 걸림이나 넘어짐 발생 시 스키가 걸리면서 발생하는 회전력으로 무릎 손상을 당하는 경우가 많다. 일반적으로 더 강한 고정을 원한다면 비 탄력성 테이프를 사용할 수 있지만, 운동성을 고려하여 키네지오를 사용하여 관절의 안정성과 운동성을 동시에 확보할 수 있다.

- **적용 대상자의 자세** : 편안하게 앉은 자세에서 무릎 관절을 120° 정도 구부린 상태를 유지한다.
- **준비물** : 5칸 6개
  ※ 대상자의 발사이즈에 맞춰 재단

01 무릎 아래 경골이 만져지는 곳(경골조면)을 감싸도록 시작 부위를 부착한다. 테이핑 장력을 유지하며 무릎의 안쪽을 돌아 대퇴사두근 힘줄을 지나 고정한다.

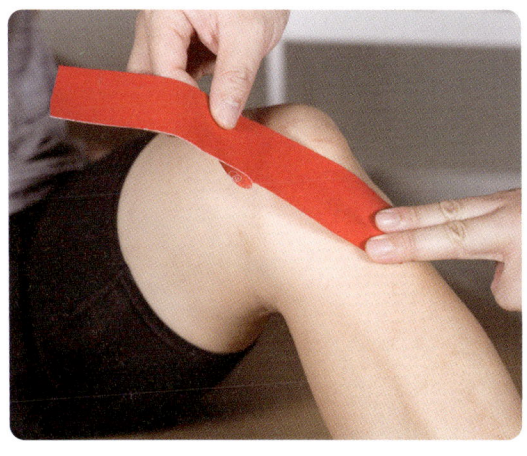
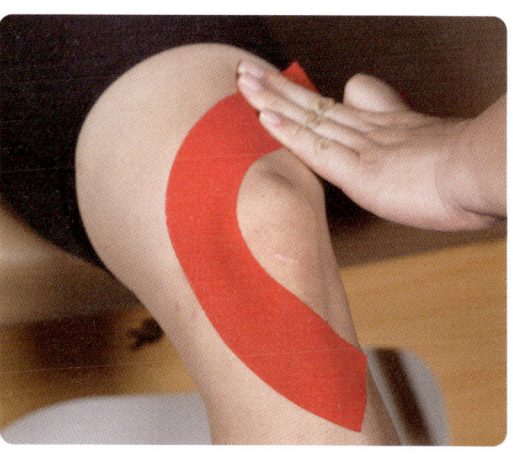

02 이전의 테이핑과 마찬가지로 시작점을 고정한다. 이때 테이프 위에 부착하는 것이 아닌 피부에서 부착되어 시작할 수 있도록 주의한다. 테이프 장력을 유지하며 무릎 바깥쪽을 돌아 이전의 테이핑과 동일하게 부착한다.

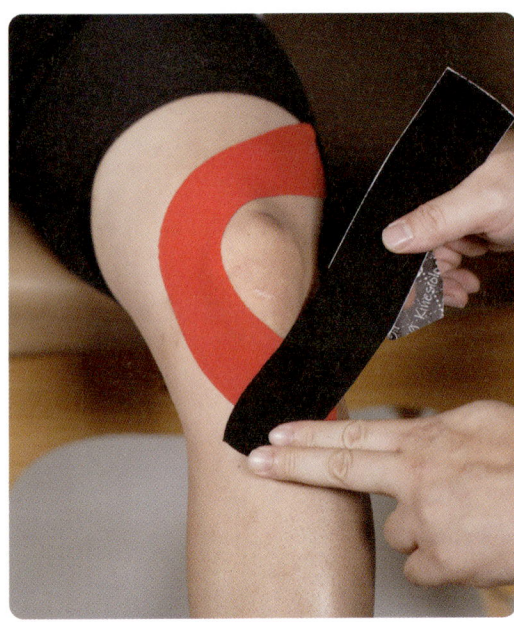 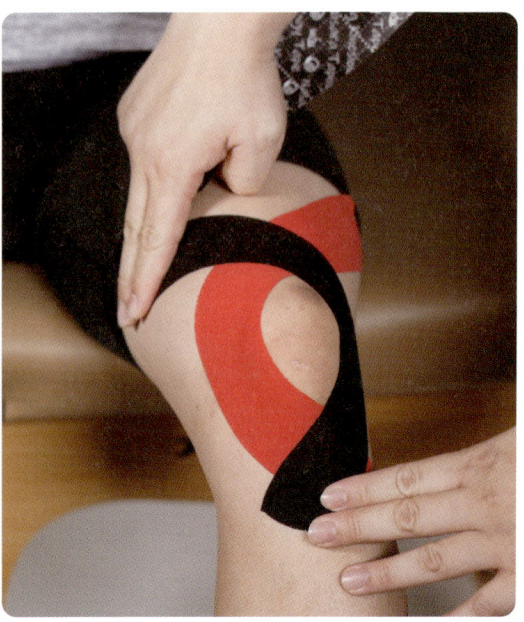

03 테이프 중간 부분이 슬개골 아래쪽을 감싸도록 부착하고 양쪽으로 장력을 만들어 당겨 준다. 무릎 관절의 내측과 외측상과를 지나 허벅지 안쪽과 바깥쪽에 고정한다.

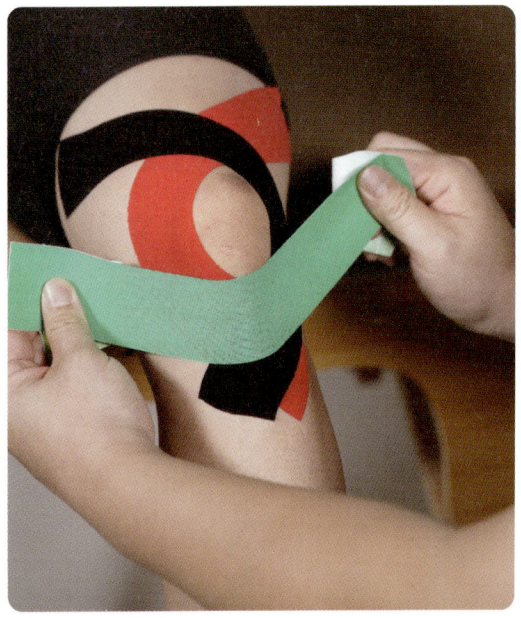 

04 무릎 관절의 내측상과를 중심으로 경골 방향을 따라 위아래로 부착한다. 무릎 내측상과를 중심으로 허벅지 방향을 따라 위아래로 부착한다.

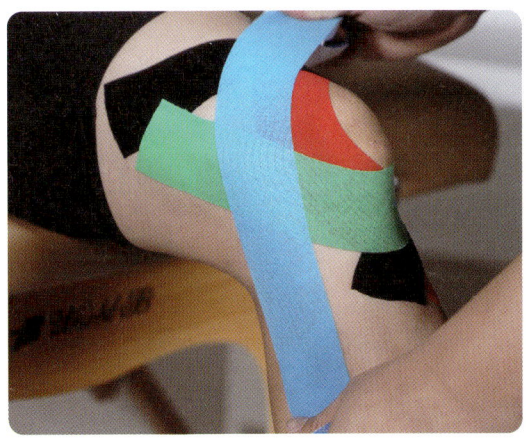 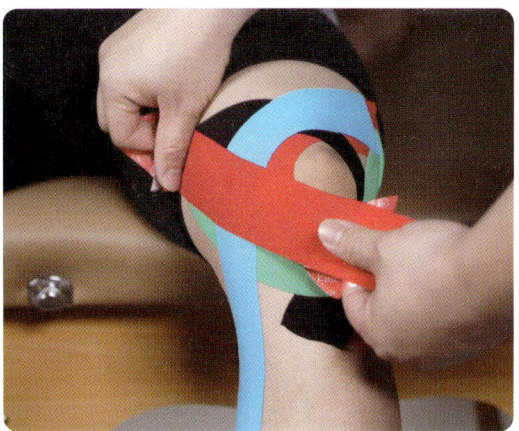

05 끝부분은 장력 없이 접착력을 최대화할 수 있도록 한다.

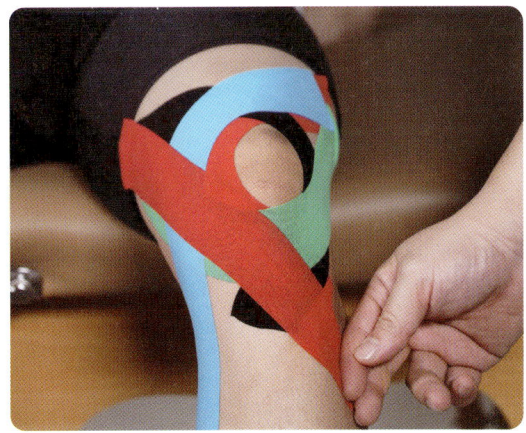

06 마지막으로 한번 더 슬개골 아래를 중심으로 무릎 내측과 외측상과를 감싸 테이프를 부착한다.

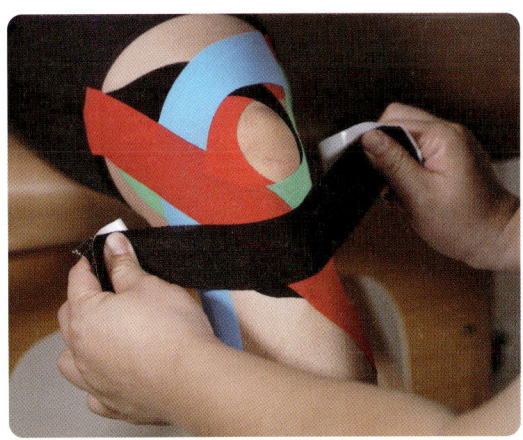 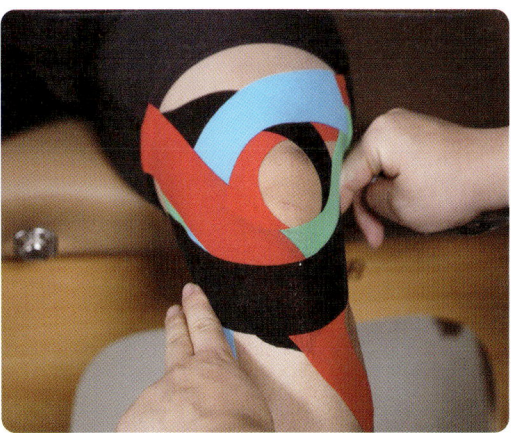

07 완성된 모습

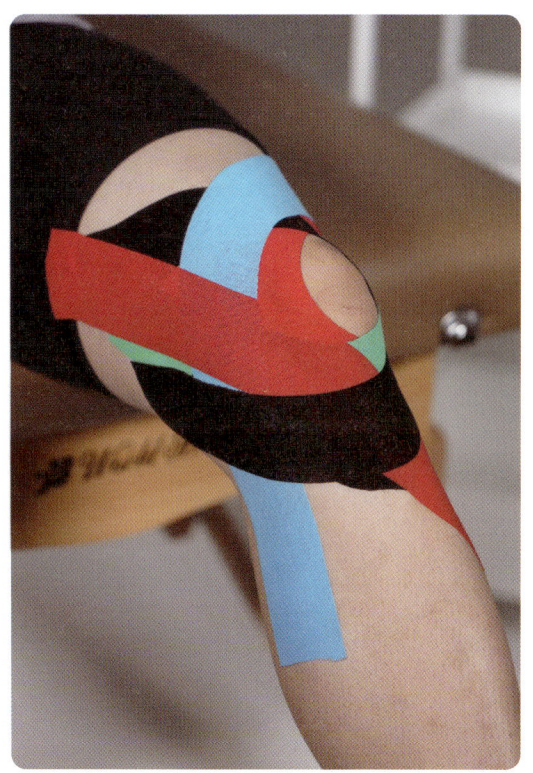
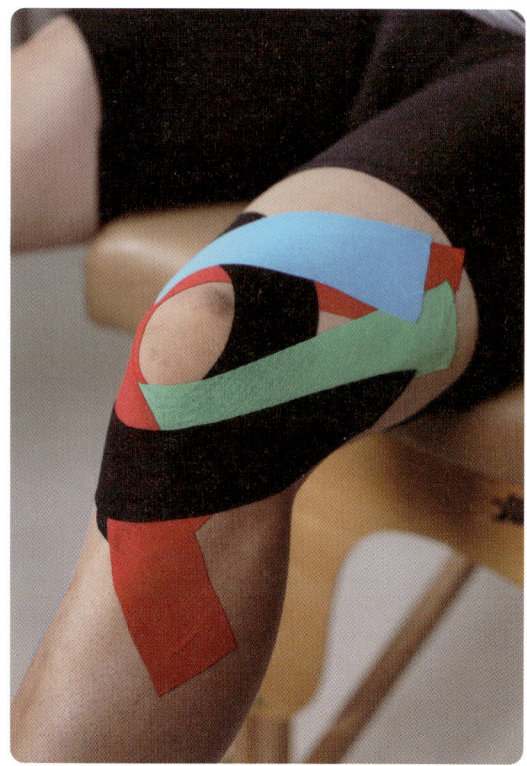

2   발목 _ Ankle Kinesio

스키는 단단한 부츠를 착용하기 때문에 발목을 다치지 않는다고 생각하는 경우가 있지만 범프나 점프 후 착지 또는 강설에서의 스킹 후 피로감을 호소하거나 높은 높이에서 착지하는 모글이나 프리스타일 종목에서는 발목 관절이 강하게 압박받아 인대나 힘줄같은 조직에 손상이 발생하기도 한다. 스키 부츠를 착용해야하기 때문에 두꺼운 테이핑이나 절개선이 많은 테이핑 방법은 권장되지 않으나 키네지오를 통해 발목 관절에 안정성을 부여하는 방법을 적용 할 수 있다.

- **적용 대상자의 자세** : 다리를 뻗은 상태에서 발목 관절을 90°로 세워 유지한다.

- **준비물** : 키네시오 롤 1개
  ※ 대상자의 다리 길이

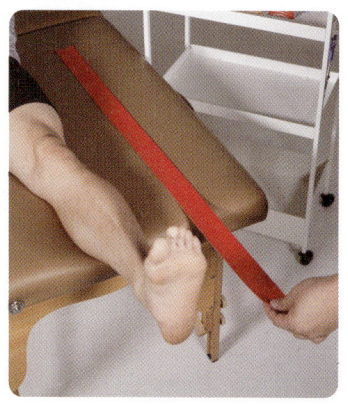

01 발등 바깥쪽 시작점을 부착하고 장력을 발생시켜 발을 돌아 감는다.

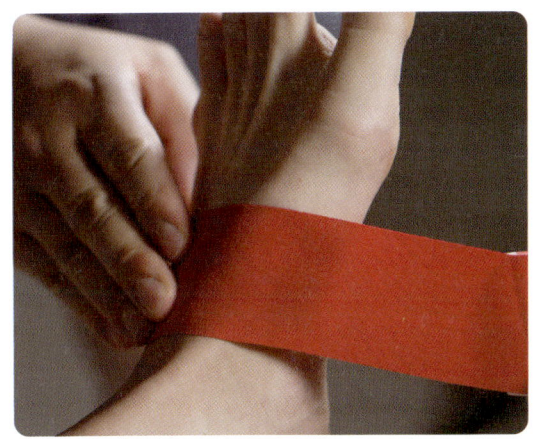

02 시작점을 감싸 다시 돌아 나와서 방향을 바꿔 발꿈치와 복사뼈 사이를 가로지른다.

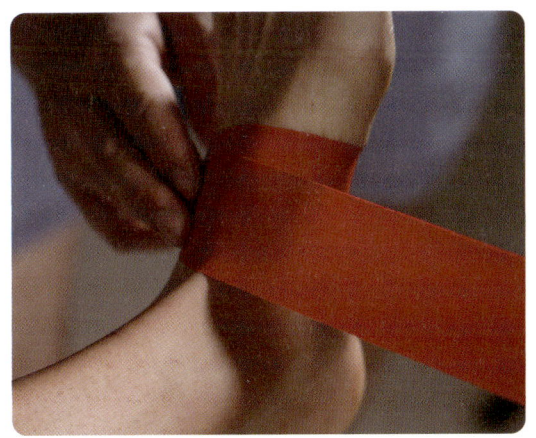 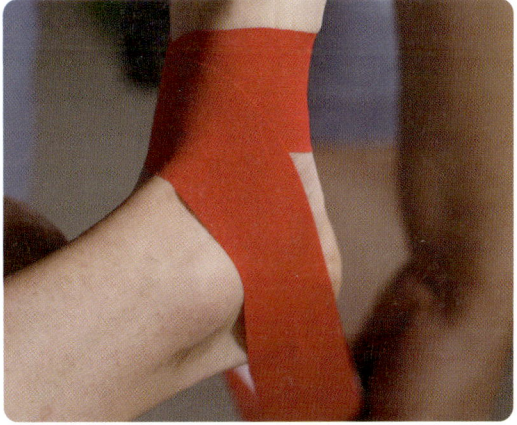

03 발꿈치를 감싼 후 발 내측 아치 쪽으로 돌아 나온다. 이때 장력은 발목 외측 손상의 경우 최대한 약하게 유지한다.

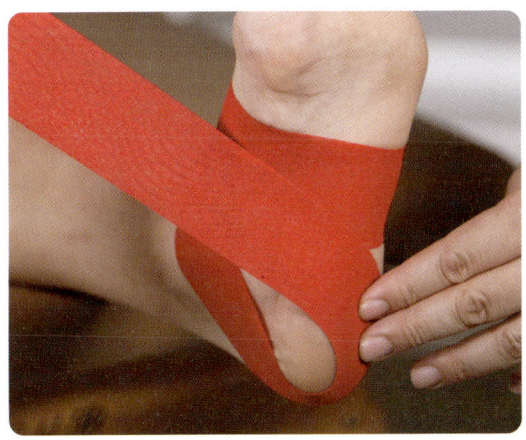 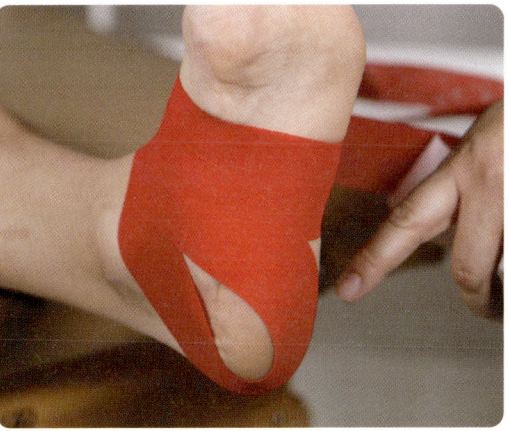

04 발등을 감아 다시 발 바깥쪽 복사뼈와 발꿈치 사이를 가로질러 내려간다.

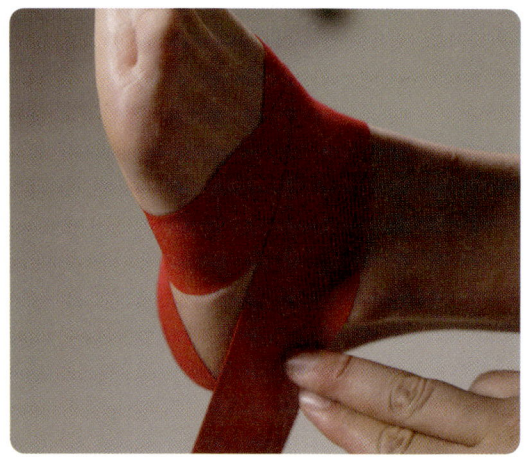

05 앞에서 했던 것처럼 발꿈치를 감싼 후 발바닥 아치를 지나 바깥쪽으로 진행하여 발등 쪽으로 올라간다.

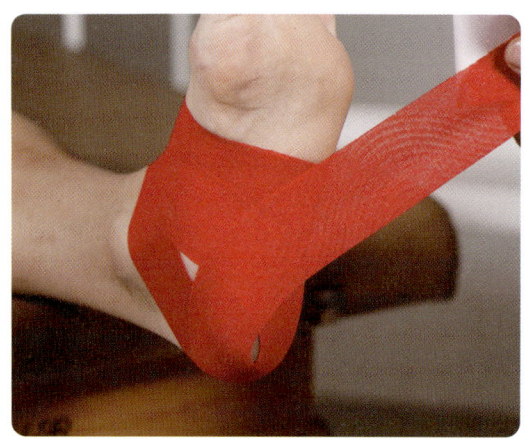 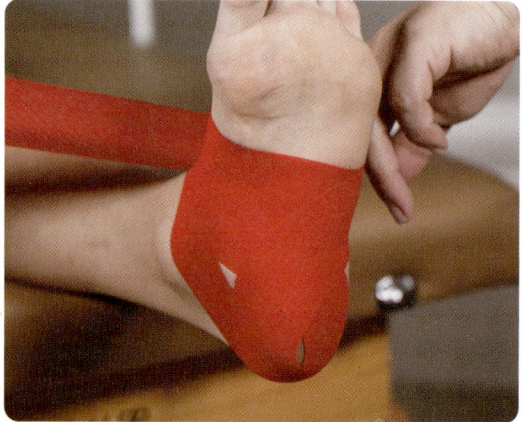

06 바깥쪽을 지나 발등으로 올라온 모습. 발등을 지나와서 발바닥 아치를 향해 당겨 준다.

 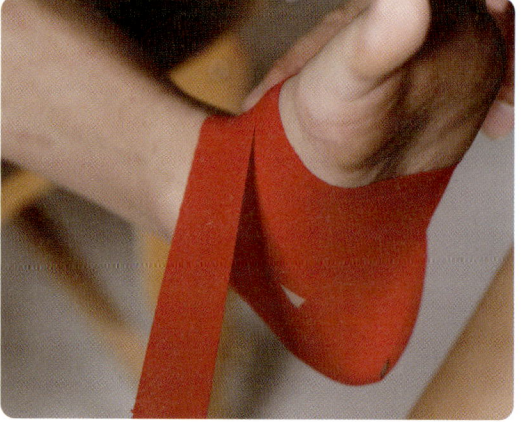

07 발바닥 아치를 지나 발목 바깥쪽 복사뼈를 감싸 고정한다.

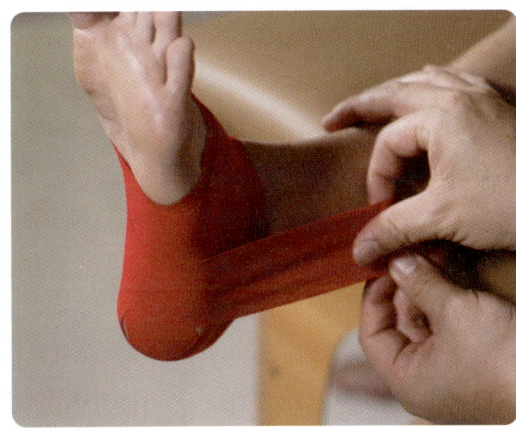 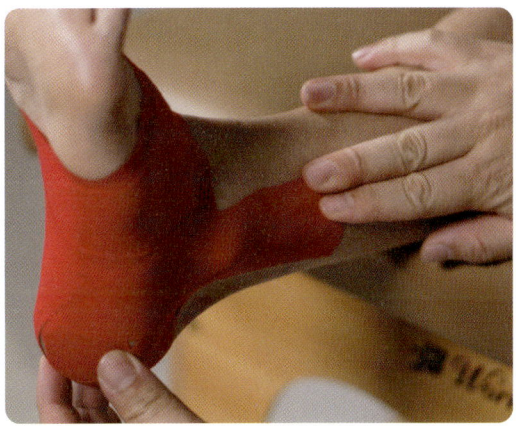

3 발바닥 _ Arch support

스키는 다양한 설질에서 스킹을 하게 된다. 기온과 적설량 등에 따라 달라지기 때문인데 이때 발바닥에 스트레스가 발생하게 된다. 강한 충격으로 인해 발생하기 보단 진동이나, 과한 긴장 등으로 인해 스트레스가 누적되는데 이때 발바닥 통증이 발생할 수 있다. 발바닥의 족저근막을 지지하는 테이핑을 적용하여 도움을 줄 수 있다.

- **적용 대상자의 자세** : 편하게 앉거나 누운 자세에서 발의 긴장을 풀어준다.
- **준비물** : 3칸 2개, 4칸 1개
  ※ 발의 1/2 길이 ※ 발의 3/4 길이

01 발꿈치 안쪽을 감쌀 수 있도록 아킬레스건 쪽에서 시작하여 첫 번째 종족골 방향으로 진행한다. 이때 양 끝단은 테이프가 잘 고정될 수 있도록 장력 없이 부착하여야 한다.

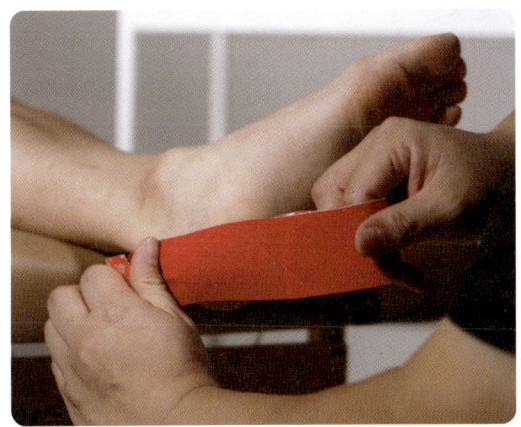 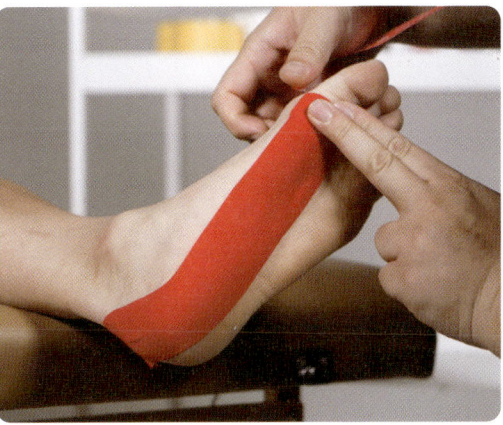

02 발바닥 아치를 감싸듯이 중앙에서부터 부착하여 발의 안쪽과 바깥쪽으로 감싸준다.

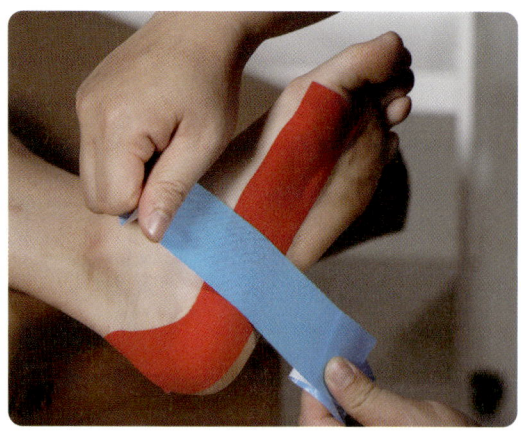 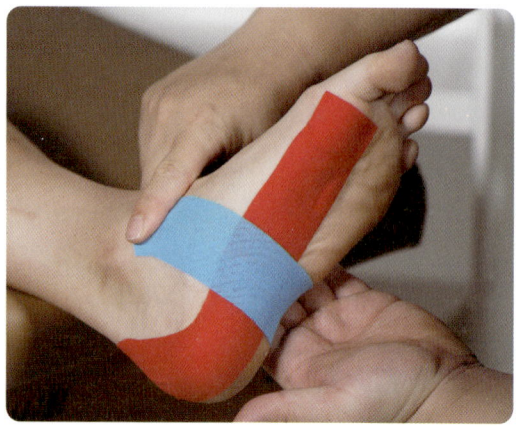

03 동일한 방법으로 테이프가 1/3 가량 겹치도록 부착한다.

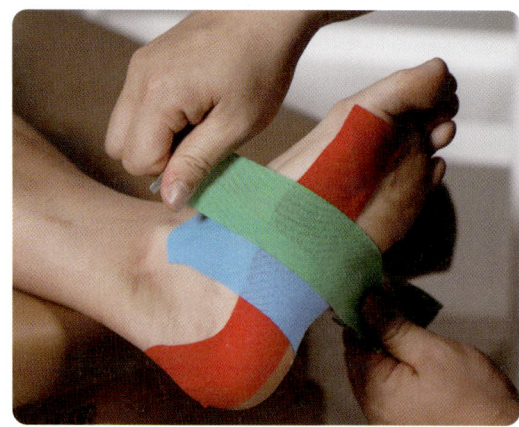 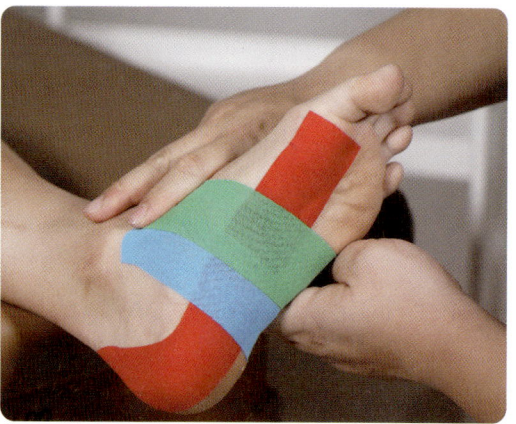

04 최종적으로 아킬레스건부터 첫 번째 종족골을 감싸고 발바닥 아치를 감싸는 형태가 완성되었다.

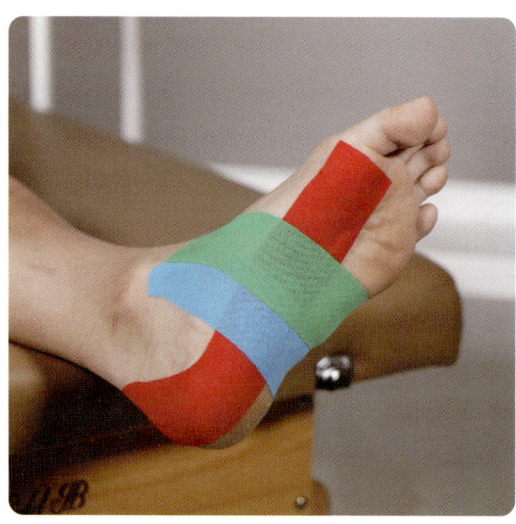 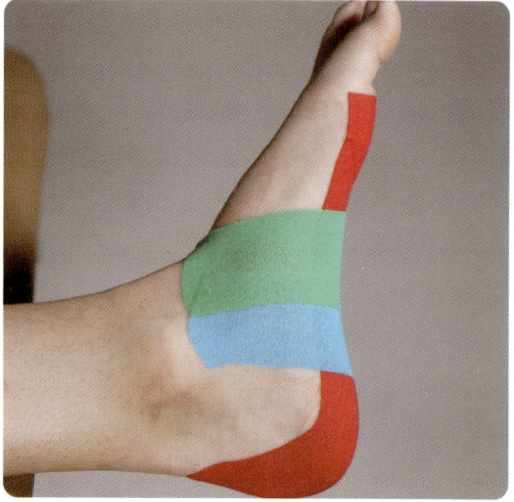

4 정강이 _ Shin splint

스키어에게 정강이 통증은 달리기하는 사람들에게 발생하는 정강이 통증과는 그 원인에 차이가 있다. 스노보더에게도 발생하는데 보통 부츠와 정강이 사이에 공간이 발생하였을 때나 착지 시 정강이가 부츠에 반복적으로 부딪히거나 강하게 부딪혔을 때 발생한다. 통증을 관리하기 위해 부착한다.

- **적용 대상자의 자세** : 편안하게 앉은 자세에서 무릎을 구부리거나 편 상태에서 부착한다.

- **준비물** : 3칸 2개, 6칸(발 길이) 2개

    ※ 발 길이 2개의 테이프는 반으로 접은 후 1/2은 중앙을 한 번 자른 후 좌우도 마찬가지로 1/2로 잘라 총 3번 잘라서 사용한다.

01 6칸짜리 두 개의 테이프는 반으로 접은 후 중앙을 한 번 자른 후 좌우도 마찬가지로 절반으로 잘라 총 3번 잘라서 사용한다.

　※ 통증 부위가 테이프 부착 중앙에 올 수 있도록 한다.

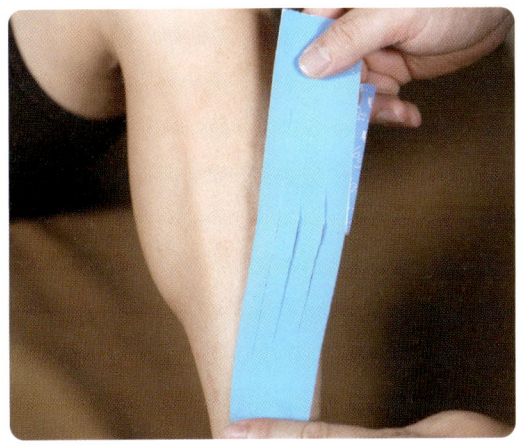
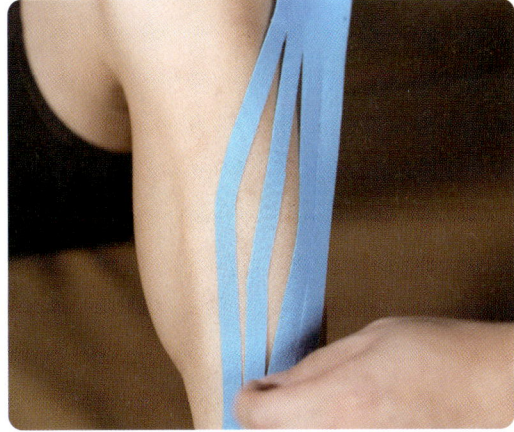
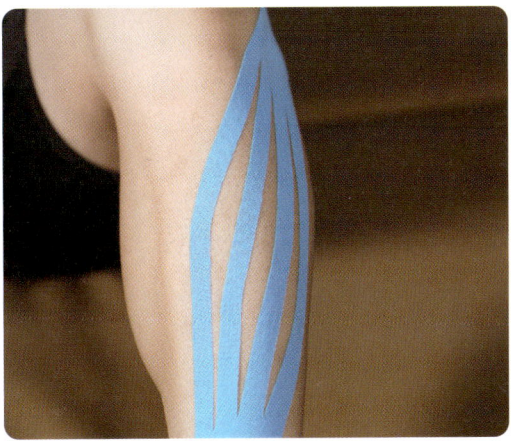

02 한 번 더 동일하게 부착한다. 이때 발목 위 고정 부위는 테이프가 절반 정도만 겹치도록 한다. 테이프를 무릎 쪽으로 당겨 테이프가 서로 엇갈릴 수 있도록 공간을 벌려 부착한다.

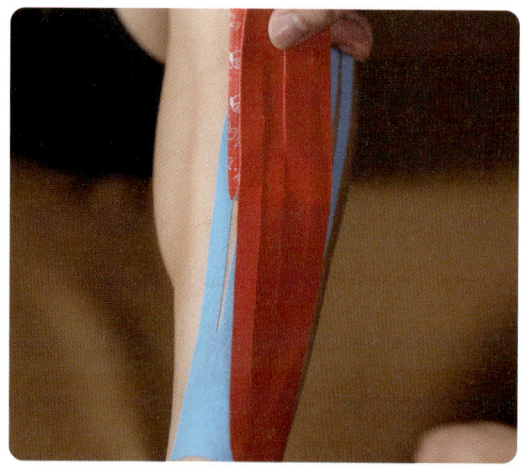
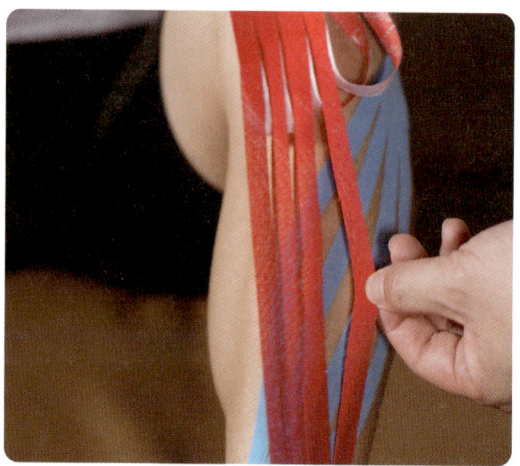
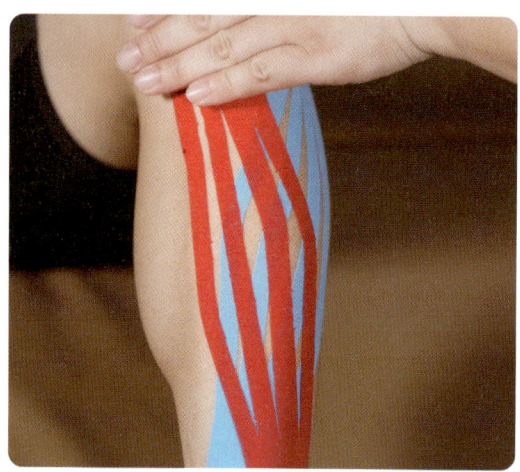

03 겹쳐진 중간 부분이 통증 부위가 되면서 경골의 앞쪽을 감쌀 수 있도록 부착한다.

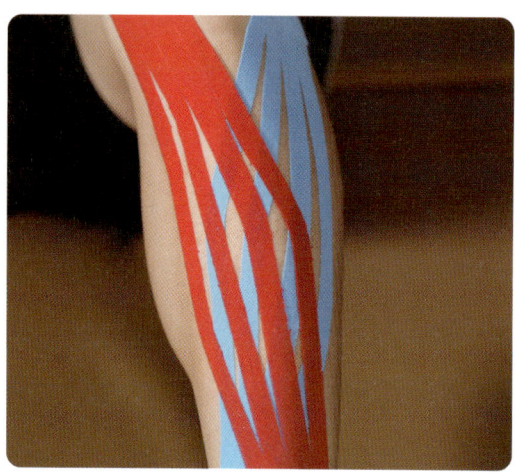

04 짧은 테이프를 통증 부위를 감싸 중간 부분에 부착한 후 양쪽으로 늘려 감싸 부착한다. 테이프가 절반 정도 겹치도록 한 번 더 부착한다.

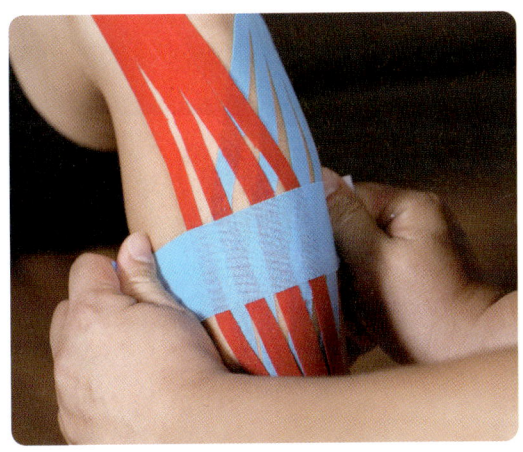 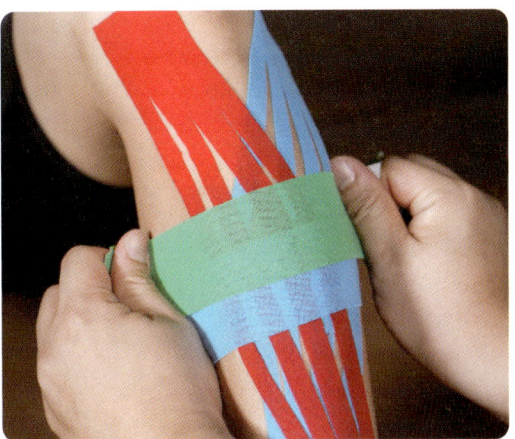

05 완성된 모습 부착된 테이프 중간 지점이 통증 부위가 되도록 한다.

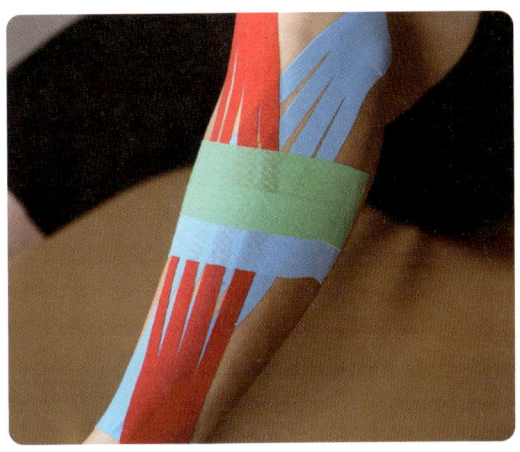

5 엄지, 손목 테이핑 _ Skier's thumb

스키를 타다가 넘어지게 되면 손으로 설면을 짚게 되는 경우가 있는데 이때 손가락이나 손목에 염좌가 발생하는 경우가 많다. 특히 엄지손가락 손상은 스키어썸(Skier's thumb)이라고 별칭이 붙었을 정도로 흔하고 인대 파열이나 염좌가 발생하는 상태를 이야기한다. 손목도 이와 함께 충격을 받으면서 통증을 호소하는 경우가 많다.

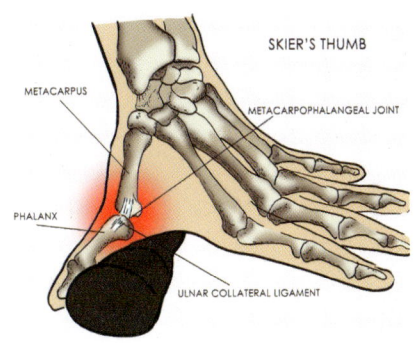

- **적용 대상자의 자세** : 손을 편안하게 뻗은 상태에서 엄지손가락을 편안한 각도로 세워 유지한다.

- **준비물** : 4칸(Y자 모양) 1개, 6칸 1개(전완부 길이)

  ※ 짧은 스트립은 1/3 중앙을 잘라 준비한다.

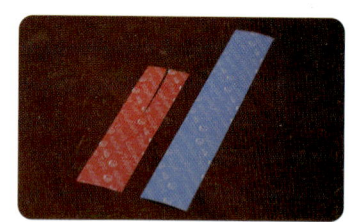

01 테이프 중간 부분을 엄지손가락 끝 손목 부분에 부착한다. 이때 중앙을 잘라 나눈 테이프가 엄지손가락 쪽을 향하게 부착하고 좌우로 나누어 엄지손가락을 감쌀 수 있도록 한다.

02 먼저 한 쪽을 엄지손가락을 감싸 고정하고 반대쪽 역시 반대 방향에서 엄지손가락을 감아 고정한다. 이때 엄지손톱에 가깝게 고정할 수 있도록 해준다.

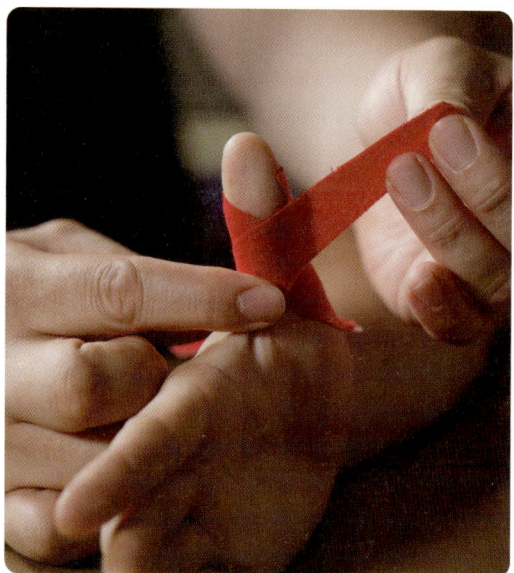

03 엄지손가락이 완전히 고정되었다면 처음에 부착한 중간 지점을 떼어낸 후 팔꿈치 방향 [단무지신전근(Extensor pollicis brevis) 방향]으로 당겨 부착 고정한다.

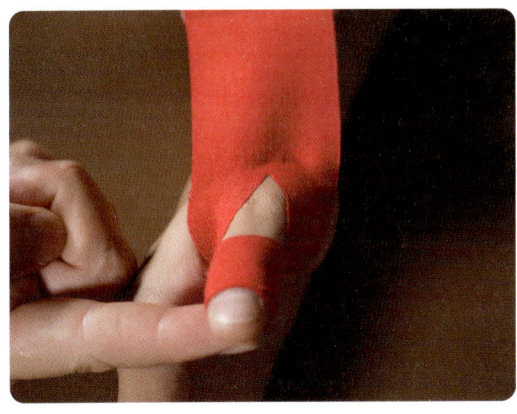 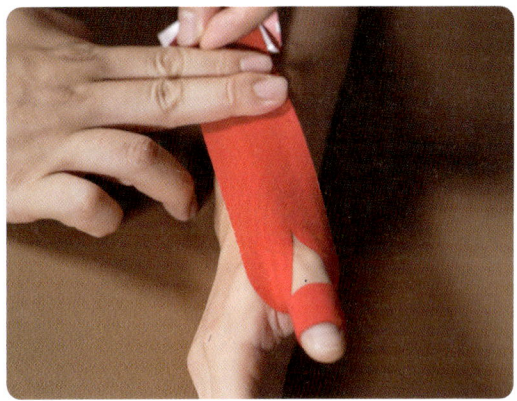

04 긴 테이프의 1/4 지점을 뜯어 손목 안쪽 중앙에 부착하고 짧은 방향을 손등 쪽으로 당겨 고정한다. 반대쪽은 손목을 감아 진행하는데 손등 쪽은 장력을 약하게 손바닥 쪽은 장력을 강하게 조절하여 부착한다.

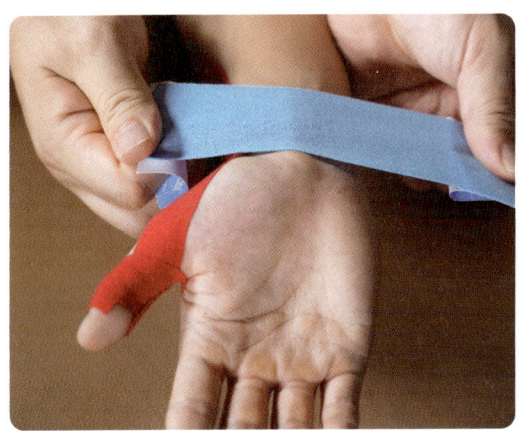 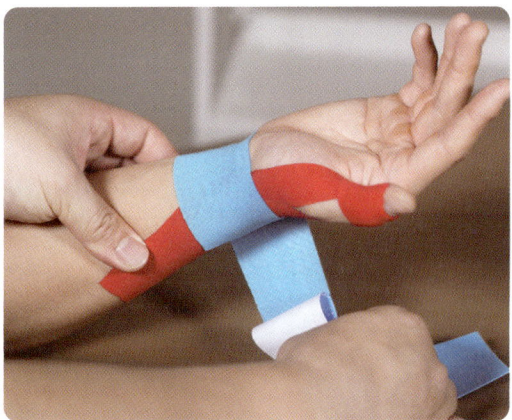

05 마무리된 모습

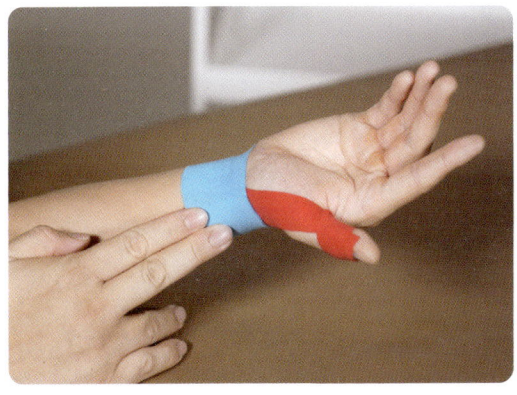 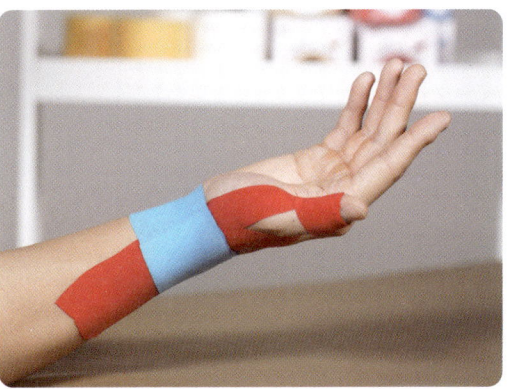

6 손목 팔꿈치 테이핑 _ Wrist elbow

엄지손가락과 손목을 다치는 경우도 있지만, 전완이나 팔꿈치 쪽으로 통증이 올라오는 경우도 발생한다. 이때 엄지손가락 테이핑과 함께 적용할 수 있지만 단독으로 적용할 수 있는 전완 테이핑을 소개한다.

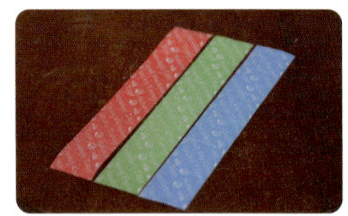

- **적용 대상자의 자세** : 손을 편안하게 내려놓은 상태를 유지한다.

- **준비물** : 6칸 3개

01 손등 방향 손목 엄지 아래에 고정한다. 팔꿈치 방향으로 장력을 유지하며 당겨준다.

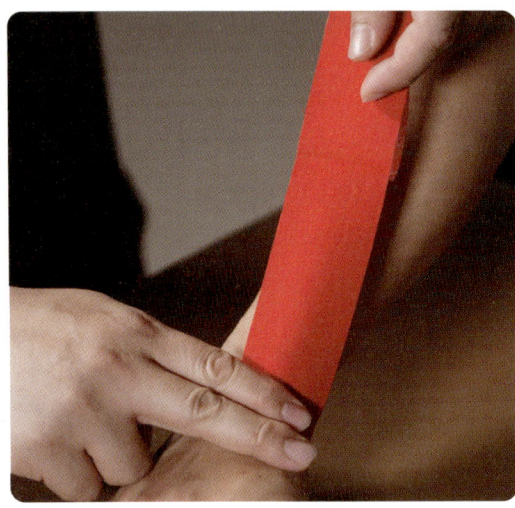
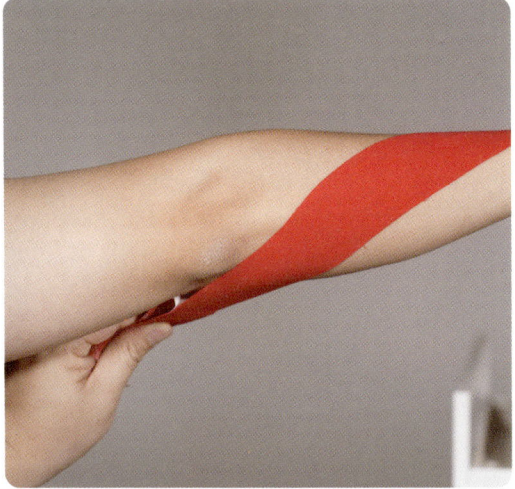

02 회전하는 방향을 따라 끝을 고정한다. 손바닥 방향 손목 안쪽에서 고정하여 시작한다.

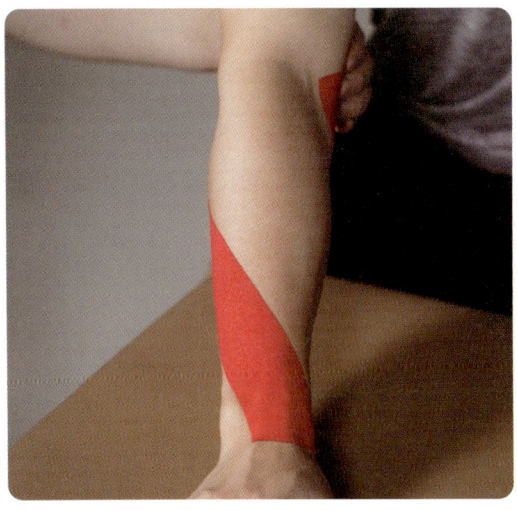
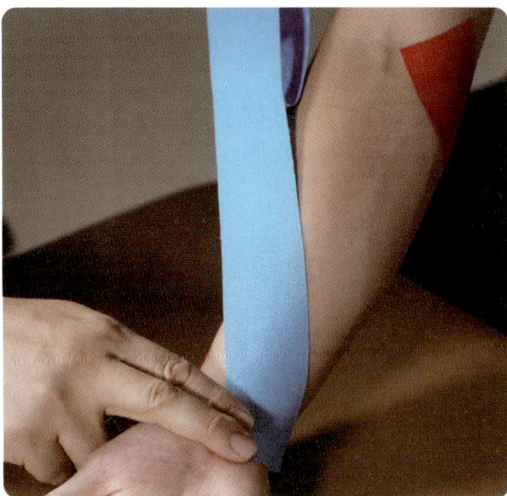

03 마찬가지로 팔꿈치 방향으로 장력을 유지하며 당겨 부착한다. 팔꿈치를 넘어 끝나는 지점에 장력 없이 부착하여 고정한다.

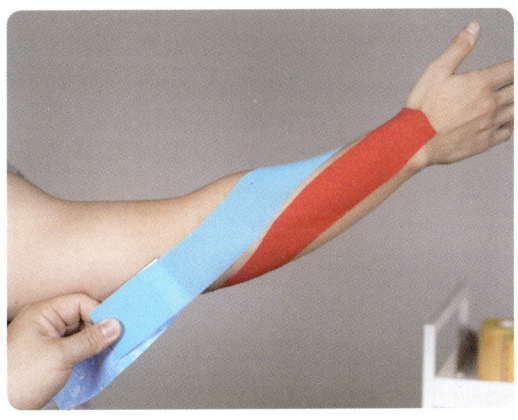 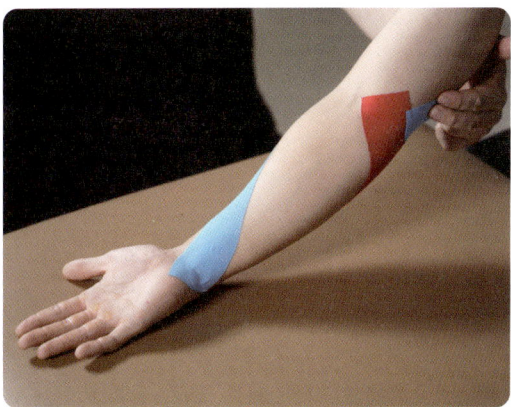

04 테이프의 1/4 부분을 손목 아래쪽에 고정하고 짧은 부분을 먼저 부착하여 고정한 후 반대쪽을 장력을 가져가면서 부착한다. 이때 손등 쪽은 장력을 약하게 손바닥 쪽은 장력을 강하게 조절하여 부착한다.

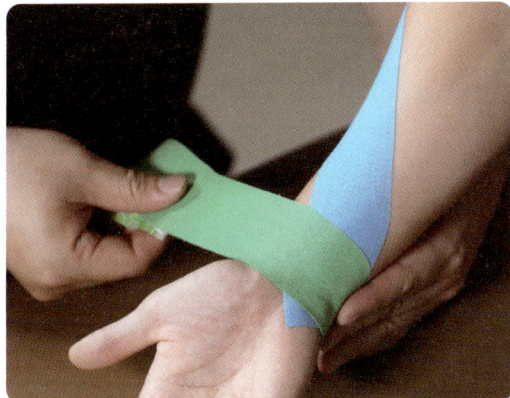 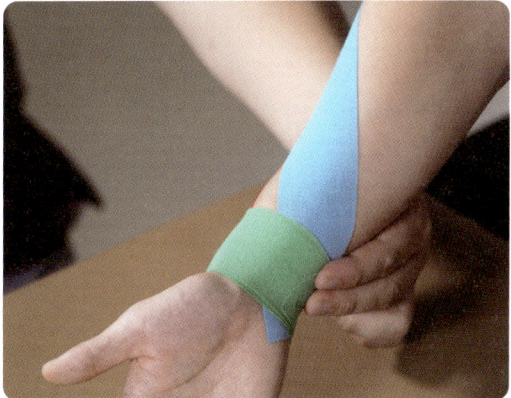

05 완성된 모습

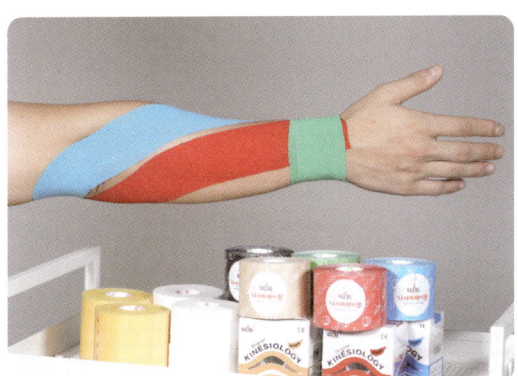

부록 : 본문 인용 문헌 정보

- Dehghan, F., Fouladi, R., & Martin, J. (2024). Kinesio taping in sports: A scoping review. Journal of Bodywork & Movement Therapies, 40, 1213-1223. https://doi.org/10.1016/j.jbmt.2023.05.008

- Biz, C., Nicoletti, P., Tomasin, M., Bragazzi, N. L., Di Rubbo, G., & Ruggieri, P. (2022). Is Kinesio Taping Effective for Sport Performance and Ankle Function of Athletes with Chronic Ankle Instability (CAI)? A Systematic Review and Meta-Analysis. Medicina, 58(5), 620. https://doi.org/10.3390/medicina58050620

- Tsai, Y. J., Huang, Y. C., Chen, Y. L., Hsu, Y. W., & Kuo, Y. L. (2020). A pilot study of hip corrective taping using kinesio tape for pain and lower extremity joint kinematics in basketball players with patellofemoral pain. Journal of Pain Research, 13, 1497-1505. https://doi.org/10.2147/JPR.S246070

- Tamura, K., Resnick, P. B., Hamelin, B. P., Oba, Y., Hetzler, R. K., & Stickley, C. D. (2020). The effect of Kinesio-tape® on pain and vertical jump performance in active individuals with patellar tendinopathy. Journal of Bodywork & Movement Therapies, 24(3), 9-14. https://doi.org/10.1016/j.jbmt.2019.12.008

- Alahmari, K. A., Reddy, R. S., Tedla, J. S., Samuel, P. S., Kakaraparthi, V. N., Rengaramanujam, K., & Ahmed, I. (2020). The effect of Kinesio taping on cervical proprioception in athletes with mechanical neck pain—a placebo-controlled trial. BMC Musculoskeletal Disorders, 21(1), 1-9. https://doi.org/10.1186/s12891-020-03209-0

- Abellán, J. R., Yuste, J. L., Cabrera, O. M., & Gómez-Tomás, C. (2021). Kinesiotape on quadriceps and gluteus in counter movement jump and sprint in soccer players. Journal of Bodywork & Movement Therapies, 27, 42-47. https://doi.org/10.1016/j.jbmt.2020.12.012

- Babakhani, F., Heydarian, M., & Hatefi, M. (2020). The immediate effect of kinesiotape and wobble board training on ankle joint position sense in athletes with functional ankle instability. Journal of Advanced Sport Technology, 4(2), 49-59. https://doi.org/10.30473/JAST.2020.51318.1104

- Alawna, M., & Mohamed, A. A. (2020). Short-term and long-term effects of ankle joint taping and bandaging on balance, proprioception and vertical jump among volleyball players with chronic ankle instability. Physical Therapy in Sport, 46, 145-154. https://doi.org/10.1016/j.ptsp.2020.08.006

- Lin, C. C., Chen, S. J., Lee, W. C., & Lin, C. F. (2020). Effects of Different Ankle Supports on the Single-Leg Lateral Drop Landing Following Muscle Fatigue in Athletes with Functional Ankle Instability. International Journal of Environmental Research and Public Health, 17, 3438. https://doi.org/10.3390/ijerph17103438

- Gholami, M., Kamali, F., Mirzeai, M., Motealleh, A., & Shamsi, M. (2020). Effects of kinesio tape on kinesiophobia, balance and functional performance of athletes with post anterior cruciate ligament reconstruction: a pilot clinical trial. BMC Sports Science, Medicine and Rehabilitation, 12(1), 1-10. https://doi.org/10.1186/s13102-020-00180-1

- Cai, C., Au, I. P. H., An, W., & Cheung, R. T. H. (2016). Facilitatory and inhibitory effects of Kinesio tape: Fact or fad? Journal of Science and Medicine in Sport, 19(2), 109-112. https://doi.org/https://doi.org/10.1016/j.jsams.2015.01.010

- Maratou, E., & Theophilidis, G. (2000). An axon pacemaker: diversity in the mechanism of generation and conduction of action potentials in snail neurons. Neuroscience, 96(1), 1-2. https://doi.org/https://doi.org/10.1016/S0306-4522(99)00529-1

- Ridding, M. C., Brouwer, B., Miles, T. S., Pitcher, J. B., & Thompson, P. D. (2000). Changes in muscle responses to stimulation of the motor cortex induced by peripheral nerve stimulation in human subjects. Experimental Brain Research, 131(1), 135-143. https://doi.org/10.1007/s002219900269

MEMO

MEMO

쉽게 따라 하는
스포츠 테이핑
국가대표 트레이너가 알려주는 실전 테이핑

초판 1쇄 발행 2026년 1월 15일

저 자 한석규 오선복 조준희 이원주 최명훈 나연희
송형철 서진영 박두희 손성민 조해영 윤용태
발행인 최영민
발행처 피앤피북
주소 경기도 파주시 신촌로 16
전화 031-8071-0088
팩스 031-942-8688
전자우편 pnpbook@naver.com
출판등록 2015년 3월 27일
등록번호 제406-2015-31호
ISBN 979-11-94085-83-6 (93510)

• 이 책의 정가는 뒤 표지에 있습니다.
• 이 책의 어느 부분도 승인 없이 무단 복제하여 이용할 수 없습니다.
• 파본 및 낙장은 구입하신 서점에서 교환하여 드립니다.